논어,
그 일상의 정치

고전오디세이 09

논어,
그 일상의 정치

아름다운 순우리말 번역의 새로운 주석서

정천구

산지니

✸ 머리말

이제 돌아보면, 『논어』를 처음 가르친 것이 2003년이었다. 배우는 일보다 가르치는 일이 더 힘하고 어려운 법. 나는 한학을 독학으로 하였으므로 배움의 어려움을 잘 안다. 그런데 가르치는 일은 더 어렵다. 하나라도 잘못 풀어서 가르치면 안 되기 때문이다. 내가 모르면 내 허물로 남을 뿐이지만, 모르면서 가르치다가는 남들까지 허물을 짓게 만든다.

가르치기로 하면서 갖가지 번역본들을 참조하였는데, 의외로 공자의 말하기를 잘 알고 그 맛을 살린 번역이나 해석이 드물었다. 번역이나 해석에 일관성을 가진 것이 드물었고, 일관성이 있다고 해도 역시 그 근거가 탄탄하지 못하다는 느낌을 받았다. 그렇다면 순전히 내가 느끼고 깨달은 것만을 가르칠 수밖에 없지 않은가. 모험을 할 수밖에 없었고, 그 모험이 헛되지 않도록 하려면 더 넓고 깊은 공부를 하는 수밖에 없었다.

그리고 어느덧 6년이 흘렀다. 그 사이에도 몇 차례 강의를 하였으나, 번역에는 손을 대지 않았다. 그러다가 올해 문득 바람이 불었다. 신명이 일었다고나 할까? 2009년 2월 하순이었다. 이미 번역한 글을 새로 다듬고 거기에 사족(蛇足)을 덧붙였다. 이렇게 시작된 작업은 4개월 만에 끝났다. 일부러 그렇게 했다. 시간을 끌수록 관념적인 이해에 치우쳐서 해석할 수 있기 때문이었다.

나는 대담하게 나의 직관으로 『논어』의 번역과 해석을 시도했다. 결코 자구에 사로잡혀서 길고 복잡하게 따지거나 헤아리려 하지 않았다. 직관은 온몸으로 느끼는 데서 시작된다. 그래서 나는 먼저 느끼려 했고, 그 다음에 맛을 보려고 했으며, 마지막에 그 맛을 살려낼 수 있는 우리말을 찾아냈다. 이 일련의 과정은 짧은 시간에 이루어져야만 그 핵심을 관통할 수 있는 일이었다. 적어도 나는 그렇게 했다. 그리고 곧바로 우리말로 풀어냈다.

주석은 번역을 하고 사족을 단 다음에 했다. 주석은 객관적인 사실이나 정보를 제공하는 글이기 때문이다. 주석에서는 문맥, 사유의 흐름, 상황성 이 세 가지를 고려했다. 원문에 대한 주석을 달기 위해서 사전적 의미를 참조하기는 하였으나, 결코 그대로 따르지는 않았다. 내가 받은 느낌과 말맛을 살릴 수 있는 번역을 하면서 새로운 의미를 부여하였고, 그에 대한 근거를 주석에서 밝혔다. 주석이 객관적인 이해를 위한 것이었다면, 사족은 주관적 해석이다.

무릇 경전이나 고전은 그 자체로 음미하는 것이 최상이다. 그러나 이해하는 데 이미 장애가 있다면, 그 장애부터 없애야 한다. 나의 사족은 장애를 없애려는 노력이면서, 새로운 해석이기도 하다. 사족에서는 공자가 말한 도, 즉 이치에 입각해서 원문의 의미를 풀어냈다. 그러나 아무리 적실한 분석과 타당한 해석을 동반한 번역이고 사족이라도 원문 자체가 주는 맛과는 다를 수밖에 없다. 그러니 독자들은 즐기시되 믿지 마시고, 뜻을 읽으시되 기억하지 마시기 바란다. 특히 주석과 사족은 원문의 세계로 들어가는 문일 뿐이다.

이 번역과 주석, 사족을 글로 쓴 기간은 4개월 정도지만, 내 일상을 관통하고 있었던 것으로 따지면 무려 15년이 된다. 처음 『논어』를 들여다보고 동아시아의 역사와 철학을 공부한 기간이 그렇게 된다. 이제 이 원고가 책의 꼴을 하고 세상에 나가면, 그것은 그대로 '내 꼴'이다. 내 공부의 꼴이요 내 학문의 꼴이다. 그러니 이 책에 대한 평가는 그대로 나에 대한 평가가 된다. 어떠한 질책도 달게 받겠다.

교정 보느라 애써준 류화정에게 고마움을 표한다. 그리고 이 책을 곱게 꾸며서 내주신 산지니출판사의 사장님과 편집부 여러분께 고마운 마음을 전하면서 마무리하겠다.

금정산 아래 낙서재에서

❀ 새 판에 덧붙여

『논어, 그 일상의 정치』가 나온지 꼭 10년째다. 처음 이 책을 내놓은 뒤로 곳곳에서 많은 사람들에게 "앞으로 10년 내에 이보다 나은 『논어』 주석서나 해석서가 나오면 전량 폐기하겠다"고 공언했는데, 다행인지 불행인지 나란히 견줄 만한 책은 나왔어도 더 나은 책은 아직 나오지 않았다.(물론 순전히 내 주관일 수도 있으나, 의심스런 분들은 견주어서 읽어보시기 바란다.)

애초에 4개월이라는 짧은 기간에 단박에 썼으므로 다시 들여다볼 때마다 주석과 사족을 더 자세하게 달았어야 하지 않나 하는 생각을 하곤 했다. 그러나 자칫 "긁어 부스럼"이 될 것도 같아서 손을 대려다 그만두기를 거듭했다. 이제 다시 보니, 10년 전의 번역과 해석에 대해 나 자신 별로 달라진 게 없다. 그래서 원문의 글자를 더 크게 하고 틀린 글자를 바로잡고 어색한 표현을 알맞게 고치며 몇 군데 손을 보는 것 정도로 하고 새 판을 내놓는다.

새로 교정하고 편집해서 책을 꾸며준 산지니 식구들께 여전히 고마운 마음을 전한다.

2018년 3월 12일 금정산 아래에서
정천구 쓰다

일러두기

1. 우리말로 옮기면서 각 단락마다 숫자를 붙였는데, 단락의 구획은 옮긴이의 해석적 판단에 따른 것이므로 다른 이들의 번역본과 다를 수 있다.

2. 번역문은 되도록 우리말로 풀어서 쓰려고 하였다. 우리말이 있음에도 한자어를 그대로 쓰는 것은 번역의 본령에서 벗어난다고 생각하기 때문이다. 이미 널리 쓰이는 한자어라도 그 정확한 의미를 모르고 쓰는 경우가 많으므로 알맞은 우리말로 옮기려 하였다. 이를 위해 한자어의 뜻을 잘 드러내는 것이라면 고어나 각 지방의 사투리, 북한말 가운데서도 끌어와서 썼다.

3. 반드시 한글맞춤법이나 표기법을 따르지 않은 경우도 있다. 이런 규정은 언어의 변화를 따르지 못하기 때문이다. 게다가 번역과 해석은 학문이고, 학문은 창조적인 작업이므로 그 의의를 살리고자 하였다. 논란의 여지가 있는 것이 있다면, 그것은 학문적 논의의 대상이며 또 전적으로 옮긴이의 책임이다.

차례

논어, 그 일상의 정치

『논어』는 공자(孔子)의 어록, 즉 공자의 언행을 기록한 책이다. 공자는 기원전 551년에 당시 노(魯)나라의 곡부(曲阜)에서 하급 무사의 아들로 태어났다. 그의 출생과 혈통에 대해서는 자세한 기록이 남아 있지 않다. 그의 성장 과정에 대해서도 알 수 있는 자료가 별로 없다. 그 스스로 자신의 젊은 시절을 회고하면서 말한 것이 『논어』에 조금 남아 있을 뿐이다.

공자가 귀족이나 명문가에서 태어나지 않았다는 것은 분명하다. 바로 그러했기 때문에 공자가 새로운 사상을 적극적으로 모색할 수도 있었으리라. 기득권을 누리는 자가 혁신을 이룩하려는 경우는 매우 드물기 때문이다. 구절양장(九折羊腸)과 같은 삶, 그 속에서 경험하는 처절함과 비정함, 바로 거기에서 철저한 현실 인식이 싹트고, 이윽고 새로운 시대를 열려는 각오가 다져지는 것이다.

공자는 먼저 문인들에 의해서 떠받들어졌고, 이어 맹자를 통해 성인(聖人)으로 일컬어졌다. 한대(漢代)에는 유교가 국교화되면서 교조와 같은 지위를 얻었다. 동중서(董仲舒, 기원전 약 170~120)가 공자를 소왕(素王), 즉 무관(無冠)의 왕자로 일컬으면서 제왕의 권위를 갖게 되었고, 이후 그 지위와 권위는 흔들림이 없었다. 오히려 더욱더 신비화되는 경향이 있었고, 그럴수록 공자의 진면목을 들여다보고 이해하는 일은 더 어려워졌다. 그러나 『논어』가 남아 있다. 『논어』에는 공자의 가르침과 삶이 단편적이지만 실상 그대로 담겨 있다. 비록 사마천(司馬遷)이 〈공자세가(孔子世家)〉를 남겼다고는 하나, 그 또한 갖가지 설화와 『논어』를 바탕으로 서술된 것이어서 공자를 이해하는 데 있어 『논어』보다 낫다고 하기는 어렵다.

공자는 '춘추시대(기원전 722~481)'라 일컬어지는 시대를 살았다. 춘추시대는 주(周) 황실이 통제력을 상실하면서 강력한 제후들을 중심으로 정치 질서가 재편되던 때였다. 기원전 600년을 전후해서 각 제후국들 사이에서 전쟁은 격화되기 시작했고, 전쟁은 정치와 사회, 문화 전반에서 급격한 변화를 일으켰다. 공자 자신은 미천한 신분이었고 시대는 급격하게 변화하고 있었으니, 부침이 거듭되는 현실을 정면에서 맞닥뜨리지 않을 수 없었다. 그 와중에서 변화를 깊이 인식하고 어떻게 대응해야 할 것인지를 심각하게 고민하였다.

공자는 먼저 자신을 돌아보고 자신을 완성시키려 하였다. "열다섯에 배움에 뜻을 두고 서른에 홀로 섰다"고 하였다. 자신을 세우지 않고서 어떻게 혼란한 시대를 살아갈 것인가? 어떻게 남을 이끌고 천하를 바로 세울 것인가? 스스로 바로 서고 나서야 공자는 "마흔에 헷갈리지 않았고, 쉰에 천명을 알았다." 천명을 알았다는 것은 자신이 할 일을 알고 나아갈 길을 알았다는 말이다. 이렇게 해서 공자는 "온고이지신(溫故而知新)," 즉 옛것을 익히고 새것을 알았으니, 뛰어난 정치가가 되거나 참된 스승이 될 자격을 갖추었다.

공자는 자신이 배우고 익힌 것을 세상에 쓰고자 하였다. 세상을 외면하지 못하였고, 외면할 수도 없었다. 비록 세상이 그를 외면했을지라도 말이다. 그가 살았던 시대가 어떤 시대였는가? 수많은 제후들이 부국강병을 통해 전쟁을 끊임없이 일으키면서도 힘없는 백성들의 안위와 삶은 돌아보지 않았던 때가 아닌가. 예외적인 제후나 벼슬아치가 있기는 하였으나, 그것은 어디까지나 예외일 뿐이었다. 권력과 금력을 가진 자들은 세상을 제 손아귀에 넣고 주무르려 날뛰었고, 자신을 완성하고 천하 사람들을 위하겠다는 덕 있는 자들은 밀려나고 버림받았다. 아니, 덕 있는 자들은 아예 쓰이기가 어려웠다. 그것은 곧 시대의 불행이요 백성들의 고통이었다. 공자의 인(仁)은 바로 그런 시대에 대한 깊은 통찰과 우려에서 나왔다.

인, 즉 어짊은 공자 사상의 고갱이이다. 어짊은 나를 바로 세우고 남과 더불어 살려는 마음이다. 사사로움을 버리고 공명정대한 마음으로 천하를 껴안는 마음이다. 그런 마음은 제 한 몸을 생각하는 자가 가질 수 있는 게 아니다. 배우기를 좋아하지 않는 자가 가질 수 있는 게 아니다. 배우기만 해서도 가질 수가 없다. 배우고 익히고 실천하는 자가 비로소 그 맛을 볼 수 있다. 그 맛을 보고 나서야 비로소 모든 사람들의 삶이 내 삶처럼 보인다. 그래서 누구에게든지 지극하게 대한다. 바로 그 지극함, 한결같은 지극함이 바로 어짊이다.

그러나 공자의 어짊을 패도(覇道)를 추구하던 위정자들은 외면하였다. 부국강병과는 거리가 머니, 현실을 모르는 이상주의자, 시세에 어두운 외골수의 헛된 바람으로 치부했다. 한편, 은사(隱士)들로부터는 "안 될 줄 알면서도 하려는 사람"이라는 비난을 들어야 했다. 속세에 대한 미련을 떨어내지 못한 자라는 말이다. 도(道)를 행하려는 사람, 현실 속에서 실현하려 애쓰는 사람으로서는 당연히 겪을 일이었다. 그러나 공자가 도를 버리고 무얼 추구할 것인가? 결국 그는 물러나서 때를 기다릴 수밖에 없었고, 그 기다림은 곧 후학을 키우는 또 다른 길을 가게 하였다.

공자는 배우고자 찾아온 사람이라면 누구나 가르쳤다. 신분을 따지지 않았다. 배우고자 하는 마음가짐을 중시했다. 「술이(述而)」편에 "말린 고기 한 묶음 이상을 들고 스스로 찾아온 자라면, 내 가르치지 않은 적이 없다"고 한 말이 나온다. 누구든 마음을 다잡고 최소한의 예의만 갖추면 제자로 받아들였던 것이다.

공자는 제자이든 아니든 가르침을 바라는 자에게는 기꺼이 가르쳤다. 가르치기를 게을리 하지 않았다. 그것은 그 자신이 배움의 과정을 거치면서 배우고 가르치는 일이 어떠한지를 철저하게 느끼고 알았기 때문이다. 공자를 위대한 스승이라 일컫는 까닭이 여기에 있다. 공자의 위대함은 그 자신이 누구보다도 배우기를 좋아했다는 데에 있다. 그저 배우기를 좋아하는 사람, 얼마 동안 배우기를 좋아하는 사람이라면 어디에나, 또 언제나 있다. 그러나 일생을 한결같이 배우려고 애쓴 사람, 배우기를 즐거워한 사람은 드물다.

공자는 상황에 따라 묻는 자에 따라 알맞게 가르쳤다. 같은 물음에도 다른 대답을 해주었다. 그러나 다른 대답들, 갖가지 가르침을 꿰뚫는 것은 바로 어짊이었다. 그 어짊은 덕목에서는 참된 마음[忠]·미쁨[信]·효도[孝]·깍듯함[弟]·지극히 삼감[敬] 따위로 구체화되었고, 제도적으로는 예악(禮樂)으로 구현되는 것이었다. 이 모든 덕목과 예악은 공자를 통해서 새롭게 해석된 것들이다. 예는 고대에 제의(祭儀) 또는 제례(祭禮)를 의미하는 것이었으나, 공자를 통해 "일상에서 행하여야 할 알맞은 행동이나 행위"를 가리키는 것으로 의미가 확장되고 새로워졌다. 악 또한 마찬가지로 전혀 새로운 의미가 부여되었다. 그리하여 공자는 단순히 정치가나 교육자에서 그치지 않고, 문화를 혁신한 사상가로서 우뚝 설 수 있었다.

공자는 하늘의 길[誠]을 따르며 살려고 했던 인물이다. 공자는 "성지자(誠之者)"였다. 지극한 마음으로 한결같이 살려고 애썼던 인물이다. 거기서 동아시아의 주요한 사상인 유교(儒敎)가 나왔다. 그 유교는 나중에 성리학(性理學)으로 탈바꿈하였고, 그것은 다시 조선에서 새롭게 꽃을 피웠다. 율곡 이이를 시작으로 임성주, 홍대용, 박지원, 최한기로 이어지면서 조선성리학으로 거듭났다. 그들 모두 시대를 꿰뚫어 보고 시대를 걱정하고 시대를 내다보려 애썼다. 비록 탈바꿈을 거듭했어도, 나를 완성하고 천하를 위하려는 마음은 한결같았다. 공자로부터 변함없이 이어져 온 것이 바로 이것이다. 창조적 학문과 천하를 먼저 생각하는 마음!

그런데 여기서 뻔한 질문을 한번 던져보자. 공자는 정치가였는가? 그렇다. 정치가로서 뜻을 펴지는 못하였지만, 그는 정치가였다. 그럼에도 후대에는 그를 성인으로 또 위대한 교육자로서 추앙한다. 과연 후대의 평가는 옳은가? 지나치게 신화화 또는 신격화한 것은 아닌가? 그 대답은 바로 『논어』 속에 있다. 공자가 생각하는 정치가 어떠한 것인지를 알면 답은 나온다.

「위정(爲政)」편을 보면, 첫머리에서부터 "정치는 덕으로써 하는 것이다"라는 말이 나온다. 정치를 하는 데 있어 덕을 주요한 자질로 본 것이다. 그런데 덕은 후천적으로 공부하고 수행해서 체득한 내면의 힘이다. 그렇다면 타고난 신분으로 말미암아 통치자가 되느냐 피치자가 되느냐가 결정되는 것이 아니라, 신분보다 덕의 체득 여부가 정치가의 자격 요건이 된다는 말이다. 이는 매우 혁신적인 발상이다.

그렇다면 덕은 구체적으로 무엇이며, 어떻게 갖출 수 있는가? 「위정」편은 단순히 정치에 대한 공자의 언행만을 담고 있는 것이 아니다. 정치에 대한 공자의 주요한 사유를 보여주고 있다. 다만 근대적인 정치 또는 정치학으로는 이해하기 어려운 말들을 하고 있어서 다소 기이하거나 의아하게 여겨질 수는 있다. 아닌 게 아니라, 『논어』는 전체적으로 각 편들의 구성에서 일관성이나 통일성을 찾기가 어렵다. 이질적으로 보이는 언행들이 하나로 묶여 있는 경우가 많기 때문이다. 그러나 편찬자가 누구이든 적어도 일정한 기준 위에서 편찬했다는 것을 감안해서 볼 필요가 있고, 거기에는 공자의 사유가 드러나지는 않아도 일관되게 이어지고 있다. 그렇다고 해서 단순히 편찬자의 의도라고만 보아서도 안 된다.

「위정」편에서 둘째로 나오는 것은 "시 3백 편을 한 마디로 싸잡아 말한다면, 생각에 삿됨이 없는 것이다"라는 말이다. 시 3백 편이 어떻게 정치로 이어지는가? 바로 덕으로써 이어진다. 덕이란 "생각에 삿됨이 없는 것"이다. 그리고 그런 덕을 시를 통해서 배우고 익힐 수 있다는 것이 또 다른 의미이다.

현재 전하는 『시경(詩經)』을 『논어』에서는 단순히 '시'라고 지칭하였다. '시'에 '경'이라는 말이 붙은 것은 후대의 일이다. 공자가 편찬하였다고 여겨서 '시경'으로 일컬었다고 한다. 문제는 이 『시경』을 지나치게 도덕적으로 해석한다는 데에 있다. 이는 송대 성리학자들, 특히 주희의 영향이 컸는데, 실상은 그렇지 않다. 시란 사람의 원초적인 표현 방식이다. 『시경』의 시들도 마찬가지이다.

『시경』의 시는 크게 세 가지로 나뉘는데, 풍(風)·아(雅)·송(頌)이 그것이다. 풍은 일종의 민요로서, 민중들이 부르던 노래이다. 아는 지배 계층의 사람들이 잔치나 제례에서 부르던 노래이다. 송은 조상이나 그 거룩한 덕을 기리는 노래이다. 결국 『시경』의 시는 다양한 계층이 다양한 상황에서 부르던 노래인데, 특히 풍은 사람이 본래 지니고 있는 감성을 그대로 긍정하고 있는 노래여서 도덕이라는 잣대를 일률적으로 적용할 수 없다. 공자도 시를 끌어와서 비유로 들기는 하지만, 시의 본래 의미를 왜곡시키지는 않았다. 이치에 견주어서 풀어낼 수 있는 의미를 찾아냈을 뿐이다. 즉 관념적으로 시를 이해하고 해석하지는 않았다는 말이다. 『논어』 전편을 통해 드러나는 공자의 면모 가운데 하나는 그가 매우 감성적인 인물이었다는 사실이다. 도덕적인 관점보다는 미학적인 관점에서 공자를 볼 필요가 있다.

「양화(陽貨)」편을 보면, 어느 날 공자가 제자들에게 이렇게 말한다. "너희는 어찌 저 시를 배우지 않느냐? 시는 마음을 일으키게 하고, 사물을 살필 수 있게 하고, 사람들과 어우러질 수 있게 하고, 응등그러진 마음을 알게 한다. 가까이로는 어버이를 섬기고 멀리로는 임금을 섬길 수 있으며, 날짐승과 길짐승, 풀과 나무의 이름을 많이 알 수 있다." 공자는 시가 감정을 세련시키고 만물을 이해하게 하며 물리(物理)를 깨우치게 해준다고 여겼던 것이다.

물론 공부나 배움이 시에서 그쳐서는 안 된다. 어느 날, 공자는 아들인 리(鯉)에게 "시를 배웠느냐"고 물었다. 리가 시를 배우지 못했다고 말하자, 공자는 "시를 배우지 않으면 말할 것이 없다"고 일깨워주었다. 리가 시를 다 배운 뒤에 다시 공자는 "예를 배웠느냐"고 물었다. 리가 예를 배우지 못했다고 말하자, 공자는 "예를 배우지 않으면 설 데가 없다"고 일깨워주었다. 공자는 시를 배운 뒤에 예를 배워야 한다고 하였다.

시를 통해 감정을 풍부하게 하고 사물을 이해했다면, 상황에 알맞게 생각하고 말하고 행동하게 하는 것은 바로 예이다. 시에서 감성(感性)이 다듬어지고, 그 감성은 이성(理性)을 통해 예가 된다. 시가 내면의 영역이라면, 예는 관계의 영역이다. 따라서 이 둘을 아울러야 하는데, 그러면 맑고 지극한 심성(心性)이 갖추어진다. 결국 시를 통해 배운 것이 없다면 예는 아무런 의미가 없고, 예만 갖추어서는 각박해지기만 하거나 형식만 차리게 된다. 둘이 서로 어우러져야만 비로소 정치가 이루어진다. 바로 이것이 공자가 정치를 논하면서 예악을 중시한 이유이다.

그러면 예악은 순전히 정치나 제도적 차원에서만 거론되는 것인가? 그렇지 않다. 『대학(大學)』에서는 "수신제가치국평천하(修身齊家治國平天下)"라고 말했는데, 시를 배우고 음악을 알고 예를 행하는 것은 모두 내 몸을 잡도리하는 데서부터 천하를 태평하게 하는 데에 이르기까지 두루 통용되고 소용되는 것이다. 수신에서 평천하까지는 단계가 아니다. 그것은 동시적이다. 범위에서 좁고 넓은 차이는 있으나, 그것을 관통하는 것은 하나이다.

귀족이든 선비이든 그들은 한 개인이면서 한 집안의 구성원이고 또 한 나라의 벼슬아치이다. 더 크게는 천하의 사람들 가운데 하나이다. 그들이 어디에 있든 그들은 정치에서 벗어나 있지 않다. 한 개인으로서 행동하든 벼슬에 나아가 직무를 담당하든 그는 언제나 정치를 한다. 즉 정치라고 할 것이 따로 없다는 말이다. 하찮은 백성들조차 세금을 내는 정치적 행위를 하지 않는가.

「위정」편을 보면, 누군가가 "선생께서는 어찌 정치를 하지 않으십니까?" 하고 묻자, 공자는 "서에, '효도하고 오로지 효도하며, 형제끼리 잘 지내고, 이를 옮겨서 정치를 있게 하라!'라고 하였으니, 이 또한 정치를 하는 것이오. 어찌 정치를 한다는 게 따로 있겠소?"라고 대답하였다. 여기에 공자가 말하는 정치의 의미가 명확하게 드러나 있다.

정치란 한 나라를 유지하고 사회의 질서를 바로잡기 위해 행하는 모든 것들이다. 나라와 사회를 구성하는 요소는 무수히 많다. 그러나 그 요소 가운데 핵심은 사람이다. 정치를 행하는 것도 사람이고, 정치로 말미암아 억눌리거나 정치의 혜택을 받는 것 모두 사람이다. 사람은 일상을 벗어나지 못한다. 위정자의 일상이 정치라면, 농부의 일상은 농사이다. 일상을 벗어나서 생활하는 사람은 없다. 가령 산악인이 여섯 달을 준비해서 훈련하여 높고 험한 산을 한 번 올랐다고 했을 때, 준비한 여섯 달도 그에게는 일상이고 그 산에 단 한 번 오르는 일도 그대로 일상이다. 그렇듯이 정치도 바로 그 일상에서 이루어지는 일일 수밖에 없다.

효도하고 형제끼리 잘 지내는 것, 이것은 정치의 시작이요 끝이다. 천자나 군주에게는 부모가 없고 형제가 없는가? 천자나 군주의 다스림도 결국 부모나 자식, 형제들과의 관계에서 시작되고, 그것이 천하 사람들에게까지 펼쳐지는 데서 마무리된다. 공자가 비록 정치판에 나아가서 자기 뜻을 펼치는 것을 일생의 사명으로 여기기는 했지만, 그렇다고 해서 벼슬을 하지 않으면 정치를 하는 것이 아니라고 여긴 것은 아니었다. 이는 매우 중요한 공자의 정치사상이다.

정치가 일상에서 이루어지는 일이라고 한다면, 즉 일상이 그대로 정치를 하는 마당이라고 한다면, 정치와 배움은 전혀 별개의 것이 아니게 된다. 나아가고 물러남도 둘이 아니게 된다. 나아가면 나아간 대로 정치를 하고, 물러나면 물러난 대로 일상을 영위한다. 나아감과 물러남은 상황에 따른 선택적 행위일 뿐이지만, 그런 행위가 상황에 알맞다면 그것이 바로 도이고 예이다.

도는 어디에나 있다. 그 도를 정치 속에서 구현하면 그것이 예가 된다. 도와 예는 다르지 않다. 이름만 다를 뿐이다. 도와 예는 일상의 정치를 달리 일컬은 말이다. 공자는 배우기를 좋아했고 배운 것을 익히려고 애썼는데, 그가 배우고 익히려 한 것은 바로 도였다. 그 도에서 그는 예악을 끌어냈다. 자연의 도가 문명의 예악이 된 것이다. 이 예악에 바로 공자의 정치사상이 고스란히 담겨 있고, 그것을 관통하는 하나가 바로 어짊이다.

공자의 어짊은 바로 사람들이 모여 사는 곳에서 필요한 덕목이다. 혼자 사는 사람에게 무슨 어짊이 필요한가? 공자는 철저하게 문명 속에서 산 사람이다. 문명을 부정한다고 해서 문명이 없어지지 않는다는 것을 공자는 잘 알고 있었다. 그러므로 그 문명 속에서 자연에 있는 도를 구현하는 것이 최선의 길이었다. 공자의 사상은 바로 문명, 문명을 인정하는 데서부터 출발한다. 그러나 그 문명은 사람들의 일상이 빚어낸 복잡한 꼴이다. 그러니 어찌 일상에서 시작하지 않을 수 있겠는가?

공자가 정치가이면서 동시에 교육자가 될 수 있었던 것은 정치에 대한 이런 독특한 사유 때문이다. 일상을 긍정하고 중시한다면, 어디에 있든 어떤 상황에 놓이든 그 자신이 해야 할 일을 한결같이 할 수밖에 없지 않겠는가? 벼슬살이를 한다면 벼슬아치로서 일상을 살 것이고, 벼슬에서 물러난다면 선비로서 일상을 살 것이다. 벼슬아치라면 천하를 위한 정치에 매진할 것이고, 일정한 자리가 없는 선비라면 후진을 양성하는 데에 온 힘을 다 쏟을 것이다.

『논어』는 공자가 사유한 단상들만 보여주지만, 그 단상들은 한 마디로 줄일 수 있다. 그것은 바로 '일상의 정치'이다. 밥 먹고 잠 자는 일상이 바로 정치의 시작이고, 잘 먹고 잘 자는 것이 정치의 끝이다. 내가 먹고 자듯이 부모와 형제도 먹고 자고 남들도 먹고 잔다. 모든 사람이 잘 먹고 잘 살도록 이끄는 것이 선비의 일이다. 그 일을 하는 것이 바로 어짊의 실천이다.

「태백(泰伯)」편에 "시에서 일어나고 예의에 서며 음악에서 이룬다"는 말이 나온다. 시와 예의와 음악을 하나로 싸잡아서 말하면, 그것은 삶의 율동이다. 율동이 있어 물 흐르듯이 흘러가는 일상, 막힘이 없고 걸림이 없이 자유자재한 삶, 그것이 정치로써 이루고자 하는 전부이다. 공자는 바로 이를 말하고자 하였다.

1편

◉

학이

(學而)

1-1

子曰: "學而時習之, 不亦說乎! 有朋自遠方來, 不亦樂乎! 人不知而不慍, 不亦君子乎!"

스승께서 말씀하셨다.

"배우고 그것을 때맞게 익히면, 이야말로 기쁘지 아니하냐! 길벗이 먼 데서 찾아오니, 이야말로 즐겁지 아니하냐! 남이 알아주지 않아도 성내지 않으니, 이야말로 군자가 아니겠느냐!"

注釋 자(子)는 본래 경(卿)이나 대부(大夫)를 가리키는 말이었는데, 『논어』에서는 공자를 가리킨다. 이로부터 스승을 뜻하는 높임말로 쓰이게 되었다. 학(學)은 모르던 것을 보거나 듣는 일이다. 시(時)는 일정한 때, 적절한 때, 곧 알맞은 때를 가리킨다. 습(習)은 배운 것을 제대로 익히는 일이다. 열(說)은 열(悅)과 같다. 흥이 나며 기쁨과 즐거움을 느끼는 것이다. 붕(朋)은 본래는 같은 문하에서 공부한 사람을 가리키지만, 여기서는 지향하는 바가 같고 뜻을 함께 하는 사람을 뜻한다. 인(人)은 넓게는 모든 사람, 좁게는 사(士) 이상의 지배계층을 가리킨다. 여기서는 지배계층 가운데서도 이익을 추구하는 자들, 즉 소인(小人)을 가리키는 것으로 볼 수 있다. 온(慍)은 성이 나서 생기는, 탓하는 마음이다. 군자(君子)는 덕을 쌓는 공부를 하거나 덕을 쌓은 사람이다.

蛇足 배움이 곧 앎은 아니다. 배운 것이 옳은지 그른지는 알 수 없다. 옳은지 그른지를 알려면 경험을 통해 확인해봐야 한다. 그러나 아무 때나 경험하고 확인할 수 있는 게 아니다. 배운 것을 경험하기에 적절한 때를 기다려야 한다. 바로 '그 때'에 배운 것을 실제로 해보는 것, 이것이 익히는 일이다. 이렇게 익혀야만 비로소 그 참뜻을 알게 된다. 참뜻을 알게 되니, 이 얼마나 기쁜가! 이런 기쁨을 맛보게 되면, 배우기

를 진정으로 좋아하게 된다. 여기서 앎은 관념적이거나 규정적인 앎이 아니다. 실천적이고 경험적인 앎이다. 지극히 미학적이다.

익혀서 아는 기쁨은 배우기를 좋아하게 만든다. 배우기를 좋아하는 사람들은 언젠가는 서로 만난다. 아무리 멀리 떨어져 있어도 만나게 마련이다. 그런 사람들은 만나자마자 서로 벗인 줄을 안다. 우연히 만나면 기쁘고, 일부러 만나면 즐겁다. 처음 보아도 십 년은 사귄 것 같은 벗, 십 년을 알고 지내도 늘 새롭게 느껴지는 벗이야말로 참된 벗이다. 그런 벗은 내가 무슨 말을 하든지 무슨 행동을 하든지 다 이해하고 알아준다.

벗이 아니라면 나를 진정으로 알아주기 어렵다. 오해나 근거 없는 비난도 얼마든지 있다. 그러나 성낼 필요는 없다. 나를 아는 이는 벗이요, 나를 모르는 이는 그저 남일진대, 남이 알아주지 않는 것은 당연하지 않은가! 나를 모르는 자가 나를 알아주지 않는 것에 성을 낸다면, 내가 이미 어리석은 자요, 소인이다.

1-2

有子曰: "其爲人也, 孝弟而好犯上者, 鮮矣. 不好犯上而好作亂者, 未之有也. 君子務本, 本立而道生. 孝弟也者, 其爲仁之本與!"

유자가 말하였다.

"그 사람됨이 말이야, 효성스럽고 깍듯하면서 윗사람을 거스르기 좋아하는 자는 드물어. 윗사람을 거스르기 좋아하지 않으면서 어지럽히기 좋아하는 자는 여태껏 없었어. 군자는 근본에 힘쓰는데, 근본이 서면 도가 생겨나기 때문이지. 효성스럽고 깍듯한 것, 그것이 어짊을 행하는 근본이야!"

注釋 유자(有子)는 공자의 제자로, 성은 유(有)이고 이름은 약(若)이며 공자보다 열셋 또는 서른세 살 아래라고 한다. 효(孝)는 자식이 부모를 섬기는 도리이다. 제(弟)는 깍듯하다는 뜻으로 제(悌)와 같으며, 나이가 적은 사람이 나이 많은 사람을 대하는 마음가짐이다. 효제는 유가 사상이 가족관계에서 출발하며 혈연관계를 중시한다는 것을 잘 보여주는 덕목이다. 범(犯)은 거스른다는 뜻이다. 상(上)은 신분이나 벼슬이 높은 사람이다. 선(鮮)은 적다, 드물다는 뜻이다. 미지유야(未之有也)는 '미유지야(未有之也)'의 도치 구문이다. 기위인지본(其爲仁之本)은 "어짊을 행하는 근본이다" 또는 "어짊의 근본이 된다"라는 두 가지로 풀이된다. 그러나 앞에 나오는 '본립이도생(本立而道生)'을 염두에 두면, "어짊을 행하는 근본이다"라는 뜻이 적절하다.

蛇足 유자의 이 말은 참으로 공자의 말과는 차원이 다르다. 실천보다 관념이 앞선 말이라는 느낌이 강하게 든다. 스스로 온전하게 체득하지 못한 것을 말하였기 때문이리라.

모든 윗사람이 올바르고 이치에 합당한가? 아무리 효도하고 깍듯하게 한다고 하더라도, 무슨 일에서나 아무런 판단 없이 따라야 하는 것은 아니다. 신분이나 벼슬이 높다고 해서 따르고, 도리에 맞는지 맞지 않은지를 판단하지 않는다면, 어찌 군자라 하겠는가? 설령 당장에는 비난을 면하지 못한다 하더라도, 학인이라면 도에서 벗어나지 않도록 해야 한다. 효제는 어짊의 부분이지 전부는 아니다.

윗사람을 거스르는 일은 곧 어지럽히는 일이다. 다만 그 어지럽힘이 혼란만 조장하는 것이냐, 아니면 시대의 변화를 따르는 혁신이냐 하는 점에서 차이가 있다. 윗사람은 대체로 변화를 거부하고 현재의 상황을 지속하려는 욕망을 갖는다. 그런 윗사람의 욕망을 아무런 비판 없이 수용해야 하는가? 유자의 말대로라면 문명의 역사에서 혁신은 없었다는 뜻이 된다. 공자가 말하는 군자 역시 옛것을 본받으면서도 혁신을 추구하는 존재가 아닌가. 그리고 무엇보다도 정치에서는 윗사람보다 백성들의 삶과 뜻을 거스르지 않는 것이 요체가 아닌가.

유자는, 군자는 근본에 힘쓰며 근본이 서면 도가 생긴다고 하였다. 그 근본이 바로 효성과 깍듯함이라 하였는데, 과연 그러한가? 효성과 깍듯함은 어짊이 가장 가까운 관계에서 드러난 것일 뿐이다. 결코 어짊의 근본은 아니다. 어짊의 근본은 지혜이다. 지혜의 근본은 어짊이다. 이 둘은 서로 짝이 된다. 지혜가 없는 어짊은 맹목이 되고, 어짊이 없는 지혜는 냉혹해진다. 지혜와 어짊을 아울러 지니도록 애써야 나를 바로 세우고 남을 위하는 삶을 이룬다.

유자의 발언은 참으로 치우쳤다. 유자는 근본을 말했으나, 근본을 알지 못하였다. 효성과 깍듯함은 아는 듯하나, 기실 어짊과 지혜를 알지 못하니 참으로 아는 게 아니다.

1-3

子曰: "巧言令色, 鮮矣仁!"

스승께서 말씀하셨다.
"번드러운 말과 꾸민 낯빛에는 드물도다, 어짊이!"

注釋 교(巧)는 겉을 매끈하게 꾸미는 것이고, 령(令)은 예쁘게 보이려고 꾸미는 것이다. 이에는 내실(內實)이 없다. 이른바 위선적인 말과 행동을 가리킨다.

蛇足 번드러움과 꾸밈은 드러나는 것이다. 드러난 것이 교묘하다고 해서 부정할 것은 아니다. 어짊은 결여한 채 겉만 꾸미는 데에 치중한다는 말이다. 어짊은 바로 지극한 마음이다. 지극한 마음은 『중용(中

25

庸)』에서 말한 성스러움[誠]이다. 성스러움은 하늘의 도이고, 하늘의
도는 지극함이다. 우리 눈에 보이거나 말거나 쉬지 않고 뜨고 지는 해
와 같은 것, 끊임없이 오고 가는 네 계절과 같은 것, 그것이 지극함이다.
그런 지극함이 담겨 있지 않은 말과 낯빛은 번드럽게 꾸민 것일 뿐이
다. 어짊은 고사하고 어찌 미쁨조차 있다고 하겠는가?

1-4

曾子曰: "吾日三省吾身. 爲人謀而不忠乎? 與朋友交而不信
乎? 傳不習乎?"

증자가 말하였다.
"나는 날마다 세 가지로 내 몸을 돌이켜 본다. 남을 위해 일을
꾀함에 참마음으로 하였는가? 벗을 사귐에 미쁨이 있었는가?
배운 것을 익혔는가?"

注釋　증자(曾子)는 공자의 제자로, 이름은 삼(參)이고, 자는 자여
(子輿)이다. 공자보다 마흔여섯 살 아래이다. 삼성(三省)은 '세 번 살핀
다' 또는 '세 가지를 살핀다'는 뜻이다. 이어지는 글을 볼 때, 후자의 뜻
이 타당하다. 충(忠)은 참된 마음이다. 이치나 도리에 어긋나려 하지 않
는 마음이다. 신(信)은 나의 지극함이 전해져서 상대가 갖게 되는 믿음
이다. 전(傳)은 스승의 가르침이다. 습(習)은 배운 것을 익혀서 알려고
하는 행위이다.

蛇足　왜 하필 세 가지만 살피는가? 반성에 있어 가장 기본적인 것
이어서 그러한가? 그러나 1-1에서 공자가 학인의 공부, 군자가 가야
할 길에 대해 말한 것만큼은 매끄럽지도 적실하지도 않다.

26

학인은 늘 자신을 되돌아보아야 한다. 자신의 생각과 말과 행동 어느 것이든 찐덥지 않은 느낌이 들 때마다 돌아보아야 한다. 어찌 하루에 세 번 또는 세 가지 일을 되돌아보는 데서 그치겠는가? 또 '위인모(爲人謀)'와 '여붕우교(與朋友交)'와 '전(傳)'은 군더더기이다. 특히 앞의 둘은 충과 신의 의미를 좁게 만들어버린다. 무엇보다도 참마음과 미쁨과 익힘은 한 마음의 다른 표현이다. 남을 위할 때나 벗을 사귈 때나 배우고 익힐 때나 한결같이 잊지 말아야 할 것은 지극함이다. 지극한 마음이 충(忠)이다. 그 충을 벗과의 관계에서 행하는 것이 신(信)이다. 배운 것을 때맞게 행하는 것, 그 또한 충이다. 그래서 충은 한결같은 마음이기도 하다. 나라면 이렇게 말하겠다. "나는 무언가 찐덥지 않은 느낌이 들 때마다 나를 돌아본다. 내가 왜 지극하게 하지 못했는지를."

1-5

子曰: "道千乘之國, 敬事而信, 節用而愛人, 使民以時."

스승께서 말씀하셨다.
"전차 천 대의 나라를 다스림에 있어서는 지극히 삼가는 마음으로 일하고 미쁘게 하며, 절도 있게 재물을 쓰되 사람을 아끼며, 백성을 때에 맞게 부려야 하느니라."

注釋 도(道)는 치(治) 또는 리(理)와 같다. 다스린다는 뜻이다. 승(乘)은 고대 중국에서 말 네 필이 끄는 전차였다. 이 전차의 대수가 국가의 강약을 저울질하는 잣대였다. 춘추시대 초기에는 천승지국(千乘之國)이 대국이었으나, 공자 시대에는 그렇지 않았다. 경(敬)은 바라는 바가 있어서 신에게 비는 그런 지극하고 간절한 마음이다. 경은 본래 하늘에 대해 지극히 삼가는 태도인데, 사람이나 사물에 대해서 쓰이게

되었다. 충(忠)과 통한다. 충은 자기 내면에서 지극히 삼가는 마음이다. 절용(節用)은 써야 할 데와 써서는 안 될 데를 잘 구분해서 쓰는 것이다. 무조건 아껴야 한다는 말이 아니다. 제대로 알맞게 쓰는 것이 곧 아껴 쓰는 일이다. 인(人)은 뒤에 나오는 민(民)과 짝이 되어서, 사(士) 이상의 계층을 가리킨다. 민(民)은 농민과 공인, 상인 등 피지배계층을 가리킨다.

蛇足　도(道)는 다스림이다. 다스림은 일과 사람들을 조화롭게 할 때 이루어진다. 일은 허투로 해서도 안 되고 결과를 미리 생각하면서 해서도 안 된다. 일은 그저 진행되는 것일 뿐이다. 그러므로 일 자체에 마음을 쏟아야 한다. 그것이 바로 경(敬)이다. 경이 신에 대해서가 아닌 일에 대해서 갖는 마음가짐이라는 것은 사유가 신 중심에서 인간 중심으로 진전되었음을 나타낸다.

모듬살이에는 재물이 필요하다. 재물을 잘 얻는 것은 필요조건이요, 잘 쓰는 것은 충분조건이다. 이 둘을 고루 갖추어야 국가의 경제가 원활해진다. 재물에 치중하여 사람을 잃어서도 안 된다. 재물이란 사람을 위한 것이고 모듬살이를 위한 것일 뿐이다. 살기 위해 재물이 필요한 것이지, 재물을 위해 사는 것은 아니다. 사람을 아끼는 것이야말로 국가 경영의 요체인데, 이 또한 인간 중심의 사유에서 비롯된 것이다.

백성을 때에 맞게 부림은 농사지을 때에 농사를 짓게 하고, 농한기에 부역에 종사하도록 한다는 말이다. 이는 때를 안다는 것이며 백성의 삶을 돌본다는 뜻이다. 때를 모르는 것은 지혜가 없음이요, 백성을 돌보지 않는 것은 어짊이 없음이다. 지혜와 어짊을 갖추는 것, 이것이 일상의 정치에서나 국가의 정치에서 처음이며 끝이다.

子曰: "弟子, 入則孝, 出則弟, 謹而信, 汎愛衆而親仁, 行有餘
力, 則以學文."

스승께서 말씀하셨다.
"배우는 자는, 들어와서는 효도하고 나가서는 깍듯하며, 말을
삼가고 미쁘게 하며, 널리 사람들을 아끼되 어진 이를 가까이
할 것이니, 그렇게 하고도 남는 힘이 있으면 그때 문화를 배우
느니라."

注釋　제자(弟子)는 나이가 어린 사람 또는 학인을 가리킨다. 여기
서는 두 가지가 어우러져서 쓰였다. 입(入)은 '집 안에서'라는 뜻이다.
출(出)은 정치적·사회적 활동을 뜻한다. 근(謹)은 말을 적게 하되 적실
하게 하는 것이다. 신(信)은 말이 알차서 주는 믿음이다. 범(汎)은 두루,
널리를 뜻한다. 범애(汎愛)는 차별하지 않고 두루 아낀다는 뜻이다. 이
에는 사람은 누구나 귀하다는 의미가 담겨 있다. 중(衆)은 신분을 넘어
서 모든 사람을 가리킨다. 친인(親仁)은 나 또한 어질고 지혜로워지기
위해서 어진 이를 가까이하면서 배운다는 뜻이다. 행(行)은 배운 것을
익히는 습(習)과 달리, 아는 것을 아는 대로 하는 것을 가리킨다. 여기
서는 앞서 언급한 것을 다 이른다. 문(文)은 문화 전반을 가리킨다. 행
이 내실(內實)이라면 문은 외화(外華)이다.

蛇足　먼저 1-2에서 유자가 말한 것과 비교해보고 곰곰 생각해보라.
　　제자는 배우는 자이다. 배움은 일상에서 비롯되고 일상에서 끝난다.
집에서는 효도하고 나가서는 깍듯하게 하는 것, 이는 아랫사람이 윗사
람에게 해야 할 일이다. 말을 삼가고 미쁘게 하는 것, 이는 동료나 벗들
사이에서 해야 할 일이다. 널리 사람들을 아끼면서 늘 어진 이를 가까

이하려는 것, 이는 가르치거나 다스리는 위치에서 해야 할 일이다. 그러나 효도와 깍듯함, 삼감과 미쁨, 아낌과 가까이함은 어짊과 지혜를 일상에서 완성하기 위해 해야 할 일들이다. 모두 실천적인 공부일 따름이다. 그런 공부를 먼저 하는 자가 제자요 학인이다. 가장 나중에 하는 것이 다양한 문화를 배우는 일이다. 문(文)은 아름다움과 세련됨의 영역이다. 실천적 공부를 우선하지 않고 문화를 배운다면, 알맹이 없이 교묘함과 꾸밈으로 치우쳐서 허망해지기 쉽다. 회사후소(繪事後素)!

1-7 ————————————————————

子夏曰: "賢賢易色. 事父母, 能竭其力; 事君, 能致其身; 與朋友交, 言而有信, 雖曰未學, 吾必謂之學矣."

자하가 말하였다.
"현자를 현자로 대하고 낯빛을 부드럽게 하라. 어버이를 섬김에 있는 힘을 다할 수 있고, 임금을 섬김에 제 몸을 내던질 수 있고, 벗을 사귈 때에 말에 미쁨이 있으면, 비록 그가 배운 적이 없다고 하더라도 나는 반드시 '그는 배웠다'라고 말하겠다."

注釋　　자하(子夏)는 공자의 제자로, 성은 복(卜)이고 이름은 상(商)이며, 공자보다 마흔네 살 아래이다. '현현이색(賢賢易色)'에 대해서는 해석이 분분하다. 대체로 현(賢)은 현숙함, 현숙한 부인을, 색(色)은 여색이나 용모를 뜻하는 것으로 본다. 그러나 나는 달리 해석한다. '현현'은 '군군, 신신, 부부, 자자(君君臣臣父父子子)'와 같은 용법으로 쓰였다고 보아서, "현자를 현자로서 대하여 본받고 배우기를 힘쓴다"는 뜻으로 풀었다. 또 색(色)은 『논어』에서 대체로 낯빛을 뜻하는 말로 쓰였다.

앞의 1-3을 비롯해서 2-8, 5-19, 5-25, 10-3, 10-4, 11-21, 17-12 등등에서 그러하다. 그렇다면 자하 역시 이런 맥락을 벗어나서 말하지는 않았으리라 본다. 그래서 '이색(易色)'을 낯빛을 가다듬다, 낯빛을 부드럽게 하다는 뜻으로 풀었다. 갈(竭)은 다하다는 뜻이다. 치(致)는 바치다, 아낌없이 내던지다는 뜻이다.

蛇足　현현이색(賢賢易色)은 어떻게 풀더라도 전체적인 맥락에서 벗어난다. 억지로 덧붙인 말처럼 어색하다. 굳이 의미를 부여하자면 이러하다. '현현'은 현자를 알아보고 현자로서 대접하는 것으로, 그런 안목과 마음가짐을 가지도록 학인에게 강조한 말로 볼 수 있다. '이색'은 그런 안목과 마음가짐이 낯빛과 자태에서 자연스럽게 드러나도록 하라는 것으로, 부드러움은 배움이 완전히 익었을 때 저절로 갖추어진다.

능(能)은 적절하지 못한 말이다. "나는 반드시 '그가 배웠다'고 말하겠다"고 한 말이 타당해지려면 '능'은 없어야 한다. 능은 가능성이지 현실태는 아니기 때문이다. 자하가 말한 세 가지를 할 능력은 누구에게나 있다. 그것만으로 "그가 배웠다"고 말하기에는 부족하다. "어버이를 섬김에 있는 힘을 다하고, 임금을 섬김에 제 몸을 내던지고, 벗을 사귐에 미쁨이 있는" 사람이라면, 그는 이미 배운 사람이다.

집에서는 부모를 섬기고, 벼슬을 하면 군주를 섬긴다. 섬김에 있어서는 제 몸과 마음을 다해야 한다. 벗을 사귐에서도 말에 미쁨이 있어야 한다는 것은 당연하다. 그러나 그 당연함이 당연하게 여겨지지 않았던 시대가 참 많았다. 아니, 거의 모든 시대에서 당연함은 당연함으로 통용되지 못했다. 그 당연함을 당연하게 만들려고 애쓰는 것이 배움이요, 그 배움의 길을 묵묵히 가는 자가 학인이며 군자이다. 그러니 이미 당연한 것을 당연하게 했다면, 굳이 따로 배운다고 할 것이 없다. 벌써 배운 사람이기 때문이다.

1-8

子曰: "君子, 不重則不威, 學則不固. 主忠信, 無友不如己者, 過則勿憚改."

스승께서 말씀하셨다.
"군자란 무게가 없으면 위엄이 서지 않고, 배우더라도 단단하지 않다. 그러니 참된 마음과 미쁨을 주로 하고, 자기보다 못한 이를 벗하지 말며, 허물이 있으면 고치기를 꺼리지 말라."

注釋 중(重)은 무게가 있다는 뜻으로, 믿음을 줄 수 있는 말과 행동을 스스로 하는 것이다. 위(威)는 다른 사람이 자연스럽게 따르도록 만드는 힘이다. 고(固)는 굳다, 단단하다는 뜻으로, 여기서는 허술하지 않음, 빈틈이 없음을 가리킨다. 탄(憚)은 싫어하여 꺼리는 마음이다. 꺼리게 되면 곧바로 행동으로 옮기지 못한다.

蛇足 '주충신(主忠信)' 이하는 「자한(子罕)」편에서 독립되어 나온다. 아마도 각기 다른 상황에서 말한 두 구절이 하나로 묶인 게 아닌가 여겨진다.

무게가 없다는 것은 가벼이 말하거나 행동한다는 뜻이다. 그렇게 해서는 믿음을 주기 어렵다. 믿음을 주지 못하니 위엄이 서지 않는 것은 당연하다. 위(威)는 상대를 마음으로부터 따르게 하는 위엄(威嚴)이지, 윽박질러서 누르는 위압(威壓)이 아니다. 위엄은 나 자신의 수양에서 나오는 힘이고, 위압은 권력이나 금력처럼 외부의 힘에 기대어 행사하는 폭력이다.

배워도 단단하지 못한 것은 때맞게 익히지 않았기 때문이다. 무게가 없음은 차근차근 나아가려는 생각이 없어서인데, 그래서 욕심만 앞서서 사물을 올바르게 보거나 상황을 제대로 판단하지 못하게 된다. 그러니 배워도 그 배움을 익힐 만한 때를 알아채기가 어렵다.

나보다 못한 사람은 '타산지석(他山之石)'으로 삼아 나를 되돌아보게 되는 선지식으로 삼아야지, 함께 어울릴 벗으로 삼아서는 안 된다. 근묵자흑(近墨者黑)!

학인은 완성된 사람이 아니다. 그래서 허물을 지을 수도 있고 또 짓기도 한다. 허물을 짓는 게 문제가 아니다. 허물을 고치려 하지 않는 게 문제이다. 학인은 쉼 없이 배우는 사람이다. 나에게 어떤 허물이 있는지를 알려고 하는 것이 배움이다. 그래서 공부는 자신에게서 시작된다.

그런데 공자는 "꺼리지 말라"고 말하였다. 왜인가? 사람이란 허물이 있는 줄 알게 되면, 먼저 움츠러든다. 남들이 알아챌까 걱정하면서 부끄러움이 앞선다. 부끄러움을 아는 것은 나쁜 게 아니다. 그래서 "부끄러움을 아는 것이 용기이다"라는 말도 하는 것이다. "꺼리지 말라"는 것은 일단 드러내놓으라는 말이다. 병이 있으면 소문을 내야 고칠 방도를 찾기가 쉽다. 스스로 숨기려 해서는 고칠 길이 요원하다. 그럼에도 사람은 허물이 있는 줄 알면 부끄러움에 숨기려고 몸과 마음을 사린다. 공자는 그런 심리를 꿰뚫어 보았던 것이다. 자, 그렇다면 움츠러들지 말자. 그렇다고 뻔뻔해져서는 안 되지만, 고치려 애쓰는 한 고칠 날이 반드시 온다. 새삼 공자의 통찰이 느껴진다.

1-9

曾子曰: "愼終追遠, 民德歸厚矣."

증자가 말하였다.
"장례를 삼가는 마음으로 치르고, 조상의 제사를 잊지 않으면, 백성들의 마음이 두터워진다."

注釋 종(終)은 어버이가 세상을 떠나서 치르는 장례를 뜻한다. 그 장례를 지극한 마음으로 치르는 것이 신종(愼終)이다. 원(遠)은 세상을 떠난 지 오래된 조상을 뜻한다. 그 조상을, 또는 조상의 뛰어난 덕을 추억(追憶)하는 것이 추원(追遠)이다. 본래 덕(德)은 타고난 성품이 아니라 후천적인 노력에 의해 갖게 된, 도에 합당한 마음 또는 올바른 마음을 가리킨다. 그러나 여기서는 그 의미가 모호하다. 백성의 덕이므로 은혜를 느끼는 마음을 뜻할 수도 있고, 또는 그저 마음을 가리킬 수도 있다.

蛇足 그런데 신종과 추원이 과연 백성들의 삶에서 가능한 일인가? 이는 지배계층의 덕목이요 윤리이다. 지배계층이 장례와 제사를 삼가며 잊지 않는 것이 어찌 백성들의 마음이 넉넉해지는 일과 연관되는가? 이는 의문이다. 백성들이 은혜를 느끼는 마음을 가질 때는 살림살이에 걱정이 없을 때이다.

공자는 예를 말했고, 그 예는 제례에서 비롯되었다. 또 공자는 제사에서 가져야 할 마음에 대해서도 말하였다. 그러나 공자는 산 사람의 마음가짐에 대해서 말하였다. 반면에 장례를 치르고 제사를 지내는 사람의 마음가짐에 대해서는 전혀 언급이 없고 암시도 주지 않고 있다. 백성은 장례나 제사보다 오로지 어떻게 살 것인가에 마음을 둔다. 살림살이가 넉넉할 때에나 죽은 이를 기릴 수 있다. 물론 때로는 살림을 넉넉하게 해달라고 조상들께 빌기도 한다. 그러나 그것은 그대로 비극이다.

군주나 벼슬아치는 장례와 제사보다 백성들의 살림살이를 먼저 생각해야 한다. 결국 장례나 제사도 산 사람들을 위한 것이 아닌가! 증자는 공자가 말한 예를 지나치게 좁게 해석하거나 다소 곡해하였다. 증자뿐만 아니라 유자에게서도 이러한 점을 볼 수 있었는데, 이것이 결국 유가가 허례와 형식주의에 사로잡혔다는 비난을 받게 되는 원인이 되었다고 하겠다.

12-19에서 보듯이 공자는 간단하게 말한다. "그대가 착해지려 하면, 백성들도 착해진다." 핵심을 찌른 말이다. 또 14-41의 "윗사람이 예를 좋아하면, 백성들은 부리기 쉽다"는 말과 견주어보라.

1-10

子禽問於子貢曰: "夫子至於是邦也, 必聞其政. 求之與, 抑與之與?" 子貢曰: "夫子, 溫良恭儉讓以得之. 夫子之求之也, 其諸異乎人之求之與?"

자금이 자공에게 물었다.
"저 스승께서는 이런 나라에 이르시면 반드시 그 정치에 대해 들으십니다. 이건 스승께서 구하시는 겁니까, 아니면 주어지는 것입니까?"
자공이 말하였다.
"스승께서는 따스함과 선량함과 얌전함과 오달짐과 낮춤으로써 얻으시오. 스승께서도 구하시기는 하지만, 아마 남들이 구하는 것과는 다르겠지요?"

注釋 자금(子禽)은 진강(陳亢)의 자이다. 그가 공자의 제자인지는 확실하지 않다. 19-25에서 자금이 한 말을 보면, 공자의 제자가 아닌 듯하다. 자공(子貢)은 공자의 제자로, 성은 단목(端木)이고 이름은 사(賜)이다. 공자보다 서른한 살 적다. 부자(夫子)는 고대의 경칭(敬稱)으로, 대부 이상의 사람을 이렇게 불렀다. 공자가 노나라에서 사구(司寇) 벼슬을 지냈기 때문에 제자들이 그를 이렇게 부른 것으로 보인다. 이것이 나중에 스승을 일컫는 말로 쓰이게 되었다. 문(聞)은 물음을 듣고 가

르침을 베푸는 일을 가리킨다. 온(溫)은 따뜻함, 부드러움이다. 량(良)은 좋다, 착하다는 뜻이다. 공(恭)은 얌전하다는 뜻이다. 검(儉)은 허수한 데가 없이 야물게 하는 것을 뜻한다. 양(讓)은 자신을 낮추는 행동이다. 기저(其諸)는 혹시, 아마 등의 뜻이다.

蛇足 자공은 손꼽히는 부자이면서도 배우기를 좋아했던 인물이다. 1-15를 보면 잘 알 수 있다. 그런데 왜 마지막에 "아마"라고 하며 불확실하게 말했을까? 아마 자금이 스승을 바라보는 태도에 따른 것이리라. 19-25에 자금은 자공에게 "그대가 공손해서 그렇지, 중니가 어찌 그대보다 현명하겠소?"라고 말하는 대목이 나온다. 이를 보면, 자금은 공자를 높이 평가하지 않았고, 또 공자를 제대로 이해하지 못했다고 할 수 있다. 위에서도 자금의 태도는 공자를 마뜩찮게 여기고 있는 듯한데, 자공이 어떻게 말하든 곧이곧대로 받아들일 리가 만무하지 않은가. 그래서 확실하게 못을 박지 못했을 것이다.

공자는 배우기를 좋아했다. 이는 동시에 가르칠 만하면 기꺼이 가르쳤다는 것을 의미한다. 7-2에서 겸손하게 은근히 "남을 가르치는 일을 게을리하지 않았다(誨人不倦)"고 하였다. 예악으로써 어진 정치가 행해질 수 있다면, 무엇을 꺼리겠는가? 그러나 세상 사람들은 그 내면을 들여다보지 못하고, 드러난 것만 보고 판단한다. 3-18에서 공자가 스스로 말한 것처럼, 나는 예를 다했을 뿐인데 남들은 아첨한다고 하는 격이다. 공자에 대해 선입견을 가진 듯한 자금이 어찌 이해하리오. 자금뿐만 아니라 공자를 낮추보거나 헐뜯는 자들이 적지 않았을 것이다. "상갓집 개!"라는 말까지 듣지 않았는가.

子曰: "父在, 觀其志; 父沒, 觀其行; 三年無改於父之道, 可謂
孝矣."

스승께서 말씀하셨다.
"아버지가 살아 계실 적에는 그 뜻을 살피고, 아버지가 돌아가
시면 그 행적을 깊이 생각하며 3년 동안 아버지의 길을 고치지
않으면, 효도한다고 할 수 있다."

注釋　　관(觀)은 살핀다, 깊이 생각한다는 뜻이다. 기(其)에 대해서
는 일반적으로 자식을 가리키는 것으로 풀이한다. 그러나 "삼년무개(三
年無改)" 이하를 보건대, 자식보다는 아버지로 보는 것이 적절하고, 또
무엇보다도 공자의 말하기가 늘 일상의 구체적인 상황 속에서 이루어
진다는 점을 감안할 필요가 있다. 공자는 배우는 자, 즉 학인을 주체로
놓고서 개별적이면서도 보편적이고, 구체적이면서도 포괄적인 말하기
를 한다. 이는 이 「학이」편에서 공자가 한 말들을 살펴보기만 해도 알
수 있다. 그런데 위에서 기(其)를 자식으로 보고 "아버지가 살아 계실
적에는 그 자식의 뜻을 살피고, 아버지가 돌아가시면 그 자식의 행위를
살핀다"고 풀이한다면, 공자는 학인에게 남을 잘 관찰하고 평가하라는
말을 하는 셈이다. 이를 공자의 말하기로 볼 수 있는가? 도대체 공부가
부족한 학인이 자신을 돌아보기에도 바쁜데, 다른 누구를 보고 평가할
틈이나 있겠는가. 반면교사(反面教師)로 삼고 타산지석으로 삼으라고
이렇게 말한 것인가? 그렇게 보기에는 부정적인 내용이 없다. 더구나
공자는 학인을 늘 적극적이고 능동적으로 행동하도록 요구하고 이끈
다. 공자뿐만 아니라 모든 뛰어난 스승은 그런 역할을 한다. 이는 1-15
에서 공자가 자공에게 한 말에서도 분명하게 드러난다. "번드러운 말과
꾸민 낯빛에는 드물도다, 어짊이!"라는 말처럼 행위의 주체가 특정인

이 아닐 경우에도 듣는 이는 학인이고, 학인을 일깨우려는 의도가 분명하게 있다. 이처럼 공자의 말하기를 염두에 둔다면, 기(其)를 자식이 아닌 아버지를 가리키는 것으로 보는 게 적절하다. 그래야 자식으로서 효도해야 할 학인들에게 행동의 지침을 주는 언설이 성립되고, 말의 흐름 또한 매끄러워진다. 결국 아버지에 대해 자식으로서 지녀야 할 마음가짐이나 몸가짐에 대해서 말한 것으로 해석해야 타당하다. 부지도(父之道)는 아버지가 걸었던 길, 아버지가 추구했던 삶이나 삶의 방식을 뜻한다.

蛇足　이 말도 1-8과 같이 두 가지 언설이 함께 묶인 듯하다. "삼년무개(三年無改)" 이하는 4-20에서 똑같이 나오기 때문이다. 그러나 여기서는 일관된 의미를 내포한 것으로 풀이하였다.

자식은 어버이가 살아 계실 때에는 그 뜻을 살펴서 봉양해야 하지만, 돌아가시면 더 이상 지니시는 뜻이 없으니 생전의 행적을 되살펴보게 마련이다. 내가 집안을 물려받았더라도 아무 때고 내 뜻대로 하면서 어버이가 하신 일을 함부로 바꿀 수 있는 게 아니다. 일에는 순서가 있고 단계가 있는 법. 3년은 대략적인 기간이다. 시절이 갑자기 바뀌는 것도 아니고, 바뀌더라도 새로운 길을 찾아내는 데에는 적지 않은 기간이 소요된다. 어찌 바뀔 필요를 느꼈다고 단박에 고치려 하는가? 개혁이나 혁신이라도 서둘러서 되는 게 아니다. 차근차근 지나온 것을 살피고 되짚어 봄으로써 적절한 길을 찾아내야 한다.

"3년 동안 아버지의 길을 고치지 않으면"이라는 말은 아버지의 길을 고칠 수 있다는 뜻이고, 그렇게 본다면 적어도 공자는 옛것만을 고집하지 않았음을 알 수 있다. 아닌 게 아니라, 공자 그 자신도 예(禮)와 군자를 비롯해서 이미 쓰이고 있던 용어를 새롭게 해석하여 문화적·사상적 혁신을 이룩하지 않았는가 말이다.

有子曰: "禮之用, 和爲貴. 先王之道, 斯爲美, 小大由之. 有所不行, 知和而和, 不以禮節之, 亦不可行也."

유자가 말하였다.
"예를 쓸 때는 어울림을 귀하게 여긴다. 선왕들은 다스림에서 이를 아름답게 여겼으니, 작은 일들과 큰 일들 모두 이에 말미암았다. 그러나 행해지지 않는 경우가 있으니, 어울림만 알고서 어우러지게만 하려 하고 예로써 절도 있게 하지 않으면 당연히 행해질 수 없다."

注釋 예(禮)는 서로 다른 것을 명확하게 구분 짓는 것이다. 화(和)는 다른 것들을 하나로 아우르는 것이다. 예만 있으면 각박해지고, 화만 있으면 어지러워진다. 무릇 모든 일에는 가락이 있다. 예와 화는 그 가락의 양면이다. 도(道)는 국가를 다스리는 일이다. "선왕지도 … 소대유지(先王之道 … 小大由之)"는 『중용(中庸)』의 "위대하도다, 성인의 길이여! 넘칠듯하구나, 온갖 것을 낳아 기르고, 지극히 높아 하늘에까지 닿는도다! 넉넉하고 크도다, 예절에 맞는 행위는 삼백이요, 위엄 있는 행동은 삼천이로다!(大哉, 聖人之道! 洋洋乎, 發育萬物, 峻極于天! 優優大哉, 禮儀三百, 威儀三千!)"를 연상시킨다. 꽤 상통하는 의미를 담고 있다고 볼 수 있다. 여기서 '소대유지'는 정치를 이루는 크고 작은 모든 일들이 적절하게 어우러졌다는 뜻이며, 소대(小大)는 위에서 언급한 삼천의 위의와 삼백의 예의에 각기 해당한다고 볼 수 있다. 이렇게 보면, 지(之)는 어울림을 가리키는 말로 볼 수 있다. 절(節)은 대나무에 마디가 있는 것처럼 때와 곳에 따라 알맞게 조율하는 일이다. 역(亦)은 당연하다는 어조를 띤 말이다.

蛇足   유자의 이 말은 참 번다하다. 그러면서 뜻은 옹색하다. 말에서는 예로써 절제하지 못한 흠이 잘 드러나 있고, 뜻에서는 두루 꿰뚫지 못한 기미가 엿보인다. 사실 "예를 쓸 때에는 어울림을 귀하게 여긴다"는 이 말 속에 정치의 요체가 이미 다 담겨 있다. 어울림만 알고서 어우러지게만 하려 해서도 안 되지만, 마찬가지로 예만 알고 예로써만 다스리려 해서도 안 된다. 왜 후자는 빼먹었는가? 알아서 새기라는 뜻이었다면, '유소불행(有所不行)' 이하의 말은 아예 할 필요가 없었다. 앞의 1-2에서도 그러했고, 이어지는 1-13에서도 그러하지만, 유자는 공자의 사상을 몸과 마음으로 익히지 못한 채 관념적으로 이해하는 데서 그친 것으로 보인다. 관념적 이해를 곧 아는 것으로 여겼음이 분명하다. 그래서 이처럼 말에 절도와 어울림이 부족하게 된 것이다. 공자가 한 말들과 견주어서 보라. 그 차이가 무엇인지를 알아챌 수 있을 것이다.

유자가 유자(有子)로 불린 것은 그 제자들에 의해서일 것이다. 그 제자들은 아마 명쾌한 말보다 이렇게 애매하고 모호한 말에 무언가 깊고 큰 뜻이 담겨 있으리라 여겼는지도 모른다. 유자가 관념적으로 이해하는 데 그쳤다면, 그 제자들 또한 거기에서 크게 벗어나지 못했을 것임은 당연하다. 공자 사후에 유가가 다양한 학파로부터 비판받게 된 것은 이렇게 성글고 설익은 이해가 널리 퍼졌기 때문이 아닐까? "배우고 때맞게 익히는 일"을 다시금 떠올리게 된다.

1-13

有子曰: "信近於義, 言可復也. 恭近於禮, 遠恥辱也. 因不失其親, 亦可宗也."

유자가 말하였다.

"다짐한 말이 올바름에 가까우면 그것은 실행될 수 있다. 얌전함이 예의에 가까우면 부끄러움과 욕됨을 멀리할 수 있다. 이렇게 해서 가까운 이를 잃지 않으면 또한 높일 만하다."

注釋 신(信)은 믿으라고 한 말, 즉 다짐한 말을 뜻한다. 근(近)을 대개 맞다, 합당하다는 뜻으로 풀지만, 그것은 견강부회로 여겨진다. 본래대로 가깝다는 뜻으로 푸는 것이 적절하다. 복(復)은 되돌아간다는 뜻인데, 여기서는 말을 행동으로 옮긴다는 것을 의미한다. 공(恭)은 신에게 제물을 바칠 때처럼 찬찬하면서 얌전하게 하는 행동이다. 치(恥)는 스스로 돌이켜보아서 느끼는 찝덥지 않은 마음이다. 욕(辱)은 남이 나의 허물을 들춤으로써 내가 느끼는 것이다. 인(因)은 앞서 말한 것들을 이어받는 말이다. 종(宗)은 마루이고, 마루는 근본이다. 따라서 믿고 기댈만 한 것, 높일 만한 것을 뜻한다.

蛇足 앞서 이미 말했지만, 유자의 말은 충분히 체득하지 못한 데서 나온 듯하다. 다짐한 말은 그 자체로 이치에 맞아야 한다. 다짐한 말이 올바름에 가까워질 수 없다. 올바르지 않으면 그른 것이다. 다짐한 말이 서 푼 정도는 그르고 일곱 푼 정도는 옳다는 게 가능한가? 게다가 올바름[義]은 상황에 따라서 적절하고 합당하게 행동하는 것을 뜻한다. 따라서 "다짐한 말이 올바름에 가깝다"는 것은 그 자체로 이미 행동하고 있음을 의미한다.

공손함 또한 예에 가깝다느니 멀다느니 할 필요가 없다. 공손함은 예에 맞는 행위를 가리킨다. 본래는 신에게 제물을 바칠 때의 태도나 행위였으나, 그것이 어떤 상황에서든 예에 맞게 취하는 태도나 행동의 의미로 전환되었다. 따라서 예에 맞지 않은데, 어떻게 "공손하다"고 할 수 있겠는가?

가까울수록 예를 지키라는 말이 있다. 사이가 가까울수록 서로 함부로 대할 수 있으므로 그렇게 말하는 것이리라. 그런데 "가까운 이를 잃지 않기 위해서" 앞서 다짐한 말과 공손함에 대해서 말한 것은 왠지 적절하지 않다. 차라리 "가까운 이를 잃지 않고, 먼 사람을 믿게 한다면, 높일 만하다"라고 간단하게 말하는 게 낫지 않은가? 왜 미리 장황하게, 그것도 의미가 명료하지도 않은 말을 늘어놓는가?

1-14

子曰: "君子, 食無求飽, 居無求安, 敏於事而愼於言, 就有道而正焉. 可謂好學也已."

　　스승께서 말씀하셨다.
　　"군자는, 먹음에 배부름을 구하지 않고 머무름에 편안함을 구하지 않으며, 일을 재바르게 하고 말을 삼가고 삼가며, 도를 행하는 사람에게 나아가 자신을 바르게 한다네. 이렇게 한다면야 배우기를 좋아한다고 말할 수 있지."

注釋　포(飽)는 물리도록 먹는 것이다. 민(敏)은 재치가 있으면서 빠른 것, 단순히 약삭빠른 것이 아니라 제대로 알면서 적극적으로 달려드는 것이니, 재바르다 또는 재빠르다는 뜻이다. 신(愼)은 삼가고 삼가서 빈틈이 없는 마음이다. 정(正)은 바르게 하다, 바로잡다는 뜻이다.

蛇足　학인의 공부는 먹고 자고 다니고 머무는 지극히 사소해 보이는 일에서부터 시작된다. 공부가 일상과는 관계없는 무슨 특별한 일인 것처럼 여겨서는 안 된다. 일상 자체가 공부가 이루어지는 마당이다. 바로 그 일상에서 지극함을 다해야 한다. 그렇지만 그렇게 하고도 내가 올바로 했는지 어땠는지는 알 수가 없다. 그래서 도를 체득하고 행하

는 사람에게 나아가서 나를 견주어보아야 한다. 그것 또한 배움의 자세이고, 배움을 잘 마무리하는 일이다.

그런데 1-7에서 자하는 "나는 반드시 '그는 배웠다'라고 할 것이오"라고 말하였는데, 공자가 말한 "배우기를 좋아한다고 말할 수 있지"와 한번 비교해보라. 배우기를 좋아하는 것은 진행형이다. 배웠다는 것은 완료형이다. 학인을 가르치는 일은 늘 진행형이어야 한다. 완료형은 자칫 교만한 생각을 갖게 만들 수도 있다. 학인은 아직 공부를 해야 하는 사람이고, 공부가 완성되면 더 이상 학인이 아니다.

1-15

子貢曰: "貧而無諂, 富而無驕, 何如?" 子曰: "可也. 未若貧而樂, 富而好禮者也." 子貢曰: "詩云, '如切如磋, 如琢如磨!' 其斯之謂與?" 子曰: "賜也, 始可與言詩已矣. 告諸往而知來者!"

자공이 스승께 여쭈었다.
"가난하면서도 알랑거리지 않고 가멸지면서도 으스대지 않으면 어떻습니까?"
스승께서 말씀하셨다.
"괜찮구나. 허나 가난하면서도 즐길 줄 알고 가멸지면서도 예를 좋아하는 것만은 못하니라."
자공이 말하였다.
"시에서, '자른 듯 간 듯, 쫀 듯 다듬은 듯하구나!'라고 하였는데, 이것이 그것을 이르는 겁니까?"
스승께서 말씀하셨다.
"사(賜)야, 이제야 너와 시를 말할 수 있겠구나. 지난 일을 알려주니 올 일을 아니 말이다!"

注釋　빈(貧)은 재물이 흩어져서 적어진 것으로, 가난하다는 뜻이다. 첨(諂)은 자신을 떨어뜨리고 남의 비위를 맞추는 짓으로, 알랑거리다, 아양 떨다는 뜻이다. 부(富)는 재물이 많고 넉넉함, 가멸짐을 뜻한다. 교(驕)는 본래 크고 잘 생긴 말이 뻣뻣하게 군다는 뜻으로, 사람이 제가 잘난 듯이 으스대는 짓에 쓰이게 되었다. 하여(何如)는 여하(如何)와 같은 말로, 어떠하냐는 뜻이다. 가(可)는 썩 좋거나 충분하지는 않지만 그만하면 됐다는 뜻이다. 『황간본(皇侃本)』에는 '빈이락(貧而樂)' 뒤에 '도(道)'가 덧붙어 있다. 절(切)은 칼로 베는 것, 차(磋)는 숫돌에 가는 것, 탁(琢)은 옥을 쪼고 새기는 것, 마(磨)는 잘 갈아서 윤기가 나게 하는 것이다. '여절여차, 여탁여마(如切如磋, 如琢如磨)'는 『시경』 「위풍(衛風)」의 〈기욱(淇奧)〉편에 나온다. 본래는 자태가 아름다우며 모습이 환하고 의젓한 것을 묘사한 말이다. 사(賜)는 자공의 이름으로, 공자가 스승이므로 자식을 부르듯이 한 것이다. 시(始)는 비로소, 처음으로를 뜻한다. 여기서는 '이제야'로 풀었다. 이는 앞서 공자가 '가야(可也)'라고 한 것과 대비되는 말로 쓰였다. 자공이 처음에 한 말에는 여전히 배울 게 더 남아 있었고, 이제야 남김이 없게 되었던 것이다. 저(諸)는 지어(之於) 또는 지(之)와 같다. 왕(往)은 지나간 일, 즉 이미 아는 것을 뜻한다. 래(來)는 아직 오지 않은 일, 즉 아직 모르는 것을 뜻한다.

蛇足　자공은 『논어』에서 자로(子路)와 함께 매우 매력적인 인물이다. 자공은 말재주가 탁월해 제후국들 사이에서 외교 관계를 맺게도 하고 전쟁을 일으키게도 했던 인물이다. 그런 재주로 장사를 했으니 부자가 되는 것은 어쩌면 당연한 일이다. 그럼에도 자공은 배우기를 좋아했다. 여기에 보이는 자공은 순진해 보이기까지 한다. 한번 상상해보라.

자공은 부자였으므로 가난한 친척들이나 이웃들이 곧잘 찾아와서 도와달라고 했을 것이다. 그렇게 도움을 청하는 사람들의 모습은 결코 당당하지 못했을 것이 분명하다. 비굴한 웃음과 굽실거리는 몸동작, 아양을 떨면서 알랑거리는 말. 거기서 자공은 가난에 눌린 사람의 적나라한 모습을 보았으리라. 반면에 재물이 많아서 그런 사람들을 대하는 자신의 내면과 태도에서는 저도 모르게 우쭐함, 으스댐, 남을 업신여기는 마음 따위를 느끼지 않았을까? 분명 느꼈을 것이다. 그리고 어느 순간, 가난에 찌든 사람들의 그 비루한 모습만큼이나 자신의 모습도 꼴같지 않게 여겼을 것이다. 더구나 가난하면서도 가난을 부끄러워하지 않고 당당한 사람도 있었고, 그런 사람의 모습은 재물을 내세우는 사람이 보기에는 경이(驚異) 그 자체였을 것이다. 이런 경험을 통해 자공은 자신을 되돌아보게 되었을 것이다. 부자가 배우기를 좋아하는 것은 참으로 어려운 일이다. 그런데 자공은 배우기를 좋아했다. 스스로 돌이켜보고 자신을 바로잡았다. 그리고 스승을 찾아가서 제 공부를 자랑했다. "선생님, 제가 말입니다, 가난한 사람들 가운데에도 알랑거리지 않는 사람을 보았습니다. 그리고 저는 가멸지면서도 으스대지 않게 되었습니다. 이 정도면 어떻습니까?"

만약 자공의 그 말을 그저 긍정하고 수용하는 데서 그쳤다면 공자는 결코 위대한 스승, 위대한 교육자라는 이름을 얻지 못했을 것이다. 위대함을 떠나서, 모름지기 스승이라면 배우는 자가 항상 적극적이고 능동적일 수 있도록 이끌어야 한다. 소극적이고 수동적인 자세로는 배움도 오롯하지 못하고, 익히는 일은 더더욱 멀어지게 된다. 그러니 스승은 제자가 지금보다 더 나아질 수 있고 더 높아질 수 있도록 이끌어야 한다. 더 이상 배울 것이 없고 나아갈 데가 없는 곳까지 이끌어야 한다. 그것이 스승으로서 도리이다. 공자는 "그 정도면 뭐 괜찮기는 하다"라고 말하면서, 자공이 생각한 것보다 더 높은 경지가 있다는 것을 보여주었다. 아닌 게 아니라, 14-10에도 나오듯이 "가진 게 넉넉하면서도 으스대지 않는 것은 쉽다"고 말한 공자이니, 어찌 더 채찍질하지 않겠는가? 자공 또한 스승의 의도를 알고 그 참뜻을 깨달았다. 자공이 『시경』의 한 구절을 끌어오자, 이에 공자는 칭찬을 하였다. "시를 함께 말

할 수 있다"는 것은 대단한 찬사이다. 시는 본래 비유나 역설, 상징 등
으로 표현된 것이어서 쉽사리 알 수가 없다. 사물의 원리나 이치를 꿰
뚫지 않고서는 맛볼 수 없는 것이 시이다. 한 마디 내던지자 시로써 적
절하게 화답하였으니, 이야말로 "하나를 가르쳤더니 둘을 아는 것이로
다!" 가르치는 위치에 있는 스승으로서 이런 기쁨이 또 어디에 있겠는
가? 참으로 아름다운 스승과 제자의 모습이 아닌가!

1-16

子曰: "不患人之不己知, 患不知人也."

스승께서 말씀하셨다.
"남이 나를 알아주지 않는 걸 걱정하지 말고, 내가 남을 알지
못하는 걸 걱정하라."

注釋 환(患)은 끙끙 앓는 마음으로, 걱정하다는 뜻이다.

蛇足 병법에서도 "상대를 알고 나를 알아라(知彼知己)"를 말한다.
상대를 이기려면 상대를 알아야 한다. 그런데 상대를 알기 전에 먼저
알아야 할 대상은 바로 자신이다. 상대를 아는 게 쉬운가, 자신을 아는
게 쉬운가? 앎에 있어서는 분명 자신을 아는 게 쉽다. 상대는 다양하며
무수히 많다. 어찌 그들을 다 알 수가 있겠는가? 그런데 나를 아는 공
부를 하면 사람을 아는 공부를 하게 된다. 나도 사람이요 남도 사람인
데, 나를 안다면 남을 어찌 모를 수가 있겠는가? 나를 알기가 어렵거나
두려워서 남을 먼저 알려고 하는 건 아닌가?
    남은 나를 알아줄 수도 있고 알아주지 못할 수도 있다. 세상에는 현
자나 성자들만 있는 게 아니다. 소인이나 범부들이 더 많다. 그들이 어

찌 남을 다 알리오? 그저 내가 걱정해야 할 것은 내가 나를 제대로 알
지 못하고 남을 알아보지 못한다는 점이다. 내가 남을 알지 못한다는
것은 내 공부가 아직 부족하다는 뜻이다. 자신의 부족함을 반성하지
못하면, 헛된 이름을 꿈꾼다. 헛된 이름도 헛된 것인데, 꿈까지 꾸고 있
으니.

2편

위정 (爲政)

2-1 ————————————————————————

子曰: "爲政以德, 譬如北辰居其所而衆星共之."

스승께서 말씀하셨다.
"정치는 덕으로써 하는 것이니, 비유하자면 북극성은 제자리를 지키고 있는데 뭇 별들이 그를 에워싸고 도는 것과 같다."

注釋   덕(德)은 후천적으로 공부와 수행을 통해 체득한 경지이다. 인(仁)이 사람에게 본래 갖추어져 있는 지극한 선(善)으로서 싹과 같다면, 덕은 그것을 틔워서 꽃이 되고 열매가 된 상태를 가리킨다. 비(譬)는 환하게 알 수 있도록 깨우치기 위해 다른 사물을 끌어대는 것이다. 북신(北辰)은 지구의 자전축에서 곧장 천구(天球)의 북쪽 끝에 있는 별, 곧 북극성을 가리킨다. 공(共)은 함께하다, 향하다는 뜻인데, 여기서는 에워싼다는 뜻으로 풀었다.

蛇足   군주가 모든 일을 다 할 수는 없다. 할 수 있는 일과 할 수 없는 일을 가려낼 줄 알아야 한다. 그것이 지혜이다. 일을 맡길 만한 사람과 맡길 수 없는 사람을 알아보는 것, 맡긴다면 어떤 일을 맡길 것인지 또 맡기지 않아야 하는지를 아는 것도 지혜이다. 지혜는 사물을 꿰뚫어보는 안목이니, 통찰이고 직관이다. 통찰과 직관은 관념을 통해 얻어지는 것이 아니다. 일상에서 지극함을 다하는 데서 얻어진다. 그래서 지혜는 어짊을 안고 있는 앎이다. 그래서 지혜로운 자에게는 저절로 사람이 모인다. 사람이 모이니, 굳이 자신이 나서서 할 일은 그리 많지 않다. 사람을 가려내고 알맞게 일을 맡기면 되는 것이니! 모든 정치는 그 지극함에 이르면 결국 '무위지치(無爲之治)'가 된다. 제가의 학설은 다 여기서 만난다.

子曰: "詩三百, 一言以蔽之, 曰思無邪."

스승께서 말씀하셨다.
"시 3백 편을 한 마디로 싸잡아 말한다면, 생각에 삿됨이 없다
는 것이다."

注釋　　시(詩)는 『시경(詩經)』을 가리킨다. 현재 전하는 『시경』을 공
자가 편찬했다고도 하는데, 단정할 수는 없다. 그러나 공자가 『시경』
을 매우 중시했다는 것은 사실이다. 삼백(三百)은 『시경』에 나오는 시
305수를 대략 일컫은 말이다. 폐(蔽)는 가리다, 덮다, 싸다는 뜻이다. 사
(邪)는 기우듬한 것, 바르지 않은 것을 뜻한다.

蛇足　　송대 신유학자들의 해석에서부터, 특히 주희의 경전 해석학
이 성리학(性理學)으로 불리게 된 뒤로 『시경』은 미학적으로 해석되기
보다 윤리학적으로 해석되었다. 이는 『시경』에 내재해 있는 그 투박하
고 소박한 의미를 간과하게 만든 요인으로 작용하였다. 특히 풍(風)은
민간에서 불리던 노래들인데, 어찌 그것이 윤리적 해석의 대상이기만
하랴. 따지고 보면 공자로부터 시작된 일이기는 하다. 『시경』의 가치는
그 윤리적 가르침에 있는 것이 아니라, 사람이라면 누구나 살게 되는
소박한 삶, 누구나 겪기 마련인 일상적인 경험을 꾸밈없이 들려준다는
데 있다. 바로 거기에서 예악(禮樂)은 시작되고 끝난다. 11-1에서 공자
가 한 말을 살펴보라.

子曰: "道之以政, 齊之以刑, 民免而無恥; 道之以德, 齊之以禮, 有恥且格."

스승께서 말씀하셨다.
"정령으로써 이끌고 형벌로써 잡도리하려고 하면, 백성들은 벗어나려고만 하고 부끄러워할 줄 몰라. 허나 덕으로써 이끌고 예의로써 잡도리하면, 부끄러워하면서 바루려 하지."

注釋 도(道)는 사람이 다니는 길이다. 본래 길은 억지로 낸 것이 아니라, 자연스럽게 생긴 것이다. 그래서 가야 할 바른 길, 도리를 뜻하게 되었다. 이 도리에서 말미암고 이 도리를 따르며 이 도리대로 이끄는 것이 모두 도이다. 그러나 여기서는 단순히 '이끈다'는 뜻으로 썼다. 정(政)은 본래 명령이고 법령이다. 이 둘을 아울러 정령(政令)이라 하는데, 군주의 지위에서 나오는 것이다. 제(齊)는 가지런하게 하다, 잡도리하다는 뜻이다. 면(免)은 본래 '면죄(免罪)'나 '면벌(免罰)'에서처럼 죄에서 벗어나거나 벌을 피한다는 뜻이었는데, 나중에는 어떤 상태에서 벗어나다, 어떤 상황을 피하다는 뜻으로 쓰이게 되었다. 덕(德)은 내면에서 우러나오는 선한 힘이다. 예(禮)는 모듬살이에서 갖추어야 할 알맞은 행동 방식이다. 상황에 따라 다르므로 쉽게 행할 수 없다. 격(格)은 일정한 틀에 맞게 바로잡는다는 뜻이다.

蛇足 정치는 곧 교화(教化)를 통해서 이루어진다. 그 교화는 다스리는 자의 수신(修身)에서 시작된다. 수신은 마음을 다스리고 몸을 닦아서 덕을 기르는 행위이다. 그런데 다스리는 자가 먼저 제 몸을 닦지 않는다면, 권력과 법령으로써 다스리려고 할 것이다. 그러한 정치는 필히 억압이 되고 강압이 된다. 그리 되면, 벼슬아치들과 백성들은 마지

못해서 따른다. 마지못해서 따른 사람은 언제고 등을 돌리게 된다. 다스림은 가르침과 같으니, 상대의 마음을 얻어야 한다. 상대의 마음을 얻으려면 먼저 나의 마음을 얻어야 한다. 내가 내 마음을 얻으면, 그것이 덕이다. 그 덕을 갖추면 내 행동은 예의(禮儀)가 된다. 내가 덕이 있고 예의를 갖추었으니, 누군들 마음으로 따르지 않겠는가. 『대학(大學)』에서 '치국평천하(治國平天下)'의 정치가 제 몸을 닦는 수신(修身)과 제 마음을 바르게 하는 정심(正心)에서 시작된다는 것을 말한 까닭이 여기에 있다.

2-4 ────────────────────────

子曰: "吾十有五而志于學, 三十而立, 四十而不惑, 五十而知天命, 六十而耳順, 七十而從心所欲不踰矩."

스승께서 말씀하셨다.
"나는 열하고도 다섯에 배움에 뜻을 두었고, 서른에 홀로 섰으며, 마흔에는 헷갈리지 않았고, 쉰에는 천명을 알았으며, 예순에는 무슨 말을 들어도 막히는 게 없었고, 일흔에는 마음이 시키는 대로 하여도 이치에 어긋나지 않았어."

注釋 유(有)는 우(又)와 같다. 지(志)는 무언가를 하려는 뜻, 어딘가로 향해 가는 마음이다. 립(立)은 내 뜻이 분명하고 확고해져서 주체적으로 당당하게 행동할 수 있는 근거가 마련되었다는 뜻이다. 불혹(不惑)은 지혜를 갖추어 사려분별에서 헷갈리는 일이 없다는 뜻이다. 나아가 자신이 하는 일에 의심이 없다는 것이다. 천명(天命)은 사물의 도리, 우주의 법칙을 뜻한다. 지천명은 미묘한 이치의 세계를 알아챘다는 것을 의미한다. 이순(耳順)은 사람들이 하는 말의 참과 거짓을 단박에 알

아채고 그 속마음을 읽는다는 뜻이다. 유(踰)는 일정한 범위를 벗어나다, 넘는다는 뜻이다. 구(矩)는 곱자로서, 법도를 뜻한다. 여기서는 도리, 이치라는 뜻으로 쓰였다.

蛇足 학인의 일생을 설파한 말이다. 공자는 자신을 '학이지지자(學而知之者)'라 하였다. 배워서 아는 자는 일정한 과정을 거쳐야 비로소 지혜를 갖추게 되는 자이다. 일정한 과정이란 어떤 것인가? 정해져 있지 않다. 그래서 어렵다. 정해진 것이라면 앞서서 그렇게 한 사람을 좇아가기만 해도 될 텐데, 그렇지 않으니 문제이다. 나이 일흔을 넘긴 노학자가 자신이 걸어온 고단한 삶, 배움의 길을 회고하면서 내뱉은 이 짧은 구절에서 나도 모르게 경외감과 함께 전율이 흐른다. 배움의 길을 걷다가 채 익히기도 전에, 앎이 어떤 것인지 맛도 보기 전에 옆길로 새 버리는 학인이 얼마나 많은가? 나 또한 그렇지 않은가? 배우는 자라면 모름지기 학인으로서 일생을 미리 꾀하고 거기에서 벗어나지 않도록 매순간 자신을 돌아볼 필요가 있으리라.

2-5

孟懿子問孝, 子曰: "無違." 樊遲御, 子告之曰: "孟孫問孝於我, 我對曰無違." 樊遲曰: "何謂也?" 子曰: "生, 事之以禮, 死; 葬之以禮, 祭之以禮."

맹의자가 '효'에 대해 여쭈니, 스승께서는 "어기지 않는 것이오"라고 말씀하셨다.
번지가 수레를 몰고 있을 때, 스승께서 그에게 말씀하셨다.
"맹의자가 내게 효에 대해 묻기에, '어기지 않는 것'이라 대답해주었네."

번지가 여쭈었다.

"그건 무슨 뜻입니까?"

스승께서 말씀하셨다.

"살아 계실 적에 예로써 섬기고, 돌아가시면 예로써 장례를 치르고 또 예로써 제사 지내는 것이지."

注釋 맹의자(孟懿子)는 노나라 대부로, 성은 중손(仲孫)이고 이름은 하기(何忌)이다. 의(懿)는 시호이다. 당시 노나라를 쥐락펴락하던 삼가(三家, 孟孫氏·叔孫氏·季孫氏) 가운데 맹손씨 사람이다. 위(違)는 어기다, 어그러지다는 뜻이다. 번지(樊遲)는 공자의 제자로, 이름은 수(須)이고, 자는 자지(子遲)이며, 공자보다 마흔네 살 아래라고 한다.

蛇足 효란 부모를 봉양하는 직접적인 행위만을 가리키지 않는다. 부모를 욕되게 하지 않는 모든 행위가 효이다. 부모가 아무리 뛰어나도 자식이 부모의 얼굴에 먹칠을 할 수가 있고, 부모가 아무리 미천한 사람들이라도 자식이 부모에게 더없는 영예를 줄 수도 있다. 자식의 행위는 모두 그 부모를 가늠하는 잣대가 된다.

그런데 여기서 공자가 맹의자에게 "어기지 않는 것"이라고 한 말에는, 천자의 예, 제후의 예, 대부의 예, 사(士)의 예가 각기 다르니, 자신의 처지를 잊지 말고 거기에 따라서 행동하라는 뜻이 담겨 있다. 당시 맹의자뿐만 아니라 노나라의 세 집안은 대부의 신분임에도 제후의 예, 심지어는 천자의 예를 함부로 행하는 짓을 서슴없이 저질렀다. 이에 대해서는 「팔일(八佾)」편에서 엿볼 수 있다. 공자는 그런 예를 지키는 것이 바로 효라고 일러준 것이다.

그러면 공자가 맹의자에게 해준 말은 여기서 그치는가? 아니다. 2-3에서도 나왔지만, 예는 덕과 짝이 된다. 예는 인을 갈무리한 덕에서 절로 나오며, 상황에 따라 알맞은 언행으로써 구체적으로 드러난 것이다.

55

따라서 맹의자가 예를 다한다면 그것은 곧 덕을 갖추었다는 뜻이고, 덕을 갖추었다면 마땅히 백성들을 다스릴 때에도 덕으로써 할 것이다. 공자가 의도한 바는 바로 이것이다. 효 자체가 정치가 되는 이치가 여기에 있다.

2-6

孟武伯問孝, 子曰: "父母唯其疾之憂."

> 맹무백이 '효'에 대해 여쭈니, 스승께서 말씀하셨다.
> "어버이는 오직 자식이 병들까 걱정하신다네."

注釋 맹무백은 중손체(仲孫彘)이며, 맹의자의 아들이다. 무(武)는 시호이다. 기(其)는 자식을 가리키는 것으로 보았다. 기(其)를 어버이로 볼 수도 있으나, 적절하지 않다. "어버이에게 병이 날까 걱정하라"고 한다면, 의미가 통하지 않는다. 어버이에게 병이 나지 않았는데 병이 날 것을 걱정하는 것은 부질없는 짓이고, 병이 났는데 걱정하는 것은 쓸데없는 짓이다. 병이 났다면, 내가 의원(醫員)이 아닌 한 어찌하겠는가? 걱정한다고 해서 될 일이 아니다. 물론 미리 살피라는 뜻으로 한 말이라고 이해할 수도 있으나, 그래도 적실하지 않다. 유(唯)는 보편적인 의의를 나타내면서 동시에 어버이의 지극하고 절실한 심정을 은근히 드러내는 표현이다. 우(憂)는 걱정하다는 뜻으로, 바깥의 대상에 대해 하는 걱정이다. 반면에 수(愁)는 제 스스로 울적해 하는 것이다.

蛇足 앞뒤로 이어지는 문답을 보면, 공자는 효에 대해서 매우 개별적이고 특수한 대답을 하고 있다. 이는 공자의 일관된 문답 방식이다. 규정적인 정의를 내리는 게 아니라, 묻는 상대에게 직접 관련되고 또

구체적으로 실천해야 할 것을 말해준다. 공자는 상대에게 해당되는 말, 상대가 충분히 실행할 수 있거나 해야 하는 것을 가르치고 권유한다. 그러면서도 보편적인 의의를 잃지 않게 한다. 효를 묻는 맹무백은 아마도 고삭부리였을 것이고, 그래서 제 몸을 건사하지 못하여 병치레가 잦았을 것이다. 그런 사실을 알고 있었던 공자였으므로 이런 대답을 준 것이리라. "그대 어버이는 그대에게 병이 있을까를 늘 걱정하시니, 그대는 제 몸을 돌보라!"

어버이는 자식을 언제나 어린아이처럼 여긴다. 밥이나 잘 먹고 다니는지, 잠은 잘 자는지, 어디 아픈 데는 없는지 등등 사소한 데 신경을 쓴다. 자식이 어른이 되고 혼인을 해서 한 아비나 어미가 되어도, 어버이에게는 여전히 자식일 뿐이다. 그런 자식에 대해서 특히 걱정하는 것은 아프지나 않는가 하는 점이다. 설령 자식이 늘 건강했다고 하더라도 사람 일이란 알 수 없는 법이어서 어버이는 또 걱정한다. 하물며 어릴 때부터 병치레를 많이 했다고 한다면, 그 걱정이 얼마나 대단하랴. 산다는 게 결국 잘 먹고 잘 자고 잘 노는 것에 지나지 않는다고 본다면, 건강을 잃는 것은 어버이에게뿐만 아니라 자신에게도 죄를 짓는 일이다. 병이 없다면 병이 생기지 않도록 하고, 병이 났다면 나을 수 있도록 최선을 다하라. 이것이 어버이의 바람이리라.

2-7

子游問孝, 子曰: "今之孝者, 是謂能養. 至於犬馬, 皆能有養. 不敬, 何以別乎?"

자유가 '효'에 대해 여쭈니, 스승께서 말씀하셨다.
"요즘에는 효라는 걸 그저 잘 기르는 거라고 말들 한다. 개나 말도 모두 잘 기른다. 그러니 지극하게 받들지 않는다면, 무엇으로 구별하겠느냐?"

注釋　자유(子游)는 공자의 제자로, 성은 언(言)이고, 이름은 언(偃)이며, 자유는 자이다. 오나라 사람으로, 공자보다 마흔네 살 어리다고 한다. 양(養)은 본래 먹기 위해 기른다는 뜻인데, 점차 음식을 주어서 기른다는 뜻으로 쓰이게 되었다. 지어(至於)는 무엇에 대해서, 무엇에 있어서라는 뜻이다. 경(敬)은 신을 대하듯이 지극하게 받드는 마음인데, 여기서는 부모의 마음을 헤아리며 살핀다는 속뜻을 담고 있다.

蛇足　효가 오로지 부모의 몸을 봉양하는 것인 줄로 알지 말라는 말이다. 1-11에서도 언급되었듯이, 어버이의 뜻을 잘 살피고 그 뜻을 받드는 것이 효의 고갱이다. 그저 먹을 것을 드리고 입을 것을 바치며 좋은 집을 마련해서 머물게 하는 것이라면, 이것이 어찌 참된 효이겠는가? 그런 일이라면, 개를 기르고 말을 칠 때에도 하지 않는가? 개를 기르는 자는 개가 건강한지를 늘 걱정하고, 말을 키우는 자는 말이 제대로 살찌는지를 살핀다. 아끼며 데리고 노는 것, 즉 애완(愛玩)은 할지언정 공경하지는 않는다. 어버이가 어찌 그런 존재이랴. 그러니 지극한 마음으로 받들고 섬겨라, 신을 모시듯이.

　물론 어버이가 시키는 것을 무조건 해야 한다는 뜻은 아니다. 공자가 어버이의 뜻을 살피라고 한 데에는 혹시라도 어버이께서 잘못하시는 일이 있는지도 살피라는 의미가 담겨 있다. 어버이가 잘못하시면, 그것은 그대로 어버이에게 누가 된다. 그것을 미리 알고 막는 것도 효이다. 어버이의 마음을 상하게 하지 않으면서 바른말을 올리는 것, 그것은 참으로 쉽지 않은 효이다.

子夏問孝, 子曰: "色難. 有事, 弟子服其勞; 有酒食, 先生饌, 曾是以爲孝乎?"

자하가 '효'에 대해 여쭈니, 스승께서 말씀하셨다.
"낯빛을 온화하게 하기란 힘들지. 일이 생겼을 때 배우는 자가 힘든 일을 부지런히 하고 술과 음식이 생겼을 때 먼저 어른께 올리는 것, 이걸 효라고 여겼더냐?"

注釋　색(色)은 낯빛이다. 복(服)은 행하다는 뜻이다. 찬(饌)은 음식을 차리다는 뜻이다. 증(曾)은 이전에, ~을 한 적이 있다 등의 뜻이다.

蛇足　자식의 낯빛, 말씨, 몸짓을 부모나 스승은 놓치지 않는다. 그런데 말이 없어도, 아무런 행동을 하지 않아도 마음을 담아내는 것은 낯빛이다. 물론 당장에 낯빛을 꾸밀 수도 있다. 그러나 그것은 오래가지 않는다. 곧 들킨다. 이미 공자가 말했듯이 낯빛을 꾸며서는 안 된다. 꾸미는 게 쉬워 보이나, 사실은 어렵다. 어려우면서도 쉽사리 드러난다. 낯빛에는 평소의 마음가짐이 저절로 드러나기 때문이다. 늘 참되고 한결같은 마음을 지니지 않았다면, 낯빛을 부드럽게 지니기가 어렵다. 그러나 억지로 꾸미지 않으니, 쉽고 자연스럽다.

그런 부드러운 낯빛은 없으면서도 힘든 일을 나서서 하고 음식이 생겼을 때 바쳐서 드시게 하는 것, 이것이 과연 참된 효일까? 그것은 몸을 수고롭게 하고 남에게 그럴듯하게 보이는 일에 지나지 않는다. 참된 마음, 지극한 마음이 담기지 않은데 어찌 효라고 할 수 있겠는가? 그런 마음이 없이 하는 일은 남에게 보이기 위한 행위일 뿐이다.

2-9

子曰: "吾與回言終日, 不違, 如愚. 退而省其私, 亦足以發. 回也, 不愚!"

스승께서 말씀하셨다.
"회와 종일 이야기를 나누어보면, 도무지 거스르는 기색이 없어 꼭 바보 같다. 그러나 물러간 뒤에는 제 자신을 돌이켜 살피니, 그야말로 잘 채워서 절로 드러난다. 회는 결코 어리석지 않아."

注釋 회(回)는 안회(顏回)이다. 공자의 가장 뛰어난 제자로, 자는 자연(子淵)이다. 공자보다 서른 살 아래였는데, 공자보다 먼저 죽었다. 불위(不違)는 거스르지 않는다는 뜻으로, 여기서는 옳다거나 그르다거나 판단하지 않는다는 말맛이 있다. 우(愚)는 어리석다, 바보 등의 뜻이다. '퇴이성기사(退而省其私)'를 공자가 물러나서 안회의 사생활을 살펴본다는 뜻으로 풀이하는 경우가 있는데, 적절하지 않다. 퇴(退)는 넓게는 공자와 안회가 서로 얘기를 주고받던 시간과 공간에서 벗어난다는 뜻이고, 좁게는 안회가 스승으로부터 물러난다는 뜻이다. 성(省)은 자신을 돌이켜보는 것을 뜻한다. 사(私)는 자신의 일상, 일상에서 자신의 마음이나 몸가짐을 뜻한다. 족(足)은 모자라는 것을 채우다, 잘 갈무리하다는 뜻이다. 이(以)는 ~을 하여서라는 뜻이다. 발(發)은 꽃이 때가되어 피듯이 내면에 쌓인 것이 절로 드러나는 것을 뜻한다.

蛇足 이야기를 나누면, 거기에서 새로이 배우는 게 있다. 이미 아는 것은 아는 대로 받아들이면 그만이고, 새로운 것은 아직 익히지 않았기 때문에 무어라 말할 수가 없다. 여기서 안회가 무슨 말을 들으면 도무지 거스르는 기색이 없다고 한 것은 곧이곧대로 다 받아들인다는 뜻이

아니다. 받아들이는 것도 아니지만, 내치지도 않는다. 아직 그 참뜻을
모르기 때문이다. 참뜻을 모르기 때문에 바보이지만, 모르기 때문에 아
무런 판단을 내리지 않았으니 바보가 아니다. 스승의 말을 자신을 돌
이켜 살피는 잣대로 삼고, 나아가 그 참뜻을 온전하게 익혀서 절로 드
러나게 했으니, 어찌 '도를 즐기는 자'가 아니겠는가? '도를 즐기는 자'
는 바보처럼 보이지만 바보가 아니다.

그런데 공자는 제자인 안회가 물러난 뒤에 어떻게 하는지를 어떻게
알았는가? 괄목상대(刮目相對)라 하지 않았는가. 선비가 배움에 뜻을
두면 사흘 만에 놀랄 만큼 달라질 수 있다. 크게 달라지지 않았더라
도, 안목이 있는 사람은 알아챈다. 안회가 지극한 마음으로 자신을 되
돌아보았다면, 스승인 공자가 어찌 그것을 알아채지 못했겠는가? 『논
어』의 다른 데서도 보이듯이, 공자는 제자들에 대해 잘 살피고 잘 알
고 있었다.

2-10

子曰: "視其所以, 觀其所由, 察其所安. 人焉廋哉? 人焉廋哉?"

스승께서 말씀하셨다.
"그 일을 왜 하는지를 살피고, 그 일을 어떻게 하는지를 살피고,
그 일이 어떻게 마무리되는지를 살펴라. 그리하면 그 사람이 어
찌 숨길 수 있겠느냐? 그 사람이 어찌 숨길 수 있겠느냐?"

注釋 기(其)는 그 일, 또는 그 사람이 하는 일을 뜻한다. 소이(所以)
는 동기나 계기, 근거를 뜻한다. 소유(所由)는 되어가는 형편이나 과정
을 뜻한다. 소안(所安)은 결과로서 드러난 것을 뜻하는데, 일이 끝나서
안도의 한숨을 돌리는 상태를 가리킨다. 시(視)와 관(觀)과 찰(察)은 겉

으로 드러난 것을 보는 것이 아니라, 드러나지 않는 것을 자세하게 살피는 것이다. 언(焉)은 어찌, 무엇 등을 뜻한다. 수(廋)는 감추다, 숨기다는 뜻이다.

蛇足　대체로 우리는 드러난 것만을 보고 판단한다. 낯빛을 보고서도 낯빛에 담긴 속마음을 알려고 하지 않고, 말을 듣고서도 그 말에 담긴 속뜻을 알려고 하지 않는다. 그래서 사람을 제대로 판단하지 못하고 오해를 하게 되며, 결국에는 그가 나를 속였다고 단정한다. 그러나 누구도 나를 속이지 않았다. 속이려고 했다 하더라도, 속은 자신의 무덤과 어리석음을 탓해야 한다. 무엇보다도 다른 이를 완벽하게 속일 수 있는 사람은 없다. 그러니 자세히 살펴보라. 살피는 일은 세 가지 측면에서 가능하다. 첫째는 그 동기이다. 둘째는 추이(推移)이다. 셋째는 결과이다. 동기에 추이와 결과가 이미 어느 정도 담겨 있고, 추이에 동기와 결과가 어우러져 있으며, 결과에 동기와 추이가 묻어난다. 이렇게 살피고서도 모르겠다면, 내 안목이나 통찰이 부족하지 않은가 돌아보라.

2-11

子曰: "溫故而知新, 可以爲師矣."

스승께서 말씀하셨다.
"옛것을 무르익히고 새것을 알아야 스승이 될 수 있다."

注釋　온(溫)은 따뜻하다, 제대로 익히다는 뜻이다. 고(故)는 지나간 일, 기지(旣知)의 것을 뜻하며, 구체적으로는 과거의 역사나 문화 전반을 가리킨다. 지(知)는 단순히 안다는 뜻이 아니다. 깨달음을 동반한 것

이고, 그래서 창조적인 앎이다. 신(新)은 아직 오지 않은 것, 미지(未知)의 것을 뜻한다.

蛇足　쌀을 밥으로 만들기 위해서는 익혀야 한다. 익혀야 맛이 제대로 나고 맛을 즐길 수 있다. 공부에서도 마찬가지이다. 그 맛을 알 때까지, 그 맛을 즐길 수 있을 때까지 익히는 일을 멈추어서는 안 된다. 그렇게 온전히 익히면, 비로소 사물을 꿰뚫어 보는 눈이 생기고 창조할 수 있는 역량을 갖추게 된다. 달리 말하면, 직관이나 통찰이 생긴다. 직관이나 통찰이 생기면, 선견지명(先見之明)이 생긴다. 선견지명이 있어야, 즉 아직 오지 않은 일도 미리 내다볼 수 있는 지혜가 있어야 스승이 될 자격이 있다. 따라서 옛것을 익히는 일은 필요조건이고, 새것을 아는 것은 충분조건이다.

왜 이런 자격이 필요한가? 스승에게 배우는 학인들은 미래를 살아갈 사람들이다. 그들에게 지나간 일만 가르칠 수는 없다. 앞으로 올 일에 대해서도 가르쳐야 한다. 즉 비전을 제시해주어야 한다. 비전은 비전(備前)이다. 미래를 대비하고 살아갈 밑천이다. 학인의 배움은 그 밑천을 터득하고 체득하여 제 것으로 만드는 일이기 때문이다.

2-12

子曰: "君子不器."

스승께서 말씀하셨다.
"군자란 그릇이 아니니라."

注釋　기(器)는 그릇이다. 능력이나 역량이라는 뜻으로 쓰인다.

蛇足 그릇이란 그 크기나 생김새에 따라서 담는 것이 다르고, 따라서 쓰임이 정해져 있다. 말하자면 그릇은 제한성을 갖는다. 그런 제한성을 넘어서려 애쓰는 사람이 군자이다. 군자는 보편성을 중시한다. 언제 어디서나 그 상황에 맞게 행동하는 사람, 그런 사람이 군자이다. 군자는 보편적인 이치, 즉 도를 체득하려는 사람이다. 후대에 도(道)와 기(器)가 각기 보편성과 특수성을 상징하는 짝말로 쓰이게 된 연유가 여기에 있다.

2-13 ——————————————————————————

子貢問君子, 子曰: "先行, 其言而後從之."

　　자공이 '군자'에 대해 여쭈니, 스승께서 말씀하셨다.
　　"먼저 행하고, 말은 나중에 따르는 사람이니라."

注釋 기언(其言)은 앞서 한 행동, 즉 선행(先行)에 관련된 말을 뜻한다.

蛇足 자공은 누구보다 언어에 뛰어난 인물이었다. 춘추 시대에 제후국들 사이에서 세 치 혀로 전쟁을 일으키게도 하고 외교 관계를 맺게도 했던 사람이 바로 자공이다. 그런 자공에게 알맞은 대답을 공자는 주었다. 말보다 행동을 앞서 하라. 이는 생각이 없이, 주체적인 판단이 없이 행동하라는 말이 아니다. 자공은 생각이 깊다. 그러나 언어적 감각이 뛰어난 사람이 흔히 저지르는 잘못은 때때로 행동보다 말이 앞서고 그러다가 말을 거침없이 내뱉어서 마침내 그 말을 감당하지 못하게 되는 일이다.

2-14

子曰: "君子, 周而不比; 小人, 比而不周."

스승께서 말씀하셨다.
"군자는 두루 살피지 견주지 않으며, 소인은 견주지 두루 살피
지 않는다."

注釋　군자(君子)와 소인(小人)은 서로 짝이 되는 말이다.『서경』에
서는 군자와 소인이 벼슬에 있는 사람 즉, 지배계층과 하층의 백성을
각기 가리키는 말로 쓰였다. 이것이 공자를 통해 전혀 새로운 의미를
갖게 되었는데, 군자와 소인은 모두 학문을 해서 벼슬을 할 자격이 있
는 사람으로, 올바름이나 이치를 따르느냐 이로움을 따르느냐에 따라
서 달라진다. 군자와 소인에 대해 공자가 그토록 자주 말한 까닭도 새
로운 의미로 썼기 때문이다. 한편, 백성에 대해서는 민(民)이라고 하였
다. 주(周)는 두루, 두루 미치다는 뜻이다. 어디에 치우치지 않는다는
말이다. 비(比)는 견주다, 나란하다는 뜻이다. 여기서는 얄팍하게 헤아
리고 견주며 따진다는 말맛이 있다.

蛇足　위의 글에 담긴 의미는 분명하나, 우리말로 풀기는 쉽지 않
다. 이것이 뜻글자로 이루어진 한문의 오묘하고 미묘한 매력이다. 한문
에서 관념적이고 규정적인 표현을 찾기 어려운 것은 언어의 한계를 명
확하게 인식하고 경험한 결과이다. 이는 곧 언어보다 이치가 더 크고,
논리보다 직관이 더 중요하며, 이성보다 통찰이 더 긴요하다고 여겼기
때문이다. 한문은 경험의 언어이다.
　이미 앞에서 군자는 그릇이 아니라고 했다. 여기서 한 말도 그와 상
통한다. 쓰임이 정해져서는 안 되기 때문에 공부를 할 때에는 두루 해
야 하고, 사람을 사귈 때에도 두루 사귀어야 한다. 특정한 스승을 고집

해서도 안 된다. 어디에나 나를 가르칠 스승이 있다. 자신을 어느 한 곳에 매어두어서는 안 된다. 보편적인 이치를 체득하기 위해서는 말이다. 반면에 소인은 이치를 체득하려는 자가 아니고 세속의 명성과 이익, 권력을 추구하는 자이기 때문에 특정한 데에 치우칠 수밖에 없다.

두루 살피기 때문에 통찰을 갖출 수 있고, 통찰이 있어야 지혜가 생긴다. 견주기만 해서는 결코 통찰을 갖출 수 없고, 통찰이 없기 때문에 자기 목적을 이루려 할 때마다 이치에 어긋난 짓을 한다.

2-15

子曰: "學而不思則罔, 思而不學則殆."

스승께서 말씀하셨다.
"배우기만 하고 생각하지 않으면 갈팡질팡하고, 생각하기만 하고 배우지 않으면 아슬아슬하다."

注釋 불사(不思)는 배운 것을 익히고 깨달아서 갖게 된 주체적인 생각이 없다는 뜻이다. 망(罔)은 구체적 상황에서 어찌해야 할지를 모르고 헤매는 것이다. 즉 갈피를 잡지 못하는 것이다. 사이(思而)의 사는 저 혼자의 생각으로, 객관적으로 옳은지 알맞은지 입증되지 않은 생각이다. 태(殆)는 무엇을 하든지 이치에 맞지 않아서 잘못될 것 같은 불안함이다.

蛇足 "학이불사(學而不思)"는 배운 것이 있더라도 그것을 익히는 과정을 거치지 않는 것, 그래서 깨닫고 알아서 갖게 되는 주체적인 생각이나 판단이 없다는 뜻이다. 내가 맞닥뜨리는 상황은 항상 바뀐다. 항상 바뀐다는 것은 그때그때 스스로 판단을 하고 결단을 해서 행동해

야 한다는 걸 의미한다. 그런데 배운 것만으로는 상황에 따라 대처할 수가 없다. 배운 것 자체는 상수(常數)일 뿐이고, 상황은 변수(變數)의 세계이기 때문이다. 변수는 몸소 터득하고 체득해서 주체적이고 창조적인 능력을 갖추었을 때에만 감당할 수 있다.

"사이불학(思而不學)"은 자신의 경험이나 생각이 보편적으로 타당한지를 배움을 통해 검증하지 않는다는 뜻이다. 이렇게 해서는 갈수록 생각이 편협해지고, 그 행동은 불확실해지고 부적절해진다. 결국 스스로 판단하고 결단한 말이나 행동이 적절하지도 않고 합당하지도 않으면서 고집만 부리게 된다. 그러니 결과가 나오기도 전에 아슬아슬하지 않겠는가. 썩은 외줄을 타는 것처럼.

2-16

子曰: "攻乎異端, 斯害也已."

스승께서 말씀하셨다.
"근본이 다른 자를 치는 것, 그건 해로울 뿐이다."

注釋 공(攻)은 치다, 비판하다는 뜻이다. 단(端)은 실마리, 근본을 뜻한다. 즉 생각이나 주장하는 바의 단서, 근거, 토대를 의미한다. 이단(異端)에 대한 해석이 여러 가지이고, 이에 따라 공(攻)에 대해서도 달리 풀이하는 경우가 있다. 가령, 공에 닦다, 힘쓰다는 뜻도 있어서 "공호이단(攻乎異端)"을 성인의 도가 아닌 것에 힘쓴다, 그것을 전공한다는 뜻으로 풀기도 한다. 이렇게 푼다면, "사해야이(斯害也已)"는 그야말로 군더더기가 된다. 도리나 이치가 아닌 것을 힘쓰는 게 얼마나 잘못된 것이며 해로울 것인지는 굳이 말할 필요가 없는 것이고, 또 해롭기 때문에 그래서는 안 된다는 뜻으로 말했다면 너무 소극적이어서 스승으로

67

서 공자의 말하기로 보기 어렵다. 따라서 문맥상 적절하지 않다.

蛇足 11-17에서 공자는 제자 염유(冉有)가 계씨를 위해 세금을 더 거두어들인 일을 두고서, "내 제자가 아니다. 여러분들은 북을 울리고 그를 비판해도 좋다(非吾徒也. 小子鳴鼓而攻之, 可也.)"고 말하였다. 여기에서도 공(攻)은 치다, 비판하다는 뜻으로 쓰였다. 그런데 비판의 대상이 동문수학한 벗이다. 왜 그런가? 학문의 출발점이 같으면 나아가야 할 바도 같아야 하기 때문이다. 그런데 염유는 공자의 가르침을 제대로 실천하지 않았다. 만약 다른 학파의 사람이 그랬다면, 공자는 제자들에게 공격하거나 비판하라고 하지 않았을 것이다.

이 글에서 이단(異端)은 주장이나 학설에 있어서 그 근거나 토대가 다른 것을 이른다. 사유나 사상을 전개하는 실마리가 다르다면, 애초부터 대화나 토론은 성립되기 어렵다. 부질없는 짓이다. 서로 평행선을 달릴 뿐이다. 내가 아무리 이치에 맞는 말을 하더라도 알려고 하지 않으며 알지도 못한다. 그런 줄 모르고 덤벼들면, 논쟁만 치열해지며 서로 마음을 다치고 감정만 상하게 된다. 공자가 말하지 않았는가, "군자는 함부로 다투지 않는다"고. 게다가 함께 말할 수 없는데도 말을 한다면, 말을 잃지 않겠는가. 애써 한 말을 잃는다면, 얼마나 공허한가.

2-17

子曰: "由! 誨女知之乎? 知之爲知之, 不知爲不知, 是知也."

스승께서 말씀하셨다.

"유야! 너에게 안다고 하는 것이 무엇인지 가르쳐주랴? 아는 것을 안다고 하고 모르는 것을 모른다고 하는 것, 이게 앎이다."

注釋　유(由)는 공자의 제자로, 이름은 중유(仲由)이며, 자는 자로(子路)이다. 공자보다 아홉 살 적다고 한다. 회(誨)는 가르치다, 보이다는 뜻이다. 여(女)는 여(汝)와 같다. 상대를 가리킨다.

蛇足　배움은 나를 알려고 하는 데서 시작된다. 내가 무엇을 알고 무엇을 모르는지를 제대로 알기 위해서 보거나 들으면서 배운다. 배우지 않으면 나를 온전히 보기 어렵다. 그러나 아무리 배움이 많아도 나를 알지 못한다면, 그 배움은 공염불이 된다.

　모른다는 것은 부끄러운 일이다. 부끄러움은 숨기고 싶어 한다. 그래서 부끄러움을 아는 것은 용기라고 했다. 용기가 있어야 나를 바꿀 수 있다. 말하자면 내가 모른다는 것을 인정해야만 앞으로 나아갈 수 있고 나의 부끄러움을 없앨 수 있다. 나를 완성하려는가? 참된 지혜를 얻으려는가? 그러면 "너 자신을 알라." 아는 게 있다면 아는 대로 행하고, 모르는 게 있다면 기꺼이 배우고 익혀라. 성자들의 가르침은 이것이 전부이리라.

2-18

子張學干祿. 子曰: "多聞闕疑, 愼言其餘, 則寡尤; 多見闕殆, 愼行其餘, 則寡悔. 言寡尤, 行寡悔, 祿在其中矣."

　자장이 벼슬 구하는 법을 배우려 하였다. 이에 스승께서 말씀하셨다.

　"많이 듣되 의심나는 것은 제쳐두고 그 나머지만을 삼가면서 말한다면 허물이 적을 것이고, 많이 보되 위태로운 것은 제쳐두고 그 나머지만을 삼가면서 행한다면 뉘우칠 일이 적을 것

이야. 말하되 허물이 적고 행하되 뉘우칠 일이 적으면, 녹봉은
그 안에 있지."

注釋　자장(子張)은 공자의 제자로, 성은 전손(顓孫)이고, 이름은 사
(師)이다. 자장은 그의 자이다. 공자보다 마흔여덟 살 적다고 한다. 간
(干)은 구하다, 바라다는 뜻이다. 록(祿)은 관리가 받는 봉급이다. 궐
(闕)은 빼다, 빠뜨리다는 뜻이다. 기여(其餘)는 확실한 것, 분명하게 아
는 것을 가리킨다. 과(寡)는 적다는 뜻이다. 우(尤)는 허물을 뜻한다. 태
(殆)는 확실하지 않아서 잘못될 수도 있는 것, 아슬아슬한 것을 뜻한다.
회(悔)는 뉘우침이다.

蛇足　자장은 높은 벼슬과 많은 녹봉을 위해 공부를 하려 했던 모
양이다. 공부 그 자체보다도 공부의 결과에 마음이 가 있으면, 공부를
온전하게 하기 어렵다. 12-20에서도 자장이 "선비가 어떠해야 이르렀
다(達)고 할 수 있습니까?" 하고 공자에게 묻는 게 나온다. 자장이 말하
는 "이르렀다"는 것은 명성을 떨치는 일이다. 명리를 위해 공부를 하고
있다는 것을 알 수 있다. 이야말로 중이 "염불보다 잿밥에 관심이 많다"
는 격이다. 그러니 공자가 말하는 녹(祿), 즉 공부 자체, 이치를 깨달아
알고 그대로 말하고 행하는 것 자체가 녹봉인 줄을 알 리가 없다.

위에서 '적다'는 뜻의 과(寡)를 쓴 이유를 그래서 알 듯하다. 이왕이
면 '없다'는 뜻의 무(無)를 쓰는 게 낫지 않은가라고 물음을 던질 수도
있다. 공자가 누구에게 말하고 있는가를 알면 답은 절로 나온다. 어떤
학인에게서나 마찬가지겠지만, 없다고 말하면 더없이 좋다. 하지만 그
것은 매우 실천하기 어렵고 단박에는 이르지 못한다. 자칫 공부를 놓아
버릴지도 모른다. 특히 자장과 같이 젊거나 어린 학인, 더욱이 세속적
인 명리에 관심을 기울이는 학인에게는 그에 걸맞은 수준의 답을 주면
서 차츰차츰 이끌어야 한다. 공부는 궁극적으로 성인의 경지에 이르기

위함이지만, 우선 군자로서 가야 할 길을 먼저 차근차근 밟도록 해야한다. 그래서 당장 자장에게 필요한 공부를 말해준 것이다. 우선 허물이나 뉘우침이 적도록 말과 행동을 삼가라고 말이다.

2-19

哀公問曰: "何爲則民服?" 孔子對曰: "擧直錯諸枉, 則民服; 擧枉錯諸直, 則民不服."

　　애공이 물었다.
　　"어떻게 해야 백성들이 따릅니까?"
　　공 스승께서 대답하셨다.
　　"곧은 자를 들어 굽은 자 위에 두면 백성들은 따르오. 허나 굽은 자를 들어 곧은 자 위에 두면 백성들은 따르지 않소."

注釋　　애공(哀公)은 노나라의 군주로, 성은 희(姬)이고, 이름은 장(蔣)이며 정공(定公)의 아들이다. 27년간 재위(기원전 494~466)하였다. 복(服)은 따르다, 좇다는 뜻이다. 거(擧)는 사람을 뽑아 쓴다는 뜻이다. 직(直)은 곧고 올바른 사람을 가리킨다. 조(錯)은 조(措)와 같으며, 두다는 뜻이다. 저(諸)는 지어(之於)를 줄인 말이다. 왕(枉)은 굽다는 뜻으로, 마음이 굽고 사납게 비뚤어진 사람을 가리킨다.

蛇足　　애공 당시의 노나라 실정이 역설적으로 드러난다. 맹손씨·숙손씨·계손씨 세 집안은 권력을 독점하여 전횡을 일삼았고, 관리 임용도 그들의 손아귀에 있었다. 애공으로서는 권력을 빼앗긴 셈이다. 그런데 바로 그것이 원인이 되어 백성들의 마음을 얻지 못한 것임을 깨닫지 못했다. 공자는 노나라가 처한 현실을 알고 있었고, 그 문제의 핵심을

잘 파악하고 있었다. 그래서 현실적으로 가장 우선되어야 할 일에 대해 말해준 것이다. 이는 선후와 본말을 아는 데서 가능한 대답이다.

무릇 조직에는 위계가 있고, 위계에서는 누가 위에 있느냐가 관건이다. 그것을 공자는 언급한 셈인데, 물음을 던진 애공에게는 그것이 그저 당위적인 것으로만 들리지 않고 현실적으로 또 구체적으로 와 닿는 가장 긴요한 대답이었을 것이다. 그러나 애공에게 과연 실행할 의지가 있었을까? 아마 의지를 갖는 일보다 상황의 불리함에 먼저 생각이 미쳤는지도 모른다. 그래서 실행하지 못했고, 그의 시호가 '슬프고 딱할 애(哀)'가 된 것이리라.

2-20

季康子問: "使民敬忠以勸, 如之何?" 子曰: "臨之以莊則敬, 孝慈則忠, 擧善而敎不能則勸."

계강자가 물었다.

"백성들이 지극히 삼가고 참되며 힘쓰도록 하려면, 어찌해야 합니까?"

스승께서 말씀하셨다.

"그들을 정중하게 대하면 지극히 삼갈 것이요, 효도하고 자애로우면 참될 것이요, 잘하는 이를 들어 쓰고 무능한 자를 가르치면 힘쓰게 될 것이오."

注釋 계강자(季康子)는 계손비(季孫肥)로, 애공 때의 정경(正卿)이었다. 당시 노나라의 실권을 쥐고 있었다. 이(以)는 이(而)와 같다. 림(臨)은 높은 사람이 낮은 사람을 대하는 것이다. 장(莊)은 바르고 무게가 있는 것이다.

蛇足 어리석은 자는 자기에게 없는 것을 먼저 갖추려 하지 않고 남에게서 구하려고만 한다. 또 자기에게 해야 할 말을 남에게 하기도 한다. 계강자는 먼저 자신이 갖추어야 할 것에 대해 생각하지 않고, 백성들을 어떻게 해야 내 뜻대로 할 것인지에만 몰두하였다. 그러다가 자기가 먼저 해야 할 것을 하지 않고, 백성에게 바라고 요구하는 데로만 나아갔다. 그러니 예악을 무너뜨린 게 아닌가.

나그네의 외투를 벗기려 시합한 바람과 태양의 이야기를 아는가? 바람이 아니라 태양이 외투를 벗게 했다. 바람은 억지로 벗기려 애썼으나, 태양은 스스로 벗게 하였다. 권력과 권위 또한 그와 같다. 권력은 바람이요 권위는 태양이다. 권력은 지위에서 나오고, 권위는 덕에서 나온다. 공자는 그런 권력을 행사하지 말고 권위를 갖추라고 말하였다.

2-21

或謂孔子曰: "子奚不爲政?" 子曰: "書云, '孝乎惟孝, 友于兄弟, 施於有政,' 是亦爲政. 奚其爲爲政?"

누군가가 공 스승께, "선생께서는 어찌 정치를 하지 않으십니까?" 하고 물으니, 스승께서 말씀하셨다.
"서에, '효도하고 오로지 효도하며, 형제끼리 잘 지내고, 이를 옮겨서 정치를 있게 하라!'라고 하였으니, 이 또한 정치를 하는 것이오. 어찌 정치를 한다는 게 따로 있겠소?"

注釋 해(奚)는 어찌, 어찌하여라는 뜻이다. 서(書)는 『상서(尙書)』를 가리키는데, 위의 구절은 현재의 『상서』에는 없고 『위고문상서(僞古文尙書)』의 「군진(君陳)」편에 있다. 후대에 서를 '서경(書經)'이라 일컬었

으나, 여기서는 본래의 뜻대로 풀었다. 유(惟)는 오직, 오로지의 뜻이며, 강조의 의미로 쓰였다. 이(施)는 옮기다, 뻗다, 펼치다는 뜻이다.

蛇足 정치(政治)란 물을 다스리듯이 다스리는 것이다. 물길을 제대로 터야 물은 다스려진다. 그러기 위해서는 물길을 알아야 한다. 물길 또한 물의 길, 물의 도이다. 그 길, 그 도를 그대로 문명사회에 응용하는 것, 이것이 정치이다. 그러나 그 정치는 무슨 대단한 게 아니다. 정치라고 할 게 따로 있는 게 아니다. 정치는 그저 일상의 삶 속에서 이루어지는 일이다. 일상이 그대로 정치하는 마당이다. 정치를 비일상적인 어떤 것으로 여길 때, 문제는 심각해지고 해결할 실마리는 잡히지 않는다. 정치가 일상에서 벗어나는 것이 아님을 알아야 한다. 그래야 나로부터 정치를 시작할 수 있다. "수신, 제가, 치국, 평천하(修身齊家治國平天下)"를 그냥 말한 게 아니다. 수신과 제가가 바로 일상에서 하는 정치이다. 그것을 나라에, 천하에 옮겨가서 펼치는 것, 그것도 정치이다. 공자는 정치가 바로 일상에서 비롯되고 일상을 벗어나지 않으며 일상에서 이루어진다는 것을 말하였다. 이런 의미에서 사람을 정치적 동물이라고 말한다면, 그건 옳다.

2-22 ————————————————

子曰: "人而無信, 不知其可也. 大車無輗, 小車無軏, 其何以行之哉?"

스승께서 말씀하셨다.
"사람이 되어서 미쁨이 없다면, 그가 무얼 할 수 있을지 모르겠군. 큰 수레에 끌채가 없고 작은 수레에 끌채 끝 쐐기가 없다면, 무엇으로 수레를 몰 수 있겠는가?"

注釋 　대거(大車)는 고대에 소가 끄는 수레를, 소거(小車)는 말이 끄는 수레를 가리켜 한 말이다. 예(輗)는 끌채를 뜻하며, 수레의 양쪽에 대는 긴 채이다. 이 앞에 소나 말의 멍에가 닿는 멍에목을 가로 댄다. 월(軏)은 끌채 끝의 쐐기를 뜻하는데, 멍에목을 고정시키는 구실을 한다.

蛇足 　끌채는 소나 말이 수레를 끌게 하는 데 있어 소용되는 긴요한 장치이다. 소나 말이 수레를 끌도록 멍에를 씌우는데, 그 멍에가 닿는 목 부분에 멍에목이 있고 이것이 끌채 끝에 가로로 대어 있다. 그 멍에목과 끌채가 단단하게 매여 있도록 하는 것이 쐐기이다. 끌채나 쐐기는 수레 전체에서 볼 때는 그다지 눈에 띄지 않고 중요해 보이지 않는다. 그 자체로는 큰 소용이 없는 듯이 보이기도 한다. 그러나 소나 말이 수레를 편하게 오래도록 끌고 가기 위해서는 반드시 필요하다. 공자는 미쁨이 그런 끌채와 쐐기 같은 것이라고 보았다.

　미쁨은 말이 알차서 주는 느낌이다. 그것은 곧 나의 참된 마음에서 비롯된다. 그래서 미쁨은 사람 사이에서 필요한 가장 기본적인 덕목이다. 무릇 공부는 기초나 기본을 다지는 데서 시작된다. 건물을 지을 때, 높이 올리려고 하면 할수록 기초는 넓고 단단하게 다진다. 사람도 마찬가지이다. 멀리 나아가고 높이 올라가려고 한다면, 첫걸음을 잘 내디뎌야 하고 기초를 잘 다져야 한다. 미쁨은 바로 그런 것이다. 그런 미쁨이 없다면 무얼 할 수 있겠으며, 무얼 한다고 한들 제대로 하겠는가?

2-23

子張問: "十世, 可知也?" 子曰: "殷因於夏禮, 所損益, 可知也.; 周因於殷禮, 所損益, 可知也; 其或繼周者, 雖百世可知也."

자장이, "열 세대 뒤의 일을 알 수 있습니까?" 하고 묻자, 스승께서 말씀하셨다.

"은나라는 하나라의 예법에 말미암았으니, 덜고 더한 것이 무엇인지 알 수 있다. 주나라는 은나라의 예법에 말미암았으니, 덜고 더한 것이 무엇인지 알 수 있다. 누군가가 주나라를 잇는다면, 백 세대 뒤의 일이라도 알 수 있다."

注釋 인(因)은 어디에 바탕을 두다는 뜻이다.

蛇足 예법뿐만 아니라 모든 문물제도는 시대가 달라짐에 따라 변화한다. 다만 근거 없이 마구 바뀌는 게 아니다. 바뀌는 것이 있는가 하면, 바뀌지 않고 유지되는 것도 있다. 시대가 달라진다고 해서 앞 시대의 것을 완전히 폐기하지는 않는다. 아무리 혁신이라 해도 앞 시대의 것을 이어받으면서 새로운 것을 가미한 것이다. 한꺼번에 확 바뀌는 일도 없다. 천천히 바뀐다. 대부분의 사람들은 바뀐 것이 뚜렷하게 드러났을 때에야 비로소 바뀐 줄을 알기 때문에 마치 한순간에 바뀐 것처럼 느낀다. 그러나 그렇지 않다. 바뀌지 않는 때란 한순간도 없다. 그 순간들이 모여서 거대한 변화로 나타날 뿐이다. 또 바뀌기만 하는 것도 아니다. 만약 바뀌기만 하고 바뀌지 않는 게 없다면, 과거사를 돌아보고 배울 일은 없다. 그래서 "옛것을 익히면 새것을 안다"고 하지 않았는가. 바뀌고 바뀌지 않는 것, 그 가운데서 바뀌는 것이 여기서 말한 "덜고 더한 것"이다. 덜거나 더한 것이 무엇인지를 안다면, 새롭게 올 것을 미루어 알 수 있다. 이것이 바로 통찰이다. 사물의 미묘하고 은밀한 결을 뚜

렷하게 보는 힘, 흘러가고 흘러오는 시간을 꿰뚫어 보는 힘이 통찰이
다. 그 통찰은 신나게 배우고 때맞게 익히고 지극하게 행함으로써 저절
로 얻어진다. 통찰은 지혜가 활발발하게 살아 뛰는 것을 이른다.

2-24

子曰: "非其鬼而祭之, 諂也. 見義不爲, 無勇也."

스승께서 말씀하셨다.
"제 귀신이 아닌데도 제사를 지내는 것은 알랑거리는 짓이다.
올바른 줄 알고도 행하지 않으면 용기가 없는 것이다."

注釋　기(其)는 뒤에 오는 말을 한정지어주는 구실을 하는데, 대체
로 이치와 관련되어서 올바른, 타당한, 합당한 등의 말맛이 담겨 있다.
귀(鬼)는 죽은 사람의 넋이고, 여기서는 죽은 조상을 가리킨다. 기귀(其
鬼)는 마땅히 제사를 지내야 할 대상으로서 조상신을 뜻한다. 첨(諂)은
나를 낮춤으로써 상대의 비위를 맞추는 것, 이로움을 얻으려고 아양을
떠는 짓이다. 견(見)은 보다, 알다는 뜻이다. 견불위(見不爲), 즉 알고도
하지 않는다면 이는 참으로 아는 게 아니다. 그래서 견은 보이는 것을
보는 것, 피상적으로 아는 것을 뜻한다.

蛇足　예의란 말할 것과 말해서는 안 될 것을 가려서 말하고, 할 것
과 해서는 안 될 것을 가려서 행동하는 것이다. 가려낼 줄 아는 것은 지
혜이다. 그래서 지혜가 없으면 예의는 이루어지지 않는다. 지혜가 없으
면서도 예를 운운하는 자가 있다면, 그는 예의가 형식이나 외형인 줄로
만 아는 자이다.
　복을 얻으려고 귀신에게 제사지내는 일도 많다. 그러나 내 마음이

지극하지 못하고 욕심만 앞선다면, 그 제사는 제사가 아니다. 제사가 제사답지 못한데, 무슨 복을 얻겠는가. 귀신은 어디 멍청하기만 해서 아무런 제사나 다 받고 아무에게나 복을 준다던가? 귀신은 제쳐두고, 복으로만 말해도 그렇다. 복도 사람을 보고 찾아간다. 복은 저를 받아들일 자격이 있는 사람에게 가고, 자격이 없는 사람에게는 가지 않는다. 갔다가도 아니다 싶으면 딴 곳으로 간다. 그게 복이다. 결국 복을 받느냐 못 받느냐는 나에게 달렸다. 그런데 공자는 한걸음 더 나아갔다. 지극한 마음, 이치에 맞는 행동, 그것이 곧 복이라고 했다. 복은 제 스스로 만드는 것이라는 말이다.

용기는 씩씩한 기운이다. 기운이 씩씩하면 물러서는 법이 없다. 올바르다는 판단을 내리고 올바른 일이라는 것을 안다면, 결코 물러서지도 않고 주춤거리지도 않는다. 그런 기세가 용기이다. 그런데 왜 올바른 줄 알면서도 하지 않을까? 사실은 알지 못했다. 모르면서도 모르는 줄을 모르고 있었다. 그것을 착각(錯覺)이라 한다. 착각하고 있다가 결정적인 순간에 몸을 움츠리면서 "아, 아는 게 아니었구나!" 하고 탄식한다. 그러니 씩씩하게 덤벼들지 못하고 머뭇거리는 수밖에. 용기는 평소에는 잘 드러나지 않는다. 결정적인 순간에 드러난다.

3편

팔일 (八佾)

3-1

孔子謂季氏, "八佾舞於庭, 是可忍也, 孰不可忍也?"

공 스승께서 계씨를 가리켜 말씀하셨다.
"계씨가 제 뜰에서 팔일무를 추게 하는데, 이런 짓을 서슴지 않
고 한다면 무슨 짓인들 하지 않겠는가?"

注釋 계씨(季氏)는 노나라 대부인 계손씨 사람으로, 정확하게 누구
를 가리키는지는 알 수 없다. 계강자(季康子) 또는 계환자(季桓子)를 가
리킨다는 견해도 있고, 계평자(季平子)를 가리킨다고 보는 경우도 있
다. 팔일무(八佾舞)는 한 줄에 여덟 사람씩 여덟 줄, 모두 64명이 늘어
서서 추는 춤이다. 이는 천자만이 쓸 수 있다. 제후는 육일무(六佾舞)로
여섯 줄이니 48명, 대부는 사일무로 네 줄이니 32명이다. 계씨는 대부
이니, 마땅히 사일무로 했어야 한다. 인(忍)은 여기서는 모질게 하다는
뜻으로 쓰였다. 숙(孰)은 누구, 무엇 등의 뜻이다. 여기서는 앞에 나오
는 시(是)와 짝이 되어서 '무엇'을 뜻한다.

蛇足 대부인 계씨가 자기 집 마당에서 팔일무를 추게 했다는 것은
아주 공공연하게 했다는 말이다. 제후의 예법도 아닌 천자의 예법을 침
해했다는 것은 자신의 권력과 위상이 대단함을 노골적으로 드러낸 것
이다. 그럼에도 그 어느 누구도 이에 대해 이의를 제기하지 못했다. 노
나라에서는 계씨가 실권을 장악하고 있었고, 저 멀리 서쪽에 있는 천
자는 제후들 눈치를 보기도 바쁜 처지이니 누가 이를 언급이나 하겠는
가? 그저 말세라고 탄식할 뿐이겠지.
　그런데 예법은 상하의 질서를 엄정하게 유지하는 구실을 한다. 그
예법은 아래에서 어겨서도 안 되지만, 위에서 어겨서도 안 된다. 예법은
상하의 관계를 규정하는 구실을 하는 것이니, 어느 한쪽에서 어기는 순

간 이미 무용지물이 되어버리기 때문이다. 계씨가 노나라 군주에 대해 또 천자에 대해 그리했다면, 그 자신도 가신들에 의해 배신을 당하게 마련이다. 결국은 혼란이 거듭되고, 그 혼란 속에서 가장 고통받는 이들은 백성일 뿐이다.

3-2

三家者以雍徹. 子曰: "'相維辟公, 天子穆穆,' 奚取於三家之堂?"

세 집안에서 제사를 거둘 때에 〈옹〉을 노래하였다. 이에 스승께서 말씀하셨다.
"'도우며 받쳐주는 제후들, 천자는 위세 당당하구나!'라는 구절을 어찌 세 집안의 사당에서 함부로 쓰는가?"

注釋 삼가(三家)는 노나라의 맹손(孟孫)·숙손(叔孫)·계손(季孫) 세 집안을 가리킨다. 옹(雍)은 옹(雝)과 같으며, 『시경』「주송(周頌)」의 한 편명을 가리킨다. 천자의 종묘에서 제사할 때 쓴다. 철(徹)은 거두다는 뜻이다. 상(相)은 돕다는 뜻이다. 유(維)는 매다, 받치다는 뜻이다. 벽공(辟公)은 제후들을 가리킨다. 해(奚)는 어찌라는 뜻이다.

蛇足 3-1과 마찬가지이다. 천자가 제사에서 쓰던 음악을 대부가 제 제사에서 쓴다는 것은 이미 반역이다. 만약 민심이 떠난 왕조를 뒤집어엎고 새로운 왕조를 세워서 백성들의 삶을 안정시키고 풍족하게 하려는 것이라면, 반역이 아니라 혁명이다. 그러나 저의 권력을 과시하기 위한 것이라면, 그 또한 오래갈 수 없다. "화무십일홍(花無十日紅)!" 어찌 그리도 간단한 이치를 모르는가? 모든 이치는 간단하고 소박하다. 그래서 별 게 아니라 여기고 쉽게 잊는다.

3-3

子曰: "人而不仁, 如禮何? 人而不仁, 如樂何?"

스승께서 말씀하셨다.
"사람이 되어서 어질지 못한데, 예의는 차려서 무엇 하겠는가?
사람이 되어서 어질지 못한데 음악을 갖춘들 무엇 하겠는가?"

注釋　여(如)는 ~와 같은 것이라는 뜻인데, 여기서는 차리다, 갖추다는 의미로 풀었다.

蛇足　예의와 음악은 하나의 형식이요 표현이다. 그러나 알맹이가 없는 형식은 예의가 아니라 허례이다. 혼이나 기운이 담기지 않은 음악은 소음(騷音)이다. 형식을 살아 있게 하는 알맹이가 곧 어짊[仁]이다. 어짊은 사람과 사람을 어우러지게 하는 덕목이다. 즉 사람을 사람답게 하는 것이고, 다른 사람과 어우러지게 하는 것이다. 그 어짊이 몸과 마음을 꽉 채우면, 그 꽉 찬 것은 절로 가락을 지닌다. 온몸을 휘돌아 감도는 그 가락이 몸짓으로 승화되면 춤이요, 악기를 통해 표현되면 음악이다. 그 가락이 일상에서 말과 행동으로 나오면, 그것이 예의이다.

3-4

林放問禮之本, 子曰: "大哉問! 禮, 與其奢也, 寧儉; 喪, 與其易也, 寧戚."

임방이 예의 근본에 대해 여쭈니, 스승께서 말씀하셨다.
"중요한 질문이로다! 예란 지나치게 치례하기보다 차라리 오달지게 할 것이요, 상례란 잘 치르기보다 차라리 슬퍼해야 할 것이네."

注釋　임방(林放)은 노나라 사람이다. 여(與)는 '~하기보다'라는 뜻이다. 사(奢)는 분수를 넘어서 치례하는 것을 뜻한다. 녕(寧)은 '차라리'라는 뜻이다. 검(儉)은 쓰임새가 느슨하지 않고 알찬 것을 뜻한다. 이(易)는 마음은 다하지 않고 겉보기에 좋도록 처리하는 것을 뜻한다. 척(戚)은 서러워하다, 슬퍼하다는 뜻이다.

蛇足　임방은 예의 근본에 대해 물었다. 그렇다면 그 대답은 간단하다. "어짊!" 그런데 공자는 그렇게 대답하지 않았다. 왜냐하면 어짊이라는 대답은 지극히 원론적인 것이기 때문이다. 공자의 철학은 실천철학이다. 그것은 곧 모든 물음과 대답이 구체적이면서 보편적이어야 한다는 말이다. 특히 대답은 상대에게 가장 절실하게 요구되면서도 실천 가능한 것을 말해주는 것이어야 한다. 공자의 대답은 누구나 쉽게 잊으면서도 가장 기본적인 것, 남을 의식하여 겉치레에 치우치는 것은 부질없는 것임을 일깨워주는 것이었다.

3-5

子曰: "夷狄之有君, 不如諸夏之亡也."

스승께서 말씀하셨다.
"오랑캐에게 임금이 있어도 임금이 없는 중국보다 못하지."

注釋 이적(夷狄)은 중국에서 주변의 민족들을 일컫는 말이지만, 여기서는 문화가 없는 나라를 가리킨다. 춘추 시대에 초(楚)와 오(吳) 등은 중원의 나라에 속하지 않았고 또 문화적으로 낙후된 나라였으므로 이를 두고 한 말로 여겨진다. 하(夏)는 중국을 가리키는 말이지만, 그 영토는 오늘날과 같지 않다. 망(亡)은 무(無)와 같다.

蛇足 공자 사상의 핵심은 예악에 담겨 있고, 그 예악은 곧 문화이다. 문화는 특정한 소수에 의해 창조되기는 하지만, 모든 이들이 향유할 때 비로소 하나의 문화로 자리 잡는다. 그것은 오랜 세월 동안 수많은 사람들의 노력에 의해 가능하다. 그래서 문화대국이 높이 일컬어지는 것이다. 위대한 제왕은 드물게 등장한다. 거기에 따라 세상은 변화를 겪지만, 오래가지 않는다. 그러나 문화는 다르다. 문화는 쉽사리 정착되지 않지만, 정착되면 오래간다. 물론 뛰어난 문화에 한정해서 하는 말이지만.

3-6

季氏旅於泰山. 子謂冉有曰: "女弗能救與?" 對曰: "不能." 子曰: "嗚呼! 曾謂泰山不如林放乎?"

계씨가 태산에 올라가서 제사를 지냈다. 이에 스승께서 염유에게 말씀하셨다.
"네가 말릴 수 없었더냐?"
염유가 대답하였다. "말릴 수 없었습니다."
"아! 태산이 임방보다도 못하리라 여겼단 말인가?"

注釋 려(旅)는 산에 제사를 지내다는 뜻이다. 당시에는 천자와 제

후만이 명산대천(名山大川)에 제사를 지낼 수 있었다. 특히 태산은 천자가 제사를 지내는 산이다. 『사기』 「서(書)」의 〈봉선서(封禪書)〉에 관련된 내용이 자세하게 나온다. 염유(冉有)는 공자의 제자인 염구(冉求)이며, 자는 자유(子有)이다. 공자보다 스물아홉 살 아래였다. 당시에 계씨의 가신으로 있었다. 구(救)는 구하다, 돕다는 뜻인데, 여기서는 문맥상 막다, 말리다는 뜻으로 쓰였다. 계씨가 제사를 지내지 않도록 하는 것이 예를 어기지 않도록 돕는 일이었다. 여(與)는 여(歟)와 같다. 의문사이다. 증(曾)은 이전에 한 일에 대해서 언급할 때 쓴다.

蛇足　　군자는 윗사람을 섬길 때 그의 잘못을 지적하고 간언하여야 한다. 그것이 예의이고 도리이다. 공자는 제자인 염유가 계씨를 섬기는 것도 못마땅했을 터인데, 게다가 옳지 못한 일을 보고서도 말리지 않은 듯했으므로 물었던 것이리라. 염유는 "말릴 수 없었다"고 하였는데, 당연하지 않은가? 말린다고 그만둘 사람이었으면 애초에 하지 않았을 것이다. 또 말리는데도 듣지 않았다면, 염유가 그만두고 떠났어야 한다. 말려야 하는데 말리지 못하면 직무유기이고, 말렸는데도 그렇게 하는 것을 보고만 있다면 동참한 것이다.

"태산이 임방보다도 못하리라 여겼단 말인가?"에는 공자의 안타까움이 짙게 배여 있다. 어리석어도 그리 어리석을까 하고 말이다. 태산의 신이 사람보다도 못해서 그릇된 제사를 받아들일 것이라 여겼는가라고 한 말은 계씨에게 한 말일까, 염유에게 한 말일까?

3-7

子曰: "君子, 無所爭. 必也射乎! 揖讓而升, 下而飮. 其爭也
君子."

스승께서 말씀하셨다.
"군자는 다투는 일이 없어. 굳이 다툰다고 한다면 활쏘기 정도
랄까! 허리 숙여 인사하고 발판을 오르고, 내려와서는 한 잔
들이키지. 그런 다툼이라야 군자다운 거지."

注釋 사(射)는 활쏘기로, 고대 육예(六藝) 가운데 하나이다. 육예는
고대 귀족들이 배우던 것으로, 예(禮, 예법) · 악(樂, 음악) · 사(射) · 어(御,
말타기) · 서(書, 글쓰기) · 수(數, 산술) 등이다. 읍(揖)은 두 손을 마주 잡
고 허리를 굽히는 것이다. 양(讓)은 자신을 낮춘다는 뜻이다. 야(也)는
모두 강조의 의미로 쓰였다.

蛇足 군자는 이치의 길을 가면서 어짊과 지혜를 갖추려고 끊임없
이 자신을 닦는 사람이다. 지식의 세계에서는 토론과 논쟁이 중요한 일
일 수 있으나, 이치의 세계에서는 그렇지 않다. 이치의 세계에서는 터득
했느냐 또는 체득했느냐가 중요하다. 터득이나 체득은 일차적으로 마
음과 몸의 문제이다. 먼저 온몸으로 느끼고, 그 다음에 그것을 이성과
논리로써 정리한다. 느낌이 앞서지 않으면, 결코 이치에 다가갈 수 없
다. 따라서 이성과 논리가 앞서는 논쟁이나 토론으로는 결코 군자의 길
을 간다고 할 수 없다. 군자는 다투지 않는다. 아니 다툴 수가 없다. 내
가 이미 이치대로 한다면, 다툴 이유가 없다. 내가 아직 이치대로 하지
못한다면, 나를 돌아다보아야 한다. 공자가 굳이 활쏘기를 끌어댄 이유
가 여기에 있다.

子夏問曰: "'巧笑倩兮, 美目盼兮, 素以爲絢兮,' 何謂也?" 子
曰: "繪事後素." 曰: "禮後乎!" 子曰: "起予者, 商也! 始可與言
詩已矣."

　　자하가 여쭈었다.
　　"시에 '보조개 띤 웃음 어여쁘네! 아름다운 눈동자 빛나네! 본
바탕이 아름답구나!'라는 게 있던데, 무슨 말인지요?"
　　스승께서 말씀하셨다.
　　"그림 그리기는 흰 바탕 위에 하느니라."
　　"예가 나중이군요!"
　　"나를 일깨우는 자, 상이로구나! 이제야 함께 시를 얘기할 수
있겠구나."

注釋　　교(巧)는 예쁘다, 귀엽다는 뜻이다. 천(倩)은 입매나 보조개가
예쁜 것을 가리킨다. 반(盼)은 눈의 검은자위와 흰자위가 뚜렷하게 구
분되어서 예쁜 모양을 가리킨다. 현(絢)은 무늬, 문채와 같이 아름답다,
곱다는 뜻이다. 자하가 인용한 시구 가운데 첫째와 둘째 구는 『시경』
「위풍(衛風)」의 〈석인(碩人)〉에 나오지만, 셋째 구절은 보이지 않는다.
회(繪)는 그림, 그리다는 뜻이다. 소(素)는 흰 바탕을 가리킨다. 기(起)
는 뜻이나 기운을 일으키다, 일깨우다는 뜻이다. 상(商)은 자하의 이름
이다.

蛇足　　흰 바탕이란 바로 어짊이다. 어짊은 참된 마음이요 한결같
은 마음이다. 그것은 결코 꾸며서 얻을 수 있는 게 아니다. 그런 어진
마음을 겉으로 드러낸 것이 예의요 음악이다. 다시 말하면 어짊이 뿌
리이다. 그런데 뿌리는 드러나 있지 않다. 그래서 흔히 간과된다. 그

게 문제이다. 드러나 있지 않은 뿌리에 누가 정성을 들이겠는가? 뿌리
가 썩어서 몸통이 부실해지고 꽃이 피지 않고 열매가 맺지 않는 지경
에 이르러서야 비로소 뿌리에 생각이 미친다. 탐욕과 어리석음이 반드
시 크게 드러나야 문제가 되는 것은 아니다. 그 또한 뿌리와 같다. 마
음 한 켠에 슬며시 고개를 드는 순간, 이미 어긺이 차지하고 있던 뿌리
를 썩히고 있다.

3-9

子曰: "夏禮, 吾能言之, 杞不足徵也. 殷禮, 吾能言之, 宋不足
徵也. 文獻, 不足故也. 足則吾能徵之矣."

스승께서 말씀하셨다.
"하나라의 예에 대해서 내가 말할 수는 있으나, 기 땅으로는
너끈히 입증하지 못한다. 은나라의 예에 대해서 내가 말할 수
는 있으나, 송나라로는 너끈히 입증하지 못한다. 남은 문화와
현자가 넉넉하지 못하기 때문이다. 넉넉하다면 내 입증할 수
있다."

注釋　　하(夏)는 중국 역사에서 가장 앞서는 왕조이다. 기(杞)는 하
우(夏禹)의 후손이 나라를 이루고 살던 땅이다. 부족징(不足徵)의 '부
족'은 제대로 할 만큼 넉넉하지 못하다는 뜻이다. 징(徵)은 구체적인
효과를 보여주다, 뒷받침할 만한 것을 내세우다는 뜻이다. 은(殷)은
기원전 1600~1100년에 있었던 왕조로, 상(商)이라고도 부른다. 송(宋)
은 상탕(商湯)의 후손이 나라를 이루고 살던 곳이다. 문(文)은 문화 전
반, 특히 사료(史料)를 가리킨다. 헌(獻)은 문화적 소양을 체득한 인물
을 가리킨다.

蛇足 철학은 보편타당한 진리를 탐구한다. 철학이 재미없게 여겨지는 것은 보편타당성에 치우쳐서 구체성을 결여해서이다. 구체성은 경험 세계, 현상 세계에서 일어나는 일들에서 비롯되는 것이며, 그것은 곧 역사의 영역이다. 진정한 철학은 역사를 도외시하지 않는다. 오히려 철저하게 역사 위에 서 있다. 그 점을 간과해서는 안 된다. 철학자는 이치를 체득하는 자이다. 이치는 끊임없이 변화하는 세계 속에 깊이 감추어져 있는 것이다. 그 은밀하고 내밀한 이치를 구체적인 경험을 통해 철저하게 느끼고 알아챈 사람이 스승 노릇을 한다. 그런 스승이라면 결코 사실의 세계를 하찮게 여기거나 소홀히 하지 않으리라. 사실의 세계, 경험의 세계를 도외시한다면, 그 자체가 이미 이치에서 벗어난 짓이다. 공자의 공부는 그런 속에서 이루어졌다. 또 경학(經學) 역시 해석학이고 철학이다. 그렇다면 경험을 배제하고서는 결코 제대로 할 수 없다는 것 또한 엄연한 진실이고 진리이다.

3-10

子曰: "禘, 自旣灌而往者, 吾不欲觀之矣."

스승께서 말씀하셨다.
"체 제사에서 울창주를 땅에 뿌린 다음은 보고 싶지 않다."

注釋 체(禘)는 제왕이 지내는 대제(大祭)이다. 주나라 성왕(成王)은 주공(周公)이 주나라 건국에 커다란 기여를 했다고 여겨서 특별히 체 제사를 지낼 수 있다는 허락을 하였다. 이후 노나라의 군주들은 이를 관례로 삼아 제사를 지냈다. 관(灌)은 물을 뿌린다는 뜻인데, 여기서는 제사에서 쓰는 술을 땅에 뿌리는 것을 가리킨다. 이는 제사의 절차 가

운데 하나이다. 왕자(往者)는 '그 다음'이라는 뜻이다.

蛇足 　공자가 예악을 부르짖은 것은 바로 예악이 극도로 문란해졌기 때문이다. 노나라가 비록 주공의 후손이 이어오던 나라이고, 주나라 문화의 정수를 간직하고 있다고는 하나, 이미 노나라 자체가 혼란한 예악의 중심에 있었다. 노나라 군주는 대부들이 멋대로 함으로써 그 위상이 땅에 떨어졌다. 그런데 그런 군주가 천자가 지내는 체 제사를 지낸다니, 이야말로 누워 침 뱉기이다. 공자는 군주로서는 체 제사에서 울창주를 땅에 뿌리는 것에서 그쳐야 한다고 보았다. 제사를 끝까지 지내는 것은 바로 천자의 권위를 공공연하게 침범하는 것이기 때문이었다. 결국 예법이란 내가 먼저 지키는 데서 출발하는데, 내가 그러하지 못하고서야 내 밑의 신하들이 나의 권위를 침범하는 데 대해 무어라 하겠는가? 이미 예법이 무너진 상황에서 노나라 군주가 체 제사를 지내는 것 자체가 자충수였다.

3-11

或問禘之說, 子曰: "不知也. 知其說者之於天下也, 其如示諸斯乎!" 指其掌.

　누군가가 체 제사에 대해 자세하게 풀어달라고 하자, 스승께서 대답하셨다.
"나는 알지 못하오. 그것을 풀어 밝힐 줄 아는 자는 천하를 보는 게 이것을 보는 것과 같을 것이오."
그리고는 손바닥을 가리키셨다.

注釋 　설(說)은 풀이하다, 풀어서 밝히다는 뜻이다. 시(示)는 보다는

뜻이다. 저(諸)는 지어(之於)와 같다.

蛇足　앞의 3-10에서 한 말의 속뜻이 잘 드러나 있다. 제사는 단순한 의례가 아니다. 그 시대의 정치·사회·문화의 요체를 담고 있다. 당대의 제사에는 당대 예법의 정수가 담겨 있고, 그 예법은 곧 문화의 중심에 있다. 공자는 제사를 인간과 신의 소통으로 보기보다는 천하의 일, 세상사의 원리나 이치가 담겨 있는 것으로 이해하고 있다. 즉 제사를 하나의 상징으로 파악하고 있는 것이다. 공자를 통해 제사가 인간과 신을 이어주는 데서 벗어나 인간 중심의 세계관으로 나아가는 혁신이 이룩되고 있었음을 알 수 있다.

3-12

祭如在, 祭神如神在. 子曰:"吾不與祭, 如不祭."

제사지낼 때는 조상이 살아계신 듯이 하고, 신에게 제사지낼 때는 신이 앞에 있는 듯이 한다. 스승께서 말씀하셨다.
"내가 마음 깊이 제사를 지내지 못하면, 그것은 제사를 지내지 않은 것과 같다."

注釋　앞의 제(祭)는 조상신에 대한 제사이고, 뒤의 제는 천신이나 지신에 대한 제사이다. 재(在)는 여기에 있다, 여기에 살아 있다는 뜻이다. 여(與)는 마음 깊이 신과 함께하여 교감하는 듯이 제사를 지낸다는 뜻이 담겨 있다. 이 글자를 '예'로 읽고 참여하다는 뜻으로 푸는 경우가 많은데, 문맥상 적절하지 않다. 앞의 문장을 잘 보라. 만약 "내가 제사에 참여하지 않았다면, 제사를 지내지 않은 것과 같다"고 옮긴다면, 내가 아니면 안 된다는 식의 이기적인 발언이 될 뿐이다. 이는

91

공자가 한 말의 진의를 파악하지 못한 것이다. 제사는 누가 지내더라도 지내는 사람이 주체적이고 적극적인 마음가짐과 몸가짐을 지니는 것이 요체임을 말하려는 것인 줄 알아야 한다. 개인적인 경험을 보편타당한 의미를 가지도록 전환시켜서 말하는 것이 공자의 말하기가 갖는 하나의 특성이다.

蛇足　제사를 지낼 때에 가장 중요한 것이 무엇인가를 말하고 있다. 신도 아니요 제물도 아니며 의례의 절차도 아니다. 제사를 지내는 사람의 자세나 태도, 즉 몸가짐과 마음가짐이다. 제사는 여러 사람들이 함께 지내므로 나는 그 가운데 한 사람일 뿐이다. 그러면서도 제사를 주관하는 사람은 또 한두 사람에 지나지 않는다. 나머지 사람들은 제사가 이루어지는 마당에 있다고 하더라도 자칫 몸가짐이나 마음가짐을 가벼이 하는 수가 있다. 공자는 바로 그 점을 지적하였다. 제사처럼 중요한 일에서 건성으로 행동한다면, 일상에서 어떻게 행동할지는 뻔하다.

3-13

王孫賈問曰: "'與其媚於奧, 寧媚於竈,' 何謂也?" 子曰: "不然! 獲罪於天, 無所禱也."

왕손가가 여쭈었다.
"'아랫목 신에게 알랑거리느니 차라리 조왕신에게 알랑거리리라'라는 말은 무얼 말하는 것입니까?"
스승께서 말씀하셨다.
"그렇지 않소! 하늘에 죄를 지으면 빌 데라곤 없소."

注釋　왕손가(王孫賈)는 위령공(衛靈公)의 대신이다. 여(與)는 '~하기보다는'을 뜻한다. 미(媚)는 눈썹을 움직이면서 아양 떠는 것이다. 오(奧)는 방의 서남쪽 구석을 가리켜 한 말인데, 여기서는 아랫목으로 풀었다. 녕(寧)은 '차라리'를 뜻한다. 조(竈)는 부엌, 부엌신을 뜻한다. 획(獲)은 잡다, 얻다는 뜻이다.

蛇足　왕손가가 물은 말은 아랫목 신보다 조왕신이 살림살이에서 더 중요하다는 의미를 담고 있다. 이는 당시의 일반적인 인식인데, 그것은 본질을 꿰뚫지 못하고 피상적으로 이해한 것에 지나지 않는다. 이를 공자는 "그렇지 않소!"라는 한 마디 말로써 드러냈다.

조상신에게 지내는 제사는 그 뛰어난 자취를 되새겨보기 위함이요, 천신이나 지신에게 지내는 제사는 나의 행실을 되돌아보기 위함이다. 즉 제사는 참된 마음으로 지내는 것이 요체이고, 그래서 제사의 주체는 사람이다. 그런데 바라는 것이 있어 그것을 얻으려고 제사를 지낸다면 제사의 주체는 사람이 아니라 신이 된다. 신이 주체가 되면, 나는 그저 처분을 바랄 뿐이다. 처분을 바라는 자가 할 일이 무엇이겠는가? 아첨밖에는 없다. 그런데 내 마음이 참되지 않은 채 바라는 게 있다고 빈다면, 그것을 신이 받아들이리라 생각하는가? 도대체 어느 신이 사람보다 못해서 그런 아첨을 받아들이겠는가? 그러나 욕심이 앞서면 어리석은 짓을 하게 마련이다.

하늘에 죄를 짓는 것은 곧 드러난 행동의 과실을 말하는 게 아니라 마음으로 이미 지은 허물을 가리킨다. 비록 사람들은 알지 못해도 신은 그것을 안다. 사람들이 알아채지 못했다고 해서 내 허물이 없어지는 것은 아니다. 그래서 공자는 말한다, "참된 마음을 지녀라. 네가 허물을 지으면, 하늘이 알고 땅이 알고 네가 알지 않느냐? 빈다고 해서 될 일이냐?"라고 말이다.

3-14

子曰: "周監於二代, 郁郁乎文哉! 吾從周."

스승께서 말씀하셨다.
"주나라는 두 왕조를 거울로 삼았으니 찬란하도다, 그 문화여!
나는 주나라를 좇겠다."

注釋　감(監)은 거울을 들여다보듯 살펴서 보는 것이다. 이대(二代)
는 하나라와 은나라 두 왕조를 가리킨다. 욱욱(郁郁)은 향기가 대단히
짙게 나는 것을 형용한 말이다. 문(文)은 문물과 제도 등 문화 전반을
뜻한다. 특히 여기서는 거기에 담긴 인문정신을 가리키는 것으로 볼 수
있다.

蛇足　여기서 공자가 "주나라를 좇겠다"고 한 말은 하나라나 은나
라의 제의적 문화보다 주나라의 인문적 문화를 중시하겠다는 뜻을 표
명한 것이다. 그런데 과연 주나라는 인문적이었을까? 나는 그렇게 생
각하지 않는다. 하나라나 은나라에 견주면 그렇다고 할 수는 있으나,
공자가 그토록 높이는 것만큼은 아니다. 오히려 공자를 통해서 주나라
의 문화가 인문주의적 성격을 띠게 되었다고 보아야 한다. 이것이 숨겨
진 의미이다. 문맥을 따라서 풀면 또 이렇게 말할 수 있다. 주나라는 앞
의 두 왕조를 거울로 삼았다. 즉 지속시킬 것과 변용해야 할 것을 잘 가
려서 새로운 문화를 창조하였다는 말이다. 공자는 그런 점을 본받겠다
고 한 것이다. 공자도 예악을 새롭게 해석하면서 시대의 변화에 맞게
정치적·문화적 혁신을 꾀하지 않았던가.
　지나간 자취를 돌아보면서 새로운 것을 만들어내는 일은 결코 쉽지
않다. 지나간 자취를 돌아보다가 헤어나지 못하는 일이 흔하고, 새로운
것을 만들어내겠다는 의욕만 앞서서 모래성을 쌓는 일도 흔하다. 사상

의 혁신은 그저 이루어지는 게 아니다. 과거의 혁신을 찬찬히 들여다보라. 바람에 일렁이는 물결이 아니라, 그 물결 아래 깊고 깊은 데서 고요히 흐르는 물길을 보아야 한다. 모든 사물을 그렇게 보아야 한다.『논어』또한 그렇게 보아야 한다.

3-15

子入大廟, 每事問. 或曰: "孰謂鄹人之子知禮乎? 入大廟, 每事問." 子聞之曰: "是禮也."

> 스승께서는 태묘에 들어가서는 일마다 물으셨다. 누군가 이렇게 말하였다.
> "누가 저 추 땅의 촌놈이 예를 안다고 말했는가? 태묘에 들어와서는 일마다 묻고 있으니 말이야."
> 이 말을 듣고 스승께서 말씀하셨다.
> "이게 예다."

注釋 태묘(大廟)는 고대에 나라를 연 군주, 즉 태조(太祖)를 모신 사당이다. 여기서는 주나라 창업의 공신으로서 노나라를 분봉 받은 주공의 사당을 가리킨다. 추인지자(鄹人之子)는 공자를 가리킨다. 추인은 공자의 부친인 숙량흘(叔梁紇)이다. 숙량흘은 추 땅의 대부를 지낸 적이 있다.

蛇足 완벽하게 알 때까지 묻고 익히는 것, 그것이 공부에서 예의이다. 그런 예의를 다하려 애쓰는 자가 학인이다. 물을 줄 모르면, 학인이 아니다. 묻지 않고 어찌 배우겠는가? 묻지 않는 학인은 배우기를 좋아하지 않는다. 배우는 시늉을 할 뿐이다. 시늉을 하다가 결국 "나는 안

다"는 착각에 사로잡힌다. 반면에 아는 자는 자신이 안다는 생각을 하지 않는다. 알면 그렇게 행할 뿐이고, 모르면 알려고 애쓸 따름이다. 위에서 공자를 비꼬며 말한 사람들은 배움이 무엇인지, 예가 무엇인지 몰랐다. 그래서 공자가 정말 몰라서 묻는 것이라 여겼다. 만약 공자가 묻지 않고 행동했다면, 그들은 "주제넘은 놈이다!"라고 말했으리라. 더구나 공자가 예를 잘 알았다고는 해도, 태묘의 일은 공자가 경험해보지 못한 일이다. 이론적으로는 알고 있었더라도 실제로 태묘의 제사에 참석한 적은 없었으니, 알았다고 할 수 없다. 경험해보지 않고 그저 들어서 알고 있는 것이 어찌 아는 것이겠는가? 따라서 공자가 물은 것은 지극히 당연한 일이다.

3-16

子曰: "射不主皮, 爲力不同科. 古之道也."

스승께서 말씀하셨다.
"활쏘기란 과녁을 맞히는 데에 있지 않으니, 사람마다 힘이 같지 않기 때문이다. 옛날의 도란 그렇다."

注釋 주(主)는 숭상하다, 중시하다는 뜻이다. 피(皮)는 과녁이다. 베로 만든 것도 있고 가죽으로 만든 것도 있었다. 위(爲)는 ~때문이다는 뜻이다. 동과(同科)는 동등(同等)과 같은 뜻이다.

蛇足 활쏘기는 그 자체가 과정이다. 활의 시위를 당기는 데까지가 활 쏘는 자의 영역이다. 시위를 놓는 순간, 활쏘기는 끝난다. 과녁을 맞히느냐 맞히지 못하느냐 하는 것은 그 결과이다. 그래서 활쏘기는 도와 같다. 도(道) 또한 결과가 아니다. 도는 길이요, 길이므로 과정이다.

길의 끝에 목적지가 나오고, 그 목적지가 결과이다. 즉 도 그 자체는 결과가 아니고, 도가 끝나는 데에 결과가 있다는 말이다. 옛날의 도는 과정을 중시했고, 과정에서 쓰는 마음을 중시했다는 말이다. 군자는 활쏘기를 통해 바로 그런 도를 익히려 하였다. 공자가 활쏘기를 굳이 든 이유는 여기에 있다. 활쏘기는 공부와 같기 때문이다.

사람마다 힘이 다르다는 것은 사람마다 자질이 다르다는 말이다. 자질이 다른데, 일정한 결과만을 놓고 평가한다면 공평하지 못하다. 타고난 자질이 천 리를 갈 수 있는 사람과 백 리를 갈 수 있는 사람이 있다고 하자. 그런데 천 리를 갈 수 있는 사람은 오백 리를 가고, 백 리를 갈 수 있는 사람은 백 리를 갔다고 한다면, 과연 누가 낫다고 할 것인가? 백 리를 갈 수 있는 사람이 이백 리를 갔다면 또 어떻게 평가할 것인가? 공자가 활쏘기를 통해 말하고자 한 옛날의 도는 바로 참된 마음, 지극한 마음, 한결같은 마음이 아니겠는가?

3-17

子貢欲去告朔之餼羊, 子曰: "賜也, 爾愛其羊. 我愛其禮."

> 자공이 곡삭 때에 바치는 희생양을 빼려고 하자, 스승께서 말씀하셨다.
> "사야, 너는 그 양을 아끼는구나. 나는 그 예를 아끼는데."

注釋 거(去)는 덜다, 버리다는 뜻이다. 곡삭(告朔)은 고대에 천자가 섣달에 그 이듬해의 책력을 제후들에게 나누어주면 제후들은 이를 조상의 사당에 갈무리해두었다가 매월 초하루에 양을 잡아서 제사를 지내고 그 다음에 조정에서 정사를 돌보았는데, 이를 가리킨다. 희(餼)는 희생으로 쓰는 살아 있는 소나 양을 뜻한다. 이(爾)는 여(汝)와 같다.

蛇足　자공이 희생양을 쓰지 않은 데에는 분명한 이유가 있다. 당시 노나라는 군주가 다스리지 못하고 대부 집안에 의해 휘둘리고 있었다. 아마 그 군주는 매월 초하루에 조상의 사당에서 지내는 곡삭의 예를 제대로 행하지 않고 또 정사를 처리하지도 않았을 것이다. 질서가 문란 해진 그런 상황에서 예법은 이미 무너졌는데 억지로 예법대로 한다는 것도 무의미하게 여겨졌을 것이다. 그런데 공자는 예법대로 하라고 하였다. 왜일까? 예법이 무너졌다고 판단되면, 그 원인을 찾아서 해결책을 마련해야 하는 것이 마땅하다. 그런데 자공은 그렇게 하지 않았다. 또 곡삭의 예를 지키는 것이 부질없는 짓이라 판단했다면, 그 예를 아예 없애버릴 일이지 왜 그 형식은 남겨두고서 희생양만 쓰지 않으려 했는가? 그건 양을 아까워한 것이 아닌가? 11-24에서 공자는 대신(大臣)이 어떤 존재인지에 대해서 말하였다. 자공에게도 그런 대신이 되기를 바랐다. 적극적으로 예법을 회복시키든가, 아니면 그만두라는 말이다. 하나마나한 일을 왜 하는가?

3-18

子曰: "事君盡禮, 人以爲諂也."

스승께서 말씀하셨다.
"임금을 섬기면서 예를 다했는데, 사람들은 알랑거린다고 말하는구나."

注釋　진(盡)은 남김이 없이 다한다는 뜻이다.

蛇足　예의와 아첨은 종이 한 장 차이이다. 그 차이를 알아보는 안

목을 누가 제대로 갖출 수 있겠는가? 적어도 군자가 아니라면, 힘들지 않겠는가? 남을 판단해도 정확하게 하는 사람은 쉽사리 판단하려고 하지 않는데, 남을 판단해서는 안 될 사람이 남을 쉽게 판단한다. 그 자신이 사사로움에 치우쳐 있다면, 내가 하는 아첨은 예의요 남의 예의는 아첨이라 할 것이다. 그러나 어찌하리오, 아는 만큼 보고 본 만큼 말하는 게 그런 수준인 것을. 더욱이 예의 참뜻을 모르는 자들이 예에 대해서 더 아는 체하는 것은 예나 이제나 별반 다르지 않은 듯하다. 3-15에서 공자를 비꼰 사람들을 다시 한 번 보라.

자, 칭찬을 들으면 누가 그런 칭찬을 했는지를 잘 살펴라. 그가 군자인가 소인인가? 군자의 칭찬이라면 기꺼이 받아들이되 겸손할 것이요, 소인의 칭찬이라면 그리 기뻐할 것 없이 흘려버려라. 군자가 나를 비판하면, 가만히 나를 들여다보라. 그러나 소인이 나를 비난하면 나를 들여다보되, 크게 마음 쓰지 말라.

3-19

定公問: "君使臣, 臣事君, 如之何?" 孔子對曰: "君使臣以禮, 臣事君以忠."

정공이 여쭈었다.
"임금이 신하를 부리고 신하가 임금을 섬기는 일, 어떻게 해야 합니까?"
공 스승께서 대답하셨다.
"임금은 예의로써 신하를 부리고, 신하는 참된 마음으로 임금을 섬깁니다."

注釋　정공(定公)은 노나라 군주로, 이름은 송(宋)이며, 소공(昭公)

의 아우이다. 소공을 이어 군주가 되었고, 15년 동안 재위하였다.

蛇足　모든 관계는 쌍방관계이다. 일방적 관계는 결코 바람직하지 않을 뿐 아니라 참된 관계일 수 없다. 관계에서 중요한 것은 주고받는 일이다. 주는 것이 먼저이고 받는 것은 나중이다. 예에서도 마찬가지 이다. 그런데 상대가 먼저 예를 갖추면 나도 예를 갖추겠다고 하는 경우가 있다. 이는 그 마음이 이미 예에서 벗어나 있는 것이다. 그런 사람은 정작 이쪽에서 예를 갖추어주더라도 예로써 받을 줄을 모른다.

또 사람들은 예의가 아랫사람이 윗사람에게 먼저 갖추어야 하는 것으로 알고 있는데, 이야말로 예의에 대해 무지한 것이다. 예의는 윗사람이 아랫사람에게 먼저 차리는 것이다. 신분이나 지위에 있어서뿐만 아니라 덕망이 높은 사람도 그 자신이 먼저 상대에게 예의를 갖춘다. 예의를 갖추는 것 자체가 그 사람이 높고 뛰어남을 말해준다. 신분이나 지위가 낮은 사람, 덕이 부족한 사람에게 먼저 예의를 요구한다는 것은 오히려 이쪽의 무지를 드러내는 짓이다. 이는 신분이나 지위가 낮은 사람이 먼저 예의를 차리면, 알랑거리는 것으로 오해하기 때문이기도 하다.

3-20　──────────────────　────────────

子曰: "關雎, 樂而不淫, 哀而不傷."

스승께서 말씀하셨다.
"〈관저〉는 즐거우면서도 어지럽지 않고, 슬프면서도 마음을 쓰리게 하지 않는구나."

注釋　관저(關雎)는 『시경』에서 처음에 나오는 시이다. 여기서는 시

구를 가리키는 게 아니라, 그 곡조를 가리킨다. 본래 『시경』의 시들은 모두 노래로 불린 것들이다. 음(淫)은 무언가에 깊이 빠지거나 치우쳐서 몸과 마음을 주체하지 못하는 상태, 특히 성적인 면에서 그러한 것을 뜻한다. 상(傷)은 본래 몸에 상처를 입은 것을 뜻하였는데, 마음이 아리거나 쓰라린 것을 의미하게 되었다.

蛇足　사람에게 감정이 없을 수는 없다. 감정이 일어나는 것은 그대로 순리이다. 즐거움과 슬픔은 가장 원초적인 감정이다. 그런데 왜 즐거움이나 슬픔에서 그치지 못하는가? 왜 과도하게 감정을 발산하는가? 그것은 집착 때문이다. 대상에 사로잡혀서 헤어나지 못하는 게 집착이다. 그 집착으로 말미암아 생긴 감정에 얽매이면, 그 감정은 심하게 치우친다. 치우치면 몸과 마음을 다치고, 반드시 후회하게 된다. 그러면 왜 그런 집착을 하는가? 어리석음 때문이다. 어리석음이 욕심을 부르고, 욕심은 지혜를 가려버리기 때문이다.

사람의 감정을 가장 잘 표현하는 것이 음악이다. 그러나 음악만 있으면, 반드시 어지러워진다. 그래서 예의를 내세운 것이다. 예의는 마음을 쓸 때나 행동을 할 때 이치에 맞게 잡도리하는 것이다. 그런데 예의 안에 이미 음악이 있고, 음악 안에 이미 예의가 있다. 아름다운 음악을 들어보라. 그 안에 예의가 있지 않은가. 서로 다른 음표들이 제 자리를 지키고 있지 않다면, 어찌 아름다운 곡조가 이루어지겠는가? 그 제자리를 지키는 것, 그것이 곧 잡도리이다. 제자리를 지키면서도 서로 어우러지니, 그것이 어울림이다.

3-21

哀公問社於宰我, 宰我對曰: "夏后氏以松, 殷人以柏, 周人以
栗, 曰使民戰栗." 子聞之曰: "成事不說, 遂事不諫, 旣往不咎."

　애공이 재아에게 토지신에 대해 묻자, 재아가 대답하였다.
　"하나라 임금은 소나무를 심었고, 은나라 사람들은 잣나무를
심었고, 주나라 사람들은 밤나무를 심었는데, 모두 백성들을
두려워 떨게 하려는 것이었습니다."
　스승께서 이 말을 전해 들으시고 말씀하셨다.
　"이루어진 일에 말을 늘어놓지 말 것이요, 다 끝난 일을 고치려
고 말하지 말 것이며, 지나간 일을 나무라지 말 것이다."

注釋　사(社)는 토지신, 토지신에게 지내는 제사를 뜻한다. 애공은
토지신에 대해 물은 것뿐인데, 재아는 거기 심어져 있는 나무에 대해
묻는 것으로 짐작하고 말한 듯하다. 고대에는 토지신을 나무로 만든
위패(位牌)로 대체하고 거기에 신령한 감응이 깃들 것이라는 믿음을 가
지고 있었다. 전쟁이 나면 그 위패를 수레에 싣고 전쟁터에 나아가기도
했다. 재아(宰我)는 공자의 제자로, 성은 재(宰)이고 이름은 여(予)이며,
자는 자아(子我)이다. 전율(戰栗)에서 전은 무서워서 떠는 것이고, 율은
율(慄)과 같이 벌벌 떤다는 뜻이다. 설(說)은 말을 풀어놓다, 늘어놓다
는 뜻이다. 수(遂)는 끝나다, 마치다는 뜻이다. 간(諫)은 그릇됨을 지적
하여 바로잡으려고 말하는 것이다. 구(咎)는 허물, 허물을 말하다는 뜻
이다.

蛇足　재아는 애공의 물음을 지레짐작하여 대답하였는데, 그 대답
이 또한 적절하지 않았다. 두 가지를 거론할 수 있다. 첫째는 토지신을
제사지내는 사당에 심은 나무는, 그것이 그 토양에 맞기 때문이었다.

그런데 재아는 그 의미가 백성들을 두려워 떨게 하려는 의도에서 비롯된 것처럼 말하였다. 이는 사물에 담긴 소박한 이치를 문자에 집착해서 관념적으로 풀어내다가 저지른 오류이다. 말하자면, 송(松)을 송(悚)과, 백(柏)을 파(怕)와, 율을 율(慄)과 연관지었다. 이런 오류는 학인이라면 흔히 저지르는 것이기도 하다. 둘째는 공자의 가르침을 거스르는 말을 했다는 점이다. 공자는 예악으로써 백성을 다스리라고 가르쳤고, 그것은 예악 자체가 중요해서가 아니라 예악이 곧 질서와 관련되기 때문이었다. 예악이 흐트러진다는 것은 곧 정치와 사회, 문화 전반이 혼란에 빠졌음을 의미한다. 혼란이란 권력을 쥔 자들이 횡포를 저지르고 백성들을 억압하기 때문에 일어나는 일이다. 이런 혼란 속에서 백성들은 이미 공포를 경험하고 있다. 그런데 다시 무슨 공포를 조장하여 백성들을 다스리겠다는 말인가? 재아가 저지른 두 번째 오류는 그것이다. 이 모두 의도가 앞서서 실상을 왜곡한 것이다.

　그러나 어찌하리오, 이미 내뱉은 말인 것을. 말이란 들을 만한 상대에게, 해주어야 할 것을, 알맞게 표현하여야 한다. 즉, 상대를 알고 상황을 알고 언어 자체를 알아야 한다는 말이다. 세 가지를 단번에 꿰지 않고 내뱉은 말은 반드시 어긋나게 마련이다. 단번에 꿰지 못했다면, 입을 닫는 게 낫다. 선무당이 사람 잡는다. 또 선무당은 사람을 잡고서는 장구 탓을 한다. 그래서 공자가 꾸짖은 것이다.

3-22

子曰: "管仲之器小哉!" 或曰: "管仲儉乎?" 曰: "管氏有三歸, 官事不攝, 焉得儉?" "然則管仲知禮乎?" 曰: "邦君樹塞門, 管氏亦樹塞門. 邦君爲兩君之好, 有反坫, 管氏亦有反坫. 管氏而知禮, 孰不知禮?"

스승께서 말씀하셨다.
"관중은 그 그릇이 작구나!"
누군가 여쭈었다. "관중이 오달지다는 말입니까?"
"관씨에게는 삼귀의 권리가 있었고, 관가의 일에서는 아울러서 하지 못하게 하였는데, 어찌 오달지다고 하겠는가?"
"그렇다면 관중은 예를 알았습니까?"
"임금이라야 새문을 세우는데, 관씨 또한 새문을 세웠네. 임금이라야 임금들끼리 우호를 다질 때 쓰는 반점을 두는데, 관씨 또한 이 반점을 가지고 있었네. 이런 관씨가 예를 안다면, 누가 예를 알지 못하겠는가?"

注釋   관중(管仲)은 이름은 이오(夷吾)이고, 중(仲)은 자이다. 제(齊)나라의 재상이 되어서 환공(桓公)을 도와 패자가 되게 하였다. 관포지교(管鮑之交)의 그 주인공이다. 기(器)는 도량, 역량, 마음 씀씀이를 뜻한다. 2-12의 "군자불기(君子不器)"에서 기의 의미와는 약간 다르다. 삼귀(三歸)에 대한 해석은 분분하다. 첫째는 임금이 세 여인을 맞아들이는 것으로 보고, 관중도 그렇게 했다는 뜻으로 푸는 경우, 둘째는 세 곳에 저택이 있다는 뜻으로 푸는 경우, 셋째는 지명으로 보고 관중의 채읍(采邑)으로 푸는 경우, 넷째는 재물을 넣어두는 곳간으로 푸는 경우 등이다. 여기서는 양백준(楊伯峻)의 해석을 참고하여(『논어역주』, 중화서국, 1980, 32쪽.) 시조(市租) 즉 저자에서 거두는 3할의 구실을 뜻하는 것

으로 보고 풀이하였다. 말하자면 오늘날 기업의 CEO가 순수익의 일부를 가진다고 미리 계약하는 것과 같다. 관중은 제나라를 부유하게 하였으므로 그런 것을 바랐을 것이다. 섭(攝)은 일을 아울러서 하는 것이다. 불섭(不攝)에는 일을 지나치게 분화시켜서 자리를 많이 만들었다는 뜻이 담겨 있다. 수(樹)는 세우다는 뜻이다. 새문(塞門)은 집의 안팎을 나누기 위해 설치하는 것이다. 반점(反坫)은 그릇 따위를 놓아두는 곳으로, 흙을 두 기둥 사이에 쌓은 것이다.

蛇足 관중은 주군을 패자(覇者)로 만들었고, 그의 죽음과 함께 제나라는 혼란에 빠지고 결국 패자의 자리에서 물러나게 될 정도였으니, 정치가로서 볼 때 참으로 대단한 재상이었다. 그러나 이는 결국 관중의 그릇이 제나라를 부강하게 하는 정도에서 그쳤다는 뜻이기도 하다. 더욱 중요한 것은 제나라를 이롭게 하는 것이 곧 제나라를 위태롭게 하는 것임을 알지 못했다는 사실이다. 제나라가 부유해지고 강성해질수록 다른 나라들은 제나라를 견제하게 된다. 그것은 곧 제나라가 천하를 차지하는 데 장애로 작용한다. 이롭게 한다는 것의 문제점과 한계가 여기에 있다. 맹자가 양나라 혜왕을 만나자마자 이익이 아닌 어짊과 올바름을 역설한 이유이기도 하다. 그래서 관중은 군자가 될 수는 없었다. 정치가였을 뿐이다.

관중은 그 스스로 재상으로서 만족하였다. 그 자신이 군주가 될 수는 없었으니, 당연하다. 그런데 신분이나 지위를 넘어서 천하를 가질 수도 있었다. 그 자신이 군자가 되고 성인이 되면 가능한 일이었다. 자신을 완전히 버리고 예의를 온전하게 체득하면 된다. 그러나 그는 그럴 생각이 없었던 듯하다. 높은 벼슬에 만족하고 높은 봉급을 바랐으며, 스스로 권력과 권위를 누리고 싶어 했으니 말이다. 바로 그런 점에서 관중은 그릇이었고, 그릇 가운데서도 작은 그릇이었다. 관중이 그저 그릇 정도가 아니었다면, 제나라를 넘어서 천하를 아울렀을 것이고, 당대를 넘어서 후대에까지 그 업적이 이어질 수 있었을 것이다.

3-23 ────────────────────────

子語魯大師樂, 曰: "樂, 其可知也. 始作, 翕如也; 從之, 純如也, 皦如也, 繹如也, 以成."

　　스승께서 노나라 태사에게 음악에 대해 말씀하셨다.
　　"음악이 무언지 알 수 있을 것 같습니다. 시작될 때에는 모든 악기가 일제히 울립니다. 이어서 서로 어우러지면서도 각기 또렷하게 제 소리를 내면서 끊임없이 이어지다가 음악은 완결됩니다."

　　注釋　　태사(大師)는 악관(樂官)들의 우두머리이다. 흡여(翕如)는 새들이 한꺼번에 날갯짓을 하며 날아오르듯이 갖가지 악기가 함께 울리는 것을 형용한다. 종(從)은 따르다, 나아가다는 뜻이다. 순여(純如)는 제 꼴을 간직하면서도 어우러지는 모양이다. 교여(皦如)는 밝고 뚜렷한 모양이다. 역여(繹如)는 끊이지 않고 이어지는 모양이다.

　　蛇足　　음악이 아름답다, 좋다 등의 느낌을 주는 것은 단순히 기교에서 비롯되는 게 아니다. 연주하는 이의 혼이 깃들어 있고 기운이 실려 있기 때문이다. 물론 그 혼과 기운은 일상에서 갈고 다듬은 인격에서 비롯된다. 그래서 음악의 완성은 인격의 완성과 통한다. 여러 연주자들의 합주는 곧 여러 인격의 합주요 표현이다. 예의와 함께 음악이 모듬살이에서 주요한 구성 원리가 되는 이유가 여기에 있다.
　　그런데 공자는 그저 음악만 말하려던 게 아니었다. 나라 다스리는 일, 사람을 쓰는 일이 결국 음악과 같다는 것을 말하고자 하였다. 나라나 집안이나 모두 많은 사람들로 이루어져 있다. 제각기 능력도 다르고 할 일도 다르다. 어떻게 조율해서 어우러지도록 할 것인가가 관건이다. 개성을 억누르지 않으면서 서로 어우러지도록 하는 것, 그것은 관현악을 지휘하는 것과 같다. 그런데 오늘날은 예술을 모르는 사람들, 인문주의적 사유가 모자란 사람들이 하는 게 정치인 줄로 알고 있으니 아, 어찌 화합이란 것이 이루어지겠는가!

3-24

儀封人請見曰: "君子之至於斯也, 吾未嘗不得見也." 從者見之. 出曰: "二三子, 何患於喪乎? 天下之無道也, 久矣. 天將以夫子爲木鐸."

의 땅의 변방 책임자가 공 스승을 뵙고 싶다면서 말하였다.
"군자가 이곳에 오셨을 때, 제가 여태껏 뵙지 못한 분이 없습니다."
제자들이 뵙도록 해주었다. 그는 뵙고 나오면서 말하였다.
"여러분, 어찌 벼슬 잃은 것을 걱정하시오? 세상에 도가 없어진 지 오래되었소. 하늘은 그대들의 스승을 목탁으로 삼으실 것이오."

注釋 의(儀)는 지명이다. 봉인(封人)은 관직명으로, 변방의 경계를 책임지는 자리이다. 청현(請見)과 현지(見之)의 현(見)은 뵙다, 뵙게 하다는 뜻이다. 상(喪)은 벼슬을 잃은 것을 가리킨다. 공자는 노나라에서 사구(司寇) 벼슬을 그만둔 뒤에 천하를 주유하였다. 목탁(木鐸)은 구리로 만든 요령 안에 나무로 만든 혀를 매단 것으로, 고대에 관청에서 무슨 일을 널리 알리기 위해서 사람들을 모이게 하려면 이것을 흔들었다

고 한다.

蛇足　사람들 사이가 가깝다고 해서 서로 아는 건 아니다. 그 사이가 멀다고 해서 모르기만 하는 것도 아니다. 생각하는 게 비슷하거나 뜻이 같거나 하면 쉽게 서로를 알아본다. 이야말로 이심전심(以心傳心)이다. 공자의 제자들 가운데는 공자가 노나라를 떠날 수밖에 없었던 상황을 못내 아쉬워하는 사람들도 있었을 것이고, 심지어는 속으로 원망하는 이도 있었을 것이다. 게다가 정해진 곳이 없이 떠돌면서 곳곳의 벼슬아치들로부터 받는 눈총은 참으로 견디기 힘들었을 것이다. 오죽하면 공자조차 '상갓집 개'라는 소리를 들었겠는가? 그러나 위대한 인물일수록 그에게 주어지는 시련도 더 큰 법. 다만 가장 가까이 있는 제자들이 그 참뜻을 알지 못하는 게 안타까울 뿐이다.

3-25

子謂韶, "盡美矣, 又盡善也." 謂武, "盡美矣, 未盡善也."

　스승께서 소에 대해서는 "참으로 아름답고 또 지극히 바르구나!"라고 말씀하셨고, 무에 대해서는 "참으로 아름다우나, 아직 지극히 바르지는 않구나!"라고 말씀하셨다.

注釋　소(韶)는 순(舜) 임금 때의 악곡 이름이다. 진(盡)은 남김이 없이 다하다는 뜻이다. 미(美)는 그 소리, 그 곡조를 가리키고, 선(善)은 그 내용, 거기에 담긴 뜻을 가리킨다. 무(武)는 주나라 무왕 때의 악곡 이름이다.

蛇足　순 임금은 천자의 자리를 요 임금으로부터 물려받았다. 무왕

은 은나라의 주(紂)를 무력으로 정벌하였기 때문에 비록 정당하기는 하나 올바름을 다한 것은 아니었다. 이를 두고 공자는 각기 다른 평가를 내렸다.

아름다운 소리는 귀를 틔우고, 아름다운 뜻은 마음을 열어준다. 눈만 자극하는 것은 오래가지 못한다. 뜻만으로는 사람의 마음을 끌기 어렵다. 소리와 뜻이 서로 어우러져야 한다. 그러나 정작 사람들은 이치의 탐구와 음악이 매우 가깝다는 것을 곧잘 잊어버린다. 이치는 사물의 원리이고, 그 원리는 일정한 가락을 띤다. 그 가락을 인위적으로 드러낸 것이 바로 음악이다. 이는 곧 이치를 탐구하는 사람의 삶도 나름의 가락을 띤다는 말이다. 가장 아름다운 가락을 띤 삶, 그것이 바로 성자의 삶이다.

3-26

子曰: "居上不寬, 爲禮不敬, 臨喪不哀, 吾何以觀之哉?"

스승께서 말씀하셨다.
"윗자리에 있으면서 너그럽지 못하고, 예의를 차리면서 지극히 삼가는 마음이 없고, 상례에서 슬퍼하지 않는다면, 그에게서 뭐 볼 게 있겠는가?"

注釋 림(臨)은 마주하다, 맞닥뜨리다는 뜻이다. 관(觀)은 자세히 보다는 뜻으로, 여기서는 자세하게 들여다볼 만한 것, 가치 있는 것을 가리킨다.

蛇足 사람의 속내는 평소에는 잘 드러나지 않는다. 특히 일이 잘되어갈 때나 별다른 일이 없을 때에 그 사람의 진면목을 알기는 어렵

다. 특별한 일이 생겼을 때, 특정한 상황에 놓였을 때, 평소에 겪지 못하던 어려움을 겪을 때 그 진심과 진면목은 저절로 드러난다. 물론 그가 일상에서 하는 모든 일에서 이미 드러나 있지만, 쉽게 알아차리지 못할 뿐이다.

4편

리인 (里仁)

4-1 ──────────────────

子曰:"里仁爲美! 擇不處仁, 焉得知?"

스승께서 말씀하셨다.
"어짊에 머무니 아름답다 하리라! 잘 가려서 어짊에 머물지 못한다면, 어찌 안다고 할 수 있겠는가?"

注釋 리(里)는 거(居)나 처(處)와 같이, 머물다, 살다는 뜻으로, 여기서는 가려서 머문다는 속뜻이 있다. 택(擇)은 가리다, 고르다는 뜻이다. 언(焉)은 어찌라는 뜻이다. 지(知)는 슬기, 슬기롭다는 뜻으로, 지(智)와 같다.

蛇足 어짊과 앎은 서로 짝이 된다. 앎은 그대로 지혜이다. 지혜는 통찰이다. 지혜가 아닌 앎은 있을 수 없는데, 있다고 여긴다면 그것은 통찰이 아니라 관념적 이해일 것이다. 관념적으로, 논리적으로 아는 것을 참된 앎으로 여기는 경우가 있으나, 그것은 지식이지 지혜가 아니다. 지식은 그 쓰임이 때와 곳에 따라 한정된다. 통찰이 아니기 때문이다. 세월이 흐르면서 앎이 곧 지혜라는 그 평범한 이치를 잊어버렸다.
　어질면서 알지 못할 수가 없고, 알면서 어질지 않을 수가 없다. 앎이 없다면 참된 어짊이 아니고, 어짊이 없다면 참된 앎이 아니다. 어질면서 앎이 없다면, 그 어짊은 널리 퍼지지 못한다. 알면서 어짊이 없다면, 그 앎은 사사로움에 치우친다.

112

4-2

子曰: "不仁者, 不可以久處約, 不可以長處樂. 仁者, 安仁; 知
者, 利仁."

　　스승께서 말씀하셨다.
　　"어질지 않은 자는 간소함에 오래 머물지 못하고 즐거움에 길
이 머물지 못하지. 어진 자는 어짊을 편안하게 여기고, 아는 자
는 어짊을 이롭게 여긴다네."

　注釋　　약(約)은 소박함, 질박함, 간소함 등의 뜻이다.

　蛇足　　어질지 못한 자는 슬기롭지 못한 자이다. 슬기롭지 못하기 때
문에 어질지 못하게 되었다고도 말할 수 있다. 어질지 못하므로 그 어
질지 못함이 자신을 옭아매고 있는 줄을 모르며, 자신이 괴로움 속에
서 허덕이고 있는 줄도 모른다. 더 나아가 자신이 머물고 있는 그곳이
바로 이치가 활발발하게 살아 있는 곳이며 지극한 즐거움이 가득한 곳
인 줄을 모른다. 그러니 늘 그곳에서 벗어나 딴 곳으로만 가려 한다. 그
러나 자신을 바꾸지 않는 한, 어질지 못함을 어짊으로 전환시키지 않는
한, 어디를 간들 제 뜻대로 제 바람대로 되겠는가?
　　어진 자는 모든 이치가 간단하고 소박하며 바로 거기에 즐거움이 깃
들어 있다는 것을 안다. 이치를 알고 이치대로 산다는 것 바로 그것이
어짊인 줄을 안다. 그 어짊은 난공불락의 성과 같아서 그 어떤 외풍과
외압에도 끄떡없다는 것도 안다. 그래서 그는 늘 느긋하고 아무런 걱
정이 없다. 그 자신이 어질기 때문에 어짊 그 자체가 그러한 줄을 안다.
어짊이 참으로 이로운 줄을 안다. 그래서 어진 자는 아는 자이다.

4-3 ────────────────────────── ──────────

子曰: "惟仁者, 能好人, 能惡人."

스승께서 말씀하셨다.
"오직 어진 자라야 사람을 좋아할 수도 있고 사람을 싫어할 수
도 있다네."

注釋　능(能)은 잘한다는 뜻으로, 여기서는 자격이 있다는 속뜻을
갖는다. 오(惡)는 싫어하다, 미워하다는 뜻이다.

蛇足　사람이 좋아하거나 싫어하는 마음을 갖는 것은 당연하다. 사
람은 논리적이고 이성적이기보다는 감성적인 면이 더 강하기 때문이
다. 문제는 좋아할 대상을 좋아하느냐 싫어할 대상을 싫어하느냐이다.
나아가 좋아한다면 어느 정도로 좋아하느냐, 싫어한다면 어느 정도로
싫어하느냐이다. 대개의 사람들은 이에 대해 깊이 생각하지 않는다. 그
저 감정에 따를 뿐, 그 감정의 과잉과 부족에 대해서는 거의 인식하지
못한다. 바로 거기에 감정의 기복이 생기고 대상과 갈등 속에 놓이면서
괴로워하게 되는 원인이 있다.

　좋아하더라도 좋아할 만한 대상이냐, 좋아한다면 어느 정도 좋아하
고 또 표현해야 하느냐를 아는 것이 중요하다. 싫어할 때도 마찬가지
이다. 결국 그것은 지혜가 있느냐 없느냐와 관련된다. 지혜로운 사람은
좋아해야 할지 싫어해야 할지에 대해서 단박에 안다. 그리고 알맞게 표
현한다. 그런데 지혜는 곧 어진 자가 반드시 갖추고 있는 덕목이다. 따
라서 어진 자는 좋아하고 싫어함에 있어 전혀 이치에 어긋나지 않는다.
지혜가 있기 때문이다. 그럼에도 어진 자는 좋아하기만 하지, 싫어하지
는 않는다. 그에게 싫어할 자격이 있어도 그는 싫어하지 않는다. 그게
어짊이다. 반면에 어질지 못한 자가 남을 싫어한다. 자신이 미움을 받

을 처지에 있는 줄을 모르고 남을 싫어한다. 말하자면 싫어할 자격이 없는 자가 남을 싫어하는 것이다. 만약 내가 누군가를 싫어하는 마음을 갖게 된다면, 그 순간 바로 돌이켜보라. 아, 나는 아직 어질지 않구나! 내 어질지 않으니, 남들이 나를 싫어하겠구나! 그런 내가 누구를 싫어하리오!

4-4

子曰: "苟志於仁矣, 無惡也."

　　스승께서 말씀하셨다.
　　"진실로 어짊에 뜻을 둔다면, 싫어함이 없을 것이네."

注釋　구(苟)는 진실로, 다만 등의 뜻이다. "다만 어짊에 뜻을 두기만 해도, 싫어함이 없을 것이다"라고 번역할 수도 있다. 담긴 뜻에는 변함이 없다.

蛇足　아직 어질지 않은데, 이제야 어짊에 마음을 두었을 뿐인데, 그런데도 싫어함이 없을 수 있을까? 없을 수 있다. 배우지 않고도, 어짊이 무엇인지도 모르면서 싫어함이 없을 수도 있다. 그러나 그런 사람이 과연 몇이나 될까? 설령 그런 사람이 있다고 해도, 그것으로 되는 게 아니다. 싫어하지 않더라도, 좋아할 만한지 싫어할 만한지를 알고 싫어하지 않아야 한다. 그게 앎이고 지혜이다.
　　아직 지혜가 갖추어지지 않았다면, 지혜를 갖추려고 애써야 한다. 지혜로워지려는 것이 어짊에 뜻을 둔 것이다. 그런 사람은 마땅히 싫어함이 없게 하려고 애써야 한다. 싫어하는 마음이 불쑥 고개를 내밀더라도, 곧바로 잡도리해야 한다. 싫어하는 마음이 있는 한, 어짊에 둔 뜻

은 온데간데없게 된다. 어찌 한 마음에 어짊 또는 어질게 되려는 마음
과 싫어함이 동시에 들어 있을 수 있겠는가? 빛과 어둠이 동시에 한 공
간을 차지하지 못하는 이치와 같다. 어짊에 뜻을 둔 것이 어짊 자체는
아닐지라도, 그 뜻은 매우 강렬해서 어질지 않은 마음이 끼어들 여지가
없다. 만약 끼어든다면, 그때 내 뜻은 이미 무너진 것이다.

4-5

子曰: "富與貴, 是人之所欲也. 不以其道得之, 不處也. 貧與賤,
是人之所惡也. 不以其道得之, 不去也. 君子, 去仁, 惡乎成名?
君子, 無終食之間違仁, 造次必於是, 顚沛必於是."

스승께서 말씀하셨다.
"가멸짐과 높아짐, 이는 사람들이 바라는 것이다. 허나 도로써
얻은 것이 아니라면, 누리지 않겠다. 가난함과 데데해짐, 이는
사람들이 싫어하는 것이다. 허나 도로써 떠날 수 없다면, 떠나
지 않겠다. 군자가 어짊을 버리고 어디에서 이름을 이루겠는
가? 군자는 밥 먹는 동안에도 어짊을 어기는 일이 없나니, 일
을 이룰 때에도 반드시 여기에 있고, 일을 그르쳐 자빠지더라
도 반드시 여기에 있다."

注釋　부(富)는 재물이 많아지는 것이고, 귀(貴)는 신분이나 지위가
높아지는 것이다. 도(道)는 크게는 이치나 도리, 작게는 올바른 방법이
나 과정을 뜻한다. 득(得)은 얻다, 이루다는 뜻이다. 뒤의 득(得)은 이어
서 나오는 '거(去)'와 같은 뜻으로 쓰였다. 이것이 문맥에 따른 풀이이
다. 따라서 여기에는 "바라지 않지만 그렇게 되었다"는 말맛이 있다. 처
(處)는 머물다는 뜻이다. 빈(貧)은 가진 것이 없는 것이고, 천(賤)은 신

분이나 지위가 낮아서 보잘것없는 것이다. 오(惡)는 하(何)와 같이, 어찌, 무엇 등의 뜻이다. 위(違)는 어기다, 버리다는 뜻이다. 조차(造次)는 일이 제대로 되어갈 때, 일이 이루어지는 동안을 뜻한다. 대부분 "갑작스럽게 급한 때"로 풀이하지만, 말의 가락으로 볼 때 적절하지 않다. 전패(顚沛)는 엎어지고 자빠지는 것이다.

蛇足   모든 일을 내 마음대로 내가 바라는 대로 이룰 수는 없다. 상황에 따라 될 때도 있고 안 될 때도 있기 때문이다. 그런데 일이 이루어지느냐 이루어지지 않느냐 하는 것도 중요하지만, 더 중요한 것은 이치대로 하느냐이다. 이치대로 해야만 얻어도 내 것이고, 얻지 못해도 누구를 탓하지 않으며, 잃어도 기운이 꺾이지 않는다. 부귀(富貴)와 빈천(貧賤)은 예나 이제나 사람들이 가장 관심을 기울이는 문제이다. 그러나 부귀를 어떻게 얻을 것이며, 빈천을 어떻게 피하거나 벗어날 것인지에 대해서는 깊게 생각하지 않는다. 부귀와 빈천이 얼마나 허망한 것인지는 아예 알려고도 하지 않는다. 그래서 중생세간이고, 괴로움은 끊임이 없는 것이다.

4-6

子曰: "我未見好仁者惡不仁者. 好仁者, 無以尚之; 惡不仁者, 其爲仁矣, 不使不仁者加乎其身. 有能一日用其力於仁矣乎? 我未見力不足者. 蓋有之矣, 我未之見也."

스승께서 말씀하셨다.

"나는 아직 어짊을 좋아하는 사람이나 어질지 못함을 싫어하는 사람을 본 적이 없다. 어짊을 좋아하는 사람이라면 더 바랄 게 없거니와, 어질지 못함을 싫어하는 사람은 어짊을 행하려

하면서 어질지 못함이 제 몸에 더해지지 않게 한다. 단 하루라
도 온 힘을 어짊에 쓸 수 있는 자 있는가? 힘이 모자라서 못하
는 자는 본 적이 없다. 그런 사람이 있을지는 몰라도, 나는 본
적이 없다."

注釋　　상(尙)은 바라다, 더하다는 뜻이다. 가(加)는 더하다, 이르다
는 뜻이다. 개(蓋)는 대개, 아마의 뜻이다.

蛇足　　어짊을 좋아하는 것과 어질지 않음을 싫어하는 것 사이에는
큰 차이가 있다. 어짊을 좋아해야 하지만, 단박에 그렇게 되기는 어렵
다. 먼저 어질지 않음을 싫어해야 한다. 그러나 그것으로 충분하지 않
다. 싫어한다면, 그 싫어함을 자신에게서 구체화시켜야 한다. 그것은
먼저 어짊을 알고 어질게 되려고 애쓰는 것이고, 동시에 어질지 않은
사람을 가까이하지 않도록, 어질지 않은 것이 제 몸에 들러붙지 않도
록 애쓰는 것이다. 이는 참으로 어려운 일이다. 그러나 불가능한 것이
아니다. 사람이라면 누구나 할 수 있다. 다만 하려고 하지 않을 뿐이다.
그래서 공자도 "힘이 모자라서 못하는 자는 본 적이 없다"고 말하였다.
힘이 모자라다는 말은 옹색한 핑계요 날명일 뿐이다.

4-7

子曰:"人之過也, 各於其黨. 觀過, 斯知仁矣."

스승께서 말씀하셨다.
"사람이 지은 허물은 그가 함께하는 자들에 따라 다르다. 허물
을 잘 살펴보면 그가 어질지 어질지 않을지를 알 수 있다."

118

注釋　당(黨)은 특정한 목적이나 행동을 같이하자는 자들의 무리이다. 인(仁)은 어짊 그 자체보다 어질지 어질지 않을지에 대한 것으로 풀었다. 인은 인(人)과 통용되었으므로 사람의 됨됨이를 뜻하는 것으로 보는 경우도 있는데, 말속은 크게 다르지 않다.

蛇足　허물을 짓는다고 해서 무조건 비난해서는 안 된다. 허물을 짓게 된 경위를 잘 살펴야 한다. 허물인 줄 알면서 지은 것과 능력이 부족해서 지은 것은 다르다. 또 그가 살아온 환경도 간과해서는 안 된다. 이런저런 복잡한 사정이 얽혀 있기 마련이므로 결코 쉽사리 판단을 내려서는 안 된다. 그래서 "잘 살펴보면"이라고 말한 것이다. 그러면 그 사람됨이 어떤지, 그가 과연 어질게 되려는 군자인지, 어짊에는 애초부터 관심이 없는 소인인지를 알 수 있게 된다. 그런 다음에 그를 사귈 것인지에 대해 판단해야 한다.

4-8

子曰: "朝聞道, 夕死可矣."

스승께서 말씀하셨다.
"아침에 도를 들으면, 저녁에 죽어도 좋다."

注釋　문(聞)은 듣는다, 배운다는 뜻으로, 안다는 것은 아니다. 가(可)는 좋다, 괜찮다는 뜻이지만, 여기서는 기꺼이 그렇게 하겠다는 말맛이 있다.

蛇足　공자는 왜 이런 말을 했을까? 도를 이야기하는 사람, 도를 가르치는 사람이 드문 시절이었기 때문이리라. 당시 사람들은 조금이라

도 배웠다고 하면 그저 벼슬을 얻어서 제 사사로움을 이루려고 애쓸 뿐이었다. 도를 말하는 사람이 오히려 무색해지고, 심지어는 현실을 모르는 청맹과니라고 취급받았다. 그러니 도를 듣는다는 것 자체만으로도 얼마나 대단한 일이겠는가? 그런데 아침에 도를 들었다고 저녁에는 죽어도 좋은가? 말뜻은 그러하지만, 속뜻은 그렇지 않다. 그만큼 도에 대해 듣는 것이 진기한 일이었다는 말이다.

학인의 공부는 오로지 진리를 탐구하고 이치를 체득하는 데에 있다. 그렇지 않은 공부는 고작 사사로운 이익을 얻기 위한 수단에 지나지 않는다. 그런 공부를 하는 사람을 소인이라 했다. 아, 명예와 이익은 따라오는 것이지, 결코 추구해서 얻을 것은 아니다. 얻는다고 해도 고작 한때일 뿐인 것을. 세상의 이치, 우주의 섭리에도 이익은 있다. 그러나 그 이익은 인간 세상에서 아귀다툼을 하며 얻으려는 이익과는 전혀 다르다. 그 차이를 알고 따르는 자, 참된 군자로다!

4-9

子曰: "士志於道, 而恥惡衣惡食者, 未足與議也."

스승께서 말씀하셨다.
"선비가 되어 도에 뜻을 두면서 허름한 옷과 거친 음식을 부끄러워한다면, 함께 바른 말을 나눌 수 없다."

注釋　　사(士)는 공자를 통해 새로운 의미를 가지게 된 말이다. 배움에 뜻을 두고 세상에 쓰이기를 바라는 사람을 가리킨다. 지(志)는 마음을 단단히 먹는다는 뜻이다. 악(惡)은 질이 나쁘다는 뜻이다. 의(議)는 마땅히 그래야 할 것을 말하는 것, 옳은 것을 따지면서 말하는 것이다.

蛇足　처음에는 도에 뜻을 두었다가도 차츰차츰 세속에 얽혀드는 것이 사람살이이다. 그래서 초심(初心), 즉 처음 먹은 마음을 잃지 말라고 그토록 강조하는 것이리라. 그럼에도 선비가 된 자, 스스로 선비라고 자부하는 자는 하찮은 명리에 매이는 순간, 변명의 여지가 없다. 세상이 어떻다느니 현실이 어떠하다느니 하는 변명은 너절하고 구저분하다. 문제는 그런 변명이 구질구질하다는 것조차 모른다는 사실이다. 이미 자기 합리화에 찌들대로 찌들어 있다는 뜻이다. 허름한 옷? 거친 음식? 이왕이면 멋지고 맛난 것이 좋기는 하다. 그러나 선비는 애써 그런 것을 추구하지 않는다. 싫어서가 아니라, 그릇된 것이어서가 아니라, 도에 뜻을 두었기 때문이다. 좋은 것이든 싫은 것이든 주어지면 주어지는 대로 받아들이는 것, 그건 소극적인 태도가 아니라 지극히 주체적인 행동이다. 그 모든 것이 자기 선택이요 자기 판단이며 자기의 결단에 따른 행동임을 잘 알기 때문이다. 그게 선비의 참모습인데도 옷이나 음식에 대해 불평한다면, 이야말로 허름하고 거칠기 짝이 없는 짓이 아닐까? 불평을 그칠 수 없다면, 얼른 가는 길을 바꾸어라.

4-10

子曰: "君子之於天下也, 無適也, 無莫也, 義之與比."

스승께서 말씀하셨다.
"군자가 세상사를 대할 때는 꼭 그래야 한다는 것도 없고 그래서는 안 된다고 하는 것도 없으니, 그저 올바른지를 견주어볼 따름이다."

注釋　지어천하(之於天下)는 천하의 일, 세상의 일을 대하는 것이다. 천하의 사람들을 대하는 것으로 푸는 경우도 있다. 적(適)은 특정한 것

에 맞추거나 특정한 경로를 따라가는 것이다. 막(莫)은 하지 말라는 금지의 말이다. 적과 막은 모두 한정지어서 규정지으려는 말맛이 있다. 의(義)는 상황에 따라 옳고 바른 것을 뜻한다. 비(比)는 견주다, 따르다는 뜻이다.

蛇足　모든 것은 끊임없이 변한다. 물이 흐르듯이 흘러가는 것이 세상사이다. 문명사회는 작위적으로 이루어진 것이지만, 그럼에도 세상사의 이치는 자연의 이치와 그리 다를 게 없다. 특정한 곳 특정한 때의 일은 자연의 이치가 통하지 않고 거스르는 것처럼 보일지라도, 결국 자연의 이치에서 벗어나서 이루어지는 일은 없다. 옳다고 판단한 것도 영원히 옳지 않으며, 그릇되다고 판단한 것이 끝까지 그릇된 채로 남지도 않는다. 정해진 것은 아무 것도 없다. 시간이 흐르면서 그렇게 되는 것만은 아니다. 한순간 옳은 것이 그대로 그릇된 것이고, 한순간 그릇된 것이 그대로 옳은 것이다. 단지 사람의 감각으로 느끼지 못할 뿐이다. 하찮은 논리로는 이해되지 않을 뿐이다. 때에 맞게 한다는 것이 그래서 어렵고 힘들다. 참으로 올바른 것은 늘 그 꼴을 달리 해서 나타난다. 곳과 때가 다르고 상황이 다르고 행위의 주체가 다르기 때문에 올바르다고 해도 늘 똑같은 올바름이 아니다. "에이, 전에는 그게 되었는데……." 무엇이든 달라져도 달라졌고 변해도 변했다는 것을 모르고 하는 말이다. 이치는 한결같지만, 이치가 나타나는 꼴은 무수히 다양하다.

4-11 ─────────────────────────────

子曰: "君子懷德, 小人懷土; 君子懷刑, 小人懷惠."

　　스승께서 말씀하셨다.
　　"군자는 덕을 붙좇고, 소인은 땅을 붙좇는다. 군자는 도리를 붙좇고, 소인은 은혜를 붙좇는다."

注釋　회(懷)는 생각을 품다, 무언가를 붙좇다는 뜻이다. 덕(德)은 이치에 맞게 제 마음과 몸을 조율해서 얻은 경지이다. 토(土)는 영지나 봉토, 나아가 재물을 가리킨다. 요즘 말로 하면 고급 주택이나 높은 연봉이다. 형(刑)은 법도에 맞게 잡도리하거나 바로잡는 것이다. 혜(惠)는 누군가가 베풀어주기를 바라는 마음이다. 이치에 맞지 않게 했거나 자신이 한 것보다 더 많은 것을 바란다는 말맛이 있다.

蛇足　군자는 기본을 늘 마음에 두고, 소인은 결과에 마음을 둔다. 군자는 옆길로 빠질까 늘 삼가고, 소인은 이익을 더 얻지 못할까 걱정한다. 군자는 뜻한 대로 되지 않으면 자신을 돌아보고, 소인은 바라는 것을 얻지 못하면 남과 세상을 탓한다.

4-12

子曰: "放於利而行, 多怨."

스승께서 말씀하셨다.
"이끗에 따라 행동하면 많이 웅등그러진다."

注釋　방(放)은 기대다, 따르다는 뜻이다. 원(怨)은 뒤틀리고 비뚤어진 마음으로, 웅등그러지다는 뜻이다. 다원(多怨)은 정해진 문법이 없는 한문의 묘미가 그대로 살아나는 구절이다. 남의 원망을 듣는 일이 많다는 뜻과 나에게 웅등그러지는 마음이 많이 생긴다는 뜻이 아울러 담겨 있기 때문이다.

蛇足　이익을 얻는 일은 결국 누군가의 이익을 가로채는 것이나 마찬가지이다. 그래서 잇속을 차리는 일은 그대로 남과 다투는 일일 수밖에 없다. 다투다 보면 가까운 사이라도 마음을 상하게 되는데, 하물며 경쟁하는 관계에서는 어떠하겠는가? 남으로부터 원망을 듣는 데서 그치지 않는다. 내가 남을 탓하고 분하게 여기기에 이르니, 이야말로 불행이다.

4-13

子曰: "能以禮讓爲國乎, 何有? 不能以禮讓爲國, 如禮何?"

스승께서 말씀하셨다.
"예의와 겸양으로써 나라를 다스릴 수 있다면, 또 무슨 어려움이 있겠는가? 예의와 겸양으로써 나라를 다스릴 수 없다면, 예를 차린들 무엇하리오?"

注釋　양(讓)은 나를 낮추는 것, 남을 높이거나 앞세우는 것이다. 하유(何有)는 아무런 어려움이 없다는 뜻이다.

蛇足　예의와 겸양은 윗사람이 먼저 갖추는 것이다. 그럼으로써 아랫사람에게 은근히 예의와 겸양을 갖추게 부추긴다. 결코 억지로 갖출 수도 없고 남에게 강제할 수도 없는 것이 예의와 겸양이다. 억지로 갖추려 하거나 강제한다면, 그것은 이미 예의도 겸양도 아니다. 예의와 겸양은 사람을 주인으로 만든다. 또 주인이 되어야 갖출 수 있다. 예의와 겸양으로 나라가 다스려지기를 바란다면, 윗사람이 참된 마음으로 자신을 낮추어야 한다. 그렇게 하지 않는다면, 예의와 겸양으로써 다스리고 싶어도 다스려지지 않는다. 그때의 예의와 겸양은 껍데기로서 예

124

일 뿐이다.

子曰: "不患無位, 患所以立. 不患莫己知, 求爲可知也."

스승께서 말씀하셨다.
"자리가 없다고 걱정하지 말고, 제대로 서 있는지를 걱정하라.
남들이 나를 알아주지 않을까 걱정하지 말고, 저절로 알려질
수 있도록 힘써라."

注釋 위(位)는 사회적 지위, 벼슬을 뜻한다. 소이(所以)는 근거나
토대를 뜻한다. 여기서는 올바른 바탕을 가리킨다. 가지(可知)는 억지
스럽게 알려지지 않고 저절로 알려지는 것이다.

蛇足 근거나 토대는 바탕이어서 쉽게 드러나지 않지만, 드러난 모
든 행위는 여기에서 벗어나지 않는다. 바탕이 탄탄하지 않으면, 언제든
지 무너진다. 그래서 바탕을 제대로 다지거나 세우는 것이 긴요하다.
그 바탕은 물론 이치나 도리에 맞아야 한다.
　바탕을 다지는 사람은 함부로 나서지 않고 어설프게 나아가려 하
지 않는다. 그런 사람은 자존(自尊)할 줄 아는 사람이니, 언제나 당당하
고 떳떳한 사람이다. 구차하게 자리를 바라지 않는다. 주어지면 주어지
는 대로, 멀어지면 멀어지는 대로, 유유자적할 수 있다. 나의 능력에 걸
맞은 자리가 없어도 누구를 탓하지 않는다. 나를 제대로 안다면 나에
게 자리를 줄 것이요, 알면서도 주지 않는다면 그 사람이 바르지 않기
때문이다. 도대체 사람이 주는 자리를 어떻게 신뢰할 수 있으며, 그 자
리가 또 얼마나 대단하랴? 사람이 만든 자리는 사람을 옭아맨다. 자리

에 앉은 사람은 떠나지 않으려 하고, 앉지 못한 사람은 앉으려고 애를 쓴다. 하늘이 준 자리는 세상에 널려 있다. 어디든지 내가 있는 곳이 내 자리이다. 나는 오로지 이치를 체득해서 나를 완성시키려 애쓸 뿐. 수처작주(隨處作主)! 어디에 있든 내가 주인이어야 한다. 자리에 집착하면, 나는 노예가 된다.

4-15

子曰: "參乎! 吾道, 一以貫之." 曾子曰: "唯!" 子出, 門人問曰: "何謂也?" 曾子曰: "夫子之道, 忠恕而已矣."

    스승께서 말씀하셨다.
    "삼아! 내 도는 하나로 꿰뚫는다."
    증자가 말하였다. "예!"
    스승께서 나가시자, 문인들이 증자에게 물었다.
    "무슨 말씀이신가?"
    증자가 대답하였다.
    "스승의 도는 참된 마음과 남을 헤아리는 마음일 뿐입니다."

注釋   관(貫)은 꿰다, 꿰뚫다는 뜻이다. 유(唯)는 "예!"라는 대답이다. 충(忠)은 참된 마음, 한결같은 마음이다. 서(恕)는 남의 마음을 헤아려 아는 것이다.

蛇足   위의 문답이 오고 간 상황과 정황을 한번 상상해보자. 증삼은 『논어』 곳곳에서 볼 수 있듯이 다소 관념적인 발언을 하고 있다. 그래서 그를 아둔하다고 하였다. 그것은 직관이나 통찰이 결여되어 있었음을 의미한다. 그럼에도 증삼은 어디에서나 자기 생각을 피력했을 터

126

이고, 그러다가 분수를 넘는 말도 했을 것이다. 그런 증삼의 말과 행동에 대해 전해 들은 공자가 제자들이 모인 데서 특히 증삼을 지목하여 위에서처럼 말한 것이리라. "삼아! 내 도는 하나로 꿰뚫는다. 이런저런 말로써 드러내려 하지만, 아무래도 적절하지 않지." 그런데 여기에 '증삼왈(曾參曰)'이 아니라 '증자왈(曾子曰)'이 나온다. 이는 증삼의 제자들이 이 문답을 기록하였다는 의미이다. 아마도 증삼은 자신이 그 '하나'를 알고 있다고 생각하였고, 이를 나중에 제자들에게 들려준 것 같다. 그런데 증삼의 "예!"는 증삼의 대답에 지나지 않는다. 증삼이 그 '하나'를 알았다고 해석할 수는 없다. 스승이 나가자, 문인들은 물었다. "증삼아, 왜 스승께서 너에게 그런 말씀을 하신 거지?"라고. 이 문인들은 본래 공자의 제자들로서, 증삼과 한자리에 있던 이들이다. 그런데 증삼이 증자가 되면서 증삼의 제자와 겹쳐지게 되었다. 겹쳐지면서 이 문인들의 물음은, "스승께서 말씀하신 '하나'는 무엇입니까?"라는 말뜻을 담게 되었다. 만약 공자와 그 제자들 사이에서 일어난 일을 그대로 기록했다면, 증자라는 칭호는 쓰이지 않았을 것이다. 뿐만 아니라 마지막에 증삼이 "스승의 도는"이라고 말할 필요도 없었다. 이미 문인들이 스승과 증삼 사이에 오고 간 대화에 대해 물은 것이기 때문이다. 바로 이 "스승의 도는"이라는 말에서 두 가지 숨겨진 사실을 알아챌 수 있다. 하나는 증삼의 제자들이 자신들의 스승인 증자가 큰 스승이신 공자의 적통을 이은 분이기를 기대하고 있었다는 것이다. 오로지 자기 스승인 증자만이 큰 스승의 그 '하나'를 알고 있어야만 자신들의 위상이 높아지기 때문이다. 또 하나는 증삼의 도반들, 즉 공자의 다른 제자들이 증삼에게 물은 의도를 증삼이 제대로 파악하지 못했다는 사실이다. "도대체 스승께서 자네한테 왜 그런 말씀을 하신 거지?"라는 뜻으로 물었는데, 증삼은 저의 알음알이로 헤아리고는 스승이 말한 그 '하나'에 대해 다른 제자들이 물은 것으로 판단했다는 뜻이다. 증삼은 평생 자신이 옳은 대답을 했다고 여겼을 것이다. 바로 이것이 증삼의 아둔함을 드러내는 것 아닐까?

　그러면 이것저것을 다 떠나서, 증삼의 대답은 또 어떠한가? 증삼의 대답은 번다하기만 하고 맞았다고 할 수는 없다. 일단 충(忠) 한 글자면 충분한데, 어찌 서(恕)를 덧붙였을까? 이는 증삼이 핵심을 곧바로 꿰뚫지 못했기 때문이다. 핵심을 꿰뚫는 일은 직관으로 이루어지고, 직관은 두루 배우고 깊이 음미해서 완전하게 체득해야 가능하다. 증삼은 이성적 논리에 의존하고 있다. 경험을 통해 그 깊은 뜻을 알아차리지 못했다. 그래서 알았다고 해도 어렴풋이 알기만 했다. 그래서 충이 서이고, 서가 충인 줄 확신하지 못했다. 그러나 이 또한 공자의 그 '하나'라고 할 수 없다. 공자의 '하나'는 간단하다. 바로 인(仁), 즉 어짊이다. 거기에 모든 덕목이 다 담겨 있다. 충이든 서이든 어짊 가운데 하나일 뿐이다. 5-19를 보라. 물론 거기서 참되다는 것과 여기서 말한 참된 마음 사이에 약간의 차이는 있을 수 있겠으나, 그럼에도 과연 참된 마음만으로 어질다고 할 수 있을까?

4-16

子曰：“君子喩於義, 小人喩於利.”

　스승께서 말씀하셨다.
　“군자는 올바름에 밝고, 소인은 잇속에 밝다.”

注釋　유(喩)는 본래 분명하게 알아듣게 하려고 무언가를 들어서 말하는 것이다. 그래서 밝게 알다는 뜻이다. 군자와 소인은 같은 신분, 즉 사(士) 이상의 지배계층 사람이다. 말하자면 문화를 배우고 익혀서 벼슬에 나아가려는 사람들이다. 딛고 선 곳이 어디냐, 올바름이냐 이로움이냐에서 달라진다.

蛇足　늘 마음에 두고 있는 것은 무의식중에도 감지한다. 올바름에 뜻을 둔 사람은 어떤 상황에서든 무엇이 올바르며 어떻게 해야 하는지를 재빨리 알아챈다. 이익을 얻으려 애쓰고 늘 잇속을 차리는 자는 어떤 상황에서든 이익이 될 것만 생각한다. 누군가가 군자와 소인에게 똑같은 사람을 소개해주면, 군자는 그가 올바른 사람인지 아닌지 알아채고, 소인은 그가 자신에게 이로운 사람인지 아닌지 알아본다.

　오늘날 대학은 과연 학문의 전당인가? 학문은 무엇인가? 진리 탐구? 입으로는 그렇게 말들 하지만, 마음으로도 그렇게 믿을까? 참으로 우습게도, 소인은 굳이 가르치고 키우려 하지 않아도 된다. 그런데 대학에서 그런 사람을 기르려고 애쓴다. 이게 자본주의 사회의 속성이라고 하면 그뿐일 수도 있지만, 문제는 그러다가 결국 모두 불행해지고 망한다는 사실이다. 중국의 역사를 잘 돌아보라. 수많은 왕조들이 명멸하면서 남긴 게 무엇인가? 권력과 금력에 대한 무한한 신뢰, 인간에 대한 불신, 끝없는 탐욕, 소인배들과 간신배들의 농간, 가진 자와 못 가진 자 사이의 지독한 간극 등등. 세상이 다 알지 않는가. 중국인들의 장사에 대한 수완 말이다. 그게 어디서 비롯되었겠는가? 왜 공자가 소인에 대해 그토록 경계했겠는가? 그러한 현실에서 유가가 나오고 묵가가 나오고 도가가 나왔다. 지금 그 가운데 무엇이 남아 있나? 현실의 욕망을 무한히 긍정하고 추구하도록 부추기는 도교(道敎)의 얄팍한 신앙 정도가 아닌가.

4-17

子曰: "見賢, 思齊焉; 見不賢, 而內自省也."

스승께서 말씀하셨다.
"야무진 사람을 보거든 그와 나란히 될 것을 생각하라. 야무지지 못한 사람을 보거든 안으로 자신을 살펴라."

注釋　현(賢)은 마음씀씀이나 행동이 나보다 낫다, 사람됨이 야무지다, 똑똑하다는 뜻이다.

蛇足　학인에게 주는 일깨움이다.

현자를 만나면 더없이 좋겠으나, 그런 사람이 어디 흔한가? 무엇보다도 내가 그런 사람을 보는 안목이 없으니 문제이다. 안목이 없으니, 되지못한 사람이나 소인이 눈에 띈다. 그러나 그런 사람을 만난 것도 내 복이요 내 능력이다. 학인은 쉼 없이 배우려 애쓰는 사람이다. 그 점을 잊어서는 안 된다. 또 하나, 세상에 나쁘기만 한 것은 없다. 현자가 아닌 사람도 내가 마음먹기에 따라 현자 노릇을 할 수 있다. 그를 통해 나 자신을 되돌아볼 수 있다면, 나의 허물을 바로잡을 수 있다면, 그는 그 순간 나의 스승이다. 그 자신은 미처 모르고 있겠지만. 나로 말미암아 그는 선지식이 되고, 그로 말미암아 나는 성인의 길로 한걸음 나아간다. 부처가 "늘 깨어 있으라"라고 말하지 않았는가. 성인이라면 늘 깨어 있으니 애쓸 필요가 없지만, 성인이 아닌 자는 늘 깨어 있으려 애써야 한다. 성인이 아닌데도 깨어 있으려 애쓰지 않는다면, 그야말로 뒤넘스럽고 시통한 자이다.

子曰:"事父母, 幾諫, 見志不從, 又敬, 不違, 勞而不怨."

스승께서 말씀하셨다.
"어버이를 섬기다가 넌지시 일깨워 드렸음에도 따를 뜻을 보이지 않으시면, 그래도 지극하게 받들면서 그 마음을 거스르지 말고, 고달파도 마음이 뒤틀려서는 안 된다."

注釋 기(幾)는 빌미, 거의 등의 뜻으로, 분명하게 드러나지 않는 것이다. 여기서는 슬며시, 넌지시 등의 뜻으로 쓰였다. 간(諫)은 윗사람이 바르게 되도록 일깨우는 말이다. 위(違)는 어버이의 마음을 거스르다, 편치 않게 하다는 뜻이다. 로(勞)는 힘들다, 고달프다는 뜻이다. 원(怨)은 마음이 올곧은 채로 있지 못하고 응등그러지는 것이다.

蛇足 자식 된 도리와 학인으로서 좇아야 할 이치 사이에서 올바로 처신하기란 매우 어렵다. 공자는 자식 된 도리를 우선하였다. 아마 사회질서가 여기서 비롯된다고 여겼기 때문이리라. 어쩌면 유교가 철저하게 종교가 되지 못한 이유, 정치 이념이나 사회 윤리의 틀에서 크게 벗어나지 못한 이유는 여기에 있으리라.
　사람이 나이를 먹는다는 것은 그만큼 경험이 많아진다는 것을 의미한다. 그러나 경험과 함께 지혜가 절로 느는 것은 아니다. 모든 경험이 그대로 지혜가 되는 것은 아닌데도 지혜로워졌다고 여긴다. 특히 어버이는 자식보다 인생을, 세상사를 더 잘 안다고 여긴다. 그러니 자식인 내가 무슨 말을 하겠는가? 어버이를 바로잡겠다고 설칠 수는 없는 노릇. 슬며시 말을 건네어 그 마음을 엿보는 데서 그쳐야 한다. 그러지 않으면 어버이도 괴롭고 나도 고달프다.

4-19 ─────────────────────────────

子曰: "父母在, 不遠遊, 遊必有方."

스승께서 말씀하셨다.
"어버이 살아 계실 때는 멀리 가서 놀지 말 것이며, 놀 때는 반
드시 가는 곳이 정해져 있어야 한다."

注釋   방(方)은 일정한 곳을 가리킨다.

蛇足   어버이를 걱정하게 하지 않는 것, 그것이 효이다.

4-20 ─────────────────────────────

子曰: "三年無改於父之道, 可謂孝矣."

스승께서 말씀하셨다.
"(아버지 돌아가신 뒤에) 3년 동안 아버지의 길을 고치지 않으면,
효성을 다한다 하리라."

注釋   이미 1-11에서 풀이하였다.

4-21 ─────────────────────────────

子曰: "父母之年, 不可不知也. 一則以喜, 一則以懼."

스승께서 말씀하셨다.
"어버이의 나이는 모를 수가 없다. 한 살 더 드시면 기쁘기도

하고, 한 살 더 드시면 두렵기도 하지."

注釋　지(知)는 기억하다는 뜻으로, 여기서는 마음을 쓰다는 말맛을 담고 있다. 일(一)은 나이를 한 살 먹다는 뜻이면서도 동시에 한편으로를 뜻한다. 한문의 묘미이다. 그러나 문맥을 고려하면, 앞에 나오는 '년(年)'을 받아서 한 살을 뜻하는 것으로 보는 것이 적절하다. 구(懼)는 마음을 놓지 못하고 걱정하거나 두려워하는 것이다.

蛇足　"늙으면 밤새 안녕"이라는 말이 있다. 늙으면 젊을 때와 다르다. 건강하다가도 한순간 주저앉기도 한다. 자식은 이를 잘 알고 있어야 하고, 늘 어버이의 일상을 살펴야 한다. 물론 늙고 죽는 일이야 자연의 이치이니 굳이 마음을 쓸 일이 아니지만, 그것은 내 몸에 있어서 그렇다는 말이다. 어버이의 일에서는 살피는 마음을 놓아서는 안 된다.

4-22

子曰: "古者, 言之不出, 恥躬之不逮也."

스승께서 말씀하셨다.
"옛사람들은 말을 가벼이 내뱉지 않았으니, 몸이 따라가지 못하면 부끄러워서다."

注釋　궁(躬)은 몸을 쓰는 일, 곧 실천이나 행동을 뜻한다. 체(逮)는 미치다, 이르다는 뜻이다.

蛇足　미쁨[信]과 성스러움[誠]이 왜 그리도 강조되는지를 미루어 알 수 있다. 말한 대로 행하고 말한 대로 이루는 것, 그 얼마나 어려운

일인가. 말한 대로 하는 것, 그것은 당연한 일이다. 그러나 당연한 일 가운데 쉽게 할 수 있는 게 얼마나 되던가. 그렇다고 해서 말을 지나치 게 삼가다 보면, 몸과 마음이 움츠러들 수도 있다. 행동이 말을 따라갈 수 없을까 걱정하기보다는, 차라리 한 말을 지키고 이루려고 애써라. 학인이 스스로 이치의 길을 간다고 확신한다면, 그리 못할 게 또 무엇 있겠는가.

4-23

子曰: "以約失之者, 鮮矣!"

　　스승께서 말씀하셨다.
　　"깔밋하게 잡도리해서 그르친 자, 드물다!"

注釋　　약(約)은 단단히 죄어서 부피를 최소화하는 것이다. 행위에 있어서는 꾸밈이 없고 군더더기가 없는 것, 깔밋하게 잡도리하는 것, 즉 소박함, 간결함, 간소함 등을 뜻한다. 실(失)은 허물을 저지르는 것, 잘못하는 것이다.

蛇足　　말이나 행동이 예의에 맞다는 것은 절도에 맞다는 뜻이다. 절 도에 맞으면 간결하고 소박하고 질직하다. 그것이 곧 아름다움이고 오 래간다. 이것이 이치이다. 이치를 알 듯 모를 듯한 까닭도 여기에 있다. 눈에 확 띄지 않기 때문이다. 그러나 절도가 없는 예의는 눈에 확 띄고 처음에는 그럴 듯하지만, 역시 꾸민 것일 뿐이어서 미덥지 못하고 오래 가지 못한다.
　　성자의 삶은 화려하지 않다. 무슨 특별한 것이 있는 것도 아니다. 그저 평범하고 수더분하다. 그러니 중생들이 알아볼 턱이 없다. 중생들이 쉽사리 알아보는 이는 결코 성자가 아니다. 성자인 체하는 사람일 뿐이다.

4-24

子曰: "君子, 欲訥於言而敏於行."

　스승께서 말씀하셨다.
　"군자는, 말은 적게 하고 행동은 재바르게 하려고 한다."

注釋　눌(訥)은 말이 입 안에서 맴돌기만 하고 나오지 않는 것으로, 말을 적게 하다, 말굳다는 뜻이다. 민(敏)은 적극적이고 주체적으로 하는 것이다.

蛇足　생각을 얼마나 어떻게 해야 하는가에 대해서는 말하기 어렵다. 어리석은 자는 생각을 길게 하다가 생각에 사로잡혀서 벗어나지 못한다. 어리석은 자는 말만 많고 뜻은 적으며, 무엇보다도 저에게 할 말을 남에게 한다. 어리석은 자는 말이 앞서고 생각만 많다. 그러다가 때를 놓친 뒤에야 재바르게 하지 못한 것을 안타까워하고 뉘우친다. 문제는 그런 짓을 다음에 또 한다는 것이다. 내가 아직 지혜를 얻지 못했다는 것을 안다면, 너무 오래 생각하지 말고 말은 되도록 삼가야 한다. 그러면 행동을 어떻게 할 것인가? 배워라. 책 속에서나 밖에서나 현자의 가르침을 찾고 배우고 따라서 해보라. 그러면 절실하게 느끼게 되고 알게 될 것이다. 그렇게 한걸음씩 나아가야 한다. 이게 학인이 할 일이다.
　군자는 위의 말과 같이 하기 때문에 허물이 갈수록 적어진다. 소인은 그렇게 하지 못하면서 또 그렇게 하지 않으려고 하기 때문에 허물이 갈수록 많아진다. 군자는 선순환을 계속하고, 소인은 악순환을 계속한다.

4-25 ―――――――――――   ―――――――――

子曰: "德不孤, 必有隣."

스승께서 말씀하셨다.
"덕이 있는 사람은 외롭지 않으니, 반드시 함께하는 이가 있다."

注釋　　고(孤)는 외롭다는 뜻이다. 린(隣)은 이웃, 함께하는 사람을
뜻하는데, 여기서는 뜻이 맞는 사람을 가리킨다.

蛇足　　아, 공자여, 공자여! 참으로 외로웠구나!
　왜 덕이 있는 사람은 외로운가? 덕이 있는 사람은 덕이 있는 사람
만 알아보고 알아준다. 그런데 덕이 있는 사람이 얼마나 있는가? 특히
그 혼란했던 시절에 덕이 있는 사람이 얼마나 많았을까? 오로지 덕을
쌓아서 어진 자가 되어 천하를 위하라는 공자의 가르침, 거기에 참으
로 고단한 공자의 삶이 얼마나 짙게 배어 있는지를 제자들은 다 느끼
고 알았을까? (3-24에서 의 땅의 변방 책임자가 한 말을 떠올려보라.) 아마
도 느끼고 알았을 제자는 적었으리라. 어느 날, 공자는 제자들을 앞에
두고서 문득 그들이 참으로 힘들어한다는 것을 알고, 또 남들이 도대체
자신들을 알아주지 않는다는 데 대한 못마땅함과 거북함으로 움츠리
고 있는 모습을 보고서 힘을 북돋우어주느라고 이렇게 말했을 것이다.
"얘들아! 외로우냐? 그러나 덕이 있는 사람은 외롭지 않다. 그를 알아
주는 사람이 반드시 있으니까!" 아, 이 얼마나 처절하고도 아름다운 말
인가!
　그때도 공자를 알아준 이가 적은데, 2,500년이 지난 오늘날 그를 참

으로 아는 이는 과연 얼마나 될까? 공자의 심정을 알려고 하는 이는 적은데, 자기가 외롭다고 하는 사람은 많은 듯하니, 이 또한 얼마나 아이러니한가!

4-26

子游曰：“事君數, 斯辱矣; 朋友數, 斯疏矣.”

자유가 말하였다.
“임금을 섬길 때 자주 다그치면 욕될 것이요, 벗을 사귈 때 자주 나무라면 멀어질 것이다.”

注釋 삭(數)은 자주 허물을 들추어서 고치도록 다그치는 것이다. 사(斯)는 즉(則)과 같다. 소(疏)는 틈이 생겨서 사이가 뜨다는 뜻이다.

蛇足 자주 다그치거나 나무라게 되는 허물이란 대개 오래된 버릇에서 비롯된 것이다. 그런 허물은 쉽게 고쳐지지 않을 뿐 아니라, 누군가가 그 허물을 가리켜서 말하거나 고치라고 다그치게 되면 슬며시 심사가 뒤틀리게 되는 일이 흔하다. 아무리 옳은 말이라도 삼가서 해야 한다. 제 허물을 누군가가 들춘다면 옳고 그름을 떠나 마뜩찮게 여기기 마련이다. 그런 것을 알지 못하고 내 의도가 좋고 말이 옳다고 상대의 심사를 살피지도 않고 다그치거나 나무라면, 상대는 감정이 상한다. 상대가 군주라면 나는 내쫓기거나 죽음을 피하지 못할 것이요, 상대가 벗이라면 저절로 사이가 멀어질 것이다. 그런데 군자라면 상대가 받아들일지 받아들이지 못할지를 먼저 판단해야 하고, 말을 할 만해서 했다면 그쳐야 할 때도 잘 알아서 그쳐야 한다. 내가 지극한 마음으로 말을 했음에도 받아들이지 않는다면, 이미 상대가 나를 버린 것이다. 그때는

미련 없이 떠나거나 버려야 한다. 아니, 지극하게 한 사람은 이미 미련이 없다. 이미 한 말에 대해서도 찐덥지 않게 느끼지 않는다. 지극함은 지혜로운 자의 마음가짐이요 그 자체로 완전하기 때문이다.

5편

공야장 (公冶長)

5-1

子謂公冶長, "可妻也. 雖在縲絏之中, 非其罪也." 以其子妻之.

스승께서 공야장을 가리켜 말씀하셨다.
"사위로 삼을 만하다. 그가 비록 감옥에 갇힌 일은 있어도, 그
의 죄는 아니었다."
그리고는 딸을 그에게 시집보내셨다.

注釋　공야장(公冶長)은 공자의 제자로, 제(齊)나라 출신이다. 처
(妻)는 시집보내다는 뜻이다. 유설(縲絏)은 오랏줄로 묶다는 뜻인데, 감
옥을 가리킨다. 자(子)는 자식을 뜻하며, 여기서는 딸을 가리킨다.

蛇足　이 중생세간(衆生世間)에서는 예나 이제나 아직 도가 실현되
지 않았다. 영원히 실현되지 않을지도 모른다. 그렇다고 해서 아무런
노력도 하지 않고 자포자기할 수도 없다. 군자는 쉼 없이 도를 향해 나
아가는 자이다. 멈출 줄을 모르며 그치려고 하지도 않는다. 그러다 보
니 어지러운 시절에 아무런 죄도 없이, 아니 도를 실현하겠다는 그 의
지와 실천으로 말미암아 죄인 아닌 죄인 취급을 받기도 한다. 오늘날
정치적 상황은 과연 고대나 중세 때보다 낫다고 할 수 있는가? 정치범
이 여전히 존재하고 또 존경받는 사회, 아 참으로 비극이다!

5-2

子謂南容, "邦有道, 不廢; 邦無道, 免於刑戮." 以其兄之子
妻之.

스승께서 남용을 가리켜 말씀하셨다.

"나라에 도가 행해지면 버림받지 아니하고, 나라에 도가 행해
지지 않으면 형벌을 받지 않으리라."
그리고는 형님의 딸을 그에게 시집보내셨다.

注釋　남용(南容)은 공자의 제자로, 성은 남궁(南宮), 이름은 도(縚)
또는 괄(适)이라 하며, 자는 자용(子容)이다. 폐(廢)는 쓰이지 않은 채
내버려지다는 뜻이다. 륙(戮)은 죽이다, 형벌을 뜻한다.

蛇足　남용이 어진 사람인지 아닌지는 잘 모르겠으나, 참으로 현명
한 사람임에는 틀림이 없다. 공야장도 마찬가지이지만, 사람이란 시련
과 고난 속에서 빛이 난다. 평소에는 그의 생각이나 말, 행동 따위의 깊
고 얕음, 참됨과 거짓을 판가름하기가 쉽지 않다. 그러나 시대의 불안
과 혼란이 가중되면, 그 모든 것은 절로 드러난다.

5-3

子謂子賤, "君子哉若人! 魯無君子者, 斯焉取斯?"

스승께서 자천을 가리켜 말씀하셨다.
"군자로다, 이런 사람이! 노나라에 군자가 없었다면, 이 사람이
어찌 이리 되었겠는가?"

注釋　자천(子賤)은 공자의 제자로, 성은 복(宓), 이름은 부제(不齊)
이다. 공자보다 마흔아홉 살 아래라고 한다. 약(若)은 이러한, 이와 같
은의 뜻이다. 사언취사(斯焉取斯)에서 앞의 사는 자천을, 뒤의 사는 그
의 덕성을 가리킨다. 언은 어찌라는 뜻이다.

蛇足   어떤 전통이든지 그 자체로 계승될 만한 가치를 갖는 것은 아니다. 되살려야 할 것, 내버려야 할 것, 손보아야 할 것 등을 잘 가려야 한다. 가려내는 안목, 그것은 곧 역사의 도도한 흐름을 꿰뚫어볼 때 갖출 수 있다. 그런 안목이 있어야 비로소 전통이 창조의 밑거름이 된다는 것을 안다. 그것을 알지 못하면, 그저 답습하든지 아니면 생짜를 만들어내겠다는 무리한 짓을 일삼는다. 군자가 되는 것 또한 마찬가지이다. 그러나 군자란 그저 누군가를 따라서 한다고 되는 게 아니다. 스스로 눈을 떠야만 가능하다. 비록 스승이 있다고 해도, 그 스승의 말을 그저 따르기만 해서는 안 된다. 따르기만 한다면, 스승이 없어서 에돌아가는 것만 못하다.

5-4

子貢問曰: "賜也何如?" 子曰: "女器也." 曰: "何器也?" 曰: "瑚璉也."

　　자공이 여쭈었다.
　　"저는 어떻습니까?"
　　스승께서 말씀하셨다.
　　"너는 그릇이다."
　　"어떤 그릇입니까?"
　　"종묘에서 쓰는 그릇, 호련이다."

注釋   호련(瑚璉)은 고대에 제사를 지낼 때 음식을 담는 그릇으로, 아주 존귀하게 쓰였다.

蛇足   이미 "군자는 그릇이 아니다"라고 공자는 말하였다. 그런데

142

여기서 자공을 두고 그릇이라 한 이유는 무엇인가?

군자는 그릇이 되어서는 안 되지만, 아직 그릇의 제한성을 완전히 벗어난 존재는 아니다. 군자는 공부의 과정에 있는 사람이요 길을 가는 사람이다. 여전히 완성을 위해 나아가는 사람이요, 갈 길이 아직 남아 있는 사람이다. 자공 역시 그러하다. 보편적인 이치를 오롯이 체득하지 못했으므로 아직 그릇이라고 했다. 다만 그릇 가운데서도 "종묘에서 쓰는 그릇, 호련"이라고 하였으니, 제법 군자의 면모를 갖춘 그릇임을 인정한 셈이다. 호련은 제사에서 귀중하게 쓰였고, 제사는 모든 예악의 근원이다. 따라서 호련이라고 한 데서 자공이 예악을 꽤 깊이 체득했음을 알 수 있다. 그러나 인정보다는 더욱 분발하라는 채찍질로서 의미가 더 있다. 1-15에서 보았듯이, 공자는 제자가 더 나아가도록 가르친다.

5-5

或曰: "雍也, 仁而不佞." 子曰: "焉用佞? 禦人以口給, 屢憎於人. 不知其仁, 焉用佞?"

누군가가 여쭈었다.

"옹은 어질지만 말은 잘하지 못합니다."

스승께서 말씀하셨다.

"말만 잘해서 어디에 쓰겠는가? 말재주로 다른 사람과 맞서면 자주 미움을 살 것이다. 옹이 어진지는 잘 모르겠으나, 말만 잘해서 어디에 쓰겠는가?"

注釋 옹(雍)은 공자의 제자인 염옹(冉雍)이며, 자는 중궁(仲弓)이다. 녕(佞)은 말솜씨가 있다, 말재주가 있다는 뜻이다. 어(禦)는 막다, 맞서다는 뜻이다. 구급(口給)은 막힘이 없이 말을 술술 잘하는 것이다. 루

143

(屢)는 여러, 자주의 뜻이다.

蛇足　어진 자는 말을 잘한다. 그러나 말을 잘한다고 해서 어진 것은 아니다. 어진 자는 지혜로우므로 알맞은 때에 알아들을 만한 상대에게 알맞은 말을 해준다. 그러니 어그러짐이 없다. 말을 잘해도 어짊이나 지혜가 없다면, 그것은 이미 속빈 강정이다. 처음에는 그럴 듯하게 들리므로 상대가 받아들이는 듯하지만, 곧 허망한 말임을 알아채고는 등을 돌려버린다.

또 하나. 나 자신이 어짊의 경지에 이르지 못했다면, 남의 어짊에 대해 말할 수 없다. 고작 그가 어질지 못하다는 것만 알고 그걸 말할 수 있을 따름이다. 어진 자는 남의 어짊과 어질지 못함을 알지만, 섣불리 말하지 않는다. 그러나 어질지 못한 자는 자신이 어질지 못한 것도 채 모르면서 남의 어질지 못함에 대해 곧잘 말한다. 삼가고 삼가야 하리라!

5-6

子使漆雕開仕, 對曰: "吾斯之未能信." 子說.

스승께서 칠조개에게 벼슬살이를 하라고 하시니, 칠조개가 대답하였다.
"저는 그걸 잘할 자신이 아직 없습니다."
스승께서 기뻐하셨다.

注釋　칠조개(漆雕開)는 공자의 제자로, 성은 칠조, 이름은 개이다. 자는 자개(子開)이다. 사지미능신(斯之未能信)은 미능신사(未能信斯)가 도치된 구절이다. 열(說)은 기뻐하다는 뜻이다.

蛇足 공부가 아직 채 익지도 않은 채 그 결과를 바라고 기대하는 이가 얼마나 많은가? 공부하는 이가 잊지 말아야 할 것은 바로 기다림이다. 때가 이르기를 기다리는 것, 그 또한 공부이다. 그 때를 아는 것, 그것은 지혜이다. 때를 알고 담대하게 나아가는 것, 그것은 어짊이다. 어짊은 결코 소극적이고 수동적인 게 아니다. 바다를 보라! 얼마나 잔잔한가! 그러나 아무런 움직임이 없는가? 그 깊은 속을 들여다보라. 어진 자의 삶은 바다와 같느니.

5-7

子曰: "道不行, 乘桴浮于海, 從我者, 其由與?" 子路聞之喜, 子曰: "由也, 好勇過我, 無所取材."

　　스승께서 말씀하셨다.
　　"나의 도가 행해지지 않아서 뗏목을 타고 바다로 나갈라치면, 나를 따를 자는 유겠지?"
　　자로가 이 말을 듣고 기뻐하니, 스승께서 말씀하셨다.
　　"유는 말이지 용맹을 좋아하는 데서는 확실히 나보다 낫지만, 달리 취할 만한 것은 없구나."

注釋 승(乘)은 타다는 뜻이다. 부(桴)는 떼, 뗏목을 뜻한다. 부(浮)는 뜨다, 흐름을 따라 가다는 뜻이다. 재(材)는 재(哉)와 같다.

蛇足 공자는 참 흥미로운 말을 했다. 공자는 일생 동안 자신의 도를 실현하기 위해 애썼다. 나아갈 만하면 나아갔고 물러날 만하면 물러났다. 그런 그가 자신의 도가 행해지지 않아서 뗏목을 타고 바다로 나가게 될지도 모른다는 상상을 한 것이다. 그런데 그런 상상을 하다 보

니, 수많은 제자들 가운데서 자신을 따를 자는 아무리 둘러봐도 자로 정도였던 모양이다. 자로가 공자 밑에서 오래도록 공부를 하면서 군자의 덕을 갖추어가기는 했지만, 그럼에도 공자를 처음 만날 때부터 지니고 있던 그 용맹함 혹은 무모함은 여전하였던 것이다. 이를 잘 알고 있었기 때문에 자로가 자신을 따르리라 했던 것이다. 결코 자로를 업신여기고 한 말이 아니다. 공자의 말에 자로는 기뻐하였다. 이는 그가 얼마나 단순하고 소박한지를 말해주는 대목이다. 바로 그것으로 말미암아 공자는 한마디 더 던졌다. 이는 제자인 자로를 진정으로 아끼는 스승 공자의 어짊이 드러난 부분이다. 결코 자로를 하찮게 여겨서 한 말이 아니다. 공자는 자로의 그 용맹함이 다른 자질을 누르고 있는 데 대해 걱정한 것이다. 정말로 달리 취할 만한 재주가 없었던 것이 아니다. 바로 아래의 5-8을 보라. 또 자로의 면면이 어떠한지는 『논어』 곳곳에 잘 드러나 있다. 공자가 왜 걱정할 수밖에 없었는지도 알 수 있다. 특히 11-13을 보라. 대체 누가 자로를 하찮게 보는가? 자로를 하찮게 보는 자, 그야말로 소인이다.

5-8

孟武伯問: "子路仁乎?" 子曰: "不知也." 又問, 子曰: "由也, 千乘之國, 可使治其賦也. 不知其仁也." "求也何如?" 子曰: "求也, 千室之邑, 百乘之家, 可使爲之宰也. 不知其仁也." "赤也何如?" 子曰: "赤也, 束帶立於朝, 可使與賓客言也. 不知其仁也."

맹무백이 물었다.
"자로는 어집니까?"
"잘 모르겠소."
다시 물으니, 스승께서 말씀하셨다.

"유는 말이오, 전차 천 대의 나라에서 군정을 다스리게 할 수 있소. 허나 그가 어진지는 잘 모르겠소."

"구는 어떻습니까?"

"구는 말이오, 천 가구의 마을이나 전차 백 대의 집안에서 우두머리 노릇을 하게 할 수 있소. 허나 그가 어진지는 잘 모르겠소."

"적은 어떻습니까?"

"적은 말이오, 예복을 차려입고 조정에 서서 외교 사절을 맞아들이게 할 수는 있소. 허나 그가 어진지는 잘 모르겠소."

注釋 부(賦)는 군사, 군비를 뜻하지만, 여기서는 군정(軍政) 즉 군사에 관한 제반 업무를 가리킨다. 읍(邑)은 제후나 대부의 영지이다. 가(家)는 경(卿)이나 대부(大夫)가 제후로부터 일정한 땅을 받아서 그곳을 다스리고 조세를 거두는 권한까지 가지면서 형성된 것이다. 말하자면 채읍(采邑) 또는 식읍(食邑)을 통해 형성된 집안이다. 재(宰)는 고대에 현(縣)을 다스리는 우두머리를 일컫는 말이었으며, 대부 집안의 일을 총괄해서 다루는 책임자를 일컫기도 하였다. 적(赤)은 공자의 제자인 공서적(公西赤)이다. 적의 자는 자화(子華)이다. 속대(束帶)는 띠를 맨다는 뜻으로, 예복을 갖추어 입는 것을 이른다. 빈객(賓客)은 본래 손님을 뜻하는 말이다. 굳이 따지면, 객은 나의 집을 찾아온 사람이고, 빈은 잘 대접해야 할 사람이다. 일반적으로 빈객은 귀한 손님, 나아가 천자나 제후의 손님을 가리키기도 한다. 여기서는 외교적 업무를 맡아서 찾아온, 나라의 손님을 가리킨다.

蛇足 여기서도 공자가 스승으로서 제자들의 면면을 얼마나 정확하고 적확하게 파악하고 있는지를 알 수 있다. 자로와 염구, 공서화 등은 나름대로 꽤 능력을 갖추고 있으나, 아직 어짊의 경지에 이르지는

못했다. 그런데 흥미로운 것은 맹무백이 그들이 어진지에 대해서 물었다는 사실이다. 그들의 자질이나 능력이면 어질다고 할 수 있지 않느냐는 것인데, 이는 당시에 많은 사람들이 어짊에 대해 잘 이해하지 못하고 있었음을 의미한다. 아닌 게 아니라, 그럴 수밖에 없지 않은가. 공자를 통해 비로소 그 가치와 의미가 새롭게 조명되고 있던 것이 어짊이었으니 말이다.

5-9

子謂子貢曰: "女與回也孰愈?" 對曰: "賜也何敢望回? 回也, 聞一以知十; 賜也, 聞一以知二." 子曰: "弗如也. 吾與女弗如也."

스승께서 자공에게 말씀하셨다.
"너와 회 가운데서 누가 나으냐?"
자공이 대답하였다.
"제가 어찌 감히 회와 견줄 수 있겠습니까? 회는 하나를 들으면 열을 알고, 저는 하나를 들으면 고작 둘을 압니다."
스승께서 말씀하셨다.
"그렇지, 그만 못하지. 나와 너는 그만 못하다."

注釋　망(望)은 바라다, 마주 대하다, 견주다는 뜻이다. 불여(弗如)는 같지 않다, ~보다 못하다는 뜻이다. 여(與)를 대체로 동의하거나 찬성한다는 뜻으로 풀지만, 여기서는 다르게 풀었다. 즉, ~와/과의 뜻으로 풀었다.

蛇足　이 대화는 "오여여불여야(吾與女弗如也)"에 대한 해석에 따라 그 의미가 달라진다. 왜 공자는 자공에게 "너와 회 가운데서 누가 나으

냐?"라고 물었는가? 심심풀이였나? 그럴 리는 없다. 그렇다면 정말로 몰라서 물었던가? 그 또한 그럴 리가 없다. 공자와 같은 스승이 어찌 제자를 두고 희언(戲言)을 하겠으며, 설혹 했다고 하더라도 그것을 누가 기록으로 남겨두겠는가? 여기에는 나름의 의미나 의도가 깔려 있다고 보는 것이 적절하다.

"오여여불여야"를 "네가 안회보다 못하다는 것을 내가 인정한다"는 뜻으로 푸는 경우가 많다. 이 풀이가 과연 타당한가? 자공 스스로 안회보다 못하다는 것을 인정했음에도 공자 자신이 "내가 인정한다"는 말을 해야 할 이유가 있었던가? 공자가 애초에 물음을 던지고 또 이런 말을 했다면, 자공이 자신을 안회와 대등한 사람으로 보는 기색이 있었기 때문이라고 보아야 한다. 그런데 『논어』 속의 자공은 그 정도로 자신의 주제를 모르거나 또 교만해서 우쭐거리거나 하는 인물이 결코 아니다. 상당한 부자임에도 배우기를 좋아했던 인물이다. 그런 그이니 안회가 자신보다 훨씬 낫다는 것을 인정하지 않았겠는가? 만약 그런 사실을 알면서도 자공에게 물음을 던지고 또 자공이 한 말을 받아서 "나도 인정한다"고 말했다면, 이는 공자를 치졸한 인물로 만들어버린다. 오히려 속뜻은 딴 데에 있다고 보아야 한다.

7-20에서 볼 수 있듯이, 공자는 자신이 "생이지지자(生而知之者)"가 아니라고 하였다. 이는 생이지지자로 볼 수 있는 안회보다 자질이 뒤처짐을 인정한 것이나 마찬가지이다. 다만 그는 옛것을 좋아하고 배우기를 좋아하였을 뿐이다. 가르치기를 게을리하지 않았다. 그런 공자가 "사실은 나도 너와 마찬가지로 안회보다 못하다"고 인정한 것에는 자공을 비롯한 모든 제자들에게 안회보다도 자질이 뒤처지면서 왜 더 찬찬하고 바지런하게 하지 않느냐는 은근한 꾸짖음이 담겨 있다. 『논어』 곳곳에서 확인되듯이 공자의 제자들 가운데는 자신이 가진 능력이 대단하다고 자부하는 사람, 능력에 걸맞지 않게 지나친 것을 바라는 사람, 게으름을 피우는 사람 등등이 있다. 공자로서는 그런 제자들을 일

149

깨워줄 필요가 있었다. 멀리 갈 것도 없이 바로 아래를 보라.

5-10 ─────────────────── ──────────

宰予晝寢. 子曰: "朽木不可雕也, 糞土之墻不可杇也. 於予與
何誅?" 子曰: "始吾於人也, 聽其言而信其行. 今吾於人也, 聽
其言而觀其行. 於予與改是."

> 재여가 낮잠을 잤다. 스승께서 말씀하셨다.
> "썩은 나무에는 새길 수 없고, 푸석해진 담장은 흙손질할 수
> 없다. 재여를 무얼 가지고 꾸짖겠느냐?"
> 스승께서 말씀하셨다.
> "처음에 나는 사람에 대해서 그 말을 들으면 그 행동을 믿었
> 다. 이제는 사람에 대해서 그 말을 들으면 그 행동을 살핀다.
> 재여로 말미암아 이렇게 고쳤다."

注釋　재여(宰予)는 재아(宰我)이다. 침(寢)은 잠자다는 뜻이다. 후
(朽)는 썩다는 뜻이다. 분토(糞土)는 거친 흙, 썩은 흙이다. 장(墻)은 흙
담이다. 오(杇)는 흙손으로 바르다는 뜻이다. 여하주(與何誅)에서 여
(與)는 ~으로, ~을 가지고를 뜻하며, 주(誅)는 말로써 치다, 꾸짖다는
뜻이다. 여개시(與改是)에서 여(與)는 마음으로 받아들여서 ~하다는 말
맛이 있다.

蛇足　재여는 어떤 인물인가? 11-3을 보면, 재여는 자공과 함께 말
을 잘했던 제자이다. 3-21, 6-26, 17-21 등을 보면, 자기 생각이 분명하
고 그것을 곧잘 표현하는 인물이었다. 바로 그것이 스승인 공자의 마
음을 불편하게 만들기도 하였는데, 과연 재여는 어떤 인물인가? 스승

150

의 가르침을 단순히 따르기만 한 인물은 분명히 아니다. 그렇다고 해서 자기 공부를 탄탄하게 한 인물이라고 보기도 어렵다. 타고난 재능이나 재주가 있었고, 거기에 약간의 공부를 더한 정도로 보인다.

낮잠을 자는 것이 반드시 나쁜 것은 아니다. 그러나 그것이 게으름의 한 우듬지이고 그 사람의 재능이 죽어가는 낌새라면, 분명 스승으로서는 가슴 아파할 일이다. 무슨 일에서나 마찬가지이지만, 공부에서도 긴장과 이완, 즉 팽팽함과 느슨함의 조율은 중요하다. 재여는 지나치게 느슨했던 모양이다. 게다가 뛰어난 말재주로 자신의 부족함을 가리고 행동을 합리화했으리라. 처음에 그것을 몰랐던 공자는 그의 말을 듣고 그가 그 말대로 하리라 믿었다. 그러나 이제는 그의 말을 들으면 그의 행동을 자세히 살피게 되었다. 이는 공자에게 믿음이 적어서가 아니다. 재여는 자신의 말재주를 믿다가 참된 마음, 지극함을 채우는 데에는 찬찬하지 못했던 인물이다. 아, 말은 약이면서 독이다. 그 사람의 마음과 행동을 오롯이 믿게도 하지만, 전혀 믿지 못하게도 만드니 말이다.

5-11

子曰: "吾未見剛者." 或對曰: "申棖." 子曰: "棖也慾, 焉得剛?"

스승께서 말씀하셨다.
"나는 굳센 자를 아직 보지 못하였다."
누군가가 대답하였다.
"신정이 있습니다."
"정은 욕심이 많은데, 어찌 굳세다 하겠는가?"

注釋 강(剛)은 뜻이 굳세어서 잘 변하지 않음을 뜻한다. 신정(伸棖)은 노나라 사람으로, 자는 자주(子周)라고 한다.

151

蛇足　뜻이 굳센 자는 쉽사리 흔들리지 않는다. 그런데 왜 욕심이 많으면 굳세지 못할까? 욕심은 바라는 마음이다. 무언가를 바라는 마음이 있으면, 결여나 부족을 받아들이지 못한다. 반드시 이루려고 애쓴다. 그러나 이루려고 애쓴다고 해서 이룰 수 있는가? 바라는 것을 이루는 일은 결코 쉽지 않다는 걸 누구나 안다. 그 사실을 알기 때문에 또 두렵다. 이 두려움은 늘 욕심에 도사리고 있다. 바로 그 두려움으로 말미암아 마음은 끊임없이 흔들린다. 그렇게 마음이 흔들리는데, 어찌 굳셀 수 있겠는가?

욕심과 두려움은 한 얼굴의 두 이름이다. 욕심 뒤에는 두려움이 있고, 두려움 안에는 욕심이 있다. 두려움이 없으려면, 바라지 말지라. 그저 한걸음씩 한걸음씩 내딛으며 그 한걸음에 실린 우주의 무게를 느끼기만 하라. 아, 얼마나 상큼한가! 공자나 유자들이 놓친 건 이런 게 아니던가?

5-12

子貢曰: "我不欲人之加諸我也, 吾亦欲無加諸人." 子曰: "賜也, 非爾所及也."

자공이 말하였다.
"저는 남들이 저에 대해 이러쿵저러쿵하는 걸 바라지 않고, 저 또한 남들에 대해 그렇게 하지 않으려 합니다."
스승께서 말씀하셨다.
"사야, 그건 네가 미치지 못한 경지다."

注釋　가(加)는 단순히 업신여긴다는 뜻이 아니라, 이러쿵저러쿵 따따부따한다는 뜻이다. 저(諸)는 지어(之於)다.

蛇足　공자의 도는 충(忠), 즉 참된 마음이 그 고갱이라고 말할 수 있다. 이 참된 마음을 지닌 자는 나와 남이 다르지 않다는 것을 안다. 그것이 곧 서(恕)이다. 여기서 자공이 한 말은 곧 나와 남이 다르지 않다는 것을 알고 실천하려는 뜻을 드러낸 것이다. 그러나 그것이 어찌 쉽게 이를 수 있는 경지이랴! 그래서 공자는 "네가 미치지 못한 경지다"라고 말한 것이다. 그러면 공자의 이 말은 무슨 의미를 담고 있는가?

스승은 제자를 속여서는 안 된다. 자신이 모르는 것을 말하지 않는 것, 아는 것은 아는 대로 말해주는 것, 그것이 스승의 곧음이요 올바름이다. 뿐만 아니라, 제자의 잘잘못을 제대로 알고 적절한 때에 알맞게 지적해주는 것 또한 제자를 속이지 않는 일이다. 자공은 배우기를 좋아했고 늘 애썼던 인물이다. 그래서 자신의 바람을 말했고, 공자 또한 그 바람을 인정하였다. 즉 "지금 네 능력으로는 미치지 못한다. 그러나 그것은 네가 이르러야 할 경지다"라는 뜻으로 한 말이기 때문이다. 즉, 은근히 자공으로 하여금 마음을 더욱 다져서 그런 경지에 이르도록 하라는 뜻이 담겨 있는 것이다. 혹시 공자가 자공이 주제넘다고 여겨서 그렇게 말한 것으로 오해해서는 안 된다. 자공은 분명히 바람을 말했을 뿐이다. 그런 경지에 이르렀다고 말한 것이 아니다. 그런 자공의 말뜻을 몰랐다면, 그 공자는 공자가 아니다.

5-13

子貢曰: "夫子之文章, 可得而聞也. 夫子之言性與天道, 不可得而聞也."

자공이 말하였다.

"스승께서 문물 제도에 대해 말씀하시는 건 들을 수 있었다. 그러나 스승께서 본성과 천도에 대해 말씀하시는 건 들을 수 없었다."

注釋 문장(文章)은 시(詩), 서(書), 예(禮), 악(樂) 등의 문화, 문물 제도 전반을 가리킨다. 문(聞)은 들리는 것을 듣는다는 뜻으로, 배움을 가리킬 뿐 앎에 이른 것을 뜻하지는 않는다. 따라서 문을 알아듣는다는 뜻으로 푸는 것은 적절하지 못하다. 성(性)은 사람의 타고난 바탕을 뜻한다. 천도(天道)는 천지자연의 이치나 이법, 사물의 원리를 뜻한다.

蛇足 공자는 문명 속에서 도를 구현하려고 하였고, 유교는 바로 문명 속에서 그 도를 실천하도록 가르치는 철학이다. 문명을 넘어서서 존재하는 우주적 법칙이나 이치에는 관심을 두지 않았다. 이는 유교뿐만 아니라 제자백가 전체의 공통된 특성이기도 하다. 불교에 버금가는 체계적인 형이상학이 존재할 수 없었던 것은 바로 현실적이고 실천적인 문제에만 관심을 두는 중국인의 기질 탓이었다고도 할 수 있다. 문물 제도에 대해서는 말하면서 본성이나 천도에 대해서는 말하지 않은 까닭이 여기에 있다. 물론 본성과 천도는 쉽사리 이해할 수도 없을뿐더러, 결코 언어로써 표현할 수 있는 대상이 아니라는 인식도 있었을 것이다.

본성이 사람이나 사물에 내재해 있는 천도라면, 천도는 우주에 구현되어 있는 본성이다. 둘은 둘이면서 하나이다. 그런데 그 본성과 천도를 사람들은 알고 싶어 한다. 예나 이제나 변함없이 말이다. 그러나 누가 그것을 알 수 있으며, 안다고 한들 어떻게 말해줄 수 있겠는가? 사람의 언어란 그저 사물을 표현하는 데에도 턱없이 모자란데, 어찌 보이지도 않고 들리지도 않는 저 미묘하고 오묘한 세계를 표현할 수 있겠는가? 본성과 천도에 대해서는 말할 수도 없으나, 말해봐야 모르는 자는 알아듣지 못한다. 아니, 알아듣지 못할 뿐 아니라, 오해하거나 왜곡시킨다. 이 어찌 두려운 일이 아니겠는가? 그래서 공자는 말하지 않았다. 공자가 미처 하지 못한 말을 노자가 하였다. "아는 자는 말하지 않고, 말하는 자는 알지 못한다(知者弗言, 言者弗知)!"

5-14

子路有聞, 未之能行, 唯恐有聞.

　　자로는 들은 것을 아직 잘하지 못하면 또 다른 걸 들을까봐 두려워하였다.

注釋　　여기서도 문(聞)은 단순히 들은 것, 아직 알기 전에 배운 것을 뜻하고 있다. 능행(能行)은 잘하다, 제대로 하다는 뜻이다.

蛇足　　자로의 질직한 성품이 잘 드러나 있다. 배웠더라도 실제로 해 보기 전에는 결코 알 수 없다. 배운 것을 온전하게 익히지 못하면 참뜻을 알지 못한다. 배운 것도 제대로 알지 못하는데, 다시 무언가를 배우는 것은 버거운 일이 된다. 또 안다고 해서 잘해낼 수 있는 것도 아니다. 몸에 완전히 익을 때까지는 시간이 걸린다. 그러나 데면데면한 사람은 결코 찬찬히 하지 못하고 서둔다. 서둘다가 빈틈이 생기고, 그 빈틈이 결국 허물이 된다. 자로는 자신의 거칠고 아둔함을 누구보다 잘 알았다. 그래서 섣불리 나아가기보다는 하나라도 제대로 알고 익히려 애썼다. 아, 자로처럼 배우고 행하는 자 있는가? 그대는 안연과 같은 생이지지자(生而知之者)인가? 공자에 버금가는 학이지지자(學而知之者)인가? 자로와 같은 곤이지지자(困而知之者)인가? 생이지지자는 도를 즐기므로 지극하고, 학이지지자는 배우기를 좋아하므로 지극하며, 곤이지지자는 자신의 모자람을 알기 때문에 지극하게 한다. 자로를 비웃는 자 있다면, 먼저 자로보다 질직하게 공부하라. 그래서 자로를 넘어

서라. 적어도 자로는 군자로서 군자답게 죽지 않았는가.

5-15

子貢問曰: "孔文子, 何以謂之文也?" 子曰: "敏而好學, 不恥下
問. 是以謂之文也."

　　자공이 여쭈었다.
　　"공문자는 어찌하여 '문(文)'이라 일컬어졌습니까?"
　　스승께서 말씀하셨다.
　　"재바르면서도 배우기를 좋아하였고, 아랫사람에게 묻는 것을
부끄러워하지 않았다. 그래서 '문'이라 일컬어졌다."

注釋　　공문자(孔文子)는 위(衛)나라 대부인 공어(孔圉)이다.

蛇足　　앎은 묻고 배우는 데서 시작되고, 익히고 실천하는 데서 끝난
다. 그러나 익히고 실천하는 것은 제쳐두더라도 묻고 배우는 일조차 쉽
지 않다. 스스로 아는지 모르는지를 잘 알고서 모르는 것을 부끄러워
해야만 묻고 배우게 된다. 그래서 "부끄러움을 알면 용기에 가까워진다
(知恥, 近乎勇)"고 했다. 부끄러움은 나의 모자람, 나의 허물을 남이 알
기 전에 내가 스스로 알고 인정하는 것이다. 부끄러움을 모르는 자는
배우지 않는다. 배우지 않고 알지도 못하면서 아는 체하고 가르치는
자, 그런 자를 사이비라 하고 뻔뻔한 자라 한다.

子謂子産, "有君子之道四焉. 其行己也恭, 其事上也敬, 其養
民也惠, 其使民也義."

스승께서 자산을 가리켜 말씀하셨다.
"군자가 행하는 도, 네 가지를 지녔다. 행동할 때에는 의젓하였
고, 윗사람을 섬길 때는 지극하게 받들었으며, 백성을 다스릴
때는 은혜로웠고, 백성을 부릴 때는 올발랐다."

注釋　자산(子産)은 정(鄭)나라 대부인 공손교(公孫僑)이다. 정나라
목공(穆公)의 손자로, 춘추 시대 때 정나라의 현명한 재상이었다. 간공
(簡公)과 정공(定公) 때 22년 동안 집정하였다. 의(義)는 이치나 도리에
맞게 하다는 뜻이다. 여기서는 때에 맞게 부렸다는 말맞이 있다.

蛇足　벼슬아치는 윗사람과 아랫사람, 백성들 사이에서 적절하게
처신해야 하는 어려움이 있다. 벼슬이 높은 사람일수록 그 처신은 더욱
어렵다. 자신의 지위를 믿고 공손하기보다는 건방지게 굴고, 지극하게
섬기기보다 알랑거리고, 은혜를 베풀기보다 빼앗거나 가로채고, 때맞
게 부리기보다 변덕을 부리는 일이 흔하다. 예나 이제나 벼슬은 사람이
준 벼슬이고 그 사람은 곧 백성인 줄을 알아야 하는데, 그 또한 쉽사리
잊는다. 어쩌면 아예 모르고 있는지도 모른다. 사람이 준 벼슬은 그 사
람의 마음을 얻지 못하면, 언제든지 잃게 된다. 언제든지 잃을 수 있다
는 것을 잊지 않는 벼슬아치가 과연 얼마나 되는가?

5-17 ────────────────────────────────

子曰: "晏平仲, 善與人交. 久而敬之."

스승께서 말씀하셨다.
"안평중은 사람을 잘 사귀었다. 오래되어도 지극히 삼가며 대하였으니."

注釋　안평중(晏平仲)은 제(齊)나라의 현명한 대부로, 이름은 영(嬰)이다. 현재 전하는 『안자춘추(晏子春秋)』의 작자라고도 하지만, 그것은 의문이다. 구이경지(久而敬之)를 "남들이 그를 오래도록 공경하였다"로 풀이하는 경우도 있으나, 공자의 말하기를 감안할 때 적절하지 않다. 내가 지극하게 대하여도 그것을 남들이 다 받아들이지는 않기 때문이다.

蛇足　사귐이 오래되면 자칫 예의를 잃게 된다. 예의를 잃는 것은 삼가는 마음, 지극한 마음을 놓친다는 뜻이다. 그런 마음을 놓치는 것은 참된 마음이 한결같지 않기 때문이다. 상대가 나를 어떻게 대하더라도 나는 지극히 하는 것, 참되게 대하는 것, 그것이 곧 예의이다. 어짊으로 나아가는 길이기도 하다. 남들이 나를 공경하도록 하기 위해서가 아니라, 내가 그렇게 하는 것이 이치요 도리이기 때문이다.

5-18 ────────────────────────────────

子曰: "臧文仲居蔡, 山節藻梲, 何如其知也?"

스승께서 말씀하셨다.
"장문중은 큰 거북을 두고, 기둥머리에는 산의 꼴을 새기고 쪼

구미에는 수초 무늬를 새겼으니, 어찌 그가 지혜로운가?"

注釋　장문중(臧文仲)은 노나라 대부인 장손신(臧孫辰)이다. 채(蔡)는 크고 검은 거북을 뜻한다. 대채(大蔡)라는 곳이 천자를 상징하는 원귀(元龜)가 나오는 땅이었으므로 대채라 일컬었다. 아마도 천자가 나라의 큰일에 앞서 점을 칠 때 이 거북을 썼고, 그리하여 천자를 상징하는 의미를 갖고 있었다고 보인다. 절(節)은 두공(枓栱) 즉 기둥의 끝에서 처마를 받게 짜인 것이다. 조(藻)는 수초 무늬이다. 절(梲)은 들보 위에 세우는 짧은 기둥, 즉 동자기둥이다.

注釋　아마 당시에 장문중은 지혜로운 사람으로 알려져 있었던 모양이다. 지혜란 그 생각과 말과 행동을 때맞고 알맞게 하는 것이다. 그런데 한 나라의 대부로서 천자 흉내를 냈으니, 이는 자신을 위태롭게 하는 것과 다를 바 없다. 설령 군주가 자신을 어찌하지 못한다고 하더라도, 곧은 선비나 군자로부터 버림을 받을 것이요 백성들의 신망을 잃을 것이다. 이야말로 자신을 버리는 짓이요 스스로 구덩이를 파는 짓이다. 선을 넘는 것은 결코 위세가 아니다. 그것은 망조(亡兆)이다.

5-19

子張問曰:"令尹子文, 三仕爲令尹, 無喜色, 三已之, 無慍色. 舊令尹之政, 必以告新令尹, 何如?"子曰:"忠矣."曰:"仁矣乎?"曰:"未知, 焉得仁?""崔子弑齊君, 陳文子有馬十乘, 棄而違之. 至於他邦, 則曰, '猶吾大夫崔子也,'違之. 之一邦, 則又曰, '猶吾大夫崔子也,'違之. 何如?"子曰:"淸矣."曰:"仁矣乎?"曰:"未知, 焉得仁?"

자장이 여쭈었다.

"영윤인 자문은 세 번 벼슬하여 영윤이 되었으나 기뻐하는 빛이 없었고, 세 번 그만둘 때도 성내는 빛이 없었습니다. 그만둘 때는 자신이 맡아 하던 일을 반드시 새 영윤에게 일러주었는데, 어떻습니까?"

스승께서 말씀하셨다.

"참되다."

"어질다 하겠습니까?"

"잘 모르겠다만, 어찌 어질다고 할 수 있겠느냐?"

"최자가 제나라 임금을 죽이자, 진문자는 말 사십 필에 수레 열 대가 있었으나 모두 버리고 떠났습니다. 다른 나라에 이르러서는 곧, '여기에도 우리나라 대부인 최자와 같은 자가 있구나'라고 말하고는 떠났습니다. 또 한 나라에 가서는, '여기에도 우리나라 대부인 최자와 같은 자가 있구나'라고 말하고 떠났습니다. 그는 어떠합니까?"

"맑구나."

"어질다 하겠습니까?"

"잘 모르겠다만, 어찌 어질다고 할 수 있겠느냐?"

注釋　영윤(令尹)은 초(楚)나라의 재상을 일컫던 말이다. 자문(子文)은 성이 투(鬪)이고, 이름은 구오도(穀於菟)이다. 『좌전(左傳)』에 따르면, 자문은 노나라 장공(莊公) 30년에 처음 영윤이 되어서 28년 동안 그 자리에 있었다고 한다. 미지(未知)는 정말 모른다는 뜻이 아니라, 확실하지 않다는 의미이다. 최자(崔子)는 제나라의 대부인 최저(崔杼)이다. 당시 제나라 군주는 장공(莊公)으로, 이름은 광(光)이다. 시(弒)는 고대에 아랫사람이 윗사람을 죽이는 것을 뜻하는 말이었다. 진문자(陳文子)는 제나라 대부로서, 이름은 수무(須無)이다. 마십승(馬十乘)은 말 사십

필이다. 승은 네 마리 말이 끄는 수레이다. 위(違)는 떠나다, 달아나다 는 뜻이다. 청(淸)은 성품이 맑고 깨끗하며 욕심이 없는 것이다.

蛇足 영윤인 자문의 충(忠)은 자기가 맡은 일에서 참된 마음을 다 한 것이다. 그가 무슨 일에서나 언제 어디서나 참된 마음을 지녔는지는 알 수 없다. 또 그의 참됨을 바로 어짊이라 할 수 있는지는 더더욱 말하 기 어렵다. 이미 4-15의 사족에서도 말했듯이 공자가 "나의 도는 하나 로 꿰뚫었다(一以貫之)"고 말했을 때의 그 하나는 바로 어짊이다. 그만 큼 어짊은 지고한 가치이고 경지이다. 그 가운데 하나가 참된 마음일 뿐이다. 그래서 어질다고 할 수 있는지는 모르겠다고 말한 것이다. 그 런데 왜 어질지 못하다고 말하지 않고, 모르겠다고만 말하였는가? 자 장은 공자의 제자인데도 스승이 늘 말하는 어짊에 대해서 여전히 올바 르게 파악하지 못하고 있다는 것을 위에서 알 수 있다. 그런 제자에게 어찌 함부로 어진지 어질지 않은지를 말해주겠는가?

진문자는 맑고 깨끗한 성품을 지녔으나, 지나치게 맑기만 하였다. 그래서 더러운 곳에서는 살지 못하겠다고 해서 떠났으나, 그것은 옳고 그름, 깨끗함과 더러움 따위의 양 극단을 다 알고 아우르는 어짊에는 미치지 못한다. 그저 제 한 몸 더럽히지 않는 데서 그치는 맑음일 뿐이 다. 진창에서 뒹굴어보지 않고서는 결코 어짊에 이를 수 없다. 진흙탕 에서 피어나는 연꽃, 그것이 바로 어짊이다.

5-20

季文子, 三思而後行. 子聞之, 曰: "再, 斯可矣."

계문자는 세 번을 생각한 뒤에야 행하였다. 이를 전해 들은 스 승께서 말씀하셨다.

"두 번이면 된다!"

注釋　계문자(季文子)는 노나라 대부인 계손행보(季孫行父)이다. 『좌전』에 따르면, 노나라 양공(襄公) 5년에 죽었다고 하니, 공자가 태어나기 16년 전이다. 삼사(三思)는 반드시 세 번을 뜻하는 것만은 아닐 것이다. 재(再)는 두 번이라는 뜻이다. 사(斯)는 그 정도면, 이만하면 등의 말맛이 있다.

蛇足　아마 계문자는 사려가 깊고 주도면밀하였으나 쉽사리 실행하지 못한 인물일 것이다. 생각이 얕고 함부로 행동하는 사람은 일을 쉽게 그르치지만, 생각을 많이 오래하는 사람은 일을 그르치지 않으려다가 아예 일을 하지 못하는 경우가 많다. 공자는 계문자를 통해 그런 점을 일깨워주고 있다.

　사람마다 생각이나 행동이 다르다. 그러나 일에서 생각을 오래하는 것은 결코 이롭지 않다. 일에는 해야 할 때, 알맞은 때가 있는데, 생각을 오래하다 보면 그 때를 놓친다. 때를 놓치면 심사숙고한 것이 허사가 된다. 이보다 더 고약한 것은 생각을 오래하다가 행동으로 옮기지 못하는 경우이다. 생각은 생각을 낳고, 그러다 보면 생각에 사로잡히게 된다. 생각은 결코 실상 자체가 아니다. 실상이 아닌 데 붙들려 있으니, 실제로 행동으로 옮기는 일은 더욱더 어려워진다. 생각이 많아지는 것은 결과에 대한 확신을 갖고 싶은 욕심 때문이기도 하다. 그러나 결과를 어찌 미리 헤아릴 수 있겠는가? 또 생각한 대로 된다고 누가 장담하겠는가? 불행하게도 어리석은 사람일수록 생각한 대로 된다고 여기고, 그래서 생각 속에서 일을 완벽하게 하려고 애쓴다. 그러나 그는 쉽사리 행동하지 않는다. 아니, 행동으로 옮기지 못한다. 그리고 큰소리친다. 마음만 먹으면 얼마든지 해낼 수 있다고. 과연 그럴까? 지혜로운 사람은 깊게 그러나 짧게 생각한다. 그리고 행동한다. 어쩌다가 생각한 대로 되지 않으면, 다시금 이치를 헤아려서 알맞추 하려고 한다. 일 자체를 즐기고, 그 속에서 삶과 이치의 미묘한 맛을 느낀다. 그뿐이다.

5-21

子曰:"寗武子, 邦有道則知, 邦無道則愚. 其知, 可及也; 其愚, 不可及也."

> 스승께서 말씀하셨다.
> "영무자는 나라에 도가 행해지면 지혜를 썼고, 나라에 도가 행해지지 않을 때에는 어리석은 듯하였다. 그 지혜는 미칠 수 있으나, 그 어리석음은 미칠 수가 없다."

注釋 영무자(寗武子)는 위(衛)나라의 대부로, 성은 영이고, 이름은 유(兪)이다. 우(愚)는 어리석다는 뜻이지만, 여기서는 어리석지 않으면서 어리석은 듯이 보이도록 행동하는 사람을 가리킨다. 급(及)은 따라붙다, 미치다는 뜻이다.

蛇足 누구나 지혜로운 자가 되려고 한다. 마땅하고 좋은 일이다. 그러나 참된 지혜가 얼마나 지고하고 크낙한지를 아는 사람은 드물다. 지혜는 지극히 소박한 일상 속에 있으며, 심지어는 어리석어 보이기도 한다. 그래서 참된 지혜를 얻기가 어려운 것이다. 그런데 어설픈 지식을 얻고는 그게 지혜라 여기고, 그 지식을 자신을 위해서, 또는 세상을 위해서 쓰겠다고 나서는 사람들이 있다. 그런 사람들은 일을 그르치고 있으면서도 그르치고 있다고 여기지 않고, 자신과 남을 망치고 있으면서도 망치고 있는 줄을 모른다. 뜻대로 되지 않으면, 세상을 탓한다. 지혜로운 자는 일을 할 때와 하지 않을 때가 있음을 알고, 나아갈 때와

물러날 때가 있음을 알며, 지혜를 드러내야 할 때와 지혜를 갈무리하고 어리석은 듯이 보여야 할 때가 있음을 안다. 그래서 일을 그르치는 법이 없고, 자신이나 남을 괴롭히지 않는다. 그러나 사이비 현자는 그런 것을 알지도 못하면서 일을 하려고만 하고 나아가려고만 하며 제 지식을 드러내려고만 한다. 그러다가 자신과 남을 괴롭힌다.

5-22

子在陳, 曰: "歸與, 歸與! 吾黨之小子狂簡. 斐然成章, 不知所以裁之."

　　스승께서 진나라에 머무실 때 말씀하셨다.
　　"돌아가자, 돌아가자! 우리나라 젊은이들은 뜻은 높으나 너무 거칠구나. 아름답게 멋거리는 이루었으나, 마름질할 줄 모르는구나."

注釋　　진(陳)은 국명이다. 주나라 무왕이 은나라를 멸망시킨 뒤에 그 후손을 여기에 봉하였다. 광(狂)은 열정이 대단해서 뜻이 크나 뜻만 앞서는 것이고, 간(簡)은 거칠어서 빈틈이 생기는 것이다. 비연(斐然)은 잘 꾸며서 무늬가 아름답고 화려한 것이다. 장(章)은 멋들어진 모양새이다. 재(裁)는 잘 헤아려서 알맞게 자르고 끊는 것, 즉 마름질하다는 뜻이다.

蛇足　　마름질은 일을 하는 과정에서 이치나 도리에 맞게 잡도리하는 것이다. 이는 쉬운 일이 아니다. 이미 경지에 이른 사람이라면 일이 되어가는 대로 마치 물 흐르듯이 따라가면 되지만, 그렇지 못한 사람 특히 열정이 앞서는 젊은이라면 그렇게 할 수 있는 능력이 부족해서 물

흐르듯이 해나가지 못한다. 젊은이는 무슨 일이든 제 생각대로 할 수 있을 것처럼 여기고 제 생각대로 밀어붙이는 경향이 강하다. 누가 무슨 말을 해도 아랑곳하지 않고 나아가기만 한다. 한껏 멋도 부리지만, 참 아슬아슬하다. 어쩌면 당연한 일이다. 젊은이는 열정과 패기가 넘치는 나이 때의 사람이기 때문이다. 열정이 앞서면 앞뒤 좌우를 잘 살피지 못하고 무작정 나아가기만 한다. 자신이 하는 일은 다 잘 될 것이라는 확신으로 가득하다. 그래서 한순간에 무너진다. 바로 그런 점을 잘 알고 이끌어주어야 할 이가 스승이다. 스승의 역할은 제자가 마름질을 잘 하는지를 가만히 지켜보거나, 어떻게 마름질해야 하는지를 때맞게 일깨워주는 존재이다. 그런데 스승도 열정적인 젊은이가 없으면, 제 뜻을 널리 펴지 못한다.

시행착오를 저지르고 엉뚱한 일을 벌이더라도 열정과 패기로 덤벼드는 것이 젊은이의 특권이다. 그런 열정과 패기가 없다면, 이미 젊은이가 아니다. 지나치게 마음을 졸이고 작은 일에 집착하면, 열정과 패기는 식어버린다. 그것은 그대로 죽음이다. 사실, 나이를 먹는다고 해서 열정과 패기가 시드는 것은 아니다. 나이를 먹는 것은 그 열정과 패기를 마름질할 줄 안다는 것일 뿐이다.

5-23

子曰 "伯夷叔齊, 不念舊惡, 怨是用希."

스승께서 말씀하셨다.
"백이와 숙제는 예전의 나쁜 일은 생각하지 않았으니, 이런 까닭에 그들에게 응등그러진 마음을 가지는 자가 드물었다."

注釋　백이(伯夷)와 숙제(叔齊)는 고죽군(孤竹君)의 두 아들로, 부

친이 돌아가시자 서로 양위하다가 주나라 문왕이 있는 곳으로 달아났다. 무왕이 군대를 일으켜서 은나라의 주왕(紂王)을 치려고 하자, 말의 고삐를 잡고 만류하였다. 그러다가 주나라가 통일을 이루자 수양산(首陽山)에 들어가 굶어 죽었다. 악(惡)은 모질게 군 일, 나쁜 짓을 뜻한다. 원(怨)은 응등그러지다는 뜻으로, 뒤틀리고 비틀어져서 꼬인 마음이다. 시용(是用)은 시이(是以)와 같다. 이로써, 이런 까닭에이다. 희(希)는 드물다, 매우 적다는 뜻이다.

蛇足 좋은 일이든 나쁜 일이든 지나간 일을 마음에 담아두는 것은 미련한 짓이다. 지혜로운 일이 아니다. 지나간 일은 이미 과거인데, 왜 지금 이 순간 그 일에 얽매이는가? 흘러간 물을 잡으려는 것만큼 어리석은 짓이다. 특히 남이 나에게 저지른 나쁜 일을 마음에 담아두는 것은 어질지 못한 일이다. 그것은 그대로 남을 탓하는 마음에서 비롯된 것이기 때문이다. 지혜롭고 어진 자는 지극한 사람이고, 지극한 사람은 오로지 지금 여기에서 할 일을 다한다. 그런 사람은 남의 응등그러진 마음도 달래줄 수 있다. 물론 내가 지극한 마음으로 대하더라도 여전히 그 일로 해서 뒤틀린 마음을 가진 자도 있을 것이다. 그래서 그런 자가 '없었다'고 하지 않고, '드물었다'고 말한 것이다. 그러나 있다고 하더라도 아주 적을 것이며, 나는 그저 나의 마음을 다할 뿐이다. 이것이 군자의 마음이요 행동이다.

5-24

子曰: "孰謂微生高直? 或乞醢焉, 乞諸其隣而與之."

스승께서 말씀하셨다.
"누가 미생고를 곧다 하였는가? 누군가 그에게 식초를 빌리러

오자, 이웃집에서 빌려다 주었다는데."

注釋　미생고(微生高)는 『장자(莊子)』나 『전국책(戰國策)』 등에서 신의를 지키는 사람으로 언급된다. 그가 어떤 여인과 다리 아래에서 만나기로 약속을 하였는데, 약속한 때에 여인이 오지 않았다. 물이 불어나는데도 그 여인을 기다리느라 물에 빠져 죽었다. 걸(乞)은 남의 것을 얻으려 하다, 빌리다는 뜻이다. 혜(醯)는 식초이다. 저(諸)는 지어(之於)다. 린(隣)은 이웃, 이웃사람이다.

蛇足　없으면 없다고 하고 있으면 있다고 하는 것이 곧음이다. 그런데 미생고는 없으면서도 빌려와서 주었다. 마치 자신의 것을 주듯이 하였으니, 이야말로 거짓이요 속임이다. 어찌 곧다고 할 수 있겠는가?
　대체로 사람들은 행위의 결과나 겉으로 드러난 것만으로 판단한다. 그러나 그런 판단은 대체로 틀린다. 2-10을 보라. 어떤 판단을 내릴 때는 아주 삼가고 삼가야 한다. 드러나지 않은 것까지 깊이 살피고 헤아려야 한다. 제반 상황도 잘 파악하여야 한다. 그러고도 내 마음에 찜찜지 않은 것이 없어야 그릇된 판단을 하지 않게 된다. 설령 판단을 하였더라도, 그것을 표현하려 할 때는 나 자신이 그럴 자격이 있는지 먼저 따져야 한다. 자격이 없는 자가 남을 판단하면, 그 자신도 남의 판단 대상이 된다. 가장 흔한 문제는 판단할 능력이나 자격이 부족한 사람이 남을 판단하려고 애쓴다는 사실이다. 판단하려고 애쓰는 그만큼 착오도 커진다는 사실을 모르고 말이다.

167

子曰: "巧言令色足恭, 左丘明恥之, 丘亦恥之. 匿怨而友其人, 左丘明恥之, 丘亦恥之."

스승께서 말씀하셨다.

"번드러운 말, 꾸민 낯빛, 지나친 얌전 따위를 좌구명은 부끄러워하였고, 나 또한 이런 걸 부끄러워한다. 비틀어진 마음을 숨긴 채 그 사람을 벗하는 것을 좌구명은 부끄러워하였고, 나 또한 이걸 부끄러워한다."

注釋 주(足)는 정도를 지나친 것이다. 좌구명(左丘明)에 대해서 공안국(孔安國)은 노나라 태사(太史)라고 하였으나, 자세하지 않다. 닉(匿)은 숨기다, 감추다는 뜻이다. 기인(其人)은 비틀어진 마음이 향하는 대상이다.

蛇足 번드러운 말, 꾸민 낯빛, 지나치게 얌전 떠는 것은 참된 마음이 없는 겉치레일 뿐이다. 이는 예의가 아니다. 예의는 참된 마음이 드러난 것이고, 그래서 그 말과 낯빛과 행동은 지극히 자연스럽고 간결하며 소박하다. 비틀어진 마음을 숨긴 채 벗하려는 것도 참된 마음이 없음을 의미한다. 무언가를 바라는 마음이 있으므로 틀어진 심사를 숨기면서까지 사귀려 하는 것이다. 바라는 게 있어서 사람을 만난다면, 군자가 아니라 소인이다. 그래서 소인은 이로움을 밝힌다고 한 것이다.

顔淵季路侍, 子曰: "盍各言爾志?" 子路曰: "願車馬衣輕裘與朋
友共, 敝之而無憾." 顔淵曰: "願無伐善, 無施勞." 子路曰: "願
聞子之志." 子曰: "老者安之, 朋友信之, 少者懷之."

안연과 계로가 스승을 모시고 있을 때, 스승께서 말씀하셨다.
"각자 자기 뜻을 말해보지 않겠느냐?"
자로가 말하였다.
"수레와 말, 옷과 가벼운 갖옷들을 벗들과 함께 쓰다가, 다 해
져도 언짢은 마음을 지니지 않으려 합니다."
안연이 말하였다.
"잘한 것을 뽐내지 않고, 이룬 일을 떠벌리지 않으려 합니다."
자로가 여쭈었다.
"스승의 뜻을 듣고 싶습니다."
스승께서 말씀하셨다.
"늙은이들을 편안하게 해주고, 벗들을 미쁘게 하며, 젊은이들
을 끌어안는 것이다."

注釋　합(盍)은 어찌 ~하지 않느냐, 한번 해보지 않겠느냐는 뜻이
다. 이(爾)는 여(汝)와 같다. 구(裘)는 털가죽으로 만든 옷, 가죽옷이다.
폐(敝)는 닳거나 낡아서 떨어지다, 해지다는 뜻이다. 감(憾)은 서운함,
섭섭함, 언짢음 등의 마음이다. 벌(伐)은 자랑하다, 뽐내다는 뜻이다. 시
(施)는 대놓고 드러내는 것, 즉 떠벌리다는 뜻이다. 회(懷)는 마음에 품
다, 어루만지다는 뜻이다. 마지막 공자의 말을 "늙은이들이 나를 편안
하게 대하고, 벗들이 나를 믿고, 젊은이들이 나를 품거나 그리워하는
것"으로 풀이하는 경우도 있으나, 공자의 말하기로는 어울리지 않는다.
공자는 늘 자신이 어떻게 해야 하는지를 중시했지, 남들이 어떻게 해주

는가에 대해서 큰 관심을 기울이지 않았다. 그것은 그네들의 몫이기 때문이다. "남이 나를 알아주지 않아도 성내지 않으니, 이야말로 군자가 아니겠는가?"라고 말한 공자이다. 남이 나에게 어떻게 해주기를 바라는 것보다 먼저 내가 남들에게 어떻게 할 것인가를 알고 행해야 하는 것이 군자의 일이다. 남들이 나를 받아들이는 일에 관심을 기울이는 자는 반드시 탓하는 마음을 갖게 된다. 이 어찌 어질고 지혜로운 자가 할 말이겠는가?

蛇足　자로는 순박하다 못해 촌스럽다. 그러나 이것이 자로가 소인이기 때문은 아니다. 아직 배우는 길에 있기 때문에, 자신의 기질이나 성향을 온전하게 잡도리할 만큼 공부가 깊어지지 않았기 때문일 뿐이다. 문제는 그런 것을 숨기려 하는 데에 있는데, 자로는 숨기지 않았다. 병이 깊을수록 소문을 내야 한다. 그래야 치료할 방도를 얻을 수 있다. 자로는 늘 그렇게 해서 자신을 새로이 다잡는 공부를 할 수 있었다. 자로와는 달리 안연은 참으로 뛰어난 사람이다. 허점이 적다. 그러나 전혀 없는 것은 아니다. 안연은 삼가는 마음이 지나치다. 그것은 열정과 패기를 사그라지게 만든다. 이 점에서 안연은 자로보다 못하다. 안연이 요절한 것은 그런 활발발한 기운이 적어서가 아니었을까? 예나 이제나 배움에 뜻을 둔 사람이 곧잘 저지르는 잘못은 바로 제 몸을 가벼이 여기는 것이다.

5-27

子曰: "已矣乎! 吾未見能見其過而內自訟者也."

스승께서 말씀하셨다.

"다되었구나! 제 허물을 제대로 보고서 안으로 자신을 꾸짖는 자, 내 아직 보지 못하였다."

注釋 이의호(已矣乎)는 안타까움을 드러내는 탄식이다. 자송(自訟)은 남에게 송사를 걸듯이 자신에게 송사를 거는 것, 즉 자신의 허물을 따져 묻고 꾸짖는 일이다.

蛇足 진정으로 배우기를 좋아하는 사람을 보지 못하였다고 말하는 것과 같다. 지극한 마음이 없으면 배우기를 좋아한다고 할 수 없다. 배우기를 좋아한다는 것은 객관적인 지식을 얻으려 애쓴다는 게 아니다. 끊임없이 자신을 돌아보고 기본을 되새기는 일이다. 이치를 온전하게 체득하기 전까지는 언제든지 허물을 지을 수 있기 때문이다. 허물을 짓는 것은 오로지 나의 모자람 탓이다. 그 가운데서도 자신을 돌아보지 않는 것, 기본을 망각하는 것이 가장 크게 작용한다. 그런 줄 모르고 눈을 밖으로 돌리고 높은 곳만 바라보는 순간, 나는 망망대해를 떠도는 일엽편주(一葉片舟)의 신세가 된다. 어디로 가야할지 모르고, 주춤주춤 나아가기는 하지만 요행밖에는 바랄 것이 없는 처지가 되는 것이다.

5-28

子曰: "十室之邑, 必有忠信如丘者焉, 不如丘之好學也."

스승께서 말씀하셨다.
"열 가구가 사는 작은 마을에도 나만큼 참되고 미쁨을 주는 자가 반드시 있겠지만, 나만큼 배우기를 좋아하지는 않을 것이다."

注釋　십실지읍(十室之邑)은 열 가구 정도 되는 작은 마을이다.

蛇足　참됨과 미쁨 또한 대단한 덕이다. 그러나 어짊에는 미치지 못한다. 어짊은 쉽사리 체득할 수 없다. 쉼 없이 배우고 되돌아보고 행하고 깨쳐야만 한다. 그렇게 쉼 없이 하려는 것, 한결같은 마음으로 나아가려는 것, 지극함을 한순간도 놓치지 않으려는 것, 그것은 바로 성스러워지려는 일이다. "성스러움은 하늘의 도요, 성스러워지려는 것은 사람의 도(誠者, 天之道也, 誠之者, 人之道也.)"라고 하였다. 성스러워지려는 자가 바로 배우기를 좋아하는 사람이다. 배움은 온 마음과 온몸으로 지극하게 하는 일이고, 좋아함은 흔들림이 없이 한결같이 하는 마음이다.

6편

옹야

(雍也)

6-1

子曰: "雍也, 可使南面."

스승께서 말씀하셨다.
"옹은 임금 자리에 앉힐 만하구나."

注釋　옹(雍)은 중궁(仲弓)이다. 남면(南面)은 천자나 임금의 자리가 남쪽으로 향해 있으므로 천하나 나라를 다스린다는 뜻으로 쓰인다.

蛇足　공자는 제자들을 앞에 두고 위에서처럼 옹을 높이 일컬었다. 6-6에서 볼 수 있듯이 옹은 태생이 미천하다. 그럼에도 빼어난 자질과 능력을 갖추었으니, 다른 제자들의 귀감이 될 만하다. 공자는 바로 제자들을 일깨우고 북돋아주기 위해서 이런 말을 하였던 것이다.

6-2

仲弓問子桑伯子, 子曰: "可也. 簡." 仲弓曰: "居敬而行簡, 以臨其民, 不亦可乎? 居簡而行簡, 無乃大簡乎?" 子曰: "雍之言, 然."

중궁이 자상백자에 대해 여쭈니, 스승께서 말씀하셨다.
"그 정도면 괜찮지. 대범하니까."
중궁이 여쭈었다.
"머물 때는 지극히 삼가고 행할 때는 대범하면서 그렇게 백성들을 대한다면, 그게 괜찮지 않겠습니까? 머물 때도 대범하고 행할 때도 대범하다면, 너무 대범하지 않겠습니까?"
"옹의 말이 맞구나."

注釋　자상백자(子桑伯子)는 누구인지 자세하지 않다. 간(簡)은 대범하다, 소탈하다는 뜻이다. 거(居)는 일 없이 있을 때이다. 림(臨)은 다스리다, 대하다는 뜻이다. 연(然)은 그렇다, 맞다는 뜻이다.

蛇足　자상백자는 머물 때나 행할 때나 대범하게만 굴었던 사람인 듯하다. 그래서 중궁이 스승인 공자의 말에 토를 달았던 것이다. 사람이 머물 때, 즉 홀로 있을 때나 일이 없을 때는 흐트러지기 쉽다. 학인은 그 점을 경계하여 제 몸과 마음을 잘 잡도리해야 한다. 그것이 곧 지극히 삼가는 경(敬)이니, 이는 신독(愼獨)과 같다. 머물 때 대범한 것은 자신에게 빈틈을 주는 것이어서 남을 대하거나 행동할 때에 예의에 어긋나거나 도리에 벗어나게 되기 십상이다. 남에게는 대범해도 자신에게는 늘 까다롭게 굴어야 한다. 자신에게 너그러운 자가 남에게 꾀죄하게 구는 일이 많다.

6-3

哀公問: "弟子孰爲好學?" 孔子對曰: "有顔回者, 好學, 不遷怒, 不貳過. 不幸短命死矣. 今也則亡, 未聞好學者也."

애공이 물었다.
"제자들 가운데 누가 배우기를 좋아합니까?"
공 스승께서 대답하셨다.
"안회라는 사람이 있었는데, 배우기를 좋아하여 결기를 옮기지 않으며 같은 허물을 두 번 저지르지 않았습니다. 불행하게도 수명이 짧아서 일찍 죽었습니다. 이제는 없으니, 그처럼 배우기를 좋아하는 사람에 대해서는 아직 듣지 못했습니다."

注釋　천(遷)은 옮기다는 뜻이다. 이(貳)는 둘, 거듭을 뜻한다.

蛇足　타고난 자질이 아무리 뛰어나도 후천적인 노력이 따르지 않으면 미완으로 끝난다. 후천적인 노력은 바로 배우기를 좋아하는 것이다. 배우기를 좋아한다는 것은 쉼 없이 공부한다는 것이다. 잠시도 배움을 떠나는 일이 없는 것이다. 그렇기 때문에 성을 내더라도 곧 가라앉히고, 성난 마음을 딴 데로 옮기지 않는다. 결기를 옮기지 않았다는 것은 모든 것이 순간순간 바뀌고 흘러가는 것처럼 성나는 마음도 한순간임을 알았다는 말이다. 배우기를 좋아하는 자가 어찌 제 허물을 모를까마는, 같은 허물을 두 번 저지르지 않는 것은 참 어려운 일이다. 그만큼 지극하고 한결같았다는 뜻이리라.

6-4

子華使於齊, 冉子爲其母請粟. 子曰: "與之釜." 請益, 曰: "與之庾." 冉子與之粟五秉, 子曰: "赤之適齊也, 乘肥馬, 衣輕裘, 吾聞之也. 君子周急, 不繼富."

　　자화가 제나라에 심부름을 가게 되자, 염자가 그의 모친을 위해 곡식을 청하였다. 스승께서 말씀하셨다.
　　"여섯 말 넉 되 주어라."
　　염자가 더 청하자, 스승께서 말씀하셨다.
　　"열여섯 말 주어라."
　　염자가 다섯 가마를 주어버리니, 스승께서 말씀하셨다.
　　"적은 제나라에 갈 때 살진 말을 타고 가벼운 갖옷을 입었다. 나는 들었다, 군자는 다급한 사람에게 주지, 가멸진 사람에게 더 보태주지 않는다고."

注釋　자화(子華)는 공자의 제자로, 성은 공서(公西)이고 이름은 적(赤)이며, 자가 자화이다. 공자보다 마흔두 살 적다고 한다. 사(使)는 사신으로 가다는 뜻이다. 염자(冉子)는 염유(冉有)이다. 속(粟)은 곡식이다. 부(釜)는 용량의 단위로, 여섯 말 넉 되이다. 유(庾)는 용량의 단위로, 열여섯 말이다. 병(秉)은 열여섯 곡(斛)이고, 1곡은 열 말이다. 오병(五秉)은 80곡이니, 여든 섬이다. 주(周)는 주(賙)와 같으며, 구하다, 주다는 뜻이다. 계(繼)는 잇다, 불려주다는 뜻이다.

蛇足　베푼다는 것도 쉽게 생각할 일이 아니다. 그저 남에게 무언가를 주기만 하면 베풂이 되는 것은 아니다. 무엇을 줄 것이며, 어떻게 줄 것인지, 또 정말로 그에게 유익할 것인지를 깊이 생각하고 알아야 한다. 말하자면, 베푸는 데에도 지혜가 있어야 한다. 무슨 일에서나 마찬가지지만, 지혜가 바탕이 되지 않으면 좋은 마음도 부질없게 된다. 또 알맞게 한다는 것도 쉬운 일이 아니다. 알맞음의 틀이 있는 게 아니기 때문이다. 그래서 더욱 지혜가 필요하다. 그런데 공자는 "군자는 다급한 사람을 구한다"고 하였는데, 이 말을 그대로 믿는다면 공자가 안회의 가난을 결코 내버려두지는 않았을 것이다. 만약 내버려두었다면, 공자의 어짊을 다시 생각해봐야 한다. 그렇지 않다면, 안회는 굶어서 죽은 것이 아니라 병약해서 죽었을 것이다.

6-5

原思爲之宰, 與之粟九百. 辭, 子曰: "毋, 以與爾隣里鄕黨乎!"

원사가 스승 집안의 가신이 되자, 스승께서는 곡식 9백 말을 주셨다. 원사가 마다하자, 스승께서 말씀하셨다.
"아니다, 네 이웃들에게도 나누어주어라!"

注釋　원사(原思)는 공자의 제자인 원헌(原憲)으로, 자는 자사(子思)이다. 지재(之宰)는 공자 집안의 가신을 뜻한다. 구백(九百)은 용량을 나타내는 말이 없어서 섬인지 말인지 알 수가 없다. 사(辭)는 받지 않다, 마다하다는 뜻이다. 무(毋)는 하지 말라는 뜻이다. 여(與)는 주다, 베풀다는 뜻이다.

蛇足　원사는 형편이 그리 넉넉하지 않았으면서도 사람됨이 곧았던 제자였으리라. 그래서 공자가 그에게 넉넉하게 주었고, 원사는 그것을 지나치게 많다고 여겨서 마다하였던 것이다. 재물은 필요한 만큼 있으면 된다. 재물은 소유할 것이 아니라 쓸 것이기 때문이다. 쓰고도 남음이 있거나, 쓰기에 많다고 여겨진다면, 베풀어라. 그것이 바로 선비의 마음가짐이다. 쓰기 위해서가 아니라 다만 가지기 위해서 재물을 모으는 사람, 가진 것도 다 쓰지 못하면서 더 가지려고 하는 사람, 그런 사람이 바로 소인이다.

6-6

子謂仲弓曰: "犁牛之子騂且角, 雖欲勿用, 山川其舍諸?"

스승께서 중궁을 가리켜 말씀하셨다.
"얼룩소의 새끼라도 붉고 뿔이 반듯하다면, 비록 제물로 쓰지 않으려 해도 산천의 신들이 내버려두겠느냐?"

注釋　중궁(仲弓)은 그 부친의 신분이 미천하였다고 전한다. 리(犁)는 얼룩소이다. 성(騂)은 붉다는 뜻이다. 주나라 때는 붉은 색을 귀하게 여겨서 제사 때에 붉은 빛을 띤 희생물을 썼다. 용(用)은 제사에서 희생으로 쓴다는 뜻이다. 각(角)은 반듯한 뿔을 뜻한다. 산천(山川)은 산천

의 신을 뜻한다. 기(其)는 기(豈)와 비슷한 말맛을 갖는다. 사(舍)는 버리다, 버려두다는 뜻이다. 저(諸)는 어조사이다.

蛇足　얼룩소 새끼라는 것은 중궁의 태생이 미천하다는 뜻이다. 붉고 뿔이 반듯하다는 것은 중궁이 후천적인 공부를 통해 성취를 하였다는 뜻이다. 천재는 타고난 자질이 뛰어난 데다 후천적인 노력이 더해져서 만들어진다. 타고난 것만으로는 천재가 되지 못한다. 그저 반 토막에 지나지 않는다. 타고난 것으로 처음에는 사람들의 마음을 끌겠지만, 결국에는 등을 돌리게 만든다. 오히려 뛰어난 것이 적은데도 노력을 게을리하지 않고 지극하게 나아가는 자가 뜻한 바를 이룬다. 어느 시대, 어느 곳에서나 빼어난 자질을 타고난 사람은 드물다. 그렇다면 중궁이야말로 하나의 본보기가 되리라.

6-7

子曰: "回也, 其心三月不違仁. 其餘, 則日月至焉而已矣."

스승께서 말씀하셨다.
"회는 그 마음이 석 달 동안 어짊에서 벗어나지 않는다. 다른 사람들은 고작 하루나 한 달에 한 번 이를 뿐이다."

注釋　삼월(三月)과 일월(日月)은 반드시 정해진 기간을 뜻하지 않는다. 삼월은 아주 긴 시간을, 일월은 짧은 시간 또는 우연적인 것을 가리킨다. 위(違)는 어기다, 어그러지다, 멀리하다는 뜻이다.

蛇足　왜 어짊을 한결같이 지니지 못하는가? 그것은 어짊의 참뜻을 알지 못해서 어짊이 얼마나 이로운지를 모르기 때문이다. 어짊은 당장

에 알기도 어렵고 행하기도 어렵다. 게다가 그 이로움 또한 당장에 드러나지 않는다. 그러니 누가 어짊을 행하려 하겠는가? 그러나 지혜로운 자는 안다. 사리를 꿰뚫어 보는 자는 그 이로움을 안다. 시간이 흐르면 흐를수록 어짊의 이로움은 더욱더 커진다는 것을 안다. 그것을 알지 못하기 때문에 어짊을 힘겨워하고, 세속의 명성과 이익에 금방 눈을 돌리는 것이다.

6-8

季康子問: "仲由, 可使從政也與?" 子曰: "由也果, 於從政乎何有?" 曰: "賜也, 可使從政也與?" 曰: "賜也達, 於從政乎何有?" 曰: "求也, 可使從政也與?" 曰: "求也藝, 於從政乎何有?"

계강자가 물었다.
"중유는 정치를 시킬 만합니까?"
스승께서 말씀하셨다.
"유는 과감하니, 정치를 함에 무슨 어려움이 있겠소?"
"사는 정치를 시킬 만합니까?"
"사는 꿰뚫었으니, 정치를 함에 무슨 어려움이 있겠소?"
"구는 정치를 시킬 만합니까?"
"구는 재주가 있으니, 정치를 함에 무슨 어려움이 있겠소?"

注釋   중유(仲由)는 자로이다. 과(果)는 굳세다, 과감하다, 해내다는 뜻이다. 하유(何有)는 무슨 어려움이 있겠는가라는 뜻이다. 달(達)은 사리를 꿰뚫다는 뜻이다. 구(求)는 염유이다. 예(藝)는 기예, 재주를 뜻한다.

蛇足　자로는 과감하기 때문에, 자공은 사리를 꿰뚫었기 때문에, 염유는 재주가 있어서 정치하는 데 어려움이 없다고 했다. 정치란 홀로 하는 독주가 아니다. 많은 사람이 모여서 천하를 태평하게 하는 데 기여하는 하나의 합주이다. 한 사람이 모든 능력을 다 갖출 필요도 없고 그럴 수도 없다. 탁월한 지휘자가 있다면, 다양한 악기의 연주자들이 제 몫을 하는 데 어려움이 없다. 그런 지휘자가 바로 임금이 되는 것, 그것을 내성외왕(內聖外王)이라 한다. 성인은 지휘자와 같다. 특정한 능력이나 재주에서는 평범한 사람들보다도 뒤질 수 있지만, 전체를 꿰뚫어 보고 조율하는 능력이 탁월하다. 자로나 자공, 염유 등도 그런 임금을 만난다면, 제 능력을 다 펼 수 있다.

6-9

季氏使閔子騫爲費宰, 閔子騫曰: "善爲我辭焉. 如有復我者, 則吾必在汶上矣."

　　계씨가 민자건을 비 땅의 수령으로 삼으려 하자, 민자건이 말하였다.
　　"날 위해 잘 말해주시오. 만약 다시 나를 찾는다면, 내 반드시 문수 너머에 있을 거요."

注釋　민자건(閔子騫)은 공자의 제자로, 이름은 손(損)이다. 공자보다 열다섯 살 어렸다고 한다. 비(費)는 지금도 산동(山東) 평읍(平邑)의 동남쪽 70리에 그 성터가 남아 있다. 당시 계씨의 식읍이었다. 사(辭)는 알리는 말, 평계의 말을 뜻한다. 부(復)는 다시, 되풀이하다는 뜻이다. 문(汶)은 노나라와 제나라 경계에 있는 강으로, 문상(汶上)은 문수의 북쪽을 가리킨다.

2-18에서, 자장은 벼슬 구하는 법에 대해 공자에게 물었다. 여기서 민자건은 자장과 꽤 다른 면모를 보여준다. 스스로 공부가 부족했다고 여긴 게 분명하다. 민자건은 공자 제자들 가운데서 덕행이 뛰어나다고 알려진 인물이다. 어찌 그가 계씨의 가신 노릇을 하겠는가. 계씨도 들은 바가 있어 민자건을 청했겠지만, 제 욕심만 차렸으니 그가 어떤 사람인 줄을 알 턱이 없었다. 부른다고 갈 줄 알았는가? 위에서 민자건이 한 말은 참 은근하다. 그의 마음씀씀이가 잘 드러나 있다. "제발 나를 귀찮게 하지 말고 내버려두시오. 그렇지 않으면, 나는 떠나겠소!" 나아갈 때와 물러날 때를 아는 사람이다.

6-10

伯牛有疾, 子問之. 自牖執其手曰:"亡之, 命矣夫! 斯人也而有斯疾也! 斯人也而有斯疾也!"

백우가 병이 들자, 스승께서 병문안하셨다. 문틈으로 손을 잡으시고는 말씀하셨다.
"이럴 수가 없다, 운명이로구나! 이 사람이 이런 병에 걸리다니! 이 사람이 이런 병에 걸리다니!"

注釋 백우(伯牛)는 공자의 제자인 염경(冉耕)으로, 자가 백우이다. 유(牖)는 들창을 뜻하는데, 남쪽으로 난 창이다. 망지(亡之)는 어떤 명확한 뜻을 나타내기보다는 미묘한 말맛을 드러내는 말이다. 백우의 상태가 심각하다는 것을 나타내면서 동시에 있을 수 없는 일이 생겼다는 안타까움이 담겨 있다. 그래서 운명일 것이라고 탄식한 것이다.

蛇足 공자의 탄식을 듣고 공자가 운명론자라고 말해서는 안 된다.

공자가 말한 운명에는 그저 팔자 탓으로 돌리는 그런 수동적이고 소극적인 태도가 담겨 있지 않다. 사람이 제 스스로 제 몫을 다하더라도 제 뜻대로 되지 않는 게 있다는 것이며, 이에는 곧 사람이 사람으로서 할 일은 다하였다는 속뜻이 담겨 있다. 이 세상에서 사람이 하는 일 가운데서 가장 정직하게 결과를 보여주는 것이 공부인데, 그 공부조차 내 뜻대로 되는 것은 아니다. 그저 할 수 있는 것, 해야 할 것을 지극한 마음으로 다할 뿐이다. 그 다음은 그저 하늘에 맡길 따름이다. 그게 공자가 말한 운명이요 운수이다.

6-11

子曰: "賢哉, 回也! 一簞食, 一瓢飮, 在陋巷, 人不堪其憂, 回也, 不改其樂. 賢哉, 回也!"

스승께서 말씀하셨다.
"야무지구나, 회는! 한 그릇 밥과 한 바가지 물로 지저분한 거리에 산다면 남들은 그 힘겨움을 견디지 못할 터인데, 회는 그 즐거움을 바꾸지 않으니. 야무지구나, 회는!"

注釋　　현(賢)은 사람됨이 야무지다, 똑똑하다는 뜻인데, 여기서는 지혜로워서 흔들림이 없다는 말맛을 담고 있다. 단(簞)은 밥을 담는 대그릇이다. 표(瓢)는 바가지이다. 루(陋)는 좁다, 지저분하다, 보잘것없다는 뜻이다. 항(巷)은 마을 안에 있는 거리이다. 감(堪)은 견디다는 뜻이다. 우(憂)는 걱정하다, 괴로워하다는 뜻이다.

蛇足　　피할 수 없다면 즐기라고 말한다. 그러나 그게 어디 쉬운 일인가? 어리석은 자는 다 피할 수 있다고 생각하는데, 어찌 즐길 수 있

는 줄을 알겠는가? 따지고 보면, 피할 것도 없다. 이미 닥친 것은 피할
수 있는 것이 아니다. 내 의지와 달리 온 것이라 여기겠지만, 사실은 내
가 초래한 것이다. 내가 빈틈을 보였기 때문에 생긴 일이다. 어찌 피할
수 있겠는가? 그런 소박한 이치를 안다면, 피한다느니 피하지 못한다
느니 할 것이 없다는 것도 안다. 그저 닥친 대로, 주어진 대로 즐길 따
름이다. 참된 즐거움은 이치를 따를 때 또는 이치 속에서 살 때 넘친다.
이미 말했듯이 지혜롭지 못하면 어짊의 경지가 얼마나 자신에게 또 세
상에 이로운지를 모른다.

6-12

冉求曰: "非不說子之道, 力不足也." 子曰: "力不足者, 中道而
廢. 今女劃."

염구가 말하였다.
"스승의 도를 기꺼워하지 않는 건 아니지만, 저로선 힘이 부칩
니다."
스승께서 말씀하셨다.
"힘이 부치는 자는 하다가 도중에 그만두게 된다. 이제 너는
미리 선을 긋는구나."

注釋 열(說)은 기꺼워하다, 은근히 기뻐하다는 뜻이다. 폐(廢)는 하
던 일을 그만두다는 뜻이다. 획(劃)은 긋다는 뜻이다.

蛇足 안 하는 것과 못하는 것은 다르다. 안 하는 것은 능력은 있으
나 뜻이 없는 것이고, 못하는 것은 뜻이 있거나 없거나 간에 능력이 없
는 것이다. 그런데 세상 사람들은 그 둘을 잘 구분하지 못한다. 그래서

안 하는 것을 못하는 것이라고 여기거나 우긴다. 태어남과 죽음은 사람이 어찌할 수 없다. 그것은 사람의 몫이 아니다. 그러나 그 중간에서 살아가는 일은 순전히 사람의 몫이다. 어떠한 변수가 생기든, 제 뜻과 상관없는 일이 일어나든, 그 모두 사람의 일이다. 왜 하지 않으면서, 할 수 없다고만 생각하는가? 해보기도 전에 힘이 부친다고 엄살을 부리고, 일의 성격도 모르면서 미리 선을 긋는다. 참으로 못난 사람의 모자란 짓이다.

6-8에서도 공자가 말했듯이 염구는 재주가 있는 사람이다. 그런데 재주 있는 사람이 때로 질직하지 못하고 잔머리를 쓴다. 염구도 그런 성향을 가진 듯하다. 그래서 위에서처럼 "힘이 부친다"는 날명 아닌 날명을 늘어놓는 것이다. 공자의 대답은 은근하면서도 날카롭다.

6-13

子謂子夏曰: "女爲君子儒, 無爲小人儒."

　　스승께서 자하에게 이르셨다.
　　"너는 군자 선비가 될 일이지, 소인 선비가 되지는 말아라!"

注釋　유(儒)는 선비, 유학을 공부하는 사람을 뜻한다.

蛇足　군자 선비는 공부를 하면서 오롯하게 도를 따라가는 사람이고, 소인 선비는 공부를 하다가 세속의 명성과 이익에 눈을 돌리고 거기에 마음을 두게 된 사람이다. 공부를 시작하는 것도 어렵지만, 그 공부를 시작한 처음의 그 마음을 한결같이 지니고 나아가는 것은 더더욱 어렵다. 자하는 문학에 뛰어난 제자였고 말을 잘하였다. 문학에 뛰어나고 말을 잘하는 자는 자신이 잘 안다는 착각을 할 수 있고 또 실천을

소홀히 할 수 있다. 착각과 실천의 결여는 곧 소인으로 나아가는 빌미
가 된다. 공자는 자하에게 이를 일깨워주려고 하였다.

6-14

子游爲武城宰, 子曰: "女得人焉爾乎?" 曰: "有澹臺滅明者. 行
不由徑, 非公事, 未嘗至於偃之室也."

> 자유가 무성의 수령이 되니, 스승께서 말씀하셨다.
> "네가 사람은 얻었느냐?"
> "담대멸명이라는 자가 있습니다. 길을 가더라도 지름길로 가
> 지 않고, 공적인 일이 아닌데 저의 처소에 온 적이 없습니다."

注釋　무성(武城)은 노나라의 성읍(城邑)으로, 지금 산동 비현(費縣)
의 서남쪽이다. 담대멸명(澹臺滅明)은 자가 자우(子羽)이고, 나중에 공
자의 제자가 되었다고 한다. 유(由)는 따르다는 뜻이다. 경(徑)은 지름
길이다. 언(偃)은 자유의 이름이다.

蛇足　우두머리가 되면 사람을 고르고 쓰는 일에서 벗어날 수가 없
다. 사람을 잘 고르기 위해서는 안목이 있어야 하고, 잘 쓰기 위해서는
믿어야 한다. 안목과 믿음은 둘이 아니다. 안목이 있어 알아보기 때문
에 저절로 믿는 것이다.

　지름길로 가지 않는다는 것은 느긋하다는 말이고, 느긋함은 꼿꼿함
과 버젓함에서 나온다. 공적인 일을 맡은 사람이 일없이 윗사람을 찾아
가는 것은 사사로움이 있어서이다. 사사로움이 있는 사람에게는 공과
사가 나뉘지 않는다. 모든 것이 제 욕심을 채우는 도구요 과정일 뿐이
다. 꼿꼿함과 버젓함은 사사로움을 지녀서는 결코 갖추지 못하는 성품

이다. 사사로운 자는 고작해야 뻔뻔할 뿐이다.

6-15 ——————————————————————————

子曰: "孟之反不伐. 奔而殿, 將入門, 策其馬曰, 非敢後也, 馬
不進也."

스승께서 말씀하셨다.

"맹지반은 자랑하지 않는구나. 싸움터에서 달아날 때 맨 뒤에
서 적을 막고는, 성문에 들어설 때 제 말을 채찍으로 때리면서,
'내가 뒤에 있으려 한 것이 아니라, 말이 앞으로 나아가지 않았
다'라고 말하였으니."

注釋　맹지반(孟之反)은 노나라 대부인 맹지칙(孟之則)이라 한다. 벌
(伐)은 자랑하다, 뽐내다는 뜻이다. 분(奔)은 달아나다는 뜻이다. 전(殿)
은 후군, 또는 마지막까지 남아서 적을 막는 일을 뜻한다. 책(策)은 채
찍질하다는 뜻이다.

蛇足　춘추전국 시대에는 성금을 세우는 게 중요했다. 성금을 세우
는 것은 곧 명예이고 이익이며 자존심이었다. 성금을 세운 데 따라서
벼슬이 높아지고 봉록이 많아지기도 하였다. 그가 세운 성금에 따라서
그 사람을 판단하였다. 이는 오늘날에도 다르지 않다. 특히 오늘날은
모든 일에서 경쟁을 원칙으로 하는 시대이다. 경쟁에서 승리는 곧 얼마
만한 성금을 세웠느냐로 판가름된다.

그런데 성금을 세우는 것은 마땅하기는 하지만 그게 전부가 아니다.
성금을 세우는 것보다 중요한 것은 그 과정이다. 이 또한 당연하다고
여기면서도 쉽게 잊거나 소홀히 한다. 진정으로 자유로워지려면, 일 자

체를 즐겨야 한다. 즐기기 위해서는 일의 결을 따라서 차근차근 해나가
는 것이 중요하다. 성금을 세우려 애쓰다 보면, 참된 즐거움을 놓치기
십상이다. 일 자체, 일이 흘러가는 과정이 바로 삶이다. 성금은 삶에서
지극히 짧은 한순간에 지나지 않는다. 이를 알면, 뽐내거나 자랑하려는
마음은 사라지지 않을까?

6-16

子曰: "不有祝鮀之佞, 而有宋朝之美, 難乎免於今之世矣."

> 스승께서 말씀하셨다.
> "축타와 같은 말재주가 없으면서 송조와 같은 아름다움만 있
> 다면, 요즘 같은 세상에서는 화를 피하기 어려울 것이야."

注釋　축타(祝鮀)는 위(衛)나라의 대부로, 자는 자어(子魚)이다. 녕
(佞)은 말을 번드럽게 잘하는 것이다. 송조(宋朝)는 송(宋)나라의 공자
인 조(朝)이며, 외모가 수려하여 낮잡은 정사(情事)를 일으켰다고 한다.
면(免)은 피하다, 벗어나다는 뜻이다.

蛇足　어지러운 시대에는 가만있어도 곤란을 겪고 괴로움을 당하게
된다. 곤란과 괴로움의 대부분은 남들로부터 오는데, 그것을 막는 방
법 가운데 하나가 말재주이다. 참과 거짓의 문제가 아니라, 얼마나 재
치 있게 대응하느냐가 관건이다. 어차피 어지러운 시대이니, 진실이 통
하겠는가? 그저 잘 생긴 외모로는 시샘의 대상이 될 뿐이고, 그것만으
로는 눈앞에 닥친 환란을 피할 수 없다. 공자의 말은 그 시대가 얼마나
혼탁했는지를 역설적으로 보여준다. 어짊이 통하지 않고, 번드러운 말
이라야 먹히는 시대! 오늘날은 또 그 시대와 무엇이 다르겠는가? 온갖

허위가 난무하는 시대, 번드러운 말과 꾸민 낯빛을 조장하는 시대가 아니던가. 번드러운 말로 인기를 얻고, 꾸민 낯빛으로 돈을 버는 시대, 그러나 바로 그것으로 해서 인기를 잃고 몰락하게 되는 시대. 인간의 욕망이 부추기고 좇는 모든 화려함 뒤에는 지독한 추함이 도사리고 있다.

석가모니가 이런 이야기를 들려주었다. 온갖 복을 가져다주는 아름다운 길상천(吉祥天)과 갖가지 불행을 가져다주는 못생긴 흑암천(黑暗天)이 있었다. 그 둘은 자매였다. 어느 날, 길상천과 흑암천이 길을 가다가 해가 져서 하룻밤 묵으려고 어떤 집의 문을 두드렸다. 그 집에서 한 사내가 나왔다. 길상천이 그에게 하룻밤 묵을 수 있느냐고 물었다. 사내는 아주 기뻐하며 기꺼이 안으로 들였다. 곧이어 흑암천이 문을 두드렸다. 사내가 문을 여니, 흑암천이 하룻밤 묵을 수 있느냐고 물었다. 사내는 그 못난 얼굴을 보고는 결코 묵을 수 없다고 말하였다. 그러자 길상천이 그 집에서 나가려 하였다. 사내가 왜 나가느냐고 물으니, 길상천이 대답하였다. "흑암천과 저는 자매 사이예요. 둘은 항상 같이 다니지요."

세속의 행복이란 이렇다. 반드시 불행이 함께하는 것이다. 행복하다고 너무 기뻐하지 마시라. 곧 불행이 뒤따를지니. 불행하다고 좌절하지 마시라. 행복이 바로 거기에 숨어 있으니. 그런데 어진 사람, 지혜로운 사람에게는 행복도 불행도 없다는 것을 아시는가?

6-17

子曰: "誰能出不由戶? 何莫由斯道也?"

스승께서 말씀하셨다.
"누가 문을 통하지 않고 집을 나갈 수 있겠느냐? 어찌 이 도를 따르지 아니하느냐?"

注釋 수(誰)는 누구를 뜻한다. 유(由)는 따르다, 지나다는 뜻이다.

蛇足 집을 나서려 하면서 담을 넘고 있으니, 누가 그를 의심하지 않겠는가? 남의 의심을 받을까 걱정되니, 담을 넘을까 말까 망설인다. 참으로 한심하다. 아예 담을 넘지 않으면 되는 것을. 그런데 이렇게 어리석게 사는 것이 또 우리네 중생이다. 그릇된 짓을 하면서 걱정하고, 걱정하면서도 고치거나 바로잡지 않는다. 참으로 끈질긴 중생 심리이다. 문을 통해서 나가면 간단한 것을 왜 그렇게 하지 않을까? 문이 어디에 있는지를 모르는 것이 첫째 이유이다. 그러면 배워야 한다. 배우면 되는가? 아니다. 둘째 단계가 있다. 배운 대로 하는 것이다. 즉 문이 어디에 있는지 알았다면, 그 문으로 드나들어야 한다. 그런데 그게 쉽지 않다. 버릇 때문이다. 완전히 익지 않으면, 어느 순간에 옛 버릇이 슬며시 고개를 든다. 참으로 괴롭다. 그러나 견뎌내야 한다. 참고 꿋꿋하게 해나가야 한다. 이것이 한결같음이다. 배우는 자는 멈추지 않아야 한다. 멈추는 순간, 더 지독한 괴로움이 찾아오기 때문이다. 어렵다는 생각이 아예 사라질 때까지 나아가야 한다. 그러다 보면, 어느 새 문을 통해 집을 드나드는 일이 자연스럽게 느껴진다. 그때는 아무런 걸림도 없고 막힘도 없다. 그렇게 생각과 말과 행동에서도 걸림이 없고 막힘이 없다. 걸림이 없고 막힘이 없으니, 망설일 것도 없고 두려울 것도 없다. 사람이 망설이는 것은 이치를 모르거나 이치대로 하지 않기 때문이고, 두려운 것은 욕심이 앞서거나 욕심대로 하기 때문이다.

6-18

子曰: "質勝文則野, 文勝質則史. 文質彬彬, 然後君子."

스승께서 말씀하셨다.

"바탕이 무늬보다 나으면 메떨어지고, 무늬가 바탕보다 나으면 번지르르하다. 무늬와 바탕이 알맞게 어우러져야 군자가 된다."

注釋 야(野)는 꾸밈이 없고 수수함이다. 사(史)는 말쑥하다, 번지르르하다는 뜻이다. 빈(彬)은 잘 어우러져서 빛나다, 밝다는 뜻이다.

蛇足 무늬는 사람의 시선과 마음을 사로잡는다. 시선은 사람의 감각 가운데서 가장 멀리까지 미치는 것이고, 가장 빨리 반응하는 것이다. 아름다운 무늬를 보면 시선이 먼저 가고, 그 시선에 따라 마음이 움직인다. 그러나 무늬는 곧 시선에 익숙해진다. 익숙해지면 이제 마음이 느낀다. 마음은 무늬를 보지 않고 바탕을 본다. 바탕이 알차지 않으면, 마음은 곧 물린다. 마음이 물리면, 시선은 다른 무늬를 찾는다. 무늬는 먼저 시선을 끌지만, 걸맞은 바탕을 갖추지 못하면 그 마음을 오래 붙들어주지 못한다. 마음은 결코 무늬에 만족하지 않기 때문이다. 시선이 밖으로 향하여 무늬를 보듯이 마음은 안으로 향하여 바탕을 본다. 무늬에 가려진 바탕이 알차지 않으면 마음은 결코 흐뭇해지지 않는다. 바탕이 알차면 무늬는 새롭게 느껴진다. 바탕과 무늬가 어우러져야 시선과 함께 마음을 사로잡는다. 군자는 사람들에게 바로 그런 느낌, 그런 마음을 주는 사람이다.

6-19

子曰: "人之生也直, 罔之生也幸而免."

스승께서 말씀하셨다.
"사람의 삶이란 곧은 것이니, 속이며 살아봐야 요행으로 피할 뿐이다."

注釋　망(罔)은 속이다, 깔보다는 뜻이다. 행(幸)은 뜻밖에 찾아온 복, 요행을 뜻한다. 면(免)은 벗어나다, 피하다는 뜻이다.

蛇足　곧으면 삶이 고단하다고들 한다. 재주껏 속여서 사는 것이 현실이라고들 한다. 그래, 곧아서 정말 고단함을 질리도록 느껴보고 그런 말을 하는가? 그 현실이란 건 도대체 누가 만든 것인가? 그렇게 서로 속이고 속으면서 과연 행복한가? 어쩌다 눈 먼 복이 찾아올지는 모르겠지만, 과연 얼마나 오래가는가? 삶은 원래 고단하다. 곧든 속이든 간에 말이다. 그렇다면 곧아서 고단한 게 떳떳하지 않겠는가? 속이면서 현실이 어쩌니저쩌니 구실을 늘어놓고 핑계를 대봐야 그저 옹색한 날명일 뿐이다. 속인다고 남을 속이는 것이겠는가? 이미 자신을 속였다. 제 삶을 속였다. 그걸 모르니 어리석고, 어리석으니 그 짓을 되풀이한다.

삶은 그대로 곧은 것이다. 만물을 보라, 우주를 보라. 그 어디에 속임이 있는가? 무릇 생명은 모두 곧게 산다. 그러고도 탓하는 일이 없다. 삶이 곧다는 것은 진리이다. 결코 부정할 수 없다. 한 번쯤 곧게 말하거나 행동하지 않은 사람은 없을 것이다. 잘 떠올려보라. 과연 고단했는가? 아니면 편안하고 떳떳했는가? 기억이 나지 않는가? 쯧!

6-20

子曰: "知之者不如好之者, 好之者不如樂之者."

스승께서 말씀하셨다.

"아는 건 좋아하는 것만 못하고, 좋아하는 건 즐기는 것만 못하지."

注釋 지(知)는 객관적으로 아는 것이다. 호(好)는 거리를 두고서 좋아하는 것이다. 락(樂)은 흠뻑 젖어서 하나가 되어 느끼는 즐거움이다. 불여(不如)는 ~만 못하다는 뜻이다.

蛇足 여기에 무슨 말을 덧붙인다면, 그것은 정말로 사족이다. 그러나 몇 마디 덧붙여야겠다. 먼저 무슨 일에서나 앎을 경험해보라. 알면 좋아하게 된다. 이는 천연한 이치이다. 좋아하는 데도 모른다면, 그것은 좋아하는 것이 아니다. 집착이고 얽매임이니, 자신을 되돌아보아야 한다. 좋아한다면, 즐기는 데로 나아가야 한다. 좋아하더라도 하나가 되는 것은 아니다. 하나가 되기 위해서는 즐겨야 한다. 즐길 때, 비로소 어울림의 경지에 들어서게 된다. 천지와 내가 하나 되는 것, 그것이 어울림이다. 사물과 내가 한 몸이 되는 물아일체(物我一體)! 내가 사물인지 사물이 나인지 알 수 없는 혼연일체(渾然一體)! 이를 경험하려고 하는 것이 공부이다.

6-21

子曰: "中人以上, 可以語上也; 中人以下, 不可以語上也."

스승께서 말씀하셨다.
"중치 이상에게는 지고한 것을 말해줄 수 있으나, 중치 아래에게는 지고한 것을 말해줄 수 없다."

注釋 중인(中人)은 평범한 사람을 가리킨다. 상(上)은 대단한 경지의 학문, 높은 수준의 이치를 가리킨다.

蛇足　여기서 공자가 한 말은 사람들을 차별하려는 것이 아니다. 다만 차이가 있음을 알려줄 뿐이다. 사람마다 다르다는 것은 누구나 안다. 문제는 어떻게 다르고 얼마나 다른지를 잘 알아야 하는데, 그렇지 못하다는 것이다. 차이가 있는 것은 세상의 이치요 우주의 법칙이다. 그 차이를 잘 꿰뚫어 보는 것이 지혜이다. 지혜가 있다고 해서 그가 무엇이든 해낼 수 있다는 것은 아니다. 할 수 있는 것과 할 수 없는 것, 해야 할 것과 해서는 안 될 것을 잘 알아서 말하거나 행동할 뿐이다. 중간치의 사람들은 결코 지고한 것을 알아들을 수 없다. 아무리 지고한 것을 알고 싶어 해도 함부로 말해주어서는 안 된다. 자칫 그들을 착각으로 몰고 갈 수도 있다. 모르는 것도 자꾸 듣다 보면, 외우게 되고 또 아는 것처럼 여긴다. 그게 병이다. 제대로 알면 약이지만, 설핏 알면 병이 된다.

6-22

樊遲問知, 子曰: "務民之義, 敬鬼神而遠之, 可謂知矣." 問仁, 曰: "仁者先難而後獲, 可謂仁矣."

　　번지가 앎에 대해 여쭈니, 스승께서 말씀하셨다.
　　"백성들이 올발라지도록 힘쓰고, 귀신을 삼가 받들면서 멀리한다면, 안다고 할 수 있다."
　　어짊에 대해 여쭈니, 이렇게 말씀하셨다.
　　"어진 이는 어려운 일을 앞서 하고 얻는 것은 제쳐두니, 그래야 어질다고 할 수 있다."

注釋　귀신(鬼神)에서 귀는 음(陰)의 신령이고, 신은 양(陽)의 신령

을 가리킨다. 또는 죽은 사람의 넋을 귀라 하고, 천신(天神)과 지신(地神)을 신이라 하기도 한다. 여기서는 후자의 의미로 쓰였다. 원(遠)은 멀리하다는 뜻이다. 선(先)은 앞서다, 앞서서 하다는 뜻이다. 난(難)은 어려운 일, 힘든 일을 뜻한다. 후(後)는 나중으로 하다, 제쳐두다는 뜻이다. 획(獲)은 일의 결과, 또는 그로 말미암아 얻는 봉록 따위를 가리킨다.

蛇足　여기서는 앎과 어짊에 대해 말하고 있다. 백성들이 올발라지도록 힘쓴다는 것은 자신이 먼저 올발라지도록 하라는 말이다. 올바름은 나로부터 천하로 펼쳐지는 것이어야 하는데, 이를 아는 것이 참된 앎이다. 나를 바르게 하지 않으면서 천하를 바르게 하려는 것은 어리석음이다. 또 귀신을 삼가 받들면서 멀리한다는 것은, 귀신이 존재하는지는 알 수 없으나 귀신이 마치 존재하는 것처럼 생각과 말과 행동을 삼가되, 정말로 귀신이 실재하는 것처럼 여겨서 산 사람을 소홀히 하는 일은 없어야 한다는 뜻이다. 그러한 이치를 아는 것이 바로 참된 앎이다. 산 사람을 아낄 줄 아는 것이 앎이고, 귀신을 받드느라고 산 사람을 소홀히 하는 것은 어리석음이다.

　또 어진 이는 남을 아끼고 사랑하는 사람이다. 남을 아끼니 힘든 일에 자신이 먼저 나서지만, 일 자체를 즐긴다. 성금이 서더라도 그 보람을 자신이 누리려고 하지 않는다. 이미 일을 즐겼으므로 그 보람은 거기서 다 누렸다. 12-21에서도 "일을 먼저 하고 결과는 제쳐둔다면, 덕을 높이는 게 아니겠느냐?"라고 말하였는데, 의미는 상통한다. 일을 즐기지 못하는 자가 결과에 집착하고 반드시 제가 보람을 누리려고 한다.

6-23

子曰: "知者樂水, 仁者樂山. 知者動, 仁者靜. 知者樂, 仁者壽."

스승께서 말씀하셨다.
"아는 자는 물을 즐기고, 어진 자는 산을 즐긴다. 아는 자는 움직이고, 어진 자는 고요하다. 아는 자는 즐겁고, 어진 자는 오래 산다."

注釋 　요(樂)는 좋아하다는 뜻이다.

蛇足 　왜 아는 자는 물을 즐기고 움직이며 즐거워하는가? 왜 어진자는 산을 즐기고 고요하며 오래 사는가? 아는 자는 산을 즐기지 못하고 고요하지 않으며 오래 살지 못하는가? 아니다. 반드시 둘을 나누고자 해서 이렇게 말한 것은 아니다. 앎과 어짊은 하나이다. 앎이 없는 어짊은 동정이나 연민이지 참된 어짊이 아니다. 어짊이 없는 앎은 관념적인 이해이지 꿰뚫어서 보는 참된 앎이 아니다. 다만 앎이 활발한 움직임을 통해 얻게 되는 것이라면, 어짊은 고요한 관조를 통해 깊어지고 넓어지는 것이기 때문에 방편적으로 나눈 것일 뿐이다.

　앎은 나를 아는 데서 시작하지만 만물과 그 이치를 아는 데까지 나아갈 때 얻게 된다. 만물에는 결이 있다. 앎은 물이 흐르듯이 결을 따라갈 때 이르게 되는 경지이다. 그래서 물을 즐긴다고 하였다. 물이 흐르듯이 따라가니, 움직이는 것이다. 결을 따라가면서 나를 알고 만물을 알며 하나가 됨을 느끼니, 즐겁지 않겠는가? 그런 앎이 깊어지면 질수록 온갖 것이 하나임을 더욱 깊고 환하게 느끼게 되고, 그리하여 나와 남, 사람과 만물이 둘이 아니라 하나임을 깨달으면서 무한한 사랑을 온몸으로 느끼게 된다. 바로 이것이 어짊이다. 만물을 사랑하는 어짊이 바로 나를 사랑하는 것인 줄 아는 것이 앎이고, 사사로움과 욕심을 버리고 이치를 좇아서 참된 앎을 얻으려는 것이 어짊이다.

6-24

子曰: "齊一變, 至於魯; 魯一變, 至於道."

스승께서 말씀하셨다.
"제나라가 한 번 바뀌면 노나라가 되고, 노나라가 한 번 바뀌면 도에 이른다."

蛇足 　제나라는 관중이 환공을 도움으로써 패업(霸業)을 이루었다. 한 번 패업을 이루었으니, 다시금 패업을 이루려 할 것이다. 비록 패업이 꾀를 얻어 전쟁으로 이기는 것이고, 왕업은 덕을 두루 펼치는 것이어서 아주 달라 보이지만, 패업을 이룰 힘이라면 왕업의 토대는 이미 마련되어 있는 셈이다. 다만 패업을 이룬 자의 생각에 달려 있다. 즉 천하를 두고 힘으로 계속 다툴 것인가 덕으로써 천하를 아우를 것인가 하는 갈림길에서 생각을 한 번 바꾸면, 그대로 왕업(王業)은 이루어진다. 패업과 왕업은 종이 한 장 차이밖에 나지 않는다. 그래서 제나라가 한 번 바뀌면 노나라가 된다고 하였다. 노나라는 또 주공 이래로 문화의 나라였다. 그 문화는 곧 덕의 무늬이니, 비록 무늬의 빛깔이 바래졌어도 여전히 그 힘은 남아 있다. 그래서 다스리는 자가 한 번 마음을 먹으면, 도를 구현할 수가 있다. 결국은 사람의 생각이나 결단에 달려 있다. 다만 이치대로 하는 것이 얼마나 이로운지를 모르니, 대담하게 행동으로 옮기지 못하는 것이다.

　그런데 여기서 흥미로운 것은 "노나라가 한 번 바뀌면 도에 이른다"는 말이다. 공자는 말끝마다 주공을 운운하면서 주나라 문화를 높였는데, 어찌 "주나라에 이른다"고 말하지 않았는가? 바로 여기에서 공자가

197

단순하게 과거로 회귀하려는 자, 상고주의자가 아님을 알 수 있다. 주나라 문화는 하나라와 은나라에 견주었을 때 높이 평가되는 것이지, 역사·사회·문화 등의 변화 속에서 보면 그 역시 혁신의 대상이 될 수밖에 없었다. 그럴 경우에는 오로지 도가 잣대가 되고 도가 궁극의 가치가 되어야 한다. 물론 이 '도' 역시 새롭게 의미가 규정되는 것이겠지만.

6-25

子曰: "觚不觚, 觚哉? 觚哉?"

스승께서 말씀하셨다.
"고가 네모가 아니면, 고이겠느냐? 고이겠느냐?"

注釋   고(觚)는 고대에 술을 담던 그릇으로, 배 부분이 사각형이고 발 부분 또한 사각형이다.

蛇足   공자의 정명(正名) 사상을 엿볼 수 있다. 고(觚)라는 술잔은 형태가 네모이기 때문에 '고'라는 이름이 붙었다. 그러니 네모의 꼴을 갖추지 않으면, 고라는 이름을 붙일 수 없다. 그런 것처럼 모든 것에는 이름이 있고, 그 이름은 그 꼴이나 작용에 어울리도록 붙여진 것이다. 문명이란 바로 그런 이름으로 이루어져 있다. 이름 붙은 것들이 그 이름에 걸맞은 꼴을 갖추지 못하거나 쓰이지 못한다면, 그것이 바로 문명의 혼란이요 쇠퇴이다. 춘추전국 시대는 바로 그런 시대였으므로, 공자가 특히 강조한 것이다.

宰我問曰: "仁者, 雖告之曰, '井有仁焉,' 其從之也?" 子曰: "何
爲其然也? 君子可逝也, 不可陷也; 可欺也, 不可罔也."

재아가 여쭈었다.
"어진 자는 누가 그에게, '우물에 어진 사람이 있다'고 말한다
면, 우물 속으로 따라 들어갈까요?"
스승께서 말씀하셨다.
"어찌 그렇게 하겠느냐? 군자를 가게 할 수는 있어도 빠뜨릴
수는 없고, 속일 수는 있어도 속여서 옭아맬 수는 없다."

注釋 유인(有仁)은 "사람이 있다" 또는 "어진 사람이 있다"는 뜻인
데, 후자의 뜻이 알맞다. 이는 뒤에 오는 '종(從)'과 관련된다. 종은 따르
다, 쫓아가다는 뜻이다. 서(逝)는 가다는 뜻인데, 왕(往)과는 다르게, 가
서 오지 않는 것이다. 함(陷)은 빠지다, 빠뜨리다는 뜻이다. 기(欺)는 깔
보다, 속이다는 뜻이다. 상대에게 기대를 갖게 하고서 속이는 짓이다.
망(罔)은 상대를 마치 그물로 옭아매듯이 괴롭히려고 속이는 것이다.

蛇足 어진 사람은 어진 사람을 벗으로 삼는다. 어진 사람은 어디에
어진 사람이 있다거나 또는 어진 사람이 곤란한 지경에 처해 있다는 말
을 들으면 망설임 없이 간다. 위에서 재아는 정말로 어진 자가 그렇게
하느냐고 따져 물은 것인데, 여기에는 무언가 어진 자를 업신여기거나
깔보는 듯한 말맛이 있다. 아마도 재아는 어진 자의 행동을 무디게 여
기고 그 삶을 갑갑하다고 생각했는지도 모르겠다. 5-10에서도 보았듯
이, 재아는 자신의 총명함을 과신하는 면과 함께 스승의 가르침을 다
소 냉소적으로 보는 인식이 있었던 듯하다.
  군자나 어진 자도 속는다. 사람을 아끼고 믿기 때문이다. 사람을 믿

다가 속을지언정, 애초부터 의심하지 않는다. 그러나 상대가 전혀 이치에 닿지 않는 말이나 행동을 하면서 속일 때는 속지 않는다. 나를 그릇된 길로 나아가게 하거나 나를 망치게 하는 속임수에는 넘어가지 않는다. 이치에 맞지 않는 일에서 속는 것은 사사로움이 앞섰기 때문이다. 특히 욕심이 앞서면 평범한 이치도 보이지 않는다. 그러나 군자는 사사로움이 적거나 없는 사람이니, 그럴 듯하게 속일 수는 있어도 속여서 옭아매거나 망칠 수는 없다.

6-27

子曰: "君子, 博學於文, 約之以禮, 亦可以弗畔矣夫!"

스승께서 말씀하셨다.
"군자가 널리 문화를 배우고 예의로써 잡도리하면, 이치에서 벗어나지 않을 수 있으리라!"

注釋   약(約)은 단단히 죄다, 잡도리하다는 뜻이다. 반(畔)은 떨어지다, 벗어나다는 뜻이다.

蛇足   7-25에서 공자는 문화와 실천, 참됨과 미쁨 네 가지를 가르쳤다고 하였다. 위에서 한 말은 그 가운데서 문화와 실천에 대한 것이다. 널리 배우는 것이 문화이고, 예의로써 잡도리하는 것이 실천이다.

공부는 두루 배우는 데서 시작된다. 배움이 좁으면, 생각이 좁고 행동이 잔달게 될 뿐만 아니라 지고한 경지에 이르기는 더욱더 어렵다. 그러나 두루 배우면서도 잡도리를 하지 못하면, 생각과 말이 어수선하고 너저분해지기 쉽다. 그러면 행동 또한 한결같지 못하게 된다. 공부가 풍성해지면 풍성해질수록 더욱더 잡도리하여야 한다. 그런 잡도리를 하는 것이 예의이다. 동시에 예의는 모든 공부가 올바르고 제대로 잡도리되어야 이루어진다. 흥미롭게도 공부를 제대로 했든 제대로 하지 못했든 그 공부는 그 마음과 행동에 그대로 드러난다는 사실이다. 그래서 그 시대의 음악과 예의를 보면, 그 시대를 알 수 있는 것이다.

음악이 감성(感性)의 영역이라면, 예의는 이성(理性)의 영역이다. 그런데 공부는 심성(心性)과 관련된다. 공부는 이성과 감성이 어우러지도록 하는 것이며, 결코 머리로 하는 것이 아니라는 말이다. 공부는 경험으로 하여야 구체적이고 명확해진다. 이성으로만 하는 공부는 관념으로 흘러서 구체성과 생동감을 잃게 되고, 일상에서 제대로 쓰이지 못한다. 즉 죽은 공부가 된다. 오늘날의 공부는 바로 그런 죽은 공부가 아닐까? 어른들이고 아이들이고 할 것 없이 모두 예의가 없어진 것은 그저 배운 것이 없거나 적어서가 아니다. 머리로만 이해하는 데서 그치고, 몸으로 마음으로 공부를 하지 않아서이다.

6-28

子見南子, 子路不說. 夫子矢之曰: "予所否者, 天厭之! 天厭之!"

> 스승께서 남자를 만나니, 자로가 못마땅해하였다. 그러자 스승께서 맹세하셨다.
> "내가 잘못하였다면, 하늘이 나를 내치리라! 하늘이 나를 내치리라!"

注釋 남자(南子)는 위나라 영공(靈公)의 부인으로, 음탕하다는 소문이 있었다. 당시 위나라의 정치 상황을 엿볼 수 있게 해주는 인물이다. 열(說)은 열(悅)과 같다. 시(矢)는 맹세하다는 뜻이다. 소(所)는 '만

약에 ~했다면'의 뜻으로, 맹세할 때 쓰는 말이다. 비(否)는 좋지 않다, 나쁘다는 뜻이다. 염(厭)은 싫어하다, 꺼리다는 뜻으로, 여기서는 싫어서 내치다는 말맛이 있다.

蛇足 군자의 길이 험난한 것은 그의 뜻을 알아주는 이가 없거나 그의 한결같음이 오해받거나 왜곡되어서가 아니다. 그 자신이 언제나 깨어 있어야 하기 때문에 힘들고 어려운 것이다. 하늘이 보고 땅이 알고 자신이 늘 느끼고 있으니, 어찌 이치에 벗어난 짓을 하겠는가? 잠시라도 이치에서 어긋나면, 내가 찐덥지 않다. 내가 찐덥지 않은 것을 하늘이 모르겠는가? 이러하니, 남이 알아주거나 알아주지 않거나 하는 것은 그다지 중요하지 않다.

여기서 하늘은 맹세의 대상이다. 이치도 아니고, 인격적인 신도 아니다. 당시의 일반적인 말투로 말했을 뿐이다. 그러나 담긴 이치는 분명하다. 내가 이미 잘못했다면, 도대체 내가 어디에 서겠는가? 쉼 없이 배우고 익혀서 도를 행하려는 사람이 그 도에서 멀어졌다면, 이미 그는 자신을 버린 것이다. 자신을 버린 자는 세상이 그를 버린다. 그것을 하늘이 버린다고 말했을 뿐이다. 내가 그릇되고서도 부끄러움이 없고 찐덥지 않음을 모른다면, 하늘이 나를 버리기 전에 이미 나는 죽은 것이다.

6-29

子曰: "中庸之爲德也, 其至矣乎! 民鮮久矣!"

스승께서 말씀하셨다.
"일상에서 알맞게 하는 것을 덕이라 하니, 참으로 지고하구나! 그리하는 자 드물어진 지 오래구나!"

注釋　중(中)은 가운데, 가운데를 잡다, 알맞게 하다는 뜻이다. 용(庸)은 일상이다. 중용은 일상의 다양한 상황 속에서 치우침 없이 한결같이 가운데를 잡는 것, 그것이 이치에서 벗어나지 않는 것이다. 선(鮮)은 드물다는 뜻이다.

蛇足　시중(時中)이 곧 중용이다. 어느 때에나 알맞게 하는 것이 시중이요, 일상에서 한결같이 이치를 따르고 이치에 어긋나지 않는 것이 바로 중용이다. 때를 아는 것은 지혜요, 이치에 맞게 하는 것은 어짊이다. 중용은 지혜와 어짊을 갖춘 자만이 이를 수 있는 지고한 경지이다. 그러나 그 경지는 변하는 듯 변하지 않고 변하지 않는 듯 끊임없이 변하는 일상 가운데서야 이를 수 있다. 성자가 아니라면, 어찌 그런 경지에 이르겠는가? 성자가 이미 나타나지 않은 지 오래이니, 공자가 탄식하지 않을 수 있겠는가?

6-30

子貢曰: "如有博施於民而能濟衆, 何如? 可謂仁乎?" 子曰: "何事於仁? 必也聖乎! 堯舜其猶病諸! 夫仁者, 己欲立而立人, 己欲達而達人. 能近取譬, 可謂仁之方也已."

자공이 여쭈었다.
"백성들에게 두루 베풀고 뭇사람을 건질 수 있다면, 어떻습니까? 어질다 할 수 있겠습니까?"
스승께서 말씀하셨다.
"어찌 어질기만 하겠느냐? 반드시 거룩하다고 하리라! 요 임금이나 순 임금도 오히려 힘겨워하였다! 무릇 어진 자는 자기가

서려고 하면서 남을 세우고, 자기가 이르려 하면서 남을 이르
게 하는 사람이지. 일깨워주는 것을 가까이서 잘 붙잡는 것, 이
것이 어질게 되는 길이라 할 수 있다.”

注釋 박(博)은 너르다, 넓다, 두루 등의 뜻이다. 시(施)는 은혜를 베
풀다는 뜻이다. 제(濟)는 건지다, 이루게 하다는 뜻이다. 그릇됨을 바로
잡아주고, 그릇되지 않도록 도와주는 것을 의미한다. 중(衆)은 신분과
는 상관없이 모든 사람들을 가리킨다. 성(聖)은 더할 수 없이 뛰어나다,
거룩하다는 뜻이다. 병(病)은 걱정하다, 괴로워하다는 뜻으로, 여기서
는 힘겨워하다는 뜻으로 풀었다. 저(諸)는 지호(之乎)다. 달(達)은 꿰뚫
다, 두루 미치다는 뜻으로, 여기서는 지고한 데에 이르다는 말맛이 있
다. 취(取)는 거두다, 붙잡다는 뜻이다. 비(譬)는 비슷한 것을 끌어다가
넌지시 일깨워주는 것이다. 방(方)은 방법을 뜻한다.

蛇足 능근취비(能近取譬)는 앞서 나온 중용(中庸)과 밀접한 연관
이 있다. 근(近)은 가까운 곳, 즉 일상을 가리킨다. 비(譬)는 존재하는
모든 것, 만물을 가리킨다. 만물은 이치 자체가 아니고 이치를 담고 있
으므로, 일종의 비유가 된다. 하나인 이치를 만물을 통해 다양하게 비
유한 것이다. 따라서 이치는 분명하게 드러나 있는 것이 아니고, 미묘
하고 또 오묘하게 감추어져 있으므로 비유를 통해 그 이치를 들여다
보고 알아야 하는데, 그것이 어렵다. 그런 이치에 대해 얼핏 들은 것이
배움이다. 그 배움을 일상 속에서 익히면서 숨겨진 이치를 느끼고 아
는 것이 바로 지혜이다. 지혜로써 보게 되면, 이치는 더 이상 비유로서
존재하지 않는다. 아주 생생하고 활발발한 일이나 물건으로서 존재한
다. 그래서 그것들과 하나가 된다. 어짊은 곧 어우러짐이다. 사람들과
어우러지는 데서 그치지 않고, 만물과 하나가 되는 데까지 이른다.『중
용』에서 “가운데와 어울림의 지극한 데에 이르면, 하늘과 땅이 제자리

를 지키고 온갖 것이 잘 자라게 된다(致中和, 天地位焉, 萬物育焉.)"고
한 것이 이것이다. 가운데와 어울림의 지극한 데에 이르는 것이 곧 어
질게 되는 것이고, 그것은 일상에서 깨쳐야만 되는 일이다. 하늘과 땅
이 제자리를 지키고 온갖 것이 잘 자라는 것은 내가 만물과 하나가 되
었음을 의미한다. 자공이 말한 "백성들에게 두루 베풀고 뭇사람을 건
지는 것"은 바로 그 어울림 가운데 하나이다. 그러니 어찌 거룩하지 않
겠는가?

7편

술이
(述而)

7-1

子曰: "述而不作, 信而好古, 竊比於我老彭!"

스승께서 말씀하셨다.
"받아서 적되 짓지는 않으며, 옛것을 믿고 좋아하니, 슬며시 나를 저 노팽에나 견줄까!"

注釋　술(述)은 뛰어난 사람의 언행을 이어받거나 이야기하다는 뜻이다. 작(作)은 짓다는 뜻으로, 처음 만들다는 속뜻이 있다. 그래서 작가(作家)는 아무나 되는 것이 아니다. 성인만이 작가가 된다. 당나라 말기에 선불교에서 한 소식을 얻은 사람을 작가라고 한 이유도 여기에 있다. 절(竊)은 몰래, 슬며시를 뜻한다.

蛇足　공자가 옛사람의 일과 가르침을 받아서 전하기는 하였으나, 곧이곧대로 받아들여서 전한 것은 아니다. 그 자신이 시대의 변화에 맞게 재창조하였다. 자신을 낮추어서 위와 같이 말했을 따름이다. 제대로 이어받는다는 것은 그 자체가 창조적인 행위이다. 왜냐하면 이미 과거가 된 일을 제대로 알고 이어받는다는 것은 현재와 과거 사이에 놓인 시간적 간극을 없앨 수 있는 통찰이 있다는 뜻이기 때문이다. 통찰에서 바로 창조적 해석과 전환이 이루어진다. 그리고 그것은 먼저 옛것을 믿고 좋아하는 데서 시작된다. 옛것을 애초부터 믿지 않고 비판의 대상으로만 여겨서는 참뜻을 알 길이 없다. 옛것의 참뜻을 모른다면, 과연 오늘날 어떻게 창조할 것인가? 무에서 유의 창조는 없다. 유에서 새로운 유가 나올 뿐이다. 그래서 역사를 아는 것은 공부의 기본이고 필요조건이다.

7-2

子曰: "默而識之, 學而不厭, 誨人不倦; 何有於我哉?"

스승께서 말씀하셨다.
"말없이 마음에 새겨두는 것, 배우면서 싫증내지 않는 것, 남을 가르치는 일에 게으르지 않는 것, 이 가운데 어느 것이 나에게 있는가?"

注釋　묵(默)은 입을 다물다, 잠잠하다는 뜻이다. 식(識)은 안 것을 마음에 담아두다는 뜻이다. 염(厭)은 싫증내다, 싫어하다는 뜻이다. 회(誨)는 가르치다, 보이다는 뜻이다. 권(倦)은 게으르다는 뜻이다.

蛇足　공자는 세 가지를 말하고, 그 가운데 어느 것도 자신에게 갖추어져 있지 않은 듯이 말하고 있다. 그러나 실상은 공자가 평생을 공부하면서 몸에 붙박아둔 일들이다. 말없이 마음에 새겨두는 것은 아는 것을 행하려는 마음이고, 배우면서 싫증내지 않는 것은 배우기를 좋아하는 마음이며, 남을 가르치는 일에 게으르지 않는 것은 지극한 마음이다. 이 모두 일상에서 깨어 있어야만 터득할 수 있는 것들이다. 그저 얼렁뚱땅 배우고 관념적으로 이해해서는 할 수 없는 말들이다.

7-3

子曰: "德之不修, 學之不講, 聞義不能徙, 不善不能改, 是吾憂也."

스승께서 말씀하셨다.
"덕을 닦지 않는 것, 배운 것을 익히지 않는 것, 올바름을 듣고도 행동으로 잘 옮기지 못하는 것, 좋지 못한 것을 잘 고치지 못하는 것, 이런 것들이 내 걱정이다."

注釋 지(之)는 목적격으로 풀어야 한다. 강(講)은 의미를 풀어내다, 밝히다는 뜻이다. 풀어내거나 밝히는 일은 익히지 않으면 할 수 없다. 그래서 익히다는 뜻으로도 쓰인다. 모르는 것을 어찌 풀어 밝히겠는가? 능(能)은 잘하다, 제대로의 뜻이다. 사(徙)는 옮기다는 뜻으로, 여기서는 아는 대로 행동하다는 의미로 쓰였다.

蛇足 덕을 닦는 것은 원석을 깎아내고 다듬는 것과 같다. 이미 내 안에 갖추어져 있는 고귀한 성품을 다듬는 일이다. 어디 다른 데에 있는 것을 가져다가 내 것으로 만드는 일이 아니다. 이를 위해서 배우고 익힌다. 배우는 것은 소박한 진리이고, 익히는 것은 내 몸에 배게 하는 일이다. 배우고 익히면서 올바름과 그릇됨을 더욱 잘 분별하게 되고, 올바르게 행동하려고 애쓰게 된다. 많이 배우면 배울수록, 공부가 깊어지면 깊어질수록 뽐내거나 우쭐대지 않는다. 혹시라도 좋지 못한 점이 있지 않은가 더욱더 자신을 되돌아본다. 자신을 되돌아보지 못하는 자, 허물이 있는 줄도 모르는 자, 허물을 알고도 고칠 줄을 모르는 자는 배우는 자가 아니며, 배워도 익히지 않는 자이다. 그저 배운 것을 뽐내는 데 쓸 뿐이다.

7-4

子之燕居, 申申如也, 夭夭如也.

스승께서는 하잔하게 계실 적에는 건둥하시고 훤하셨다.

注釋 연(燕)은 편안하다, 한가롭다는 뜻이다. 신신(申申)은 흐트러짐이 없으면서 몸과 마음에 구김새도 없는 것으로, 건둥하거나 시원스러운 모습이다. 요요(夭夭)는 젊고 싱싱한 것처럼 훤하다, 말긋말긋하다는 뜻이다.

蛇足 살다 보면, 바쁠 때도 있고 하잔할 때가 있다. 바쁘면 바쁜 대로 하잔하면 하잔한 대로 살면 된다고들 말하지만, 그게 어디 쉬운 일인가? 어리석은 자는 바쁠 때는 바쁘다고 허둥대거나 건성으로 일하고, 하잔해지면 그 하잔함을 누리지 못하고 마냥 늘어지기만 한다. 슬기로운 자는 바쁨 속에서도 건둥하고, 하잔해지면 하잔한 대로 느긋하면서도 흐트러짐이 없이 환하다.

  일상은 결코 쳇바퀴가 아니다. 끊임없이 긴장과 이완이 갖가지 꼴을 하고서 갈마드는 세계이다. 미묘한 이치의 세계를 들여다보지 않고서는 그 장단에 맞출 수 없고 그 흐름을 탈 수가 없다.

7-5

子曰: "甚矣, 吾衰也! 久矣, 吾不復夢見周公!"

  스승께서 탄식하셨다.
  "너무나 내가 약해졌구나! 꿈에 주공을 다시 뵙지 못한 게 이리도 오래되었으니!"

注釋 심(甚)은 정도가 지나친 것을 뜻한다. 쇠(衰)는 기운이 없어지는 것으로, 약해지다는 뜻이다. 부(復)는 다시의 뜻이다.

蛇足 공자의 공부와 실천은 늘 주공(周公)을 배우고 따르는 일이

었다. 주공이 이룩한 문화 혁명을 다시금 이룩하기 위해서였다. 한창 나이 때는 기운이 넘치는 만큼 그런 바람을 이룰 수 있으리라는 희망도 넘쳤다. 그래서 주공이 꿈에서 나타나 힘을 북돋아주거나 일깨움을 주기도 하였다. 세상이 혼탁하면 할수록 투지는 더욱 타올랐다. 그러나 사람이란 나이를 먹게 마련이고, 나이를 먹으면 심신이 약해지는 법. 나이를 먹지 않아도 뜻한 바가 이루어지지 않으면 심신은 약해진다. 심신이 약해지면, 깨어 있을 때도 활기가 떨어지는데 꿈에서는 또 어떻겠는가?

주공을 꿈에서 뵙지 못한 게 오래되었다는 말은 공자가 자신의 사상을 펼 기회가 점점 없어지고 있음을 느끼고 있다는 뜻이다. 뜻은 한결같아도 그 뜻을 이룰 때는 점점 멀어지고 있는 것이다. 주공이 이룬 일을 이루지 못할 것 같은 불길함이 그렇게 표현된 것이다.

7-6

子曰: "志於道, 據於德, 依於仁, 游於藝."

스승께서 말씀하셨다.
"도에 뜻을 두고, 덕에 바탕을 두며, 어짊에 기대고, 예술에서 놀아라."

注釋 지(志)는 무언가를 하려는 뜻, 어딘가로 향해 가는 마음이다. 거(據)는 딛고 설 토대나 바탕을 뜻한다. 의(依)는 기대다, 좇다는 뜻이다. 유(游)는 물의 흐름을 따라 헤엄치는 것으로, 놀다, 즐기다는 뜻이다.

蛇足 이치에 뜻을 두고 배워서 익힌다. 그렇게 해서 터득한 것이 덕

212

이 된다. 그 덕을 바탕으로 해야만 비로소 남을 위해 일을 꾀할 수 있다. 그러나 그 덕은 필요조건이지 충분조건이 아니다. 어짊에 이르러야 비로소 덕은 완전해진다. 어질게 되려고 쉼 없이 애써야 한다. 그것이 어짊에 기대는 것, 어짊을 따르는 것, 어짊을 좇는 것이다. 그런 다음에 어짊을 남에게 베푼다. 예술이라고 해서 반드시 시나 음악, 회화 따위 갖가지 표현 방식을 이르는 것은 아니다. 어짊이 억지스럽지 않게 저절로 드러나면, 그 드러난 것이 모두 예술이다. 성자나 현자의 말은 그대로 시요, 그의 목소리는 그대로 음악이요, 그 몸짓은 그대로 춤사위이며, 그의 하루는 그대로 한 폭의 그림이다. 어진 이의 삶은 바로 한바탕 놀이이고 예술이다. 예술은 곧 놀이이다. 논다는 것은 흐름을 타고 즐기는 것이니, 이치를 따르는 삶이 바로 놀이이다. 그 삶이 일상을 벗어나지 않을진대, 어찌 일상을 떠나서 놀이가 있으며 예술이 있겠는가?

7-7

子曰: "自行束脩以上, 吾未嘗無誨焉."

스승께서 말씀하셨다.
"말린 고기 한 묶음 이상을 들고 스스로 찾아온 자라면, 내 가르치지 않은 적이 없다."

注釋 속수(束脩)에서 수(脩)는 말린 고기이고, 속은 열 개를 하나로 묶은 것이다. 공자 당시에 한 묶음의 말린 고기는 가장 하찮은 예물 또는 선물이었다. 상(嘗)은 일찍이, ~한 적이 있다는 뜻이다. 회(誨)는 가르치다는 뜻이다.

蛇足 사람마다 처지가 다르다. 재물이 흔전한 사람이 있는가 하면,

213

간신히 먹고살 정도인 사람도 있다. 그런데 배우려는 뜻을 갖는다면, 그 뜻은 재물의 많고 적음과는 상관이 없다. 그런 뜻이 있는 사람이라면, 재물로 말미암아 배울 기회를 얻지 못하는 일이 생겨서는 안 된다. 『중용』에서 공자는 "너그러움과 부드러움을 가르친다(寬柔以敎)"라는 말을 하였다. 너그러움을 가르치는 사람은 상대의 뜻을 살펴서 가르친다. 그것이 공자가 말한 어짊이며, 프랑스 대혁명에서 내세운 박애(博愛)이다. 평등이란 먼저 삶의 최소 요건을 충족시켜주고 배움의 기회를 똑같이 주는 데서 시작된다. 그럼에도 예나 이제나 배움의 기회가 가진 자에게 더 많이 간다는 것은 참으로 딱한 일이다. 그것은 인류의 불행이요 문명의 비극이다. 지금 한국의 대학은 과연 대학다운가? 참된 학문, 진리 탐구라는 게 과연 이루어지고 있는가? 후학들을 제대로 가르치고 있는가? 학생들을 그저 이용하고 있는 것은 아닌가?

7-8

子曰: "不憤不啓, 不悱不發. 擧一隅, 不以三隅反, 則不復也."

스승께서 말씀하셨다.
"먼저 마음을 내지 않으면 열어주지 않고, 말하려 애쓰지 않으면 튕겨주지 않는다. 한 귀퉁이를 들어주는데 세 귀퉁이를 미루어 알지 못하면, 되풀이하지 않는다."

注釋 분(憤)은 결내다는 뜻으로, 무언가 바라는 것을 얻지 못해서 일어나는 마음이다. 계(啓)는 열다는 뜻으로, 여기서는 지혜를 열어주다는 의미로 쓰였다. 비(悱)는 마음에 있는 것을 말로는 표현하지 못하는 것이다. 여기서는 스스로 애써 하려는 적극적인 마음가짐을 뜻한다. 발(發)은 활을 쏘는 것처럼 순간적으로 일으키는 것이다. 거(擧)는 들

214

다, 말이나 행동을 하다는 뜻이다. 우(隅)는 모퉁이, 귀퉁이의 뜻이다. 반(反)은 돌이키다, 미루어 헤아리다는 뜻이다. 복(復)은 거듭하다, 되풀이하다는 뜻이다.

蛇足　배움이란 결코 쉬운 일이 아니다. 쉽지 않으므로 스스로 마음을 내어서 하지 않으면 일정한 수준에 이르지 못한다. 그저 귀를 열고 눈을 뜨고 있다고 해서 새로운 것을 보고 알게 되는 것은 아니다. 스스로 알려고 하여야만 알 수 있다. 특히 옛날에는 학인이 먼저 묻는 데서 공부가 시작되었다. 물음이란 스스로 의문을 갖고 알려고 하는 데서 나온다. 그런 물음을 던지지 않는다면, 가르쳐주어도 돌아서면 잊어버린다. 아니, 잊기도 전에 그 참뜻을 알지 못한 채 흘려보낸다.

　공부는 아는 데서 끝나지 않는다. 아는 대로 행하여야 한다. 행한다는 것은 곧 말과 행동으로 표현하는 일이다. 그것은 공부가 '나'에게서 비롯되지만 '남'에게서 마무리된다는 것을 의미한다. 그러나 표현하는 일 또한 아는 것만큼이나 어렵다. 배워서 알 수 있는 것도 아니다. 스스로 터득하여야 하는데, 그렇게 애써야만 스승이 절묘한 한마디로 말문을 틔워주고 행동에 걸림이 없게 해줄 수 있다. 한 귀퉁이를 들어서 보여주면 세 귀퉁이를 아는 것, 이 또한 주체적이고 적극적인 마음가짐에서 가능한 일이다. 그런 마음가짐이 없는 사람을 가르치는 것, 그것은 노파심일 뿐이다.

　지혜의 문은 두드려야 열린다. 두드리지 않으면 결코 열리지 않는다. 지혜의 세계에서는 요행이란 없다. 요행으로 지혜를 얻은 사람을 보았는가? 두드리지 않는데 문을 열어주는 법도 없다. 생각해보라. 아무도 날 찾지 않고, 문을 두드리는 사람도 없는데, 내가 문을 열어준다?

215

7-9

子食於有喪者之側, 未嘗飽也.

스승께서는 상을 당한 자 곁에서 음식을 드실 때는 배부르게
드신 적이 없었다.

注釋　측(側)은 곁, 옆을 뜻한다. 포(飽)는 물리도록 먹다, 배부르다
는 뜻이다.

蛇足　누군가가 죽어서 슬픔을 겪고 있는 자가 곁에 있다면, 그 마
음을 헤아릴 줄 알아야 한다. 이것이 곧 서(恕)이다. 내가 그런 슬픔을
겪은 것처럼 남의 슬픔을 느끼는 것이 예의이다. 예의는 남을 위해서
남에게 차리는 것이 아니다. 바로 자신을 위해서 자신에게 지극한 것이
다. 그것을 충(忠)이라 한다.
　까짓 사람이 태어나고 죽는 일이야 저절로 그러한 이치인데, 왜 굳이
거기에 예의란 걸 덧붙이느냐고 말할 수도 있다. 어쩌면 여기에서 유가
와 도가가 나뉘는지도 모른다. 바로 생사에 대한 이해 또는 인식에서
서로 달라지는 셈이다. 그러나 어느 쪽이 옳다 그르다 할 수가 없다. 옳
다면 다 옳고, 그르다면 다 그르다. 굳이 판단하려면, 그 사람의 일상
이 어떠한가를 살펴야 할 것이다. 아무 것에도 매이지 않고 자유자재하
게 사는 사람에게는 예의란 걸 요구할 수 없다. 그에게 예의는 참으로
하찮고 번거로운 틀일 뿐이기 때문이다. 평소에 늘 예의를 강조하고 문
명의 세련됨을 말하는 사람이라면, 그런 예의를 차려야만 한다. 그렇지
않다면, 그는 두말하는 사람이다.

216

7-10

子於是日哭, 則不歌.

　　스승께서는 이런 날 곡을 하시면, 노래하지 않으셨다.

　　注釋　곡(哭)은 소리를 내서 슬픔이 크다는 것을 드러내는 행위로, 일종의 예법이다.

　　蛇足　앞의 7-9와 함께 공자의 일상이 잘 드러나는 대목이다. 무엇보다도 공자가 노래 부르는 것을 즐겼다는 사실을 짐작할 수 있다. 때와 곳을 가리지 않고 어디서나 노래 잘하는 사람이 있으면 노래를 부르게 했고, 그 자신도 화답하였다. 그렇게 좋아하는 노래를 남이 깊은 슬픔에 젖어 있을 때는 부르지 않았다는 말이다. 상황에 알맞게 자신을 잡도리하는 것, 이것이 바로 시중(時中)이다.

7-11

子謂顏淵, 曰: "用之則行, 舍之則藏, 惟我與爾有是夫!" 子路曰: "子行三軍, 則誰與?" 子曰: "暴虎馮河, 死而無悔者, 吾不與也. 必也臨事而懼, 好謀而成者也."

　　스승께서 안연을 가리켜 말씀하셨다.
　　"써주면 도를 행하고, 버리면 숨는 것, 오로지 나와 그만이 그렇게 할 수 있다!"
　　자로가 여쭈었다.
　　"스승께서 삼군을 거느리신다면, 누구와 더불어 하시겠습니까?"

217

스승께서 말씀하셨다.

"맨손으로 범을 때려잡고 맨발로 강을 건너며 죽어도 후회하지 않는 자, 내 그런 자와는 함께하지 않는다. 반드시 일을 어려워하고 잘 꾀하여 이루는 자라야 한다."

注釋 용(用)은 쓰다, 부리다는 뜻이다. 사(舍)는 사(捨)와 같이, 버리다는 뜻이다. 장(藏)은 자취를 감추다, 숨다는 뜻이다. 이(爾)는 너, 그 등의 뜻이다. 삼군(三軍)은 대군(大軍)이다. 일군(一軍)은 1만 2천 5백 명이라고 한다. 여(與)는 더불어 하다, 같이하다는 뜻이다. 포(暴)는 맨손으로 때리다는 뜻이다. 빙(馮)은 걸어서 건너다는 뜻이다. 구(懼)는 어려워하다, 삼가다는 뜻이다. 모(謀)는 일을 이루기 위해서 요모조모 따지며 생각하는 것이다.

蛇足 공자가 안연을 일컬으니, 곁에 있던 자로가 자신은 안연과 같은 어짊은 없으나 용기가 있는 사람이라는 것을 은근히 드러내려 하였다. 자로의 물음은 자신을 내세우려고 한 것인데, 공자는 단호하게 잘라버렸다. 자로를 업신여겨서가 아니라, 참된 용기, 진정한 장수의 자질에 대해 일깨워주려는 것이었다.

지혜로운 자는 때를 안다. 때를 알기 때문에 나아가야 할지, 물러나야 할지, 숨어야 할지를 안다. 어리석은 자는 때를 알지 못한다. 사사로움이 앞서면 때를 알아채는 통찰을 지닐 수 없기 때문이다. 어설프게 배운 자는 알지도 못하면서 그저 뜻만 세우면 될 줄 알고 덤벼든다. 그러나 낭패를 당하고 남들을 힘들게 만든다.

맨손으로 범을 때려잡고 맨발로 강을 건너며 죽어도 후회하지 않는 것은 한낱 범부의 용맹일 뿐이다. 그런 용맹은 맞닥뜨린 일의 성격이나 본질을 알려고 하지 않고 그저 밀어붙이려고만 하는 단순한 힘에 지나지 않는다. 그런 용맹으로는 삼군을 거느릴 수 없다. 삼군을 거느릴 장

수는 참다운 용기를 지녀야 한다. 용기가 있는 자는 사리를 알고 상황에 따라 처신한다. 무슨 일이든 가벼이 여기지 않고 어려워할 줄을 알며, 일에 맞는 꾀가 생기면 거침없이 해나간다.

7-12

子曰: "富而可求也, 雖執鞭之士, 吾亦爲之. 如不可求, 從吾所好."

스승께서 말씀하셨다.
"가멸지려 해서 가멸질 수 있다면, 비록 채찍 잡는 일일지라도 내 기꺼이 하겠다. 그러나 가멸질 수 없다면, 내가 좋아하는 일을 하겠다."

注釋 부(富)는 가멸다, 가멸지다는 뜻이다. 집(執)은 잡다는 뜻이다. 편(鞭)은 채찍을 뜻한다. 집편지사(執鞭之士)는 마부라고도 하고, 귀인의 행차 때 앞서 가면서 채찍을 휘두르며 사람을 물리치는 일을 하는 자라고도 하고, 저자에서 질서를 유지하는 자라고도 하는데, 미천한 사람의 일을 뜻한다는 데서는 공통된다. 역(亦)에는 기꺼이 하겠다는 말맛이 담겨 있다.

蛇足 구해서 되는 일이 있고, 구해도 안 되는 일이 있다. 명예를 구하고 재물을 모으는 일은 바란다고 해서 되는 게 아니다. 명예는 세상 사람들의 마음을 얻는 일이고, 재물을 모으는 것은 남들이 가진 것 또는 가질 것을 내 것으로 만들어야 하는 일이다. 그런 일들이 올바르게 해서 얻어진다면 또 모를까, 그렇지도 않지 않은가. 어찌 쉽게 얻을 수 있으며, 얻은들 떳떳하다고만 하겠는가?

가멸질 수 있다면 무엇이든 하겠느냐고? 도대체 가멸진들 무엇이 달라질까? 고작 재물로 남에게 으스대고 뽐내는 것 외에 또 무엇을 할까? 하루 세 끼 먹는 것도 다를 게 없고, 뒷간 가는 일도 다를 게 없으며, 밤이 되면 잠이 오는 것도 다를 게 없고. 늙는 것도 같고, 병들면 약해지는 것도 같고, 때 되면 죽는 것도 같은데. 재물은 가진 것만큼이 아니라 쓴 만큼만 내 것이다. 소유권이 아니라 사용권밖에는 누릴 수 없다. 쓸 만큼만 가지면 된다. 도대체 살아가는 데 뭐가 그리도 많이 필요하겠는가? 건강한 삶, 즐거운 삶, 신명나는 삶, 알찬 삶, 아름다운 삶? 그런 삶은 돈을 들여서 누리는 게 아니다.

7-13

子之所愼, 齊, 戰, 疾.

스승께서 삼가신 것은 재계와 전쟁과 질병이었다.

注釋 제(齊)는 재(齋)와 같이, 제사를 지내기 전에 미리 몸과 마음을 깨끗이 하고 삼가는 일을 뜻한다.

蛇足 제사는 신을 만나는 일이니, 삼가고 또 삼가지 않을 수 없다. 제사를 위해 삼가는 것이 바로 재계인데, 재계는 자신을 잡도리하는 일이다. 전쟁은 국가의 흥망과 안위, 백성들의 목숨이 달린 일이니, 역시 삼가야 하는 일이다. 질병은 사람의 생사를 가르는 일이고, 특히 백성들의 삶과 밀접한 관계가 있으므로 다스리는 자가 늘 살펴야 하는 일이다.

7-14

子在齊聞韶, 三月不知肉味, 曰: "不圖爲樂之至於斯也."

스승께서 제나라에 계실 때 소를 들으시고는 석 달 동안 고기 맛을 잊으셨는데, 이렇게 말씀하셨다.
"음악이 이런 경지에 이를 줄은 생각지도 못했노라."

注釋 소(韶)는 순 임금이 만들었다고 하는 음악이다. 문(聞)을 배우다는 뜻으로 푸는 경우도 있다. 도(圖)는 그리다, 헤아리다는 뜻이다.

蛇足 공자 사상의 고갱이는 어짊이다. 그 어짊을 표현하는 두 방식이 예의와 음악이다. 어진 마음, 착한 마음을 담은 음악을 공자는 중시했다. 순 임금의 음악인 소가 그러했다. 지금은 들을 수 없으나, 가장 순수한 아이들의 목소리, 아이들의 노래와 가깝지 않을까? 아이들의 마음이야말로 그대로 맑고 깨끗한 본성이요, 어른이 되면서 잃었다가 다시 되찾으려는 지고한 본성 아닌가. 공자의 어짊은 동심(童心)과 다르지 않을 것이다. 실제로 아이들의 웃음과 말들은 활기로 가득하고 아름답다. 떠드는 소리조차 달콤하게 들린다. 거기에서는 세속의 티끌이 느껴지지 않는다. 그런 소리, 그런 음악을 들으면, 모든 것을 잊게 된다. 자신이 어디에 있는지조차 잊는다. 아마 공자가 들은 음악은 그런 음악일 것이다.
　여기서 흥미로운 것은 공자가 소를 듣고서 석 달 동안 고기 맛을 잊었다는 사실이다. 석 달이야 대략적인 시간의 길이지만, 그만큼 공자가 고기를 좋아하고 즐겼다는 뜻이 함축되어 있다. 음악을 좋아한다면 당연히 예술적 감각이 탁월했을 것이고, 또 실제로 그러했으므로 요리에 대해서도 남다른 감각을 지녔을 것은 뻔하다. 공자가 의식주에 있어 얼마나 까다롭게 굴었는지는 「향당」편에 잘 나온다. 물론 예법을 중시한 탓이지만, 그렇다고 하더라도 그 감성이나 기질에서 비롯되지 않았다고 할 수는 없다. 그런 공자로 하여금 고기 맛을 잊게 만들었으니, 대단한 음악임이 분명하다. 여기서 맛과 멋의 세계가 통한다는 것도 알 수 있다.

7-15

冉有曰: "夫子爲衛君乎?" 子貢曰: "諾, 吾將問之." 入曰: "伯夷叔齊, 何人也?" 曰: "古之賢人也." 曰: "怨乎?" 曰: "求仁而得仁, 又何怨?" 出曰: "夫子不爲也."

> 염유가 말하였다.
> "스승께서 위나라 임금을 도우실까?"
> 자공이 말하였다.
> "좋다, 내가 한번 여쭈어보겠다."
> 그리고는 들어가서 여쭈었다.
> "백이와 숙제는 어떤 사람입니까?"
> 스승께서 말씀하셨다.
> "옛날에 똑똑한 사람들이었지."
> "탓하는 마음이 있었는지요?"
> "어짊을 찾아서 어짊을 얻었는데, 또 무엇을 탓하겠느냐?"
> 자공이 나와서 말하였다.
> "스승께서는 그렇게 하지 않으신다."

注釋 위(爲)는 돕다는 뜻으로 쓰였다. 위군(衛君)은 위나라 출공(出公)인 첩(輒)으로, 영공(靈公)의 손자이고, 태자인 괴외(蒯聵)의 아들이다. 괴외는 영공의 부인인 남자(南子)를 죽이려다가 실패하여 진(晉)나

222

라로 달아났다. 영공이 죽자 첩이 임금이 되었는데, 괴외가 다시 돌아오려 하자 첩이 막았다. 이리하여 싸움이 벌어졌으니, 아비는 자식을 자식으로 여기지 않고, 자식은 아비를 아비로 여기지 않았다. 이런 와중이었으므로 염유로서는 스승이 첩을 도우려 하실까 하는 의문이 들었던 것이다. 락(諾)은 긍정하는 대답이다. 원(怨)은 탓하는 마음, 뒤틀린 마음을 뜻한다.

蛇足 염유가 가진 의문을 자공은 대신 풀어주었다. 그런데 자공이 스승을 뵙고 던진 물음은 전혀 다른 것이었다. 주나라의 무왕이 은나라를 치는 데 대해 반대하다가 수양산에서 굶어 죽은 백이와 숙제의 경우를 들면서, 그들이 자신들의 뜻대로 되지 않은 데 대해 탓하는 마음이 있었는지를 물었다. 공자의 대답은 "어짊을 찾아서 어짊을 얻었는데, 또 무엇을 탓하겠느냐?"이다. 지고한 가치인 어짊을 찾아서 체득한 사람에게는 탓하는 마음이라고는 티끌만큼도 있을 수가 없다. 어진 자는 세상에 어짊을 베풀려고는 하지만, 결코 반대급부를 바라지는 않는다. 자신을 완전하게 하려고 애쓸 뿐, 세상을 제 뜻대로 바꾸려고 하지는 않는다. 어짊은 거울 같은 마음이다. 그저 대상을 비출 뿐, 대상을 바꾸려고 애쓰지 않는 마음이다. 그런 마음에 무슨 뒤틀림이 있겠는가? 공자 또한 어짊을 체득하려 했고 또 체득한 사람인데, 어찌 그릇된 일에 나서겠는가? 어짊을 펼 수 없으면, 물러나서 갈무리하거나 후학을 키울 따름이다. 이로써 자공은 스승의 뜻을 알아챘다. 이 은근한 물음으로 스승의 뜻을 살핀 자공은 참으로 똑똑한 제자임에 틀림이 없다.

7-16

子曰: "飯疏食飲水, 曲肱而枕之, 樂亦在其中矣. 不義而富且貴, 於我如浮雲."

스승께서 말씀하셨다.
"거친 밥을 먹고 물을 마시며 팔을 구부려 베개 삼으니, 즐거움이야 그 속에 있다. 올바르지 아니하면서 가멸지고 높아지는 것, 그것은 나에게 뜬구름과 같다."

注釋 소사(疏食)는 변변치 못한 음식, 거친 밥을 뜻한다. 고대에 도량(稻粱, 벼와 조)은 가늘게 빻은 양식이고, 직(稷, 기장)은 거친 양식이었다. 수(水)는 그저 찬 물을 가리킨다. 끓인 물은 탕(湯)이다. 곡(曲)은 굽히다, 휘게 하다는 뜻이다. 굉(肱)은 팔뚝이다. 침(枕)은 베개, 베개 삼다는 뜻이다. 부(浮)는 뜨다는 뜻이다.

蛇足 공자의 나아감과 물러남이 잘 드러나 있다. 가멸지고 높아지는 것은 나아감인데, 올바름을 통하지 않는다면 그렇게 하지 않겠다는 뜻이다. 거친 밥을 먹고 물 마시며 팔을 구부려 베개 삼는 것은 물러나서 가만히 누리는 일상이다. 마치 장자의 소요유와 같은데, 유자들도 물러나서는 그런 삶을 살았다. 아니, 그런 삶을 살아야만 참된 유자라 할 수 있다. 오로지 나아가기만 하려는 것은 유자가 아니다. 그런 자는 법가의 부류에 속한다. 속세를 떠나려고만 하는 것은 도가의 부류에 속한다. 유자는 나아감과 물러남을 때맞게 하는 자이다. 그래서 나아가서는 천하 백성들을 위해 흐르는 물처럼 행동하고, 물러나서는 가만히 자신을 돌아보며 산처럼 산다.

7-17 ────────────────────────────────

子曰: "加我數年, 五十以學易, 可以無大過矣."

스승께서 말씀하셨다.
"내게 몇 해 더 주어져서 쉰에 역을 배웠더라면, 큰 허물을 짓
지 않았을 텐데."

注釋　가(加)는 더하다는 뜻이다. 역(易)은 『역경』이나 그에 상응하
는 책을 뜻하면서 변화의 원리나 이치를 가리키기도 한다. 단순히 점괘
에 관한 것이 아니다. 이 역의 원리나 이치가 바로 시중(時中)으로 구체
화되었다.

蛇足　오십(五十)을 어떻게 이해하느냐에 따라 다양한 풀이가 가능
하다. 오십(五十)에 대해서, 하안(何晏)은 "역은 이치를 궁구하고 본성
을 다하여서 천명에 이른다. 나이 쉰에 천명을 안다. 천명을 아는 나이
에 이르러 천명에 이르는 책을 읽는다. 그러므로 큰 허물이 없어질 것
이다"라고 풀이하였는데, 일면 타당하고 일면 부당하다. 쉰의 나이라면
그저 역을 공부하면 된다. 무슨 딴 말이 필요하겠는가? 역의 공부가 천
명을 아는 데 이른다고 하였으나, 공자 스스로 말했듯이 천명을 안다
고 성인(聖人)이 된 것은 아니다. 그런데 이치를 궁구하고 본성을 다하
면 이미 성인이다. 무언가 뒤바뀐 듯하다. 또 황간은 공자의 나이 마흔
다섯이나 여섯에, 형병은 마흔일곱에 이 말을 하였다고 하는데, 이 또
한 글자에 매인 해석이다. 공자처럼 배우기를 좋아하는 이라면 그저 덤
벼들어서 공부했을 것이다. 어찌 구차하게 이런 말을 늘어놓았겠는가?
또 주희는 오십을 졸(卒)의 파자(破字)로 보고 '마침내'로 풀었는데, 이
또한 옹색하기 그지없다. 어찌 이리도 억지스러운가?
　염두에 두어야 할 것은, 공자의 말은 누군가의 물음에 대한 대답이

아니더라도 제자들이나 다른 사람에게 들으라고 한 말이라는 사실이
다. 즉 독백이면서 독백이 아니다. 자신에게 하는 말이지만, 남을 일깨
우려는 것이 목적이라는 말이다. 또 『논어』 전체에서 공자가 말하는 방
식이나 어조를 감안해서 해석하여야 한다는 점이다. 그저 잣구만 들여
다보고 해석한다면, 참으로 옹색하게 된다. 공자의 말하기는 늘 경험에
입각해서 구체적으로 이루어진다. 따라서 관념적으로 이해하려고 해서
는 안 된다. 그보다는 공자의 삶 속에서 이해하여야 한다. 따라서 왜 나
이 오십에 역을 배웠어야 했는지를 이해하는 것이 가장 중요하다. 그
언저리에 무슨 일이 있었는가? 공자의 일생에서 가장 논란이 일었던 일
이 56세 때 있었다. 바로 소정묘(少正卯)를 죽인 사건이다. 『순자(荀子)』
「유좌(宥坐)」편에 다음과 같은 이야기가 나온다.

공자가 노나라의 재상이 되었을 때, 조정에 들어간 지 이레째에 소정
묘를 베어 죽였다. 이에 문인이 나아가 여쭈었다. "저 소정묘는 노나라
에서 알려진 사람입니다. 스승께서는 정치를 하신다면서 처음부터 베
어 죽이시니, 잘못하신 게 아닙니까?" 그러자 공자가 말하였다. "앉거
라. 내 너에게 그 까닭을 말해주겠다. 사람에게 고약한 게 다섯 가지 있
는데, 도둑질도 그보다 못하다. 첫째는 마음이 사물을 꿰뚫었으면서도
비뚤어져 있는 것, 둘째는 행실이 치우쳐 있으면서도 굳은 것, 셋째는
말이 거짓되면서 번드러운 것, 넷째는 괴이한 것들을 외우면서도 두루
아는 척하는 것, 다섯째는 그릇된 일을 따르면서도 번드르르한 것이다.
이 다섯 가지 가운데 하나만 있어도 군자에게 베여 죽을 터인데, 소정
묘는 다 가졌다. 그래서 머무는 데에 패거리를 모아서 무리를 이룰 만
했고, 말을 했다 하면 삿됨을 꾸며서 대중을 현혹시킬 만했으며, 드세
어서 그른 것을 옳다고 하면서 홀로 설 만했으니, 이는 소인 가운데 웅
걸이다. 죽이지 않을 수 없었다. 이런 까닭에 탕 임금은 윤해를 죽였고,
문왕은 반지를 죽였으며, 주공은 관숙을 죽였고, 태공은 화사를 죽였
으며, 관중은 부리을을 죽였고, 자산은 등석과 사부를 죽였다. 이 일곱

명은 모두 다른 시대에 살았으나 그 마음보가 같았으니, 죽이지 않을 수 없었다."

소정묘가 어떤 인물인지에 대해서는 정확하게 알 수가 없다. 이에 대해서는 논란이 많다. 중요한 것은 공자가 말한 나이 '쉰'이 바로 이 소정묘 사건이 있기 몇 해 전에 해당한다는 사실이며, 문제는 공자가 정치를 시작하자마자 소정묘를 죽였다는 점이다. 공자의 사상으로 본다면, 어짊의 정치는 사람을 살리는 정치이지 죽이는 정치가 아니다. 4-3에서 말했듯이 "오로지 어진 자라야 사람을 사랑할 수도 있고 미워할 수도 있다"고 하였는데, 어진 자는 미워할 자격은 있으나 정말로 미워하지는 않는다. 그런데도 공자는 죽임으로써 정치를 시작하였다. 그 자신이 제자에게 이유를 말해주기는 했으나, 과연 합당하다고만 할 수 있을까? 소정묘가 노나라에서 알려져 있는 인물이라는 말의 분명한 뜻은 알 수 없고 소문이란 것도 정확하지는 않지만, 어쨌든 많은 사람들이 그를 따랐음은 분명하다. 세상 사람들이 그에게 속아서 따랐고 공자만이 그 속셈을 알아차렸다 하더라도, 나랏일이란 공적인 일이므로 명명백백하고 투명해야만 한다. 말하자면, 모든 사람이 납득할 수 있는 방식으로 처리해나가야 한다. 그렇게 본다면, 공자는 자신의 의지와 신념으로 지나치게 밀어붙인 게 아니었을까? 더구나 노나라의 재상이 되자마자 탕 임금이나 문왕, 주공 등과 같은 맥락에서 고약한 인물을 죽였다고 한들, 노나라의 정치를 아주 새롭게 바꾸어서 도가 행해지도록 했는가? 그렇지 못하다. 오히려 정적(政敵)을 죽였다는 모함을 받기에 딱 알맞다. 공자의 이 일은 공자 개인에게 있어서만이 아니라, 노나라 정치에서도 아주 중요한 문제였을 것이다. 그런데 여기에 공자의 판단이 합당했는가, 왜 그토록 섣부르게 했는가, 꼭 죽여야 했는가 등등의 문제가 제기될 수 있고, 죽인 일에 대해서도 그것이 일벌백계(一罰百戒)였던 것인지 참으로 심각한 사안이어서 그랬던 것인지도 분명하지 않다. 무엇보다도 공자 자신은 그 일에 대해 전혀 찐덥지 않았는가 하는 점이다. 결국 공자는 이 일이 있고 난 뒤에 노나라를 떠나 천하를 유랑하였다. 공자가 정국 쇄신에 실패한 것과 소정묘 사건은 기묘하게도 잇닿아 있고, 특히 소정묘 사건은 소문이나 자신의 판단과는 상관없이 오해의 소지가 많았으니 공자로서는 큰 허물일 수 있었다.

당시에는 어떠했는지 알 수 없으나, 적어도 세월이 흐르면서, 특히 천하를 떠돌면서 공자의 내면에는 이 일에 대한 회의가 일었으리라 생각한다. "내가 참으로 어질고 지혜로웠다면, 시세를 정확하게 파악하였더라면, 내 고집만 피우지 않고 더욱 적절하게 처리했을 텐데. 아, 진작에 변화의 원리를 체득했더라면!" 하는 반성을 하게 되었을 것이다. 특히 천하를 떠돌면서 더욱더 세상사의 천변만화(千變萬化)를 절절하게 느끼고 알게 되었으리라. 『논어』에도 언뜻언뜻 언급되지만, 공자와 그 제자들의 유랑은 매우 험난한 고행길이었다. 그런 고행을 통해 인간사와 우주의 이치를 꿰뚫어 보는 통찰을 비로소 갖추었으리라 생각한다. 그러면서 그 모든 게 '역'의 세계를 터득하는 일임을 새삼 깨달았을 것이고, 이로부터 예순에 "무슨 말을 들어도 걸림이 없는 경지"에 이르렀으리라. 늘그막에 자신의 삶을 되돌아보면서 넋두리처럼 내뱉는 듯한 위의 말은 제자들에게 자신이 저지른 허물을 되풀이하지 않도록 '역'의 공부에 충실하라고 은근히 일깨우고 다그치는 것이 분명하다. "내가 재상 자리에 앉기 전에 몇 해 동안 먼저 역을 배웠더라면, 그런 큰 허물은 없었을 텐데." 『사기』의 「공자세가」에도 나오듯이 공자는 늘그막에 역을 좋아하여 세 번이나 가죽끈이 떨어질(韋編三絶) 정도로 역을 읽었다고 한다. 그 스스로 "이렇게 해서 나는 역에 대해 환하게 알았다(若是, 我於易則彬彬矣.)"라고 말했으니, 이는 역의 공부로 천지의 이법과 인간사의 이치를 달통하게 된다는 것을 이른 말이다. 따라서 좀 더 빨리 역을 공부하고 익혔다면, 특히 자신의 뜻을 펼 기회가 있었던 50대 초반에 그런 공부가 되어 있었더라면, 노나라를 한 번 바꾸어서 도에 이르게 했으리라.(6-24)

공자는 쉰에 천명을 알았다고 스스로 말했다. 그 천명은 자신이 할 일, 해야 할 일을 알았다는 뜻이고, 실제로 쉰둘에 공자는 벼슬을 하면서 노나라의 정치를 쇄신하려는 노력을 기울였다. 그러나 자신이 할 일은 알았으나, 그 일을 원만하게 처리할 만한 역량, 노나라의 혼탁하고 혼란한 정치를 바로잡을 능력이 공자에게 있었는가 하는 것은 의문이다. 공자가 어떤 방식으로 일을 처리했든 공자가 노나라를 떠나는 것으로 일단락이 되었다. 『중용』에 나오듯이, 성인이라도 다하지 못하는 바가 있는 법이다. 하물며 공자가 아직 성인의 경지에 오르지 못한 때라면 어찌 하는 일이 완벽했겠는가?

적어도 공자는 거짓된 사람이 아니었다. 자신의 잘못을 솔직하게 인정하고 바로잡으려는 사람이었다. 공자가 오랜 공부를 통해 성인의 반열에 올랐는지는 모르지만, 적어도 공자는 죽을 때까지 소박한 인간미를 잃지 않았다고 말할 수 있다. 공자를 신격화해서 전혀 소정묘 사건 따위는 없었다고, 또 스스로 후회할 만한 일은 저지르지 않았다고 단정하는 것은 오히려 공자의 삶, 공자의 호학(好學)한 자세를 부정하는 것이다. 공자야말로 끊임없이 자신의 허물을 돌아보고 바로잡으려 했던, 참으로 '배우기를 좋아했던' 인물임을 다시금 되새겨 보아야 한다. 그래야 공자의 말이 산뜻하게 이해된다.

7-18

子所雅言, 詩書, 執禮, 皆雅言也.

스승께서 가락말로 하시는 것은 시요 서이며, 예를 다잡아 행하실 때도 모두 가락말로 하셨다.

注釋 아(雅)는 바르다, 우아하다, 평소 등의 뜻이 있으나, 여기서는

가락의 뜻으로 쓰였다. 따라서 아언(雅言)은 가락이 있는 말로, 읊조리거나 노래하는 듯한 말씨이다. 집례(執禮)는 공식적인 예법을 다잡아서 행하는 일, 곧 집전(執典)의 뜻으로 쓰였다.

蛇足　이 구절에 대해서도 경험적이고 소박하게 해석하여야 한다. 그래야 속뜻이 살아날 수 있다.

아언에 대해 기존에는 바른 말, 평소에 하는 말 등으로 풀이하는데, 시나 서의 구절을 인용할 때나 말할 때는 그 본래의 가락을 살리면서 말한 것으로 보아야 한다. 아(雅)는 시의 하나요 정악(正樂)의 노래를 뜻하는 말로서, 절도에 맞아서 바르고 우아하고 고상하다는 뜻으로 쓰이게 되었다. 그 본래의 뜻을 살리자면, 아언은 곧 가락이 있는 말이다. 만약 '평소에 하는 말'로 푼다면, 공자 이외의 다른 사람들은 시나 서의 구절을 무슨 특별한 방식으로 말하였다는 뜻이 되는데, 공자가 그렇게 하지 않았다면 무슨 까닭이 밝혀져야 한다. 그러나 어디서도 그와 관련된 것을 찾아볼 수 없다. 또 '바른 말'로 풀어도 어색하기는 마찬가지이다. 시나 서를 말하지 않을 때는 공자가 바르지 않은 말을 하였는가? 또 바르다면 무엇을 일러서 바르다고 한 것인가? 참으로 모호한 말이다.

또 집례를 일상에서 행하는 예라고 푸는 것도 적절하지 못하다. 군자라면 언제 어디서나 예의를 행하여야 하는데, 그때마다 가락말로 할 수는 없지 않은가? 물론 아언을 '평소에 하는 말' 또는 '바른 말'로 풀고, 집례 또한 일상의 예라고 풀이할 수도 있지만, 그렇다면 굳이 위와 같이 말할 필요가 있었을까? 일상적인 것을 평소에 하는 말로 한다면, 굳이 따로 말할 만한 것이 못된다. 군자의 말이나 행동은 꾸밈이 없고 올바르며 소박해야 하는데, 공자가 그렇게 한 것이 무슨 특별한 일인가?

葉公問孔子於子路, 子路不對. 子曰: "女奚不曰, '其爲人也, 發
憤忘食, 樂以忘憂, 不知老之將至'云爾."

> 섭공이 자로에게 공 스승에 대해 물었는데, 자로가 대답하지
> 못하였다. 스승께서 말씀하셨다.
> "너는 어찌 말하지 못하였느냐, '그 사람됨이 한 번 마음을 일
> 으키면 먹는 걸 잊고, 그 즐거움으로 걱정도 잊으며, 늙음이 찾
> 아오는 것도 알지 못한다'고 말이다."

注釋　엽(葉)은 인명이나 지명에서는 '섭'으로 읽는다. 섭은 춘추시
대 때 초나라의 한 지방으로, 지금의 하남성(河南省) 섭현이다. 섭공은
그 지방의 관리로, 성은 심(沈), 이름은 제량(諸梁), 자는 자고(子高)이
다. 초나라의 중신이었다. 위인(爲人)은 사람됨, 성품 등의 뜻이다. 발분
(發憤)은 마음을 단단히 다잡는 것이다.

蛇足　한 번 마음을 일으키면 먹는 것을 잊는 까닭은 자신이 하고
싶고 할 수 있는 일, 그러면서 올바른 일을 하기 때문이다. 하고 싶은
일을 하니 쉼 없이 할 수 있고, 할 수 있는 일을 하니 막힘이나 걸림이
없고, 올바르다고 여기니 떳떳하고 시원하다. 그런 일은 절로 흥겹다.
시간 가는 줄을 모르고 밥 먹을 때도 잊는다. 흥으로 하는 일, 신명으로
하는 일은 그 자체가 즐겁다. 그 결과가 어찌될지에 대해서는 아예 생
각조차 하지 않게 된다. 결과에 대한 생각이 없는데, 무슨 걱정이나 두
려움이 있겠는가? 이렇게 마음 상쾌하게 즐겁고 신나는데, 세월 가는
줄을 또 어찌 알며, 내가 늙는 줄을 어찌 느끼겠는가?

　　그런데 많은 사람들이 괴로움과 걱정과 두려움 속에서 산다. 하고
싶지 않은 일을 하기 때문에 괴롭고, 잘하지 못하는 일을 굳이 하고 있

어서 걱정이고, 결과가 잘못될 것 같다는 느낌이 들어서 두렵다는 것을 모르기 때문이다. 잘하는 것을 하고, 못하는 것은 배워야 한다. 거꾸로 잘하는 것을 배우고, 못하는 것을 하려고 하니, 어찌 사는 게 고달프지 않겠는가?

7-20 ──────────────────────

子曰: "我非生而知之者. 好古, 敏以求之者也."

스승께서 말씀하셨다.
"나는 나면서부터 아는 자가 아니었다. 옛것을 좋아하여 재바르게 구하는 사람일 뿐."

注釋   7-1에서 한 말과 상통한다. 다만 말하기에서 약간 다르다. 7-1에서는 자기 자신을 비교적 객관적으로 평가하였다면, 여기서는 자신을 내던져 제자들을 일깨워주고 있다.

蛇足   공자의 이 말은 매우 의미심장하다. 제자들에게 한 말임이 분명하다. 제자들 가운데는 높고도 높은 스승 앞에서 한없이 낮아지는 자신을 탓하며 의기소침한 자들이 분명 있었을 것이다. 공자는 그런 제자들을 북돋우어주기 위해서 이런 말을 하였다. "나도 너희들과 마찬가지로 나면서부터 아는 자가 아니었다. 그저 옛것을 좋아하여 재바르게 구하며 배우고 익혔을 따름이다. 내가 해냈다면, 너희들 또한 해낼 수 있다. 어찌 해보지 않고서 풀이 죽느냐?" 공자의 이 말에는 제자들을 다독여주는 자상함과 함께 지레 겁먹은 마음을 다시금 일깨워주는 힘이 실려 있다.

7-21

子不語怪, 力, 亂, 神.

스승께서는 괴이함, 힘, 어지러움, 신령 따위에 대해서는 말하
지 않으셨다.

注釋　괴(怪)는 비일상적인 것, 세상 사람들을 호리는 기이한 것들
을 가리킨다. 역(力)은 덕(德)과 짝이 되는 말이다. 덕이 자신을 잡도리
하여 남을 껴안는 부드러움이라면, 힘은 육체적인 굳셈으로 남을 억누
르는 것이다. 신(神)은 사람의 능력을 벗어나는 기이한 현상을 뜻한다.

蛇足　세상에서 일어나는 모든 일들을 사람이 다 알 수는 없다. 아
무리 해도 알 수 없는 것들이 있고, 또 알아도 별 소용이 없는 일들도
있다. 알아야 할 것을 알고, 몰라도 되는 것을 모르는 것, 그것이 앎이
다. 지혜로운 자는 몰라도 되는 것, 알아도 말해줄 수 없는 것, 사람들
을 오히려 더 헷갈리게 할 수 있는 것 따위를 결코 말하지 않는다. 그럼
에도 어리석은 대중은 그런 것들에 대해 듣고 싶어 한다. 대중의 바람
대로 말하거나 들려주는 자는 사이비이다. 스승은 사이비가 되어서는
안 된다. 말해줄 것과 말해줄 수 없는 것, 말해야 할 것과 말해서는 안
될 것을 명확하게 알고 있어야 한다.

7-22

子曰: "三人行, 必有我師焉. 擇其善者而從之, 其不善者而
改之."

스승께서 말씀하셨다.

"세 사람이 길을 걸으면, 반드시 그 안에 내 스승이 있다. 좋은 것은 가려내서 따르고, 좋지 못한 것은 고칠 일이다."

注釋 사(師)는 스승, 스승으로 삼다는 뜻이다. 택(擇)은 가리다는 뜻이다. 종(從)은 좇다, 따르다는 뜻이다.

蛇足 일상에서 내가 만나는 모든 사람이 내 스승이다. 스승은 정해져 있지 않다. 무엇이든 배우는 학인은 있어도, 모든 것을 다 가르쳐주는 스승은 없다. 스승이 없어도 성취할 수 있으며, 스승이 있다고 해서 반드시 성취하는 것은 아니다. 나 스스로 스승을 찾고 구해서 배워야 한다. 누구를 만나든 그에게는 좋은 점과 나쁜 점이 있다. 좋은 점 가운데 내가 배울 것을 가려내어 행하고, 나쁜 점 가운데 나에게 있는 것을 찾아내어 자신을 고친다면, 나는 그 사람을 내 스승으로 삼은 것이다. 세상에는 "뛰어난 스승을 만나지 못해서 내가 잘되지 못했다"고 한탄하는 자가 있는데, 그런 자는 애초에 좋은 학인이 아니었다. 좋은 학인이 아닌데, 어찌 뛰어난 스승이 그를 받아주겠는가? 뛰어난 스승이 없다고 한탄하는 자는 가르쳐도 배우지 못하는 자이다.

본래 학인은 그 스스로 스승이다. 자신을 돌아보고 좋은 점과 나쁜 점을 가려내는 순간, 자신 안에 이미 스승이 있다. 스스로 스승이 되고 스스로 학인이 되어서 내가 나를 가르치고 내가 나에게서 배운다. 거기서 공부는 시작되고 끝난다. 나 밖의 스승은 다만 참고인일 뿐이다. 바깥에 있는 스승에게 기대어서는 안 된다. 기대지 않는다면 나를 바로 세울 것이요, 기댄다면 바로 서지 못하고 또 서더라도 곧 쓰러질 것이다.

子曰: "天生德於予, 桓魋其如予何?"

스승께서 말씀하셨다.
"하늘이 내게 덕을 주셨는데, 환퇴 따위가 나를 어찌하겠느냐?"

注釋 덕(德)은 타고난 능력이나 자질, 세상을 위해 일할 만한 능력, 또는 현자나 성인이 될 자질을 가리킨다. 환퇴(桓魋)는 송(宋)나라의 사마(司馬)인 향퇴(向魋)로, 송나라 환공(桓公)의 후손이기 때문에 환퇴로 불렸다. 기(其)는 강조의 뜻으로 쓰였다.

蛇足 일이 잘될 때는 누구나 환하고 활기가 있다. 그러나 일이 잘되지 않을 때, 그때도 여전히 환하고 활기가 있는가? 무릇 일이란 잘될 때가 있고 잘되지 않을 때가 있다. 잘되고 못되는 데에는 때가 작용한다. 때는 나를 벗어난 영역이며, 변수의 세계이다. 그것은 내 마음대로 할 수 없다. 슬기로운 사람은 일에는 항상 변수가 따르며 그 변수에 따라서 얼마든지 달라질 수 있다는 것을 알기 때문에 일의 형편에 휘둘리지 않는다. 잘하는 것만 하고, 못하는 것은 배울 따름이다. 잘하고 못하는 것은 나에게 달려 있음을 알기 때문이다.

공자는 천명을 알고 있었고 천명을 따를 의지도 있었다. 그런 사람을 누가 막을 수가 있겠는가? 그런 사람이 어찌 사람의 일로 해서 기운이 꺾이겠는가? 공자가 '하늘'을 언급했으나, 그것은 자신의 자각과 확고한 의지를 담아낸 말일 뿐이다.

7-24

子曰: "二三者以我爲隱乎? 吾無隱乎爾. 吾無行而不與二三子者, 是丘也."

스승께서 말씀하셨다.
"너희들은 내가 숨긴다고 생각하느냐? 나는 숨기는 게 없다. 내가 행하고서도 너희들에게 가르쳐주지 않은 것은 없으니, 이게 바로 나다."

注釋 이삼자(二三者)는 여러분을 뜻하며, 제자들에게 하는 말이다. 은(隱)은 숨기다, 감추다는 뜻이다. 호이(乎爾)는 강조의 종결 어조사이다. 이(爾)를 '너'로 풀이하는 경우가 있으나, 적절하지 않다. 여(與)는 주다, 가르쳐주다는 뜻이다.

蛇足 어느 날, 오래도록 스승 밑에서 공부를 해온 제자들은 자신들의 공부가 나아지지 않고, 더구나 막힘이 없고 끝도 없이 흘러나오는 스승의 지혜에 견주었을 때 참으로 초라하기 짝이 없다고 느꼈다. 스승의 가르침을 가만 들어보면, 특별하다거나 신통하다고 할 것이 없다. 지극히 평범하고 소박하다. 그런 가르침을 날마다 배우고 익혀도 도무지 스승에게 미치지 못하고, 스승을 뵐 때마다 스승은 더 멀리 가버리신 듯하다. 어찌하여 날이 갈수록 스승의 자취를 좇는 일이 이리도 어려운가. 스승께서 우리에게 다 가르쳐주지 않으시는 건 아닐까? 가장 긴요하고 중요한 것은 가르쳐주지 않으시는 게 아닐까? 천명에 대해 말씀하시는 일도 없으시니, 참으로 숨기시는 게 아닐까? 어리석게도 제자들은 이런 의심이 들었고, 그게 고스란히 낯빛으로 드러났다. 제자들을 마주한 공자는 그들의 낯빛에 묻어 나오는 그 속마음을 알아챘다. 그리고 가만히 제자들에게 말하였다. 위와 같이. 9-11에서 안연이 탄식

하며 한 말을 잘 보라. 적어도 안연은 스승이 얼마나 지극하게 자신들을 가르치고 있었는지를 알고 있었다.

아, 스승은 아는 것을 가르치고 모르는 것은 가르치지 않는 사람이다. 모르는 것을 가르치는 자도 사이비요, 아는 것을 가르치지 않는 자도 사이비이다. 그런 자는 스승의 자격이 없다. 만약 스승이라 여긴다면, 그를 의심해서는 안 된다. 스승으로 모시는 한, 쉼 없이 배우고 익히려 애써야 한다. 공부가 늘지 않는다면, 나의 배움과 익힘에 무슨 문제가 있지 않은지를 되돌아보아야 한다. 만약 내가 지극한 마음으로 공부하였는데도 나아지는 게 없다면, 그때 스승의 가르침과 그 일상을 살펴보라. 스승의 가르침과 일상이 하나인가 둘인가?

7-25

子以四敎, 文行忠信.

스승께서는 네 가지를 가르치셨으니, 문화와 실천, 참됨과 미쁨이었다.

注釋 문(文)은 예악을 비롯한 문화 전반을 가리킨다. 행(行)은 문화를 익혀서 몸에 배게 하는 행위를 뜻한다.

蛇足 문화는 전통과 창조로 이루어져 있다. 그것은 단순한 외형이 아니라 정신이 깃들어 있는 것이다. 새롭게 지어내는 성인들과 이어받고 전하는 현자들의 가르침이 문화이고, 그 문화를 통해 문명 속에서 살아가는 데 필요한 것들을 배우고 익히는 것이 실천이다. 문화를 배우고 실천하는 일은 일상에서 쉼 없이 하여야 하는데, 그런 쉼 없음이 바로 참된 마음이다. 그 마음이 남에게 오롯하게 전해지면, 그것이 바로

237

미쁨이다. 이 일들이 그대로 일상의 정치가 되고, 그 정치를 통해서 내면에는 덕이 쌓여간다. 오늘날에는 문화와 문화 운동만 있고, 진정한 실천이 없다. 진정한 실천이 없으니, 아무리 문화적 세련미를 갖추어도 참됨과 미쁨이 모자란다.

7-26 ────────────────────────────

子曰: "聖人, 吾不得而見之矣, 得見君子者, 斯可矣." 子曰: "善人, 吾不得而見之矣, 得見有恒者, 斯可矣. 亡而爲有, 虛而爲盈, 約而爲泰, 難乎有恒矣."

스승께서 말씀하셨다.
"성인은 내가 만나뵐 수 없으니, 군자라도 만날 수 있다면 좋겠구나."
스승께서 말씀하셨다.
"선인은 내가 만날 수 없으니, 한결같은 사람이라도 만날 수 있다면 좋겠구나. 없으면서 있는 체하고, 비었으면서 가득한 체하고, 적으면서도 넉넉한 체한다면, 한결같다고 하기 어렵지."

注釋 항(恒)은 외부의 어떤 것 특히 명리에 흔들리지 않는 마음, 한결같음을 뜻한다. 망(亡)은 무(無)와 같다. 영(盈)은 차다, 가득 차다는 뜻이다. 약(約)은 적다, 가난으로 시달리다는 뜻이다. 태(泰)는 크다, 넉넉하다는 뜻이다.

蛇足 여기서 특히 중요한 것은 선인(善人)이다. 거의 성인의 반열에 드는 사람을 가리키는 듯한데, 13-11, 13-29 등에서도 비슷한 의미로

쓰였다. '한결같은 사람'이 그보다 뒤지는 것처럼 언급된 것으로 보아서, 단순히 심성이 착한 사람, 바탕이 맑고 깨끗한 사람을 뜻하는 데서 그치지 않는 것 같다. 공자는 기존에 쓰이던 용어에 새로운 의미를 부여하면서 일종의 사상적 혁신을 이룩하고 있는데, 선인에서도 그런 면을 볼 수 있다. 그러나 정확한 의미를 알기는 어렵다. 다만 '선(善)'에 내재해 있는 의미, 즉 바탕이 착하고 하는 짓이 옳으며 늘 무엇이든 잘하는 사람을 높이 일컬은 듯하다.

한편, '한결같은 사람'은 『맹자』의 "일정한 생업이 없으면서 한결같은 마음을 지니는 것은 선비만이 할 수 있다(無恒産而有恒心者, 惟士爲能)"고 했을 때의 그 선비와 통한다고 할 수 있다. 없으면 없는 채로, 비어 있으면 빈 채로, 적으면 적은 채로 행동할 수 있는 사람은 그 마음이 떳떳한 사람이다. 떳떳함은 늘 옳고 바르게 되려 애쓰는 데서 나온다. 오로지 자신에서 말미암고 스스로 부끄럽지 않으며 잘잘못을 자신에게로 다 돌릴 수 있는 자만이 흔들림이 없다. 아, 그런 사람은 예나 이제나 드물다.

7-27

子釣而不綱, 弋不射宿.

스승께서는 낚시를 하시되 그물을 치지 않으셨고, 주살을 쓰실 때는 둥지의 새를 쏘지 않으셨다.

注釋 조(釣)는 낚시, 낚시질하다는 뜻이다. 강(綱)은 벼리, 그물의 위쪽 코를 꿰는 굵은 줄을 뜻한다. 흐르는 물에 가로로 쳐놓아서 물고기를 잡는 데 쓴다. 익(弋)은 주살로, 오늬에 줄을 맨 화살이다. 숙(宿)은 묵다, 편안하다는 뜻으로, 여기서는 제 둥지에서 잠자는 새를 가리

킨다.

자연(自然)은 그대로 이치이니, 늘 저절로 그러하다. 생겨나고 사라짐, 가멸짐과 모자람이 끊임없이 되풀이되면서 균형과 조화를 이룬다. 그 자체가 하나의 율동이다. 그런데 문명(文明)을 이루었다는 사람들이 끼어들면서 그 율동은 깨졌고, 여전히 깨지고 있다. 아, 어리석은 사람들이여! 마치 온 우주가 저를 위해서 존재하는 듯이 굴며, 만물을 제멋대로 부리려 하는구나.

　인디언들은 이렇게 가르쳤다. "어떤 지역에서 사냥감을 발견하면 그것을 필요로 하고 또 쓸 수 있는 한도 내에서 수중에 넣을 수 있다. 그러나 죽이고 낭비하는 사악한 쾌락을 위해서 사냥감을 죽여서는 안 된다." 누가 인디언들을 미개하다고 했는가? 그들이야말로 저절로 그러한 삶을 살지 않았는가? 그들은 죽은 짐승에게 이렇게 말한다. "작은 형제여, 너를 죽여야만 해서 미안하다. 그러나 네 고기가 필요하단다. 내 아이들은 배가 고파 먹을 것을 달라고 울고 있단다. 작은 형제여, 용서해다오." 아, 문명(文明)의 그 밝음은 도대체 어디로 가버렸는가?

7-28

子曰: "蓋有不知而作之者, 我無是也. 多聞, 擇其善者而從之, 多見而識之, 知之次也."

　스승께서 말씀하셨다.
　"알지도 못하면서 짓는 자가 있을 터이나, 나에게는 그런 게 없다. 많이 듣고 그 가운데서 좋은 걸 가려서 행하고, 많이 보고 잘 새겨둔다면, 앎의 버금이라."

注釋 개(蓋)는 추측의 말로, 대개의 뜻이다. 종(從)은 좇다, 행하다는 뜻이다. 식(識)은 마음에 새겨두다는 뜻이다. 차(次)는 다음, 버금을 뜻한다.

蛇足 함부로 지으려 해서는 안 되지만, 알지 못하기 때문에 지으려 애쓴다. 공자는 스스로 "받아서 적되 짓지는 않는다"고 하였는데, 이는 짓는 일이 성인의 경지에서 이루어지는 일이기 때문이다. 억지로 지을 수는 있으나, 그래서는 거짓 뜻만 담기고 이치는 담기지 않는다. 이는 모르는 자를 헷갈리게 하거나 그릇된 길로 이끄는 짓이다. 아는 자는 절로 짓고, 그렇게 지은 것은 곱씹으면 곱씹을수록 맛이 새록새록 난다. 만약 억지로 애써야 지어질 것 같다면 짓는 일을 그치고, 두루 배우고 깊이 익히는 데에 마음을 써야 한다. 배우고 익히는 일을 거듭하다 보면, 어느새 지을 수 있는 경지에 이르리라.

7-29

互鄕難與言, 童子見, 門人惑. 子曰: "與其進也, 不與其退也, 唯何甚? 人潔己以進, 與其潔也, 不保其往也."

호향 사람들과는 함께 말하기 어려웠는데, 어떤 동자가 스승을 뵈니 문인들이 얼떨하였다. 스승께서 말씀하셨다.

"그가 나아가는 데서는 함께하여도, 그가 뒷걸음치는 데서는 함께하지 않으면 되는데, 어찌 그리도 얼떨하냐? 사람이 저를 깨끗이 하여 나아간다면, 그 깨끗함을 함께할 일이지 지난 일에 꿍해서는 안 된다."

注釋 호향(互鄕)은 지명인데, 지금은 어디인지 알 수 없다. 혹(惑)은

헷갈리다, 어찌할 줄 모르고 얼떨하다는 뜻이다. 여(與)는 돕다, 함께하다는 뜻이다. 결(潔)은 깨끗하다, 깨끗이 하다는 뜻이다. 보(保)는 지키다, 지니다, 마음에 두다는 뜻으로, 여기서는 마음에 담아두고 못마땅하게 여긴다는 말맛이 있다. 왕(往)은 지나간 일이나 행실을 뜻한다.

蛇足　모름지기 일이란 좋기만 하거나 나쁘기만 하지 않다. 좋고 나쁨이 뒤얽혀 있으면서 때에 따라 달리 나타날 뿐이다. 일에서만 그런 게 아니다. 사람에게 있어서도 마찬가지이고, 사람이 사는 마을도 그렇다. 성인이 아닌 바에야 좋기만 할 수 없고, 사람 사는 곳이라면 반드시 좋은 사람과 나쁜 사람이 뒤섞여 있기 마련이다. 어찌 일부를 보고서 전체를 섣불리 판단하는가? 배우는 자라면 열린 생각, 열린 마음을 가져야 한다. 더 이상 배울 게 없는 경지에 올랐다면, 이미 열려 있다. 그러나 아직 그 경지에 이르지 못했다면, 저도 모르게 닫힐 수 있다는 걸 늘 경계하여야 한다. 위에서 공자는 그 점을 일깨워주고 있다. 사람에 대해서는 그의 마음가짐을 늘 살피는 것이 우선이다. 그의 과거가 어떠했든 간에 늘 중요한 것은 바로 지금이다. 바로 지금 그가 나아가려는 뜻이 없다면 모르겠거니와, 나아가려는데도 기회를 주지 않거나 함께하지 않는 것은 그를 벼랑으로 내모는 것과 다를 바 없다. 이것이 어찌 학인이나 선비, 군자의 태도이겠는가. 뒷걸음질을 하거나 제자리에서 꿈쩍도 하지 않는다면, 함께하지는 않아도 일깨워주기는 하여야 한다. 일깨워주는데도 받아들이지 않는다면, 그때는 떠나는 수밖에 없다.

7-30

子曰: "仁遠乎哉? 我欲仁, 斯仁至矣."

스승께서 말씀하셨다.

"어짊이 멀리하더냐? 내가 어질고자 한다면, 그예 어짊이 오느니라."

注釋　원(遠)은 멀리하다는 뜻이다.

蛇足　4-6에서 공자는 "힘이 모자라서 못하는 자는 본 적이 없다"고 말한 적이 있다. 여기서 한 말도 그와 뜻이 통한다. 이치는 결코 사람을 멀리하지 않는다. 아니, 아예 떠난 적이 없다. 다만 사람이 자신에게 이미 있는 줄을 모르거나, 단박에 되지 않으리라는 섣부른 생각에 스스로 밀어내고는 마치 없는 듯이 구는 것뿐이다. 비록 단박에 갖출 수 없고 지극히 어려운 과정을 거쳐야 하겠지만, 결국은 사람이 할 수 있는 일이고 사람의 일일 뿐이다. 어질지 못한 자라면 지혜가 아직 야물지도 않았을 터인데, 어찌 자신이 어질게 될지 어질게 되지 못할지를 미리 알겠는가? 미리 안들 소용이 없는데, 하물며 미리 알지도 못하면서 왜 지레짐작을 하는가? 지레짐작으로 자신의 발목을 잡으니, 차라리 대담하게 나아가는 것이 나으리라.

7-31

陳司敗問: "昭公知禮乎?" 孔子曰: "知禮." 孔子退, 揖巫馬期而進之曰: "吾聞君子不黨, 君子亦黨乎? 君取於吳, 爲同姓, 謂之吳孟子. 君而知禮, 孰不知禮?" 巫馬期以告, 子曰: "丘也幸! 苟有過, 人必知之."

진사패가 스승께 여쭈었다.
"소공은 예를 압니까?"
공 스승께서 말씀하였다.

"예를 알지요."

공 스승께서 물러나시자, 무마기에게 읍하고는 나아가 말하였다.

"내 듣기로 군자는 편들지 않는다 하오만, 군자도 편을 듭니까? 임금이 오나라에서 부인을 얻었으나 성씨가 같기 때문에 오맹자라고 부릅니다. 저 임금이 예를 안다면, 누가 예를 알지 못하겠습니까?"

무마기가 이를 스승께 알리니, 스승께서 말씀하셨다.

"나는 참 복되구나! 진실로 허물이 있으면, 남이 반드시 그것을 알게 해주니."

注釋 진사패(陳司敗)는 누구인지 자세하지 않다. 사람 이름으로 보는 경우도 있고, 사패를 관직명이라고 보아서 진나라의 사패라고 보는 경우도 있다. 관직명으로 볼 때, 사패는 형벌을 맡는 벼슬이다. 소공(昭公)은 노나라의 군주로, 이름은 조(稠)이다. 양공(襄公)의 서자로, 양공을 이어서 군주가 되었다. 무마기(巫馬期)는 공자의 제자로, 자는 자기(子期)이며, 공자보다 서른 살 아래였다. 취(取)는 취(娶)와 같아서, 장가들다, 아내로 맞다는 뜻이다. 위동성(爲同姓)은 노나라가 주공의 후예로서 성이 희(姬)인데, 오나라는 태백(太伯)의 후손으로서 역시 성이 희였다. 오맹자(吳孟子)는 오나라 출신의 부인을 일컫는 말이다. 춘추시대에 군주의 부인은 그가 태어나서 자란 나라 이름을 본성으로 삼는다. 그런데 노나라 군주가 오나라 여인을 아내로 맞았고, 그 부인의 지위가 그러하므로 오희(吳姬)라고 일컬어야 하는데, "동성끼리는 혼인을 할 수 없다"는 주나라의 예법에 따라서 오맹자로 고친 것이다. 지지(知之)의 지(知)는 알게 해주다는 뜻이다.

蛇足 공자는 소공이 부인을 맞은 일에 대해서 몰랐을까? 기존의

해석은 대체로 공자가 알고 있었으나, "신하가 군주의 잘못에 대해서는 말하지 않고 꺼리는 것이 예이다"라는 관점에서 공자가 몰랐던 것처럼 말했으리라고 보았다. 그러나 이는 적절하지 않다. 공자의 말투라면 "잘 모르겠다"고 대답했어야 한다. 예에 어긋난 점이 있고 그것을 알면서도 "예를 알지요"라고 대답했다면, 이는 속이는 짓이다. 어찌 공자가 속이는 말을 했겠는가? 오히려 진사패의 물음과 공자의 대답이 그 의도에서 약간 달랐다고 보는 것이 적절하다. 즉 진사패는 소공에 대해 특정한 점을 염두에 두고 물었는데, 공자는 소공의 전반적인 성향에 대해 대답했으리라는 점이다. 대답을 하고 나서 진사패가 소공의 혼인에 대해 지적하자, 그것을 스스로 인정하였던 것이다. 자신의 허물을 인정하는 것, 그것은 참으로 용기 있는 일이다. 인정하면서도 전혀 응등그러진 마음이 없다면, 그것이 어렵다.

7-32

子與人歌而善, 必使反之, 而後和之.

스승께서는 다른 사람과 노래를 하시다가 그가 잘 부르면 반드시 다시 부르게 하셨고, 그런 뒤에 맞받아 노래하셨다.

注釋 반(反)은 복(復)과 같이, 되풀이하다는 뜻이다. 화(和)는 상대의 시나 노래를 맞받아서 짓거나 부르는 것이다.

蛇足 공자가 단순한 도덕 선생이 아님을 잘 보여주는 대목이다. 대체로 도덕 선생은 관습을 지키고 유지하는 데 급급할 뿐, 창조하려고 하지 않는다. 창조를 오히려 타락으로 여길 뿐이다. 공자는 그 자신이 옛것을 새롭게 해석하면서 인식의 전환을 이룩한 인물이다. 그것은 관

넘적인 도덕이나 윤리에 치우치지 않았음을 의미한다. 미학적이고 감각적인 세계를 깊이 꿰뚫어 보는 데서 통찰이 생기고, 그 통찰에서 창조가 이루어지기 때문이다. 도에 뜻을 두고 도를 행하는 데에 일생을 건 공자의 삶은 아름답다. 이치 자체가 아름다움이기 때문이다. 그래서 성인(聖人)은 가장 아름다운 삶, 가장 멋진 삶을 산 사람이다. 이치가 곧 아름다움인 줄 모르기 때문에 억지로 아름다움을 구하면서 꾸미게 되는 것이다.

7-33

子曰: "文, 莫吾猶人也? 躬行君子, 則吾未之有得."

스승께서 말씀하셨다.
"문화에 대해서는 내가 남과 비슷하지 않겠느냐? 그러나 몸소 군자의 길을 가는 일에서는 아직 얻지 못한 게 있다."

注釋 문(文)은 무늬이니, 곧 문명을 이루는 문화 전체를 가리킨다. 후대에 와서야 문장이라는 뜻으로 쓰였다. 막(莫)은 무(無)와 같고, 반어적으로 쓰였다. 유(猶)는 같다, 비슷하다는 뜻이다. 궁(躬)은 자신, 몸소 등의 뜻이다.

蛇足 이 또한 공자가 자신을 낮추어서 한 말이다. 문화는 문명의 아름다움이 표현된 것들인데, 그 아름다움을 공자는 단순한 겉멋으로 여기지 않았다. 아름다움도 알맹이가 담겨야 더욱 빛이 나고 오래간다는 것을 공자는 알고 있었다. 그리고 알맹이가 바로 어짊이라는 덕일 때, 아름다움은 지극한 데에 이른다는 것을 몸소 보여준 이가 또 공자였다. 공자 스스로 군자의 길을 가는 데에는 여전히 미흡한 게 있다고

246

말하였지만, 그의 삶은 이미 군자의 길 위에 있었다. 그렇기 때문에 위의 말을 할 수 있었다.

7-34

子曰: "若聖與仁, 則吾豈敢? 抑爲之不厭, 誨人不倦, 則可謂云爾已矣." 公西華曰: "正唯弟子不能學也."

스승께서 말씀하셨다.
"거룩함이나 어짊으로 말하자면, 내가 어찌 감히? 그렇지만 그렇게 되기 위해 싫증내지 않고 남을 가르치매 게을리하지 않는 것만큼은 뭐 그렇다고 말할 수 있다."
공서화가 말하였다.
"바로 이것을 저희들이 제대로 배우지 못하고 있습니다."

注釋 지(之)는 앞의 성(聖)과 인(仁)을 가리킨다. 염(厭)은 싫어하다, 싫증내다는 뜻이다. 회(誨)는 가르치다, 일깨우다는 뜻이다. 권(倦)은 게으르다는 뜻이다. 운이(云爾)는 뭐 그렇다, 바로 그렇다는 뜻이다. 불능(不能)은 가능성에 대한 부정이 아니라, 아직도 잘하지 못하고 있다는 사실의 표현이다.

蛇足 학인의 공부는 거룩해지거나 어질게 되려는 데에 있다. 그것만이 유일한 목표이다. 그 목표를 이루기 위해 배우고 익힌다. 배우면서 싫증내지 않아야 익힐 수 있고, 익혀서 알아야 남을 가르칠 수 있다. 그런데 가르치면서 게을리하지 않는 것도 만만한 일이 결코 아니다. 모든 일에서 그러하지만, 지나쳐도 안 되고 모자라도 안 된다. 가르치는 일에 게을러지는 것은 나의 앎이 모자라거나 나의 뜻이 지나

칠 때 일어난다. 앎도 모자라면서 뜻이 지나칠 때는 아주 고약해진다.
가르치려는 자신도 괴롭고 배우는 사람도 괴롭다. 아는 것만 가르치
고 모르는 것은 가르치지 않으면 되지 않느냐, 가르쳐도 안 되는 사람
에게는 가르치지 않으면 되지 않느냐고 말하기는 쉽다. 그러나 실제
로 그렇게 하기는 매우 어렵다. 보기에는 쉬워 보이지만, 스스로 해보
면 얼마나 어렵고 힘든 일인지 느낄 수 있다. 그것은 자신을 잘 알고
잡도리해야만 가능한 일이다. 공서화가 "바로 이것을 저희들이 제대로
배우지 못하고 있습니다"라고 말한 까닭도 여기에 있다. 그렇게만 할
수 있다면, 아직 거룩하다거나 어질다고는 말할 수 없어도 흔들림 없
는 군자라고는 할 수 있다.

7-35

子疾病, 子路請禱. 子曰: "有諸?" 子路對曰: "有之. 誄曰, '禱爾
于上下神祇.'" 子曰: "丘之禱久矣."

> 스승께서 병을 얻으시니, 자로가 기도하겠다고 하였다. 스승
> 께서 말씀하셨다.
> "그런 경우가 있었더냐?"
> 자로가 대답하였다.
> "있었습니다. 제문에서, '그대를 위해 하늘신과 땅신에게 비노
> 라'라고 하였습니다."
> 스승께서 말씀하셨다.
> "내가 빈 지는 오래되었다."

注釋　도(禱)는 목숨을 잇게 해달라고 비는 것이다. 저(諸)는 지호
(之乎)다. 뢰(誄)는 죽은 이의 공덕을 기리는 말, 신에게 죽은 이의 명복

을 비는 글 등을 가리키는데, 여기서는 천지의 신에게 복을 비는 글이다. 이(爾)는 너, 그대를 뜻한다. 신기(神祇)는 천신과 지신을 가리킨다.

蛇足　공자의 기도는 참으로 소박하다. 신에게 비는 기도가 아니라, 자신을 또 허물을 되돌아보는 기도였다. 대체로 기도는 지금의 자신이나 자신의 처지를 바꾸어 달라고 행하는 것이다. 그런데 고대에는 그 기도를 신에게 했는데, 중세에는 자신에게 하였다. 물론 자신에게 기도하는 일은 결코 쉽지 않고, 모든 사람들이 다 그렇게 하는 것도 아니다. 기도의 참뜻을 모르기 때문이다. 근대 이후에도 여전히 많은 사람들이 자신을 되돌아보는 것보다 신에게 비는 일을 더 중시하고 당연하게 여기고 있다. 그렇게 보면, 공자가 2,500년 전에 이미 날마다 자신를 되돌아보는 기도를 했다는 것은 참으로 대단한 일이다.

유럽의 청교도들이 종교적 탄압을 피해서 북미 대륙으로 대거 이주했을 때 일이다. 이미 거기에는 인디언들이 천지자연을 신앙으로 삼으며 살아가고 있었는데, 청교도들은 그들을 미개하다고 여겼다. 그래서 인디언들을 개종시키기 위해 목사들은 매우 적극적으로 선교 활동을 하였다. 어느 일요일, 목사가 마차를 타고 교회로 가고 있는데, 어떤 인디언 가족이 마차를 타고는 마주 오고 있었다. 목사가 물었다.

"어디로 가시오?"

인디언 가장이 말하였다.

"일하러 갑니다."

"오늘은 일요일이오. 일요일에는 일을 하지 않고, 신을 만나오. 어찌 일하러 가시오?"

"당신들의 신은 일요일에만 만납니까? 우리는 신을 날마다 만나는데."

7-36

子曰: "奢則不孫, 儉則固. 與其不孫也, 寧固."

스승께서 말씀하셨다.
"치레하다 보면 고분거리지 않고, 오달지다 보면 우긴다. 고분거리지 않는 것보다는 차라리 우기는 게 낫다."

注釋 사(奢)는 분수를 넘어서 치레하는 것을 뜻한다. 손(孫)은 손(遜)과 같이, 자신을 낮추다, 예의 바르게 하다, 고분거리다는 뜻이다. 검(儉)은 허수한 데가 없이 야물게 하는 것을 뜻한다. 고(固)는 우기다, 고집하다는 뜻이다.

蛇足 치레하다 보면 겉멋에 젖는다. 속내 따위에는 관심이 없다. 그도 그럴 것이 겉멋은 꾸미기가 쉽고, 사람의 이목도 쉽게 끌기 때문이다. 사람의 이목을 끌다 보면, 자신이 대단한 줄로 착각한다. 착각하니, 자신에게 내공이 없는 줄도 모르고 으스대거나 뽐낸다. 그러다가 모래 위에 쌓은 성처럼 순식간에 무너진다. 무너지면 남을 탓한다. 애초에 내공이 없이 남의 덕을 보았으니, 남을 탓하는 것은 당연하다. 어찌 자신을 되돌아보는 일이 쉽겠는가?

오달진 사람은 군더더기를 없애고 알맹이를 채우려 하며, 무슨 일에서나 꼼꼼하고 빈틈이 없게 한다. 세속적인 명리 따위보다는 자신의 일을 즐기는 데에 빠져 있다. 세상 돌아가는 형편에는 아랑곳하지 않는다. 그래서 그런 사람을 고집불통이니 외골수니 하고 부르지만, 그들은 결코 고집을 피우는 것이 아니다. 그저 아직은 공부가 모자라서 융통성이 없을 뿐이다. 융통성이란 두루 꿰뚫어서 다양한 것을 아우르는 자재한 성품인데, 이 또한 원칙을 깨거나 이치를 거슬러서 얻을 수 있는 것은 아니다. 약삭빠르고 허수하게 해서 겉멋에 찌들어서야 영원히 그런 융통성을 얻을 수 없다. 그래서 차라리 오달져서 우기는 사람이 낫다.

7-37 ─────────────── ──────────

子曰: "君子坦蕩蕩, 小人長戚戚."

　　스승께서 말씀하셨다.
　　"군자는 너그럽게 툭 트였으나, 소인은 갈수록 조바심한다."

注釋　　탄(坦)은 평평하다, 너그럽다는 뜻이다. 탕탕(蕩蕩)은 넓고 큰
것, 막힘이나 거침이 없는 것을 형용하는 말이다. 장(長)은 늘, 갈수록
등의 뜻이다. 척척(戚戚)은 마음을 졸이는 것, 조바심하는 것이다.

蛇足　　군자대로행(君子大路行)! 그렇다. 군자는 큰 길로 다닌다. 큰
길로 다니는 자의 마음가짐과 몸가짐은 큰 길에 걸맞게 된다. 느긋하
면서 게으르지 않고, 하잔하면서 흐트러짐이 없다. 거대한 강물처럼 흘
러간다. 샘물처럼 야단스레 소리 내며 흐르지 않는다. 거기서는 속 좁
게 얽매인 꼴을 찾아볼 수 없다. 반면에 소인은 속셈이 있어서 눈을 희
번덕거리면서 약삭빠르게 행동한다. 그러나 이치에 맞지 않으므로 뜻
대로 잘 되지 않는다. 잘 되지 않으니, 조바심만 더해진다. 조바심이 더
하면 더할수록 상황 판단은 흐려지고 결정은 더뎌지며 행동은 굼뜨게
된다. 결국 오래도록 고심에 고심을 거듭하지만, 장고 끝에 두는 것은
악수(惡手)일 뿐이다.

7-38

子溫而厲, 威而不猛, 恭而安.

스승께서는 따뜻하면서도 딴딴하셨고, 위엄이 있으면서도 사납지 않으셨으며, 얌전하면서 잔잔하셨다.

注釋　려(厲)는 허수한 데가 없는 것, 딴딴한 것을 뜻한다. 맹(猛)은 사납다, 거칠다는 뜻이다. 공(恭)은 얌전하다, 의젓하다는 뜻이다. 안(安)은 잔잔하다, 하잔하다는 뜻이다.

蛇足　존재하는 모든 것은 이치를 담고 있다. 이치는 이것과 저것의 이분을 넘어서야 터득할 수 있다. 군자가 도에 뜻을 두고 이치를 터득한다면, 그 자신 또한 이것과 저것의 이분을 넘어서는 모습을 지니게 될 것이다. 그것이 바로 위에서 공자가 보여준 모습이다. 따뜻하기만 하거나 딴딴하기만 한 사람은 속이 다져지지 않은 자이다. 위엄만 있고 거칠거나, 사납기만 하고 껴안지 못하는 사람은 어짊이 없는 자이다. 얌전하면서 잔잔한 사람은 언제든지 떨쳐 일어날 수 있으니, 이는 활기와 생기가 잘 갈무리되어 있기 때문이다.

8편

태백
(泰伯)

8-1

子曰: "泰伯, 其可謂至德也已矣. 三以天下讓, 民無得而稱焉."

스승께서 말씀하셨다.
"태백, 그는 지극한 덕을 갖추었다고 할 만하구나. 세 번이나
천하를 양보하였으나, 백성들은 그를 일컬을 수 없었다네."

注釋 태백(泰伯)은 태백(太伯)으로도 쓴다. 주 왕조의 조상인 고공
단보(古公亶父)의 장자이다. 고공단보에게는 세 아들이 있었는데, 태백,
중옹(仲雍), 계력(季歷)이다. 계력의 아들이 주나라 문왕(文王)이다. 천
하(天下)는 중의적으로 쓰였다. 본래 주나라는 일개 작은 부락이었으므
로 천하를 양보하였다고 할 수 없으나, 은나라를 멸망시킴으로써 천하
를 차지하였으므로 천하를 양보한 셈이 되었다.

蛇足 흔히 위대한 인물로 일컬어지는 사람은 세상에 알려졌기 때
문에 일컬어지는 것이다. 알려지지 않았으나 더 위대한 인물들도 많았
을 것이다. 그런데 알려지지 않았다고 해서 그 위대함이 사라질까? 단
지 세상 사람들이 모르고 있을 뿐이라는 것밖에는 다른 게 없다. 오히
려 세상에서 그 사람을 내세워서 사이비 조직을 만들거나 사람들을 속
이는 일이 없으니, 또한 다행한 일이 아닌가. 세상을 어지럽히는 사람
들 가운데는 붓다나 예수, 공자를 내세우는 사람이 좀 많은가. 더욱 우
스운 것은 세상을 피해서 은둔한 사람이 그 은둔으로 유명해지는 일이
다. 은둔하였는데, 어찌 알려졌을까?

子曰: "恭而無禮則勞, 愼而無禮則葸, 勇而無禮則亂, 直而無禮則絞. 君子篤於親, 則民興於仁, 故舊不遺, 則民不偸."

스승께서 말씀하셨다.

"얌전하면서 예의가 없으면 힘들어지고, 삼가면서 예의가 없으면 두려워지고, 용감하면서 예의가 없으면 어지럽히고, 곧으면서 예의가 없으면 갑갑하다. 군자가 가까운 이를 도탑게 대하면 백성들이 어짊으로 나아갈 것이요, 오랜 벗을 버리지 않는다면 백성들이 강밭지 않을 것이다."

注釋 예(禮)는 절도 있는 행동, 상황에 맞게 처신하는 것을 이른다. 사(葸)는 삼가다, 두려워하다는 뜻이다. 교(絞)는 묶다, 죄다, 갑갑하다는 뜻이다. 독(篤)은 도탑다, 인정이 많다는 뜻인데, 말에게 마구 채찍질해서는 안 되듯이 알맞게 마음을 쓰되 알맞게 한다는 속뜻이 있다. 홍(興)은 일어나다, 느끼다는 뜻인데, 여기서는 좋아서 나아간다는 의미로 풀었다. 고구(故舊)는 옛날부터 가까이 지내던 사람이다. 유(遺)는 잊어서 돌보지 않는 것으로, 버리다는 뜻이다. 투(偸)는 남의 것을 탐내면서 야박하고 인색하게 구는 것으로, 강밭다는 뜻이다.

蛇足 예의는 단순히 격식을 갖춘 행동을 뜻하는 게 아니다. 예의는 때와 곳에 따라 알맞게 행동하는 것, 즉 시중(時中)을 뜻한다. 흔히 하는 말로 하면, 융통성이요 유연성이다. 이런 예의는 앎이나 지혜가 없으면, 갖출 수 없다. 그래서 얌전하기만 하고 알맞게 행동하지 않으면 자신만 힘들어진다. 삼가기만 하고 알맞게 하지 않는 것은 어찌해야 할지를 몰라서 두려워하는 것이다. 용감하다고 나서면서 알맞게 해나가지 못하면 오히려 그르치거나 어지럽힌다. 곧기만 하고 때나 곳에 따라

알맞게 대처하지 못하면 자신이나 남들 모두 갑갑하고 답답해진다.

정치에서 군자가 윗자리에 앉아 가까운 사람들을 도탑게 대하고 벗들을 아끼며 한결같이 대한다면, 제 몫의 삶과 제 가족들에게 충실하려고 애쓰는 것만 해도 힘에 겨워하는 백성들이 어짊에 마음을 일으키고 남에게 인정을 베푸는 데까지 나아갈 것이다.

8-3

曾子有疾, 召門弟子曰: "啓予足, 啓予手! 詩云, '戰戰兢兢, 如臨深淵, 如履薄氷.' 而今而後, 吾知免夫! 小子!"

> 증자는 병이 들자 문하의 제자들을 불러서 말하였다
> "내 발을 보고, 내 손을 보아라! 시에 '떨면서 두려워하고 삼가는 것이, 깊은 못가에 선 듯하고, 얇은 얼음을 밟는 듯하구나!'라는 구절이 있지. 이제부터는 내가 몸 걱정에서 벗어나겠구나! 얘들아!"

注釋 소(召)는 부르다는 뜻이다. 계(啓)는 열다는 뜻으로, 여기서는 이불을 열어젖혀서 보는 것을 가리킨다. 시(詩)는 『시경』「소아(小雅)」의 〈소민(小旻)〉편에 나오는 구절이다. 전전(戰戰)은 몸을 떨면서 두려워하는 모양이다. 긍긍(兢兢)은 소심해서 삼가고 두려워하는 모양이다. 리(履)는 밟다, 걷다는 뜻이다. 소자(小子)는 제자들을 부르는 말이다.

蛇足 증자가 효도로써 알려졌으나, 그 효도가 참으로 그 마음과 몸을 짓누르고 있었음을 알 수 있다. 효도는 부모에 대한 지극한 마음인데, 그 지극함이 죽을 때까지도 몸에 배지 않았음을 역설적으로 보여준다. 이미 여러 차례 증자에 대해 말했듯이, 증자의 공부는 경험을 통

해 체득하기보다는 관념적인 이해를 하는 데에 치우쳐 있었다. 그것이 그의 공부의 한계였다. "내가 몸 걱정에서 벗어나겠구나!"는 그가 얼마나 효도하느라고 마음고생을 했는지를 여실하게 보여준다. 그렇다면, 과연 증자는 참다운 효도를 했다고 할 수 있는가?

8-4

曾子有疾, 孟敬子問之. 曾子言曰: "鳥之將死, 其鳴也哀; 人之將死, 其言也善. 君子所貴乎道者三, 動容貌, 斯遠暴慢矣; 正顔色, 斯近信矣; 出辭氣, 斯遠鄙倍矣. 籩豆之事, 則有司存."

증자가 병이 들자, 맹경자가 병문안을 하였다. 증자가 말하였다.

"새는 죽을 때 그 소리가 슬프고, 사람은 죽을 때 그 말이 착하오. 군자가 도에서 귀하게 여기는 게 셋 있으니, 몸가짐을 바르게 하여 거침과 건방을 멀리하는 것, 낯빛을 바르게 하여 미쁨을 가까이하는 것, 말씨가 올발라서 다라움과 그릇됨을 멀리하는 것이오. 제의의 일에는 곧 유사가 있소."

注釋 맹경자(孟敬子)는 노나라의 대부인 중손첩(仲孫捷)으로, 맹무백의 아들이다. 포(暴)는 거칠다, 사납다는 뜻이다. 만(慢)은 건방지다, 거들먹거리다, 업신여기다는 뜻이다. 비(鄙)는 다랍다는 뜻이다. 배(倍)는 배(背)와 같이, 등지다는 뜻이다. 여기서는 이치를 벗어나는 짓을 가리킨다. 변두지사(籩豆之事)는 제의에서 갖추어야 할 모든 일을 가리킨다. 변은 대나무로 만든 제기를, 두는 나무로 만든 제기를 뜻한다. 유사(有司)는 어떤 일을 주관하는 관리이다.

蛇足 여기서도 증자의 비루함이 나타나 있다. 어찌 "새는 죽을 때 그 소리가 슬프고, 사람은 죽을 때 그 말이 착하다"는 따위의 부질없는 말을 하는가? 자신의 말을 상대가 믿지 않으리라 여겼는가? 그렇다면 말을 하지 말아야 한다. 상대가 믿으리라 여겼다면, 이런 말은 군더더기일 뿐이다.

8-5

曾子曰: "以能問於不能, 以多問於寡, 有若無, 實若虛, 犯而不校, 昔者吾友嘗從事於斯矣."

증자가 말하였다.
"잘하면서도 못하는 자에게 묻고, 많이 알면서도 적게 아는 자에게 물으며, 있으면서도 없는 듯이 하고 알차면서도 빈 듯이 하며 남이 나에게 저지른 잘못을 따지지 않는 것, 옛날에 내 벗이 이렇게 하였더랬지."

注釋 능(能)은 잘하다, 잘하는 사람을 뜻한다. 범(犯)은 잘못을 저지르다, 거스르다는 뜻이다. 교(校)는 따지다, 갚다는 뜻이다. 석자(昔者)는 옛날에, 예전에를 뜻한다.

蛇足 많이 알고 일을 잘하더라도 성인이 아닌 바에야 모자란 부분이 있다. 모자라면서도 스스로 만족해버리면, 묻지 않는다. 묻지 않으면, 더 나아지지 않는다. 나아질 수 있는데도 나아지려 하지 않는다면, 이치보다 명리에 마음이 가 있다는 말이다. 그런 사람은 없으면서도 있는 듯이 행세하고, 비었으면서도 알찬 것처럼 치레하고, 남이 나를 위해 한 것은 잊어도 나에게 잘못한 것은 잊지 않고 담아둔다. 그런 사람

258

이 소인이다. 소인은 배우지 못한 사람이 아니라, 배우면서도 이치에서 벗어난 사람이다. 그래서 소인이 끼치는 폐해는 더없이 크다.

8-6

曾子曰: "可以託六尺之孤, 可以寄百里之命, 臨大節而不可奪 也, 君子人與? 君子人也."

증자가 말하였다.
"어린 고아를 맡길 수 있고, 사방 백 리의 나라를 내맡길 수 있으며, 큰일에서 그 뜻을 뺏을 수 없다면, 군자다운 사람인가? 군자다운 사람이다."

注釋　탁(託)은 말로써 맡기는 것이다. 육척지고(六尺之孤)는 어린 군주를 가리킨다. 기(寄)는 부치다, 맡기다는 뜻이다. 백리지명(百里之 命)에서 백리는 제후의 나라이고, 명은 그 나라를 움직이는 명령 또는 그 나라의 운명이다. 대절(大節)은 나라의 안위가 달린 큰일을 뜻한다. 탈(奪)은 빼앗다는 뜻으로, 여기서는 사람의 지조나 절개를 빼앗다는 의미로 쓰였다.

蛇足　왜 증자는 "군자여? 군자야(君子與? 君子也)"라고 하지 않았는 가? 군자에 인(人)이 덧붙은 데서는 증자의 내면을 엿볼 수 있다. 증자 가 자신이 언급한 말에 대해 확신이 부족했다는 것을 의미하기 때문이 다. 공자가 군자에 대해 말한 것들과 견주어서 보면 더 분명해진다. 군 자는 마음가짐과 몸가짐이 지극하고 남들을 대할 때에도 한결같은 자 인데, 증자의 말에서는 그 점이 명확하지 않다. 증자는 그저 정치적인 행위를 언급했을 뿐이므로 저도 모르게 '군자다운 사람'이라고 말했던

것이다. 이 점에서는 그가 정직했다고 말할 만하다.

왕정(王政)은 왕의 탁월함을 전제로 해서 이루어지는 정치이다. 따라서 왕의 자질이나 능력이 미약하면 왕정은 언제든지 아슬아슬한 상황에 몰릴 수 있다. 특히 나이 어린 왕이 등극하면, 권력을 쥐고 싶어 하는 자들의 권모술수가 어느 때보다 심해진다. 이럴 때, 그런 어린 왕을 맡길 수 있는 사람, 한때나마 나라를 맡길 수 있는 사람, 아무리 어렵고 힘든 상황에서도 제 뜻을 굽히지 않는 사람이라면, 군자에 가깝다고 할 수 있다. 그러나 군자라고 단언하기는 어렵다. 참된 군자라면 큰일에서나 작은 일에서나 공명정대하고 한결같으며, 모든 일을 잡도리하고 불협화음을 조율할 수 있는 자이다.

8-7

曾子曰: "士不可以不弘毅, 任重而道遠. 仁以爲己任, 不亦重乎? 死而後已, 不亦遠乎?"

증자가 말하였다.
"선비란 마음이 너르거나 굳세지 않을 수 없으니, 해야 할 일은 무겁고 갈 길은 멀기 때문이다. 어짊을 제 일로 삼으니, 또한 무겁지 않은가? 죽은 뒤에야 끝나니, 또한 멀지 않은가?"

注釋 홍(弘)은 마음이 너른 것이다. 의(毅)는 뜻이 굳센 것이다. 임(任)은 선비가 할 일이고, 도(道)는 선비가 마땅히 가야 하는 길이다.

蛇足 좋게 말하면, 증자는 일생을 참으로 불같이 뜨겁게 살았다고 할 수 있다. 그가 비록 모자란 점은 있어도 그것을 한시도 잊지 않으면서 도를 향해 나아갔다는 사실은 높이 살 만하다. 그럼에도 선비의 삶

이 끊임없는 의무로 채워지는 것이 아님을 몰랐다. 선비의 삶은 의무가 아니라 선택이며, 그 선택은 자유의지로써 내린 결단이다. 아무나 선비가 될 수 있는 게 아니고, 누구나 선비의 길로 가는 것은 아니지 않은가? 더구나 천하를 걱정하고 천하 사람들을 복되게 하는 일을 누가 맘대로 할 수 있는가? 그것은 능력과 자질이 받쳐주어야만 가능한 일이니, 이것이 어찌 의무인가? 의무로 여겼기 때문에 할 일이 무겁게 느껴지고 갈 길은 멀게만 느껴졌던 것이다. 부모에 대한 효도처럼 증자는 오로지 제 할 일을 의무로만 여겼으니, 이는 그가 온몸으로 공부를 하여 이치를 꿰뚫지 못한 탓이다.

8-8

子曰: "興於詩, 立於禮, 成於樂."

스승께서 말씀하셨다.
"시에서 일어나고 예의에 서며 음악에서 이룬다."

蛇足 　시란 내면적 정서, 곧 마음을 율격 있는 언어로 표현한 것이다. 자아의 내면 깊이 숨어 있는 참됨을 끌어내는 것이 시이고, 남에게도 그렇게 하도록 자극하는 것이 시이다. 시는 지극히 개인적이고 내적인 것이다. 반면 예의는 나와 남, 개인과 개인, 모듬살이 속에서 지켜야 하는 절도이다. 절도는 말과 행동을 알맞게 하는 것이다. 그러나 절도만 있으면 딱딱하고 갑갑해진다. 그래서 음악이 필요하다. 음악은 다양한 것을 아우르는 율격이다. 음악은 그대로 만물과 우주의 법칙이요 율격이다. 시는 풀어냄이요, 예의는 조임이며, 음악은 어울림이다.

8-9

子曰: "民可使由之, 不可使知之."

스승께서 말씀하셨다.
"백성들에게 그 길을 따라가게 할 수는 있으나 알게 할 수는 없도다."

注釋　유(由)는 좇다, 따르다는 뜻이다.

蛇足　백성은 사(士)와 대비되는 피지배계층이다. 사는 학문을 하고 벼슬에 나아가는 지배계층이며, 그 뜻이나 행동에 따라 군자와 소인으로 나뉜다. 반면 백성은 학문이나 수양을 하지 않는 계층이다. 그들은 교화의 대상이며, 교화에 따라 삶을 영위해나간다. 그들에게 알게 할 수 없다는 것은 그들의 자질이나 능력을 업신여겨서 한 말이 아니라, 그들의 처지가 그러해서이다.

8-10

子曰: "好勇疾貧, 亂也. 人而不仁, 疾之已甚, 亂也."

스승께서 말씀하셨다.
"용기를 좋아하면서 가난을 싫어하면, 어지럽힌다. 사람이 어질지 않으면서 그것을 몹시 싫어하기만 하면, 어지러워진다."

注釋　용(勇)은 날래다, 씩씩하다는 뜻이다. 질(疾)은 미워하다, 싫어하다는 뜻이다. 이(已)는 강조의 뜻이 있다.

蛇足　용기를 좋아하면서 가난을 싫어하는 자는 소인이다. 그런 소인의 용기는 군자가 제 허물을 되돌아보며 부끄러워하는 그런 용기가 아니다. 용맹이나 만용에 가까운 용기이다. 그런 자가 가난을 싫어하니, 수단과 방법을 가리지 않고 가난에서 벗어나려 하며 남을 억누르고 서라도 가멸지려고 애쓴다. 그런 자는 도리에서 벗어난 짓을 서슴지 않으며, 원칙을 예사로 깨버린다. 그러니 어지러워지지 않겠는가? 또 자신은 어질지 않으면서 어질지 않은 사람을 아주 싫어한다면, 그 또한 소인이다. 자신의 허물은 보지 못하고, 남의 허물만 보는 사람이다. 자신에게 할 말을 남에게 하는 사람이다. 이런 사람이 벼슬을 하고 번드럽게 말을 하면, 무지한 백성들은 쉽게 속는다. 백성들은 군자와 소인의 내면을 단박에 알아채지 못하므로, 그릇된 길로 가면서도 모른다. 그러니 어찌 어지럽지 않겠는가?

8-11

子曰: "如有周公之才之美, 使驕且吝, 其餘不足觀也已."

스승께서 말씀하셨다.
"주공과 같이 빼어난 재주가 있다 하더라도 으스대면서 또 다랍게 군다면, 그 나머지는 볼 것도 없다."

注釋　미(美)는 훌륭하다, 뛰어나다는 뜻이다. 교(驕)는 으스대다, 뻐기다는 뜻이다. 린(吝)은 주기를 꺼리는 것으로, 다랍다, 고리다는 뜻이다.

蛇足　소인을 두고 한 말이다. 소인은 권력과 금력을 얻는 데에 온 힘을 다 기울인다. 소인은 벼슬을 얻거나 높은 자리에 앉으면 으스대

거나 뻐기는데, 거기에는 삼가는 마음이 전혀 없다. 많은 녹봉을 얻거나 금력을 얻으면 다랍게 구는데, 재물은 아끼고 사람은 아끼지 않는다. 삼가는 마음은 경(敬)이고, 사람을 아끼는 마음은 인(仁)인데, 이 두 가지가 없다면 전혀 군자와는 다른 길로 가고 있다고 해도 과언이 아니다.

8-12

子曰: "三年學, 不至於穀, 不易得也."

스승께서 말씀하셨다.
"3년 동안 배우고도 녹봉을 구하려 하지 않는 사람을 얻기는 쉽지 않다."

注釋   지(至)는 이르다, 지극하게 하다는 뜻으로, 여기서는 녹봉을 구하는 데에 온 마음을 다 기울인다는 말맛을 담고 있다. 곡(穀)은 봉록(俸祿)을 뜻한다.

蛇足   3년은 대략적인 기간을 말한 것이지만, 실제로 학문을 시작한 지 3년 정도 되면 공부가 꽤 된 것으로 여기는 학인이 많다. 턱없이 모자라면서도 무언가 큰일을 해낼 수 있을 것처럼 여겨서, 세상에 쓰이기를 바란다. 이런 때가 오면, 자신을 되돌아보면서 더욱더 다지고 높이 올라가려 애써야 한다. 그렇게 하는 사람은 도에 뜻을 둔 사람으로, 참으로 드물다. 오히려 의기양양해서 사사로운 뜻을 펴려는 사람이 더욱 많으니, 그들은 바로 소인들이다. 이미 말했듯이 소인은 사사로운 욕망을 이루기 위해서 학문을 하고, 필요하면 곡학아세하기도 한다.

8-13

子曰: "篤信好學, 守死善道. 危邦不入, 亂邦不居. 天下有道
則見, 無道則隱. 邦有道, 貧且賤焉, 恥也; 邦無道, 富且貴焉,
恥也."

    스승께서 말씀하셨다.
    "도탑게 믿으면서 배우기를 좋아하며 죽기를 각오하고 도를
잘 행해야 한다. 간간한 나라에는 들어가지 말 것이며, 어지러
운 나라에서는 살지 말아야 한다. 천하에 도가 행해지면 몸을
드러내고, 도가 행해지지 않으면 숨어야 한다. 나라에 도가 행
해질 때 가난하고 또 데데하면, 이는 부끄러운 일이다. 그러나
나라에 도가 행해지지 않는데 가멸지고 높아지면, 이 또한 부
끄러운 일이다."

注釋   독(篤)은 도탑다, 굳다는 뜻이다. 수사(守死)는 죽음 앞에서도
흔들림이 없다는 뜻이다. 선(善)은 잘하다, 잘 행하다는 뜻이다. 위(危)
는 아슬아슬하다, 간간하다는 뜻이다. 현(見)은 현(現)과 같아, 나타나
다는 뜻이다.

蛇足   선비가 어떤 뜻을 지니고 어떻게 살아야 하는지를 흐름새 있
는 말로써 표현하였다. 이런 말은 그렇게 살려고 애쓴 사람, 그렇게 살
면서 통찰을 갖춘 사람만이 할 수 있다.
    배우기를 좋아하지 않으면서 배우는 자는 명성이나 이익, 권력에 마
음이 기운 자이다. 그런 자는 사사로움에 치우쳐 있으므로 참된 앎이나
지혜가 부족해서 간간한 나라, 어지러운 나라인지를 알지 못하고 그 안
에 발을 들이민다. 아니, 나라의 간간함이나 어지러움을 제 이익을 위
해 이용하려고 애쓴다. 그래서 나아갈 때와 물러날 때를 알지 못하고

버둥대다가 참혹한 지경에 이르고, 이윽고 후회한다. 설령 제 뜻대로 잘 되었다고 하더라도 거기에는 떳떳함이 전혀 없으니, 누가 그를 참으로 믿고 따르겠는가? 고작 사사로운 이익을 챙기려는 자들만 파리 떼처럼 몰려들 뿐이다.

여기서 "몸을 드러내고 숨는 일"은 바로 '진퇴(進退)'를 가리킨다. 유가에서 말하는 물러남은 도가에서 말하는 은둔과 다르다. 도가는 문명 자체를 부정하고 문명에서 삶을 비판하기 때문에 문명을 떠나는 은둔을 말한다. 그러나 유가는 문명을 결코 부정하지 않는다. 문명 가운데서 자연의 이치를 실현하려 할 뿐이다. 다만 그런 이치를 구현할 만한 때가 되면 나아가서 벼슬살이를 통해 실천하지만, 그런 때가 아니면 물러나서 자신을 되돌아보거나 후학을 기르는 데 전념한다. 그러니 위에서 말한 "도가 행해지지 않으면 숨어야 한다"를 단순히 은둔이나 도피로 이해해서는 안 된다.

8-14

子曰: "不在其位, 不謀其政."

　　스승께서 말씀하셨다.
　　"그 자리에 있지 않으면, 그 일을 꾀하지 않는다."

注釋　　기위(其位)는 주어진 벼슬이고, 기정(其政)은 그 벼슬에서 할 일이다. 모(謀)는 꾀하다, 마음을 쓰다는 뜻이다.

蛇足　　나라를 다스림에 있어 갖가지 벼슬을 두는 까닭은 한 사람이 도맡아 할 수 없기 때문이다. 그래서 적절하게 일을 구분지어서 합당한 자리를 마련하고 그것을 감당할 수 있는 사람을 쓴다. 그것이 곧 정치

이고 경영이다. 그런데 벼슬을 맡은 사람이 제 일이 아닌 것에 마음을 쓴다면 어찌되겠는가? 이는 다른 일에 무관심하라는 것이 아니다. 함부로 나서지 말라는 말이다. 제 할 일을 다하였다면, 쉴 일이다. 제 할 일을 다하였다고 남의 일에 마음을 쓴다면, 주제넘다는 말을 들을 것이다. 제 할 일을 다하지 못하였으면서도 남의 일에 마음을 쓴다면, 그런 사람은 어떤 사람일까?

8-15

子曰: "師摯之始, 關雎之亂, 洋洋乎盈耳哉!"

스승께서 말씀하셨다.
"태사 지가 이전에 연주했던 〈관저〉의 끝가락이 아직도 내 귓가에 넘실대는구나!"

注釋 사지(師摯)는 노나라의 음악을 맡은 태사이며, 이름이 지이다. 시(始)에 대한 해석은 분분하다. 첫째, 고대에 음악 연주의 처음을 가리키는 것으로, 고대에는 음악 연주의 처음을 대개 태사가 하였다고 하는 견해가 있다. 둘째, 태사가 처음 악관이 되었을 때를 가리키는 것으로 보는 견해가 있다. 셋째, 처음으로 악곡을 정리했다는 뜻으로 푸는 견해가 있다. 그러나 여기서는 첫째와 둘째의 의미가 아울러 내포된 것으로 보면서, 처음에, 이전의 뜻으로 단순하게 풀었다. 어쩌면 이것이 공자 말하기의 맛이 아닐까 생각한다. 관저(關雎)는 『시경』에서 맨 처음에 나오는 시이다. 란(亂)은 악곡의 종장(終章), 즉 음악의 끝가락이다. 양양호(洋洋乎)는 가득차서 넘칠 듯한 모양이다. 영(盈)은 가득차다는 뜻이다.

蛇足　〈관저〉는 도학자들에 의해 도덕적이고 윤리적인 의미를 담고 있는 것으로 해석되었는데, 이는 현재로써 과거를 재단해버린 고약한 짓이다. 〈관저〉는 매우 소박하게 남녀가 어울려서 노래하고 춤추는 장면을 묘사한 노래이다. 지금도 중국 소수민족들 가운데는 해마다 마을의 남녀들이 모여서 떼 지어 노래하고 춤추면서 제 짝을 찾는 민속이 행해지고 있다. 〈관저〉는 바로 그런 민속을 보여주는 노래이다. 남녀가 자연스럽게 어울려서 흥겹게 노래하고 춤추는 것, 그보다 더 아름다운 장면을 이 세상 어디에서 찾겠는가? 그것은 그대로 어울림의 한 극치이다.

그런데 공자는 그 노래와 곡조가 귀에 넘실댄다고 하였다. 음악 속에는 여전히 어울림이 있으나 예의가 무너지면서 그 어울림이 현실에서 생동하지 못하고 있다는 데 대한 탄식에서, 또는 태사가 처음 악관이 되었을 때는 그 참뜻을 살려 연주하였으나 이제는 그렇지 못하다는 탄식에서 나온 말이라 할 수 있다. 그러나 무엇보다도 백성들의 삶이 〈관저〉의 노래처럼, 가락처럼 화기애애하지 못하다는 안타까움이 더 깊이 배어 있다. 이 짧막한 말은 오늘날 우리 대중음악과 대중문화, 음악인들과 대중들의 인식을 되돌아보게 만든다는 점에서 결코 과거의 일만은 아니다.

8-16

子曰: "狂而不直, 侗而不愿, 悾悾而不信, 吾不知之矣."

스승께서 말씀하셨다.
"뜻은 높으면서 곧지 않고, 미련하면서 지멸있지 않고, 속없으면서 미쁘지 않은 것, 그런 것을 나는 알지 못한다."

注釋 광(狂)은 열정이 대단해서 뜻이 크고 뜻만 앞서는 것이다. 동(侗)은 미련하다, 데퉁하다는 뜻이다. 원(愿)은 성실하다, 지멸있다는 뜻이다. 공공(悾悾)은 속없는 모양, 삿됨도 없고 줏대도 없는 것이다. 지(之)는 앞서 말한 것들을 가리킨다.

蛇足 뜻이 높거나 뜻이 지나치게 앞서다 보면, 결과에 집착하게 된다. 결과에 집착하다 보면, 곧게 나아가지 못한다. 그러나 본래 뜻이 높았으므로 제가 옆길로 빠져서 엉뚱한 데로 나아가고 있는 줄을 잘 모르고 여전히 곧게 나아간다고 여긴다. 미련한 자는 과정이 전부이고 결과는 그 과정의 끝에서 잠시 나타나는 것에 지나지 않는 것임을 모른다. 과정이 전부인 줄 모르니, 한결같은 마음을 지니지 못한다. 결과에 매여 있으니, 질직하게 하지 못한다. 나쁘거나 고약한 마음은 없으나 줏대가 없으면, 사람은 잘 흔들린다. 어떤 상황에서든 자기 판단이 없으니, 이랬다저랬다 하면서 옹졸하게 행동한다. 그런 사람을 누가 믿겠는가? 공자가 "그런 것을 나는 알지 못한다"고 말한 것은 왜 그러는지를 모른다는 것이 아니라, 그렇게 하는 행동이나 사람을 알고 싶지 않다, 즉 자신은 그렇게 하지 않겠다는 뜻을 내비친 것이다.

지혜나 인격은 결코 한쪽으로 치우치지 않아야만 완성된다. 치우치지 않음은 그것이 이치이기 때문이다. 학인은 늘 그 점을 염두에 두고서 치우치지 않도록 삼가야 한다. 자신의 장점을 내세우고 단점을 덮는 짓은 처세로서는 괜찮고 세속의 명리를 얻는 데에는 유익할지 몰라도, 결코 오래가지 않을 뿐 아니라 결국 자신을 곤경으로 내몰게 된다. 뒤늦게 후회하지 않으려면 바로 지금, 자신을 잡도리하여서 조화와 균형을 갖추도록 애써야 한다.

8-17

子曰: "學如不及, 猶恐失之."

스승께서 말씀하셨다.
"배울 때는 미치지 못하는 듯이 하고, 배운 뒤에는 잃을까 두려워하라."

注釋　급(及)은 따라붙다, 미치다는 뜻이다. 유(猶)는 더욱더, 그 위에 등의 뜻으로, 여기서는 '배운 뒤에는'이라는 말맛이 있다. 실(失)은 잃다, 놓치다는 뜻이다.

蛇足　배울 때 마치 다 안다는 듯이 굴어서는 안 된다. 또 배운 것으로 다 아는 듯이 굴어서도 안 된다. 그것은 배움이 무엇인지를 모르는 짓이다. 배움이란 고작 새로운 것을 듣거나 본 것에 지나지 않는다는 것을 알아야 한다. 아직은 그 뜻을 제대로 알지 못한다. 그러니 배울 때는 아직 앎에 이르지 못했다는 것, 배움만으로는 앎에 미치지 못한다는 것을 분명하게 알고 있어야 한다. 좀 배웠다고 뻐기거나 으스대는 자는 참으로 아는 자가 아니다. 참으로 알려면 일상에서 배운 대로 해봐야 한다. 일상에서 때맞게 익히지 않으면, 참뜻을 알지도 못할 뿐 아니라 배운 것조차 잊어버린다. 그렇게 되면 얼마나 허망하겠는가? 몸에 배지 않은 것은 결코 오래 남지 않는다. 그러니 배운 것을 체득하지 못해서 잃을까를 두려워해야 한다.

8-18

子曰: "巍巍乎, 舜禹之有天下也而不與焉!"

270

스승께서 말씀하셨다.
"높고도 높구나, 순과 우는 천하를 차지하고도 일일이 챙기지
않았으니!"

注釋　　외외(巍巍)는 높고 큰 것을 형용한 말이다. 우(禹)는 하(夏)나
라를 개국한 군주로, 전설에 따르면 순 임금의 선양으로 제위에 올랐다
고 한다. 유(有)는 가지다, 차지하다는 뜻이다. 여(與)는 참여하다, 관여
하다는 뜻이다.

蛇足　　임금은 천하의 모든 일을 굽어보지만, 그 일들을 모두 자신이
처리하려고 해서는 안 된다. 아무리 성군(聖君)이라도 천하의 일을 다
맡아 할 수는 없다. 임금이란 일을 하는 자리가 아니라 사람을 부리는
자리이다. 다만 지혜로써 사람을 보고 덕으로써 얻어야만 알맞은 사람
을 찾아서 쓸 수 있다. 그렇게 되면 임금은 따로 하는 일이 없어도 천하
는 다스려진다. 무슨 일이든 능숙한 자나 달인이 하면, 그 일은 마냥 절
로 되는 것처럼 보인다. 나라를 다스리는 일도 마찬가지이다.

8-19

子曰: "大哉, 堯之爲君也! 巍巍乎, 唯天爲大, 唯堯則之! 蕩蕩
乎, 民無能名焉! 巍巍乎, 其有成功也! 煥乎, 其有文章!"

스승께서 말씀하셨다.
"대단하도다, 요가 임금 노릇함은! 높고도 높구나, 오직 하늘
이 크거늘 요만이 그것을 본받았도다! 너르고도 너르구나, 백
성들이 이름을 붙일 수 없으니! 높고도 높구나, 그가 세운 성
금이여! 빛나도다, 그가 이룩한 문화여!"

注釋　칙(則)은 본받다는 뜻이다. 탕탕(蕩蕩)은 크고 넓은 모양이다. 명(名)은 이름을 붙이다는 뜻이다. 공(功)은 일의 효과, 즉 보람이나 성금을 뜻한다. 환(煥)은 밝다, 빛나다는 뜻이다. 문장(文章)은 문물제도 전반, 또는 문화 전반을 뜻한다.

蛇足　정치는 일상에서 비롯된다. 임금의 일상이든 벼슬아치의 일상이든 백성의 일상이든 그 일상들은 다르지 않다. 일상의 행위가 예의가 되고 음악이 되며 문화가 된다. 그래서 일상을 더 잘 잡도리하도록 애쓰는 것이 정치이다. 그런데 일상이 곧 하늘이나 우주의 이치를 벗어나지 못하는 것이라면, 그 이치를 알고 고스란히 받아들이는 것이 마땅하다. 정치는 인간의 작위적인 행위이며 이치와는 전혀 상관이 없다고 한다면, 그 정치는 더 이상 정치가 아니라 난정(亂政)이다. 이 난정은 문화를 통해 바로잡을 수 있고, 그 문화는 임금의 일상에서 비롯된다. 중세가 되면서 임금이 아니라 모든 지식인 계층이 문화를 창조하는 주역이 되었지만, 고대에는 임금이 그 중심에 있었다. 공자는 임금이 문화의 혁신을 이루는 주역이 되었던 시절을 우러러보고 있다. 그것은 공자 자신이 문화의 혁신을 이룩하고 있음에도 그 문화를 널리 펼 만한 자리에 있지 못한 것에 대한 안타까움이기도 하다.

8-20

舜有臣五人, 而天下治. 武王曰: "予有亂臣十人." 孔子曰: "才難, 不其然乎? 唐虞之際, 於斯爲盛. 有婦人焉, 九人而已. 三分天下有其二, 以服事殷, 周之德, 其可謂至德也已矣."

순이 다섯 신하를 얻으니, 천하가 다스려졌다. 무왕이 말하였다.

"나에게는 난신이 열 명 있도다."

공 스승께서 말씀하셨다.

"인재를 얻기는 어렵다 하는데, 참으로 그렇지 않은가? 요와 순 사이에 그러했고, 이 무왕 때는 더욱 많았다. 그러나 무왕 때는 부인이 한 사람 있어서 아홉 명뿐이었다. 천하의 삼분의 이를 얻고서도 은나라를 섬겼으니, 주나라의 덕은 지극한 덕이라 할 만하다."

注釋 난신(亂臣)의 난은 치(治)와 같다. 따라서 난신은 나라를 잘 다스리는 신하를 뜻한다. 당우(唐虞)는 요(堯)와 순을 가리킨다. 제(際)는 사이, 때를 뜻한다. 사(斯)는 앞의 무왕을 가리킨다. 삼분천하유기이(三分天下有其二)는 주의 문왕이 중국 구주(九州) 가운데 여섯 주를 차지한 일을 가리킨다. 복(服)은 좇다, 따르다는 뜻이다.

蛇足 인재를 얻기 어려운 이유는 무엇인가? 인재가 없어서인가? 아니다. 인재는 어느 시대에나 있고, 어느 곳에나 있다. 아무리 혼탁한 시대에도 인재는 있다. 그 스스로 나서지 않으므로 눈에 띄지 않을 뿐이다. 그러면 어떻게 해야 인재를 얻을 수 있는가? 어진 사람을 얻으려면 먼저 내가 어진 사람이 되어야 하고, 뛰어난 사람을 얻으려면 내가 먼저 뛰어난 사람이 되어야 한다. 그뿐이다. 내가 어질지 않은데 어떻게 어진 사람을 얻을 것이며, 내가 뛰어나지 않은데 어찌 뛰어난 사람을 얻겠는가? 인재는 내 몸과 마음을 다해야만 얻을 수 있다. 다하지 않았는데도 얻었다면, 그가 과연 인재인지는 의문이다.

8-21

子曰: "禹, 吾無間然矣. 菲飮食而致孝乎鬼神, 惡衣服而致美
乎黻冕, 卑宮室而盡力乎溝洫. 禹, 吾無間然矣."

스승께서 말씀하셨다.
"우는 내가 흠잡을 데가 없구나. 제 음식은 보잘것없으면서 조
상신에게는 효성을 다하였고, 제 의복은 거칠면서도 예복은
참으로 아름다웠으며, 궁궐은 허름하면서도 물길 다스리는 데
에 온 힘을 다 썼다. 우는 내가 흠잡을 데가 없구나."

注釋 간(間)은 사이가 벌어진 틈, 흠을 뜻한다. 간연(間然)은 흠잡
다, 트집잡다는 뜻이다. 비(菲)는 엷다, 변변치 못하다, 보잘것없다는
뜻이다. 치(致)는 지극하게 하다는 뜻이다. 효(孝)는 조상 제사를 잘 모
시고 그 뜻을 이어받는 것이다. 귀신(鬼神)은 조상신을 뜻한다. 악(惡)
은 나쁘다, 거칠다는 뜻이다. 불면(黻冕)은 제사 때 사용하는 예복으로,
불은 무릎 가리개이고, 면은 장방형의 관(冠)이다. 구혁(溝洫)은 논밭
사이에 낸 물길, 즉 봇도랑이다.

蛇足 벼슬이 높으면 그에 걸맞은 치레를 해야 한다고 흔히 생각한
다. 그러나 과연 그러한가? 누구를 위해 치레하는가? 이미 벼슬이 높으
니, 그것으로 충분하지 않은가? 그 벼슬에 걸맞은 인품을 갖추는 것이
더 낫지 않은가? 벼슬보다 인품이 높지 않은 자는 그 자리를 지키려 무
진 애를 쓰지만, 오래 지키지 못한다. 벼슬보다 인품이 높은 자에게 벼
슬은 한낱 군더더기거나 덤에 지나지 않는다. 다만 그 벼슬을 통해 더
많은 사람들의 삶을 윤택하게 해주려고 할 뿐이다. 벼슬이 어찌 사람보
다 높으랴?

9편

자
한

(子罕)

9-1

子罕言利與命與仁.

　　스승께서 이끗과 천명과 어짊에 대해서는 드물게 말씀하셨다.

注釋　한(罕)은 드물다는 뜻이다. 여(與)는 및, ~와의 뜻이다. 명(命)은 천명이나 운명을 가리킨다.

蛇足　이끗은 사사로운 욕심을 부추겨서 사람을 엇나가게 만들기 때문에 말하지 않았고, 천명은 천지자연의 법칙이나 이치이므로 어디에나 있으니 굳이 말할 필요가 없고, 어짊은 스스로 배워서 익혀 온몸과 마음으로 알아채야 하는 경지이고 말로써는 다할 수 없는 경지여서 말하지 않았다.

9-2

達巷黨人曰: "大哉, 孔子! 博學而無所成名." 子聞之, 謂門弟子, 曰: "吾何執? 執御乎? 執射乎? 吾執御矣."

　　달항이라는 마을에 사는 사람이 말하였다.
　　"대단하도다, 공자여! 널리 배우고서도 이름을 이루지 못했으니."
　　스승께서 이 말을 전해 들으시고는 제자들에게 이르셨다.
　　"내가 무얼 잡을까? 수레 고삐를 잡을까? 활을 잡을까? 나는 수레 고삐를 잡으련다."

注釋　달항(達巷)은 마을 이름이다. 당(黨)은 5백 가구의 마을이다.

박(博)은 넓다, 너르다는 뜻이다. 집(執)은 잡다는 뜻으로, 여기서는 전문으로 하는 일이라는 말맛이 있다. 어(御)는 말을 부리다, 말 부리는 법 등의 뜻으로, 여기서는 수레 고삐로 풀었다. 사(射)는 활쏘기로, 여기서는 활로 풀었다.

蛇足　널리 배웠다면 마땅히 이름을 이루어야 한다. 공자 스스로 9-23에서 "나이 마흔이 되고 쉰이 되어도 알려지지 않는다면, 이런 사람은 두려워할 게 없다"고 말하지 않았는가? 그러나 이름을 이룬다는 게 무엇인가? 위에서 공자가 이름을 이루지 못했다고 한 사람은 고작 벼슬을 얻어서 높은 자리에 오르는 것 정도로 여겼다. 그러니 도를 터득해서 도를 펴려는 사람의 뜻을 알지 못하였다. 공자라고 해서 어찌 세상에 쓰이기를 바라지 않았겠는가마는, 도로써 나아갈 수 없어서 나아가지 않았던 것이다. 이미 여러 차례 말하지 않았던가? 나아가도 도로써, 물러나도 도로써, 가난해도 도로써, 가멸져도 도로써. 선비는 오로지 도에 뜻을 두는 자이니, 도로써 이름을 이루어야만 한다. 도가 아닌 것으로써 얻은 이름이 어찌 참된 이름이겠는가? 자신을 옭아매는 올가미요 자신을 가로막는 장애가 될 뿐이다. 만약 아무렇게나 이름을 얻고 이름을 이루려고 했다면, 공자같이 기예가 많은 사람이 무엇으로든 이름을 얻거나 이루지 못했겠는가? 공자가 "수레 고삐를 잡을까? 활을 잡을까?"라고 한 말에는 그런 뜻이 담겨 있다. 그런데 여기에 또 흥미로운 말이 나온다. 공자는 왜 활을 잡는 일보다 수레 고삐 잡는 일을 하려고 하는가? "수레 고삐를 잡으련다"고 한 말은 사람을 해치는 일보다 사람을 돕는 일을 하겠다는 어진 마음의 표현이다. 아, 그런 마음이 없다면, 제 이익을 위해 얼마나 많은 사람을 다치게 할까? 모든 사람이 널리 배워서 도를 행한다면 좋겠으나, 실상은 그렇지 못하다. 세속의 명성과 이익이 쉽게 사람의 마음을 사로잡고 흔들기 때문이다. 그러니 남을 이롭게 하는 일로써 명성과 이익을 얻는 일도 결코 쉬운

일이 아니다. 근대 자본주의 사회에서는 명성과 이익이 특히 중요한 가치 척도가 되었는데, 적어도 공자의 마지막 말을 받아들여서 하나의 잣대로 삼는다면 그 또한 의의가 있으리라.

9-3

子曰: "麻冕, 禮也, 今也純, 儉. 吾從衆. 拜下, 禮也; 今拜乎上, 泰也. 雖違衆, 吾從下."

스승께서 말씀하셨다.
"삼으로 만든 갓이 예법인데, 요즘은 명주실로 만드니 오달지다. 나는 세태를 따르겠다. 마루 아래에서 절하는 것이 예법인데, 요즘은 마루 위에서 절하니 건방지다. 비록 세태와는 어긋나더라도 나는 아래에서 절하겠다."

注釋　마(麻)는 삼, 삼실을 뜻한다. 마면(麻冕)은 검붉은 삼베로 만든 관이다. 순(純)은 명주실로, 검은색이다. 검(儉)은 쓰임새가 느슨하지 않고 알찬 것을 뜻한다. 중(衆)은 무리, 사람들을 뜻하는데, 여기서는 세태(世態)라는 말맛이 있다. 태(泰)는 뽐내다, 건방지다는 뜻이다. 위(違)는 어기다, 거스르다는 뜻이다.

蛇足　모든 사람들이 그렇게 한다고 해서 따라야 하는 것은 아니다. 다수가 하는 일이 반드시 옳은 것은 아니다. 도를 행하는 사람은 늘 소수이고, 지혜로써 사는 사람 또한 소수이다. 대다수는 소수의 창조적인 행위나 삶을 뒤따르는 정도이며, 그조차 힘들어한다. 무릇 일이란 '이치'에 견주어서 헤아리고 따진 뒤에 해야 한다. 예의 또한 마찬가지이다. 모든 것은 변하고, 상황에 따른 행위 또한 변하게 마련이다. 그러

나 변화를 알아채고 그에 알맞게 행동하는 일은 얼마나 어려운가? 지혜와 용기가 아울러 필요하다. 그렇지 않으면, 그릇된 세태에 영합하게 된다. 선비는 배우는 자이고, 배우는 자는 앞서서 나아가는 자이다. 앞서 가는 일은 좇아가는 것보다 훨씬 어렵고 힘들다. 알아주는 이도 드물다. 그러나 이것이 세상사의 이치이다. 이 단순한 이치를 잊으면, 쉽게 흔들리고 뜻을 굽히게 된다. 그러면 한순간에 공든 탑이 무너진다. 개미구멍 하나만으로도 둑은 무너진다. 그래서 선비의 삶은 힘겹다. 남의 허물은 용서해도 자신의 흠은 티끌만치도 용납해서는 안 된다. 선비가 도리에 벗어난 짓을 하면, 천하의 예법이 무너지기 때문이다.

9-4

子絶四, 毋意, 毋必, 毋固, 毋我.

> 스승께서는 네 가지를 끊으셨으니, 미리 헤아리는 일이 없으셨고, 반드시 해야 한다는 것이 없으셨고, 굳이 버티는 일이 없으셨고, 내로라 함이 없으셨다.

注釋 무(毋)는 무(無)와 같다. 의(意)는 헤아림을 뜻한다. 필(必)은 꼭 하겠다는 마음을 뜻한다. 고(固)는 굳게 버티는 것이다. 아(我)는 이루어진 일을 내 것, 내 몫이라고 내세우는 일을 뜻한다.

蛇足 여기서는 일을 할 때 어떻게 해나가야 하는지에 대해서 말하고 있다. 일을 한다는 것은 물살을 타는 것과 같다. 물살은 늘 똑같지 않으며, 곳에 따라서도 다르다. 먼저 뗏목을 마련해서 저 계곡의 물살을 타고 바다로 나간다고 해보자. 물살을 미리 헤아려서 어떻게 타야겠다고 생각하는 것이 일반적이다. 물론, 객관적인 정보나 지식이 있다면

그것을 참조할 수 있다. 그럼에도 여전히 한계가 있다. 그것은 정보나 지식이 변수까지 고려해주지는 않기 때문이다. 오히려 미리 예상했다가는 갑작스런 변화 앞에서 당황하기 십상이다. 사물의 이치를 꿰뚫는다면, 미리 헤아릴 필요가 없다.

또 뗏목을 타고 물길을 따라 순조롭게 내려가다가도 어느 순간 "왜 내가 바다로 가는가? 꼭 가야만 하는가?"라는 근본적인 의문이 들 때가 있다. 처음에는 물론 확신을 갖고 시작했지만, 그 확신은 '처음 그때' 가질 수 있었던 최상의 선택에서 나온 것일 뿐이다. 일이 이미 시작되면, 애초에 상상하고 예상하던 것과는 다른 경험을 하면서 새롭게 자각하게 된다. 그런 경험과 자각이 넓고 깊을수록 자신과 자신의 일을 더욱 철저하게 돌아보게 된다. 그러고도 지금 하고 있는 일에 대해 확신을 갖고 있다면 더할 나위가 없다. 그러나 이미 시작한 일이고 처음에 먹은 마음이니 그래도 밀어붙여서 끝까지 가야 한다고 우기는 것은 부질없는 고집이고 아집이다.

물살을 타고 내려가다가 전혀 예상하지 않았던 문제들에 맞닥뜨리는 일이 적지 않다. 특히 뗏목과 물길의 문제가 중요하다. 뗏목은 내가 마련하였으나 물살에 따라 만들었고, 물길은 주어져 있지만 내가 선택하였다. 그런데 처음에 마련한 뗏목으로 끝까지 갈 수 있다면 모르겠거니와, 그렇지 않고 중도에 문제가 생긴다면 다시금 판단하고 새로운 결정을 내려야 한다. 물길에서도 마찬가지이다. 수많은 물길이 있는데, 내가 선택한 하나의 물길만 고집할 필요가 없다. 변수가 생기면 생기는 대로 물길을 변경해야 할 일도 생길 수 있다. 변수를 전혀 감안하지 않고 밀어붙인다면, 반드시 파탄이 생길 것이다.

우여곡절 끝에 바다에 이르면, 그것은 무수히 많은 요소가 어우러져서 이루어진 것이다. 물론 나의 판단과 결정, 나의 노력으로 그런 결과에 이르렀다고 하겠지만, 과연 '나'의 힘으로만 된 것일까? 이룬 일을 잘 들여다보라. 어떻게 시작되었으며, 어떻게 흘러와서 끝내 여기에 이

르렀는가를 잘 들여다보라. 그 모든 순간에 나는 살아 있었다. 나는 주
어진 상황 속에서 매 순간 최선을 다했고, 그 상황과 하나가 되려고 하
였다. 그것은 과정이면서 동시에 결실이었다. '나'와 '나 아닌 것들'이
나뉘지 않았기 때문에 바람을 이루었다. 이루어진 일은 그 과정을 누린
결과 주어진 '덤'일 뿐이다. 오로지 나와 일, 나와 이치가 하나가 된 사
실만 존재할 뿐, 따로 '나'라고 할 것, '나의 것'이라고 할 것은 없다. 있
다면, 이미 참된 결실이 아니다.

9-5

子畏於匡, 曰:"文王旣沒, 文不在茲乎? 天之將喪斯文也, 後死
者不得與於斯文也. 天之未喪斯文也, 匡人其如予何?"

　　스승께서 광 땅에서 움씰하면서 말씀하셨다.
　　"문왕이 돌아가신 뒤로 그 문화가 여기에 있지 않으냐? 하늘이
　　이 문화를 없애려 했다면, 뒤에 죽는 사람들은 이 문화에 젖어
　　들지 못했을 것이다. 그러나 하늘이 이 문화를 아직 없애지 않
　　았으니, 광 땅 사람들이 나를 어찌하겠는가?"

注釋　　외(畏)는 으르다, 꺼리다, 무서워하다는 뜻으로, 여기서는 외
부의 위협으로 움츠리거나 움씰할 만한 상황에 처한 것을 가리킨다. 광
(匡)은 땅 이름이다. 노나라의 양호(陽虎)가 여기에서 포악하게 굴었는
데, 공자의 모습이 양호와 비슷하여서 그곳 사람들이 공자를 해치려 하
였다고 전한다. 자(茲)는 이, 여기 등의 뜻으로, 공자 자신을 가리킨다.
장(將)은 장차, ~하려 하다는 뜻이다. 상(喪)은 잃다, 없어지게 하다는
뜻이다. 사문(斯文)은 문왕으로부터 내려온 문화이다. 물론 공자는 그
문화를 혁신하며 이어갔다. 후사자(後死者)는 공자를 비롯한 문왕 이

후의 사람들을 가리킨다. 여기서는 후손을 가리키는 것으로 보았다. 여(與)는 참여하다는 뜻으로, 여기서는 젖어들다라고 풀었다.

蛇足　공자는 전해오던 문화를 남김없이 배우고 익혔다. 하나라, 은나라, 주나라의 문화를 두루 배웠고, 그 가운데서 주나라 문화를 고갱이로 여겼다. 그러나 그저 답습만 한 게 아니다. 시대의 변화에 맞게 혁신을 이룩하였다. 그 혁신은 공자의 삶 속에서 터득하고 실천한 결과 이루어진 것이다. 삶과 별개의 것이 아니다. 그렇기 때문에 위대한 문화가 자신에게 있다고 말한 것이다. "하늘이 이 문화를 아직 없애지 않았다"는 것을 어찌 아는가? 천명을 알기 때문이다. 천명은 어찌 아는가? 한결같이 지극한 마음으로 살았으므로 안다. 그런 사람에게는 두려움이 없다. 도를 알고 행하려는 자, 천하를 태평하게 하려는 자, 사람들을 널리 사랑하려는 자가 어찌 두려움이 있겠는가?

9-6

大宰問於子貢曰: "夫子聖者與? 何其多能也?" 子貢曰: "固天縱之將聖, 又多能也." 子聞之曰: "大宰知我乎! 吾少也賤, 故多能鄙事. 君子多乎哉? 不多也."

태재가 자공에게 물었다.
"그대 스승은 성자이신가? 어찌 그리도 재주가 많으신가?"
자공이 말하였다.
"진실로 하늘이 내보내면서 성자가 되게 하고 또 재주도 많이 주신 게지요."
스승께서 전해 들으시고는 말씀하셨다.
"태재가 나를 아는구나! 내 젊은 시절에 데데하였던 까닭에 하찮은 일에 재주가 많다. 군자는 재주가 많은가? 많지 않다."

注釋　태재(大宰)는 관직명이다. 고(固)는 참으로, 진실로의 뜻이다. 종(縱)은 놓아주다, 내보내다는 뜻으로, 여기서는 태어나게 하였다는 말맛이 담겨 있다. 장(將)은 미래의 때를 가리키는데, 앞의 종(縱)이 과거의 때를 나타내는 것과 짝이 된다. 능(能)은 재능, 재주를 뜻한다. 비(鄙)는 하찮다는 뜻이다.

蛇足　2-12에서 공자가 말한 "군자는 그릇이 아니다"와 연관이 있으니, 아울러 새겨보라. 사람은 처지에 따라, 상황에 따라, 때와 곳에 따라 알맞게 행동하여야 한다. 아무리 오랫동안 학문을 하였다고 하더라도 반드시 학문만 하여야 한다는 법은 없다. 학문이란 사람을 크고 너르게 만들어주는 것인데, 좁은 견해나 생각에 매여 있다면 학문을 그릇되게 한 셈이다. 학문이 그릇된 것은 바로 경험을 소홀하게 여긴 탓이다. 즉 관념적으로만 학문을 하였기 때문이다. 관념은 실상을 왜곡시킨다.

그런데 자공은 제자이면서도 스승인 공자를 제대로 알지 못했다. 반면 태재는 공자의 실상을 꿰뚫어 보았다. 어찌하여 그런가? 자공은 배움에 힘썼으나, 통찰을 얻는 데까지 나아가지 못했음을 뜻한다. 통찰이 없으므로 가까이 있어도 그 진면목을 모르는 것이다. 반면 태재는 통찰을 얻은 자이다. 그래서 부분을 통해 전체를 제대로 가늠할 수 있었던 것이다. 공자가 "태재가 나를 아는구나"라고 일컬은 말은 그의 통찰에 대한 칭찬이다. 통찰은 하나를 듣고 둘을 아는 정도가 아니다. 하나를 듣고 열을 아는 것 이상이다.

9-7 ─────────────────

牢曰: "子云, '吾不試, 故藝.'"

뇌가 말하였다. "스승께서는 '내 쓰이지 못하였기에 기예를 익혔노라'고 말씀하셨다."

注釋   뇌(牢)는 성은 금(琴)이고 이름이 뇌이며, 자는 자개(子開)이다. 시(試)는 용(用)과 같이, 쓰다, 쓰이다는 뜻이다. 예(藝)는 재주, 재주 있다는 뜻이다.

蛇足   앞의 9-2와 9-6에서도 관련된 말이 나온다. 공자에게 재주가 많았던 것은 널리 알려진 일이었던 모양이다. 공자는 재주로써 이름을 얻으려 했던 것이 아니다. 자신의 뜻을 펴야 하는데, 도무지 쓰이지 않으니 길이 없었던 것이다. 그래서 갖가지 재주를 익혔다. 혼란한 시대일수록 재주가 아니면 인정을 받지 못하고 쓰이지를 못하였다. 그러나 결국 공자도 깨달았으리라. 재주만으로는 할 수 있는 일이 적고, 더구나 어짊을 펴는 일에서는 그다지 쓸모가 없다는 것을. 더구나 그 재주를 보고서 썼는데 어짊을 펴겠다고 한다면, 누가 그를 믿고 따르겠는가? 무엇보다도 그건 선비가 할 짓이 아니다. 선비는 제 뜻을 굽혀서도 안되지만, 제 뜻을 숨겨서도 안 된다. 떳떳함이 없는 자가 숨긴다. 공자는 젊은 시절에 갖가지 재주를 배우기는 했으나, 그것으로 행세하지는 않았다. 잔다란 재주를 내세우지 않는 것, 그것이 선비의 마음가짐이다.

9-8 ─────────────────

子曰: "吾有知乎哉? 無知也. 有鄙夫問於我, 空空如也, 我叩其兩端而竭焉."

스승께서 말씀하셨다.

"내가 아는 게 있는가? 아는 게 없다. 어떤 촌사람이 나에게 물으면, 텅 빈 마음으로 그 양끝을 두드리며 다할 뿐이다."

注釋 비(鄙)는 촌스럽다는 뜻이다. 공(空)은 비다, 비우다는 뜻으로, 공공여(空空如)는 단순히 어리석거나 무지한 것이 아니라 아무 것도 모르는 듯이 마음이 텅 빈 상태를 가리킨다. 고(叩)는 두드리다는 뜻으로, 캐묻다는 말맛이 있다. 갈(竭)은 다하다는 뜻이다.

蛇足 여기서 말하는 지(知)는 '안다고 하는 생각'을 가리킨다. 어설프게 배우면 안다는 생각을 갖는다. 그러나 제대로 익혀서 완전히 내 것으로 만들면, 굳이 안다는 생각을 갖지 않는다. 그런 의미에서 공자는 아는 게 없다고 말하였다.

지혜로운 자는 안다는 생각이 없으니, 미리 생각하는 일도 없다. 모든 것은 끊임없이 바뀌므로 미리 생각해도 소용이 없고, 오히려 미리 생각한 탓에 실상을 제대로 파악하지 못할 수 있다. 실상을 제대로 파악하지 못하면, 물음에 알맞은 답을 해줄 수 없다. 공자는 일생동안 지혜를 갖추려 애썼으므로 안다는 생각을 하지 않게 되었고, 이리하여 미리 생각하는 일도 없게 되었다. 이것이 "텅 빈 마음"이다. 텅 빈 마음으로 상대를 보고 상대의 물음을 받아들여서는 마치 아무 것도 모르는 것처럼 이쪽저쪽을 따지면서 되묻고 헤아린다. 양끝을 두드린다는 것은 어느 쪽에도 치우치지 않는 중도를 얻기 위해서이다. 결국 지혜로운 자가 물음의 핵심을 놓치지 않는 한, 서로 주고받는 대화를 통해 답은 저절로 나온다.

9-9 ————————————————————————————

子曰: "鳳鳥不至, 河不出圖, 吾已矣夫!"

스승께서 말씀하셨다.
"봉황이 날아오지 않고 황하에서는 그림이 나오지 않으니, 나
도 끝났구나!"

注釋　봉황(鳳凰)의 봉은 수컷이고, 황은 암컷이다. 봉황은 신령한
새로서 상서로운 조짐을 나타내는데, 성왕(聖王)이 세상에 나올 때 날
아와서 춤춘다고 한다. 하(河)는 황하(黃河)이다. 도(圖)는 팔괘(八卦)의
바탕이 된 그림이다. 중국 고대 복희(伏羲) 때 황하에서 용마(龍馬)가
이 그림을 등에 지고 나왔다고 한다. 『주역』의 「계사전(繫辭傳)」에서도
"황하에서 그림이 나오고, 낙수에서 글이 나오니, 성인이 이를 본받았
다(河出圖, 洛出書, 聖人則之.)"라는 말이 나온다. 이(已)는 그치다, 끝나
다는 뜻이다.

蛇足　봉황이 날아오고 황하에서 그림이 나오는 것은 천하가 바뀔
조짐을 가리킨다. 그런데 공자가 일생을 두고 문화를 통해 혁신을 꾀했
음에도 세상은 달라질 기미가 보이지 않았다. 실로 그러했으니, 공자가
세상을 떠난 뒤로도 수백 년이 지나서야 비로소 통일이 이루어지지 않
았는가. 그것도 힘으로써 이루어진 통일이었으니. "나도 끝났구나!"는
더 이상 자신의 도로써 세상을 바꿀 기회가 없으리라는 데 대한 탄식
이다. 공자가 후대에 교육자로서 높이 일컬어지는 까닭은 그가 단순히
가르치는 사람이 아니라 세상을 외면하지 않고 스스로 실천하고 도를
실행하려고 했기 때문이다. 그는 실천적인 교육자요 사상가였다.

子見齊衰者冕衣裳者與瞽者, 見之, 雖少, 必作; 過之, 必趨.

　　스승께서는 상복을 입은 자나 잘 차려 입은 관리나 장님을 만
나면 보기에 어려 보이더라도 반드시 일어나셨고, 그들을 지나
칠 때는 반드시 종종걸음을 치셨다.

注釋　　자최(齊衰)는 삼년상에 입는 상복(喪服)으로, 참최(斬衰)보
다 가벼운 것이다. 부모의 상례 때 입는다. 면의상(冕衣裳)의 면은 예관
(禮冠)이고, 의상은 예복(禮服)이다. 잘 차려입은 고관(高官)을 가리킨
다. 고자(瞽者)는 눈 먼 사람, 장님이다. 작(作)은 일어서다는 뜻이다. 과
(過)는 지나다, 지나가다는 뜻이다. 추(趨)는 종종걸음을 쳐서 가다는
뜻이다.

蛇足　　사람은 누구나 죽는다. 그렇기 때문에 누구나 죽은 이를 떠나
보낸다. 죽음이 삶의 끝에 오는 일은 저절로 그러한 것[自然]이지만, 그
죽음으로 삶을 마무리하는 일은 문화이다. 문화는 허튼 마음으로 이루
어지지 않는다. 자연의 이법과 같이 지극하여야 문화다운 문화가 이루
어진다. 죽음과 관련된 문화는 상례이니, 어찌 지극히 삼가지 않을 수
있겠는가? 또 다스리는 자도 없고 다스림을 받는 자도 없는 세상이라
면 더없이 좋겠으나, 바로 이것이 자연과 다른 문명의 한계이다. 어차
피 문명 속에서 살기로 했다면, 다스리는 자리에 있는 벼슬아치들, 잘
차려 입은 관리들을 무시해서는 안 된다. 그들이 백성들의 삶을 윤택하
게 하기 위해 애쓰도록 받들어야 한다. 먼저 받들어야 비판할 자격도
갖는다. 고대에 악사는 대개 장님이었다. 그들은 문화의 한 축, 예술을
담당한 자들이다. 예법에 생기를 부여해주는 구실을 하니, 어찌 삼가
대하지 않을 수 있겠는가.

공자의 행위를 잘 살펴보면, 그 배움이 얼마나 지극하고 철저했는지를 알 수 있다. 그런 공자의 말과 행위의 속뜻을 읽어내지 못하고서 공자를 "죽여야 되느니, 살려야 되느니" 쓸데없이 목청을 높이는 것을 보면, 참으로 안타깝다. 학문이란 실천적인 사업이요 창조적인 작업이다. 실천하지 않는 자의 비판은 아무리 엄밀한 논리 위에 있더라도 공허하다. 창조하지 않는 자의 비판은 그저 욕일 뿐이다. 오늘날의 학문, 좁게는 이 고전의 해석학에서도 이런 일이 벌어지고 있지 않은가? 다 함께 반성할 일이다.

9-11

顔淵喟然歎曰: "仰之彌高, 鑽之彌堅. 瞻之在前, 忽焉在後. 夫子循循然善誘人, 博我以文, 約我以禮. 欲罷不能, 旣竭吾才, 如有所立卓爾. 雖欲從之, 末由也已."

안연이 한숨을 쉬며 말하였다.

"우러러볼수록 더욱 높아지고, 뚫을수록 더욱 단단하시구나. 쳐다보면 앞에 계셨는데, 어느새 뒤에 계시는구나. 스승께서는 이치에 맞게 사람을 잘 이끌어주시니, 문화로써 나를 넓혀주시고 예의로써 나를 깔밋하게 해주시는도다. 그만두려고 해도 그럴 수가 없어 내 재주를 이미 다하였으나, 스승은 홀로 우뚝 서 계신 듯하구나. 비록 스승을 좇으려 하나, 길이 없구나."

注釋　위연(喟然)은 한숨 내쉬는 모습이다. 탄(歎)은 한숨 쉬다는 뜻이다. 앙(仰)은 우러르다는 뜻이다. 미(彌)는 더욱을 뜻한다. 찬(鑽)은 뚫다는 뜻이다. 견(堅)은 굳다, 단단하다는 뜻이다. 첨(瞻)은 우러러보다, 쳐다보다는 뜻이다. 순순연(循循然)은 차례대로 돌고 도는 것, 즉 이

치대로 하는 것을 뜻한다. 유(誘)는 꾀다, 이끌다, 가르치다는 뜻이다. 약(約)은 꾸밈이 없고 군더더기가 없는 것으로, 깔밋하다는 뜻이다. 파(罷)는 그만두다, 그치다는 뜻이다. 탁이(卓爾)는 높이 솟다, 우뚝 솟다는 뜻이다. 말(末)은 무(無)와 같다. 유(由)는 방법, 수단이다.

蛇足 학문은 일상에서 시작되고 일상에서 마무리된다. 일상을 벗어나서는 학문이 이루어지지 않는다. 이를 알지 못하면, 학문은 탁상공론으로 치부되고 만다. 학문이 그렇게 여겨질 때, 학문은 이미 죽은 것이다. 그러나 학문은 죽지 않는다. 학자가 죽을 뿐이다. 학문을 그릇되게 이해하고 추구했던 자가 죽을 뿐이다. 성자에게는 지혜와 지식이 따로 없고, 위대한 스승에게는 학문과 일상이 다르지 않다. 그러나 통찰이 있는 자가 아니라면, 성자를 보아도 알아보지 못할 것이요 위대한 스승으로 보아도 그 위대함의 진면목은 보지 못할 것이다. 공자는 탁월한 스승이었다. 비록 자신의 사상을 체계화시키지 못하였고 또 학문적으로, 논리적으로 가르침을 베풀지는 않았으나, 스승으로서 뛰어난 것은 널리 배워서가 아니라 일상에서 온전히 익혔기 때문이다. 그래서 상대의 근기에 맞게 가르침을 베풀 수 있었던 것이다.

그러나 스승은 떠받들어야 할 존재가 아니다. 스승은 그 삶과 가르침으로써 이끌어주는 사람이다. 학인은 그 삶과 가르침을 본보기로 삼고 그 참뜻을 알아서 행하려고 애써야 한다. 그것이 학인의 공부이다. 그런 공부를 하지 않는 자가 스승의 참뜻도 모르면서 떠받들기만 한다. 그게 얼마나 스승을 욕되게 하는 것인 줄도 모르고 말이다. 떠받들어야만 위대해지는 자라면, 그는 결코 위대하지도 않을 뿐 아니라 참된 스승도 아니다. 떠받드는 자는 결코 제자도 아니고 학인도 아니다. 추종자에 지나지 않는, 맹신도일 뿐이다.

안연을 보라. 안연은 공자를 더없이 높이 일컫고 있다. 그런데 그렇게 일컫는 까닭이 분명하다. 이는 안연이 스승인 공자를 깊이 이해하고 알았음을 의미한다. 어떻게 그렇게 알 수 있는가? 안연 자신이 오로지 도에 뜻을 두고 도를 즐겼던 사람이기 때문이다. 이심전심(以心傳心)! 그런 사람이라면 제 스승의 참모습을 누구보다도 잘 안다. 그런 사람이 좇아가는 데도 도무지 따라잡히지 않는다. 당연하지 않은가? 지식을 많이 가진 스승이라면 얼마든지 추월할 수 있다. 그러나 일상에서 이치를 체득한 스승이라면 좇아가기도 힘겨울 뿐 아니라, 좇아가도 겨우 나란하게 될 뿐이다. 그럼에도 제자는 스승을 능가하려고 애써야 하고, 스승을 좇아가지 말고 자신의 길을 개척해야 한다.

9-12

子疾病, 子路使門人爲臣. 病間, 曰: "久矣哉, 由之行詐也! 無臣而爲有臣. 吾誰欺? 欺天乎? 且予與其死於臣之手也, 無寧死於二三子之手乎? 且予縱不得大葬, 予死於道路乎?"

스승의 병이 깊어지자, 자로가 문인들을 가신으로 삼았다. 스승께서는 병세가 좀 나아지자, 말씀하셨다.

"오래되었구나, 유가 거짓을 일삼은 것이! 내겐 가신이 없는데, 가신이 있는 것처럼 하였으니, 내가 누구를 속이겠느냐? 하늘을 속이겠느냐? 가신의 손에 죽느니보다는 차라리 너희들 손에 죽는 게 낫지 않겠느냐? 또 내 장례가 그럴듯하지는 못할지라도, 길에서 죽기야 하겠느냐?"

注釋 간(間)은 병이 없어지다, 낫다는 뜻이다. 사(詐)는 억지로 하는 말로, 속이다, 거짓의 뜻이다. 수(誰)는 누구의 뜻이다. 기(欺)는 속이다, 깔보다는 뜻이다. 차(且)는 ~하려고 하다는 뜻이다. 종(縱)은 가령, ~하더라도의 뜻이다. 대장(大葬)은 장례를 호화롭게 갖추어 치르는 것

으로, 보기에 훌륭한 장례를 뜻한다.

蛇足 예의란 다른 게 아니다. 자신이 처한 상황에 알맞게 행동하는
것이다. 그렇게 하지 않는다면, 그것은 예의가 아니라 허례이다. 허례는
곧 가식이요 기만이다. 군자가 되어서 어찌 그런 짓을 일삼겠는가. 자
로는 스승을 높이려는 마음에서 없는 가신을 있는 듯이 하였는데, 이는
그 마음이 지나쳐서 예의를 그르친 것이다. 마음은 앞서는데 지혜가 없
고, 용기는 있으나 어짊이 없으므로 이런 짓을 하였다. 예의란 떳떳한
마음의 표현이고, 허례는 떳떳함이 없을 때 꾸미는 짓이다. 자로를 통
해 질직하기만 하고 지혜가 모자라면 어떤 짓을 하는지 잘 엿볼 수 있
다. 그런데 자로처럼 질직하게 배우지도 않는 사람이라면, 도대체 어떤
짓을 할지?

9-13

子貢曰: "有美玉於斯, 韞匵而藏諸? 求善賈而沽諸?" 子曰: "沽
之哉, 沽之哉! 我待賈者也."

자공이 여쭈었다.
"여기에 아름다운 구슬이 있다고 하면, 궤에 넣어 감추어두어
야겠습니까? 아니면 좋은 장사꾼을 찾아서 팔아야겠습니까?"
스승께서 말씀하셨다.
"팔아야지, 팔아야지! 나는 장사꾼을 기다린다."

注釋 온(韞)은 넣다, 감추다는 뜻이다. 독(匵)은 궤이다. 장(藏)은
숨기다, 감추다는 뜻이다. 저(諸)는 지호(之乎)이다. 고(賈)는 사다, 팔
다, 장사꾼을 뜻한다. 고(沽)는 팔다, 사다는 뜻이다.

蛇足 　자공은 공자의 제자 가운데서 꽤 뛰어난 사람이었다. 그런 그의 눈에 스승의 뛰어난 능력이 그냥 썩고 있는 듯이 보였던 모양이다. 아무리 혼탁한 세상이지만, 그렇다고 해서 몸을 움츠리고 있는 것은 지나치게 소극적인 처세라고 보았는지도 모른다. 『사기』의 〈중니제자열전〉을 보면, 자공이 그 뛰어난 언변으로 제후들 사이에서 어떤 활약을 했는지가 잘 묘사되어 있다. 그런 그가 스승을 뵐 때, 어찌 안타까움이 없었겠는가? '아름다운 구슬'은 스승의 탁월한 능력에 대한 비유이다. 그 구슬을 그저 감추어두어야 옳은지, 장사꾼을 찾아서 팔아야 옳은지 물은 것은 스승의 뜻을 알고 싶은 데서 나온 것이다. 그러나 자공의 그릇과 공자의 그릇은 다르다. 아니, 공자는 그릇이 아니다. 그의 그릇은 곧 천하를 껴안으려는 것이니, 어찌 그릇에 견줄 수 있겠는가? 그릇이라도 그 가장자리를 알 수 없이 크낙한 그릇이니, 그릇이면서 그릇이 아니다. 그렇게 큰 그릇은 때를 알고 기다릴 줄 안다. 어찌 함부로 자신을 팔려고 하겠는가? 공자가 기다리는 장사꾼은 천하를 태평하게 하겠다는 의지와 그만한 자질을 갖춘 군주인데, 그때 그런 군주가 있었는가? 없었다고 해서 좌절할 것인가? 아니다. 공자는 후학을 키웠다. 그래서 위대한 교육자로서 스승으로서 길이 영향을 끼치게 되었던 것이다.

9-14

子欲居九夷, 或曰: "陋, 如之何?" 子曰: "君子居之, 何陋之有?"

　　스승께서 구이에서 살고자 하시니, 누군가가 물었다.
　　"꾀죄죄한데, 어찌시렵니까?"
　　스승께서 말씀하셨다.

"군자가 사는 곳에 어찌 꾀죄죄함이 있겠는가?"

注釋　구이(九夷)는 동쪽에 사는 아홉 종족의 오랑캐를 가리킨다고
하는데, 자세하지 않다. 본래 노나라에 있던 땅이라고도 한다. 단순히
지명으로 보는 것이 옳다. 루(陋)는 좁다, 꾀죄죄하다는 뜻이다.

蛇足　군자는 도를 얻으려 애쓰고 도로써 살려고 하는 사람이다. 적
어도 군자는 도가 어디에나 있다고 믿으며 또 안다. 중원에는 있고 오
랑캐 땅에는 없다고 여긴다면, 그것이야말로 도가 무엇인지를 모르는
것이다. 군자라면 곳을 가리지 않는다. 어디를 가든 그것은 자신의 뜻
이기 때문이며, 뜻이 있다면 어디서나 도를 얻을 수 있다는 것을 알기
때문이다. 도를 체득하려는 군자, 도를 체득한 성자가 있는 곳이라면
그곳이 고귀한 땅이요 거룩한 땅이다.

　요즘에 스스로 득도했다고 우기면서 마치 도가 자신에게만 있는 것
처럼, 자신이 머무는 곳에만 있는 것처럼 말하는 자들이 있는데, 그야
말로 터무니없는 말이다. 고작 도를 관념적으로 이해하는 수준에서 머
문 자의 우기기일 뿐이다. 무엇보다도 도는 스스로 찾아야 한다. 누구
에게도 기대서는 안 된다. 기대는 순간, 이미 옆길로 샜다. 오로지 지극
한 마음이 한결같을 때에야 비로소 구할 수 있다. 결코 요행으로 구할
수 있는 게 아니다. 그런데도 이를 곧잘 잊는다. 어렵다는 이유만으로
말이다.

9-15

子曰: "吾自衛反魯, 然後樂正, 雅頌各得其所."

　스승께서 말씀하셨다.

"내가 위나라에서 노나라로 돌아온 뒤에야 음악이 바르게 되었으니, 아와 송이 제자리를 잡았다."

注釋 『좌전』에 따르면 공자는 애공 11년(기원전 484) 겨울, 나이 예순아홉에 돌아왔다고 한다. 아송(雅頌)은 『시경』에서 내용에 따라 분류한 이름인데, 한편으로 악곡을 분류한 이름이기도 하다. 아는 조정에서 불리던 바른 노래이고, 송은 조상의 공덕을 기리는 노래이다. 각득기소(各得其所)는 가사에 담긴 뜻이 곡조에 그대로 실려서 표현되었다는 뜻이다.

蛇足 공자는 벼슬을 하지 않아도 정치를 하였다. 그것은 정치가 일상에서 시작되며, 또 예의와 음악을 통해 이루어진다고 믿었기 때문이다. 다만 그의 바람은 천하를 태평하게 하는 데 있었고, 그래서 그 바람을 함께 이룰 군주를 찾으려고 노나라를 떠나 떠돌았다. 그가 노나라를 떠났을 때, 노나라의 예의와 음악은 무너졌다. 그가 돌아왔을 때, 다시 예의와 음악은 바로 세워졌다. 공자의 가르침이 있었고, 그 가르침을 따르는 제자들이 있었으며, 그 제자들이 나아가 벼슬을 하면서 그 가르침을 구현하려 하였기 때문이다. 이것이 정치가로서 공자의 모습이다. 나아가면 나아간 대로 할 일을 하고, 물러나면 물러난 대로 할 수 있는 일을 하는 것, 이것이 군자의 정치이다. 도를 행하는 것이 군자의 정치인데, 어디에나 도가 있는 줄 알고 그 도를 찾아서 구현하려는 군자에게 어찌 정치가 따로 있겠는가?

9-16

子曰: "出則事公卿, 入則事父兄, 喪事不敢不勉, 不爲酒困, 何有於我哉?"

스승께서 말씀하셨다.

"나아가서는 공경을 섬기는 것, 들어와서는 부형을 섬기는 것,
상을 당했을 때 감히 힘쓰지 아니함이 없는 것, 술주정하지 않
는 것, 내게 무슨 어려움이 있겠는가?"

注釋　공경(公卿)은 높은 벼슬아치를, 부형(父兄)은 웃어른을 가리
킨다. 주곤(酒困)은 술로 말미암아 괴로워하는 것, 또는 술에 취해서 함
부로 행동하는 것을 뜻한다. 하유(何有)는 무슨 어려움이 있겠는가라
는 뜻이다.

蛇足　벼슬에 나아가 윗사람을 섬기는 일, 집안이나 마을에서 어른
을 섬기는 일, 상례에서 힘을 다하는 일, 술을 마시되 취하지 않는 일,
이런 일은 공자에게뿐만 아니라 누구에게나 쉬운 일이다. 이보다 어려
운 일은, 아랫사람을 섬기는 일, 어린 사람을 아끼는 일, 무슨 일에서나
힘을 다하는 일, 술을 마시든 마시지 않든 그 몸과 마음이 흐트러지지
않는 일 등이다. 그 모든 일에서 몸과 마음이 잡도리되어 있어서 아무
런 어려움이 없고 막힘도 걸림도 없다면, 참으로 성인이라 하리라.

9-17

子在川上, 曰: "逝者如斯夫! 不舍晝夜."

스승께서 냇가에 서 계실 때 말씀하셨다.
"가버리는 것은 이와 같으리라! 밤낮을 쉬지 않는구나."

注釋　서(逝)는 가서 돌아오지 않는 것이다. 사(舍)는 쉬다, 멈추다

는 뜻이다.

蛇足　일상(日常)은 늘 되풀이되는 것 같지만, 사실은 그렇지 않다. 얼핏 똑같아 보이지만, 늘 다르다. 다른 줄을 모르는 것은 내가 깨어 있지 못해서이다. 깨어 있다면, 그 달라짐을 매순간 느낄 수 있다. 순간순간 달라지고 있음을, 끊임없이 바뀌고 있음을 알아챈다면, 결코 게을러지지 않는다. 직업을 가지고 일을 한다고 해서 게으르지 않다고 여겨서는 안 된다. 게으름은 내 마음의 문제이다. 사람이 일을 하지 않고 살 수는 없다. 먹는 것도 일이고 자는 것도 일이다. 길을 걷는 것도 일이고, 앉아 있는 것도 일이다. 일 아닌 것이 없다. 게으름은 마지못해서 하는 것을 이른다. 스스로 활기가 넘치고 신명이 나야만 게으르지 않다. "밤낮을 쉬지 않는다"는 것은 늘 그런 신명을 누리고 사는 일이다.

산다는 것은 곧 죽는다는 것이다. 하루를 살면, 하루를 죽는다. 사람은 늘 삶과 죽음의 경계에 있다. 그 경계에서 어느 쪽으로 발을 디디느냐에 따라 삶이 될 수도 있고 죽음이 될 수도 있다. 게으름을 부린다면, 그것은 곧 죽음이다. 쉼 없이 나아간다면, 그것은 곧 삶이다. 그게 일상이다.

9-18

子曰: "吾未見好德如好色者也."

스승께서 말씀하셨다.
"여색을 좋아하듯이 덕을 좋아하는 자를 아직 보지 못했다."

蛇足　여색을 좋아하는 것은 자연스러운 일이다. (여자가 멋진 남자를 좋아하는 것도 자연스러운 일이다.) 그러면 사람이 덕을 좋아하는 것

은 자연스러운 일이 아닌가? 사실 덕을 좋아하는 것도 자연스러운 일이다. 그런데 왜 공자는 이런 말을 하였는가? 사람들은 덕을 좋아하지만, 덕을 쌓는 데까지 나아가지 않기 때문이다. 따지고 보면, 여색을 좋아한다고 해서 여자의 마음을 얻는 것은 아니다. 덕을 쌓는 것처럼 여자의 마음을 얻는 일은 어렵다. 좋아함은 시작이지 끝이 아니기 때문이다. 시작이기 때문에 그것으로 온전해지지 않는다. 여전히 모자라는 게 있다. 공자도 "좋아하는 것은 즐기는 것만 못하다"고 하지 않았는가? 즐기는 데까지 나아가야 한다. 여색을 좋아해도 여자의 마음을 얻어야 즐겁고, 덕을 좋아해도 덕을 쌓아야 걸림이 없고 자유자재하게 된다.

나는 이렇게 말한다. "여색을 좋아하는 사람은 많으나, 그 마음을 얻는 자는 적구나! 덕을 좋아하는 사람들은 많으나, 즐기는 데까지 나아가는 사람은 드물구나!"

9-19 ——————————————————————

子曰: "譬如爲山, 未成一簣, 止, 吾止也. 譬如平地, 雖覆一簣, 進, 吾往也."

스승께서 말씀하셨다.
"산을 쌓는 일에 비유하자면, 한 삼태기를 미처 더하지 못하고 그만두어도 내가 그만두는 것이다. 땅을 고르는 일에 비유하자면, 비록 한 삼태기를 더 덮어서 올려도 내가 그리한 것이다."

注釋 궤(簣)는 삼태기이다. 지(止)는 멈추다, 그만두다는 뜻이다. 복(覆)은 덮다, 씌워 얹다는 뜻이다. 진(進)은 위로 올리다, 보태다는 뜻이다. 왕(往)은 그쳐야 할 곳을 지나쳐서 갔다는 뜻이다.

蛇足 모든 일은 나의 몫이다. 운수가 사납다, 재수가 없다, 복이 없다 따위의 말은 그저 날명일 뿐이다. 사나운 운수가 찾아오게 한 것도 나요, 재수가 없도록 한 것도 나요, 복이 오지 못하게 한 것도 나이다. 하물며 사람의 일에서 누구를 탓하겠는가? 더하고 덜한 것은 오로지 나의 판단과 결정에 따른 일이다. 누가 그렇게 하라고 부추겼더라도, 결국 내가 한 일이다. 내 마음, 내 생각, 내 몸으로 한 일을 두고 도대체 누구를 탓하는가? 남을 탓한다면, 그것은 '나'라는 게 없다는 말이다. '나'라는 게 없다면, '남'이 있는가? 설령 '남'이 있어서 그를 탓한다면, 탓을 하는 '나'는 누구이며 탓을 받는 '그'는 누구인가? 내가 하는 일, 나와 관련된 일은 무엇이든 거기에는 내 몫, 내 탓이 최소한 절반이 넘는다.

또 일이란 마지막 순간까지 최선을 다해야 한다. 9할 9푼 9리가 잘 되어도 마지막 1리 때문에 그르칠 수 있다. 한 삼태기의 흙만 더하면 온전한 산이 되는데, 이 정도면 됐겠지 하고 한 삼태기를 더하지 않아서 산이 되지 못한다면 그것은 순전히 내 몫이다. 흙을 더하지 않아도 땅이 고르게 되는데, 혹시나 하고 흙을 더 부어서 울퉁불퉁하게 한다면 그것 또한 내 탓이다. 끝까지 삼가고 삼가며 흐트러짐이 없이 한결같이 나아가서 더함도 덜함도 없게 하는 것, 이것이 마무리의 미학이다.

9-20 ——————————— ——— —

子曰: "語之而不惰者, 其回也與!"

스승께서 말씀하셨다.
"말해 놓고 소홀히 하지 않는 자, 회로구나!"

注釋 어지(語之)의 주체와 불타자(不惰者)의 주체를 대개 다르게 보고 풀이하는데, 여기서는 동일한 사람이 한 것으로 보고 풀었다. 어지(語之)를 공자의 말, 공자의 가르침으로 보아도 큰 문제는 없지만, 그 말맛에서는 큰 차이가 있다. 공자의 가르침을 들으면서 지루해하지 않는다거나, 공자의 가르침을 깊이 새겨듣고 힘써 행한다고 한다면, 이는 안회의 경지를 낮추어 보는 것이다. 그런 정도는 다른 제자들도 충분히 한다. 자로를 보라. 타(惰)는 게으르다, 소홀히 하다는 뜻이다.

蛇足 공자는 믿음을 강조하였다. 그것은 기본적으로 말에 관한 것이다. 아는 것을 말할 때, 말한 것을 그대로 행할 때 믿음을 준다. 학인은 말을 언제 하여야 하고 어떻게 하여야 하는지를 잘 모르므로 말이나 행동에서 삼가야 한다. 그러나 삼가는 일이 어디 쉬운가? 삼가는 마음이 없으면 모르는 것을 말하거나 스스로 한 말을 씹어 먹는다. 삼가는 마음이 없는 것은 지혜가 모자라서이고, 지혜가 모자라는 것은 지극하지 못하기 때문이다. 모르는 것을 말하지 않고 아는 것만 말하려 하면 삼가게 될 것이요, 때와 곳과 상대를 잘 알아서 말하려 하면 지혜로워질 것이요, 스스로 한 말을 그대로 행하려 애쓴다면 지극해질 것이다.

9-21

子謂顏淵, 曰:"惜乎! 吾見其進也, 未見其止也."

스승께서 안연을 가리켜 말씀하셨다.
"아깝구나! 나는 그가 나아가는 것은 보았어도, 멈추는 것은 본 적이 없다."

注釋　석(惜)은 아깝다, 가엾다는 뜻이다. 지(止)는 가다가 멈추는 것을 뜻한다.

蛇足　공자는 이미 죽어서 없는 안연에 대해 안타까운 마음을 담아서 말하였다. 안연은 도를 즐기면서 쉼 없이 나아갔으나, 마흔이 못 되어 죽었다. 이제 눈앞에 있는 제자들 누구를 보더라도 안회와 같은 자질을 타고난 자가 없고, 그럼에도 안회만큼 나아가는 일에 온 힘을 기울이는 자도 드무니, 이것이 때로 안회에 대한 그리움과 안타까움으로 되살아나고는 하였던 것이리라. 타고난 자질만으로 빼어나거나 뛰어나게 되지 않는다. 반드시 후천적인 노력이 더해져야만 한다. 하물며 타고난 자질도 부족한 자라면, 어찌 가다가 멈추어서야 되겠는가? 왜 가다가 멈추는가? 아마도 타고난 게 적어서 조금만 나아가도 아주 멀리 나아간 것처럼 여기는 것일까? 그럴지도 모르겠다. 그러나 덧붙이자면, 나아가는 일은 죽기 전에는 끝나지 않는다. 죽기 전에 내 공부가 완전해져서 성인이 된다고 할지라도, 여전히 일상은 남아 있고 그 일상을 참되고 알차게 사는 일은 그대로 나아가는 일이다. 또 사람들을 가르치고 이끄는 일이 여전히 남아 있고 그 또한 나아가는 일이니, 어찌 살아서 멈추는 일이 있겠는가?

9-22

子曰: "苗而不秀者有矣夫! 秀而不實者有矣夫!"

스승께서 말씀하셨다.
"싹은 텄으나 꽃을 피우지 못한 것이 있구나! 꽃은 피웠어도 열매를 맺지 못한 것이 있구나."

注釋 묘(苗)는 싹이다. 수(秀)는 꽃이 피다, 여물다는 뜻이다.

蛇足 앞의 말과 마찬가지로 안연과 남아 있는 제자들을 견주어서 말한 것으로 생각된다. 물론, 눈앞의 제자들을 은근하게 일깨워주려는 의도에서 한 말이다. 이 말의 앞 구절은 다른 제자들을, 뒷구절은 안연을 가리킨다. "싹은 텄으나 꽃을 피우지 못한 것"은 배움에 뜻을 두고 공부는 하고 있으나, 지극한 마음이나 한결같은 마음이 모자라서 성취를 이루지 못한 것을 두고 한 말이다. "꽃은 피웠으나 열매를 맺지 못한 것"은 공부를 온전하게 하여 경지에는 이르렀으나, 세상에 널리 쓰지 못하여 천하 사람들이 그 열매를 맛보지 못한 것을 이른 말이다. 공부나 학문은 나에게서 시작하여 천하 사람에게 되돌려주는 데서 끝난다.

9-23

子曰: "後生可畏, 焉知來者之不如今也? 四十五十而無聞焉, 斯亦不足畏也已."

스승께서 말씀하셨다.
"뒤에 오는 자를 두려워할 만하니, 그들의 앞날이 지금만 못하리라고 어찌 지레 말하겠는가? 그러나 나이 마흔이 되고 쉰이 되어도 알려지지 않는다면, 이런 사람은 두려워할 것 없다."

注釋 후생(後生)은 나중에 태어난 사람, 즉 후배나 젊은이를 가리킨다. 언(焉)은 어찌의 뜻이다. 지(知)는 미리 알고서 지레 말하다는 뜻으로 쓰였다. 내자(來者)는 후생이 살아갈 미래를 뜻한다. 문(聞)은 이름이 널리 알려지는 것, 즉 명성을 얻는 일이다.

蛇足　공부를 하는 이들 가운데는 먼저 시작하여 나아가고 있다고 해서 뛰어나다고 여기는 사람도 있다. 그것은 참으로 경계하여야 할 일이다. 시작에서는 먼저와 나중이 있을지 모르나, 성취의 여부와 정도는 전혀 시작과 상관이 없다. 어떻게 공부하느냐, 공부하는 마음가짐이나 자세가 어떠하냐가 시작보다 더 중요하다. 먼저 했으니 저절로 앞서가리라 여긴다면, 곧 뒷사람들이 나를 앞서게 된다. 물론 공부에서는 앞서고 뒤처지는 따위의 일이 중요하지 않다. 다만, 조금이라도 자신을 늦추지 않도록 눈을 크게 뜨고 있으라는 말이다.

젊어서 공부를 시작하여 마흔이나 쉰이 되어서 나름의 경지에 이르지 못한다면, 이는 공부가 느슨했다는 뜻이다. 한창 때 느슨하게 했던 사람이 나이 들어서 갑자기 자신을 닦달하여 힘차게 나아가는 일은 매우 드물다. 아주 지독한 경험을 하지 않는 한, 몸에 익은 버릇은 쉽사리 떨쳐낼 수 없기 때문이다. 간혹 뒷사람을 돌아보다가 흠칫 놀라면서 부끄러워하기는 하지만, 그것도 잠깐이다. 그러니, 그런 사람이 무에 두렵겠는가?

9-24

子曰: "法語之言, 能無從乎? 改之爲貴. 巽與之言, 能無說乎? 繹之爲貴. 說而不繹, 從而不改, 吾末如之何也已矣!"

스승께서 말씀하셨다.

"본이 되는 말을 해주는데도 듣지 않을 수 있겠느냐? 허물을 고치는 것이 귀하다. 살뜰한 말을 해주는데도 기뻐하지 않을 수 있겠느냐? 담긴 뜻을 잘 풀어내는 것이 귀하다. 기뻐하면서도 뜻을 풀어내지 못하고, 따르면서도 고치지 않는다면, 나로서는 어찌할 수가 없구나!"

注釋 법(法)은 규칙, 도리, 본보기 등의 뜻이므로, 법어(法語)는 본보기가 되는 말, 이치에 맞는 말을 뜻한다. 종(從)은 귀가 쏠리는 것, 즉 듣다는 뜻이다. 손(巽)은 부드럽다, 떠받치다는 뜻이다. 여(與)는 더불어 하다, 돕다는 뜻이다. 손여지언(巽與之言)은 부드럽게 떠받치거나 도와주는 말, 살뜰한 말이다. 열(說)은 기뻐하다는 뜻이다. 역(繹)은 실타래를 풀듯이 풀어내는 것이다. 말(末)은 무(無)와 같다.

蛇足 본이 되는 말을 해주면 가만히 듣는 사람은 많다. 귀가 있으니 듣고, 또 듣는 순간에는 그 말이 옳다고 여기니 귀에 담는다. 그러나 그 말대로 행하는 사람은 적다. 살뜰한 말을 듣고서 기뻐하는 사람도 흔하다. 자신에게 도움이 되는 말을 들었으니, 기뻐하는 것은 당연하다. 그러나 그 말의 참뜻을 아는 사람은 드물다. 듣고 기뻐하는 것은 소극적인 행위이다. 본이 되는 말과 살뜰한 말은 내 공부의 실마리로, 시작일 뿐이다. 좋은 스승을 만나거나 좋은 인연이 있으면 그런 말은 얼마든지 들을 수 있다. 그러나 그 뜻을 잘 풀어내어 내 것으로 만들고 내 허물을 고치는 일은 순전히 나의 몫이다. 내가 내 몫을 다해야만 공부는 일단락되고, 내가 들은 말이 헛말에 그치지 않는다. 결국 아무리 좋은 스승이 있고 보배로운 말을 들어도 학인이 스스로 몸과 마음을 다하지 않는다면, 그것으로 그만이다. 그래서 공자도 "나로서는 어찌할 수가 없구나"라고 말하였다. 그러나 스승에게 버림받는 학인은 그 전에 이미 자신을 버린 자이다.

9-25

子曰: "主忠信, 毋友不如己者, 過則勿憚改."

스승께서 말씀하셨다.
"참된 마음과 미쁨을 주로 하고, 자기보다 못한 이를 벗하지
말며, 허물이 있으면 고치기를 꺼리지 말라."

注釋　1-8에도 똑같은 말이 나온다.

9-26

子曰: "三軍可奪帥也. 匹夫不可奪志也."

스승께서 말씀하셨다.
"삼군에서 그 장수를 빼앗을 수는 있다. 그러나 하찮은 사내라
도 그 뜻을 빼앗을 수는 없다."

注釋　삼군(三軍)은 대군(大軍)이다. 일군(一軍)은 1만 2천5백 명이
었다고 한다. 탈(奪)은 빼앗다는 뜻이다. 수(帥)는 장수이다. 필부(匹夫)
는 평범한 사내이다.

蛇足　사람이 위대할 수 있는 것은 뜻이 있기 때문이다. 뜻이 있는
곳에 길이 있다고 하는데, 아닌 게 아니라 뜻이 바로 길이다. 아무리 뛰
어난 스승이 있어도 학인에게 배울 뜻이 없다면, 그 스승은 존재 가치
가 없다. 아무리 타고난 자질이 없다고 해도 뜻이 지극하면, 그 스스로
위대한 스승이 될 수 있다. 뜻은 누가 갖게 해주지 못한다. 스스로 지녀
야만 한다. 그래서 지니기 어렵다. 그러나 그렇기 때문에 누구도 그 뜻

304

을 빼앗을 수 없다. 남이 나의 뜻을 빼앗을 수도 있지 않느냐고 물을 수 있다. 얼마든지 그럴 수 있다. 그러나 그런 뜻은 나의 자각에서 나온 뜻이 아니다. 내가 일상에서 끊임없이 지녔던 그런 뜻이 아니다. 오롯하게 이치 위에서 다져진 뜻이 아니다. 참된 뜻은 지니기 어려우나, 그 뜻은 그대로 길이다.

9-27

子曰: "衣敝縕袍, 與衣狐貉者立, 而不恥者, 其由也與! '不忮不求, 何用不臧?'" 子路終身誦之. 子曰: "是道也, 何足以臧?"

스승께서 말씀하셨다.
"해진 솜옷을 입고서 여우나 담비 갖옷을 입은 사람과 함께 서 있어도 부끄러워하지 않을 자, 그건 자로일 게야! 노래에서도, '남을 해치지 아니하고 감빨지 아니하니, 어찌 좋지 아니하랴?' 라고 하였지."
자로는 이를 평생 외우고 다녔다. 스승께서 말씀하셨다.
"이것도 한 길이지만, 어찌 이것만으로 좋다 하겠느냐?"

注釋 의(衣)는 입다는 뜻이다. 폐(敝)는 해지다, 깨지다는 뜻이다. 온(縕)은 헌 솜이다. 포(袍)는 솜옷, 웃옷이다. 호(狐)는 여우이다. 학(貉)은 오소리 또는 담비이다. 기(忮)는 남을 시샘하거나 남의 것을 탐내어 해치는 것이다. 구(求)는 탐내다, 감빨다는 뜻이다. 장(臧)은 착하다, 좋다는 뜻이다. 인용한 구절(不忮不求, 何用不臧)은 『시경』의 「패풍(邶風)」〈웅치(雄雉)〉편에 나온다. 송(誦)은 외다는 뜻이다. 도(道)는 행할 만한 덕, 갈 만한 길을 뜻한다.

蛇足 자로의 인간적인 면이 잘 드러나 있다. 자로는 소박하고 질직하다. 그 자신이 한낱 야인이었다가 공자를 만난 뒤로 선비의 길을 갔다. 대개 그렇게 되면, 과거를 잊으려 하거나 숨기려 하면서 전혀 딴 사람처럼 행세하려고 하는데, 자로는 그러지 않았다. 해진 솜옷을 입은 자나 갓옷을 입은 자는 야인이다. 그런 야인과 함께 있음을 부끄러워하지 않은 것은 그런 겉모습으로 사람을 판단할 수 없기 때문이고, 누구나 공부를 하면 선비나 군자의 면모를 갖출 수 있음을 알기 때문이다. 그런 자로에 대해 공자는 "남을 해치지 아니하고 감빨지 아니하니, 어찌 좋지 아니하랴?"라고 말하였는데, 이는 자로의 성품을 두고 한 말이다. 그런데 자로는 자신에게 이미 갖추어져 있는 줄을 미처 알아차리지 못하고, 그것을 좌우명처럼 외우고 다녔다. 이미 터득한 것을 외우고 다녔으니, 부질없는 짓이다. 그래서 공자는 "이것도 한 길이지만, 어찌 이것만으로 좋다 하겠느냐?"고 말하였다. 자로는 이미 선비로서 오롯하고, 군자라 불리기에 약간의 손색이 있을 뿐이다. 더 나아가야 하는데, 그러기 위해서는 새로운 차원의 공부가 필요하다. 남을 해치지 않는 데서 그치지 말고 남을 이롭게 해주는 데까지 나아가야 하며, 감빨지 않는 데서 그치지 말고 도를 즐기는 데까지 나아가야 한다. 이것이 곧 지혜와 어짊의 경지이다. 선비든 군자든 더 이상 나아갈 데가 없을 때까지 배움을 멈추지 말고 쉼 없이 나아가야 한다.

9-28

子曰: "歲寒, 然後知松柏之後彫也."

스승께서 말씀하셨다.
"날이 차가워진 뒤에야 소나무와 잣나무가 가장 나중에 시듦을 알 수 있느니라."

注釋　세(歲)는 해, 세월을 뜻한다. 한(寒)은 차다는 뜻이다. 조(彫)는 조(凋)와 같이, 시들다는 뜻이다.

蛇足　『논어』의 첫머리에, "남이 나를 알아주지 않아도 성내지 않으니, 이야말로 군자가 아니겠느냐?"라는 말이 나온다. 군자를 알아보는 이 적고, 알아보아도 그와 함께하는 이는 더욱 적다. 왜 알아보기 어렵고 함께하지 못하는가? 그 스스로 그렇게 산 적이 없고 또 살지 않기 때문이다. 말로야 이해한다고 하지만, 참으로 이해하는 것일까? 사람이든 사물이든 평소에는 그 진가를 알기 어렵다. 사람은 시련에 봉착했을 때, 사물은 참으로 소용되는 때라야 그 값어치가 제대로 드러난다.

9-29

子曰: "知者不惑, 仁者不憂, 勇者不懼."

스승께서 말씀하셨다.
"아는 자는 헷갈리지 않고, 어진 자는 걱정하지 않으며, 굳센 자는 두려워하지 않는다."

注釋　혹(惑)은 헷갈리다, 허덕이다는 뜻이다. 우(憂)는 걱정하다는 뜻이다. 구(懼)는 두려워하다는 뜻이다.

蛇足　무슨 지식을 아는 것이 아는 게 아니다. 지혜를 갖추어야 안다고 할 수 있다. 그런데 지혜로운 자는 자신이 안다고 말하지 않는다. 안다고 말하면 어떤 대상을 안다는 말이 되고, 그러면 그것은 지혜가 아니라 단순한 지식에 지나지 않는다. 지식도 변수를 감당할 수 있

지만, 지혜보다 못하다. 더구나 헤매지 않고 헷갈리지 않으며 차분하게 풀어가는 일은 지혜로써만 가능하다. 지혜로운 자는 일에 집착하지 않기 때문이다. 지혜로운 자가 어진 자이다. 지혜가 있으니 집착이 도리어 장애가 되는 줄을 알기 때문에 집착하지 않는다. 집착하지 않으니, 어떤 일이 닥치든 또 어떤 변수가 갑작스럽게 생기든 전혀 걱정이 없다. 일이 되어가는 대로 그때마다 할 수 있는 바를 다할 뿐이다. 걱정이 없는데 무슨 두려움이 있겠는가? 스스로 할 수 있는 일을 하고 결과에 집착하지 않으면 걱정이나 두려움은 없다.

9-30

子曰: "可與共學, 未可與適道; 可與適道, 未可與立; 可與立, 未可與權."

> 스승께서 말씀하셨다.
> "함께 배울 수는 있어도 함께 도로 나아갈 수는 없고, 함께 도로 나아갈 수는 있어도 함께 설 수는 없으며, 함께 설 수는 있어도 함께 일해나갈 수는 없다."

注釋 공(共)은 함께, 함께하다는 뜻이다. 적(適)은 가다, 이르다는 뜻이다. 권(權)은 저울, 저울추를 뜻하는데, 사물의 경중을 잘 헤아려서 알맞게 하는 일, 사물의 변화를 꿰뚫어서 알맞게 행하는 일을 비유한다. 여기서는 특히 문맥을 고려해서 풀었다. 처음에 배움을, 이어서 도로 나아감을, 도로써 함께 섬을, 도로써 일을 해나가는 것을 차례로 말하고 있기 때문이다.

蛇足 배움에 뜻을 두어도 가는 길은 다를 수 있다. 도를 터득할 것

이냐 잔재주를 익힐 것이냐 하는 목적에 따라 배움의 길은 사뭇 다르다. 또 도로 나아간다고 하는 데서는 같아도, 구체적으로 배우고 행하는 길에서는 다를 수 있다. 즉 높은 뜻, 큰 뜻은 같아도 그 뜻을 이루는 과정에서는 개개인의 타고난 바탕이나 기질, 취향 등이 작용하기 때문이다. 그런데 구체적으로 선택한 방식이나 길에서는 함께할 수 있어도 일을 함에 있어서는 함께하지 못할 수 있다. 그것은 도를 터득하는 시기와 깊이에서 차이가 생기기 때문이다. 도를 체득한 깊이에서 차이가 생기면, 똑같은 상황이나 변화 앞에서 서로 대처하는 방식이 다르게 된다. 이는 결국 배움에서 도의 체득, 일의 성취에 이르기까지 모든 것은 순전히 개인적으로 이루어질 수밖에 없다는 것을 의미한다. 공부나 수양에서는 좋은 벗이나 뛰어난 스승보다 바로 자기 자신이 가장 중요하다는 것을 잊어서는 안 된다.

9-31

"唐棣之華, 偏其反而. 豈不爾思, 室是遠而." 子曰: "未之思也, 夫何遠之有?"

"산앵도나무 꽃이여, 나부끼며 번드치는구나.
어찌 그대를 생각하지 않으랴만, 집이 너무 멀리 떨어져 있구려."
스승께서 말씀하셨다.
"아직 생각이 덜할 뿐, 어찌 멀다고 하는가?"

注釋 당체(唐棣)는 산앵도나무이다. 화(華)는 꽃이다. 편(偏)은 편(翩)과 같이, 나부끼다, 펄럭이다는 뜻이다. 반(反)은 번(翻)과 같이, 날다, 번드치다는 뜻이다. 이(而)는 의미 없는 조자(助字)이다.

309

蛇足 『논어』에서 인용하는 시나 서를 '시경' 또는 '서경'으로 번역하는 경우가 있으나, 이는 적절하지 않다. 공자 당시에는 경전으로 떠받들어지지 않았고, 소박하게 운율이 있는 노래, 역사적 사실에 관한 글 정도로 여겨졌을 뿐이다. 여기서도 시가 나오는데, 이 또한 공자가 시나 노래를 얼마나 즐겼으며, 그것을 이치와 어떻게 연관지어서 말하는지를 잘 보여준다. 9-18에서 공자가 가락말로 한 것은 시요 서라고 하였는데, 여기서도 공자는 먼저 널리 알려진 시를 읊조리고(또는 노래를 가만히 부르고)는 이에 대해 한 마디 덧붙였다.

시적 화자는 바람에 나부끼며 번드치는 산앵도나무의 꽃들을 보고는 임이 그리워서 잠을 못 이루고 밤새 뒤척이는 자신을 떠올렸으리라. 그래서 "어찌 내가 그대를 잊었겠는가, 어찌 그리워하지 않겠는가, 어찌 생각하지 않겠는가? 너무도 멀리 떨어져 있어 갈 수가 없구나"라고 말한 것이다. 그런데 참으로 그립다면, 어찌 달려가지 않는가? 달려가지 않는다면, 아직 그토록 그리운 것이 아니다. 세상에는 잔뜩 생각만 하고 행동하지 않는 사람들이 많다. 공자에게는 많은 제자들이 있었다. 그들 가운데는 아예 해보지도 않고서 익히는 일을 제쳐두는 자, 거듭거듭 익혀서 제 것으로 만들지 않고 단번에 익혀서 다 알려고 하는 자 등이 있었으리라. 그들은 날명을 내세우는 자들이다. 시적 화자는 절절함이 덜하였고, 날명을 내세우는 자들은 절실함이 모자랐다.

10편

향당 (鄕黨)

10-1

孔子於鄕黨, 恂恂如也, 似不能言者. 其在宗廟朝廷, 便便言, 唯謹爾.

　　공 스승께서는 마을에서는 두려워하는 듯 얌전하였으니, 마치 말할 줄 모르는 것 같았다. 종묘나 조정에서는 또박또박 말하면서도 삼가서 하셨다.

注釋　　향당(鄕黨)의 당은 500가구로 이루어진 마을이고, 향은 25개의 당으로 이루어진 것이다. 순순여(恂恂如)는 두려워하는 모양, 얌전하고 의젓한 모양이다. 편편(便便)은 말을 잘하는 것으로, 똑똑하고 또렷하게 말하는 것이다. 근(謹)은 말을 바르게 하다, 말을 삼가서 하다는 뜻이다.

10-2

朝, 與下大夫言, 侃侃如也; 與上大夫言, 誾誾如也. 君在, 踧踖如也, 與與如也.

　　조정에서 아래 대부와 말할 때는 따스하고 부드러우셨고, 위 대부와 말할 때는 깍듯하면서도 올바르셨다. 임금이 계실 적에는 삼가고 삼가면서 알맞게 행동하셨다.

注釋　　간간여(侃侃如)는 따스하고 부드러운 모양이다. 은은여(誾誾如)는 조용히 시비를 가리는 모양, 치우침이 없는 모양이다. 축적여(踧踖如)는 삼가며 조심스러워하는 것이다. 여여여(與與如)는 따르는 듯하면서 예의에 맞는 행동이다.

10-3

君召使擯, 色勃如也, 足躩如也. 揖所與立, 左右手, 衣前後, 襜
如也. 趨進, 翼如也. 賓退, 必復命曰: "賓不顧矣."

　임금이 불러서 사신을 접대하게 하면, 스승은 낯빛을 갑자기
바꾸시고 발걸음은 삼가면서도 빠르셨다. 나란히 선 사람에게
읍할 때는 왼손을 위로 하거나 오른손을 위로 하셨으며, 옷의
앞자락과 뒷자락은 가지런하였다. 빠른 걸음으로 나아가실 때
는 날개를 편 듯하였다. 사신이 물러가면 반드시 임금에게 이
렇게 아뢰었다.
"손님은 뒤돌아보지 않았습니다."

注釋　　빈(擯)은 손님을 접대하는 일이다. 발여(勃如)는 갑자기 낯빛
을 바꾸는 것이다. 각여(躩如)는 조심스러우면서도 빠르게 걷는 것이
다. 읍(揖)은 두 손을 마주 잡고 앞으로 내미는 예법이다. 첨여(襜如)는
가지런한 모양이다. 추(趨)는 빠르게 걷는 것이다. 빠르게 걷는 것도 공
경을 나타내는 행동이다. 익여(翼如)는 새가 날개를 편 모양이다. 복명
(復命)은 명을 받고 한 일을 마치고 나서 보고하는 일이다. 빈불고(賓不
顧)는 회담이 지체 없이 끝난 뒤에 떠날 때 손님이 뒤돌아보지 않는 것
으로, 이는 각자의 일이 무사히 끝났음을 의미한다.

10-4

入公門, 鞠躬如也, 如不容. 立不中門, 行不履閾. 過位, 色勃如
也, 足躩如也, 其言似不足者. 攝齊升堂, 鞠躬如也, 屛氣似不
息者. 出, 降一等, 逞顏色, 怡怡如也. 沒階, 趨進, 翼如也. 復其
位, 踧踖如也.

313

대궐 문을 들어갈 때는 몸을 조금 굽혔으니, 몸을 들일 데가 아닌 것처럼 하셨다. 문 가운데에 서지 않으셨고, 다닐 때는 문지방을 밟지 않으셨다.

임금의 자리를 지날 때는 낯빛을 바꾸고 발걸음은 삼가면서 빨랐으며, 말은 모자란 듯이 하셨다.

옷자락을 여며 쥐고 대청을 오를 때는 몸을 조금 굽혔으며, 숨을 쉬지 못하는 것처럼 숨을 죽이셨다.

물러나서 한 계단을 내려오면 낯빛을 펴고 기쁜 듯이 하셨다. 계단을 다 내려와서는 날개를 편 듯 빠른 걸음으로 나아가셨다. 제자리로 돌아갈 때는 삼가면서도 빠르게 걸으셨다.

注釋 공문(公門)은 궁궐의 문이다. 국궁(鞠躬)은 공경의 뜻으로 몸을 굽히는 것이다. 역(閾)은 문지방이다. 과위(過位)는 군주가 앉는 자리에 군주는 없고 자리만 있을 때 그 앞을 지나는 것이다. 섭제(攝齊)는 옷을 당겨서 여며 쥐는 것이다. 병(屛)은 가리다, 막다는 뜻이다. 병기(屛氣)는 병식(屛息)과 같고, 숨을 죽이다는 뜻이다. 령(逞)은 풀다, 부드럽게 하다는 뜻이다. 이이여(怡怡如)는 기뻐하거나 즐거워하는 모양이다. 축적(蹜蹜)은 조심스럽게 빨리 걷는 모양이다.

10-5

執圭, 鞠躬如也, 如不勝. 上如揖, 下如授. 勃如戰色, 足蹜蹜如有循. 享禮, 有容色, 私覿, 愉愉如也.

홀을 쥘 때는 마치 무거워서 힘겨운 듯이 몸을 구부리셨다. 위로 올릴 때는 읍하듯이 하셨고, 아래로 내릴 때는 물건을 건네주듯이 하셨다. 두려워 떨듯이 삼가는 낯빛을 하시고, 발은 미끄러지듯이 종종걸음을 치셨다.

예물을 드릴 때는 낯빛이 부드럽고 환하셨으며, 사사로이 볼 때는 낯빛이 맑고 밝으셨다.

注釋　규(圭)는 고대에 제후가 조회나 회동(會同)할 때 손에 갖는 위가 둥글고 아래가 모진 길쭉한 옥이다. 신하가 군주의 대리로 사신이 될 경우에는 군주의 홀보다 한 치 정도 작은 홀을 잡는데, 여기서 집규 (執圭)는 노나라 군주를 대리해서 공자가 홀을 잡은 일을 가리킨다. 상 여읍하여수(上如揖, 下如授)는 홀을 올릴 때는 읍할 때처럼 양 팔을 뻗어서 가슴 높이까지 올리는 것이고, 아래로 내릴 때는 물건을 건네줄 때처럼 하는 것으로, 모두 정중한 모습이다. 전색(戰色)은 삼가는 마음이 지나쳐서 두려워 떠는 듯한 모양이다. 축축(蹜蹜)은 종종걸음을 치는 것이다. 순(循)은 끌듯이 걸음을 떼는 것이다. 향례(享禮)는 사신이 가져온 갖가지 예물을 뜰에 가득 벌여놓고 드리는 예법이다. 용색(容色)은 숙부드럽고 밝은 낯빛이다. 적(覿)은 보다, 만나다는 뜻이다. 유유여(愉愉如)는 맑고 밝은 낯빛이다.

蛇足　다른 나라에 사신으로 가서 빙례(聘禮)를 행할 때에 한 행동이다.

10-6

君子不以紺緅飾, 紅紫不以爲褻服. 當暑, 袗絺綌, 必表而出之. 緇衣, 羔裘; 素衣, 麑裘; 黃衣, 狐裘. 褻裘長, 短右袂. 必有寢衣, 長一身有半. 狐貉之厚以居. 去喪, 無所不佩. 非帷裳, 必殺之. 羔裘玄冠不以弔. 吉月, 必朝服而朝.

군자는 반물색과 검푸른 색으로 옷의 가선을 두르지 않고, 붉은 색과 보라색으로 평상복을 짓지 않는다. 더울 때는 고운 갈포와 굵은 갈포로 홑옷을 해 입고, 반드시 겉옷을 걸치고 밖에 나갔다. 검은색 옷에는 새끼염소 갖옷을 입고, 흰색 옷에는 새끼사슴 갖옷을, 누른색 옷에는 여우 갖옷을 입었다. 평소에 입는 갖옷은 길었는데, 오른 소매는 짧았다. 반드시 이불이 있었고, 길이는 키의 한 배 반이었다. 여우와 담비의 두터운 털로 자리를 만들어 앉았다. 상례를 치른 뒤에는 허리에 차지 않는 게 없었다. 조회나 제사 때 입는 옷이 아니면 반드시 윗단은 좁게 아랫단은 넓게 하였다. 새끼염소 갖옷에 검은 갓을 쓰고는 조문하지 않았다. 매월 초하루에는 반드시 조복을 입고 조회에 참석하였다.

注釋　감(紺)은 반물색으로, 검은빛을 띤 푸른빛이다. 제사 때 입는 예복의 색깔이다. 추(緅)는 보랏빛으로, 붉은색과 푸른색 사이의 색이다. 상복의 옷깃을 꾸미는 데 쓰는 색이다. 식(飾)은 옷깃이나 소매의 가선을 꾸미는 것이다. 자(紫)는 자주색이다. 설(褻)은 속옷, 평상복이다. 서(暑)는 덥다, 더위의 뜻이다. 진(袗)은 홑옷이다. 치격(絺綌)은 고운 갈포와 굵은 갈포이다. 표(表)는 겉이다. 치(緇)는 검은빛이다. 고(羔)는 새끼염소이다. 구(裘)는 갖옷, 가죽옷이다. 소(素)는 희다, 흰빛이다. 예(麑)는 새끼사슴이다. 메(袂)는 소매다. 침의(寢衣)는 이불이다. 학(貉)은 담비이다. 패(佩)는 차다는 뜻이다. 유상(帷裳)은 조정에 나아가거나 제사 때 입는 옷이다. 쇄(殺)는 차츰 줄이는 것이다. 현관(玄冠)은 예식 때 쓰는 갓이다. 길월(吉月)은 초하룻날이다. 조복(朝服)은 조정에 출사할 때 입는 예복이다.

10-7

齊, 必有明衣, 布. 齊必變食, 居必遷坐.

재계할 때는 반드시 밝은 옷이 있었으니, 베로 짰다. 재계할
때는 반드시 음식을 바꾸었고, 머물 때도 꼭 자리를 옮겨 앉
았다.

注釋 제(齊)는 목욕재계를 뜻한다. 명의(明衣)는 밝고 깨끗한 옷이
다. 천(遷)은 옮기다는 뜻이다.

10-8

食不厭精, 膾不厭細. 食饐而餲, 魚餒而肉敗, 不食. 色惡, 不
食. 臭惡, 不食. 失飪, 不食. 不時, 不食. 割不正, 不食. 不得其
醬, 不食. 肉雖多, 不使勝食氣. 唯酒無量, 不及亂. 沽酒市脯,
不食. 不撤薑食, 不多食.

밥은 고운 쌀로 지은 것도 싫어하지 않으셨고, 날고기를 잘게
저민 것도 싫어하지 않으셨다. 쉬어서 상한 밥과 문드러진 생
선과 썩은 고기는 드시지 않았다. 빛깔이 나쁘면 드시지 않았
다. 냄새가 나쁘면 드시지 않았다. 제대로 익히지 않은 것은 드
시지 않았다. 제철 음식이 아니면 드시지 않았다. 칼집이 반듯
하지 않은 것은 드시지 않았다. 음식에 맞는 장이 없으면 드시
지 않았다. 고기가 아무리 많아도 밥 기운을 이기게 하지 않으
셨다. 오직 술은 정해진 양이 없었으나, 술에 휘둘리는 지경에
이르시지는 않았다. 파는 술과 저자에서 파는 포는 드시지 않
았다. 생강은 빠뜨리지 않고 드셨으나, 많이 드시지는 않았다.

注釋 식(食)은 '사'로 읽는다. 정(精)은 곱게 찧은 쌀이다. 회(膾)는
잘게 저민 날고기이다. 의(饐)와 애(餲)는 음식이 쉬다, 상하다는 뜻이
다. 뇌(餒)는 주리다, 썩어 문드러지다는 뜻이다. 취(臭)는 냄새이다. 임
(飪)은 불에 익히다는 뜻이다. 할(割)은 칼로 가르다, 베다는 뜻이다. 장
(醬)은 간장이나 된장이다. 란(亂)은 정신이나 행동이 어지러워지는 것
이다. 고(沽)는 팔다, 사다는 뜻이다. 포(脯)는 말린 고기이다. 철(撤)은
거두다, 치우다는 뜻이다. 강(薑)은 생강이다.

10-9

祭於公, 不宿肉. 祭肉不出三日, 出三日, 不食之矣.

> 나라의 제사에 참석하고 받은 고기는 하룻밤을 넘기지 않으셨
> 다. 다른 제사 고기도 사흘을 넘기지 않으셨으니, 사흘이 지난
> 것이면 들지 않으셨다.

注釋 공(公)은 임금, 제후이다. 불식육(不宿肉)은 고대에 대부나 사
(士)는 임금을 도와 제례에 참석하였다가 귀천에 따라 고기를 나누어
받으면 그날 밤에 다 먹는다는 것을 가리킨다. 제육(祭肉)은 일반적으
로 자기 집에서 지내는 제사 때 쓴 고기이다.

10-10

食不語, 寢不言.

> 밥을 먹을 때는 말을 하지 않으셨고, 잠자리에서도 말하지 않
> 으셨다.

蛇足　이 일은 공자의 지극함, 즉 처해진 상황에 알맞게 해야 한다는 데서 비롯된 것이다. 그러나 오늘날에도 곧이곧대로 따라야 하는가는 의문이다. 공자의 다른 가르침도 마찬가지이지만, 때와 곳이 다르면 그에 알맞게 변용을 가하는 것이 필요하다.

밥을 먹으면서 말을 하는 것은 사실 적절해 보이지 않는다. 그러나 혼자 먹을 때와 다른 사람과 함께 먹을 때는 다르다. 혼자 먹으면서 말하지 않는 것은 당연한데, 함께 먹을 때는 어떤가? 서로 말을 하지 않고 먹기만 하는 것은 어색할 수 있다. 그것이 예의라고 어릴 때부터 배웠다면 모르겠거니와, 그렇지 않을 때는 어찌해야 하는가? 시대가 달라져서 가족이 함께하는 일이 드물어졌으니, 밥을 천천히 먹으면서 정답게 얘기를 나누는 일도 필요하지 않을까? 무슨 얘기를 어떻게 나누는가가 중요할 것이다.

잠은 지난 하루를 마무리하는 일이면서 다음 하루를 준비하는 일이다. 오랜만에 만난 벗과 함께 잠을 잘 때는 눈이 감길 때까지 얘기를 나눈다. 낮에 있었던 일로 감정이 상한 부부 사이라면, 잠자리에서 대화를 나눔으로써 화해를 할 수도 있다. 상황에 따라 말을 하는 게 좋은지, 말을 하지 않아야 하는지는 다르다. 결국 개인이 스스로 판단해서 주어진 시간을 누릴 수밖에 없다.

10-11 ─────────────────────────────

雖疏食菜羹, 瓜祭, 必齊如也.

　　비록 거친 밥과 나물국이라도 반드시 고수레를 하셨는데, 꼭 재계하듯이 삼가셨다.

注釋　소사(疏食)는 거친 밥이다. 채(菜)는 나물, 푸성귀이다. 갱(羹)

은 국이다. 고제(瓜祭)는 필제(必祭)의 착오로 볼 수 있다. 여기서 제는 음식을 먼저 조금 덜어내어 신에게 바치는 것으로, 우리나라의 고수레에 해당한다. 재여(齊如)는 목욕재계하듯이 삼가는 모습이다.

蛇足　공자가 얼마나 예법을 귀하게 여겼는지, 또 예법이 얼마나 몸에 배어 있는지가 잘 드러난다. 그러나 공자의 드러난 행동만 보아서는 안 된다. 그 이면에 담긴 뜻을 파악해야 한다. 해석이란 제대로 이해하여 창조적으로 계승하기 위한 사유 방식이다. 그런 해석을 하지 않는다면, 참뜻을 알지 못할 뿐 아니라 단순히 형식만 따르게 된다. 예법이 정해진 형식인 줄로 아는 것도 그 때문이다.

10-12

席不正, 不坐.

자리가 반듯하지 않으면 앉지 않으셨다.

注釋　석(席)은 땅 위에 깐 자리이다.

蛇足　공자의 가르침이 비판받는 이유는 예법으로 말미암아 자연스러움과 자유로움이 억눌리기 때문이다. 과연 공자는 죽을 때까지 예법에서 자유롭지 못했는가? 공자가 자신의 삶을 회고하면서 "일흔에는 마음이 시키는 대로 하여도 이치에 어긋나지 않았다"라고 한 것을 보면, 만년에는 자유로웠던 것으로 보인다. 사실 그래야 성인의 반열에 오를 수가 있다. 따지고 가르는 일은 학인이 할 일이지, 배울 일이 없는 사람이 할 일은 아니기 때문이다. 그렇다면 위에서 한 공자의 행동은 어떻게 이해할 것인가? 공자가 지극한 경지에 오르지 못했을 때의

행동으로 볼 것인가? 후학들에게 본보기를 보여주기 위해서 한 행동인가? 특별한 상황에서 한 행동인가? 역시 학인들 스스로 일상의 경험에 빗대어서 이해하고 판단하여야 한다.

10-13

鄉人飮酒, 杖者出, 斯出矣.

　　마을 사람들과 술을 마실 때, 어른이 나가면 그제야 나가셨다.

注釋　　장자(杖者)는 지팡이를 짚는 노인을 가리킨다.『예기』에서는 "쉰은 집에서 지팡이를 짚고, 예순은 마을에서 지팡이를 짚고, 일흔은 나라에서 지팡이를 짚고, 여든은 조정에서 지팡이를 짚는다"라고 하였다.

10-14

鄉人儺, 朝服而立於阼階.

　　마을 사람들이 굿을 할 때는 조복을 입고 동쪽 섬돌에 서 계셨다.

注釋　　나(儺)는 역귀를 쫓는 굿이다. 조계(阼階)는 동쪽의 섬돌로, 주인이 서는 곳이다.

蛇足　　벼슬아치나 벼슬을 지낸 사람은 마을의 행사에서 주인 노릇을 해야 한다는 공자의 생각이 드러나 있다. 또 조복을 입었다는 데서

마을의 굿을 결코 하찮게 여기지 않았다는 것도 알 수 있다. 이에는 다른 사람이나 그 생각, 그 삶도 먼저 이해하고 껴안는 것이 소중하다는 뜻도 담겨 있다고 볼 수 있다.

問人於他邦, 再拜而送之.

다른 나라로 사람을 보내 문안할 때는 두 번 절하고 보내셨다.

注釋　문(問)은 다른 나라의 벗 등에게 사람을 시켜 선물을 보내고 안부를 묻는 일이다.

康子饋藥, 拜而受之曰: "丘未達, 不敢嘗."

계강자가 약을 보내니, 절하고 받으면서 말씀하셨다.
"내가 이 약을 잘 모르니, 감히 먹지 못하겠습니다."

注釋　궤(饋)는 음식이나 물품을 보내다는 뜻이다. 달(達)은 알다는 뜻이다. 상(嘗)은 맛보다, 먹다는 뜻이다.

蛇足　윗사람이 보내준 것이라 해서 무조건 받아들이는 것은 예의가 아니다. 예의란 알고서 알맞게 하는 행위이기 때문이다. 자신이 모르는 약을 어찌 함부로 먹을 수 있는가? 그 약이 어떤 것인지, 효험은 어떠한지 등에 대해 아는 것 또한 예의이다. 모르면서 먹는 것은 알랑

거리는 짓일 뿐이다.

10-17

廐焚. 子退朝, 曰: "傷人乎?" 不問馬.

마구간에 불이 났다. 스승께서 조정에서 돌아오시자 말씀하셨다.
"사람이 다쳤느냐?"
말에 대해서는 묻지 않으셨다.

注釋　구(廐)는 마구간이다. 분(焚)은 불사르다, 타다는 뜻이다.

蛇足　고대에 말은 매우 중요한 자산이고 또 신분의 고귀함을 상징
하는 것이었다. 하인들보다 말이 더 소중하게 다루어지기도 하였다. 공
자가 "사람이 다쳤느냐?"고 물은 것은 아랫사람들에 대한 걱정을 먼저
한 것이다. 쉬운 듯하나, 결코 쉽지 않다. 오늘날에도 사람보다 애완용
짐승을, 또는 물건을 더 귀하게 여기는 이들이 많지 않은가?

10-18

君賜食, 必正席先嘗之. 君賜腥, 必熟而薦之. 君賜生, 必畜之.
侍食於君, 君祭, 先飯.

임금이 음식을 내리면 반드시 자리를 바로 하고 먼저 맛보셨
다. 임금이 생선을 내리면 반드시 익혀서 조상에게 먼저 올리
셨다. 임금이 산 것을 내리면 반드시 기르셨다. 임금을 모시고
음식을 먹을 때, 임금이 고수레를 하는 동안 먼저 맛보셨다.

323

注釋 사(賜)는 윗사람이 아랫사람에게 주는 것이다. 상(嘗)은 맛보다는 뜻이다. 성(腥)은 날고기이다. 숙(熟)은 익다, 익히다는 뜻이다. 천(薦)은 조상에게 바치다, 올리다는 뜻이다. 생(生)은 살아 있는 소나 양, 돼지 따위를 가리킨다. 축(畜)은 기르다는 뜻이다. 시(侍)는 모시다는 뜻이다. 제(祭)는 임금이 음식의 일부를 신에게 바치는 것이다.

蛇足 임금이 내린 음식을 자신이 먼저 맛본다는 것은 결국 집안사람들이 함께 먹는다는 뜻이다. 귀한 음식을 조상에게 먼저 올리는 것은 모든 좋은 일을 조상의 덕으로 돌리는 마음이다. 잘 되면 조상 덕분, 못 되면 내 탓이라고 할까? 이는 본받을 만하다. 임금이 고수레하는 동안에 먼저 맛을 본 것은 음식의 상태를 알려고 한 것이다.

그런데 산 것을 받으면 반드시 길러야 하는 것은 한편으로는 힘들고 번거로운 일이 될 수 있다. 고대 인도에서는 임금이 고약한 신하에게 코끼리를 선물했다는 이야기가 전한다. 신하는 임금이 내린 것이어서 길러야 하는데, 코끼리가 좀 많이 먹는가. 때로는 선물이 짐이 될 수도 있다. 이는 아랫사람이 윗사람에게 선물하는 데서도 마찬가지이다. 알맞지 않으면 짐이 되고 뇌물이 되니, 받는 쪽은 부담을 느끼게 된다. 그러나 오늘날에는 받는 쪽이 부담스럽다고 느끼는 경우가 드물고, 오히려 귀한 것을 받으려 기대하고 애쓰는 마음이 더 앞서는 것 같아서 씁쓸하다.

10-19

疾, 君視之, 東首, 加朝服, 拖紳.

병이 났을 때, 임금이 보러 오면 머리를 동쪽으로 두고 조복은 몸에 덮고서 띠를 걸쳐두었다.

注釋 　동수(東首)는 고대에 병자의 침상을 남쪽 창의 서쪽에 두었다가 임금이 오면 동쪽으로 고개를 돌려 임금을 맞아들이는 것이다. 가(加)는 몸에 붙이다, 덮다는 뜻이다. 타(拖)는 끌어당기다는 뜻이다. 신(紳)은 예복에 갖추어 매는 큰 띠이다. 조복을 입고 큰 띠를 매는 것은 신하가 임금에게 갖추는 예법인데, 일어나서 예의를 갖출 수 없는 병자이기 때문에 누워서 대신한 것이다.

蛇足 　예법은 윗사람이 먼저 갖추는 것이어야 한다. 그렇다면 임금이라면 신하가 불편하게 예법을 갖추는 일을 겪게 하지 않아야 한다. 높은 자리에 있다고 일부러 아랫사람을 부려서 제 위세를 드높이려는 것은 소인배의 심술이다. 윗사람이 소인배이면, 아랫사람들은 고달프다.

10-20

君命召, 不俟駕行矣.

　임금이 명령을 내려 부르시면, 수레에 멍에 매는 것을 기다리지 않고 나서셨다.

注釋 　명(命)은 임금이 아랫사람에게 내리는 말이다. 소(召)는 부르다는 뜻이다. 사(俟)는 기다리다는 뜻이다. 가(駕)는 타다, 탈 것을 뜻하는데, 여기서는 수레에 말을 붙이는 것을 의미한다.

10-21

入太廟, 每事問.

태묘에 들어가서는 일마다 물으셨다.

注釋　3-15에 이미 나왔다.

10-22

朋友死, 無所歸, 曰: "於我殯."

벗이 죽어서 돌아갈 곳이 없자, 스승께서 말씀하셨다.
"내 집에서 초빈하라."

注釋　빈(殯)은 주검을 관에 넣은 뒤에 장사 지낼 때까지 두는 것으로, 초빈하다는 뜻이다. 여기서는 장례의 절차 전부를 가리킨다. 고대에 초빈하여 관을 두는 기간은 신분에 따라 달랐다. 천자는 7개월, 제후는 5개월, 대부는 3개월, 사는 2개월이었다고 한다.

10-23

朋友之饋, 雖車馬, 非祭肉, 不拜.

벗이 보내온 게 비록 수레나 말이라 하더라도 제사 때 쓴 고기가 아니면 절하지 않으셨다.

注釋　궤(饋)는 음식이나 물건을 보내다는 뜻이다.

蛇足　선물을 주고받을 때는 예의를 갖추었고, 그 가운데 하나가 절을 하는 일이었다. 앞의 10-15에서 다른 나라에 사람과 선물을 보낼 때나 10-16에서 계강자가 약을 보냈을 때, 공자는 절을 하였다. 그러나 반드시 절을 해야 하는 것은 아니었다. 예의란 상황에 따라서 갖추어야 하는 것이기 때문이다. 10-15는 공식적인 안부와 같고, 10-16은 반드시 필요한 것을 보낸 일이므로 예의를 갖추어서 절을 한 것이다. 그러나 사사로이 보낸 것이라면, 굳이 절을 할 필요가 없다. 흔히 비싼 선물이나 좋은 물건을 보내면 그것에 화답한다면서 지나치게 예를 차리는데, 그것은 재물로 말미암아 알랑거리는 짓을 하는 꼴이 된다. 예의란 누가 누구에게 어떤 상황에서 어떻게 하느냐에 따라 행동 방식이 달라진다는 것을 잊어서는 안 된다.

10-24

寢不尸, 居不容.

　　잠잘 때는 주검처럼 주무시지 않았고, 하잔할 때는 딱딱하지 않으셨다.

注釋　침(寢)은 눕다, 잠자다는 뜻이다. 시(尸)는 주검이다. 거(居)는 별다른 일이 없이 있을 때이다. 용(容)은 말씨나 태도가 엄격하고 경건한 것이다. 용(容)을 객(客)으로 보고, 빈객을 대할 때의 예법으로 풀기도 한다. 그 속뜻은 다르지 않다.

蛇足　예의는 일종의 긴장인데, 그렇다고 늘 긴장해서도 안 된다. 그것은 사람으로서 할 짓이 못된다. 긴장이 없으면 한없이 늘어지지만,

327

지나치게 긴장을 하면 딱딱해진다. 한없이 늘어지면 자신을 망치지만, 딱딱해지면 다른 사람이나 일을 대할 때 막히게 된다. 긴장은 이완과 함께 있어야 한다. 그런데 긴장과 이완은 그대로 자연의 법칙이고, 존재하는 모든 것이 따라야 할 율격이다.

대개 원칙을 지키면 딱딱할 것이라고 여기는데, 그것은 잘못 안 것이다. 원칙은 이치를 따르는 것이고, 이치란 물결과 같고 바람결과 같다. 원칙을 지키면서 딱딱하기만 하거나 긴장만 한다면, 그것은 원칙을 잘못 알고 잘못 적용하고 있는 것이다. 원칙은 이치를 문명 속에서 적용하기 위해 세운 법칙일 뿐이다. 따라서 원칙도 이치를 따르는 것이어야 한다. 어리석음이나 사사로운 욕심에서 세운 것은 원칙이 아니다. 그것은 억지일 뿐이다. 원칙을 지키는 일은 이치를 따르는 일이고, 이치는 결이니 그것을 따르는 것은 결을 따르는 것처럼 부드러울 수밖에 없다. 이치대로 산다면서 부드러움이 없는 것은 아직 그 마음과 몸이 이치에 익지 못해서이다. 부드럽다고 하는 사람이 막상 일에 부닥치면 어찌할 줄 모르는 경우가 많은데, 그것은 그가 이치를 모르기 때문이다. 이치를 모르고서 부드러운 것은 줏대가 없는 것이다.

10-25

見齊衰者, 雖狎, 必變. 見冕者與瞽者, 雖褻, 必以貌. 凶服者式之, 式負版者. 有盛饌, 必變色而作. 迅雷風烈, 必變.

상복 입은 사람을 보면 비록 허물없는 사이라도 반드시 낯빛을 바꾸셨다. 관을 쓴 자나 눈 먼 자를 보면 비록 무람없는 사이라도 반드시 몸가짐을 삼갔다. 수레를 타고 가다가 상옷 입은 사람을 보면 앞턱의 가로나무를 잡고서 몸을 수그렸고, 공문서를 진 자에게도 몸을 수그리셨다. 푸짐한 음식이 나오면 반드시 낯빛을 바꾸며 일어나셨다. 거센 우레와 세찬 바람에는 반드시 낯빛을 바꾸셨다.

注釋　자최(齊衰)는 '재최'로도 읽는데, 상복(喪服) 또는 상옷이다. 압(狎)은 무람없다, 허물없다는 뜻이다. 면자(冕者)는 면류관을 쓴 사람, 즉 대부 이상의 벼슬아치이다. 고자(瞽者)는 눈 먼 사람인데, 당시에 소경이 음악을 맡았으므로 악관(樂官)을 뜻한다. 설(褻)은 더럽다, 무람없다는 뜻이다. 모(貌)는 삼가는 모습이나 태도이다. 흉복(凶服)은 상복, 상옷이다. 식(式)은 식(軾)과 같으며, 수레 앞턱의 가로나무이다. 부(負)는 등에 지다는 뜻이다. 판(版)은 호적(戶籍)이나 지도(地圖) 따위의 공문서를 가리킨다. 성찬(盛饌)은 풍성하게 차린 음식, 푸짐한 음식을 뜻한다. 신(迅)은 빠르다, 거세다는 뜻이다. 뢰(雷)는 우레, 천둥이다. 열(烈)은 세차다, 맵다는 뜻이다.

10-26

升車, 必正立, 執綏. 車中, 不內顧, 不疾言, 不親指.

수레를 탈 때에는 반드시 바로 서서 손잡이 끈을 잡으셨다. 수레 안에서는 두리번거리지 않으셨고, 빠르게 말하지 않으셨고, 직접 손가락으로 가리키지 않으셨다.

注釋　승(升)은 타다, 오르다는 뜻이다. 수(綏)는 수레에 오를 때 잡는 끈이다. 내고(內顧)는 이리저리 둘러보는 것이니, 두리번거린다는 뜻이다. 질(疾)은 빠르다는 뜻이다. 친(親)은 직접, 손수 등의 뜻이다.

10-27

色斯擧矣, 翔而後集, 曰:"山梁雌雉, 時哉, 時哉!"子路共之,
三嗅而作.

> 인기척을 느끼자 바로 날아올라서는 한 바퀴 빙 돌고 난 뒤에
> 다시 모여드니, 스승께서 말씀하셨다.
> "산마루의 까투리들이여, 때맞구나, 때맞구나!"
> 자로가 새들에게 다가가자, 서너 번 냄새를 맡더니 날아가 버
> 렸다.

注釋 색(色)은 낯빛인데, 여기서는 인기척으로 풀었다. 거(擧)는 오
르다, 날다는 뜻이다. 상(翔)은 빙빙 돌며 날다는 뜻이다. 산량(山梁)은
산 속의 골짜기 사이에 놓인 다리인데, 여기서는 산마루로 풀었다. 자
치(雌雉)는 암꿩, 까투리이다. 시(時)는 때맞다는 뜻이다. 공(共)은 향하
다는 뜻이다. 2-1에서 쓰인 것과 같다. 공(拱)과 같은 것으로 보아 팔짱
을 끼다는 뜻으로 푸는 경우가 있고, 또 잡아서 바치다는 뜻으로 푸는
경우도 있다. 후(嗅)는 냄새를 맡다는 뜻이다. 작(作)은 일어나다, 일으
키다는 뜻인데, 날아올라서 가버렸다는 말맛이 있다.

蛇足 때맞다는 말은 상황을 잘 판단해서 적절하게 행동한다는 것
이다. 짐승들은 간간한 곳인지 아닌지, 상대가 나를 해치려 하는지 아
닌지를 미리 알고서 행동한다. 까투리가 인기척을 느끼고서 바로 날아
오른 것은 탐색을 하기 위함이고, 다시 모여든 것은 위험이 없음을 알
았기 때문이다. 그것이 때맞게 하는 짓이다. 그런데 자로가 다가가자
냄새를 맡고는 날아가 버렸다. 아마 자로가 까투리를 잡으려는 의도나
행동을 보였기 때문이리라. 자로가 그렇게 한 것이 일부러 한 행동인
지, 공부가 아직 깊어지지 않아서인지는 쉽게 판단할 수 없지만, 후자

가 아닌가 여겨진다. 존재하는 모든 것과 어우러져서 하나가 되는 일은
참으로 어려운 일이다.

Ⅱ편

선진 (先進)

11-1 ——————————————————————————————

子曰: "先進於禮樂, 野人也; 後進於禮樂, 君子也. 如用之, 則
吾從先進."

스승께서 말씀하셨다.
"앞서 예와 음악에 나아간 사람은 야인이고, 나중에 예와 음악
에 나아간 사람은 군자다. 만약 쓴다고 한다면, 나는 앞서 나
아간 사람들을 따르겠다."

注釋　선진(先進)은 먼저 나아간 사람들, 즉 주나라 이전의 성인들
로 볼 수 있다. 후진(後進)은 주나라가 그 전 시대와 달리 문화적으로
성숙해짐에 따라 그런 문화를 체득하는 데 애쓴 사람들을 가리킨다. 지
(之)는 예악을 가리킨다.

蛇足　야인(野人)은 소박하고 질박한 사람이다. 꾸미려 하지 않는
사람, 나아가 소박함과 꾸밈을 넘어선 사람이다. 촌뜨기처럼 보이지만
결코 촌뜨기가 아니다. 자르르 흐르는 촌티는 지고함이 보여주는 소박
함일 뿐이다. 지고한 예의와 음악은 마치 흐르는 물 같고 들에 핀 꽃과
같기 때문이다. 그것이 야(野)에 담긴 의미이다. 반면에 군자는 교양을
쌓아서 문화적인 세련미를 갖추려는 사람이다. 군자는 배움의 길에 들
어서서 도리를 체득하려는 존재이다. 『논어』 전반에서 확인할 수 있듯
이 완성된 인격이 아니다. 배움에 뜻을 두면 학인이요, 배우면서 올바
름을 추구하면 군자요, 지혜를 체득하여 더 이상 배움이 필요 없는 이
는 성인이다. 따라서 군자는 먼저 올바름을 생각하고 어짊을 갖추려고
애쓰지만 문화적으로도 세련되려 하기 때문에 내면이 채 다져지기 전
에 꾸밈에 집착하는 일도 있다. 여기서는 그런 점을 경계했다고 볼 수
있다.

子曰: "從我於陳蔡者, 皆不及門也."

스승께서 말씀하셨다.
"진과 채 두 나라에서 나를 따른 자들 모두 이 문에 이르지 못
하였다."

注釋　『사기』 「공자세가(孔子世家)」를 보면 다음과 같은 내용이 나
온다. 진나라와 채나라의 대부들이 공자가 초나라에 등용되어 자기네
나라들을 위태롭게 할까 걱정하여 노역자들을 보내어 들판에서 공자
를 포위하였다. 이에 공자는 초나라로 가지 못하였고 식량마저 떨어졌
다. 제자들은 굶고 병들어 일어서지도 못하였다고 한다. 자로가 "군자
도 이처럼 곤궁할 때가 있습니까?"라고 말할 정도였다. 여기서는 공자
가 노나라의 관문을 들어서면서 제자들을 돌아보며 그때의 일을 회상
한 것으로 보인다. 문(門)은 노나라의 관문을 뜻한다. 불급문(不及門)은
제자들 가운데 살아서 돌아오지 못한 이들이 많았음을 의미한다. 자신
의 뜻을 펴려던 공자의 삶이 얼마나 고단했던가를 알 수 있고, 또 제자
들에 대한 공자의 애틋한 마음도 느낄 수 있다. 불급문을 제자들이 등
용되지 못한 데 대해 한 말로 풀이하는 경우도 있으나, 이는 공자가 제
자들을 가르친 바와 어긋나기 때문에 적절하지 않다. 공자는 제자들에
게 오로지 배움에 힘쓰고 도리를 다할 것을 바랄 뿐, 벼슬하는 것을 앞
세우지 않았기 때문이다.

11-3 ────────────────────────

德行, 顏淵, 閔子騫, 冉伯牛, 仲弓. 言語, 宰我, 子貢. 政事, 冉
有, 季路. 文學, 子游, 子夏.

덕행에 뛰어난 이는 안연과 민자건, 염백우, 중궁이고, 언어에
뛰어난 이는 재아와 자공이며, 정사에 뛰어난 이는 염유와 계
로이고, 문학에 뛰어난 이는 자유와 자하이다.

注釋 문학(文學)은 시(詩), 서(書), 역(易) 등 고대의 문헌을 비롯해
서 문화 전반에 대해 배우는 것을 이른다.

蛇足 여기 공자 문하에서 가장 탁월한 10인 안에 유약(有若)과 증
삼(曾參)은 빠져 있다. 『논어』에서 유약과 증삼은 유자와 증자로 일컬
어지고 있으며, 그 언행이 또한 실려 있다. 제자들이 있어 스승으로 불
리기는 했지만, 그렇다고 그들이 꼭 뛰어났던 것은 아님을 확인할 수
있다. 이 점은 「학이」편에 실려 있는 글들을 통해서도 짐작했던 바이다.

11-4 ────────────────────────

子曰: "回也, 非助我者也. 於吾言, 無所不說."

스승께서 말씀하셨다.
"회야, 너는 나를 도와주지 않는구나. 내 말에 대해서 기뻐하지
않음이 없으니 말이다."

注釋 열(說)은 열(悅)과 같다. 기뻐하다는 뜻이다.

蛇足 　공자의 이 말은 2-9에서 한 말과 관련이 있다. 거기서 공자는 안회가 전혀 자신의 말에 대해 거스르는 게 없는 것을 두고 "바보 같다"고 하였다. 여기서 "나를 도와주지 않는구나"라고 한 말과 상통한다. 공자는 자신이 성인이라고 여기지 않았다. 성인이 아니니, 여전히 배워야 할 것이 있다. 비록 스승이라고 해도 모든 면에서 제자보다 뛰어난 것은 아니다. 공자처럼 배우기를 좋아한 스승이라면, 반드시 제자에게서도 배울 것을 찾고 또 배우려 애썼을 것이다. 그런데 안회가 아무런 대꾸도 하지 않을 뿐 아니라 오히려 기뻐하지 않음이 없으니, 공자로서는 자신을 돌아볼 기회를 갖지 못한 것이다. 이를 두고 한탄한 것이다. 그러나 속마음은 그렇지 않았으리라 생각한다. 안회와 같은 제자와 더불어 얘기를 나눈다는 것, 그것만으로도 기쁘고 즐겁지 않았을까? 자신을 여전히 미완성의 인격으로 여기는 공자의 나지막한 음성을 여기서도 느낄 수 있다.

11-5

子曰: "孝哉, 閔子騫! 人不間於其父母昆弟之言."

　스승께서 말씀하셨다.
　"효자로구나, 민자건은! 어버이와 형제들이 그렇게 칭찬하는 말에 대해 남들이 헐뜯지 않으니 말이다."

注釋 　간(間)은 사이에 끼어들다, 이간질하다, 헐어 말하다는 뜻이다. 곤제(昆弟)는 형제(兄弟)와 같은 말이다.

蛇足 　가족들이 칭찬하는 것만으로는 부족하다. 남들이 칭찬하는 것만으로도 부족하다. 사이가 가까워도 제대로 알지 못하고, 사이가 멀

어도 제대로 보지 못하기 때문이다. 가까이 있는 사람들이나 멀리 있는 사람들 모두 한결같이 일컬을 때, 그 평가는 어긋남이 없다고 하리라.

11-6

南容三復白圭, 孔子以其兄之子妻之.

　　남용이 〈백규〉의 시구를 여러 번 되풀이 외니, 공 스승께서 형님의 딸을 시집보냈다.

注釋　　복(復)은 되풀이하다는 뜻이다. 백규(白圭)는 『시경』 「대아(大雅)」의 〈억(抑)〉편에 나오는 구절이다. "희고 맑은 옥의 흠은 갈아서 없앨 수 있으나, 내뱉은 말의 흠은 그렇게 할 수가 없다.(白圭之玷, 尙可磨也, 斯言之玷, 不可爲也.)" 남용이 〈억〉편을 읽다가 이 부분을 여러 번 되풀이 왼 것은 그게 자신의 결함을 되돌아보게 했기 때문일 것이다. 처(妻)는 시집보내다는 뜻이다.

蛇足　　남용은 쉼 없이 자신을 바로잡으려 애쓴 사람임을 알 수 있다. 누구나 흠이 있으나, 그 흠을 알려고 하는 사람은 적고 고치려 하는 사람은 더욱 적다. "부끄러움을 아는 것이 용기다"라고 말한 공자가 남용의 그 점을 높이 산 것은 당연한 일이다.

11-7

季康子問: "弟子孰爲好學?" 孔子對曰: "有顔回者好學. 不幸短命死矣. 今也則亡."

계강자가 물었다.

"제자들 가운데서 누가 배우기를 좋아합니까?"

공 스승께서 대답하셨다.

"안회라는 이가 배우기를 좋아했습니다. 불행하게도 수명이 짧아서 죽었습니다. 이제는 그런 사람이 없습니다."

注釋 6-3에 비슷한 문답이 나왔다. 거기서는 애공(哀公)이 물은 것으로 나온다.

11-8 ────────────────────

顔淵死, 顔路請子之車以爲之椁. 子曰: "才不才, 亦各言其子也. 鯉也死, 有棺而無椁. 吾不徒行以爲之槨. 以吾從大夫之後, 不可徒行也."

안연이 죽자, 안로가 스승께 스승의 수레를 팔아서 덧널을 마련하자고 하였다. 스승께서 말씀하셨다.

"재주가 있거나 재주가 없거나 간에 사람들은 마찬가지로 '내 아들, 내 아들' 하고 말하는 법이지요. 내 아들 리가 죽었을 때에 널은 있어도 덧널은 없었소. 내가 걸어 다니면서까지 덧널을 마련하지는 않았소. 내가 대부씩이나 했는데, 걸어 다닐 수야 없지요."

注釋 안로(顔路)는 공자의 제자로 안연의 부친이고, 이름은 무요(無繇)이며, 로(路)는 자이다. 공자보다 여섯 살 적었다. 곽(椁)은 널을 담는 궤, 덧널이다. 각(各)은 마찬가지라는 뜻이다. 리(鯉)는 공자의 아들 백어(伯魚)이다. 나이 쉰에 죽었고, 그 때 공자의 나이 일흔이었다고

한다. 공자는 50세에 노나라의 사구(司寇)를 지냈는데, 그것이 대부 벼슬이다. 도(徒)는 걸어 다니다는 뜻이다.

蛇足 부모라면 누구나 자식에 대해 애틋한 마음을 갖고 있다. 더구나 자식이 먼저 죽으면 부모는 자식을 가슴에 묻는다고 하는데, 어찌 소홀히 장례를 치르겠는가. 그러나 공자는 그럴 경우에도 지켜야 할 예법이 있음을 상기시키고 있다. 공자는 과연 인정을 무시했는가? 공자가 인간 중심의 철학을 폈다는 데 대해서는 이견이 없다. 그렇다면 왜 안로의 요청을 거절했는가? 공자는 그저 체면을 중시했던 것인가, 아니면 그것이 예의였기 때문인가? 체면과 예의는 그 경계가 늘 모호하다. 굳이 의미를 부여하자면, 이러하다. 혁신적인 철학은 항상 혼란한 시대에 등장한다. 시대가 요구하기 때문이다. 공자의 유가뿐만 아니라 다양한 학파와 학설의 대두는 바로 시대의 혼란이 극에 달했다는 것을 의미한다. 무기력한 천자, 부침을 거듭하는 제후들, 대부들의 전횡 등등. 특히 주나라의 문화를 고스란히 간직하고 있다고 자부하던 노나라의 정치적 혼란은 바로 주나라 예법이 무너졌음을 상징한다. 그러니 공자로서는 인정을 잠시 접어두고 무너진 예법을 다시 세워야 한다는 사명감이 앞서지 않았겠는가? 또 공자라고 해서 어찌 인정을 몰랐겠는가? 처지에 맞게 장례를 치르는 것이 바로 예의임을 스스로 실천하여야 했다. 그런데 당시 제자들도 공자의 그런 뜻을 이해하지 못하였다면, 공자 사후에 그 예의에 대한 이해가 어찌 왜곡되지 않을 수 있었겠는가? 장자가 유가의 형식주의를 신랄하게 비판한 것이 그것을 입증해 준다.

11-9

顔淵死, 子曰: "噫! 天喪予! 天喪予!"

안연이 죽자, 스승께서 말씀하셨다.
"아! 하늘이 나를 버리는구나! 하늘이 나를 버리는구나!"

注釋　희(噫)는 탄식의 소리이다. 상(喪)은 잃다, 버리다는 뜻이다.

蛇足　안연은 공자가 '생이지지자(生而知之者)'라고 일컬었을 만큼
뛰어난 제자였다. 안연은 또한 공자에게 아들과 같은 존재였다. 서른
살이나 아래인 안연이 먼저 죽었으니, 그 슬픔이야 어찌 다 말하랴. 그
런데 "하늘이 나를 버리는구나!"라고 탄식한 데에는 또 다른 안타까움
이 배어 있다. 그것은 안연의 죽음이 안연이라는 생물학적 존재의 죽음
에서 그치지 않고, 공자 자신의 사상이 더 발전되어서 이어지지 못한다
는 것을 의미하기 때문이었다. 공자는 자신이 살아 있는 동안에 자기
학문이 천하 사람들을 위해 쓰이지 못하리라는 것을 이미 알고 있었다.
말년에 제자들을 키우는 데 전념한 것도 그 때문이었다. 그런데 제자들
가운데서 가장 뛰어난 안연이 먼저 죽었으니. 이야말로 하늘이 버린 것
이다. 아, 하늘이 공자를 버린 것만은 아니다. 안연 또한 자신을 버리고
부모를 버리고 공자를 저버렸다.

11-10

顔淵死, 子哭之慟. 從者曰: "子慟矣!" 曰: "有慟乎? 非夫人之
爲慟而誰爲!"

안연이 죽자, 스승께서는 큰 소리를 내면서 서럽게 우셨다. 모

시던 자가 말하였다.

"스승께서는 서럽게 우시는군요!"

"내가 정말 서럽게 울었는가? 아, 저 사람을 위해 서럽게 울지 않는다면, 누구를 위해 그렇게 하겠는가!"

注釋 곡(哭)은 큰 소리를 내며 우는 것이다. 통(慟)은 몸을 떨 정도로 슬퍼하다, 서러워하다는 뜻이다. 비부인지위통(非夫人之爲慟)은 '비위부인통(非爲夫人慟)'의 도치 구문이다. 부(夫)는 지시어로, '저'를 뜻한다.

蛇足 "자식이 죽으면 가슴에 묻는다"고 했던가? 나보다 나이가 많은 이의 죽음은 그리 큰 슬픔이 되지 않는다. 그러나 나보다 어린 사람이 세상을 떠나면, 참으로 안타깝고 슬프다. 하물며 그 누구보다도 지혜롭고 어진 제자가 죽었음에랴. 그런 죽음 앞에서 어찌 입에서 큰 소리가 나지 않으며, 온몸이 떨리지 않으리오.

그러나 안연이여, 어찌 그리도 제 몸을 잘 지키지 못했는가? 도를 왜 즐겼는가? 무릇 생명은 삶을 누려야 하거늘, 도가 무엇이 그리도 대단하여 몸을 버렸는가? 삶이 도이고, 죽음이 도인데. 삶이 도라면, 먹고 마시고 자고 얘기 나누는 것이 다 도가 아니겠는가. 살 만큼 살았다고 한다면 나도 무어라 말하지 못하겠으나, 아비보다 그리고 스승보다 먼저 세상을 떠났다면 변명의 여지가 없지 않은가. 11-23에서 안연 스스로 스승에게 무엇이라 말했는가 보라. 도를 즐겼으나, 도를 온전히 이루었다고 하겠는가? 효를 행했다고 하겠는가?

『사기』의 〈중니제자열전(仲尼弟子列傳)〉에서 사마천은 "안회는 스물아홉에 머리털이 죄다 희었으며, 일찍 죽었다"라고 적고 있다. 안회가 선천적으로든 후천적으로든 몸이 약했다는 것을 의미한다. 도에 뜻을 두고 오로지 학문에만 몰두했으니, 몸은 더욱 쇠약해졌을 것이다. 안회는 시중(市中)에서 살기보다 세간을 떠나 은둔하는 게 더 어울리는 인물이었을지도 모른다. 어지러운 세상사를 헤쳐 나가기에는 몸이 버티지 못했으니, 차라리 장자처럼 살았으면 오래도록 수명을 누렸을 텐데.

11-11

顏淵死, 門人欲厚葬之. 子曰: "不可!" 門人厚葬之. 子曰: "回也視予猶父也, 予不得視猶子也. 非我也, 夫二三子也!"

> 안연이 죽자, 문인들이 두터이 장사를 지내려 하였다. 스승께서 말씀하셨다.
> "안 된다!"
> 문인들은 두터이 장사를 지냈다. 스승께서 말씀하셨다.
> "회는 나를 아비처럼 여겼는데, 나는 회를 자식처럼 대할 수 없었구나. 내가 아니다, 저 제자들이 그랬다!"

注釋 후(厚)는 두터이 하다, 크게 하다는 뜻이다. 후장(厚葬)은 널과 덧널을 비롯해 온갖 것을 다 갖추어서 지내는 장례이다.

蛇足 여기 나오는 문인들이 공자의 제자들인지 안연의 제자들인지는 확실하지 않다. 다만 그들은 공자가 서러워할 정도로 슬퍼한다는 것을 알았고, 그래서 스승의 마음을 헤아린다면서 성대하게 장례를 치렀다. 그러나 이는 예에 어긋난 것이다. 무릇 예란 형편에 따라 알맞게 하는 것이다. 살림이 넉넉하면 그에 따라서 갖출 것을 갖추고 장사를 지낼 수 있다. 그러나 안연처럼 가난을 즐기다 간 사람이라면, 간단하게 장사를 치르고 말아야 한다. 대체 죽음이 무엇이기에 그리도 요란을 떨며 장사를 지내는가? 예를 어겨가면서까지. 아, 가르쳐도 안 되는 게

있구나! 공자는 분명 자신이 잘못 가르쳤음을 탓했으리라!

11-12

季路問事鬼神, 子曰: "未能事人, 焉能事鬼?" 曰: "敢問死." 曰:
"未知生, 焉知死?"

> 계로가 귀신을 섬기는 일에 대해 여쭈니, 스승께서 말씀하
> 셨다.
> "아직 사람도 제대로 섬기지 못하는데, 어찌 귀신을 섬길 수 있
> 겠느냐?"
> "죽음에 대해 여쭙겠습니다."
> "삶도 아직 모르는데, 어찌 죽음을 알겠느냐?"

注釋   능(能)은 잘하다, 제대로 하다는 뜻이다. 언(焉)은 어찌를 뜻
한다. 감(敢)은 조심스러움이나 공경을 표시하는 말이다.

蛇足   이 짧은 한마디에 고대 인문주의의 탄생이 아주 잘 드러나 있
다. 칼 야스퍼스는 기원전 800~200년 사이를 기축시대(機軸時代)라 명
명하였다. 전 세계에서 인류가 거의 동시적으로 사상과 종교에서 커다
란 전환을 이룩한 시대였기 때문이다. 중세 문명의 주축이 된 기독교,
유교, 불교가 바로 이 시기에 그 싹을 틔웠다. 이들 보편종교는 하나같
이 인간에 눈을 돌렸다. 더 이상 신의 종복이 아니라 사람 스스로 사람
으로서 존재한다고 주장하였다. 그런 요지를 이토록 간결하게 표현한
예는 없었다.

그런데 우리는 또 얼마나 어리석은가? 2천5백 년 전에도 귀신보다
사람을, 죽음보다 삶을 먼저 생각하라고 가르쳤는데, 여전히 신에 집착

하고 죽음에 사로잡혀 있으니 말이다. 우리말로 사람은 그대로 '삶을 사는 자'를 뜻한다. 태어남과 죽음은 사람의 소관이 아니다. 사람은 오로지 어떻게 살 것인지만 생각해야 한다. 그리고 모든 사람의 삶을 존중하고 아껴야 한다. 그것만이 사람이 할 일이다.

여기서 더 나아가면, 삶이 곧 죽음이요 죽음이 곧 삶이라 말할 수 있다. 하루하루 산다는 게 사실은 하루하루 죽어가는 것과 무엇이 다른가? 대체로 사람은 어느 한 쪽만을 본다. 그 한 쪽에 다른 한 쪽이 이미 들어 있음은 알지 못한 채 말이다. 밝음 속에 어둠이 있고 어둠 속에 밝음이 있다. 즐거움 안에 괴로움이 숨어 있고, 괴로움 안에 즐거움이 담겨 있다. 존재하는 모든 것은 둘로 나뉘지만, 결코 이질적인 둘이 아니다. 그것은 한 뿌리에서 나온 두 가지일 뿐이다.

11-13

閔子侍側, 誾誾如也; 子路, 行行如也; 冉有子貢, 侃侃如也. 子樂. "若由也, 不得其死然."

> 스승의 곁에 있을 때, 민자건은 올곧으면서도 부드러웠고, 자로는 무엇이든 할 듯 굳세었고, 염유와 자공은 말이 시원스러웠다. 스승께서는 기꺼워하셨다.
> "유 같은 사람은 제 명대로 죽지 못할 거야."

注釋 은(誾)은 말씨가 치우침이 없으면서도 부드러운 것이다. 행행여(行行如)는 쉼 없이 가는 모습, 즉 무엇이든 거침없이 하려는 기세를 뜻한다. 간(侃)은 물이 그침 없이 시원하게 흐르는 것으로, 말씨를 가리켜 한 말이다. 유(由)는 자로의 이름이다. 기사(其死)는 천수를 다 누리고 제대로 죽는 일을 뜻한다. 연(然)은 언(焉)과 같이 말끝에 붙이는 조

사로 쓰이기도 하는데, 여기서는 "아마도 그럴 것이다"는 말맛을 담고
있다.

스승을 에워싸고 있는 제자들의 면면을 보라. 각기 다르면서
도 한결같이 배움을 몸에 익힌 사람들이다. 이렇게 각양각색의 제자들
이 있다는 것 자체가 스승의 탁월함을 보여주는 것이다. 스승은 제자들
마다 각기 달리 지닌 성품과 기질을 잘 알고 인정하면서 적절하게 이끌
어주는 존재이다. 어리석은 선생은 상대에 대한 이해 없이 제 뜻대로만
하려고 한다. 그런 자에게서는 뛰어난 제자가 나오지 않고, 하나같이
똑같은 생각을 하는 자만 나온다.

각자 자기 색깔을 지니면서 군자의 길을 가고 있는 제자들의 모습
을 보는 공자의 마음은 얼마나 뿌듯했겠는가? 그런데 여러 제자들 가
운데서 자로가 특히 눈에 띄었다. 아마 거침없고 굳세기만 한 행동이
아무런 두려움이 없이 제 뜻을 펴려다가 죽을 것처럼 보였던 모양이
다. 공자의 그런 느낌은 틀리지 않았다. 자로는 느지막이 위(衛)나라에
서 벼슬을 하였다. 그런데 위나라에서 정변이 일어났고 그 와중에서 석
걸(石乞) 등의 공격으로 자로의 갓끈이 끊어졌다. 그때, 자로는 "군자는
죽을 때에도 갓을 벗지 않는다"고 말하고는 갓끈을 매고 죽었다. 마지
막 순간에 그는 전혀 흔들림이 없었다. 이는 평소에 그의 공부가 얼마
나 지극했는지를 보여준다. 아, 자로여! 자로여! 그의 질직함, 그의 소
박함, 그의 지극함이여!

11-14

魯人爲長府, 閔子騫曰: "仍舊貫, 如之何? 何必改作?" 子曰:
"夫人不言, 言必有中."

346

노나라 관리가 장부에 손을 대려 하자, 민자건이 말하였다.

"옛것을 그대로 둔들 어떠하겠소? 어찌 꼭 고치려 하시오?"

스승께서 말씀하셨다.

"그 사람은 쉽사리 말하지 않으나, 말을 하면 반드시 맞다."

注釋　노인(魯人)은 노나라의 고위 관리를 가리킨다. 여기서 인(人)은 지배계층에 속한 사람을 가리키는 말로서, 피지배계층인 민(民)과 짝이 된다. 위(爲)는 손을 댄다는 뜻이다. 장부(長府)는 재물을 갈무리하는 곳집이다. 잉(仍)은 그대로 따르다, 그대로 두다는 뜻이다. 구관(舊貫)은 이전부터 행해 오던 일, 즉 전례(前例)를 뜻한다. 중(中)은 알맞은 말을 알맞은 때에 하기 때문에 전혀 틀림이 없다는 뜻이다.

蛇足　무엇이든 바꾸려 할 때는 미리 헤아려야 한다. 속을 바꾸고 겉은 바꾸지 않아도 되는가, 겉을 바꾸고 속은 바꾸지 않아도 되는가, 속과 겉을 모두 바꾸어야 하는가, 속과 겉 모두 바꾸지 않아도 되는가. 관리가 하는 일은 그대로 정치이다. 따라서 그가 무엇을 바꾸고자 한다면, 삼가지 않을 수 없다. 왜 바꾸려 하는지, 바꾼다면 무엇을 바꿀 것이며 어떻게 바꿀 것인가를 명확하게 알아야 한다. 그래야 재물이든 사람이든 잃지 않게 된다. 확실히 알지도 못하면서 함부로 바꾸면 재물을 낭비하고 백성들을 괴롭히지 않겠는가? 그렇게 하는 것이 곧 절도 있게 재물을 쓰고 사람을 아낀다는 '절용이애인(節用而愛人)'이리라.

11-15

子曰: "由之瑟, 奚爲於丘之門?" 門人不敬子路. 子曰: "由也升堂矣. 未入於室也."

스승께서 말씀하셨다.

"유는 내 문하에서 거문고를 어찌 그리 타는가?"

이에 문인들이 자로를 업신여겼다. 스승께서 말씀하셨다.

"유는 대청에는 올랐다. 아직 방 안에 들어오지 못했을 뿐이다."

注釋　유(由)는 자로의 이름이다. 슬(瑟)은 금(琴)보다 큰 거문고이다. 해(奚)는 어찌라는 뜻이다. 구(丘)는 공자 자신의 이름이다. 승당(升堂)과 입실(入室)은 비유로서 쓰인 말이다. 학인은 먼저 입문(入門)하고, 다음에 승당하며, 마지막에 입실한다. 학문의 단계이다.

蛇足　자로는 본래 야인(野人)의 기질이 많았다. 공자를 만나고 공부를 하면서 그 기질을 다스려 군자에 가까워졌다. 그러나 여전히 미흡하다. 11-13에서도 자로의 됨됨이가 묘사되었는데, 아직까지 자신의 기질을 완전히 다스리지 못했음을 알 수 있다. 즉 아직 인(仁)을 완전히 체득하지 못한 것인데, 그것이 그대로 거문고를 탈 때 드러났던 것이다. 공자가 음악을 중시한 까닭이 여기에 있다. 음악은 연주하는 사람의 마음, 그 삶의 표현이기 때문이다.

　그런데 왜 문인들은 자로를 업신여겼는가? 참으로 건방지다. 우선 스승께 여쭈었어야 한다. 왜 자로를 꾸짖으셨는지 말이다. 스승의 말씀에 담긴 뜻을 다 알았다는 말인가? 그렇지는 않다. 문인들이 자로를 대하는 태도를 본 공자가 한마디 덧붙인 데서 알 수 있다. 문인들은 자로보다 못하다. 학인으로서 당연히 물음을 던졌어야 하는데 그러하지 못했으니, 그게 첫째 모자란 점이다. 또 자신들이 자로보다 못한 줄을 몰랐으니, 둘째로 모자란 점이다. 무엇보다도 사람마다 자질이 달라 성취도도 다를 수밖에 없다는 것, 학인에게 가장 중요한 것은 그가 배우기를 좋아하는가, 늘 지극하게 하는가라는 점을 모르고 있다는 사실이다. 그런 자들은 어디를 가서든 스승을 등에 업고 으스댈 것이고, 으스대다가 스승에게 누가 되는 짓을 일삼으리라.

아, 입문에서 승당까지가 얼마나 멀고 힘든 길인 줄이나 알고 있을까? 입실은 제쳐두고 승당조차 못하는 학인이 얼마나 많은가.

11-16 ────────────────────────────────

子貢問: "師與商也孰賢?" 子曰: "師也過, 商也不及." 曰: "然則師愈與?" 子曰: "過猶不及."

자공이 여쭈었다.
"사와 상 가운데 누가 더 똑똑합니까?"
스승께서 말씀하셨다.
"사는 지나치고, 상은 모자란다."
"그렇다면 사가 더 낫습니까?"
"지나침은 모자람과 같다."

注釋 사(師)는 자장(子張)의 이름이다. 상(商)은 자하(子夏)의 이름이다. 숙(孰)은 누구라는 뜻이다. 과(過)는 지나침이다. 불급(不及)은 미치지 못함, 즉 모자람이다. 유(愈)는 어떤 것보다 낫다는 뜻이다.

蛇足 자공은 묻기를 서슴지 않는다. 그 물음의 수준이 대단한지 대단하지 않은지에 대해서는 별로 개의치 않는 듯하다. 그저 궁금하면 묻는 사람이다. 그러기에 공자의 혜안을 사소한 데서도 빛나게 한다. "누가 더 똑똑하냐"는 물음은 학인으로서는 당연히 던질 수 있다. 공부를 하다 보면 내가 어느 수준에 이르렀는지, 도반들은 또 어느 수준에 이르렀는지 궁금할 수밖에 없다. 다소 유치한 생각이지만. 그럼에도 스승

은 제자들의 물음을 결코 회피하는 법이 없다. 어떠한 물음이라도 이치에 닿지 않는 것은 없다는 사실을 잘 알기 때문이다.

공자가 사를 두고 왜 지나치다고 했는지는 2-18, 2-23, 11-20, 12-14, 12-20 등에서 확인할 수 있다. 마음만 앞서서 차근차근 나아가지 못하고, 욕심이 많아서 서둔다. 그래서 빈틈이 많다. 반면에 상은 아마도 꼼꼼하게 배우면서 빈틈을 적게 하는 데 애쓴 인물로 여겨진다. 1-7, 2-8, 13-17, 19-3 등에서 엿볼 수 있듯이, 말은 잘하지만 통찰이 부족하다. 두루 배우면서 과감하게 행하고 깊이 꿰뚫지 않으면 통찰이 생기지 않는다.

11-17

季氏富於周公, 而求也爲之聚斂而附益之. 子曰: "非吾徒也. 小子鳴鼓而攻之, 可也."

> 계씨는 주공보다 가멸진데도 구가 그를 위해 세금을 그러모아서 더욱더 늘여주었다. 스승께서 말씀하셨다.
> "내 제자가 아니다. 너희들이 북을 울리고 그를 쳐도 괜찮다."

注釋 구(求)는 염유(冉有)의 이름이다. 취(聚)는 모으다는 뜻이다. 렴(斂)은 거두어 들이다는 뜻이다. 부(附)는 붙이다, 더하다는 뜻이다. 익(益)은 더해주다, 보태다는 뜻이다. 명(鳴)은 울리다는 뜻이다. 고(鼓)는 북, 북을 치다는 뜻이다. 공(攻)은 꾸짖다, 따지다는 뜻이다.

蛇足 스승의 일은 가르치는 데서 끝나지 않는다. 제자들이 가르친 대로 하느냐 하지 않느냐를 살피는 일도 중요하다. 제자의 잘못은 그대로 스승의 잘못이 되기 때문이다. 그릇된 제자를 다시 바로잡는 것

또한 가르침이다. 내 가르침을 잘못 이해하지 않도록 하는 것도 긴요한 일이지만, 나를 등에 업고 함부로 할 사람인지를 미리 알고 가려내는 것은 더욱 긴요한 일이다. 모든 제자를 잡도리할 수는 없으나, 이를 잊지 않고 있어야 한다. 물건을 팔고 난 뒤에도 책임을 지는데, 하물며 사람을 가르치고 내보내는 데서야 말해 무엇 하랴. 여기서 공자가 제자들에게 한 말에는 "너희들 또한 이치대로 하지 않으면, 언제든 비난받을 것이다"라고 하는 타이름과 일깨움도 담겨 있다.

11-18 ————————————————————

柴也愚, 參也魯, 師也辟, 由也喭.

　　시는 고지식하고, 삼은 미련하고, 사는 치우치고, 유는 거칠다.

注釋　　시(柴)는 공자의 제자인 고시(高柴)이다. 자는 자고(子羔)이며, 공자보다 서른 살 적다고 한다. 우(愚)는 변통성이 없고 곧기만 한 것을 뜻한다. 삼(參)은 증삼(曾參)이다. 노(魯)는 아둔하다, 미련하다는 뜻이다. 사(師)는 자장(子張)이다. 벽(辟)은 벽(僻)과 같은 말로, 한쪽으로 쏠리다, 치우치다는 뜻이다. 언(喭)은 세련미가 없어 거친 것을 뜻한다.

蛇足　　요즘에야 그러하지 않지만, 옛날에는 배우고자 하지 않는 자는 가르치지 않았다. 가르치기로 했다면, 배우는 자를 자세히 살펴서 잘 알아야 하는 것이 스승의 도리였다. 탁월한 스승과 모자란 스승의 차이는 일차적으로 제자를 잘 파악하고 있느냐 그렇지 못하느냐에서 판가름난다. 눈앞의 제자를 모르고서 어찌 지혜롭다 하겠으며, 또 어떻게 알맞게 가르칠 수 있겠는가? 또 학인은 자신의 허물이나 결점을 잘 알아서 고치려 해야 한다. 더 이상 고칠 것이 없을 때까지 배우고 익히

는 것이 학인의 자세요, 스승에 대한 도리이다.

위에서 공자가 한 말은 결국 학인마다 치우치거나 모자란 데가 있음을 지적한 것이다. 치우친 것을 바로잡고 모자란 것을 채우는 것이 바로 공부가 아니겠는가? 공부란 결국 내 몸과 마음이 균형과 조화를 이루도록 하는 것이다.

11-19

子曰: "回也, 其庶乎! 屢空. 賜不受命, 而貨殖焉, 億則屢中."

스승께서 말씀하셨다.
"회라면 거의 도에 이르렀지! 그러나 살림이 자주 바닥나. 사는 부자가 될 복을 받지 않았으면서도 재물이 불어났는데, 점찍으면 곧잘 맞았거든."

注釋 서(庶)는 거의 ~하다, 가깝다는 뜻으로, 여기서는 도(道)와 별로 어긋나지 않는다는 의미를 내포하고 있다. 루(屢)는 여러 번, 자주를 뜻한다. 공(空)은 비다, 없다는 뜻이다. 사(賜)는 자공(子貢)이다. 명(命)은 크게 세 가지 의미로 쓰인다. 첫째는 목숨이나 수명을, 둘째는 왕명이나 군명(君命)을, 셋째는 운수나 천명을 뜻한다. 이 가운데 어떤 의미로 쓰였는지 확언할 수 없다. 여기서는 문맥을 고려하여 "부자가 될 운수나 복"으로 풀이하였다. 식(殖)은 자라다, 불다는 뜻이다. 억(億)은 헤아리다는 뜻이다.

蛇足 안회가 오로지 공부에 힘써 도를 즐기기는 했으나, 그 또한 모자람이 있었다. 가난을 피할 수 없다면 즐기는 게 낫고 또 즐겨야 한다. 그러나 피할 수 있다면, 왜 피하지 않는가? 부자는 애쓴다고 해서

된다는 보장은 없으나, 가난은 애쓰면 피할 수 있다. 안회의 공부가 가난을 피할 만큼도 되지 못했겠는가? 다만 그에게 그럴 마음이 없었으리라. 그러나 이 또한 슬픈 일이다. 그게 그의 명을 재촉했을지도 모르니 말이다. "살림이 자주 바닥나"라는 공자의 말에는 그런 안타까움이 배어 있다. 도는 먹고 마시고 잠자고 나다니는 그런 일상에 있는 것이지, 일상을 떠나서 저 멀리 있는 게 결코 아니다. 안회는 이를 몰랐는가? 아니면 알면서도 소홀했는가?

"부자는 하늘이 내린다"는 말이 있다. 이는 부자가 되려고 애쓴다고 해서 반드시 되는 게 아니라는 뜻이다. 왜 그런가? 재물이란 한정된 것이면서 널리 퍼져 있다. 어디에 무엇이 있는지도 모르고, 누가 얼마나 지니고 있는지도 모른다. 많았다가 적어지기도 하고, 적었다가 많아지기도 한다. 갖가지 변수가 도사리고 있다. 그런데도 사람들은 모두 그것을 얻으려 애쓰고 갖기를 바란다. 얻거나 갖는다고 해도 만족할 줄 모른다. 만족할 줄 모르니 서로 빼앗으려 하고 뺏기지 않으려고 한다. 그 와중에서 재물을 늘리는 게 과연 쉬운 일이겠는가? 제 뜻대로 다 되겠는가? 도에 어긋나지 않고서도 부자가 될 수 있겠는가? 참으로 어렵고 어려운 일이다. 반면에 군자가 되고 성인이 되는 것은 내 뜻이 굳고 공부가 착실하면 가능한 일이다. 남들과 다투는 일이 아닐뿐더러, 다투지 않아야 이를 수 있는 경지이다.

11-20

子張問善人之道, 子曰: "不踐迹, 亦不入於室."

자장이 좋은 사람이 가는 길에 대해 여쭈니, 스승께서 대답하셨다.

"좋은 사람이라도 옛사람의 자취를 밟지 않아서는 아무래도

방 안에 들지 못하지."

注釋　선인(善人)은 7-26과 13-11에서도 언급되는데, 거기에서는 평범한 수준의 "착한 사람이나 좋은 사람"이 아니라 장자가 말한 진인 (眞人)이나 지인(至人)과 상통하는 차원의 인간으로 해석되지만, 여기 서는 꼭 그렇게 보지 않아도 된다. 문맥을 헤아려보면, 그저 학인으로 서 착하거나 좋은 사람을 뜻하는 것으로 보인다. 즉, 마음씨가 착하고 좋은 사람, 곧은 사람을 뜻한다. 천(踐)은 배워서 익히고 행하다는 뜻이 다. 적(迹)은 옛사람들이 걸었던 길, 뛰어난 행적을 가리킨다. 다시 말하 면, 온고(溫故)의 옛것이다. 역(亦)에는 그렇게 해서는, 아무래도라는 말 맛이 있다.

蛇足　여기서 선인이 자장 자신을 가리켜 한 말인지, 아니면 보편적 인 인간형을 염두에 두고 한 말인지는 분명하지 않다. 그러나 공자는 자장의 마음가짐이나 행동거지를 알고서 그에 합당한 답을 주고 있다.
　자장은 2-18, 11-16, 11-18에서 알 수 있듯이 공부를 하나의 방편 으로 삼아 벼슬에 나아가거나 세상에 크게 쓰이겠다는 욕심이 앞서 있 다. 그러다 보니 옛것을 익히는 일이나 옛사람의 자취를 차근차근 밟아 나가는 일을 제대로 하지 못하고 있다. 그 사람이 마음이 착하거나 좋 더라도, 그의 의도가 아무리 도에 합치된다고 하더라도, 그것만으로 남 을 가르치거나 이끌지는 못한다. 하고 싶은 일, 할 일에 맞는 능력이나 역량을 갖추어야 한다. 그런 능력이나 역량이 어디 하루아침에 갖추어 지는가? 더구나 선인은 궁극의 선인, 즉 성인이 되는 것을 목표로 해야 한다. 자장은 그 목표조차 잊고 있다. 공자는 은근히 자장을 일깨우고 있다. 그런데 자장이 자신에게 한 말, 자신에게 해당되는 말이라는 것 을 알아차렸을까?

11-21

子曰: "論篤是與? 君子者乎? 色莊者乎?"

스승께서 말씀하셨다.
"말발이 세다고 될까? 참된 군자일까? 겉만 번드레한 사람
일까?"

注釋 　논독(論篤)은 하는 말이 빈틈이 없고 꼼꼼한 것을 뜻한다. 시
(是)는 옳게 여기다는 뜻이다. 여(與)는 여(歟)와 같은 어조사로, 그럴
까라는 뜻이다. 호(乎)는 둘 다 의문사이지만, 앞의 것에는 반어적인 말
맛이 있다. 색(色)은 낯빛, 모습을 뜻한다. 장(莊)은 무게 있게 보이도록
꾸민다는 뜻이다.

蛇足 　5-5에서 공자는 제자인 중궁을 두고 "말만 잘해서 무엇 하겠
는가?"라고 하였고, 11-25에서는 자로에게 "이래서 나는 말 잘하는 걸
싫어한다"고 말하였다. 왜 공자는 말 잘하는 것에 대해 이토록 부정적
인 태도를 보여주는가?
　군자는 몸과 마음으로, 즉 경험으로 이치를 터득한다. 이치는 이성
보다 감성으로써, 논리보다 직관으로써 다가가기가 쉽고 더 잘 알아챌
수 있다. 그러나 그렇게 알아챈 이치는 아직 완벽하지 않다. 이성과 논
리로써 정리되고 체계화가 되어야만 온전하게 마무리된다. 이 마무리
에 소용되는 것이 바로 언어이다. 그렇기 때문에 군자가 언어를 쓸 때
는 당연히 빈틈이 적거나 없어야 한다. 언어의 빈틈을 말할 때는 논리
성의 여부만 따지는 게 아니다. 말속이 깊고 높으냐, 말맛이 구체적이
고 생동감이 있느냐가 특히 중요하다. 말속도 얕고 말맛이 적으면, 그
것은 지극함에서 나온 말이 아니라는 뜻이다. 지극함에서 나오지 않은

말이라면, 아무리 말을 조리 있게 하더라도 그것은 말치레일 뿐이다. 말치레하는 자가 과연 군자일까? 말치레하는 자는 그 말이 치레가 아님을 보여주기 위해서 낯빛이나 겉모습에서 무게를 잡는다. 말치레나 그런 모습에 현혹되는 사람도 있다. 그러나 그는 군자가 아니다.

군자는 말을 잘한다. 그러나 말을 잘한다고 해서 군자는 아니다.

11-22

子路問: "聞斯行諸?" 子曰: "有父兄在, 如之何其聞斯行之?" 冉有問: "聞斯行諸?" 子曰: "聞斯行之." 公西華曰: "由也問'聞斯行諸?' 子曰, '有父兄在', 求也問'聞斯行諸?' 子曰, '聞斯行之.' 赤也惑, 敢問." 子曰: "求也退, 故進之; 由也兼人, 故退之."

자로가 물었다.
"들으면 바로 행하여야 합니까?"
스승께서 말씀하셨다.
"아버지와 형님이 계신데, 어찌 들자마자 행하겠느냐?"
염유가 물었다.
"들으면 바로 행하여야 합니까?"
"들으면 바로 행하여야 한다."
공서화가 물었다.
"유가 '들으면 바로 행하여야 합니까?' 하고 여쭈었을 때 선생님께서는 '아버지와 형님이 계신다'고 대답하셨고, 구가 '들으면 바로 행하여야 합니까?' 하고 여쭈었을 때 선생님께서는 '들으면 바로 행하여야 한다'고 대답하셨습니다. 제가 헷갈려서 뒤넘스레 여쭙습니다."
"구는 머뭇거리기 때문에 떨쳐나서게 했고, 유는 남보다 앞서려 하기 때문에 물러나게 했다."

注釋 사(斯)는 즉(卽)과 같이, 곧, 바로를 뜻한다. 저(諸)는 어조사이다. 혹(惑)은 갈피를 잡지 못해서 어지럽다는 뜻이다. 퇴(退)는 뒷걸음치다, 뒤로 물러서다는 뜻이다. 진(進)은 힘차게 나서는 것이다. 겸(兼)은 남을 염두에 두고 내닫는 것, 덤벙이는 것이다.

蛇足 공자가 제자를 가르치는 법은 한마디로 응병여약(應病與藥)이다. 똑같은 물음에 대해서도 제자의 근기와 공부의 진척, 그가 처한 상황에 따라서 제시하는 것이 다르다. 그러한 대답의 속뜻은 안목이 없거나 마음이 열려 있지 않은 사람으로서는 알아듣기 힘들다. 늘 곁에서 듣고 있는 제자조차 헷갈리는데, 제자가 아닌 사람들은 오죽하겠는가?

문답에서는 묻는 이가 중심이다. 스승과 제자 사이에서는 제자가 중심이다. 대답하거나 가르치는 사람은 당연히 제가 아는 것을 말해주어야 하지만, 그것만으로는 모자란다. 묻는 이의 자질과 속뜻을 알아채고 그를 일깨워줄 수 있는 대답을 해주어야 한다. 배우는 자에게 가장 긴요한 것이 무엇인지 알고 그것을 깨닫고 행하도록 해야 한다. 스승은 내가 아는 것을 대답해주는 사람이 아니라, 상대가 알아야 할 것을 대답해주는 사람이다.

11-23 ────────────────────────

子畏於匡, 顔淵後. 子曰: "吾以女爲死矣." 曰: "子在, 回何敢死?"

스승께서 광 땅에서 몸을 사릴 만한 일을 겪었을 때, 안연이 나중에 왔다. 스승께서 말씀하셨다.

"나는 네가 죽은 줄로 알았다."

"선생님께서 계신데, 제가 어찌 함부로 죽겠습니까?"

注釋 외(畏)는 두려워하다, 몸을 사리다는 뜻이다. 여기서는 두려워할 만한 일을 겪었다는 뜻으로 쓰였다. 후(後)는 나중에 오다는 뜻이다. 감(敢)은 함부로라는 뜻이다.

蛇足 자식은 부모보다 오래 살아야 하고, 제자는 스승을 능가해야 한다. 또 제자는 스승보다 오래 살아야 하고, 자식은 부모보다 더 행복해야 한다. "어찌 함부로 죽겠습니까?"라고 말했던 안회는 어찌 자신을 설잡도리하여 부모와 스승에게 불효하였는가? 안회는 도를 즐겼으나, 일상에서 그 도를 놓쳐버렸다. 도를 즐긴다면서 늘 가난했고 살림이 자주 바닥났으니, 제 몸인들 돌보았겠는가? 분명 안회는 몸이 튼튼하지는 못했을 것이다. 그렇다면 스승을 좇아 천하를 다니는 일도 버거웠을 것인데, 환란을 만나면 도대체 어찌 견뎌낼 수 있겠는가? 그런 안회를 잘 알고 있던 공자였기 때문에 안회가 죽었으리라 여겼던 것이다. 안회는 죽기 전에 이미 부모와 스승에게 불효하였다. 그런 걱정을 끼쳤으니 말이다. 도대체 몸을 잃고서도 지고한 경지에 이르리라고 여겼던가? 도를 즐기는 것도, 도를 깨치는 것도, 성인이 되는 것도, 모두 살아서 할 일이다. 죽어서야 즐길 일도 깨칠 일도 해탈할 일도 없다.

11-24

季子然問: "仲由冉求, 可謂大臣與?" 子曰: "吾以子爲異之問. 曾由與求之問. 所謂大臣者, 以道事君, 不可則止. 今由與求也, 可謂具臣矣." 曰: "然則從之者與?" 子曰: "弑父與君, 亦不從也."

계자연이 물었다.

"중유와 염구는 크낙한 신하라 할 수 있습니까?"

스승께서 말씀하셨다.

"나는 그대가 다른 것을 물으리라 여겼다. 유와 구에 대해서는 물은 적이 있기 때문이다. 이른바 크낙한 신하란 도로써 임금을 섬기는데, 도로써 할 수 없으면 그만둔다. 이제 유와 구는 반반한 신하라 할 수 있다."

"그렇다면 따르기만 하는 사람들입니까?"

"아비와 임금을 죽이는 일이라면 결코 따르지 않지."

注釋 계자연(季子然)은 당시 계씨 집안 사람이었다. 대신(大臣)은 어짊과 지혜를 갖추고서 벼슬에 나아간 사람을 가리키는데, 크낙한 신하라 풀었다. 구신(具臣)은 꽤 재주나 역량을 갖추었으나 아직 도와는 거리가 있는 벼슬아치인데, 반반한 신하라 풀었다. 시(弑)는 아랫사람이 윗사람을 죽이는 것이다. 역(亦)은 당연히 그러할 것이다는 말맛이 있다.

蛇足 공자의 문답은 참으로 엄격하고 엄밀하다. 결코 대충하는 법이 없고 얼버무리는 일도 없다. 명색이 노나라의 실권을 쥐고 있는 계씨 집안 사람으로서 고작 중유와 염구가 대신이냐고 물은 계자연에 대해 먼저 공자는 실망 아닌 실망을 드러내었다. 더욱 본질적인 물음을 던지지 않았기 때문이다. 그러면서 대신에 대한 정의를 내린다. 대신이란 모름지기 도로써 임금을 섬기는 자이며, 그 도를 임금이 받아들이지 않으면 그만두고 떠나는 자라 하였다. 그런데 중유와 염구는 대신이 못된다고 하였다. 도로써 섬기지 못하고 도가 받아들여지지 않는데도 떠나지 않았기 때문이다. 염구는 3-6에서 나온 것처럼 계씨 집안에

서 가신 노릇을 하고 있었으므로, 이 말은 그대로 계씨의 무도함을 은 근히 풍자한 것이다. 또 "아비와 임금을 죽이는 일은 결코 따르지 않는 다"고 한 데서는 계씨가 노나라 군주의 지위를 빼앗을 의도가 있었다 는 것이 간접적으로 드러나 있다. 이는 물음을 던진 계자연에 대해서도 은근하게 비판을 한 것이다. 나아가 중유와 염구는 그런 의도를 결코 따르지 않는 인물이지만, 그것만으로는 충분하지 않다는 뜻도 드러내 었다. 즉 무도하지는 않을지라도 적극적으로 도를 추구하는 것은 아니 니, 이 또한 모자라다는 말이다.

11-25

子路使子羔爲費宰. 子曰: "賊夫人之子." 子路曰: "有民人焉. 有社稷焉. 何必讀書, 然後爲學?" 子曰: "是故惡夫佞者."

> 자로가 자고를 비 땅의 수령으로 삼았다. 스승께서 말씀하 셨다.
> "남의 아들을 해치는구나."
> 자로가 말하였다.
> "백성이 있습니다. 사직이 있습니다. 어찌 꼭 책을 읽은 뒤에야 배웠다고 하겠습니까?"
> 스승께서 말씀하셨다.
> "이래서 나는 말 잘하는 걸 싫어한다."

注釋 자고(子羔)는 공자의 제자이다. 민(民)은 백성들이고, 인(人)은 벼슬아치들이다. 사(社)는 토지신이고, 직(稷)은 오곡의 신 또는 농사의 신이다. 오(惡)는 싫어하다는 뜻이다. 녕(佞)은 말 잘하다는 뜻이다.

蛇足　말은 적실하게 해야 한다. 내용이 타당하다고 해서 제대로 말한 것은 아니다. 대상과 상황에 맞아야 한다. 자로의 말은 꼭 틀렸다고 할 수는 없지만, 자고에게 해당되지는 않는 것이었다. 그래서 공자가 "남의 아들을 해치는구나"라고 말했던 것이다. 능력이 부족한데도 일을 맡기는 것은 일도 망치는 것이지만 그 사람을 해치는 일이기도 하다. 일을 망친 그를 누가 믿을 것인가? 또 공자가 "말 잘하는 걸 싫어한다"고 한 것은 말로써 대충 또는 그럴듯하게 얼버무리는 것을 싫어한다는 뜻이다.

배웠다고 다 벼슬할 수 있는 것은 아니다. 온전히 자기 것으로 만들어야만 어려움이 적고 무리하지 않게 된다. 그런데 벼슬을 좇거나 중시하는 사람은 이렇게 말한다. "먼저 벼슬을 얻고 나서 공부하여 실력을 쌓으면 된다"고 말이다. 그렇게 말한 사람치고 벼슬을 하고 난 뒤에 공부하는 이가 있다는 말을 나는 거의 들은 적이 없고 본 적도 없다.

11-26

子路曾晳冉有公西華侍坐. 子曰: "以吾一日長乎爾, 毋吾以也. 居則曰, '不吾知也!' 如或知爾, 則何以哉?"
子路率爾而對曰: "千乘之國, 攝乎大國之間, 加之以師旅, 因之以饑饉, 由也爲之, 比及三年, 可使有勇, 且知方也." 夫子哂之.
"求, 爾何如?" 對曰: "方六七十, 如五六十, 求也爲之, 比及三年, 可使足民. 如其禮樂, 以俟君子."
"赤, 爾何如?" 對曰: "非曰能之, 願學焉. 宗廟之事, 如會同, 端章甫, 願爲小相焉."
"點, 爾何如?" 鼓瑟希, 鏗爾, 舍瑟而作. 對曰: "異乎三子者之撰." 子曰: "何傷乎? 亦各言其志也." 曰: "莫春者, 春服旣成, 冠

者五六人, 童子六七人, 浴乎沂, 風乎舞雩, 詠而歸.” 夫子喟然
歎曰: “吾與點也!”
三子者出, 曾晳後. 曾晳曰: “夫三子者之言何如?” 子曰: “亦各
言其志也已矣.” 曰: “夫子何哂由也?” 曰: “爲國以禮, 其言不讓.
是故哂之.”
“唯求則非邦也與?” “安見方六七十如五六十而非邦也者?”
“唯赤非邦也與?” “宗廟會同, 非諸侯而何? 赤也爲之小, 孰能
爲之大?””

자로와 증석, 염유, 공서화가 스승을 모시고 앉아 있었다. 스승
께서 말씀하셨다.

“내가 자네들보다 나이가 조금 많지만, 그런 걸로 나를 대하지
마라. 평소에 자네들은 ‘나를 알아주지 않는다’고들 말했는데,
누군가가 자네들을 알아준다면, 어떻게 하겠는가?”

자로가 털털하게 대답하였다.

“전차 천 대의 나라가 대국들 사이에 끼어 있으면서 다른 나라
군대가 들이닥치고 흉년과 굶주림이 겹쳐도, 제가 다스린다면
3년 안에 사람들을 용감하고 또 떳떳하게 사는 법을 알게 할
수 있습니다.”

스승께서는 빙그레 웃으셨다.

“구야, 너는 어떻게 하겠느냐?”

“사방 육칠십 리나 오륙십 리 되는 작은 땅을 제가 다스린다
면, 3년 안에 백성들을 넉넉하게 해줄 수 있습니다. 예의와 음
악 같은 것은 군자를 기다리겠습니다.”

“적아, 너는 어떻게 하겠느냐?”

“아직 잘한다고 할 수 없으니, 더 배우고 싶습니다. 종묘의 일
이나 제후들이 회동할 때, 예복 입고 관을 쓰고 작은 도움을

주고 싶습니다."

"점아, 너는 어떻게 하겠느냐?"

거문고 타는 소리가 가늘어지더니 쿵 하는 소리와 함께 거문고를 제치고 몸을 곧추세우며 대답하였다.

"저 세 사람이 가진 생각과는 다릅니다."

"뭐 나쁠 게 있겠느냐? 그저 다들 제 뜻을 말할 뿐이지."

"늦봄에 봄옷이 다 지어지면 갓 쓴 젊은이 대여섯 명과 동자 예닐곱 명을 데리고 기수에서 목욕하고 무우에서 바람을 쐬다가 시를 읊조리면서 돌아오겠습니다."

스승께서는 "허어!" 하고 감탄하며 말씀하셨다.

"나는 점과 함께하겠다!"

세 사람이 나가고 증석이 뒤에 남아 있었다. 증석이 여쭈었다.

"저 세 사람의 말은 어떠합니까?"

"그저 다들 제 뜻을 말했을 뿐이지."

"스승께서는 어찌하여 유의 말에 웃으셨습니까?"

"나라는 예의로써 다스리는데, 그 말에 자신을 낮추는 맛이 없었다. 그래서 웃었다."

"구가 말한 것은 나라를 다스리는 게 아닌지요?"

"사방 육칠십 리나 오륙십 리라고 해서 어찌 나라를 다스리는 게 아니라고 볼 수 있겠느냐?"

"적이 말한 것은 나라를 다스리는 게 아닌지요?"

"종묘의 일과 제후들의 회동이 제후의 나랏일이 아니라면 무엇이겠느냐? 적이 그 일을 작다고 여기는데, 누가 그것을 크다고 여기겠느냐?"

注釋 증석(曾晳)은 이름이 점(點)이고, 석은 그의 자이다. 증삼의 아버지이며, 공자의 제자이다. 무오이(毋吾以)는 "나이로써 또는 나이를

가지고 나를 대하지 말라"는 뜻이다. 거(居)는 큰 변화 없이 지내는 일상이다. 불오지(不吾知)는 "나의 능력을 알아보지 못하고 써주지 않는다"는 뜻이다. 솔이(率爾)는 생각을 해서 억지로 꾸며대는 일이 없이 수수한 것, 그래서 거친 맛도 조금 있는 것이다. 섭호(攝乎)는 ~에 끼어 있다는 뜻이다. 가(加)는 치다, 공격하다는 뜻이다. 사려(師旅)는 군사, 군대를 뜻한다. 기근(饑饉)에서 기는 오곡이 여물지 않은 것, 근은 채소가 잘 되지 못한 것으로, 그리하여 굶주리는 일을 뜻한다. 비(比)는 급(及)과 같이, 미치다, 이르다는 뜻이다. 지방(知方)은 "떳떳한 길을 알게 해준다"는 뜻이다. 신(哂)은 빙그레 웃는 것이다. 사(俟)는 기다리다, 바라다는 뜻이다. 단장보(端章甫)에서 단은 고대의 예복 이름이고, 장보는 관(冠)의 이름이다. 소상(小相)은 예법을 행할 때 도와주는 사람이다. 여기서는 작은 도움을 주는 사람을 뜻한다. 희(希)는 드물다, 성기다는 뜻이다. 갱(鏗)은 쇠나 돌처럼 딱딱한 것이 울리는 소리이다. 여기서는 거문고를 내려놓는 소리이다. 사(舍)는 놓다, 내버리다는 뜻이다. 작(作)은 몸을 곧게 세우는 것이다. 찬(撰)은 건둥하게 기록하다, 가지다는 뜻으로, 여기서는 지은 생각을 가리킨다. 모(莫)는 모(暮)와 같이, 해질 무렵을 뜻한다. 관자(冠者)는 스물이 막 지난 젊은이이다. 욕(浴)은 몸을 씻는 것이다. 목(沐)은 머리를 감는 것이다. 기(沂)는 물이름으로, 산동성 추현(鄒縣) 동북에서 발원하여 서쪽 곡부(曲阜)를 거쳐 사수(泗水)로 들어가는 강이다. 무우(舞雩)는 기수가 북쪽으로 마주한 직문(稷門)으로, 일명 우문(雩門)이라고도 한다. 지금의 곡부현 남쪽이다. 위연(喟然)은 속 깊은 데서 절로 나오는 감탄의 소리이다. 탄(嘆)은 놀라며 내지르는 소리이다. 유(唯)는 발어사로 뜻은 없다. 방(邦)은 제후에게 준 영지이므로, 작은 나라이다. 그런데 사방 6, 70리나 5, 60리 정도 되는 땅을 다스리는 일은 제후의 나라를 다스리는 일로 보기 어렵지 않으냐는 뜻으로 "비방야여(非邦也與?)"라고 물은 것이다. 위지소(爲之小)는 "그 일을 작게 여기다"는 뜻이다. 마지막에 증석과 공자가 주고받은 말은 문맥을 잘 잡아야 한다. 어떻게 푸느냐에 따라 증석의 능력을 가늠할 수 있다.

蛇足　위의 문답을 통해서 여러 제자들의 능력과 자각의 정도, 의중 등을 읽을 수 있다. 모두들 자신들이 어떠한 능력을 갖고 있으며 어떻게 할 것인지를 잘 알고 있다. 문제는 온전하게 어짊의 경지에 이르지 못했기 때문에 제 뜻을 다 펴지 못할 수도 있다는 것이다. 자로의 말에 공자가 웃은 것은 자로를 무시해서가 아니다. 또 자로가 해내지도 못할 일을 말했기 때문도 아니다. 자로는 그 일을 할 수 있다. 그러나 끄트머리에서 공자가 말한 것처럼 "자신을 낮추는 맛이 없어서" 그게 화를 부를 수도 있다는 것이다. 다른 제자들도 자신들의 능력을 잘 알고 거기에 맞는 일을 하려고 하였다. 이에 대해서 공자는 결코 부정하지 않았다. 다들 그 정도의 능력은 있었기 때문이다. 그런데 증석은 전혀 다른 대답을 하였고, 공자는 감탄하며 그런 증석과 함께하겠다고 하였다. 왜 그랬을까?

공자는 증석을 높이 평가했는가? 나는 그렇게 생각하지 않는다. 다만 증석은 그 자신이 벼슬에 나아가서 나랏일을 감당하면서 무사하리라는 장담을 하지 못했기 때문이다. 말하자면, 지금 자신의 능력으로는 나아가고 물러남을 때맞게 하기도 어렵거니와, 자칫 벼슬살이에서 영금을 볼 수도 있다는 것을 잘 알고 있었다. 한마디로 말하자면, 몸을 사린 것이다. (증삼이 효행으로 알려졌지만, 기실 알고 보면 제 몸을 건사하는 데 아주 신경을 썼다. 어쩌면 부친인 증석의 영향 탓일지도 모른다.) 물론 이에는 도가 행해지지 않고 있는 시대라는 것도 작용했을 것이다. 그러나 증석은 결코 장자와 같이 유유자적하는 인물이 아니며, 탁월한 능력을 지닌 어진 자라고 단언할 수 있는 인물도 아니다. 공자는 공연히 정치판에 나섰다가 영금을 보지 않는 게 현명한 처신임을 인정한 것이다. 이는 누구보다도 공자가 잘 안다. 그러나 공자가 누구인가? '상갓집

개'가 아닌가? 그것은 결코 천하를 내버려두지 않았다는 말이다.

만약 증석이 빼어난 인물이었다면, 끄트머리에서 공자에게 굳이 물음을 던지지 않았을 것이다. 증석은 자신을 돌아볼 줄은 알았으나, 도반들의 대답이 갖는 의미에 대해서는 잘 몰랐던 게 분명하다. 전차 천대의 나라가 아닌 사방 육칠십 리 되는 땅을 다스리거나 종묘의 일 따위는 나라 다스리는 일인지 아닌지, 정치와 얼마나 긴밀하게 연관되는지 따위를 명료하게 깨닫지 못했던 것이다. 그러나 그 모든 것이 나랏일이요, 천하를 다스리는 일 가운데 하나인데, 어찌 이를 모르는가?

또 5-8에서 볼 수 있듯이 공서화는 조정에서 갖추어야 할 예법을 잘 알았던 인물인데, 그런 그가 자신의 일을 '작은 것'으로 여긴다면 예법을 모르는 자들은 더욱더 그렇게 여길 것이 분명하다. 예법은 그 형식보다 거기에 담긴 의미가 매우 중요하고, 정치에서도 그것을 긴요하게 여기고 써야 한다는 것이 공자의 일관된 생각이다. 공서화도 그것을 잘 알았기 때문에 공부를 더 하고 싶다고 말했던 것이다. 그러나 그가 하고자 했던 일은 결코 작은 일이 아니었고, 작게 여기지도 않았다. 그저 겸손한 발언으로 보는 것이 타당하다.

12편

안연 (顔淵)

12-1

顔淵問仁, 子曰: "克己復禮爲仁. 一日克己復禮, 天下歸仁焉. 爲仁由己, 而由人乎哉?" 顔淵曰: "請問其目." 子曰: "非禮勿視, 非禮勿聽, 非禮勿言, 非禮勿動." 顔淵曰: "回雖不敏, 請事斯語矣."

> 안연이 어짊에 대해 여쭈니, 스승께서 말씀하셨다.
> "나를 이기고 예의를 되살리는 것이 어짊이다. 하루라도 나를 이기고 예의를 되살린다면, 천하 사람들도 어짊으로 돌아간다. 어짊이란 나에게서 말미암지, 남에게서 말미암겠느냐?"
> "자세한 것을 여쭙겠습니다."
> "예의가 아니면 보지 말고, 예의가 아니면 듣지 말고, 예의가 아니면 말하지 말고, 예의가 아니면 움직이지 말라."
> "제가 비록 재바르지는 못하지만, 그 말씀을 늘 일삼겠습니다."

注釋 극기(克己)는 나의 사사로움, 부질없는 욕망을 누른다는 뜻이다. 복(復)은 본래대로 돌아가다는 뜻이다. 귀인(歸仁)은 어질게 되려고 한다는 뜻과 함께, 어진 사람에게 마음을 둔다, 어진 사람에게로 간다는 뜻도 아울러 담고 있다. 유(由)는 말미암다, 비롯되다는 뜻이다. 시(視)는 자세히 보다는 뜻이고, 청(聽)은 자세히 듣다는 뜻이다.

蛇足 '나'에게는 이치를 따르려는 참나도 있고, 사사로운 욕심을 채우려는 거짓나도 있다. 삶이 고단한 것은 바로 이 참나와 거짓나가 끊임없이 다투기 때문이다. 참나를 찾으려는 나도 나이고, 거짓나에 휘둘리는 나도 나이다. 참나를 찾으려는 사람이 군자이고, 거짓나에 휘둘리는 사람이 소인이다. 나를 이긴다는 것은 바로 참나를 찾아서 참나를 내 속에 오롯이 들여앉히려는 적극적인 행위이다. 예의를 되살린다

는 것은 그런 참나로써 세상 사람들과 어우러지는 것이다. 사람들과의 끊임없는 관계 속에서 무슨 마음을 먹든, 무슨 말을 하든, 무슨 행동을 하든 어그러짐이 없는 것, 그래서 남에게도 참나를 엿볼 기회를 주는 것, 함께 어우러져서 사는 것이다.

　나를 이기지 않고서는 예의를 되살릴 수 없다. 나를 이기고 예의를 되살리는 것 모두 일상에서 이루어지는 일이다. 나의 일상이든 모듬살이 속의 일상이든 모두 일상이다. 일상에서 벗어나서 이루어지는 것은 아무 것도 없다. 정치 또한 바로 그 일상에서 시작되고 끝난다. 다시 말하면, 이치대로 나의 삶을 꾸려가는 것이 어짊이고 어짊으로써 남과 어우러지는 것이 정치이다.

12-2

仲弓問仁, 子曰: "出門如見大賓, 使民如承大祭. 己所不欲, 勿施於人. 在邦無怨, 在家無怨." 仲弓曰: "雍雖不敏, 請事斯語矣."

　중궁이 어짊에 대해 여쭤자, 스승께서 말씀하셨다.
　"문을 나서서는 큰 손님을 뵙는 듯이 하고, 백성을 부릴 때는 큰 제사를 지내는 것처럼 하라. 내가 하고 싶지 않은 것을 남에게 시키지 마라. 나랏일에서도 틀어진 사람이 없게 하고, 집안에서도 틀어진 사람이 없게 하라."
　"제가 비록 재바르지는 못하지만, 그 말씀을 늘 일삼겠습니다."

注釋　빈(賓)은 재물을 써서 잘 대접해야 할 귀한 손님이다. 대제(大祭)는 나라에서 지내는 큰 제사를 가리킨다. 원(怨)은 마음이 비틀어져서 나와 사이가 멀어진 사람을 뜻한다. 재방(在邦)을 제후의 나라에서

벼슬하는 것, 재가(在家)를 경대부의 집안에서 벼슬하는 것을 뜻한다고
도 하는데, 여기서는 나라에서 벼슬하는 일과 집안을 다스리는 일을 각
기 가리키는 것으로 보았다.

蛇足　5-5를 보면 중궁은 이미 공부가 깊었고, 6-1에서 보았듯이
임금의 자리에도 앉을 수 있는 인물이었다. 중궁은 어짊에 대해 물었
고, 공자는 중궁에게 벼슬길에 나아가서 어떻게 해야 하는지에 대해 말
해주고 있다. 무언가 물음과 대답이 맞지 않다고 여겨지는가? 아니다.
어짊은 마땅히 갖추어야 할 보편적인 덕목이고, 구체적인 일상에서 다
양하게 쓰인다. 공자는 중궁의 자질과 그가 할 일에 비추어서 어짊에
대해 말해주었을 뿐이다.

　만나는 모든 사람을 고귀한 손님처럼 대할 것, 백성을 지고한 신을
받드는 마음으로 부릴 것, 내 마음과 남의 마음이 다르지 않다는 것을
잊지 말 것, 벼슬살이나 집안 꾸리기는 다르지 않다는 것을 알 것, 이
모두 지극한 마음을 한결같이 지니는 일일 뿐이다. 지극하고 한결같은
마음, 그것이 곧 어짊이다. 정치라는 게 따로 있지 않으니, 그런 마음으
로 생각하고 말하고 행동하는 것 자체가 정치이다. 다만 그 사람의 지
위에 따라서 만나는 사람이 다르고 할 일이 다르며 행동반경이 달라지
는 것뿐이다. 그 모든 것이 결국은 일상에 지나지 않는다. 선비는 어디
서 무얼 하든 그것이 그대로 정치라는 말이다. 벼슬의 유무에 따라 하
는 일이 좀 달라진다는 것 밖에 또 무엇이 있겠는가?

12-3

司馬牛問仁, 子曰: "仁者, 其言也訒." 曰: "其言也訒, 斯謂之仁
矣乎?" 子曰: "爲之難, 言之得無訒乎?"

사마우가 어짊에 대해 여쭈니, 스승께서 말씀하셨다.

"어진 자는 그 말이 자분자분하다."

"그 말이 자분자분하다면, 이것만으로 어질다고 할 수 있습니까?"

"어질게 되는 것이 더 어려우니, 말이 자분자분하지 않을 수 있겠느냐?"

注釋 『사기』의 〈중니제자열전〉에 따르면, 사마우(司馬牛)는 공자의 제자인 사마경(司馬耕)으로, 자는 자우(子牛)이며, 말이 많고 성마른 사람이었다고 한다. 인(訒)은 함부로 말하지 않아서 말이 적은 것, 자분자분하게 말하는 것이다. 위지(爲之)는 어질게 되다, 어짊을 행하다는 뜻이다.

蛇足 13-25와 관련하여 풀이할 수 있다. 말을 많이 하되 알맞게 하지 못하는 사람의 물음에 대한 대답이다. 해야 할 말을 해야 할 때 알맞게 하는 것, 이것이 바르게 말하기이다. 그러나 그렇게 말하기는 결코 쉽지 않다. 단박에 알아채는 직관과 꿰뚫어 보는 통찰이 있어야만 그릇되지 않게 말한다. 그런데 그런 사람은 함부로 말하지 않는다. 참고 기다린다. 어진 자는 지혜가 있어서 섣불리 말하지 않으며, 말을 하면 자분자분하게 한다. 핵심을 꿰뚫고 있기 때문이다. 반면에 모르는 자, 어리석은 자는 함부로 말을 한다. 말을 해서는 안 될 때 말을 하고, 해서는 안 될 말을 하며, 내뱉은 말도 이치에 맞지 않는다.

실제로 어짊을 행하는 일이 얼마나 어려운지 모르는 자는 쉽게 말한다. 이르른 경지가 높거나 낮거나 간에 그 경지에 대해 쉽게 말하는 자는 그 경지를 모르는 자이다. 그 경지에 가본 적도 없는 자이다. 가본 자는 알고, 아는 자는 그 어려움과 고단함을 안다. 또 말해주어도 상대가 쉽게 이해하지 못할 것도 안다. 그러니 어찌 말을 아끼고 삼가지 않을 수 있겠는가? 아는 자이니, 또 어찌 말이 자분자분하지 않겠는가?

12-4

司馬牛問君子, 子曰:"君子不憂不懼."曰:"不憂不懼, 斯謂之
君子矣乎?"子曰:"內省不疚, 夫何憂何懼?"

> 사마우가 군자에 대해 여쭤자, 스승께서 말씀하셨다.
> "군자는 걱정하지 않고 두려워하지 않는다."
> "걱정하지 않고 두려워하지 않으면, 이것만으로 군자라 할 수
> 있습니까?"
> "안으로 살펴서 꺼림칙하지 않으면, 무엇을 걱정하고 무엇을
> 두려워하리오?"

注釋 우(憂)는 마음이 무겁다, 걱정하다는 뜻이다. 구(懼)는 무서워
하다, 두려워하다는 뜻이다. 구(疚)는 마음이 괴롭다, 꺼리다는 뜻이다.

蛇足 걱정이 없고 두려움이 없다고 해서 군자라고 단언할 수는 없
으나, 적어도 그것이 군자가 되기 위한 필요조건임은 분명하다. 올바름
에 밝은 군자가 걱정이 없고 두려움이 없다면, 그것은 부끄러움이 없다
는 뜻이다. 부끄러움이 없음은 헛된 생각을 하지 않고 허물을 짓지 않
기 때문이다.

걱정과 두려움 모두 내 마음의 문제이다. 그런 줄 모르고 걱정과 두
려움의 원인을 밖에서 찾으려고 하면, 해결될 리가 없다. 누군가 나를
비방하지 않을까, 내 말이 먹히지 않을까, 내 행동이 오해를 일으키지
않을까 등등. 그 모든 것은 나의 지레짐작일 뿐이다. 내 마음에 찐덥지
않은 게 있기 때문에 일어나는 마음이요 생각이다. 그러니 먼저 내 마

음을 살펴라. 내 마음을 먼저 살피는 자, 끊임없이 나를 돌아보는 자, 그런 자가 군자이다.

12-5

司馬牛憂曰: "人皆有兄弟, 我獨亡." 子夏曰: "商聞之矣, 死生有命, 富貴在天. 君子敬而無失, 與人恭而有禮, 四海之內皆兄弟也. 君子何患乎無兄弟也?"

사마우가 걱정스레 말하였다.
"사람들은 모두 형제가 있는데, 나만 없소."
자하가 말하였다.
"내가 들으니, 죽고 사는 일에는 운수가 있고, 가멸고 높아지는 일은 하늘에 달렸다고 하오. 군자가 지극히 삼가서 잃음이 없고 사람들과 함께하면서 얌전하여 예의가 있으면, 사해 안의 사람들이 모두 내 형제요. 군자가 어찌 형제가 없음을 걱정하겠소?"

注釋　망(亡)은 무(無)와 같다. 상(商)은 자하의 이름이다. 명(命)은 하늘로부터 받은 명령, 운수를 뜻한다. 천(天)은 인격적인 하늘로서, 만물의 주재자 또는 상제와 같은 의미로 쓰였다.

蛇足　사마우는 생각이 많은 자인 듯하다. 실천적인 공부보다는 관념적인 이해에 치우친 학인이 아닐까 여겨진다. 몰라서 묻는 것은 좋으나, 생각이 너무 많다. 생각이 많으면, 실상에서 멀어진다. 실상에서 멀어질수록 마음은 조급해진다. 조급해지면, 두려워진다. 그 두려움은 쉽게 떨쳐낼 수 있는 게 아니다. 본래 없는 것을 스스로 만들어내어 자신

을 옭아맸으니, 있어도 없는 감옥이요 없어도 있는 감옥이다. 이 감옥에서 그를 꺼내줄 자 누구인가?

생각이 많으면, 소박한 진리를 놓친다. 본래 진리는 생각으로 다가가거나 알 수 있는 세계가 아니다. 그저 일상에서 하는 그 흔한 경험을 통해 깊이 느껴야 알 수 있는 것이다. 생각은 오히려 장애가 될 뿐이다. 사마우는 그 점을 미처 몰랐다. 과연 공자가 한 말이나 자하가 한 말을 알아들었을까?

그런데 자하는 말이 많다. "죽고 사는 일에는 운수가 있고, 가멸고 높아지는 일은 하늘에 달렸다"는 말은 굳이 하지 않아도 된다. 사마우가 물음을 던진 상황과 관련이 있을지 모르겠으나, 그걸 감안하더라도 매끄럽지 못하다. 게다가 군자가 지극히 삼가서 잃음이 없다니. 무엇을 잃으며 무엇을 잃지 않는다는 말인가? 또 남들과 함께하면서 얌전하면 그게 바로 예의이지, 또 다른 예의가 있는가? 그저 "군자가 지극히 삼가고 얌전하면 사해 안의 사람들이 모두 내 형제가 될 것이니, 무슨 걱정이리오?(君子敬而恭, 四海之內皆兄弟也, 何患乎?)"라고만 해도 남음이 있다. 자하는 1-7, 2-8, 6-12에서도 볼 수 있듯이, 아는 것은 많으나 그 고갱이를 꿰뚫지 못한 인물이다. 문학에는 뛰어났으나, 그것을 뒷받침할 만한 알맹이를 넉넉하게 갖추지 못했다.

12-6

子張問明, 子曰: "浸潤之譖, 膚受之愬, 不行焉, 可謂明也已矣. 浸潤之譖, 膚受之愬, 不行焉, 可謂遠也已矣."

자장이 밝음에 대해 여쭈니, 스승께서 말씀하셨다.
"차츰차츰 젖어드는 헐뜯음, 살갗에 와 닿는 하소연 따위가 통하지 않는다면, 밝다고 할 만하다. 차츰차츰 스며드는 헐뜯음,

살갗에 와 닿는 하소연 따위가 통하지 않는다면, 밝음이 먼 데
까지 미친다고 할 만하다."

注釋　침(浸)은 스며들다, 차츰차츰의 뜻이다. 윤(潤)은 젖다, 젖어
들다는 뜻이다. 참(譖)은 판단을 흐리게 해서 그릇된 쪽으로 이끌려고
헐뜯는 말, 속이는 말, 거짓말이다. 부(膚)는 살갗이다. 소(愬)는 제 딱한
사정을 드러내는 것이다. 원(遠)은 멀리까지 미치다는 뜻이다.

蛇足　귀를 자극하는 헐뜯음보다 은근하게 다가오는 거짓소리가
더 무섭고, 귀청을 울리는 하소연보다 살갗으로 전해오는 절절한 사연
을 뿌리치기가 더 어렵다. 가랑비에 옷 젖는 줄 모른다고 했던가. 그러
나 사리에 밝은 자는 흔들림이 없다. 사리에 밝은 자는 보이지 않고 들
리지 않는 미묘한 것의 움직임을 보고, 드러난 것보다 감추어진 것을
들여다보기 때문이다. 그래서 나지막한 헐뜯음에 더 섬뜩한 의도가 숨
어 있고, 절절한 하소연에 사사로움이 깔려 있다는 것을 알아챈다.

　헐뜯음과 이치에 닿지 않는 하소연을 잠깐이나마 용인하게 되면, 훗
날에 반드시 큰 재앙이 된다. 한때 이치에 벗어난 일이 결국은 부메랑
이 되어서 되돌아와 오래도록 우리 모두를 괴롭힌다. 세상사 이치가 그
렇다. 그런 이치를 잘 아는 것이 밝음이다. 밝음은 깊게 보고 멀리 내다
보는 힘이다.

12-7

子貢問政, 子曰: "足食, 足兵, 民信之矣." 子貢曰: "必不得已而
去, 於斯三者何先?" 曰: "去兵." 子貢曰: "必不得已而去, 於斯
二者何先?" 曰: "去食. 自古皆有死. 民無信不立."

자공이 정치에 대해 여쭈니, 스승께서 말씀하셨다.

"먹을거리가 넉넉하고 병력과 무기가 넉넉하고 백성들이 믿는 것이다."

"어쩔 수 없이 꼭 버려야 한다면, 세 가지 가운데서 무엇을 먼저 버릴까요?"

"병력과 무기를 버려라."

"어쩔 수 없이 꼭 버려야 한다면, 두 가지 가운데서 무엇을 먼저 버릴까요?"

"먹을거리를 버려라. 옛날부터 모든 사람은 죽었다. 그러나 백성들에게 믿음이 없으면 그 나라는 바로 서지 못한다."

注釋 병(兵)은 군사들과 병장기를 아울러 가리킨다. 필(必)은 반드시, 꼭의 뜻이다. 립(立)은 나라가 바로 서다, 정치가 이루어지다는 속뜻을 담고 있다.

蛇足 자공은 참 물을 줄을 아는구나!

여기서 정치는 나라를 다스리는 일을 뜻한다. 공자는 나라를 다스리는 일에서 중요한 세 가지로 경제와 군사력, 그리고 백성들의 믿음을 들었다. 이 가운데서 가장 중요한 것이 백성들의 믿음이라 하였다. 왜 그런가? 먹을거리가 없어도 되고 군대나 무기가 없어도 된다는 말인가? 아니다. 공자는 '족(足)'이라는 말을 썼다. 넉넉하게 해준다는 뜻이다. 이는 곧 최소한은 갖추고 있다는 것을 전제로 한다는 말이다. 먹고사는 데 필요한 최소한이 갖추어지더라도 백성들은 더욱 풍족해지기를 바란다. 그런데 백성들이란 예나 이제나 깊게 생각하고 넓게 두루 살피고 멀리 내다보는 데에는 젬병이다. 그래서 당장 눈에 보이는 것들, 재물이 늘어나고 군사력이 강성해지는 것을 중시한다. 그러나 나라를 다스리는 자는 백성들이 서로 믿는 것이 얼마나 중요한지를 잘 알아야 한다. 먹을 것이 풍족하고 재물이 넘쳐나도 백성들 사이에 믿음이 없으면 분란이 일어나기 때문이다. 병력과 무기가 충실해도 백성들 사이에 믿음이 없으면 외침을 받기도 전에 자중지란으로 스스로 무너지기 때문이다. 중국의 역사를 보라. 왜 공자가 믿음을 중시했는지, 단번에 알 수 있으리라.

12-8

棘子成曰: "君子質而已矣, 何以文爲?" 子貢曰: "惜乎, 夫子之說君子也! 駟不及舌. 文猶質也, 質猶文也. 虎豹之鞟猶犬羊之鞟."

극자성이 물었다.
"군자는 바탕이 수수하면 되지, 무늬를 놓아서 무엇 하겠는가?"
자공이 말하였다.
"딱하도다, 선생이 군자에 대해 풀이한 게! 네 필의 말이 끄는 수레로도 선생의 혀를 따르지 못하리다. 무늬는 바탕과 같고, 바탕은 무늬와 같소. 범과 표범의 날가죽은 개나 양의 날가죽과 같소."

注釋 극자성(棘子成)은 위(衛)나라의 대부이다. 질(質)은 바탕, 있는 그대로 꾸밈이 없는 것이다. 석(惜)은 마음이 저린 것, 안타까움이다. 부자(夫子)는 고대에 대부를 일컫는 존칭이었다. 사(駟)는 네 필의 말이 끄는 수레이다. 유(猶)는 비슷하다, 같다는 뜻이다. 곽(鞟)은 짐승의 몸을 싸고 있는 가죽을 뜻한다.

蛇足 모든 일은 균형과 조화가 생명이다. 한쪽만 존재하거나 홀로

존재하는 것이 아니라면, 결국 어울림이 요체이다. 공자는 문명사회 속에서 사는 법을 가르쳐주었다. 이것이 장자와 다른 점이다. 문명을 벗어난 장자가 소요유(逍遙遊)를 말한 것은 당연했고, 문명 속에 있던 공자가 시중(時中)을 말한 것 또한 마땅했다. 시중은 상황에 알맞게 하는 것이고, 그것은 알맹이와 모양새가 서로 어우러지게 하는 일이기도 하다. 공자도 소박함, 질박함, 수수함, 간소함을 중시했지만, 그렇다고 해서 세련됨, 아름다움, 멋들어짐 따위를 하찮게 여긴 것은 아니다. 그 둘의 어울림을 강조했다. 바탕만 있고 무늬가 없으면 거칠다. 무늬만 있고 바탕이 없으면 질린다. 꾸며서도 안 되지만, 거칠어서도 안 된다. 문명 속의 사람들이 모두 성자나 군자라면 수수함만으로도 된다. 그렇지 않으니 무늬가 필요한 것이 아니겠는가? 무늬가 없으면, 사람들은 눈길을 주지 않는다. 눈길도 주지 않는데, 마음을 주겠는가? 어차피 문명을 이루고 산다면, 무늬의 가치를 알고 그 무늬에 걸맞은 바탕을 갖추도록 해야 한다. 공자는 내용 없는 형식을 경계했지, 형식이 쓸모없는 것이라고 말한 적은 없다.

12-9

哀公問於有若曰: "年饑, 用不足, 如之何?" 有若對曰: "盍徹乎?" 曰: "二, 吾猶不足, 如之何其徹也?" 對曰: "百姓足, 君孰與不足? 百姓不足, 君孰與足?"

애공이 유약에게 물었다.
"흉년이 들어 쓸 것이 넉넉하지 못한데, 어찌하면 되겠소?"
"어찌 철법을 쓰지 않으십니까?"
"십분의 이도 나에게는 넉넉하지 못한데, 어찌 철법을 쓰겠소?"
"백성들이 넉넉한데, 군주께서는 무엇을 넉넉하지 못하다 하십

니까? 백성이 넉넉하지 못한데, 군주께서는 무엇을 넉넉하다
하십니까?"

注釋   기(饑)는 오곡이 여물지 않는 것이다. 용(用)은 쓸 것, 재물 등
을 뜻한다. 합(盍)은 어찌 ~하지 않는가라는 뜻이다. 철(徹)은 주나라
때 수익의 10분의 1을 거두는 조세였다. 숙여(孰與)는 무엇을 가지고라
는 뜻이다.

蛇足   애공의 말을 통해 왜 노나라가 다시 일어서지 못하고 망했는
가를 헤아릴 수 있다. 물론 당시 대부분의 제후들이 비슷한 생각을 하
고 있었겠지만, 바로 그 때문에 춘추(春秋) 시대는 전국(戰國) 시대로
이어졌고, 결국 진(秦)나라가 통일을 이루었다. 그러나 그 진나라마저
도 망하고 한(漢)나라가 탄생하였다. 한나라에서 유교를 정치 이념으
로 채택한 까닭이 무엇이겠는가? 바로 백성을 먼저 생각하지 않고는
그 나라가 존립할 수 없다는 것을 깨달았기 때문이다. 물론 한나라도
전한과 후한으로 나눌 만큼 순탄하게 이어진 왕조는 아니었다. 그것은
겉으로만 유교 국가를 표방했을 뿐, 속 깊이 그 이념을 갈무리하지 못
했기 때문이었다. 결국 백성들의 마음을 제대로 얻어야 하고, 그러기 위
해서는 위정자들이 늘 백성들을 먼저 생각하여야만 한다. 솔선수범(率
先垂範)! 참 역설적이게도 쉽고 소박한 말일수록 쉽게 잊어먹는다.

12-10

子張問崇德辨惑. 子曰: "主忠信, 徙義, 崇德也. 愛之欲其生,
惡之欲其死. 旣欲其生, 又欲其死, 是惑也. '誠不以富, 亦祗
以異.'"

자장이 덕을 세우고 헷갈리는 것을 밝히는 일에 대해 여쭈었다. 스승께서 말씀하셨다.

"마음을 참되게 하고 말을 미쁘게 하며 올바른 행동을 하는 것이 덕을 세우는 일이다. 사랑하면 그가 살기를 바라고, 미워하면 그가 죽기를 바란다. 그런데 살기를 바라면서 또 죽기를 바라는 것, 이것이 헷갈림이다. '참으로 가멸짐 때문이 아니라 그저 다르기 때문에'라고 하였다."

注釋　숭(崇)은 높이다, 세우다는 뜻이다. 변(辨)은 나누다, 밝히다는 뜻이다. 혹(惑)은 몰라서 헷갈리는 것, 생각이 많아서 어지러운 것이다. 사(徙)는 옮기다는 뜻으로, 여기서는 행동으로 옮기다는 말맛이 있다. 지(祗)는 마침, 다만을 뜻한다. "성불이부, 역지이이(誠不以富, 亦祗以異)"는 『시경』「소아(小雅)」의 〈아행기야(我行其野)〉에 나오는 구절이다. 본래 뜻은 버림받은 여인이 자신을 버린 남자의 소행, 즉 부자가 되려고 해서가 아니라 그저 새 여자를 찾느라고 자신을 버린 데 대한 한탄이다.

蛇足　시경의 한 구절을 인용한 데 대해서는 대체로 의아하게 여긴다. 아마도 앞의 말과 딱 맞아떨어지지 않기 때문일 것이다. 그래서 잘못 끼어든 것이라고 보는 경우도 있다. 그런 점도 배제할 수는 없지만, 『논어』 편찬자가 이런 애매한 구절을 그대로 둘 때에는 나름대로 의미가 통한다고 여겼기 때문이리라. 정이천(程伊川)은 이를 착간(錯簡)이라 하였으나, 그것은 지나치게 관념적으로 해석하려고 했기 때문이다. 공자는 결코 세상사를 관념적으로 바라보지 않았고, 윤리적으로 풀어가기만 한 것도 아니다. 그저 소박한 일상 속에서 평범한 사람들이 느끼고 깨닫는 것을 적실하게 표현하고 가르쳤을 뿐이다. 이 점을 염두에 두고 풀이하면, 인용한 구절은 덕을 세우는 일과 헷갈림을 밝히는 일에

모두 연관된다.

덕을 세우는 일은 나를 끊임없이 바꾸어가는 일이고, 이는 곧 나를 새롭게 하는 일이다. 탕(湯) 임금이 세숫대야에 새겨두었다는 "날로 새롭고 날마다 새로우며 또 날로 새롭도다(日新, 日日新, 又日新)"라는 말이 그것이다. 나를 새롭게 하는 것이 관건이요 요체이다. 세상은 늘 변하고 끊임없이 새로워지고 있다. 그러나 내가 낡은 채로 있다면, 그 새로움을 느낄 수도 알 수도 없다. 내가 새로워지지 않으면서 세상이 달라지지 않고 나아지지 않고 새로워지지 않는다고들 말한다. 오로지 세상을 바라보며 세상을 바꾸려고만 한다. 정작 바꾸고 새로워져야 할 대상이 바로 자신인 줄을 모르니, 그것이 헷갈림이요 헤매는 짓이다. 남자가 여인을 대함에 있어서도 마찬가지이다. 한 여인을 사랑하기도 하고 미워하기도 한다. 사랑할 때는 이 세상을 다 줄 것처럼 하다가도 미움이 일어나면 죽었으면 하고 바란다. 어찌 똑같은 여인에 대해 이리도 다른 마음이 일어나는가? 사랑도 미움도 결국 상대인 여인에게서 비롯되는 것이 아니라, 바로 내 마음의 변덕에서 비롯된 것임을 모르기 때문이다. 바로 그것이 갈피를 잡지 못하고 헤매는 마음이요 헷갈림이다. 바로 이것과 『시경』의 구절은 어떤 관계에 있는가?

내가 덕을 갖추면 덕이 있는 여인을 만나게 된다. 내가 새로워지면, 어떤 여인이라도 새롭게 느껴지고 늘 만나는 여인조차 늘 새롭게 느껴진다. 그러나 내게 덕이 없다면, 덕 있는 여인은 나를 만나려 하지 않는다. 내가 새롭지 않으면, 새로 만난 여인도 금세 따분한 여인이 된다. 새로움을 찾느라고 새 여인을 끊임없이 찾지만, 모두 허사이다. 새로움은 맞닥뜨리는 순간 이미 새로움이 아니기 때문이다. 도대체 새로움이 무엇인지도 모르면서 새로움을 구하니, 이것이야말로 헷갈림이요 헤맴이다. 내가 새로운 남자가 되지 못하는데, 어떤 여인인들 나에게서 새로워지겠는가? 이것이 덕이 없고 어리석어서 헤매는 것이다.

12-11 ————————————————————————————————————

齊景公問政於孔子. 孔子對曰: "君君, 臣臣, 父父, 子子." 公曰: "善哉! 信如君不君, 臣不臣, 父不父, 子不子, 雖有粟, 吾得而食諸?"

　　제나라 경공이 공 스승께 정치에 대해 물었다. 공 스승께서 대답하셨다.

　　"임금은 임금답고, 신하는 신하답고, 아비는 아비답고, 자식은 자식다운 것이오."

　　"훌륭하오! 진실로 임금이 임금답지 않고, 신하가 신하답지 않고, 아비가 아비답지 않고, 자식이 자식답지 않으면, 곡식이 있더라도 내가 먹을 수나 있겠소?"

　　蛇足　　아무리 작은 일에서도 제 몫의 일을 다해야 하는데, 하물며 나랏일을 맡은 사람이 그 일을 제대로 하지 못한다면 이는 더없이 큰 직무유기이다. 직무유기를 일삼는 사람을 누가 믿겠는가? 그런 사람을 누가 그 자리에 오래 두려고 하겠는가? 신하는 임금이 내칠 것이요, 임금은 백성이 내칠 것이다. 제 할 일을 다하는 자, 그런 자는 걱정이 없고 두려움이 없다. 걱정이 없고 두려움이 없는 자는 군자이다. 그런 군자가 정치를 해야 한다. 군자(君者)는 군자(君子)여야 한다!

12-12 ————————————————————————————————————

子曰: "片言可以折獄者, 其由也與!" 子路無宿諾.

　　스승께서 말씀하셨다.

　　"몇 마디 말만 듣고도 옥사를 처리할 수 있는 자, 그건 유일 것이다!"

자로는 대답하는 데 망설임이 없었다.

注釋 편언(片言)은 전부가 아닌 일부의 말, 부분적인 말이다. 절(折)은 분명하게 가르는 것, 치우침 없이 처리하는 것이다. 숙(宿)은 묵히다, 망설이다는 뜻이다. 낙(諾)은 대답하다는 뜻이다.

蛇足 공자는 자로의 평소 언행을 통해 그가 옥사를 맡으면 어찌 처리할지를 알게 되었다. 어느 때에나 그렇지만, 세상을 떠들썩하게 하는 옥사가 있기 마련이다. 아마도 공자 당시에도 그런 옥사가 있었고, 쉽사리 판결을 내리지 못하고 오래 질질 끌고 있었는지도 모른다. 그런 때에 공자가 그런 옥사는 자로 같으면 오래 끌지 않고 단박에 처결할 수 있었을 것이라는 투로 말한 것으로 볼 수 있다. 다만 이것이 자로의 능력을 인정한다는 뜻에서 한 말인지, 아니면 은근히 꾸짖으며 하는 말인지에 대해서는 해석자들마나 견해가 다르다. 그러나 『논어』 곳곳에서 보이는 자로의 언행과 이어지는 12-13을 감안하면, 자로를 꾸짖는 것으로 보기는 어렵다.

자로는 우직하고 질직한 사람이다. 쉼 없이 공부를 하는 사람이었으므로 어느 정도 지혜도 지녔다고 할 수 있다. 그렇다면 말하는 이의 참과 거짓을 알아채는 데에 그리 많은 시간이 걸리지 않는다. 생각이 많고 관념적으로 이해하는 사람은 사물을 즉각적으로 판단하지 못한다. 이리저리 헤아리고 따져서 겨우 판단을 내린다. 문제는 그런 판단이 오히려 부정확한 경우가 많다는 사실이다. 말이든 행동이든 단박에 알아차려야 한다. 그것은 직관이다. 직관은 편견이나 선입견이 없이 전체를 한눈에 보는 것이다. 그런 직관은 자로같이 경험을 통해 공부하고 되돌아보면서 한 걸음 한 걸음 나아가는 사람, 어리석어 보일 정도로 곧고 굳센 사람이 잘 지닐 수 있다. 송사(訟事)라는 것은 어차피 이익과 손해가 걸린 문제이다. 그렇다면 어느 한쪽이나 양쪽이 자기 입장에서 치우친 말을 할 수밖에 없다. 그런 치우친 말을 듣고도 치우치지 않고 판결할 수 있는 자, 숨겨진 잘잘못을 집어낼 수 있는 자, 그런 자는 공명정대한 마음을 지닌 자라야 한다. 자로 같은 이가 아니면 누구이겠는가?

12-13

子曰: "聽訟, 吾猶人也. 必也, 使無訟乎!"

스승께서 말씀하셨다.
"송사를 듣고 처리하는 것은 나도 남들과 같다. 그러나 반드시 하기로 한다면, 송사가 없도록 할 것이다!"

注釋　청(聽)은 똑바로 듣다, 귀를 쫑긋 세우고 듣다는 뜻이다. 들리는 것을 듣는 문(聞)과는 다르다. 송(訟)은 공공의 장소에서 시비곡직을 가리다, 다스려서 바로잡다는 뜻이다. 필(必)은 반드시, 오로지의 뜻이다.

蛇足　똑같은 일을 하면서도 누구는 쉽게 하고 누구는 어렵게 한다. 그 까닭은 어디에 있는가? 알고서 하면 쉽고, 모르고서 하면 어렵다. 지혜로운 자는 아는 것을 하고, 어리석은 자는 모르는 것을 하려고 애쓴다. 어렵고 힘들고 괴로운 것은 결국 내가 무지하기 때문이다. 뛰어난 판관은 제기된 송사의 본질을 잘 파악해서 적절하게 판결을 내린다. 그러나 이는 때늦은 일이다. 참으로 지혜로운 자는 아예 그런 송사가 일어나지 않게 한다.
　이런 이야기가 전한다. 중국 고대의 뛰어난 의원인 편작에게 위나라 군주가 물었다.

"그대의 세 형제는 모두 의술이 뛰어난데, 그 가운데 누가 가장 뛰어나오?"

"큰 형님이 으뜸이고, 둘째 형님이 버금이며, 제가 가장 뒤집니다."

"그런데 어찌하여 선생이 가장 유명하오?"

"큰 형님은 환자가 아픔을 느끼기 전에 낯빛을 보고 병이 있을 것을 알아채고, 병이 나기도 전에 병의 원인을 없애줍니다. 그러나 환자는 큰 형님이 병을 미리 없애주었다는 것을 모릅니다. 그래서 큰 형님은 알려지지 못했습니다. 둘째 형님은 환자의 병세가 약할 때 그 병을 알아차리고 치료해줍니다. 환자는 둘째 형님이 자신의 병이 커지기 전에 낫게 해주었다는 것을 잘 모릅니다. 저는 환자의 병이 커지고 고통이 심해져서야 비로소 병을 알아냅니다. 병이 심하기 때문에 맥을 짚어 보고, 진기한 약도 먹이고, 살을 도려내는 수술까지 합니다. 사람들은 저의 이런 치료를 보고서 자신의 병이 나았기 때문에 제가 명의라고 여겼습니다."

12-14

子張問政, 子曰: "居之無倦, 行之以忠."

자장이 정치에 대해 여쭈자, 스승께서 말씀하셨다.

"일이 없을 때 게으르지 않고, 일을 할 때는 참된 마음으로 하는 것."

注釋 거(居)는 별일이 없는 평범한 일상을 뜻한다. 권(倦)은 고달프다, 싫증나다, 게으르다는 뜻이다. 행(行)은 거(居)와 짝이 되어, 무언가 할 일이 있어서 하는 것이다. 지(之)는 이(而)와 같다. 말에 가락을 더해줄 뿐이다. 이를 정치 또는 벼슬로 보고 해석하는 경우도 있는데, 굳이

그렇게 볼 필요는 없다. 오히려 문맥이 매끄럽지 못하게 된다. 벼슬에 있을 때와 그 벼슬에서 행할 때가 무슨 차이가 있는가? 또 정치를 그저 마음에 두고 있을 때와 정치를 행할 때라고 하는 것도 어색하기 짝이 없다. 이는 모두 정치를 벼슬에서 하는 것으로만 보았기 때문에 저지른 잘못이다.

蛇足 자장은 2-18에서 볼 수 있듯이 늘 벼슬살이에 관심을 두고서 공부를 하고 있었던 인물이다. 그러니 일상에서 공부를 세심하고 빈틈없이 하지 않았을 것이다. 그런 자장에게 공자는 가장 적절한 말을 해 주었다.

공자가 한 말은 그대로 '일상의 정치'에 대한 것이다. 일상에서 일이 없으면 대개 하릴없이 빈둥거리다가 따분해하고 지루하게 여기다가 괜스레 싫증을 낸다. 그러다 보면 게으름이 슬며시 고개를 쳐든다. 그 게으름을 재빨리 알아채지 못하면, 결국 무기력해진다. 무기력해진 자는 일이 없어서 그렇다고 구실을 대면서 "일이 생기면, 정말 잘 해낸다"고 장담한다. 그러나 막상 일이 생기면, 굼뜨게 움직이고 마지못해 한다. 이미 게으름이 그 마음을 잡고 있기 때문이다. 게으름이 그 마음을 잡고 있으니, 참된 마음이 일어날 틈이 없다. 그래서 "늘 깨어 있으라!"고 말하는 것이다. 잠깐의 느슨함이 영원한 나락으로 떨어지게 만들 수 있다.

정치를 할 자리가 따로 있는 게 아니고, 정치라고 할 일도 따로 있지 않다. 내가 있는 자리가 곧 정치하는 자리이고, 내가 하는 일이 모두 정치이다. 정해진 게 있는 것이 아니다. 먹고 자고 눕고 다니고 얘기하는 모든 행위가 곧 정치이다. 말하자면, 일상이 정치하는 자리요, 일상에서 하는 모든 일이 정치이다. 그래서 언제 어디서나 쉼 없이 지극함을 다 해야 한다.

12-15 ——————————————— ——————————————————

子曰: "博學於文, 約之以禮, 亦可以弗畔矣夫!"

스승께서 말씀하셨다.
"널리 문화를 배우고 예의로써 잡도리하면, 이치에서 벗어나지
않을 수 있으리라!"

注釋 6-26에도 같은 말이 나온다.

12-16 ——————————————— ——————————————————

子曰: "君子成人之美, 不成人之惡. 小人反是."

스승께서 말씀하셨다.
"군자는 다른 사람의 좋은 점은 되게 하고, 나쁜 점은 안 되게
한다. 소인은 거꾸로 한다."

蛇足 사람마다 좋은 점과 나쁜 점이 있다. 군자는 좋은 점은 더욱
좋게 살리면서 나쁜 점을 고치고 바로잡으려고 애쓰는 사람이다. 그러
기 위해서 바로 배우고 올바로 행하려고 지극함을 다한다. 남을 대해서
도 마찬가지이다. 자신에게 한 그대로 남에게도 하는 것, 이것이 참된
마음이고 똑같이 여기는 마음이기 때문이다. 그러나 소인은 그렇게 하
지 않는다. 자신의 좋은 점은 어떻게든 알리려 하지만, 나쁜 점은 숨기
려 한다. 그것이 이롭다고 여기기 때문이다. 이로움에 밝고 자신의 이
로움만 찾는 사람이 소인이니, 남에게 있는 좋은 점은 어떻게든 흠집을
내려고 하고 남의 나쁜 점은 더욱더 드러내려고 애쓴다. 소인은 자신의
이익을 위해서는 기꺼이 물귀신이 되는 사람이다. 그렇게 하는 것이 엄

연한 현실이고 모듬살이의 속성이라며 또 갖은소리를 다 늘어놓는다. 무서운 것은 그런 게 세상에서 통하고 있다는 사실이다. 아!

12-17

季康子問政於孔子. 孔子對曰: "政者, 正也. 子帥以正, 孰敢 不正?"

계강자가 공 스승께 정치에 대해 물었다. 공 스승께서 대답하 셨다.
"정치란 바른 것이오. 그대가 앞서서 바르게 한다면, 누가 감히 바르게 하지 않겠소?"

注釋　솔(帥)은 솔(率)과 같다. 거느리다, 이끌다는 뜻이다.

蛇足　공자에게 정치는 곧 예의의 실현이다. 예의가 윗사람이 먼저 갖추는 것이라면, 정치 또한 윗사람이 자신을 먼저 바르게 하는 데서 시작된다. 윗사람이 바르면 그에게서 나오는 모든 명령은 권위를 갖게 된다. 그런 권위는 아랫사람들과 백성들로 하여금 믿음을 갖게 해서 스 스로 따르게 만든다. 윗사람이 바르지 못하고 아랫사람이 사사로움에 치우치고 백성들이 믿지 않는다면, 정치를 한다고 한들 그게 정치이겠 는가?

12-18

季康子患盜, 問於孔子. 孔子對曰: "苟子之不欲, 雖賞之, 不竊."

계강자가 도둑들이 걱정거리가 되어서 공 스승께 물었다. 공 스승께서 대답하셨다.
"진실로 그대가 게걸이 들지 않는다면, 비록 상을 준다고 해도 훔치지 않소."

注釋 도(盜)는 남의 것을 훔치는 것, 분수에 넘치게 바라고 얻으려는 것을 뜻한다. 욕(欲)은 몹시 바라는 것으로, 게걸들다, 게걸들리다는 뜻이다. 상(賞)은 잘한 일을 기리어서 주는 것이다. 절(竊)은 몰래, 몰래 가져가다는 뜻이다.

蛇足 윗물이 맑아야 아랫물이 맑다. 윗사람이 게걸스레 구는데, 아랫사람인들 그렇게 하지 않겠는가? 게걸스레 먹는 자는 흘리게 마련이고, 가장 가까이 있는 자가 흘린 것을 맛본다. 흘린 것을 맛보다 보면, 역시 게걸이 들게 된다. 위와 아래에서 게걸이 들면, 과연 누가 괴롭겠는가? 위와 아래에서 게걸이 들면, 거두는 구실만으로는 만족하지 않는다. 빼앗아야 직성이 풀린다. 서로 빼앗기로 한다면, 누가 가장 괴롭겠는가? 단 한 사람의 게걸이 모든 백성들을 도둑으로 내몬다. 백성들을 도둑으로 내몰고서도 제 잘못인 줄을 모르고, 겨우 한다는 게 형벌을 엄격하게 적용하는 것이다. 이야말로 엎친 데 덮치는 짓이다. 결국 백성들이 죽거나 떠나지 않는다면, 무슨 일이 일어나겠는가?
 게걸이 들지 않았더라도 다스리는 자가 제 할 일을 제대로 하지 못하는 순간, 그는 이미 도둑이다. 제 자신을 망치고 아랫사람들을 그르치고 백성들을 못살게 굴었으니, 삶을 훔친 도둑이요 이치를 속인 사기꾼이요 나라 망친 반역도이다. 그럼에도 위에서는 아래를 욕하고 아래에서는 위를 욕한다. 저희들끼리 욕한다. 백성들은 안중에도 없다. 도둑들의 두목도 도둑이요 그 졸개들도 도둑이다!

12-19

季康子問政於孔子曰: "如殺無道, 以就有道, 何如?" 孔子對曰:
"子爲政, 焉用殺? 子欲善, 而民善矣. 君子之德風, 小人之德
草. 草上之風, 必偃."

　계강자가 공 스승께 정치에 대해 물었다.
　"꺼덕친 자를 죽여서 도리로 나아가게 한다면, 어떠합니까?"
　공 스승께서 대답하셨다.
　"그대는 정치를 한다면서, 어찌 죽이려 하오? 그대가 착해지려
고 하면, 백성들도 착해지오. 군자의 덕은 바람이요 소인의 덕
은 풀이오. 풀 위에 바람이 불면, 풀은 반드시 눕소."

注釋　살(殺)은 죽이다, 없애다는 뜻이다. 무도(無道)는 말이나 행실
이 거칠고 사납고 나쁜 것, 막된 것, 꺼덕친 짓 또는 그런 것을 일삼는
사람이다. 취(就)는 나아가다는 뜻이다. 언(焉)은 어찌라는 뜻이다. 선
(善)은 착하다, 좋다, 옳게 하다는 뜻이다. 언(偃)은 쓰러지다, 눕다는
뜻이다.

蛇足　정치에서 형벌은 미봉책의 구실밖에는 하지 못한다. 형벌이
가혹하면 할수록 피하거나 벗어나려고만 할 뿐, 올바르게 되려고 하지
는 않는다. 그저 두려움만 심어줄 뿐이다. 정치를 한다면서 사람들을
두렵게 만든다면, 도대체 정치는 해서 무얼 하는가? 정치가 없어도 세
상살이는 힘겹다. 정치란 그 힘겨움을 덜려고 하는 것인데, 오히려 괴
로움을 더하고 있으니. 그런 정치는 바로 도둑질이나 다름없다.

子張問: "士何如斯可謂之達矣?" 子曰: "何哉, 爾所謂達者?"
子張對曰: "在邦必聞, 在家必聞." 子曰: "是聞也, 非達也. 夫達
也者, 質直而好義, 察言而觀色, 慮以下人. 在邦必達, 在家必
達. 夫聞也者, 色取仁而行違, 居之不疑. 在邦必聞, 在家必聞."

자장이 여쭈었다.
"선비는 어찌하여야 이르렀다고 할 수 있습니까?"
스승께서 말씀하셨다.
"무엇이냐, 네가 말한 이르렀다는 것은?"
"나라에서도 반드시 알려지고, 집안에서도 반드시 알려지는 것
입니다."
"그것은 알려지는 것이지, 이른 것이 아니다. 이른다는 것은
말이다, 바탕이 곧고 올바름을 좋아하며 말을 잘 살펴서 알
고 낯빛을 깊이 들여다보며 어루더듬어서 자신을 낮추는 것
이다. 그래야만 나라에서도 반드시 다 꿰뚫고 집안에서도 반
드시 다 꿰뚫는다. 저 알려진다는 것은 말이다, 낯빛은 어짊을
띠지만 행동은 어그러지는데, 그리 살면서도 망설이지 않는
다. 그리하여 나라에서도 반드시 알려지고, 집안에서도 반드
시 알려진다."

注釋 달(達)은 막힘이 없이 꿰다, 이르다는 뜻이다. 방(邦)은 제후
의 나라이고, 가(家)는 경대부의 집안이다. 문(聞)은 들리다, 알려지다는
뜻이다. 찰(察)은 내밀한 뜻을 살피다, 잘 살펴서 알다는 뜻이다. 관(觀)
은 자세히 보다, 깊이 들여다보다는 뜻이다. 려(慮)는 여러 모로 생각하
다, 깊이 생각하다, 어루더듬다는 뜻이다. 의(疑)는 결정을 내리지 못해
서 머뭇머뭇하는 것, 망설이는 것이다.

蛇足　자장의 물음에 공자는 대뜸 "무엇이냐, 네가 말한 이르렀다는 것은?" 하고 되물었다. 이는 공자가 자장의 평소 마음가짐을 알고 있었고, 또 묻는 의도도 알아챘음을 의미한다. 2-18에서도 나오지만, 자장은 공부 그 자체를 질직하게 하려는 것보다 공부를 통해 세속의 명예와 이익을 얻으려는 생각이 강했다. 그런 생각을 지니고 있다 보니, 참으로 경지에 이르는 것과 이름이 널리 알려지는 것의 차이를 미처 알지 못하였다. 그 차이는 그저 크다는 정도가 아니다. 아예 길이 전혀 다른 데서 오는 것이다. 자장의 그런 면을 잘 알고 있었으므로 공자는 자장에게 알맞은 말을 들려주었다.

자장은 바탕이 곧다고 할 수 없고 올바름보다 명리를 더 좋아하고 자신의 말이나 남의 말을 잘 살펴서 알려고 하지 않으며 대충 보아 넘긴다. 욕심이 있어서이다. 그런 그가 어찌 어루더듬어서 자신을 낮추겠는가? 자장은 학문을 한다면서도 어짊을 마음 깊이 담고 몸에 젖어들게 하기보다는 그저 낯에 살짝 띠는 것으로 그친다. 그러면서도 제 자신을 돌아보지 않으니, 그릇된 줄을 모른다. 모르니 망설이지도 않는다. 그저 자신이 알려지기를 바랄 뿐이다. 아, 그러나 그 시대가 어떤 시대인가? 도가 행해지던 시대인가? 도가 행해지는 시대에도 알려지려 애쓰는 게 볼썽사나운데, 하물며 도가 행해지지 않는 시대에 알려지려고 애쓰니, 이 얼마나 데데한가? 알아주는 이가 있다 한들, 제대로 날 알아주는 것이겠는가?

12-21 ————————————————————

樊遲從遊於舞雩之下, 曰: "敢問崇德修慝辨惑." 子曰: "善哉問! 先事後得, 非崇德與? 攻其惡, 無攻人之惡, 非修慝與? 一朝之忿, 忘其身, 以及其親, 非惑與?"

번지가 무우 아래에서 스승을 모시고 노닐 때 말하였다.

"덕을 세우고 몹쓸 짓을 바로잡고 헷갈리는 것을 밝히는 일에 대해 여쭙겠습니다."

"좋은 물음이로다! 일을 먼저 하고 결과는 제쳐둔다면, 덕을 높이는 게 아니겠느냐? 나의 잘못을 꾸짖되 남의 잘못을 나무라지 않는다면, 몹쓸 짓을 바로잡는 게 아니겠느냐? 한때의 결기로 제 몸을 잊고 제 어버이까지 잊는다면, 헷갈림이 아니겠느냐?"

注釋 숭(崇)은 높이다, 세우다는 뜻이다. 수(修)는 닦다, 바로잡다는 뜻이다. 특(慝)은 숨기고 싶은 나쁜 짓, 몹쓸 짓이다. 혹(惑)은 몰라서 헷갈리는 것, 생각이 많아서 어지러운 것이다. 후(後)는 뒤로 미루다는 뜻이나, 여기서는 제쳐놓다, 제쳐두다는 뜻으로 쓰였다. 공(攻)은 치다, 꾸짖다, 나무라다는 뜻이다. 여기서 공은 맹렬한 자기 반성이요 공부이다. 일조(一朝)는 잠깐, 한때를 뜻한다. 분(忿)은 울컥해서 성내다, 결기를 내다는 뜻이다.

蛇足 일을 시작하고 꾸려가는 것, 그것만이 사람의 몫이다. 그 결과는 그저 기다려야 한다. 그래서 '진인사대천명(盡人事待天命)'이라 하지 않았던가. 결과는 제쳐두어야 한다. 결과를 마음에 담고 있으면, 서둘게 된다. 서둘다가는 일을 망친다. 일이란 오로지 과정일 뿐이다. 결과는 일이 아니다. 결과는 일이 쌓여서 그 끝에 오는 것이다. 그런데 일을 하면서 결과는 생각하지 않는 것, 이것이 어찌 덕을 세우는 일인가? 결과를 생각하지 않는 것은 오로지 일 자체를 보는 것이고, 일 자체를 본다는 것은 그 일을 하는 사람, 즉 자신을 돌아보는 일이기 때문이다. 자신을 돌아보는 것은 허물을 바로잡고 어짊과 지혜를 갖추는 일이니, 이것이 바로 덕을 세우는 일이다.

누구에게나 드러내고 싶지 않고 감추고 싶은 허물이 있다. 그것을 군이 드러낼 필요는 없다. 그러나 얼른 고치고 바로잡아야 한다. 드러내지 않으려 해도, 감추고 싶어도 오래 묵으면 저절로 드러난다. 아니, 드러나기 전에 벌써 악취를 풍긴다. 뒷간에 앉은 놈은 냄새를 맡지 못하는 법. 결국 남들로부터 욕을 듣고서야 안다. 그렇게 안 자는 쉽사리 고치지 못한다. 잘못이 없다고 우기거나 고집 피우지 않으면 다행이다.

결기를 내서 제 몸을 잊고 어버이를 잊는 것이 어찌 헷갈림인가? 남이 나에게 잘못하고서도 부끄러워하지 않는다고 여겨지면, 대개 이쪽에서 결기를 낸다. 결기를 내면서 따지고, 따지다가 더욱더 결낸다. 그러나 결기를 내는 순간, 이미 판단력은 흐려진다. 왜 결내는가? 상대가 잘못하고서도 부끄러워하지 않았다면, 그의 어리석음과 고집 탓이다. 내가 당장에 어찌할 수 없는 일이다. 그가 반성한다면, 타일러주면 된다. 반성할 줄 모른다면, 무슨 말을 해도 소용이 없다. 그런 줄을 모르고 결낸다면, 그것은 도리어 자신의 어리석음을 드러내는 짓이고 어버이를 창피스럽게 만드는 짓이다. 결기를 내는 것이 잘못이고, 그 잘못을 모르는 것이 어리석음이다. 결기를 낸다는 게 어떤 것인지를 모르니, 그게 바로 이치를 모르고 헤매는 것이요 헷갈림이다.

12-22

樊遲問仁, 子曰: "愛人." 問知. 子曰: "知人." 樊遲未達, 子曰: "擧直錯諸枉, 能使枉者直." 樊遲退. 見子夏曰: "鄕也, 吾見於夫子而問知, 子曰, '擧直錯諸枉, 能使枉者直,' 何謂也?" 子夏曰: "富哉言乎! 舜有天下, 選於衆, 擧皋陶, 不仁者遠矣. 湯有天下, 選於衆, 擧伊尹, 不仁者遠矣."

번지가 어짊에 대해 여쭈자, 스승께서 말씀하셨다.
"사람을 사랑하는 것."

앎에 대해 여쭤자, 스승께서 말씀하셨다.

"사람을 아는 것."

번지가 아직 깨치지 못한 듯하자, 스승께서 말씀하셨다.

"곧은 것을 들어 굽은 데에 두면, 굽은 것을 곧게 할 수 있다."

번지는 물러갔다. 나중에 자하를 보자 물었다.

"접때 내가 스승을 뵙고는 앎에 대해 여쭈었는데, 스승께서는 '곧은 것을 들어 굽은 데에 두면, 굽은 것을 곧게 할 수 있다'고 말씀하셨는데, 이게 무슨 말인가?"

자하가 말하였다.

"가멸구나, 그 말이여! 순 임금이 천하를 얻은 뒤에 뭇사람 가운데서 가려 고요를 썼더니, 어질지 못한 자들이 멀어졌소. 탕 임금이 천하를 얻은 뒤에 뭇사람 가운데서 가려 이윤을 썼더니, 어질지 못한 자들이 멀어졌소."

注釋　왕(枉)은 마음이 굽다는 뜻이다. 향(鄕)은 향(嚮)과 같다. 지난번, 접때를 뜻한다. 선(選)은 가리다, 뽑다는 뜻이다. 부(富)는 가멸다는 뜻으로, 여기서는 말속이 넉넉하다는 의미로 쓰였다. 원(遠)은 멀어지다, 멀리 달아나다는 뜻이다. 고요(皐陶)는 순 임금의 신하이다. 탕(湯)은 상(商) 왕조를 개국한 임금이다. 이윤(伊尹)은 탕 임금의 재상이다.

蛇足　사람을 사랑하는 것이 어짊이고, 사람을 아는 것이 앎이다. 모듬살이에서는 사람을 사랑하는 것이야말로 어짊의 알짜이다. 앎으로는 사람을 아는 것보다 더 알짜가 되는 것은 없다. 삶이란 결국 사람과 사람 사이에서 이루어지는 것이다. 나와 남 모두 사람이다. 어짊은 나를 사랑하는 데서 비롯하여 남을 사랑하는 데서 완성된다. 나를 사랑하지 않는 자는 남을 참으로 사랑할 수 없다. 그러나 나를 사랑하는 데도 어진 자를 가까이에 두지 못하면, 그것은 사랑이 아니라 사사로

운 욕심이다. 앎은 나를 아는 데서 비롯하여 남을 아는 데서 완성된다. 나를 알지 못하는 자는 결코 지혜를 갖출 수 없다. 나를 안다면서 몹쓸 자들과 알고 지낸다면, 그 앎은 지혜가 아니라 망상이다. 아, 어찌하리 오. 어질지 않으니 사랑할 줄 모르고, 지혜가 없으니 사람을 알아볼 리 가 없다. 사랑할 줄 모르니, 어진 자는 멀어지고 어질지 못한 자가 다가 온다. 지혜가 없으니, 참된 자들은 멀어지고 몹쓸 자들이 다가온다.

세상살이를 홀로 할 수는 없다. 천하를 다스리는 일도 홀로 할 수 없 다. 반드시 사람을 만나고 사람을 써야 한다. 그러나 내가 어질지 못하 고 지혜롭지 못하면, 올바른 사람을 가까이할 수 없고 가까이 있다고 해도 가려서 쓸 줄을 모른다. "사람이 없다! 사람이 없다!"고 한숨을 쉬 는데, 과연 사람이 없는 것일까?

12-23

子貢問友, 子曰: "忠告而善道之, 不可則止, 毋自辱焉."

자공이 벗에 대해 여쭈자, 스승께서 말씀하셨다.
"참된 마음으로 타일러서 잘 이끌되, 따르지 않으면 그만두어 서 스스로 창피를 당하지 말라."

注釋　고(告)는 일깨우다, 타이르다는 뜻이다. 선(善)은 잘, 잘하다 는 뜻이다. 도(道)는 도(導)와 같이, 이끌다는 뜻이다. 욕(辱)은 낯이 뜨 거워지다, 창피를 당하다는 뜻이다.

蛇足　4-26에서도 비슷한 말이 나온다.
가까운 사이일수록 예의를 지키라고 한다. 가까울수록 잘 안다고 생 각하고, 잘 안다고 여기면 별 생각이 없이 대하게 되니, 그러다가 예의에 벗어난 말이나 행동을 하게 된다. 별 생각이 없다는 것은 습관적으로 한다는 것이다. 습관은 무서운 것이다. 습관은 사람을 무디게 만든다. 무디게 되면 소홀히 하게 되고, 소홀히 하다 보면 이치에 어긋나거나 도리에서 벗어난다. 그저 아무런 생각도 없이 당연하게만 여긴다. 가까운 사이이니, 이렇게 해도 알아줄 것이요 저렇게 말해도 이해할 것이라 여긴다. 내가 너를 아끼니, 너는 나의 모든 것을 받아주리라. 아, 그렇게만 된다면 얼마나 좋을까?

가까운 사이일수록 그를 대할 때마다 참된 마음을 잃지 않아야 한다. 그가 혹시라도 그릇된 말이나 행동을 한다면, 지극한 마음으로 타일러야 한다. 그것은 벗으로서 의무이자 권리이다. 그러나 말은 이치에 맞아야 하고 나의 마음은 바자워야 한다. 그런데도 내 말을 따르지 않는다면, 곧바로 말을 그쳐야 한다. 모르는 사람의 말일지라도 이치에 맞는 말에는 귀가 솔깃하게 마련인데, 벗 사이에서 그런 바자움과 절절함이 통하지 않는다면 무언가 곡절이 있다. 그 곡절을 알기 전에는 섣불리 말을 건네서는 안 된다. 내가 지극하면 다 받아들이리라 여기는 것은 참 숫된 생각이다. 말이란 해야 할 때가 있는 것처럼 그쳐야 할 때도 있다. 그것은 옳고 그름의 문제가 아니다. 상대의 마음이 열려 있느냐 닫혀 있느냐의 문제이다. 마음이 닫힌 사람에게 말을 한다는 것은 벽을 보고 말하는 것과 진배없다. 벽 보고 말하는 자는 실없는 자이니, 창피를 당하지 않으면 다행이다.

12-24

曾子曰: "君子以文會友, 以友輔仁."

증자가 말하였다.
"군자는 무늬로써 벗과 어울리고, 어질게 되도록 벗으로서 돕는다."

注釋 문(文)은 좁게는 무늬, 넓게는 문화를 뜻하는 것으로, 드러난 아름다움을 가리킨다. 회(會)는 모이다, 하나가 되다는 뜻이다. 보(輔)는 돕다, 거들다는 뜻이다.

蛇足 증삼은 어찌하여 문화로써 벗을 사귀라고 하는가? 문화는 당연히 중요한 것이다. 그러나 문화를 앞세워서는 안 된다. 먼저 참된 마음, 지극한 마음을 한결같이 지니도록 하고, 그런 다음에 문화를 배워야 한다. 그런데 그 내면을 살피지 않고 겉으로 드러난 문화로써 사귄다면, 어찌 그가 참된지 지극한지를 알 수 있겠는가? 그렇게 사귄 벗이라면 과연 나의 어짊과 그의 어짊에 서로 보탬이 될까? 보탬이 될 수도 있으나, 그것은 요행에 기대는 짓이다. 군자의 길을 가려는 자가 어찌 요행에 기대는가?

아, 증삼의 말은 어찌 이리도 애매한가? 그의 공부가 얕고 좁아서이다. 경험을 통해 깨치기보다는 관념적으로 이해하는 데서 그쳤기 때문이다. 그의 의도야 짐작하지만, 이렇게 오해를 불러일으킬 말을 하다니. 이미 증삼에 대해 말한 적이 있지만, 그는 형식주의로 흐르고 있다. 위에서 증삼이 말한 대로라면, 학인들이 자칫 알맹이를 놓치고 껍데기를 다듬는 데에 치우칠 수 있다.

증삼의 말은 이렇게 고쳐야 한다. "군자는 올바름으로써 벗을 찾고, 그 벗과 함께 어짊으로 나아간다." 또는 "군자는 도로써 벗을 모으고, 벗과 함께 어짊으로 나아간다." 이렇게 해서 촌티가 자르르 흐른다고 하더라도 바로 그것이 학인의 마음가짐이요 군자의 길이다. 어짊을 갖추려는 마음이 바탕이 된 뒤에야 비로소 멋을 내고 멋을 부려야 한다. 그렇지 않으면 겉멋만 잔뜩 들게 된다. 겉멋은 곡두와 같아서 잠깐 눈을 호리지만, 곧 사라진다. 사라진 뒤의 그 허망함이란!

13편

자로(子路)

13-1

子路問政, 子曰: "先之, 勞之." 請益, 曰: "無倦."

　　자로가 정치에 대해 여쭈자, 스승께서 말씀하셨다.
　　"앞서서 하고, 애쓰게 하거라."
　　자로가 더 여쭈니, 말씀하셨다.
　　"게으름이 없는 것이다."

注釋　　로(勞)는 힘들다, 애쓰다는 뜻이다. 청익(請益)은 가르침을 바란다는 뜻이다. 권(倦)은 고달프다, 싫증나다, 게으르다는 뜻이다.

蛇足　　윗사람이 먼저 자신의 일에 충실한 것, 어느 때든지 게으름을 피우지 않는 것, 그것이 정치의 요체이다. 게으름이 없다는 것은 늘 지극하고 한결같다는 말이다. 대개 사람들은 바쁠 때는 한가로움을 바라고, 한가로울 때는 오래 즐기지 못한다. 바쁘기도 하고 한가롭기도 한 것이 삶이고 일상이다. 그 일상의 물결을 따라 흘러간다면, 게으를 일이 없다. 그저 즐겁고 신명이 날 뿐이다.

13-2

仲弓爲季氏宰, 問政, 子曰: "先有司, 赦小過, 擧賢才." 曰: "焉知賢才而擧之?" 曰: "擧爾所知, 爾所不知, 人其舍諸?"

　　중궁이 계씨의 가신이 되어 정치에 대해 여쭈자, 스승께서 말씀하셨다.
　　"유사보다 앞서서 하고, 작은 잘못은 풀치고, 똑똑한 사람을 쓰라."

"똑똑한 사람인 줄 어찌 알고 씁니까?"

"네가 아는 사람을 쓴다면, 네가 알지 못하는 사람을 남들이 내버려두겠느냐?"

注釋　재(宰)는 가신의 우두머리이다. 사(赦)는 놓아주다, 죄를 없애주다, 풀치다는 뜻이다. 언(焉)은 어찌의 뜻이다. 이(爾)는 너를 뜻한다. 사(舍)는 버리다, 놓다, 그만두다는 뜻이다. 저(諸)는 지호(之乎)이다.

蛇足　지혜로운 자는 왜 일을 쉽게 하는가? 아는 것을 하기 때문이다. 지혜롭다고 해서 모든 것을 다 아는 건 아니다. 모르는 것은 하지 않을 뿐이다. 내가 모르면, 아는 사람을 쓴다. 내가 해야 한다면, 모르는 것을 배워서 익힌 뒤에 한다. 그러니 무엇이 힘들겠는가? 또 누가 일을 맡기면, 먼저 그 일이 내가 할 줄 아는 것인지 모르는 것인지를 판단한다. 아는 것이면 나아가서 하되, 모르는 것이면 알 때까지 그 일을 하지 않는다. 지혜로운 자는 때를 알고 기다릴 줄 안다. 반면에 어리석은 자는 모든 일에 때가 있다는 것을 알지 못하고 저 자신이 부족하다는 것도 알지 못한다. 모르기 때문에 기다릴 여유가 없고, 여유가 없이 덤벼드니 자신은 힘들고 일은 그르친다. 이윽고 남들까지 괴롭히다가 떠밀려난다.

아는 것을 안다고 하고, 모르는 것을 모른다고 하는 것, 그것이 앎이라고 하였다. 알면 쓰고, 모르면 쓰지 않아야 한다. 모른다는 것을 내보이지 않으려고 모르는 사람을 쓴다면, 반드시 화근이 될 것이다. 알아서 쓴 사람조차 위태롭게 만들고, 결국 나라가 아슬아슬한 지경에 처하게 된다.

13-3

子路曰: "衛君待子而爲政, 子將奚先?" 子曰: "必也正名乎!" 子
路曰: "有是哉, 子之迂也! 奚其正?" 子曰: "野哉, 由也! 君子於
其所不知, 蓋闕如也. 名不正則言不順, 言不順則事不成, 事不
成則禮樂不興, 禮樂不興則刑罰不中, 刑罰不中則民無所錯手
足. 故君子名之必可言也, 言之必可行也. 君子於其言, 無所苟
而已矣."

자로가 말하였다.

"위나라 군주가 스승을 맞이하여 정치를 한다면, 스승께서는
무엇을 먼저 하시겠습니까?"

스승께서 말씀하셨다.

"반드시 이름을 바르게 할 것이다!"

"이렇군요, 스승께서 에두르시는 게! 어찌 꼭 이름을 바르게
하려 하십니까?"

"메떨어지구나, 유야! 군자는 자신이 알지 못하는 것에 대해서
는 대도히 제쳐놓는다. 이름이 바르지 않으면 말이 매끈하지
못하고, 말이 매끈하지 못하면 일이 이루어지지 않고, 일이 이
루어지지 않으면 예의와 음악이 내돋지 않고, 예의와 음악이
내돋지 않으면 형벌이 들어맞지 않고, 형벌이 들어맞지 않으면
백성들이 손발을 둘 데가 없다. 그래서 군자가 이름을 붙이면
반드시 말할 수 있고, 말을 하면 반드시 행할 수 있다. 군자는
그 말에서 옹색함을 없이할 뿐이다."

注釋　위군(衛君)은 위나라 출공(出公)인 첩(輒)을 이른다고 한다.
대(待)는 기다리다, 맞아서 마주하다는 뜻이다. 해(奚)는 어느, 무엇을
뜻한다. 우(迂)는 굽다, 빙 돌다, 사정에 어둡다는 뜻이다. 야(野)는 촌

스럽다, 메떨어지다는 뜻이다. 개(蓋)는 대도히, 모두, 대개의 뜻이다. 궐(闕)은 제쳐놓다, 빼다, 미루어 두다는 뜻이다. 순(順)은 도리를 따르다, 좇다, 거침새가 없다는 뜻이다. 흥(興)은 내면에 있던 것이 일어나다, 내돋다는 뜻이다. 형(刑)은 죄인에게 칼을 씌우거나 수갑 또는 차꼬를 채우는 것이다. 벌(罰)은 꾸짖는 것이다. 중(中)은 들어맞다, 얼맞다는 뜻이다. 조(錯)는 조(措)와 같이, 두다는 뜻이다. 구(苟)는 옹색하다는 뜻이다. 무(無)는 없게 하다는 뜻이다.

蛇足 명(名) 즉 이름은 그 문화를 드러내는 고갱이이다. 문화의 모든 면이 이름을 통해 드러난다고 해도 과언이 아니다. 이 이름으로 사유하고 이 이름에서 사유의 혁신이 일어난다. 공자가 바로 그 이름을 가지고 사상의 변화를 꾀했던 인물이 아닌가.

이름은 실상 그 자체가 아니지만, 실상을 이해하는 주요한 틀이다. 때로는 그 이름으로 말미암아 실제 세상이 달라지기도 한다. 따라서 이름을 아는 것은 곧 시대를 알고 변화를 꿰뚫는 일이 될 수 있다. 이름은 결코 예사롭게 보아 넘길 수 없다. 이름은 비록 방편이지만, 없어서는 안 되는 방편이다. 바로 그 방편을 제대로 알고 쓰는 것이 정치이다. 잘못된 이름이 있다면, 바로잡는 것이 정치이다. 바로잡기 위해서는 먼저 그 이름을 알아야 한다. 이름을 아는 것은 거기에 담긴 뜻을 아는 것이고, 뜻을 안다면 이치를 안다는 것이다. 이름이 이치와 무슨 연관이 있느냐고? 이름은 곧 실상과의 관계 속에서 존재한다. 이름을 안다는 것은 실상을 아는 것이고, 실상을 아는 것은 곧 우주의 이치를 아는 것이기 때문이다. 이름 바로 거기에 이치가 담겨 있음을 모르면, 자로와 같이 말하게 된다. 에돌아도 한참 에도는 것처럼 보이는 건, 당연하다.

樊遲請學稼, 子曰: "吾不如老農." 請學爲圃, 曰: "吾不如老圃."
樊遲出, 子曰: "小人哉, 樊須也! 上好禮, 則民莫敢不敬; 上好
義, 則民莫敢不服; 上好信, 則民莫敢不用情. 夫如是, 則四方
之民襁負其子而至矣, 焉用稼!"

> 번지가 농사일을 배우고 싶다고 하자, 스승께서 말씀하셨다.
> "나는 익달한 농부보다 못하다."
> 남새 가꾸는 일을 배우고 싶다고 하자, 말씀하셨다.
> "나는 익달한 남새꾼보다 못하다."
> 번지가 나가자, 스승께서 말씀하셨다.
> "소인이로구나, 번수는! 윗사람이 예의를 좋아하면 백성들은
> 지극히 삼가지 않을 수 없고, 윗사람이 올바름을 좋아하면 백
> 성들은 마음 깊이 따르지 않을 수 없으며, 윗사람이 미쁨을 좋
> 아하면 백성들은 마음을 지극하게 쓰지 않을 수 없다. 아, 이
> 와 같이 한다면 사방의 백성들이 제 자식들을 포대기로 둘러
> 업고 모여들 것인데, 어찌 농사일을 하려는가!"

注釋　　청(請)은 여쭈다, 바라다는 뜻이다. 가(稼)는 벼를 심다, 벼를
옮겨 심다는 뜻으로, 여기서는 농사일을 가리킨다. 농(農)은 땅을 갈다,
농사를 뜻한다. 노(老)는 익숙하다, 익달하다는 뜻이다. 포(圃)는 남새,
남새밭, 남새 가꾸는 일을 뜻한다. 막감불(莫敢不)은 감히 ~하지 않음
이 없다, 즉 반드시 ~한다는 뜻이다. 정(情)은 거짓 없는 마음, 지극한
마음을 뜻한다. 강(襁)은 아기를 업을 때 두르는 보, 포대기이다. 부(負)
는 지다, 업다는 뜻이다. 지(至)는 이르다, 모여들다는 뜻이다.

蛇足　　학인은 공부로써 세상을 이롭게 하려는 자이다. 학문의 세계

에 들어서서 진리를 탐구했다면, 바로 그 학문과 진리를 체득하는 것이 세상에 빚을 갚는 길이요, 나아가 그것을 펴는 것이 세상을 이롭게하는 일이다. 왜, 농사일에 관심을 갖는가? 물론 농사일에도 이치가 숨어 있다. 그러나 그 이치를 탐구하기 위해서가 아니라 밥벌이로서 관심을 두었다면, 이는 학인인 자신을 하찮게 여기는 짓이요 천하 사람들을 업신여기는 짓이다. 그래서 공자도 번지를 소인이라고 하면서 탄식했던 것이다. 아, 제자가 제 할 일을 잊고, 아니 길을 잃고 엉뚱한 데서 헤맨다면, 탄식하지 않을 스승이 어디에 있겠는가? 예나 이제나 마찬가지이지만, 제 할 일을 제대로 하지 못하는 자는 늘 딴 일에 신경을 쓰고 마음을 두려고 한다. 그러면 번지는 어찌하여 농사일에 관심을 두었을까? 공부가 나아지지 않아서이다. 12-22에서 단적으로 볼 수 있듯이, 번지는 스승의 가르침을 제대로 알아들을 만큼 똑똑하지 못했던 듯하다. 타고난 자질이 부족해서일 수도 있고, 후천적인 노력이 충분하지 못해서일 수도 있다. 그러나 어느 쪽이든 간에 공부가 나아지지 않으니, 차라리 농사라도 지을까 하는 생각을 했던 것이리라. 아, 그러나 농사일이 쉬울까? 세상에서 가장 정직하게 성금이 서는 것은 바로 공부이다. 오로지나 자신의 노력에 따라 성금이 서기 때문이다. 농사일은 자연의 변덕과 싸워야 하고, 명리는 다른 사람들과 다투어야 하는데…….

13-5

子曰: "誦詩三百, 授之以政, 不達; 使於四方, 不能專對; 雖多, 亦奚以爲?"

스승께서 말씀하셨다.
"시 삼백 편을 외웠음에도 정치를 맡기면 제대로 하지 못하고 사방에 사신으로 보내면 오롯하게 맞서지 못하니, 많이 외운들 대체 그걸로 무얼 하겠는가?"

注釋　송(誦)은 읊다, 외다는 뜻이다. 달(達)은 꿰다, 제대로 알고 야 무지게 하다는 뜻이다. 전(專)은 모자람이 없이 온전하다, 오롯하다는 뜻이다. 전대(專對)는 오롯하게 맞서다 또는 홀로 맞서다는 두 가지 의 미로 풀 수 있다. 고대에 외교 사절은 어떠한 교섭과 응대에서도 스스 로 알아서 임기응변하고 홀로 모든 일을 처리해나가야 했다. 군주의 명 령을 받았더라도 구체적인 응대는 스스로 할 수밖에 없었다. 바로 그런 외교 담판에서는 시로써 은근히 드러내는 일이 많았다.

蛇足　흥미롭게도 시를 왜 공부하며 어떻게 공부해야 할지를 말해 주고 있다. 시는 나 밖의 사람들과 세상에 대해서 느낀 것을 최소한의 언어로써 표현한 것이다. 시에는 사람들과 모듬살이의 다양한 모습, 자 연의 이치 따위가 자지러지게 표현되어 있다. 그런 시는 논리적으로 이 해하려고 해서도 안 되며 외운다고 해서 아는 것도 아니다. 시란 그 깊 은 맛을 느끼고 알아야 한다. 맛을 알아야 때에 맞게 제대로 쓸 수가 있 다. 맛은 감성과 이성이 조화로운 세계이다. 감성이나 이성 어느 한쪽 에 치우쳐서는 맛이 나지 않는다. 따라서 맛을 아는 사람은 그 맛을 에 워싼 세계 또한 안다. 그리고 참맛은 결코 비일상적인 데서 나오는 게 아니다. 일상 그 속에 담뿍 들어 있는 것이 맛이다. 워낙 미묘하여 쉽사 리 맛볼 수 없어서 흔히 놓칠 뿐, 맛은 바로 일상에서 우러나는 것이다. 시를 배운다는 것은 그 일상의 맛을 아는 것이다. 맛을 아는 자는 때에 맞게 그 맛이 우러나게 한다. 그런 사람의 말은 참으로 맛깔스럽고 그 행동은 알차다. 미묘한 맛의 세계를 아니 정치를 꿰뚫어 보는 일이 어 렵지 않고, 다양한 상황에서 갖가지 사람을 만나도 막히는 일이 없다.

시를 배워서 무얼 하냐고? 시를 통해 맛의 세계를 안다. 맛의 세계 는 언어로 표현할 수 없는 미묘한 이치의 세계와 잇닿아 있다. 바로 이치에 다가가는 열쇠요 문이 바로 시이다. 오늘날 시를 모르고도 정치를 하고 법을 다스리며 학인들을 가르친다. 이러니 각박하지 않을 수 있겠는가?

13-6 ————————————— ————————————

子曰: "其身正, 不令而行; 其身不正, 雖令不從."

스승께서 말씀하셨다.
"제 몸이 바르면 시키지 않아도 사람들은 하고, 제 몸이 바르지 않으면 시켜도 사람들은 따르지 않는다."

注釋 기신(其身)은 내 몸, 즉 윗사람 자신을 가리킨다. 령(令)은 시키다, 부리다, 또는 그런 명령을 뜻한다. 명령의 주체는 윗사람이고 행(行)이나 종(從)의 주체는 아랫사람과 백성들이다.

蛇足 말과 마찬가지로 모든 명령은 나의 마음, 나의 몸에서 나오는 것이다. 그저 입에서 나오는 게 명령은 아니다. 내 마음이 참되지 못하고 내 몸이 바르지 못하면, 내 입에서 나오는 명령은 그야말로 빈말이요 잠꼬대에 지나지 않는다. 누가 빈말을 믿으며 누가 잠꼬대에 맞장구를 쳐주겠는가? 내 몸을 닦는 것이 그대로 남을 다스리는 일이다. 공자가 "정치란 바르게 하는 것이다"라고 하지 않았던가? 바르게 한다는 게 어디서 시작되겠는가? 바로 나에게서 시작된다. 내 몸을 바르게 하는 것과 집안을 바르게 하는 것, 나라를 바르게 하는 것, 그것들이 뭐가 다른가? 겉은 달라 보여도 속은 같다.

13-7

子曰: "魯衛之政, 兄弟也."

스승께서 말씀하셨다.
"노나라와 위나라의 정치는 꼭 형제 같구나."

蛇足   공자의 탄식이 절로 느껴진다. 군주의 권위가 땅에 떨어지고 나라가 어지러워지면, 반드시 백성들이 고달파지고 괴로워진다. 그러나 그 모든 것이 정치가들만의 잘못은 아니다. 그들을 바로잡지 못한 모든 군자들의 잘못이다. 그것이 공자로 하여금 어지러운 세상을 떠나지 못하게 만들었다.

13-8

子謂衛公子荊, "善居室. 始有, 曰'苟合矣,' 少有, 曰'苟完矣,' 富有, 曰'苟美矣.'"

스승께서 위나라 공자인 형을 가리켜 말씀하셨다.
"집안을 잘 다스린다. 처음 가졌을 때는 '제법 됐다'고 하였고, 조금 더 가졌을 때는 '뭐 부족하지 않군'이라고 하였고, 가멸졌을 때는 '꽤 훌륭하군'이라고 말하였다."

注釋   선거실(善居室)은 집에 잘 머문다, 즉 집안을 잘 다스린다는 뜻이다. 유(有)는 있다, 가지다는 뜻이다. 구(苟)는 겨우, 가까스로를 뜻한다. 합(合)은 맞다, 알맞다는 뜻이다. 완(完)은 부족함이 없다, 흠이 없다는 뜻이다. 미(美)는 훌륭하다는 뜻이다.

蛇足　공자의 말에서 특히 중요한 것은 '구(苟)'이다. 이 글자에는 말뜻과 말맛이 아주 푸지게 담겨 있다. 위나라 공자의 말이 왜 집안 다스리는 것과 관계가 되는가? 도대체 그 말에 어떤 뜻이 담겨 있기에 그가 집안을 잘 다스렸다고 하였는가?

집안을 다스리는 사람은 책임이 막중하다. 막중한 만큼 무슨 일에서나 미쁨 있게 해야 한다. 미쁨을 주려면, 말과 행동에 무게가 있어야 한다. 무게가 있다는 것은 어떤 상황 속에서도 흔들리지 않는다는 말이다. 흔들림이 없는 사람은 재물이 많거나 적거나, 지위가 높거나 낮거나 늘 한결같다. 가난해도 느긋하고 조금만 있어도 거늑해하며, 재물이 넘쳐나도 거기에 마음이 쏠리지 않는다. 다스리는 자가 가진 게 없다고 투덜대면 아랫사람들은 기가 꺾인다. 다스리는 자가 조금 얻었다고 해서 뿌듯해하면 아랫사람들은 흥청망청 쓴다. 다스리는 자가 가멸졌다고 들뜨면 아랫사람들은 탐욕스러워진다. 위나라 공자가 말한 '구(苟)'에는 흔들리지 않는 마음의 무게가 실려 있다. 이 무게로 말미암아 아랫사람들이 언짢음이나 괴로움, 기쁨의 어느 한쪽으로 치우치지 않게 할 수 있다. 스스로 무게중심을 잡고 있었다는 말이다.

13-9

子適衛, 冉有僕. 子曰: "庶矣哉!" 冉有曰: "旣庶矣, 又何加焉?" 曰: "富之." 曰: "旣富矣, 又何加焉?" 曰: "敎之."

스승께서 위나라에 가실 때, 염유가 마부로서 수레를 몰았다. 스승께서 말씀하셨다.
"많구나!"
"이미 많다면, 또 무엇을 더해야 합니까?"
"가멸지게 해야지."

"이미 가멸지다면, 또 무엇을 더해야 합니까?"
"가르쳐야지."

注釋　적(適)은 가다, 이르다는 뜻이다. 복(僕)은 종, 마부를 뜻한다. 서(庶)는 많다는 뜻이다.

蛇足　백성들의 수가 많다는 것은 어느 정도 다스려지고 있다는 징표이다. 그러나 그것으로 충분하지는 않다. 사람의 수가 많아지면, 그만큼 사는 것도 치열해지게 마련이다. 인구는 느는데 재물은 한정되어 있기 때문이다. 참 고달파진다. 그러니 재화가 넉넉해지도록 해야 한다. 그러나 재화가 아무리 넉넉해도 욕심이 줄지 않으면, 역시 어지러워진다. 욕심이란 게 얼마나 허망한지, 그 욕심으로 삶이 얼마나 더 고달파지는지를 알게 해야 한다. 그런 것을 알게 하는 것이 곧 교육이요 교화이다. 교육이나 교화가 이루어지지 않으면, 사사로움과 시샘으로 서로 눈을 부라리게 된다. 그리 되면 법령도 형벌도 소용없다.

　오늘날은 교육이나 교화를 군주나 나라에서 도맡아 하지 않는다. 그래서 더욱 힘들 수도 있다. 스스로 알아서 주체적으로 해나가야 하기 때문이다. 민주(民主)라면 국민 개개인이 주인 노릇을 해야 하는데, 예나 이제나 주인 노릇 하는 게 어디 쉬운 일인가? 오죽하면 선가(禪家)에서도 '수처작주(隨處作主)' 즉 어디를 가든 주인이 되라고 신신당부하겠는가?

13-10

子曰: "苟有用我者, 期月而已可也, 三年有成."

스승께서 말씀하셨다.

"진실로 나를 쓰는 자가 있다면, 일 년이면 꽤 괜찮아지고, 삼 년이면 성금이 선다."

注釋　기월(期月)은 1년을 뜻한다. 기는 기(朞)와 같다. 이(已)는 시간적으로는 이미, 벌써를 뜻하며, 정도에서는 꽤, 어지간하다는 말맛이 있다.

蛇足　공자가 자신의 능력을 과신한 것인가? 아니다. 그에게는 그렇게 할 수 있는 능력이 있었다. 그러나 이토록 빠르게 효과가 난다는 것은 그만큼 그 시대가 혼란스러웠다는 것을 뜻하기도 한다. 혼란이 심할수록 적절하게 대응하는 것이 쉽지 않으나, 대응할 수만 있다면 그 효과는 단박에 난다. 공자는 자신의 능력을 뽐내는 사람이 아니었으니, 시대의 혼란이 극심하였고, 극심한 만큼 효과도 크고 뚜렷하게 나타날 것임은 당연하다.

13-11

子曰: "善人爲邦百年, 亦可以勝殘去殺矣,' 誠哉是言也!"

스승께서 말씀하셨다.
"좋은 사람이 나라를 다스려도 백년이 지나야 모진 자들을 눌러서 함부로 죽이는 일을 없앨 수 있다'고 하니, 지극하구나 이 말이여!"

注釋　선인(善人)은 성인(聖人)과 짝이 되는 말로 여겨지는데, 모든 일에서 옳고 바르게 잘하는 사람을 뜻하는 듯하다. 승(勝)은 이기다, 누르다는 뜻이다. 잔(殘)은 모짊, 사나움, 또는 그런 사람을 뜻한다. 살

(殺)은 죽이다, 베다는 뜻이다. 성(誠)은 참되다, 오롯하다, 지극하다는 뜻이다.

蛇足 문명사회에는 왜 모질고 사나운 자들이 그리도 많은가? 그것은 바로 문명의 속성 탓이다. 문명 자체가 욕망의 긍정 위에서 이루어진 것이기 때문이다. 욕망이란 채워야만 만족하지만 결코 채워지지 않는 바람이다. 그런 욕망의 대상은 늘 얻기 어려운 것, 어디에나 있지 않은 것, 매우 한정된 것이다. 그러니 그 욕망을 채우기 위해서는 온갖 수단을 다 써야 하고, 심지어는 빼앗아야 한다. 욕망을 이루었다고 하는 순간, 새로운 욕망, 더 큰 욕망이 불쑥 고개를 내민다. 결국 문명 속에서는 욕망의 노예가 되는 것이 당연하다고 할 정도이다. 그런데 욕망을 따르는 사람은 나름대로 제 의지가 굳세다고 여긴다. 무엇에도 흔들리지 않고 오로지 욕망만 이루려고 한다. 그러니 모질고 사나울 수밖에 없다. 드러나든 드러나지 않든 말이다. 그런 사람을 어떻게 누를 수 있는가? 아무리 좋은 사람들이 많다고 해도 문명 속에서는 그래도 한 백 년은 걸린다는 말이 공자 당시에 있었던 모양인데, 공자는 그 말을 "지극하다"고 하였다. 이는 그 말을 문명의 속성을 꿰뚫어 본 사람이 하였음을 가리켜 한 말이다. 한 5년이나 10년 만에 세상을 바꾸겠다고 하는 사람이 있다면, 그 뜻은 높으나 어리석다고 할 수밖에 없다. 세상사의 이치를 모르기 때문이다. 어쩌면 백년도 짧다. 참으로 불행한 것은 "모진 자들을 눌러서 함부로 죽이는 일을 없애는 것"이 영원히 이루어지지 않을 수 있다는 것, 다만 바람에 지나지 않을 수 있다는 사실이다. 인구가 늘면 늘수록 좋은 사람보다 욕망에 휘둘리는 사람이 더 급속도로 느는 것이 문명의 법칙이다. 그러나 그러한 문명의 법칙에 다시 우주의 이치를 심으려는 사람들, 그런 사람들이 바로 군자요 현자요 성자이다.

子曰: "如有王者, 必世而後仁."

스승께서 말씀하셨다.
"제대로 왕 노릇 하는 자가 있다고 하더라도 반드시 한 세대가
지난 뒤에야 어짊이 펴질 것이다."

注釋   왕(王)은 그 지위에 걸맞은 덕을 갖춘 자이다. 세(世)는 시간
의 흐름과 관계되는 말로, 여기서는 한 세대 즉 30년을 가리킨다. 인
(仁)은 어진 정치가 행해지고 베풀어지다는 뜻이다.

蛇足   위에서도 문명사회의 속성에 대해 말했지만, 바로 그 속성 때
문에 왕 노릇 하기가 쉽지 않다. 물론 제 한 몸도 추스르기 어려운 것
이 사람이라, 천하를 이롭게 다스리는 일이 쉽지 않다는 뜻도 있다. 그
러나 내가 어진 자가 되는 것은 쉽다. 그러나 천하에 어진 정치를 펴고
사람들이 어진 풍속을 만들어가게 하는 것은 내 뜻으로만 되지 않는
다. 그래서 한 세대는 지나야 한다고 한 것이다. 그렇게 된다면야 무얼
더 바라겠는가마는, 누가 왕 노릇을 할 수 있겠는가? 그래서 나온 말이
'내성외왕(內聖外王)'이다. 내면은 성자요 지위는 임금이라는 말이다.
수천 년의 문명사 속에서 그런 인물이 몇이나 나왔던가? 그래도 포기
하지 않는 자, 먼저 스스로 그런 길로 나아가려는 사람이 바로 군자가
아닐까?

13-13 ————————————————

子曰: "苟正其身矣, 於從政乎何有? 不能正其身, 如正人何?"

　스승께서 말씀하셨다.
　"참으로 제 몸을 바르게 한다면, 정치를 하는 데 무슨 어려움
이 있겠는가? 제 몸을 바르게 할 수 없다면, 남을 어떻게 바르
게 하겠는가?"

注釋　종(從)은 종사하다, 일삼아 하다는 뜻이다. 하유(何有)는 무슨
어려움이 있겠는가라는 뜻이다.

蛇足　정치는 바르게 하는 것이라고 했다. 정치는 나를 바르게 하는
데서 시작되고, 남을 바르게 하고 함께 어우러지는 데서 끝난다. 이 평
범한 진리를 모르고서 정치를 한다면, 반드시 제 몸이 고달프고 사람들
이 괴로워진다. 또 정치는 사람이 하는 것이다. 결코 제도만으로 되지
않는다. 제도조차 사람이 만들고 사람이 운용하지 않는가. 어찌 내가
바로 서고서 남을 바로 세우려고 하지 않는가.

13-14 ————————————————

冉子退朝. 子曰: "何晏也?" 對曰: "有政." 子曰: "其事也. 如有
政, 雖不吾以, 吾其與聞之."

　염자가 조정에서 물러나왔다. 스승께서 말씀하셨다.
　"어찌 늦었느냐?"
　"나랏일이 있었습니다."
　"그 일이로구나. 나랏일이었다면, 나를 쓰지 않았더라도 내가

미리 알았을 것이다."

注釋   안(晏)은 늦다는 뜻이다. 정(政)은 정무(政務) 또는 정사이다. 기사(其事)는 여기서 공적인 일이 아닌 사사로운 일을 뜻한다. 이어지는 말을 통해 알 수 있다. 여(與)는 미리의 뜻으로 쓰였다. 참여하다는 뜻으로 풀기에는 적절하지 않다. 왜 공자가 벼슬아치가 아니면서 나랏일에 끼어들려고 하겠는가? 그 자리에 있지 않으면, 그 일을 꾀하지 않는다고 말한 이가 누구였던가?

蛇足   염자, 즉 염유(冉有)는 당시 계씨 집안에서 가신 노릇을 하고 있었다. 비록 한 집안의 가신이지만, 그 집안이 그 나라에서 큰 권력을 행사하고 있었으므로 그 집안에서 하는 일이 나랏일과 전혀 관계가 없을 수는 없다. 다만, 나랏일과 사사로운 일은 아주 다르다. 염유는 그 차이를 대수롭지 않게 여겼던 모양이다. 공자는 바로 그것을 지적하였다. 나랏일은 나라를 태평하게 하고 백성들을 다스리는 일이다. 사사로운 일은 제 이익을 위해서 권력을 휘두르는 일이다. 이 둘이 어찌 같을 수 있겠는가? 13-3에서 공자는 "군자가 이름을 붙이면 반드시 말할 수 있고, 말할 수 있으면 반드시 행할 수 있다"고 말하였다. 염유가 정치를 하려고 했다면 이름부터 바로잡고 계씨를 바로잡아야 하는데, 그러지를 못했다. 3-6에서도 염유는 계씨가 태산에서 제사지내는 것을 막지 못해서 꾸지람을 들었다. 염유는 왜 그 자리에 있었는가? 그도 역시 사사로운 명리를 구하려 했던가?

13-15 ─────────────────────────────────

定公問: "一言而可以興邦, 有諸?" 孔子對曰: "言不可以若是,
其幾也. 人之言曰, '爲君難, 爲臣不易.' 如知爲君之難也, 不幾
乎一言而興邦乎?" 曰: "一言而喪邦, 有諸?" 孔子對曰: "言不
可以若是, 其幾也. 人之言曰, '予無樂乎爲君, 唯其言而莫予違
也.' 如其善而莫之違也, 不亦善乎? 如不善而莫之違也, 不幾
乎一言而喪邦乎?"

정공이 물었다.
"말 한마디로 나라를 일으킬 수 있다는데, 그렇소?"
공 스승께서 대답하셨다.
"말로써 꼭 그렇게 할 수는 없으나, 낌새는 됩니다. 사람들이
하는 말에, '임금 노릇 하기 어렵고, 신하 노릇 하기 쉽지 않다'
는 게 있습니다. 임금 노릇 하는 게 어려운 줄을 안다면, 말 한
마디로 나라를 일으킬 낌새는 되지 않겠습니까?"
"말 한마디로 나라를 잃을 수 있다는데, 그렇소?"
공 스승께서 대답하셨다.
"말로써 꼭 그렇게 될 수는 없으나, 낌새는 됩니다. 사람들이
하는 말에, '내 임금 노릇 하는 데에는 즐거움이 없으나, 오직
내 말만은 어기지 않게 하련다'라는 게 있습니다. 만약 그 말이
옳아서 어기지 않는다면, 참 좋지 않겠습니까? 그러나 옳지 않
은데도 어기지 않는다면, 말 한마디로 나라를 잃을 낌새는 되
지 않겠습니까?"

注釋　　저(諸)는 지호(之乎)이다. 기(幾)는 일이 일어날 만한 낌새이
다. 선(善)은 옳게 하다, 좋다는 뜻이다. 위(違)는 어기다, 거스르다는
뜻이다. 불역선호(不亦善乎)의 역(亦)에는 마땅히, 당연히 등의 말맛이

있다.

蛇足　말의 위력은 대단하다. 말 한마디에 천금이 오르고 말 한마디로 천 냥 빚도 갚는다고 한다. 또 모든 삿된 것은 입으로 나온다고도 한다. 물론 이는 실상이 그러할 수도 있고, 또 말의 위력을 상징적으로 드러낸 것에 지나지 않을 수도 있다. 그러나 말 한마디에 내포된 의미와 힘은 결코 얕볼 수가 없다는 것은 사실이다. 말이란 그 말을 하는 사람이나 사람들, 그들이 살아가는 세상의 드러난 면만 알려주는 것이 아니라, 그 이면에 숨어 있는 낌새나 빌미까지도 슬며시 드러내는 구실을 한다. 그러니 그 말을 잘 듣고 살피면 일이 어떻게 되어갈지, 그 나라가 어떻게 굴러갈 것인지, 그 백성들의 마음이 어디로 쏠리고 있는지 낌새를 알아차릴 수 있다. 말은 지난 일을 들려주기도 하지만, 아직 오지 않은 일을 헤아리게도 한다. 말이란 그처럼 중요하고 긴요한 것이다. 공자가 그토록 말에 대해 많은 말들을 한 까닭이 여기에 있다.

13-16

葉公問政, 子曰: "近者說, 遠者來."

　섭공이 정치에 대해 물으니, 스승께서 말씀하셨다.
　"가까이 있는 자는 기뻐하고, 멀리 있는 자는 오는 것이오."

注釋　근(近)은 가까이 있는 사람 또는 자기 나라 사람을 뜻한다. 열(說)은 기뻐하다는 뜻이다. 원(遠)은 멀리 있는 사람 또는 남의 나라 사람을 뜻한다.

蛇足　어찌 나라를 다스리는 일에서만 그러하겠는가? 일상에서도

마찬가지이다. 나를 아는 사람은 나와 가까운 사람이다. 그 사람들의 마음을 먼저 얻어야 한다. 나와 함께 있는 사람, 나와 가까운 사람을 기쁘게 해주는 일은 참으로 어렵다. 때로는 무미건조하게 느껴지는 일상에서 만나는 사람을 기쁘게 한다는 것은 끊임없이 내가 나를 새롭게 할 때만 가능하다. 나를 새롭게 하기 위해서는 쉼 없이 배우고 익히며 공부해야 한다.

높은 자리에 오를수록 더욱더 지극하게 해야 하는 것이 공부이다. 성인이 될 때까지 놓아서는 안 되는 것이 공부이다. 어디에서든 늘 해야 하는 것, 하고 있어야 하는 것, 그것이 공부이다. 공부하는 자가 가까이 있는 사람을 기쁘게 해주지 못한다면, 멀리 있는 자가 오기는커녕 가까이 있는 자가 먼저 떠난다. 아니, 내가 나를 이미 버렸으니, 내가 나를 떠난 셈이다. 다시 말해 무엇 하랴?

13-17 ————————————————————

子夏爲莒父宰, 問政. 子曰: "無欲速, 無見小利. 欲速則不達, 見小利則大事不成."

자하가 거보 땅의 수령이 되자, 정치에 대해 여쭈었다. 스승께서 말씀하셨다.
"서둘려고 하지 말고, 작은 이익에 눈을 두지 마라. 서둘려고 하면 이르지 못하고, 작은 이익에 눈을 두면 큰 일이 이루어지지 않는다."

注釋 거보(莒父)는 노나라의 한 읍이다. 견(見)은 눈을 두다, 보고 마음을 두다는 뜻이다. 달(達)은 목표로 삼은 것이나 하고자 한 일에 이르는 것이다.

蛇足　자하는 문학에 뛰어나고 말을 잘한 제자이다. 그런 자가 벼슬에 나아가면 지나치게 의욕이 앞서서 일을 그르칠 수도 있다. 평소에 먹었던 마음, 꾀하고자 했던 일을 거침없이 해낼 수 있으리라 여기고, 일의 가락을 생각하지도 않은 채 서둘 수 있다. 서둘면 작은 이익만 보고 큰 이익은 보지 못하게 된다. 서둘기 때문에 이를 수 있으리라 여겼던 데에 이르지 못하고, 작은 이익에 눈이 머니 큰 일이 이루어질 까닭이 없다. 전체를 보려고 하면서도 일에 있어서는 한 번에 하나씩 차근차근 꼼꼼하게 해나가는 것, 그러면서도 도리에 어긋나지 않도록 삼가는 것, 그것이 일의 요체이다.

13-18

葉公語孔子曰: "吾黨有直躬者, 其父攘羊, 而子證之." 孔子曰: "吾黨之直者異於是. 父爲子隱, 子爲父隱, 直在其中矣."

섭공이 공자에게 말하였다.

"우리 마을에 곧게 행하는 사람이 있는데, 그 아비가 양을 훔치자 자식이면서 관아에 알렸습니다."

공 스승께서 말씀하셨다.

"우리 마을의 곧은 사람은 그와 다릅니다. 아비는 자식을 위해 숨겨주고, 자식은 아비를 위해 숨겨주니, 곧음은 그 안에 있습니다."

注釋　당(黨)은 마을을 뜻한다. 주나라 때 행정 구역 가운데 하나로, 5백 가구가 사는 지역을 당이라 하였다. 궁(躬)은 몸, 몸소 하다는 뜻이다. 양(攘)은 훔치다는 뜻이다. 증(證)은 알리다는 뜻이다. 은(隱)은 숨

기다, 가리다는 뜻이다.

蛇足　여기서는 곧음이란 무엇인가, 또 형벌이냐 예의이냐라는 두 가지 문제가 얽혀 있다. 곧음은 바로 마음과 몸의 문제이고 양식(良識)의 문제이다. 그것은 법령이나 형벌과 관련되는 것이 아니다. 법을 잘 지키고 형벌을 잘 피하는 것이 곧음이 아니다. 이치나 도리를 따르는 마음과 행동이 곧음이며, 이치나 도리에 벗어난 짓을 하지 않도록 일깨워주는 것이 곧음이다.

또 아비가 자식을 위해 숨겨주고 자식이 아비를 위해 숨겨주는 것을 단순히 가족주의에 대한 치우침이라고 볼 수는 없다. 그렇게 볼 여지도 있으나, 더욱 적극적으로 해석한다면 숨겨진 의미를 더 읽을 수 있다. 숨겨준다는 것은 안다는 것이고, 안다면 일깨워주는 것이 마땅한 일이다. 부모와 자식은 은근히 일깨워주는[隱] 사이여야 하지, 관아에 알리는[證] 사이여서는 안 된다. 사람과 사람 사이는 참된 마음과 믿음으로 이어가야 한다. 거기에 법령이나 형벌이 끼어드는 순간, 모듬살이는 각박해지고 어지러워진다. 유교가 가족주의에 치우친다는 비판을 받기는 하지만, 가족주의를 비판의 대상이 아니라 박애주의의 토대로 삼아야 한다.

13-19 ────────────────────

樊遲問仁, 子曰: "居處恭, 執事敬, 與人忠. 雖之夷狄, 不可棄也."

번지가 어짊에 대해 여쭈자, 스승께서 말씀하셨다.

"일 없이 있을 때는 의젓하고, 일을 맡았을 때는 지극하게 하고, 남들과 함께할 때는 참된 것이지. 그러면 비록 오랑캐 땅에 가더라도 내쳐지지 않을 수 있다."

　거처(居處)는 별 일이 없는 때이다. 집(執)은 잡다, 맡다는 뜻이다. 지(之)는 가다는 뜻이다. 이(夷)는 동쪽 오랑캐, 적(狄)은 북쪽 오랑캐를 가리킨다. 남쪽 오랑캐는 만(蠻)이라 하고, 서쪽 오랑캐는 융(戎)이라 한다. 기(棄)는 버리다, 꺼려하다, 내치다는 뜻이다.

蛇足　의젓함과 지극함, 참됨은 모두 하나이다. 어짊이 상황에 따라 다르게 드러난 것일 뿐이다. 상황에 따라 다르면서도 이치에 어긋나지 않는 것이 한결같음이고, 그 한결같음은 바로 어짊에서 비롯된다. 상황이 달라도 똑같이 행동하는 것은 한결같음이 아니라, 생각이 좁은 틀에 박힌 것이다. 틀에 박힌 사람이라면 오랑캐 속에서 살아남을 수 있겠는가? 어진 자만이 어디를 가든지 스스럼없고 무탈하다.

13-20

子貢問曰: "何如斯可謂之士矣?" 子曰: "行己有恥, 使於四方, 不辱君命, 可謂士矣." 曰: "敢問其次." 曰: "宗族稱孝焉, 鄕黨稱弟焉." 曰: "敢問其次." 曰: "言必信, 行必果, 硜硜然小人哉! 抑亦可以爲次矣." 曰: "今之從政者何如?" 子曰: "噫! 斗筲之人, 何足算也?"

자공이 여쭈었다.
"어찌하여야 선비라 할 수 있겠습니까?"
스승께서 말씀하셨다.
"행동하면서도 부끄러움을 늘 갖고 사방으로 사신이 되어 가서 임금의 명을 더럽히지 않는다면, 선비라 할 수 있다."

"그 다음에 대해 여쭙겠습니다."

"겨레붙이들이 효성스럽다고 일컫는 것, 마을 사람들이 잘 섬긴다고 일컫는 것이다."

"그 다음에 대해 여쭙겠습니다."

"말을 하면 반드시 미쁘게 하려고 하고, 행동하면 반드시 해내려고 한다면, 뻣뻣한 소인이로다! 그럼에도 그 다음은 될 수가 있다."

"오늘날 정치하는 사람들은 어떻습니까?"

"아! 말가웃 되는 사람들이야 어찌 잴 만하겠느냐?"

注釋 욕(辱)은 더럽히다, 영금을 보다는 뜻이다. 감문(敢問)에서는 제자로서 최선이 아닌 것을 묻는 데 대한 열없음이 묻어난다. 종족(宗族)은 같은 핏줄을 타고난 사람들이다. 제(弟)는 어린 사람이 윗사람을 잘 섬기는 것이다. 과(果)는 해내다, 이루다를 뜻한다. 갱갱(硜硜)은 주변머리가 없는 것을 형용한 말이다. 두소(斗筲)는 용량의 단위로, 두는 한 말, 소는 한 말 두 되이다. 분량이 적은 것을 이르는데, 여기서는 속이 좁은 것을 가리킨다. 산(算)은 세다, 헤아리다는 뜻이다.

蛇足 사(士) 즉 선비는 학문을 닦거나 재주를 익혀서 벼슬살이를 하는 사람이다. 그들 가운데서 군자와 소인이 나뉜다. 그런데 자공의 물음에 대해 공자가 대답한 말을 곱씹어보면, 소인은 선비에서 내쳐놓은 듯하다. 자공의 마지막 물음인 "오늘날 정치하는 사람들은 어떻습니까?"에 대해 공자가 탄식을 하며 "말가웃 되는 사람들이야 어찌 잴 만하겠느냐"고 말하였는데, 말가웃 되는 사람들이 바로 소인들이다. 공자를 통해 비로소 중세 지배계층의 중추가 되는 선비의 꼴이 갖추어지고 있음을 확인할 수 있다.

13-21

子曰: "不得中行而與之, 必也狂狷乎! 狂者進取, 狷者有所不
爲也."

스승께서 말씀하셨다.

"가운데로 가는 자를 만나서 함께 가지 못할 바에는 반드시 뜻
이 높은 자나 고집 센 자와 함께 하리라! 뜻이 높은 자는 힘껏
나아가고, 고집 센 자는 하지 않는 게 있다."

注釋　중행(中行)은 때나 곳에 알맞게 행동하는 것 또는 사람을 뜻
한다. 광(狂)은 뜻이 높고 기세가 대단한 것이다. 견(狷)은 고집스럽다
는 뜻이다.

蛇足　최선(最善)이 아닌 차선(次善)이라도 분명한 판단과 함께 단
호한 결단과 선택이 필요하다. 아무렇게나 해서는 차선이 되지 않는다.
뜻을 낮추거나 굽혀서는 안 되고, 마음이 흔들려서도 안 된다. 말 그대
로 으뜸이 될 수 있는 버금이어야 한다.

　뜻이 높은 자는 열정과 패기가 대단해서 나아가기만 하는 사람이
다. 그렇게 나아가다가 보면, 반드시 지극한 데에 이를 기회를 잡게 된
다. 고집 센 자는 해서는 안 될 것에 대해 지나칠 정도로 단호한 사람일
뿐이다. 고집이 있어야 명예나 이익 따위에 흔들리지 않고 한결같이 할
수 있다.

13-22

子曰: "南人有言曰, '人而無恒, 不可以作巫醫.' 善夫!" "不恒其
德, 或承之羞," 子曰: "不占而已矣."

스승께서 말씀하셨다.

"남방 사람들의 말에, '사람이 되어서 한결같은 마음이 없으면 무당이나 의원이 되어서는 안 된다'는 것이 있다. 옳도다!"

『주역』〈항괘(恒卦)〉의 "덕을 한결같이 지니지 않으면, 언제든지 부끄러움을 당한다"는 말에 대해 스승께서 말씀하셨다.

"점괘가 나오지 않을 뿐이다."

注釋 항(恒)은 언제나 변하지 않는 마음, 한결같음이다. 이(以)는 앞의 '인이무항(人而無恒)'을 받아서 '그것으로써'를 뜻한다. 무(巫)는 무당이다. 의(醫)는 치료하다, 의원을 뜻한다. 고대에는 무당이 의원이었고 의원이 무당이었다. 무당은 주술사이면서 치료사였다. 무의(巫醫)를 하나의 개념으로 보거나 둘로 보거나 의미에서는 다르지 않다. 혹(或)은 언제나, 늘 등을 뜻한다. 점(占)은 점치다, 점괘가 나오다는 뜻이다.

蛇足 고대에 무당이나 의원은 특정한 의례를 통해 신을 부르고 신을 기쁘게 한 뒤에 계시를 받아야 제구실을 할 수 있었다. 말하자면, 의례가 중요했고 신의 흠향이 긴요했다. 그런데 위에서는 사람으로서 한결같은 마음을 지니지 못하면 무당이나 의원으로서 자격이 없다고 하였다. 이는 고대적 사유를 넘어서는 것이다. 바로 이것이 공자의 인문주의적 사유이다. 점을 치는 일에서도 상통하는 견해를 보여주고 있다. 사람과 신이 소통되어야 점괘가 나온다는 사실에는 변함이 없으나, 사람의 마음가짐이 더욱 긴요하다는 인식이 드러나고 있다. 한 번 찬찬히 생각해보라. 산통을 흔들든 거북 등을 불에 태우든 제비를 뽑든 모두 '내'가 하는 일이다. 그런 나의 일에 대해 신탁이 내린다. 그렇다면 내가 먼저 마음가짐과 몸가짐을 올바로 지녀야만 점괘가 나오지 않을까? 점

패가 나오기를 바란다면, 먼저 나를 바르게 해서 덕을 지녀야 한다. 그런데 덕을 지니려 애쓰는 것이 바로 점을 치는 일이요, 덕을 지니는 것이 바로 점괘이다. 그런데 점쟁이가 점을 치는데, 점괘가 나오지 않는다면 이보다 더 망신스러운 일이 어디 있겠는가? 그것이 "언제든지 부끄러움을 당한다"는 뜻이고, "점괘가 나오지 않을 뿐이다"는 그 까닭을 두고 한 말이다.

13-23

子曰: "君子和而不同, 小人同而不和."

스승께서 말씀하셨다.
"군자는 어우러지지 똑같아지지 않고, 소인은 똑같아지지 어우러지지 않는다."

注釋 화(和)는 서로 다른 것이 제 색깔을 잃지 않은 채 함께하는 것이다. 동(同)은 자기 색깔을 잊고 특정한 것에 따르기만 하는 것이다.

蛇足 모든 사람, 모든 것에는 제각기 다른 색깔이 있다. 그 색깔을 인정하거나 긍정하면서 서로 어우러지게 하려는 사람이 군자이다. 특정한 것에 매이거나 사로잡혀서는 군자가 될 수 없다. 군자는 다르기 때문에 하나가 될 수 있고, 하나 속에 다름이 있다는 것을 안다. 그런데 소인은 다름을 받아들이지도 인정하지도 않는다. 다른 것은 다른 것일 뿐 하나가 될 수 없다고 여기고, 하나는 하나일 뿐 다른 것이 되어서는 안 된다고 여긴다. 특정한 것에 맞추거나 따르지 않으면, 그대로 혼란이 온다고 여긴다. 그 특정한 것도 가진 자, 힘 있는 자의 것이다. 나보다 큰 사람에게는 그를 따르기만 하고, 나보다 작은 사람에게는 자신

425

을 따르라고만 한다. 소인은 그렇게 끝끝내 획일화를 추구하다가 오히
려 자기를 망치고 남도 망친다. 본래부터 똑같은 것이 없었고, 지금도
똑같지 않으며, 앞으로도 똑같아지지 않을 것이다. 그것이 우주의 법칙
이다.

13-24

子貢問曰: "鄕人皆好之, 何如?" 子曰: "未可也." "鄕人皆惡之,
何如?" 子曰: "未可也. 不如鄕人之善者好之, 其不善者惡之."

　　자공이 여쭈었다.
　　"마을 사람들이 모두 좋아한다면, 어떻습니까?"
　　"아직 안 된다."
　　"마을 사람들이 모두 미워한다면, 어떻습니까?"
　　"아직 안 된다. 마을 사람들 가운데 착한 자가 좋아하고 착하
지 못한 자가 미워하는 것만 못하다."

　　注釋　　미가(未可)는 그 정도로는 충분하지 않다는 뜻이다.

　　蛇足　　이미 4-3에서도 나왔듯이 어진 자만이 사람을 좋아할 수도
있고 미워할 수도 있다. 그것은 어진 자만이 사람을 올바로 보고 제대
로 판단할 수 있는 지혜를 갖추고 있기 때문이다. 그런데도 그렇지 못
한 자들이 쉽게 남을 판단하고 말한다. 남들이 좋아하는지 미워하는지
로는 그 사람을 알 수 없다. 어떤 사람이 그를 좋아하고 미워하는지를
알아야 한다. 착한 자가 좋아한다면, 더할 나위 없다. 착한 자는 착한
이를 좋아하기 때문이다. 나쁜 자가 미워한다면, 역시 기쁜 일이다. 나
쁜 자는 도리에 맞고 이치를 따르는 사람을 미워하기 때문이다. 사람을

판단하는 일은 결코 쉽지 않으니, 함부로 판단하지 말고 또 남의 판단
에 줏대 없이 흔들려서도 안 된다.

13-25

子曰: "君子易事而難說也. 說之, 不以道, 不說也. 及其使人也,
器之. 小人難事而易說也. 說之, 雖不以道, 說也. 及其使人也,
求備焉."

　　스승께서 말씀하셨다.
　　"군자는 일은 쉽게 하면서 말하기를 어려워한다. 말을 하되 도
로써 하지 않을 것 같으면 말하지 않는다. 사람을 부릴 때에는
그 그릇에 따라 쓴다. 소인은 일은 어려워하면서 말은 쉽게 한
다. 말을 하되 도에 맞지 않더라도 말한다. 사람을 부릴 때에
는 다 갖춘 자를 애써 찾는다."

注釋　이 글에서 군자와 소인은 주체이지 대상이 아니다. 대체로 대
상으로 보고 "군자를 섬기기는 쉬우나 기쁘게 하기는 어렵다"는 등으
로 번역하는데, 이는 문맥상 적절하지 않다. 설(說)은 말하기이다. 대부
분 열(說)로 읽고 '기쁘게 하다'는 뜻으로 풀지만, 역시 적절하지 않다.
나머지도 마찬가지이다. 기(器)는 그릇으로, 사람의 재주나 역량의 크
기를 가리킨다. 비(備)는 앞에 나온 기(器)와 짝이 되어서, 재주를 두루
갖춘 사람을 뜻한다.

蛇足　여기서 공자가 한 말에 대한 번역과 해석은 기존의 것과는 다
르다. 공자는 학인들이 군자의 길을 가도록 바라고 가르친다. 그래서
군자와 소인이 어떻게 다른지를 곧잘 이야기하는데, 그것은 군자가 되

라는 의도에 말미암은 것이다. 여기서도 군자는 어떠어떠하고 소인은 어떠어떠하니 너희들은 군자처럼 할 것이지 소인처럼 굴어서는 안 된다는 뜻으로 말하였다. 그런데 "군자를 섬기기는 쉬우나 기쁘게 하기는 어렵다. 기쁘게 하되 도리에 맞지 않으면 기뻐하지 않는다"는 식으로 풀면, 학인들에게 군자를 섬기고 기쁘게 해주라는 암시를 주는 게 된다. 이는 『논어』에서 공자가 학인들에게 가르치는 것과는 사뭇 다르다. 부모나 스승이라면 섬기고 기쁘게 해주어야 할 대상이지만, 군자는 아니다. 스스로 군자가 되어야지 왜 군자를 섬기라고 하는가? 섬길 만한 군자가 드물어진 시대였다. 군자는 학인이 그리 되도록 애써야 할 인간형이다. 군자를 통해 자신을 되돌아보고 자신을 군자가 되도록 채찍질하라고, 즉 군자가 되는 공부를 하라고 해야지, 어떻게 이런 소극적인 말을 할 수 있는가? 만약 그런 의도로 말했다면, 공자답지 못할 뿐만 아니라 참된 스승으로서도 자격 미달이다. 물론 군자를 섬기기 위해서는 군자를 좋아하고 군자를 보는 안목이 있어야 한다. 그러나 그렇게 보기에는 어딘지 어색하다.

　군자는 자신을 돌아보는 공부를 했으므로 남을 볼 줄도 안다. 따라서 남을 부릴 때 그 사람의 능력을 제대로 가늠할 줄 알므로 그 능력을 적절하게 활용한다. 그러나 소인은 남을 부리려고만 하고 자신을 추스르는 공부를 하지 않아서 남을 보는 안목이 결여되어 있다. 그래서 자신이 바라는 재주를 다 지닌 사람을 구하려고만 애쓴다. 나를 바로잡고 나를 뛰어난 자로 만들면 누구를 만나고 누구를 부리더라도 어려움이 없다. 그러나 나를 바로잡거나 뛰어난 자로 만들지 않으면, 바라는 사람을 만나기도 어렵고 부리기는 더욱더 어렵다. 어찌 구한다고 될 것이랴.

13-26

子曰: "君子泰而不驕, 小人驕而不泰."

스승께서 말씀하셨다.
"군자는 크나크지만 으스대지 않고, 소인은 으스대지만 그리 크지 않다."

注釋　태(泰)는 크다, 너그럽다는 뜻이다. 교(驕)는 우쭐거리다, 뽐내다, 으스대다는 뜻이다.

蛇足　군자는 태산과 같은 존재가 되려는 사람이다. 태산은 높고 크지만, 말이 없다. 천하를 굽어보지만, 우쭐거리지 않는다. 거친 바람이 몰아치고 우레가 때려도 꿈쩍을 않는다. 맹자는 "나는 마흔에 흔들리지 않는 마음을 지녔다"고 하였다. 군자는 바로 그런 마음을 지닌 자이다. 소인은 그렇지 않아서 빈 수레와 같다. 드러내 보일 만한 것이 없어서 겉을 화려하게 꾸미지만, 정작 그 안에는 아무 것도 없다. 그래서 더욱더 드렁드렁한다. 스스로 드렁거리지 않으면, 아무도 알아주지 않아서이다.

13-27

子曰: "剛毅木訥, 近仁."

스승께서 말씀하셨다.
"굳세고 발끈하고 숫지고 말이 적으면 어짊에 가깝다."

注釋　강(剛)은 단단하다, 굳세다는 뜻이다. 뜻이 잘 변하지 않는 것

을 가리킨다. 의(毅)는 성을 발끈 내다는 뜻이다. 목(木)은 순박하다, 수수하다는 뜻이다. 눌(訥)은 말을 더듬다, 말이 적다는 뜻이다.

蛇足 한 번 먹은 마음을 바꾸지 않는 것이 굳셈이요, 제 부끄러움을 알고 성내듯이 하고 도리에 어긋난 일을 보면 망설임 없이 나서는 것이 발끈함이요, 알찰수록 수수하고 깊을수록 투박한 줄을 알아서 몸가짐을 그렇게 하는 것이 숫짐이요, 지혜로울수록 웅숭깊어서 말은 적게 가만히 하면서도 정곡을 찌르는 것이 말 적음이다. 이렇게 하는 사람이 군자이다. 소인은 쉽게 마음을 먹고 쉽게 바꾸며, 남의 잘못에 성내고 제 잘못은 모르며, 실속을 차린다면서 치레하기 좋아하며, 말이 적으면 무시당한다고 여겨서 거침없이 말을 내뱉는다.

13-28

子路問曰: "何如斯可謂之士矣?" 子曰: "切切偲偲, 怡怡如也, 可謂士矣. 朋友切切偲偲, 兄弟怡怡."

　　자로가 여쭈었다.
　　"어떻게 해야 선비라 일컬어질 수 있겠습니까?"
　　스승께서 말씀하셨다.
　　"지극하게 하면서 잘하도록 북돋아주고 살갑게 대한다면, 선비라 할 수 있지. 벗끼리는 지극하게 잘하도록 다그쳐주고, 형과 아우는 살가워야 한다."

注釋 절(切)은 정성을 다하다는 뜻이다. 시(偲)는 잘하도록 북돋우다는 뜻이다. 이(怡)는 기쁘다, 부드럽다는 뜻이다.

蛇足　자로는 지나치게 용맹한 사람이다. 선비보다는 무사에 가까운 성향과 면모를 지닌 사람이다. 그래서 공자는 그가 마음을 숙부드럽게 지니도록 일깨워주고 있다. 다른 제자들이나 남들이 자로를 거칠게 보고 심지어는 판무식한 자로 보는 것은 그의 거칠어 보이는 행동 탓이다. 그런 거칠음을 다스리기 위해서는 마음을 다잡는 것이 우선이다. 아무리 좋은 마음을 지녔더라도 그 드러난 말이나 행동이 거칠면 오해받기 십상이다. 쓸데없이 오해를 사지 않도록 하는 것도 선비가 삼가야 할 일이다.

13-29

子曰: "善人教民七年, 亦可以卽戎矣."

스승께서 말씀하셨다.
"좋은 사람이 백성을 7년 동안 가르치면, 싸움터에 나아가게 할 수 있다."

注釋　즉(卽)은 나아가다는 뜻이다. 융(戎)은 병장기, 싸움을 뜻한다.

蛇足　좋은 사람의 다스림이 7년 동안 이어지면, 아랫사람들과 백성들이 그를 믿고 따른다. 설령 물이나 불 속으로 뛰어들라고 해도 뛰어들 것이다. 반드시 전쟁을 일으켜서 백성들을 내몬다는 뜻이 아니라, 그만큼 위와 아래가 믿음으로 잘 어우러진다는 것을 말하고자 하였다.

13-30

子曰: "以不教民戰, 是謂棄之."

스승께서 말씀하셨다.
"백성을 가르치지 않고서 싸움터에 내몬다면, 이는 백성을 버리는 짓이다."

注釋　기(棄)는 버리다, 돌보지 않다는 뜻이다.

蛇足　백성을 가르치지 않는 자는 폭군이다. 폭군은 부리려고만 하지, 가르치려고 하지는 않는다. 먼저 폭군이 백성을 버리고, 나중에 백성이 폭군을 버린다. 버려진 폭군은 살아서는 설 곳이 없고 죽어서는 묻힐 곳이 없다.

14편

헌문 (憲問)

14-1

憲問恥, 子曰: "邦有道, 穀; 邦無道, 穀, 恥也." "克, 伐, 怨, 欲, 不行焉, 可以爲仁矣?" 子曰: "可以爲難矣, 仁則吾不知也."

헌이 부끄러움에 대해 여쭈니, 스승께서 말씀하셨다.

"나라에 도가 행해질 때는 녹봉을 받아도 되지만, 나라에 도가 행해지지 않을 때 녹봉을 받는 것은 부끄러움이다."

"남을 이기려 하는 것, 뽐내는 것, 남 탓하는 것, 잔뜩 바라는 것 따위를 하지 않는다면, 어질다 할 수 있습니까?"

"그게 어려운 일이라고는 하겠으나, 어진지에 대해서는 모르겠다."

注釋　헌(憲)은 공자의 제자인 원헌(原憲)이다. 6-5에 나오는 원사(原思)이다. 곡(穀)은 녹봉을 뜻한다. 옛날에는 쌀이나 보리 따위 곡식으로 녹봉을 주었다. 벌(伐)은 자신이 이룬 일을 자랑하다는 뜻이다. 원(怨)은 못마땅하게 여기고 탓하는, 뒤틀린 마음이다.

蛇足　어짊은 성인이 되는 요건이다. 어짊은 모든 덕목을 아우르는 것이다. 따라서 쉽사리 알 수 있는 것이 아니요 체득하기에 만만한 것은 더욱 아니다. 그러나 당시 사람들은 어짊의 참뜻을 잘 알지 못하였다. 그도 그럴 것이 공자가 어짊을 중요한 덕목으로 내세우면서 이전과는 다른 새로운 의미를 담았기 때문이다. 그런데 예나 이제나 공부를 좀 했다고 하면 아주 아는 체를 하고, 수양을 좀 했다 하면 아주 현자나 성자가 된 듯이 구는 사람들이 있다. 지혜를 얻고 어짊을 갖추는 일이 일상에서 이루어지지만, 그 일상을 만만하게 보아서는 안 된다.

14-2

子曰: "士而懷居, 不足以爲士矣."

스승께서 말씀하셨다.
"선비가 되어서 편안히 살 마음을 먹는다면, 선비라고 하기에
는 턱없이 모자란다."

注釋　회(懷)는 품다, 마음을 먹다는 뜻이다. 거(居)는 편안하게 또
는 안정되게 살다는 뜻이다.

蛇足　선비는 천하 사람들보다 먼저 걱정하고 천하 사람들보다 나
중에 즐거워한다. 이는 선비가 제 한 몸을 편안하게 하려는 자가 아니
라, 천하를 위해서 사는 사람이기 때문이다. 선비는 오로지 천하의 태
평을 위해 배우고 실천하는 존재이다. 그래서 갈 길이 멀고 외로운 존
재이기도 하다. 알아주는 이가 매우 적어서이다. 때로는 가족들조차 이
해하지 못한다. 그렇지 않겠는가? 편안히 살 마음을 먹지 않는데, 누가
가장 힘들겠는가?

14-3

子曰: "邦有道, 危言危行; 邦無道, 危行言孫."

스승께서 말씀하셨다.
"나라에 도가 행해질 때는 말을 목곧게 하고 행동을 올곧게 하
지만, 나라에 도가 행해지지 않을 때는 행동은 올곧게 해도 말
은 점잖아야 한다."

注釋　위(危)는 높다, 바르다, 곧게 하다는 뜻이다. 손(孫)은 점잖다, 차분하다는 뜻이다.

蛇足　옳거나 바른 말은 대체로 뻣뻣하게 들린다. 말소리나 말투가 그래서가 아니다. 말맛이나 말뜻이 이치에 맞으면 괜스레 그렇게 들린다. 그것은 그만큼 사람들이 이치에 맞지 않게 생각하거나 말하거나 행동하기 때문이다. 그런데 그런 뻣뻣한 말씨가 태평한 시절에는 문제가 되지 않지만, 어지러운 시절에는 반드시 말썽거리가 될 수 있다. 어지러운 시절에는 올바른 말이 먹히지 않는다. 그런데도 말을 하다가 자신을 옥죄거나 옭아맨다면, 그것은 어리석은 짓이다.

14-4

子曰: "有德者必有言, 有言者不必有德. 仁者必有勇, 勇者不必有仁."

　스승께서 말씀하셨다.
　"덕이 있는 자는 반드시 말을 잘하지만, 말을 잘한다고 해서 반드시 덕이 있는 것은 아니다. 어진 자는 반드시 용기가 있으나, 용기 있는 자가 반드시 어진 것은 아니다."

注釋　언(言)은 말을 잘하다는 뜻이다.

蛇足　어진 자는 지혜로우니, 때와 곳과 상대를 잘 알아서 말을 한다. 그러나 말을 잘한다고 해서 지혜로운 것은 아니다. 참되지 않으면서 말만 번드럽게 할 수도 있다. 번드러운 말만으로는 그 알참이나 지혜를 가늠하기 어렵다. 어진 자는 이치를 알고 행하니, 두려움이 없다.

그러나 두려움이 없다고 해서 반드시 어진 것은 아니다. 무얼 몰라서 두려워하지 않는 경우도 많기 때문이다. 슬기는 있으나 용기가 없으면 비겁해지고, 용기는 있으나 슬기가 없으면 만용을 부린다. 어짊이 없이 용맹을 부리는 자는 난폭하다.

14-5

南宮适問於孔子曰: "羿善射, 奡盪舟, 俱不得其死然. 禹稷躬稼而有天下." 夫子不答. 南宮适出, 子曰: "君子哉若人! 尙德哉若人!"

남궁괄이 공 스승께 여쭈었다.

"예는 활을 잘 쏘았고, 오는 배를 잘 뒤집었으나, 모두 제 명에 죽지 못하였습니다. 그러나 우와 직은 몸소 농사지었음에도 천하를 얻었습니다."

스승께서는 대답하지 않으셨다. 남궁괄이 나가자, 스승께서 말씀하셨다.

"군자로구나, 저 사람은! 덕을 숭상하는구나, 저 사람은!"

注釋 남궁괄(南宮适)은 공자의 제자인 남용(南容)이다. 5-2에서도 공자는 그를 높였다. 중국 고대 전설에는 세 명의 예(羿)가 있었는데, 모두 활을 잘 쏘았다. 첫째는 제곡(帝嚳)의 궁사이고, 둘째는 당요(唐堯) 때에 열 개의 태양이 나타나자 아홉 개를 쏘아서 떨어뜨렸다는 인물이고, 셋째는 유궁국(有窮國)의 군주이다. 대체로 활 잘 쏘는 자를 거론할 때는 둘째 인물을 말한다. 오(奡)는 고대 전설 속의 인물로, 하나라 때 한착(寒浞)의 아들이다. 탕주(盪舟)는 수전(水戰)에서 배를 잘 뒤집는 것이다. 가(稼)는 농사 짓다는 뜻이다.

蛇足 힘을 쓰는 자는 그 힘으로 잃고, 덕을 갖춘 자는 그 덕으로 얻는다. 힘으로 누르려고 하는 자는 상대를 굴복시키되 마음을 얻지 못하며, 결국 그 힘으로 말미암아 제 목숨을 잃기까지 한다. 덕으로 껴안는 자는 남을 굴복시키려 하지 않지만 사람들이 그를 따르고, 제게 주어진 그대로 산다. 춘추와 전국 시대는 바로 힘으로써 천하를 얻으려던 제후국들이 천하를 어지럽히다가 스스로 망하던 때였다. 진나라도 천하를 얻었으나 힘으로 얻어 힘으로 잃었으니, 그야말로 역사의 이치란 이러하다. 그럼에도 여전히 덕보다 힘에 의존하려는 것이 문명의 생리이다. 바로 그 문명의 생리가 수천 년의 문명사를 전쟁의 역사로 만들었다. 힘과 덕의 본질적인 차이를 잘 알고 덕을 높였던 남궁괄을, 그래서 공자는 높이 일컬었다.

14-6

子曰: "君子而不仁者有矣夫. 未有小人而仁者也."

스승께서 말씀하셨다.
"군자라면서 어질지 못한 자는 있으리라. 그러나 소인이면서 어진 자는 아직 없었다."

蛇足 어짊을 온전히 갖춘 자는 성인이다. 모자라게 갖춘 자는 군자이다. 어질다고 말할 수는 없으나, 도로 나아가는 자도 군자이다. 그래서 군자의 길을 가면서도 아직 어질지 못한 자는 있다. 그러나 아예 어짊에서 벗어난 길, 어짊과는 전혀 다른 방향으로 가는 자는 소인이다. 그런 소인이 어찌 어질게 되겠는가? 방향을 완전히 꺾어서 도로 나아가야만 군자가 되고, 군자가 되어야 어질게 될 수 있다. 소인에게는 결코 어짊에 대해서 말해서는 안 된다. 우이독경(牛耳讀經)이요 마이동풍

(馬耳東風)이 되리니.

14-7 ────────────────

子曰: "愛之, 能勿勞乎? 忠焉, 能勿誨乎?"

스승께서 말씀하셨다.
"그를 아낀다고 해서 힘들이게 하지 않을 수 있겠는가? 내가
지극하다면, 일깨워주지 않을 수 있겠는가?"

注釋　　애(愛)는 아끼다, 소중하게 여기다는 뜻이다. 로(勞)는 힘들이
다, 애쓰게 하다는 뜻이다. 충(忠)은 마음을 다하다는 뜻이다. 회(誨)는
사리에 어두운 사람을 말로써 가르치는 것이니, 일깨우다는 뜻이다.

蛇足　　아무리 사랑하더라도 맹목적이어서는 안 된다. 지혜가 없으
면, 사랑은 온데간데없어지고 집착만 남는다. 사랑은 상대를 진정으로
아껴주는 마음이고, 그가 언제 어디서든지 떳떳하게 살기를 바라는 마
음이다. 그렇다면 힘들게 할 만하면 힘들게 해주어야 하고, 꾸짖어야
할 때는 꾸짖어야 한다. 그렇게 하지 않으면, 내가 아끼는 사람을 아슬
아슬한 지경으로 몰고 가게 된다. 또 내가 참으로 그를 위한다면, 일깨
워주어야 할 때 일깨워주어야 한다. 그렇게 하지 않으면, 그 사람을 망
친다. 참된 사람이라면, 지극한 사람이라면, 대체 남이 망가지는 것을
마냥 두고 보겠는가? 만약 남의 일처럼 내버려둔다면, 그는 결코 지극
한 사람이 아니다. 그런 그의 내면에는 사사로움이 자리하고 있다고 해
도 과언이 아니다.

14-8 ──────────────────── ──────────────

子曰: "爲命, 裨諶草創之, 世叔討論之, 行人子羽修飾之, 東里
子産潤色之."

　　스승께서 말씀하셨다.
　　"외교 명령이 떨어지면, 비심이 초고를 작성하고, 세숙이 조리
가 있는지 따지고, 행인인 자우가 다듬고 꾸미며, 동리 자산이
매만져서 곱게 한다."

注釋　　명(命)은 외교 문서 또는 외교에 관한 명령이다. 비심(裨諶)은
정나라의 대부이다. 초창(草創)은 초고를 작성하다는 뜻이다. 세숙(世
叔)은 『좌전』에 나오는 자태숙(子太叔)으로, 이름은 유길(游吉)이다. 토
(討)는 없앨 만한 것을 찾아서 없애는 것이다. 론(論)은 조리가 있게 말
하는 것이다. 행인(行人)은 관직명으로, 외교관을 뜻한다. 자우(子羽)는
공손휘(公孫揮)의 자이다. 수(修)는 다듬다, 가다듬다는 뜻이다. 식(飾)
은 꾸미다는 듯이다. 동리(東里)는 땅 이름으로, 자산이 살던 곳이다.
그것이 자산의 호가 되었다. 자산은 정나라의 뛰어난 재상이었다.

蛇足　　춘추 시대 정나라가 한때 천하를 호령했던 것은 이처럼 일처
리를 꼼꼼하고 합리적으로 하였기 때문이다. 물론 이는 재능 있는 인물
을 알아보는 안목과 그들을 정치에 기용하는 결단력, 심사숙고한 정책
을 과감하게 실행하는 추진력 등이 자산에게 갖추어져 있었기 때문이
다. 그러나 이러한 능력도 덕을 갖춘 사람이라야 올바르게 쓴다. 덕이
없는 자는 사리사욕을 채우는 데에 쓸 뿐이다.

或問子産, 子曰:"惠人也."問子西, 曰:"彼哉! 彼哉!"問管仲,
曰:"人也. 奪伯氏騈邑三百, 飯疏食, 沒齒無怨言."

누군가가 자산에 대해 여쭈니, 스승께서 말씀하셨다.
"베풀 줄 아는 사람이다."
자서에 대해 여쭈니, 말씀하셨다.
"그 사람 말인가! 그 사람 말인가!"
관중에 대해 여쭈니, 말씀하셨다.
"인물이지. 백씨의 병읍 3백 호를 빼앗았는데, 백씨는 거친 밥
을 먹으면서도 죽을 때까지 탓하는 말을 하지 않았다."

注釋 혜(惠)는 은혜를 베풀다는 뜻이다. 자서(子西)는 춘추 시대 때
세 명이 있었으나, 정나라 대부인 공손하(公孫夏)로 보는 게 적절하다.
자산은 자서를 이어서 정나라의 정치를 맡았다. 피재피재(彼哉! 彼哉!)
는 깔보거나 얕보아서 하는 말투이다. 대단할 것이 없어서 말할 만하지
못하다는 말맛이 있다. 탈(奪)은 빼앗다는 뜻이다. 백씨(伯氏)는 제나
라의 대부라고 한다. 병읍(騈邑)은 땅 이름으로, 지금의 산동성에 속한
다. 소사(疏食)는 거친 밥, 변변치 못한 음식을 뜻한다. 몰치(沒齒)는 이
가 다 빠진다는 뜻으로, 늙어서 죽을 때까지, 한평생 등을 의미한다. 원
(怨)은 마음이 비틀어져서 탓하는 것이다.

子曰:"貧而無怨, 難; 富而無驕, 易."

스승께서 말씀하셨다.

"가난하면서도 탓하는 마음을 갖지 않기는 어려우나, 가멸지 면서도 으스대지 않는 것은 쉽다."

注釋 교(驕)는 우쭐거리다, 뽐내다, 으스대다는 뜻이다.

蛇足 "가난은 죄가 아니다"느니 "가난은 나라님도 구제하지 못한 다"느니 하는 말들이 있지만, 그래도 가난을 좋아하는 사람은 없다. 아 니, 좋아하기는커녕 지독하게도 싫어한다. 가난에서 벗어나기 위해서 라면 무엇이든 하겠다는 사람들도 적지 않다. 문제는 가난은 벗어나려 한다고 해서 벗어날 수 있는 게 아니라는 사실이다. 춘추 시대나 전국 시대같이 상업과 농업에서 급속한 변화와 발달이 있었던 시대, 더구나 넓은 땅에서 수많은 사람들이 복닥거리는 중국에서는 아주 큰 부자가 되거나 매우 가난한 자가 되거나 둘 가운데 어느 하나가 될 가능성이 높다. 인구가 너무 적으면 경제가 원활하게 돌아가지 않는다. 반면에 지나치게 인구가 많으면 오히려 소수에게 재화가 집중되는 일이 생긴 다. 돈이 돈을 벌기 때문이다. 특히 중국에서는 권력을 쥐거나 금력을 쥐지 않으면 사람대접을 받기가 어려웠다. 그러니 누가 가난을 감수할 것이며, 또 탓하는 마음이 없을 수 있겠는가? 그래서 탓하지 않는 마음 을 갖기가 어려운 것이다. 반면에 가진 자는 그만큼 여유가 있으니, 뽐 내지 않고 으스대지 않을 수도 있다. 가지지 못한 자들의 원성을 사지 않기 위해서도 우쭐거리지 않을 수 있다. 물론, 예의를 알고 남에게 베 풀며 어질게 사는 것만 못하지만, 세상인심을 보면 그조차도 기특하다 고 하리라.

14-11

子曰: "孟公綽爲趙魏老則優, 不可以爲滕薛大夫."

442

스승께서 말씀하셨다.

"맹공작이 조나라나 위나라의 가신 노릇은 잘 해내겠지만, 등
나라나 설나라의 대부는 될 수가 없다."

注釋　맹공작(孟公綽)은 노나라의 대부이다. 노(老)는 고대에 대부
의 가신을 일컫는 말이었다. 우(優)는 넉넉하다, 뛰어나다는 뜻이다. 등
설(滕薛)은 당시 작은 나라로, 노나라 가까이 있었다.

蛇足　나라의 크기에 상관없이 윗자리에서 할 일은 대개 비슷하다.
그것은 전체를 한눈에 보고 잘 잡도리하면서 아우르는 일이다. 사람
을 알아보고 적절하게 쓸 수 있는 능력, 상황의 변화를 잘 파악하고 적
절하게 대처하는 능력 또한 요구된다. 자잘한 일들은 어차피 아랫사람
을 두어서 맡길 테니, 잔재주가 요구되는 것은 아니다. 아마도 맹공작
은 그릇이 크지 않아서 경이나 대부 노릇을 잘하기가 어려웠던 게 아닐
까? 14-12에서 언급되는 것처럼 그가 욕심을 부리지는 않았겠지만, 그
렇다고 해서 그의 능력이 탁월하다는 말은 아닐 것이다. 노나라에서 대
부 벼슬을 하면서도 욕심이 없다는 것 말고는 딱히 내세울 것이 없었던
인물이 아닐까 한다. 어쩌면 자기 주제를 알고 처신을 잘한 인물이었는
지도 모르겠다. 괜스레 욕심을 부렸다가는 시기와 질투의 대상이 되어
서 몸을 보전하기가 어려웠을 테니 말이다.

14-12

子路問成人, 子曰:"若臧武仲之知, 公綽之不欲, 卞莊子之勇,
冉求之藝, 文之以禮樂, 亦可以爲成人矣." 曰:"今之成人者何
必然? 見利思義, 見危授命, 久要不忘平生之言, 亦可以爲成
人矣."

자로가 온사람에 대해 여쭈니, 스승께서 말씀하셨다.

"장무중의 지혜와 맹공작의 욕심 없음, 변장자의 용기, 염구의 재주에 예의와 음악으로 다듬는다면, 그야말로 온사람이라 할 수 있다."

또 말씀하셨다.

"오늘날의 온사람이라면 어찌 꼭 그러하겠느냐? 이끗을 보고는 올바름을 생각하고 간간한 때에는 목숨을 내던지며 오랫동안 앞길이 막혀 있어도 지난날의 말을 잊지 않는다면, 그야말로 온사람이라 할 수 있다."

注釋 성인(成人)은 학문이나 덕행을 온전하게 갖춘 사람이다. 여기서는 전체 또는 전부를 뜻하는 '온'을 붙여서 '온사람'이라 풀었다. 장무중(臧武仲)은 노나라의 대부인 장손흘(臧孫紇)이다. 변장자(卞莊子)는 노나라의 용맹한 선비였다. 예(藝)는 재주, 재능을 뜻한다. 문(文)은 아름답게 꾸미다, 다듬다는 뜻이다. 위(危)는 아슬아슬하다, 간간하다는 뜻이다. 수(授)는 주다, 내던지다는 뜻이다. 요(要)는 막다, 막히다는 뜻이다. 평생(平生)은 평소, 지난날을 뜻한다.

蛇足 온사람은 성인(聖人)은 아니지만, 그에 버금가는 지혜와 덕을 갖춘 사람을 가리키는 듯하다. 공자의 말을 보면, 군자로서 가야 할 길을 꿋꿋하게 간 사람이다.

늘 이로운 일이 생기지 않고, 늘 아슬한 상황에 놓이지 않으며, 늘 앞길이 막막한 것은 아니다. 매우 드물게 그런 일이 일어나고 어쩌다가 그런 때에 맞닥뜨리며 문득 막막함을 느낀다. 그럼에도 이로움을 보면 먼저 올바름을 생각하는 것, 아슬한 때에 목숨을 과감하게 내던지는 것, 앞날이 깜깜하게 느껴져도 지난날에 한 말을 한결같이 간직하면서 이루려는 것, 그런 것들은 일상의 자잘한 일들 속에서 이미 지극한 마음이 다져져서야 가능하다. 무엇보다도 이로운 일, 아슬한 상황, 앞길이 막막한 때 등은 일상을 벗어나 있는 게 아니다. 그 모두 일상의 연속일 뿐이다. 그리고 일상은 그 자체가 결정적 순간들의 연속이다. 그래서 일상에서 지망지망한 사람은 드문 일이 일어나면 어쩔 줄을 모르고 갈팡질팡한다.

14-13

子問公叔文子於公明賈曰: "信乎, 夫子不言不笑不取乎?" 公明賈對曰: "以告者過也. 夫子時然後言, 人不厭其言; 樂然後笑, 人不厭其笑; 義然後取, 人不厭其取." 子曰: "其然? 豈其然乎!"

스승께서 공명가에게 공숙문자에 대해 물으셨다.
"정말인가, 그 어른께서는 말하지도 않고 웃지도 않으며 가지려고도 하지 않으신다는 게?"
공명가가 대답하였다.
"그렇게 말해준 것은 지나쳤습니다. 그 어른께서는 때가 되어서야 말씀하시니, 남들이 그 말을 싫어하지 않습니다. 즐거워진 뒤에야 웃으시니, 남들이 그 웃음을 싫어하지 않습니다. 올바르게 된 뒤에야 가지시니, 남들이 그것을 싫어하지 않습니다."
스승께서 말씀하셨다.
"정말 그런가? 어찌 꼭 그렇겠는가!"

注釋　공숙문자(公叔文子)는 위(衛)나라의 대부이다. 공명가(公明賈) 역시 위나라 사람이다. 취(取)는 본래 남의 것을 빼앗다, 거두어들이다

는 뜻이다. 여기서는 가지다, 얻다는 뜻으로 쓰였다. 이(以)는 앞의 구절을 받는다. 고(告)는 알리다, 이야기하다는 뜻이다. 과(過)는 지나치다는 뜻이다. 염(厭)은 싫다, 싫어하다는 뜻이다. 기연(其然)의 기에는 정말로, 참말로 등의 말맛이 있다.

蛇足　공자는 왜 반문하는 듯 미심쩍어하였는가? 공명가의 말을 믿는다면, 공숙문자는 그야말로 어질거나 어짊에 가깝다고 할 수 있기 때문이다. 그런데 바로 여기에 곱씹어보아야 할 것이 있다. 공명가의 말에서 "남들이 싫어하지 않는다"는 것이 그것이다. 공숙문자가 때에 맞게 말을 하고 즐거워진 뒤에야 웃고 올바르게 된 뒤에야 가진다는 것은 그대로 도에 합당한 것이다. 문제는 남들이 싫어하지 않는다는 것이니, 그 남들은 과연 어떤 사람들인가? 그들이 군자인가 소인인가, 아니면 백성들인가? 군자들이 싫어하지 않았다면, 어질다고 할 수 있다. 그러나 위나라에 군자가 많은가? 소인들이 싫어하지 않았다면, 어질다고 말할 수 없다. 아마도 이에 가까웠으리라 생각된다. 백성들이 싫어하지 않았다면, 위나라는 덕으로써 다스려지는 나라가 될 것이다. 위나라는 그런 나라인가? 13-7에서 공자는 "노나라와 위나라의 정치는 꼭 형제 같구나!"라고 탄식하였다. 공숙문자가 소문과 같이 그렇게 대단한 인물이라면, 그런 자가 대부로 있다면, 위나라는 바른 정치가 이루어져서 노나라와 달라지지 않았을까? 그래서 공명가의 말에 대해 공자가 "정말 그런가? 어찌 꼭 그렇겠는가!"라고 말했던 것이리라.

14-14

子曰: "臧武仲以防求爲後於魯, 雖曰不要君, 吾不信也."

스승께서 말씀하셨다.

"장무중은 방 땅에 버티면서 제 자식을 노나라의 경대부로 삼게 해달라고 하였는데, 비록 임금을 으르지 않았다고 하지만 나는 믿지 않는다."

注釋 방(防)은 장무중의 봉읍(封邑)으로, 지금 산동성 비현(費縣)의 동북쪽 60리 즈음의 화성(華城)에 있었으며, 제나라의 변경과 가까웠다. 구(求)는 바라다, 구하다는 뜻이다. 위후(爲後)는 뒤를 잇게 하다, 후계자를 세우다는 뜻이다. 요(要)는 으르다, 을러메다는 뜻이다.

蛇足 14-12에서 공자는 장무중을 지혜롭다고 하였다. 여기서 장무중은 군주를 을러메어 제 바람을 이루려는 인물로 묘사되고 있다. 이는 그가 지혜는 있으나 사사로운 욕심을 가진 자임을 뜻한다. 그렇게 보면, 그의 지혜는 참된 지혜가 아니라 간사한 지혜에 지나지 않는다. 그래서 공자도 그의 지혜에다가 맹공작의 욕심 없음을 덧붙였던 것이리라. 아, 아무리 지식이 있고 지혜가 뛰어나도 사사로움이나 욕심에서 벗어나지 못한다면, 그 지식이나 지혜로 도리어 자신을 해치게 된다. 뿐만 아니라 남을 해치기도 하고 세상을 어지럽히기도 한다.

또 남들은 그를 두고 "임금을 으르지 않았다"고 말들 해도, 그 말을 또 어찌 믿을 것인가? 그렇다고 해서 공자가 임금을 두둔한 것도 아니다. 만약 임금이 그릇되어서 백성을 위한 정치를 펴지 못한다고 여겼다면, 장무중은 먼저 올바른 말로써 아뢰었어야 한다. 적어도 세 번 아뢰었는데도 듣지 않는다면 나라를 떠날 것이요, 백성들을 걱정했다면 차라리 혁명을 일으켰어야 한다. 이도 저도 아니고 고작 제 욕심을 채우려 했으니. 그 시대가 그런 시대였다!

14-15 ————————————————————

子曰: "晉文公譎而不正, 齊桓公正而不譎."

　　스승께서 말씀하셨다.
　　"진나라 문공은 부풀려 말하면서 바르지 않았고, 제나라 환공은 바르면서 부풀려 말하지 않았다."

注釋　　진나라 문공(文公)은 이름이 중이(重耳)이고, 제나라 환공(桓公)은 이름이 소백(小白)이다. 두 제후는 춘추 시대에 명성을 떨친 다섯 패자(覇者) 가운데서 가장 명성이 높다. 다섯 패자에는 초(楚)나라 장왕(莊王), 오(吳)나라 합려(闔廬, 闔閭), 월(越)나라 구천(句踐) 등이 꼽히기도 하고, 초나라 장왕과 함께 진(秦)나라의 목공(穆公), 송(宋)나라의 양공(襄公) 등이 꼽히기도 한다. 휼(譎)은 부풀려서 말하다, 속이다는 뜻이다.

蛇足　　군주는 허언(虛言)을 하지 않는다고 하였다. 이는 꼭 할 말만 하고, 지킬 수 있는 말만 하며, 한 말은 그대로 행한다는 뜻이다. 군주의 말이 미쁘지 않으면, 아무도 그 군주를 마음으로 따르지 않는다. 왕조 시대의 정령(政令)은 법령(法令)과 명령(命令)으로 이루어져 있었고, 군주의 말이 곧 명령이었다. 그만큼 군주의 말은 중요하였다. 그러나 군주의 말만 그러한 게 아니다. 누구든 말을 부풀려서는 안 된다. 부풀리는 순간, 이미 그 말은 거짓말이다. 부풀려 말하는 자가 그 말에 책임을 지고 그 말대로 하는 경우는 거의 없다. 그 말대로 하지 않으면, 그 말은 헛소리요 빈말이 된다. 어찌 말을 삼가지 않을 수 있겠는가?

子路曰: "桓公殺公子糾, 召忽死之, 管仲不死. 曰未仁乎?" 子
曰: "桓公九合諸侯, 不以兵車, 管仲之力也. 如其仁, 如其仁."

자로가 여쭈었다.
"환공이 공자 규를 죽였을 때, 소홀은 죽었으나 관중은 죽지
않았습니다. 어질지 않다고 하겠습니까?"
스승께서 말씀하셨다.
"환공은 여러 번 제후들을 모아 맹약하게 하면서 무력으로써
하지 않았으니, 이는 관중의 힘이었다. 그만큼 어질다, 그만큼
어질다."

注釋　　제나라의 환공과 공자 규는 모두 양공(襄公)의 아우들이다.
양공이 무도하였으므로 환공은 포숙아(鮑叔牙)가 모시고 거국(莒國)으
로 달아났고, 공자 규는 관중과 소홀이 모시고 노나라로 달아났다. 양
공이 피살된 뒤에 환공이 먼저 제나라로 들어와서 군주의 자리에 올랐
고, 곧이어 군대를 이끌고 노나라를 쳐서 공자 규를 죽였다. 이때 소홀
은 자살하였으나, 관중은 죽지 않고 노나라에 잡혀 있었다. 포숙아가
환공에게 관중을 데려오게 한 뒤, 재상에 임명하였다. 구(九)는 반드시
아홉을 뜻하는 것은 아니고, 여럿을 뜻할 뿐이다. 여기(如其)는 그 정
도, 그만큼의 뜻이다.

蛇足　　자로는 자로다운 물음을 던졌다. 관중은 주군이 죽었음에도
소홀과는 달리 죽으려 하지 않았다. 이는 의리를 저버린 것이니, 결코
어질다고 할 수 없지 않느냐는 것이 자로의 속뜻이다. 용맹한 자로로서
는 당연한 물음이다. 그런데 공자는 관중을 어질다고 하였다. 제후들이
무력으로 다투던 때에 무력이 아닌 권위로써 화합시키고 전쟁이 일어

나지 않게 하였으니, 이야말로 어질지 않느냐는 것이다. 전쟁은 백성들을 죽음으로 내모는 짓이니, 전쟁을 그치게 하는 것은 곧 백성들을 살리는 일이 아닌가. 비록 성인과 같은 경지에 이른 것은 아닐지라도, 그 정도면 어질다고 할 수 있지 않느냐는 것이다. 공자의 이 대답은 12-22에서 번지가 어짊에 대해 여쭈었을 때, 공자가 "사람을 사랑하는 것"이라고 한 대답과 잇닿아 있다. 어짊은 지극히 큰 사랑이다. 나라를 다스리는 사람은 천하 사람들을 사랑해야 한다. 환공이나 공자 규나 모두 군주의 자리를 다투다가 죽고 죽이는 지경에 이르렀는데, 그것은 결코 어짊을 실현하려는 것이 아니었다. 고작 사사로운 욕망일 뿐이다. 그러니 그런 주군을 위해 싸우다가 죽는 것은 좋게 말하더라도 작은 의리를 지키는 것에 지나지 않는다. 어짊은 그보다 더 큰 의리가 없는 지고한 의리이다. 관중은 적어도 그런 어짊의 한 면을 실천한 인물이었다는 것이 공자의 평가이다.

14-17

子貢曰: "管仲非仁者與? 桓公殺公子糾, 不能死, 又相之." 子曰: "管仲相桓公, 霸諸侯, 一匡天下, 民到于今受其賜. 微管仲, 吾其被髮左衽矣. 豈若匹夫匹婦之爲諒也, 自經於溝瀆而莫之知也?"

자공이 말하였다.
"관중은 어진 자가 아니겠지요? 환공이 공자 규를 죽였을 때, 그는 죽지 못하고 오히려 환공을 도왔으니 말입니다."
스승께서 말씀하셨다.
"관중은 환공을 도와서 제후들의 패자가 되어 천하를 오롯이 바로잡았는데, 백성들은 이제까지 그 은택을 받고 있다. 관중이 아니었다면, 우리는 머리를 풀어헤치고 옷섶을 왼쪽으로 여몄을 것이다. 어찌 평범한 사람들처럼 작은 의리를 헤아리다가 스스로 도랑에 뛰어들어 죽어서 남들이 알지도 못하게 할 것인가?"

注釋 능사(能死)는 죽어야 할 때 제대로 죽는다는 뜻이다. 우(又)는 오히려의 뜻이다. 광(匡)은 구제하다, 바로잡다는 뜻이다. 패(覇)는 우두머리를 뜻한다. 역사적으로 춘추 시대에 무력이나 권도(權道)로써 정치를 하면서 제후들의 우두머리가 된 것을 이른다. 사(賜)는 은혜, 은택을 뜻한다. 미(微)는 비(非)와 같다. 아니다는 뜻이다. 피(被)는 피(披)와 같다. 헤치다, 펴다는 뜻이다. 임(衽)은 옷깃, 옷섶을 뜻한다. 좌임(左衽)은 오랑캐가 옷을 입는 방식이다. 량(諒)은 잗달게 헤아리다, 살피다는 뜻이다. 경(經)은 매다, 목매다는 뜻이다. 구(溝)는 잘 짜인 도랑이고, 독(瀆)은 더러운 물이 흐르는 도랑이다.

蛇足 관중이 제나라의 환공을 도와서 패자로 만들기는 했지만, 그의 행적이 그를 높이 일컫지 못하게 하는 장애가 되었던 듯하다. 자로와 마찬가지로 자공도 비슷한 질문을 한 것은 "선비는 자기를 알아주는 사람을 위해 죽는다"고 하는 말대로 당시에는 주군을 위해 죽는 것이 영예로운 일이었고 또한 대장부로서 의리를 지키는 일로 인식되었기 때문이다. 그러나 공자는 사사로움에 치우쳐서 큰일을 그르치는 것은 결코 선비가 할 일이 아니라고 보았다. 여기에서도 공자가 당시의 일반적인 사유에 변화를 준 인물이었음을 다시 한 번 확인할 수 있다. 나아가 그가 얼마나 문화를 중시했는지도 엿볼 수 있다. 공자가 한족과 오랑캐를 구분하였다고 하는 근거를 여기서 찾는 이들도 있으나, 민족의 차별이나 우열이 아니라 문화의 창조와 향유 여부에 따라 구분 지었다고 보아야 한다. 바로 그 문화를 통해 중세 동아시아가 하

나의 문명권을 형성할 수 있었고, 주변 민족들도 한족들과 대등해질
수 있었다.

14-18 ────────────────────────────

公叔文子之臣大夫僎與文子同升諸公. 子聞之曰: "可以爲
文矣."

　　공숙문자의 가신인 대부 선이 문자와 함께 위나라 조정에서
　　벼슬하게 되었다. 스승께서 이에 대해 들으시고 말씀하셨다.
　　"문이라 할 만하구나."

注釋　　승(升)은 오르다는 뜻으로, 여기서는 벼슬이 높아지다, 벼슬
에 나아가다는 의미로 쓰였다. 저(諸)는 어(於)와 같다. 공(公)은 조정을
뜻한다.

蛇足　　5-15에서 공자가 한 말을 되새겨보면, 공숙문자는 배우기를
좋아하고 아랫사람과 함께 하는 것을 부끄러워하지 않았던 인물인 듯
하다. 그래서 그에게 '문(文)'이라는 시호가 붙게 된 것이겠으나, 그가
참으로 어진지는 모르겠다. 14-13에서 공자가 다소 애매한 표현을 썼
던 것은 드러난 그의 언행과는 달리 어짊이 오롯하다고는 말하기 어려
웠기 때문이리라. 누구나 배우고 익혀서 어질게 될 수는 있지만, 어짊을
오롯하게 갖추는 일은 결코 쉽지 않다.

14-19 ────────────────────────────

子言衛靈公之無道也, 康子曰: "夫如是, 奚而不喪?" 孔子曰:

"仲叔圉治賓客, 祝鮀治宗廟, 王孫賈治軍旅. 夫如是, 奚其喪?"

> 스승께서 위나라 영공의 무도함에 대해 말씀하시니, 강자가
> 말하였다.
> "그와 같다면, 어찌하여 망하지 않습니까?"
> 공 스승께서 말씀하셨다.
> "중숙어가 귀한 손님을 잘 맞이하고, 축타가 종묘의 제사를 잘
> 처리하고, 왕손가가 군사 업무를 잘 다스립니다. 이와 같이 하
> 니, 어찌 망하겠습니까?"

注釋　강자(康子)는 당시 노나라의 실권을 쥐고 있던 대부 계강자
(季康子)이다. 해이(奚而)는 해위(奚爲)와 같고, 어찌하여라는 뜻이다.
상(喪)은 나라를 잃다, 망하다는 뜻이다. 중숙어(仲叔圉)는 공문자(孔文
子)이다. 5-15에서 언급되었다. 축타는 자어(子魚)이며, 6-16에 나온다.
빈객(賓客)은 외교 사절이다. 군려(軍旅)는 군대 또는 군사 업무이다.

蛇足　기우는 집안에도 효자는 있고, 망하는 나라에도 충신은 있다.
아직 완전히 기울지 않고 또 망하지 않은 나라에는 아직까지 지탱해주
는 인물이 있다는 것이다. 그런 인물이 전혀 없다면, 이미 기울어졌고
또 망했을 것이다. 그렇지 않은가? 그러나 그런 인물이 있어도 집안이
기울고 나라가 망하는 것은 내분 때문이다. 내분으로 말미암아 사람들
은 올바른 말을 듣지 않고 헛된 소리에 귀기울이며, 마침내 그릇된 자
가 득세함으로써 파국으로 치닫는다.

14-20 ————————————— ———————————

子曰: "其言之不怍, 則爲之也難."

스승께서 말씀하셨다.
"제가 한 말을 부끄러워하지 않으니, 그렇게 하기도 참 어렵다."

注釋　작(怍)은 낯을 붉히다, 부끄러워하다는 뜻이다.

蛇足　풀이하기가 만만찮다. 누구에게 말하는지가 분명하지 않고, 게다가 문맥이 까다로우니 애매하기만 하다. 대개 "큰소리치는 것을 부끄러워하지 않으면, 그것을 행하는 것이 어렵다"라고 풀이하는데, 여기서는 다르게 풀었다. 큰소리를 쳤든 겨우 내뱉은 말이든 간에 제가 한 말이 헛것이 되면, 대개는 부끄러워한다. 역설적이게도 배운 것이 적은 사람일수록 더 부끄러워한다. 배운 것이 많을수록 그럴듯한 핑계를 대면서 제 허물을 감추려 한다. 핑계를 대는 것도 차츰차츰 늘어서 능갈치는 수준에 이르면, 심지어는 자신에게 할 말을 남에게 서슴없이 한다. 그런 사람이 제가 한 말을 부끄러워할까? 어쩌면 말했다는 기억도 없을 것이다. 그 말대로 하지 않아서, 말을 내뱉고 나서 그대로 실천하기가 어려워 문제되는 게 아니다. 애초부터 해서는 안 될 말, 자신이 실천할 수 없는 말을 뻔뻔스럽게 내뱉는다는 데에 있다. 조금이라도 양심이 있다면, 부끄럽지 않을 수가 없다. 그런데 부끄러워하지 않는다니, 참 그렇게 하기도 쉽지 않다.

14-21 ————————————— ———————————

陳成子弒簡公. 孔子沐浴而朝, 告於哀公曰: "陳恒弒其君, 請討之!" 公曰: "告夫三子!" 孔子曰: "以吾從大夫之後, 不敢不告

也. 君曰, '告夫三子'者!' 之三子告, 不可. 孔子曰: "以吾從大
夫之後, 不敢不告也."

> 진성자가 간공을 시해하였다. 공 스승께서 목욕을 하고 조정
> 에 들어가서 애공에게 아뢰었다.
> "진항이 제 군주를 시해하였으니, 치십시오!"
> 애공이 말하였다.
> "저 세 사람에게 말하시오!"
> 공 스승께서 말씀하셨다.
> "내가 일찍이 대부 노릇을 하였던 까닭에 감히 아뢰지 않을 수
> 없었다. 그런데 임금께서는 '저 세 사람에게 말하시오!'라고 하
> 시는구나."
> 세 사람에게 가서 말하니, 안 된다고 하였다. 공 스승께서 말씀
> 하셨다.
> "내가 일찍이 대부 노릇을 하였던 까닭에 감히 아뢰지 않을 수
> 없었다."

注釋 진성자(陳成子)는 제나라 대부인 진항이다. 간공(簡公)은 제
나라 임금으로, 이름은 임(壬)이다. 목욕이조(沐浴而朝)는 마음가짐과
몸가짐을 정결하게 하고 조정에 들어갔다는 뜻이다. 공자는 당시에 벼
슬을 하지 않고 있었는데, 특별히 그 일로 해서 조정에 들어가 임금을
뵈었다. 이때, 공자의 나이 일흔둘이었다. 신하가 임금을 시해한 사건
은 매우 중요한 일이었다. 삼자(三子)는 맹손·숙손·계손 세 집안을 가
리킨다. 애공이 그들에게 말하라고 한 것은 그들이 실권을 쥐고 있었기
때문이다.

蛇足 공자는 왜 굳이 조정에 들어가서, 또 세 집안을 찾아가서 말

455

하였는가? 신하가 임금을 시해한 일은 바로 예의가 무너졌음을 상징적으로 드러낸 사건이다. 예악을 내세운 공자로서는 그냥 두고 볼 수 없는 일이었다. 그래서 노구를 이끌고 조정에 들어가서 "치십시오!"라고 말한 것이다. 공자가 "감히 아뢰지 않을 수 없었다"고 말한 것은 말해도 안 되는 줄 알면서도 말한 데에 대해서 그 까닭을 밝힌 것이다. 안 되는 줄 알면서도 하는 것, 그것이 공자의 일관된 삶이었다. 유교는 철저하게 실천 철학이다. 세상 속에서 쓰여야 하고, 받아들여지지 않더라도 굽히지 않는 것, 그것이 유교의 본령이다.

14-22

子路問事君, 子曰: "勿欺也, 而犯之."

자로가 임금을 섬기는 일에 대해 여쭈자, 스승께서 말씀하셨다.
"속이지 마라, 오히려 거슬러라."

注釋　기(欺)는 상대에게 기대를 갖게 하고서 저버리는 것으로, 속이다는 뜻이다. 범(犯)은 거스르다는 뜻으로, 여기서는 임금의 뜻을 어기는 것이다. 지(之)는 군주의 뜻, 그릇된 생각이나 사사로움에 치우친 마음을 가리킨다.

蛇足　한 사내의 사사로움은 그 자신에게 미칠 뿐이고, 고작해야 가까이 있는 사람들을 힘들게 하거나 괴롭힐 뿐이다. 그러나 한 나라의 군주가 사사로움에 치우치면, 온 나라 사람들이 고단해진다. 신하가 된 자는 군주가 그릇된 생각이나 잘못된 판단을 내리지 않도록 막아야 하며, 이미 저질렀을 때는 군주의 뜻을 거스를지라도 꿋꿋하게 지적해서

바로잡아야 한다. 그렇게 하지 않는다면, 군주의 뜻이나 행동을 올바르다고 인정하는 것과 다를 바 없다. 이것이 바로 속이는 짓이다. 임금이 임금답지 못하다고 해서 신하가 신하답지 않아서야 되겠는가?

14-23 ────────────────────

子曰: "君子上達, 小人下達."

　　스승께서 말씀하셨다.
　　"군자는 위로 꿰뚫고, 소인은 아래로 꿰뚫는다."

　注釋　　상(上)은 존귀한 것, 지고한 것으로, 여기서는 인(仁)이나 의(義)와 같은 덕목이나 보편적인 이치가 될 것이다. 하(下)는 하찮은 것으로, 여기서는 명성이나 이익 또는 그것을 얻는 데 소용되는 잔재주들이 될 것이다.

　蛇足　　4-11, 4-16에 나오는 말과 상통한다. 군자와 소인이 가는 길은 이렇게 다르다. 그래서 군자는 군자를 만나고, 소인은 소인을 만난다. 군자와 군자는 뜻으로 만나고, 소인과 소인은 계산으로 만난다. 군자가 소인을 만날 일은 없고, 소인은 군자를 만나고 싶어도 군자가 만나주지 않는다.

14-24 ────────────────────

子曰: "古之學者爲己, 今之學者爲人."

　　스승께서 말씀하셨다.

"옛날의 학인은 자기를 닦으려고 공부하였고, 오늘날 학인은 남에게 보여주려고 공부한다."

注釋　위기(爲己)는 자신의 덕을 닦는 공부, 즉 자기 수양을 뜻한다. 위인(爲人)은 남에게 자기를 보여주기 위해 또는 과시하기 위해 하는 공부를 뜻한다.

蛇足　공자의 말은 오늘날에도 여전히 통용된다. 아, 문명이 욕망으로 꿈틀대는 한, 진정으로 자기를 닦고 가다듬으려는 학인은 적을 수밖에 없다. 그렇다고 문명이 사라지도록 바랄 수도 없는 노릇. 문명 속에서 참된 문명, 즉 아름다운 밝음을 구현하여야 하는데, 그것은 영원히 이루어질 수 없는 것일까? 이루어질 수 없다고 미리 단정해버리면 곡학아세(曲學阿世)하기 십상이다. 그렇다면 먼저 나를 바로 세우는 공부부터 하여야 한다. 내가 욕망에 휘둘리지 않도록 하여야 한다. 그러면 문명을 탓하지 않고, 오히려 문명 속에서 해야 할 일을 찾아서 하게 되리라.

14-25

蘧伯玉使人於孔子. 孔子與之坐而問焉, 曰: "夫子何爲?" 對曰: "夫子欲寡其過而未能也." 使者出, 子曰: "使乎! 使乎!"

거백옥이 공 스승께 사람을 보냈다. 공 스승께서는 그와 함께 앉아서는 물으셨다.
"그분께서는 무얼 하시는가?"
"제 어른께서는 허물을 적게 지으려고 하십니다만, 아직 잘하지 못하십니다."

그 사람이 나가자, 스승께서 말씀하셨다.
"심부름을 잘하는구나! 심부름을 잘하는구나!"

注釋　거백옥(蘧伯玉)은 위(衛)나라 대부로, 이름은 원(瑗)이다. 공자가 위나라에 있을 때 그의 집에 머문 적이 있었다. 사(使)는 심부름 보내다, 심부름꾼을 뜻한다. 욕과기과(欲寡其過)는 허물을 적게 하려는 끊임없는 노력을 뜻한다. 『장자』〈칙양(則陽)〉편에, "거백옥은 나이 예순에 예순 번 바뀌었다. 옳다고 시작해서는 끝내 그릇되다고 여기며 굽히지 않는 적이 없었다"고 하는 말이 나오며, 『회남자(淮南子)』「원도(原道)」편에서 "거백옥은 나이 쉰이 되자 마흔아홉 해가 그릇되었음을 알았다"는 말이 나온다.

蛇足　사람을 평가하거나 사람에 대해 말하는 것은 쉽지 않다. 자칫 부풀릴 수도 있고, 맞는 말이라도 상대의 마음을 상하게 하거나 오해하게 만들 수도 있기 때문이다. 위에서 심부름꾼은 제 윗사람을 높이지도 낮추지도 않으면서 진실을 말하였다. 심부름꾼의 말에 따르면, 거백옥은 끊임없이 자신을 바로잡으려 애쓴 사람이다. 한마디로 군자라는 말이다. "아직 잘하지 못하십니다"라는 말은 제 윗사람을 낮춘 것이 아니다. 낮추었다고 여긴다면, 그것은 속뜻을 알아채지 못한 것이다. 심부름꾼의 대답은 참으로 절묘하였고, 그래서 공자가 칭찬하였다.

14-26

子曰: "不在其位, 不謀其政." 曾子曰: "君子思不出其位."

스승께서 말씀하셨다.
"그 자리에 있지 않으면, 그 일을 꾀하지 않는다."

증자가 말하였다.

"군자는 제자리를 벗어나지 않으려고 생각한다."

蛇足 공자의 말은 8-14에 이미 나온다. 여기서 흥미로운 것은 증자가 한 말이다. 증자의 말은 "군자의 생각은 제 자리를 벗어나지 않는다"라고도 풀 수 있다. 어떻게 풀든 군자에 대한 묘사로는 다소 부적절하다. 얼핏 보아서는 공자가 한 말과 그리 다르지 않은 것으로 여겨질 수 있다. 그러나 그 속뜻과 말맛을 음미해보면, 사뭇 다르다는 것을 알 수 있다. 군자는 생각을 많이 하는 사람이 아니다. 그저 보고 들으면서 아는지 모르는지를 먼저 판단하고, 알면 행하려 하고 모르면 알려고 하는 사람이다. 일어나지도 않은 일은 생각하지 않으며, 지나간 일은 담아두지 않아야 군자이다. 제자리를 벗어나지 않는 것은 생각의 문제가 아니라, 앎과 행동의 문제이다. 공자가 말한 "그 자리에 있지 않으면, 그 일을 꾀하지 않는다"는 것은 자기가 할 일이 아님을 알면 그렇게 한다는 뜻을 담고 있다. 무슨 생각을 또 한단 말인가? "제자리를 벗어나지 않으려는 생각"에는 이미 벗어날 수도 있고 벗어날지도 모른다는 불안이 실려 있다. 이는 증자가 지나치게 생각을 많이 하면서 관념적으로 사물의 이치를 파악하려는 데서 비롯된 것으로 보인다. 그래서 그의 말에는 간다운 시원함이 적다. 그런데 증자의 이런 말이 잗다란지도 모르고 그 제자들은 "증자왈" 하며 큰 스승의 말씀 뒤에 이어 붙였으니, 아!

14-27

子曰: "君子恥其言而過其行."

스승께서 말씀하셨다.

"군자는 제가 한 말이 행동을 앞지르면 부끄러워한다."

注釋　과(過)는 정도를 벗어나다, 지나치다는 뜻이다. 여기서는 행동보다 말이 앞서는 것을 뜻한다.

蛇足　말과 행동이 일치하면 아무런 문제가 되지 않는다. 그러나 그렇게 일치되도록 하는 사람은 많지 않다. 대부분의 사람은 말과 행동이 어긋나는 것을 오히려 당연하게 여기고 있다. 사실 말과 행동을 일치시키는 것은 참으로 어려운 일이다. 오죽하면 왕양명이 지행합일(知行合一)을 그토록 강조했을까? 그런데 지행합일은 자연스러운 것이다. 알면서도 행하지 않는 일이 있는가? 없다. 행하지 못하는 것은 모르는 것이다. 잘못 알고 있으면서 또는 흐릿하게 알고 있으면서 그것을 제대로 아는 것인 양하고 있을 뿐이다. 눈앞에 독을 탄 우유와 독을 타지 않은 우유를 각기 놓아두고, 살기 위해서 하나를 선택해서 마시라고 해보라. 어떤 우유를 마시려 하겠는가? 당연히 독을 타지 않은 우유를 마시려 할 것이다. 그런데 어느 것이 독을 탄 우유인지를 모른다면, 어떻게 골라서 마시겠는가? 독을 탄 우유가 어느 것인지 알면서도 그것을 마시려는 사람이 있을까? 안다고 생각하면 아는 것이 아니다. 아는 대로 행동할 때만 아는 것이다. 행하지 못하는 것이 문제가 아니라, 행할 만큼 알지 못하는 것이 문제이다. 말이 행동을 앞지르는 것은 제대로 알지 못하기 때문이다. 군자는 그래서 늘 자신이 참으로 알고 있는지를 되돌아보는 사람이다. 자칫 어긋나기라도 하면, 부끄러워해야 한다. 부끄러운 줄을 모르면, 지혜를 갖추지 못한다.

　그런데 말과 행동이 어긋나면 편안한가? 편안하다고 하는 사람도 있다. 그러나 과연 진정으로 그 편안함을 즐기는가? 그저 편안한 체하면서 핑계를 대는 건 아닐까? 편안하지 않으면서도 그것을 감수한다면, 그것도 어쩌면 존경할 만한 일이다. 그러나 실제로는 편안하지도 않으며 감수하는 것은 더더욱 아니다. 그저 버릇이 되었기 때문에 그

461

버릇대로 할 뿐이다. 애써 그 버릇을 고치려 하지 않을 뿐이다. 그것은 결국 그런 어긋남이 두고두고 자신을 옭아매고 괴롭힐 것이라는 사실을 알아채지 못했기 때문이다.

14-28

子曰: "君子道者三, 我無能焉. 仁者不憂, 知者不惑, 勇者不懼." 子貢曰: "夫子自道也."

　　스승께서 말씀하셨다.
　　"군자의 도는 셋인데, 나는 잘하는 게 없다. 어진 자는 걱정하지 않고, 아는 자는 헷갈리지 않으며, 굳센 자는 두려워하지 않는다."
　　자공이 말하였다.
　　"스승 자신에 대해 하신 말씀이다."

蛇足　9-29에서도 공자는 어진 자와 아는 자, 굳센 자에 대해 같은 말을 하였다. 여기서는 자신이 아직도 부족하다는 반성을 하면서 그런 말을 하였는데, 이에는 자신을 낮추는 뜻도 있으면서 동시에 제자들이나 후학들에게 더욱 분발하라는 일깨움의 뜻도 담겨 있다.

14-29

子貢方人, 子曰: "賜也, 賢乎哉? 夫我則不暇."

　　자공이 다른 사람에 대해 견주며 말하자, 스승께서 말씀하셨다.

"사야, 네가 그리 대단하더냐? 나로 말하자면 자신을 돌아볼
겨를도 없다."

注釋 방(方)은 견주다, 견주며 따지다는 뜻이다. 현(賢)은 6-10에서
처럼 대단하다는 뜻으로 쓰였다. 다만, 여기서는 비꼬아서 한 말이다.
가(暇)는 겨를, 틈을 뜻한다.

蛇足 남에 대한 평가도 함부로 해서는 안 된다. 내가 그를 환히 알
때만 비로소 말을 할 수 있다. 그것도 삼가면서 말이다. 함부로 평가하
는 것은 그대로 자신의 어리석음을 드러내는 짓이 된다. 그것은 그대
로 나에게 되돌아온다. 그래서 예수도 "남을 판단하지 마라, 자신이 판
단될 것이니"라고 말하지 않았는가. 통찰이 있는 자만이 판단할 능력과
자격이 있다. 그릇된 판단을 하지 않고 또 오해받지 않도록 말하기 때
문이다. 그런 통찰이 없는 자는 함부로 판단하면서 말을 알맞게 하지
도 못한다. 맞는 말이래도 상대의 감정을 상하게 할 수 있는데, 맞지 않
은 말이면 오죽하겠는가?

14-30

子曰: "不患人之不己知, 患其不能也."

스승께서 말씀하셨다.
"남이 나를 알아주지 못하는 것을 걱정하지 말고, 내가 남을
잘 알아보지 못하는 것을 걱정하라."

注釋 환(患)은 마음에 두고 끙끙대다, 걱정하다는 뜻이다. 능(能)은
여기서 일반적인 능력이 아니라, 앞의 말과 연관되는 '남을 알아보는

능력'을 뜻한다.

蛇足　어리석은 사람들의 공통점은 자신을 돌아보지 못한다는 것이다. 자신을 돌아보지 않으니, 자신을 제대로 알지 못한다. 자신을 알지 못하니, 과욕을 부린다. 과욕을 부리면서도 그게 옳고 또 이루어질 것이라 착각한다. 문제는 그런 나를 남들이 알아주리라 여기거나 바란다는 것이다. 도대체 남들은 눈이 없고 안목이 없어서 얼치기를 알아주는가? 군자라면 인정해주지 않을 것이요, 소인이라면 일부러 비위를 맞추어 줄지언정 진정으로 인정해주지는 않을 것이다. 그저 내가 먼저 군자가 되고 안목을 갖추는 길밖에는 없다. 이치에 맞지도 않은 걱정을 하는 것 자체가 자신이 소인임을 알리는 짓이다.

14-31

子曰: "不逆詐, 不億不信. 抑亦先覺者, 是賢乎!"

　　스승께서 말씀하셨다.
　　"남이 속인다고 되받아치지 말고, 믿어주지 않을까 헤아리지 말라. 그보다는 역시 먼저 알아채는 것, 그게 똑똑한 것이다!"

注釋　역(逆)은 오는 것을 막다, 되받아치다는 뜻이다. 사(詐)는 속이다, 거짓말하다는 뜻이다. 억(億)은 헤아리다는 뜻이다. 억(抑)은 앞의 말을 누르고 전환하는 어조로 쓰인 발어사이다. 역(亦)은 역시, 뭐니뭐니해도를 뜻한다. 각(覺)은 느끼다, 알아채다는 뜻이다. 감(感)이 외부의 대상이 주는 자극을 단순히 받아들이는 느낌이라면, 각은 그런 미묘한 느낌을 알거나 알아채는 것이다. 현(賢)은 흐릿함이 없이 사리에 밝고 야무지다는 뜻이다.

蛇足　속임과 믿지 못함, 이는 문명사회에서 끊임없이 문제가 되는 일이다. 모듬살이가 각박해지면 각박해질수록 속임은 늘어나고, 속이면 속일수록 믿지 못하게 된다. 그러나 학인이라면 또 군자의 길로 가는 사람이라면, 늘 자신을 되돌아보는 데 마음을 써야 한다. 설령 남이 나를 속인다고 할지라도, 남을 탓하거나 되돌려줄 생각은 해서는 안 된다. 상대가 나를 속이려 했다면, 그것은 내가 그런 틈을 보였기 때문이다. 상대가 나를 믿어줄까 믿어주지 않을까에 대해서도 미리 헤아릴 필요가 없다. 내가 그를 믿는다면 그를 믿어야 할 것이고, 내가 그를 믿지 않는다면 그를 멀리해야 할 것이다. 어찌 그를 가까이하고서 그런 걱정을 하며 미리 헤아리는가? 이는 어리석은 짓이다. 그래서 내가 먼저 알아채서 나를 속이지 않을 사람을 만나고 내가 믿을 사람을 가까이하라는 것이다. 참으로 똑똑한 사람은 그렇게 한다.

14-32

微生畝謂孔子曰: "丘何爲是栖栖者與? 無乃爲佞乎?" 孔子曰: "非敢爲佞也, 疾固也."

　　미생무가 공 스승께 말하였다.
　　"그대는 어찌하여 이렇게 싸다니는가? 말재주나 부리려는 게 아닌가?"
　　공 스승께서 말씀하셨다.
　　"주제넘게 말재주를 부리려는 게 아니라, 판에 박힌 것을 싫어해서입니다."

注釋　미생무(微生畝)는 미생이 성이고, 무는 이름이다. 시(是)는 이렇게라는 뜻이다. 서서(栖栖)는 서서(棲棲)와 같이, 바쁘게 돌아다니는

모습을 형용한 말이다. 질(疾)은 미워하다, 싫어하다는 뜻이다. 고(固)
는 고집스럽고 융통성이 없는 것, 고루함을 뜻한다.

蛇足 공자 시대에는 세상이 급변하고 있었다. 이미 기존의 도덕과
윤리, 관습 따위는 내팽개쳐지고 있었다. 새로운 질서가 필요했고, 그에
따라서 세상을 보는 눈도 달라져야 했다. 세상이 달라졌는데도 보는
눈이 달라지지 않는 것, 여전히 옛것이 유효하고 유용하다고 믿는 것,
새로운 것은 보려고도 들으려고도 하지 않는 것, 그것이 바로 변통성
이 없는 고루함이다. 고루함을 깨지 않고서는 새로운 시대를 맞을 수가
없다. 고루한 생각을 깨는 일은 결국 말로써 하게 된다. 그러나 이미 쓰
고 있는 말을 그대로 쓸 수는 없다. 이미 쓰고 있는 말에는 바꾸어야 할
생각과 관습이 담겨 있기 때문이다. 그래서 기존의 말을 새롭게 해석하
고 새로운 의미를 부여해야 하며, 동시에 이치에 맞도록 해야 한다. 그
런 말하기를 한 사람이 공자이다. 그런데 그 말이 새로우면서도 이치에
맞으니, 맞서려 해도 맞설 수가 없다. 맞설 수 없으니, 괜스레 부아가
치민다. 그래서 한낱 말재주만 부린다고 깔본다. 그렇게 깔본다고 해서
낮추어질 리는 없다. 애초부터 그릇되지 않았기 때문에. 본래 이치에 맞
는 말은 참으로 절묘하다. 사물의 본질을 꿰뚫고 하는 말인데, 어찌 절
묘하지 않겠는가. 또 판에 박힌 것은 이치가 아니다. 이치는 끊임없이
바뀌고 바뀌는 사물의 현상 속에 숨겨진 비밀을 이르는 말이다.

14-33

子曰: "驥不稱其力, 稱其德也."

스승께서 말씀하셨다.
"천리마는 그 힘으로 일컬어지는 것이 아니라 그 덕으로 일컬

어진다."

注釋　기(驥)는 하루에 천 리를 달릴 수 있다는 뛰어난 말, 천리마를 뜻하는데, 뛰어난 사람을 비유하기도 한다. 칭(稱)은 일컫다, 기리다는 뜻이다.

蛇足　하루에 천 리를 달리는 것은 덕으로 말미암은 것이 아니라, 힘과 기운 덕택이다. 그렇다면 천리마는 힘으로써 일컬어진다고 보아야 할 것인데, 왜 덕으로써 일컬어진다고 했는가? 사실 천리마가 되려면 힘도 필요하지만, 무엇보다도 기운이 중요하다. 겉으로 드러나 보이는 게 힘이어서 그게 전부인 줄로 알지만, 기실은 기운으로 천리마가 되는 것이다. 기운은 곧 안에 쌓인 공력이다. 공력은 마구잡이로 쌓을 수 있는 게 아니다. 순리에 따라 잘 갈무리해야만 된다. 공자가 비유한 것이 이 기운이다. 사람에게 있어 이치에 따라 잘 닦고 다듬은 기운이 곧 덕이다.

14-34

或曰: "以德報怨, 何如?" 子曰: "何以報德? 以直報怨, 以德報德."

누군가가 여쭈었다.
"원한을 덕으로써 갚는다면, 어떻습니까?"
스승께서 말씀하셨다.
"그렇다면 덕은 무엇으로 갚겠느냐? 원한은 곧음으로써 갚고, 덕은 덕으로써 갚는다."

注釋　원(怨)은 원한, 나를 옹등그러지게 만든 사람을 뜻한다. 보 (報)는 갚다, 알리다, 대하다는 뜻이다.

蛇足　공자가 굳이 "원한은 곧음으로써 갚는다"고 한 데에는 두 가 지 이유가 있다. 첫째는 물음을 던진 상대의 근기와 능력에 맞게 답하 느라고 그랬으리라는 것, 둘째는 사람의 일반적인 심리를 감안해서 답 했으리라는 것이다. 이 두 가지가 뒤섞여 있는지도 모른다. 원한이든 은혜든 덕으로써 갚는다면 최상이겠으나, 그렇게 할 수 있는 자가 얼마 나 될까? 자칫 덕을 흉내 내는 일도 생긴다. 겉으로 용서해주는 척하면 서도 내심은 잔뜩 비틀려 있는 경우가 적지 않다. 또 곧음은 솔직함이 다. 원한 있는 사람을 대하되, 제 마음을 그대로 표현하는 것이 긴요하 다. 제 마음을 숨기고 대하는 것은 속이는 짓이다. 속일 것 같으면 아예 대하지 않는 게 낫다. 대하려고 한다면, 속마음을 드러내고 깨끗이 털 어내야 한다. 상대의 잘못으로 내 마음이 옹등그러진 것도 마뜩찮은데 내가 속이는 짓까지 하다니, 이야말로 엎친 데 덮친 격으로 나만 고약 해진다.

14-35

子曰: "莫我知也夫!" 子貢曰: "何爲其莫知子也?" 子曰: "不怨 天, 不尤人, 下學而上達. 知我者, 其天乎!"

　　스승께서 말씀하셨다.
　　"나를 알아주지 않는구나!"
　　자공이 말하였다.
　　"어찌하여 선생님을 알아주지 않는다고 하십니까?"
　　"하늘을 못마땅하게 여기지 않고 사람을 탓하지 않으며, 아래

로는 일상에서 배우고 위로는 지극한 데에 이르렀다. 나를 아
는 자, 저 하늘뿐이로다!"

注釋   기천(其天)의 기에는 오직, 오로지라는 말맛이 담겨 있다.

蛇足   단순히 자신이 쓰이지 못한 데 대한 탄식이 아니다. 갈수록
어지러워지는 세상에서 할 일은 많은데, 제대로 일할 사람은 드물고 백
성들은 더욱더 고통스러워하는 데 대한 안타까움을 드러낸 것이다. "내
가 아니면 누가 지옥에 가리오?"라는 심정이지만, 아무도 자신을 쓰지
않으니 그 지옥조차 가지 못하고 있다. 이 땅에는 나를 참으로 알아주
는 이가 없으나, 하늘만은 나를 알아주리라. 그 하늘은 곧 이치이다. 공
자는 이치를 체득하여 그 이치를 정치를 통해 실현시키고자 한 사람이
니, 이치인 하늘과 자신은 서로 안다는 생각을 했으리라.

14-36

公伯寮愬子路於季孫. 子服景伯以告, 曰: "夫子固有惑志於公
伯寮. 吾力猶能肆諸市朝." 子曰: "道之將行也與, 命也; 道之將
廢也與, 命也. 公伯寮其如命何!"

공백료가 계손에게 자로를 헐뜯었다. 자복경백이 이를 스승께
알리며 말하였다.
"저분은 본래 공백료에게 빠져 있었습니다. 제 힘으로도 그의
주검을 저자거리에 내걸 수 있습니다."
스승께서 말씀하셨다.
"도가 행해지려는 것도 천명이요, 도가 행해지지 않는 것도 천
명이다. 공백료 따위가 천명을 어찌하겠는가!"

注釋　공백료(公伯寮)는 『사기』의 〈중니제자열전〉에서는 자가 자주(子周)라고 하였다. 소(愬)는 일러바치다, 헐뜯다는 뜻이다. 자복경백(子服景伯)은 노나라 대부로, 이름은 하(何)이다. 고(固)는 본래, 늘 등의 뜻이다. 사(肆)는 형벌로 죽인 사람을 여러 사람이 보도록 내버리다, 벌여놓다는 뜻이다. 저(諸)는 지어(之於)와 같다. 시조(市朝)는 저자, 사람이 많이 모이는 곳을 뜻한다. 폐(廢)는 쓰이지 못하다, 행해지지 않다는 뜻이다.

蛇足　자로가 계씨 집안에서 일을 맡아서 하고 있었던 모양이다. 그런데 공백료라는 자가 도리에 맞게 일을 처리하는 자로를 못마땅하게 여겨서 계씨에게 말을 꾸며서 헐뜯었던 것 같다. 소인은 늘 군자의 일을 마뜩찮게 생각하는 법이다. 옳고 그름이 아니라 자신에게 이로우냐 해로우냐가 관심사인데, 군자의 일이란 늘 소인에게 해롭게 작용하는 법이다. 소인은 자신의 이익을 건드리지 않으면, 설령 군자라도 내버려둔다. 그러나 그가 자신의 이익을 침해한다고 여겨지면, 가차 없이 몰아붙인다. 자로는 바로 그런 꼴을 당하고 있는 것이다. 그렇지만 이 모두 시절이 수상한 탓이다. 자로가 도를 행하려 한 것은 그것이 마땅한 일이었기 때문이다. 자로가 할 일은 그뿐이다. 어찌 모든 일이 제 뜻대로만 되겠는가? 그리 되었고 또 된다면, 굳이 도를 행하려 애쓸 이유가 없지 않은가? 쉽사리 되지 않는 일이기에 천명을 말하는 것이다. 천명을 말했다고 해서 하늘을 탓하는 건 아니다. 일이 되고 안 되고는 하늘과 아무런 상관이 없다. 모두 모듬살이 안에서의 일이다. 공백료 같은 소인배들이 설치는 것은 결국 사람들이 용인했기 때문이다. 가까이는 계손씨가 용인했고, 멀리는 백성들이 용인했던 것이다. 그래도 자로는 탓하지 않는다. 제 할 일을 다했기 때문이다. 덧붙이면, 하늘에는 선과 악이라는 이분법적 판단이 없다. 그저 흘러가는 대로 되어가는 대로 그것이 바로 하늘의 뜻이요 이치이다. 잘 되는 것도 하늘의 뜻이고, 못

되는 것도 하늘의 뜻이다. 그 뜻이 곧 이치임을 안다면, 탓할 일도 없고 애달파 할 일도 없다.

14-37

子曰: "賢者辟世, 其次辟地, 其次辟色, 其次辟言." 子曰: "作者 七人矣."

> 스승께서 말씀하셨다.
> "똑똑한 자는 세상을 피하고, 그 버금은 땅을 피하고, 그 버금
> 은 낯빛을 피하고, 그 버금은 말을 피한다."
> "이렇게 한 자는 일곱 사람이다."

注釋 현(賢)은 빈틈없고 단단하며 알찬 것을 뜻한다. 피(辟)는 피(避)와 같다. 피하다, 숨다는 뜻이다. 지(地)는 어지러운 곳이다. 색(色)은 마뜩하게 여기지 않는 낯빛, 여기서는 임금의 그런 낯빛을 가리킨다. 언(言)은 못마땅하게 내뱉는 말, 여기서는 임금의 그런 말을 가리킨다.

蛇足 여기서는 세상을 피하는 네 단계를 말하고 있다. 참으로 똑똑한 자는 아예 낌새를 알아채고 세상을 피한다. 그 다음은 그 나라가 어지러워지는 것을 보고 재빨리 피한다. 그 다음은 임금이 자신을 거부하는 듯한 낯빛이나 몸짓을 보고서야 피한다. 마지막은 임금이 돼먹지 않은 소리를 하거나 나를 싫어하는 뜻을 담은 말을 내뱉으면 그때서야 떠난다. 어쨌든 이들은 모두 떠난다. 그 가운데서 마지막 사람이 떠나면, 세상은 이미 돌이킬 수 없는 지경에 이른 것이다. 그저 단순하게 보면, 어짊과 지혜의 단계처럼 여겨지기도 한다. 그런데 피하는 것을 능사

로 여기지 않는다면, 해보는 데까지 해보다가 어쩔 수 없을 때 떠나는 마지막 사람이 가장 뛰어나다고 할 수 있지 않을까? 해보지도 않고 훌쩍 떠나버린다면, 너무 이기적이지 않은가? 우열을 매기려는 것이 헛된 짓일지도 모르겠다.

14-38

子路宿於石門. 晨門曰: "奚自?" 子路曰: "自孔氏." 曰: "是知其不可而爲之者與?"

> 자로가 석문에서 하룻밤 묵었다. 문지기가 물었다.
> "어디서 오는 길이오?"
> 자로가 말하였다.
> "공씨 댁에서 오는 길이오."
> "그 안 될 줄 알면서도 하려는 사람 말이오?"

注釋　숙(宿)은 하룻밤 묵다는 뜻이다. 석문(石門)은 노나라의 성문이다. 신문(晨門)은 새벽에 문을 여는 일을 맡은 문지기이다. 해(奚)는 어디, 어느 곳을 뜻한다. 자(自)는 ~로부터의 뜻이다.

蛇足　안 될 줄 알면서 하는 자가 아니다. 할 수 있을 때 할 수 있는 일을 하는 자일 뿐이다. 될지 안 될지를 어찌 미리 알 수 있겠는가? 무릇 일에서는 늘 변수가 있는 법이니, 결과를 미리 헤아리는 것은 어리석다. 결과에 대해서는 애초부터 마음을 두지 않는 자가 군자이다. 공자는 그런 사람이다.

子擊磬於衛, 有荷蕢而過孔氏之門者, 曰: "有心哉, 擊磬乎!" 既而曰: "鄙哉, 硜硜乎! 莫己知也, 斯已而已矣. 深則厲, 淺則揭." 子曰: "果哉! 末之難矣."

> 스승께서 위나라에서 경쇠를 두드리고 있을 때, 삼태기를 메고 공 스승의 집 앞을 지나던 자가 말하였다.
> "마음이 담겨 있구나, 경쇠 두드리는 데에!"
> 잠시 있다가 말하였다.
> "다랍구나, 뻣뻣한 저 소리! 자기를 알아주는 이가 없으면, 바로 그만둘 일이지. 깊으면 입은 채로 건너고, 얕으면 걷어서 건너면 되지."
> 스승께서 말씀하셨다.
> "참으로 그러하다! 대꾸할 수가 없도다."

注釋 격(擊)은 치다, 두드리다는 뜻이다. 경(磬)은 옥이나 돌로 만든 타악기, 경쇠이다. 하(荷)는 어깨에 메다는 뜻이다. 궤(蕢)는 삼태기이다. 기(既)는 시간이 잠깐 지난 뒤를 뜻한다. 비(鄙)는 깔끔하거나 시원하지 못하다, 잔달다, 다랍다는 뜻이다. 갱갱(硜硜)은 주변머리가 없는 것을 형용한 말이다. 사이(斯已)의 이(已)는 그만두다는 뜻이고, 이이(而已)는 ~할 뿐이다는 뜻이다. 려(厲)는 옷자락을 허리까지 걷다는 뜻이다. 게(揭)는 아랫도리를 걷다는 뜻이다. 과재(果哉)는 과연(果然)과 같이, 참으로 그러하다는 뜻이다. 말(末)은 무(無)와 같다. 난(難)은 꾸짖다는 뜻으로, 여기서는 대꾸하다는 의미로 쓰였다. 기존의 번역이나 해석에서는 "과재! 말지난의(果哉! 末之難矣)"를 "과감하도다. 그리만 한다면 어려움이 없을 것이다" 또는 "과감하도다. 그렇게 말한 사람이 없다고 하기는 어려울 것이다"는 등으로 번역하였는데, 여기서는 달리

풀었다.

『논어』에는 번역이나 해석하기에 애매한 구절이 가끔 나온
다. 그러나 평심하게 들여다보면 의외로 쉽게 풀릴 수 있다. 특히 경험
적 언어로 이루어진 글, 실천 철학을 담은 글에서는 더욱 그러하다. 여
기서 공자가 한 말 또한 그러하다. 기존의 번역은 지나치게 문법적으로
또 관념적으로 이해하여 풀려고 한 듯해서 매끄럽지 못하다.

여러 차례 되풀이해서 말하는 것이지만 『논어』가 비록 짤막짤막한
말들로 이루어져 있지만 앞뒤에 나오는 말들과 유기적으로 연결 지어
서 보면 의미의 맥락이 훨씬 분명해진다는 것이다. 이 대목도 마찬가지
이다. 14-38을 보라. 거기에 자로에게 문지기가 한 말이 무엇인가? "그
안 될 줄 알면서도 하려는 사람 말이오?"라고 공자에 대해 한 말은 그
대로 삼태기를 멘 사람의 말과 통한다. 그렇다면 공자는 어떻게 말하
겠는가? 안 될 줄 알면서도 하려는 사람, 알아주는 이가 없지만 그래
도 이치를 따르고자 애쓴 사람, 죽을 때까지 물러서지 않고 자신의 도
를 펼치려는 사람, 세상 속에 살면서 세상을 외면할 수 없었던 사람, 세
상을 떠날 생각을 아예 한 적이 없는 사람이 바로 공자이다. 이는 천하
가 알고 제자가 알고 자신이 아는 엄연한 사실이다. 삼태기를 멘 사람
은 공자의 그런 성향을 지적하여 말하였다. 그 말이 틀리지 않았으므로
"참으로 그러하다"고 말하였고, 은둔자처럼 할 수가 없고 또 그렇게 할
뜻도 없기 때문에 "대꾸할 수가 없도다"라고 말한 것이다. 아예 생각이
나 뜻이 다른 사람에게 무슨 말을 할 수 있겠는가? 말해서는 안 될 사
람에게 말을 하면 말을 잃는다고 한 사람이 누구던가?

그런데 기존의 번역은, 공자가 삼태기를 멘 사람이 과감해서 그렇
게 행동하거나 말하는 것으로 높이면서 동시에 공자 자신은 그렇게 하
고 싶지만 어려워서 하지 못한다는 뜻으로 푼 것이 된다. "그렇게 말한
사람이 없다고 하기는 어렵다"고 번역하면, 나에게 그렇게 말해준 사람

이 없어서 내가 그렇게 하지 못하는 것은 아니다는 정도의 옹색한 변명이 되고 만다. 이야말로 공자의 마음을 이해하지 못한 것이다. 기존의 해석을 따르면, 공자는 성인은 차치하고 스승으로서도 그 지위를 누릴 수 없는 인물로 전락한다.

14-40

子張曰: "書云, '高宗諒陰, 三年不言,' 何謂也?" 子曰: "何必高宗? 古之人皆然. 君薨, 百官總己以聽於冢宰三年."

자장이 여쭈었다.
"서에서 '고종은 가만히 살피면서 3년 동안 말하지 않았다'고 하는데, 무슨 뜻입니까?"
스승께서 말씀하셨다.
"어찌 고종뿐이겠느냐? 옛사람들은 모두 그러했다. 임금이 세상을 떠나면, 모든 관리들은 제 일을 잡도리하면서 3년 동안 재상의 명을 받았다."

注釋　서에서 인용한 글은 「주서(周書)」〈무일(無逸)〉편에 나온다. "고종은 오랫동안 바깥에서 힘들게 살아 거의 백성에 가까웠다. 그러나 왕위에 올라서는 곧 가만히 살피면서 3년 동안 말하지 않았다.(時舊勞于外, 爰暨小人. 作其卽位, 乃或亮陰, 三年不言.)" 량(諒)은 참되다, 살피다는 뜻이다. 음(陰)은 그늘, 뒤, 가만있다 등의 뜻이며, 암으로 읽어서 암(闇)과 같은 글자로 보기도 한다. 양암(諒陰)으로 읽고 "거상(居喪) 중에 오두막에서 살다"는 뜻으로 푸는 경우가 많은데, 3년이라는 기간에 집착해서 그렇게 번역한 것으로 보인다. 여기서는 본래 『상서』의 문맥을 따라서 번역하였다. 공자의 말하기와 해석학적 사유를 있는 그대로 볼

수 있는 대목이다. 총(總)은 다스리다, 잡도리하다는 뜻이다. 청(聽)은
듣다, 받다, 좇다는 뜻이다.

蛇足 　임금이 세상을 떠나면 다음 임금이 3년 동안 오두막에 머물
면서 거상(居喪)한다는 것은 후대의 관념이다. 3년이란 삼가고 삼가면
서 정치를 배우고 아는 데 걸리는 기간일 뿐이다. 어찌 꼭 3년이겠는가
마는.『상서』를 보면, 고종은 오랫동안 백성들 사이에서 지냈기 때문에
백성들의 삶과 정서는 잘 이해하였다. 그러나 임금이 되어 나라를 다스
리는 일은 또 다른 차원의 일이기 때문에 이를 파악하는 데 일정한 기
간이 소요되는 것은 당연하다. 임금의 입에서 나오는 말은 모두 정령
(政令)이다. 그 정령에 따라 나라가 다스려지는데, 정치의 요체를 파악
하지 않고서 말을 한다면 그 정령이 어찌 올바르겠는가? 그래서 "가만
히 살피면서 3년 동안 말하지 않았다." 그러는 동안에 모든 관리들은
특히 자기가 맡은 일을 잘 잡도리하여서 혼란이 생기지 않도록 하며,
또 재상은 모든 일을 총괄하면서 임금을 대신하여 명을 내린다. 재상은
정치의 실무를 오랫동안 담당한 인물이기 때문이다. 이렇게 하여야 임
금이 바뀌어도 나랏일은 물 흐르듯이 매끄럽게 이어진다.
　그런데 권좌에 욕심이 있고 권력에 눈이 먼 자는 왕위에 오르자마자
그 권력을 행사하려고 한다. 삼가는 마음이 없이 함부로 명을 내리고,
재상과 모든 관리들의 말과 일처리를 무시한다. 자신이 일거에 개혁이
나 혁신을 이룩해서 앞대 임금보다 더 뛰어난 업적을 남길 것이라는 오
만에 사로잡힌다. 임금 노릇이 어떠하다는 것은 이미 들어서 잘 안다고
큰소리치면서 제멋대로 정치를 하다가 결국은 정치를 그르친다. 정치
를 그르치면 임금이 일개 범부로 전락할 뿐만 아니라 온 나라를 혼란
으로 몰고 가고 백성들을 고단하게 만든다.

14-41

子曰: "上好禮, 則民易使也."

스승께서 말씀하셨다.
"윗사람이 예의를 좋아하면, 백성들 부리기가 쉬워진다."

注釋　호(好)는 좋아하다, 마땅하게 여기다, 좋아서 하다는 뜻이다. 이(易)는 쉽다는 뜻이다. 사(使)는 부리다, 시키다는 뜻이다.

蛇足　윗사람이 예의를 강조한다고 해서 그가 예의를 좋아하고 예의대로 행동한다고 볼 수는 없다. 또 아랫사람에게만 예의를 갖추라고 부추기는 경우도 많다. 여기서 윗사람이 예의를 좋아한다고 한 말은 스스로 예의에 맞게 생각하고 말하고 행동한다는 뜻이다. 즉 솔선수범한다는 말이다. 윗사람이 그렇게 하니 아랫사람도 예의에 맞게 할 수밖에 없고, 그것은 고스란히 백성들에게 전해져서 백성들의 믿음을 얻는 데로 이어진다. 백성들이 믿으니, 어찌 부리기가 쉽지 않겠는가. 윗사람이 갖추는 예의는 그대로 백성들의 믿음을 얻는 일이다. 이러하니 예의가 곧 정치가 아니겠는가?

14-42

子路問君子, 子曰: "修己以敬." 曰: "如斯而已乎?" 曰: "修己以安人." 曰: "如斯而已乎?" 曰: "修己以安百姓. 修己以安百姓, 堯舜其猶病諸!"

자로가 군자에 대해서 여쭈자, 스승께서 말씀하셨다.
"자기를 닦아서 지극히 삼가라."

"그렇게만 하면 됩니까?"

"자기를 닦아서 남을 편안하게 해주라."

"그렇게만 하면 됩니까?"

"자기를 닦아서 백성을 편안하게 해주라. 자기를 닦아서 백성을 편안하게 해주는 일은 요 임금과 순 임금조차도 힘들어했느니라!"

注釋　인(人)은 지배층의 사람들이다. 병(病)은 괴로워하다, 힘들어하다는 뜻이다.

蛇足　공자가 한 말은 그대로 12-1에서 "나를 이기고 예의를 되살리는 것이 어젊이다. 하루라도 나를 이기고 예의를 되살린다면, 천하 사람들도 어젊으로 돌아간다"고 한 말과 상통한다. 이는 곧 군자의 일이란 어젊을 체득하려는 것일 뿐이며, 군자는 오로지 성인의 경지에 이르려고 애써야 한다는 말이다. 요와 순이 힘들어했다는 것은 자기를 닦고 백성을 편안하게 해주는 일이 얼핏 쉬워 보이지만, 결코 그렇지 않다는 것을 강조한 말이다. 자기를 닦는다는 지극히 일상적이고 소박한 것처럼 보이기만 하는 일이 바로 천하를 안정시키고 백성들을 편안하게 해주는 까닭은 어디에나 있는 이치를 알고 그 이치대로 하기 때문이다. 세상에 있는 이치를 나에게 갈무리한 것이 바로 어젊이다.

14-43 ——————————————————

原壤夷俟, 子曰:"幼而不孫弟, 長而無述焉, 老而不死, 是爲賊."以杖叩其脛.

원양이 다리를 쭉 뻗은 채 기다리고 있으니, 스승께서 말씀하셨다.

"어렸을 때는 고분거리거나 깍듯이 하지 않고, 어른이 되어서는 뛰어난 점이 없고, 늙어서 죽지도 않으니, 이야말로 해치는 자다."

그리고는 지팡이로 그 정강이를 두드렸다.

注釋 원양(原壤)은 공자의 오랜 벗이다. 이(夷)는 편안하다, 무람없다는 뜻이다. 사(俟)는 기다리다는 뜻이다. 손(孫)은 손(遜)과 같이, 몸을 낮추다, 고분거리다는 뜻이다. 제(弟)는 윗사람에게 깍듯하게 하다는 뜻이다. 술(述)은 뛰어난 사람의 언행을 이어받거나 이야기하다는 뜻으로, 여기서는 이어받거나 이야기할 만한 뛰어난 점을 가리킨다. 고(叩)는 두드리다는 뜻이다. 경(脛)은 정강이를 뜻한다.

蛇足 원양이 하는 꼴을 보면, 세상사를 초월한 은자와 같다. 그러나 과연 그가 은자인지는 알 수 없다. 은자라면 제 몸을 낮추거나 남에게 굳이 깍듯하게 하려고 하지는 않겠지만, 그래도 빼어난 점이 있어야 한다. 그런데 공자가 "어른이 되어서는 뛰어난 점이 없다"고 야멸치게 쏘아붙인 것으로 보아서는 그런 점이 거의 없었던 모양이다. 그럼에도 남을 업신여기는 듯이 구니, 그게 공자로서는 못마땅했으리라. 있으나마나 한 사람이 아니라 없는 게 좋은 사람이니, 그런 자가 남을 해치는 자이다.

14-44

闕黨童子將命. 或問之曰: "益者與?" 子曰: "吾見其居於位也, 見其與先生並行也. 非求益者也, 欲速成者也."

궐당의 동자가 소식을 전하러 왔다. 누군가가 동자에 대해 물었다.

"나아지겠습니까?"

스승께서 말씀하셨다.

"나는 그 아이가 어른 자리에 앉는 것을 보았고, 어른들과 나란히 걸어가는 것을 보았다. 나아지기를 바라는 자가 아니라, 얼른 이루려고 하는 자다."

注釋　궐당(闕黨)은 마을 이름이며, 공자의 집이 그곳에 있었다고 한다. 익(益)은 더해지다, 나아지다는 뜻이다. 위(位)는 어른의 자리이다. 선생(先生)은 말 그대로 먼저 태어난 사람, 즉 어른을 뜻한다.

蛇足　한마디 말이나 한 가지 행동에도 그 사람의 마음가짐이나 사람됨이 드러난다. 그 마음가짐이나 사람됨은 쉽사리 바뀌지 않으므로 그가 앞으로 어찌 될 것인지, 어떻게 할 것인지를 미루어 헤아릴 수 있다. 물론 안목이 있어야만 말이나 행동 속에 숨겨진 정보들을 읽어낼 수가 있다. 그런 안목은 평소에 늘 작은 일이라도 자세하게 살피고 자신의 말과 행동을 끊임없이 되돌아볼 때에만 비로소 갖출 수 있다. 나의 말과 행동에 대해서도 자각이 없으면서 어찌 남의 말과 행동을 제대로 알 수 있겠는가. 들리는 것만 듣지 않고 보이는 것만 보지 않는 것, 그 너머에 있는 이치를 듣고 보는 것, 그것이 곧 통찰이다.

그런데 왜 어른 자리에 앉고 어른과 나란히 걷는 것을 두고 "나아지려는 자"가 아니라 "얼른 이루려고 하는 자"라고 했는가? 그것은 그 아이의 마음이 일을 순리대로 풀어가는 것에 있지 않고 그 결실에만 있다고 보았기 때문이다. 가령, 이제 처음으로 일자리를 얻은 사람이 그 일이 어떠한지, 어떻게 하면 그 일을 잘할 것인지보다도, 한 달 뒤에 받을 월급을 어떻게 쓸 것인지 궁리하는 것과 같다. 그런 사람이 과연 나아질까? 이루려고 한들, 이루어지겠는가? 그저 요행을 기다려야 하리라.

15편

위령공 (衛靈公)

15-1 ——————————————————————————

衛靈公問陳於孔子, 孔子對曰: "俎豆之事, 則嘗聞之矣; 軍旅
之事, 未之學也." 明日遂行.

위나라 영공이 공 스승에게 진법에 대해 물으니, 공 스승께서
대답하셨다.
"제사 그릇 다루는 일은 배운 적이 있습니다만, 군대의 일은
아직 배우지 못했습니다."
이튿날, 그예 떠나셨다.

注釋　진(陳)은 진(陣)과 같다. 늘여놓다, 벌여놓다는 뜻에서 군대를
펼쳐놓거나 늘어세우는 것까지 의미하게 되었다. 조두(俎豆)는 고대에
고기를 담던 그릇으로, 제의 때에 사용하였다. 따라서 조두지사(俎豆
之事)는 예법 또는 예의를 차리는 일을 의미한다. 상(嘗)은 일찍이, ~한
적이 있다는 뜻이다. 문(聞)은 듣다, 배우다는 뜻이다. 군려(軍旅)는 군
대를 뜻한다. 수(遂)는 그 일의 결과를 뜻하는 말로, 마침내, 그예 등의
뜻이다.

蛇足　군자는 사람 살리는 법은 배우지만, 사람 죽이는 법은 배우
지 않는다. 사람을 아끼고 좋아하지만, 사람을 미워하지 않는다. 남이
잘 되도록 해주지, 못 되도록 하지 않는다. 그것이 어짊이기 때문이다.
군자가 어짊을 행하지 않는다면, 어찌 군자라 할 수 있겠는가? 가지 많
은 나무에 바람 잘 날 없다고 했다. 인구가 늘면 늘수록 아귀다툼은 더
거세진다. 그럴수록 어짊은 더욱더 강조될 수밖에 없다. 이야말로 슬픈
현실이다! 그렇다고 단념할 수도 없는 노릇이다. 공자가 그러했고, 선
비들 또한 그 뒤를 따랐다.

在陳絶糧, 從者病, 莫能興. 子路慍見曰: "君子亦有窮乎?" 子
曰: "君子固窮, 小人窮斯濫矣."

진나라에 있을 때 양식은 떨어지고, 따르던 자들은 병이 들어
일어날 수가 없었다. 자로가 성난 얼굴로 스승을 뵙고는 말하
였다.
"군자도 이렇게 궁지에 빠집니까?"
스승께서 말씀하셨다.
"군자는 궁지에서도 한결같으나, 소인은 궁지에 몰리면 함부
로 한다."

注釋　종자(從者)는 공자를 따르던 사람들로, 대개는 공자의 제자들
이다. 온(慍)은 성내다는 뜻이다. 궁(窮)은 꽉 막혀서 어찌할 도리가 없
는 상태, 괴롭고 힘든 상황을 뜻한다. 고(固)는 꿋꿋함, 흔들림 없음, 한
결같음을 뜻한다. 람(濫)은 넘치다, 흐트러지다는 뜻으로, 예나 법도에
어그러진 짓을 함부로 한다는 의미로 쓰였다.

蛇足　선비는 어떤 경우에도 하늘을 원망하거나 남을 탓해서는 안
된다. 세상 사람들이 길을 잃고 헤매면서 제 뜻을 알아주지 않고 따라
오지 않더라도 역시 탓해서는 안 된다. 아무리 썩고 어지러워지더라도
불평을 해서는 안 된다. 세상의 짐을 스스로 짊어진 자가 선비이기 때
문이다. 오로지 제 뜻에 따라 행하는 사람이 선비이기 때문이다. 그러
니 누구를 탓하겠는가? 선비가 어찌 마음이 옹등그려져서 탓하는 일이
있겠는가? 티끌만큼이라도 탓하는 마음이 있다면, 그것은 공부가 덜된
탓일 뿐이다.

15-3 ——————————————————————————————

子曰: "賜也, 女以予爲多學而識之者與?" 對曰: "然. 非與?" 曰:
"非也. 予一以貫之."

스승께서 말씀하셨다.
"사야, 너는 내가 많이 배우고 잘 외운다고 여기느냐?"
"그렇습니다. 그렇지 않습니까?"
"그렇지 않다. 나는 하나로 꿰었을 뿐이다."

注釋   식(識)은 사물을 잘 가려서 알다는 뜻으로, 여기서는 의식 속
에 잘 갈무리해두는 것, 즉 외우다는 의미로 쓰였다. 관(貫)은 꿰다, 꿰
뚫다는 뜻이다.

蛇足   마지막에 공자가 한 말은 4-15에서 말한 것과는 다소 뜻이
다르다. 4-15에서는 자신의 사상이나 철학을 뭉뚱그릴 수 있는 '하나'
가 있다는 뜻으로 말하였다면, 여기서는 자신의 사상이나 철학이 이루
어진 과정에 대해서 말하고 있다. 하나로 꿰었다는 것은 모든 것을 꿰뚫
는 안목을 갖추었다는 뜻이다. 그 안목으로 사물들의 드러난 다양성과
이질성 너머의 통일성과 동질성을 꿰뚫어 본 것이다. 꿰뚫어 보는 안목,
그것은 통찰이다. 통찰은 이치를 터득함으로써 갖게 된다. 그런 통찰이
있으므로 언제 어디서 무엇을 대상으로 하든 막힘이 없고 걸림이 없이,
그러면서도 적실하게 말할 수 있다. 변수가 있어도 적절하게 대응할 수
있는 것도 통찰 덕분이다. 그래서 마치 그 모든 상황을 다 예상하고 또
모든 지식을 다 알고 외웠기 때문에 자유자재로 말하는 것처럼 들린다.
통찰의 힘은 놀랍다. 스스로 경험하기 전에는 그 놀라움을 결코 느낄
수도 알 수도 없다. 그러니 자공조차 그런 어설픈 물음을 던진 것이다.
   이치는 통찰로 꿰뚫어야 하는데, 잘 외우는 것은 그런 통찰을 갖추

는 데 오히려 장애가 된다. 외운 것은 곧 변수를 간과하게 만들고 맹목적으로 적용하게끔 만든다. 아무리 잘 외웠어도 통찰이 없으니 적실하게 써먹을 수가 없다. 상황에 맞지 않은 줄을 모르고, 오히려 상황을 탓한다. 그래서 외우는 자는 똑똑한 자가 아니다. 어리석은 자가 외운다.

15-4

子曰: "由, 知德者鮮矣!"

스승께서 말씀하셨다.
"유야, 덕을 아는 자가 드물구나!"

注釋 덕(德)은 공부나 수양을 통해 자신의 내면을 이치에 맞게 조율함으로써 갖춘 것이다. 선(鮮)은 드물다는 뜻이다.

蛇足 이 말은 자로를 꾸짖으며 한 말인가, 자로에게 심정을 토로한 말인가? 자로를 꾸짖는 의미로 보이지는 않는다. 오히려 세태를 안타까워하는 마음을 드러낸 것으로 보는 것이 적절하다.

예나 이제나 덕에 대해 말하는 자는 많아도 덕을 참으로 아는 자는 드물다. 덕의 본질, 덕의 진정한 아름다움과 이로움 따위는 지혜롭지 않고서는 알 수가 없다. 지혜는 덕을 알고 행할 때 생긴다. 덕을 행하면서도 그게 덕이 있어서 하는 짓인지 모를 수는 있다. 그러나 덕을 알면서 행하지 않는 자는 없다. 덕을 안다고 하면서 행하지 않는 자가 있는데, 그런 자는 사실 덕을 모르는 자이다. 저 혼자 안다고 여길 뿐이다. 이제는 그 의미가 퇴색하기는 했지만, 여전히 중요한 명제는 "덕을 안다는 것은 곧 덕을 행한다"는 것이다. 앎과 행함이 하나일 때 갖추어지는 게 덕이다.

15-5 ────────────────

子曰: "無爲而治者, 其舜也與? 夫何爲哉? 恭己正南面而
已矣."

스승께서 말씀하셨다.
"억지로 함이 없이 다스리는 자, 그가 순 임금인가? 대체 무얼
하였는가? 의젓하게 똑바로 남쪽을 향해 앉았을 뿐이다."

注釋　공(恭)은 나볏하다, 의젓하다, 깍듯하다, 반듯하다는 뜻이다.
정(正)은 똑바로의 뜻이다. 남면(南面)은 임금이 앉는 자리의 방향이다.

蛇足　무슨 일에서나 억지가 없으려면 지혜를 갖추어야 한다. 지혜
가 있으면 잘할 일만 가려서 한다. 잘할 일만 하니, 무슨 어려움이 있겠
는가? 지혜는 자신을 바로잡는 데서 생긴다. 자신을 바로잡지 못하고
서 어찌 남을 가르치거나 다스리겠는가? 자신을 바로잡는 데서 시작하
지 않으면, "나는 바담 풍 해도 너는 바담 풍 해라"는 꼴이 될 뿐이다.
　임금은 모든 일을 꿰뚫어 보는 능력이 있어야 한다. 한 나라를 다스
리는 것은 곧 수많은 다양한 일들을 통괄하는 것이다. 갖가지 일들을
통괄하는 것은 그대로 각양각색의 사람들을 쓰는 일이다. 알맞은 사람
을 알차게 부리는 것이 곧 다스림이니, 통찰이 없다면 어찌 다스려지겠
는가? 통찰이 있으면 순리대로 일을 처리한다. 순리대로 하지 않으니
억지스러워지는 것이다. 억지로 해서는 이루기도 어렵지만, 설령 이루
더라도 녹초가 되어버린다.

15-6 ────────────────

子張問行, 子曰: "言忠信, 行篤敬, 雖蠻貊之邦, 行矣. 言不忠

信, 行不篤敬, 雖州里, 行乎哉? 立則見其參於前也, 在輿則見
其倚於衡也, 夫然後行." 子張書諸紳.

자장이 '다님'에 대해 여쭈니, 스승께서 말씀하셨다.
"말이 참되고 미쁘며, 행동이 옹골차고 지극하다면, 오랑캐의
나라에서도 다닐 수 있다. 그러나 말이 참되지 않고 미쁘지 않
으며, 행동이 옹골차지도 지극하지도 않다면, 제 마을에선들
다닐 수 있겠느냐? 서서는 앞에 말들이 나란히 서 있는지를 보
고, 수레에 타서는 가로나무에 기댄 것을 볼 것이니, 그렇게 된
뒤에야 다닌다."
자장은 이 말씀을 큰 띠에 써두었다.

注釋　독(篤)은 뜻을 굳게 지니고 하는 행동으로, 옹골차다, 다부지
다는 뜻이다. 만맥(蠻貊)은 오랑캐를 이르는 말인데, 만은 남쪽 오랑캐
를, 맥은 북쪽 오랑캐를 가리킨다. 참(參)은 셋이 나란히 서 있다는 뜻
으로, 여기서는 수레 끄는 말들이 나란히 서 있는 것을 가리킨다. 여
(輿)는 수레를 뜻한다. 의(倚)는 기대다는 뜻이다. 형(衡)은 마차의 채
(수레의 양옆에 앞뒤로 댄 긴 나무) 끝에 댄 횡목(橫木)이다. 신(紳)은 허
리에 매고 남은 부분을 길게 늘인 큰 띠로, 예복에 갖추어 맨다.

蛇足　여기서 자장이 물은 '행(行)'은 거침없이 다니는 것과 걸림 없
는 행동을 아울러 뜻한다. 말하자면, 사람이 당당하게 행동하려면 어떻
게 해야 하는가에 대한 물음과 대답이다. "입즉…연후행(立則…然後行)"
은 풀이하기에 까다로운 부분이다. 그러나 공자가 일상의 경험에서 비
유를 끌어온다는 사실을 염두에 둔다면, 의외로 간단하다. 수레를 타고
나가는 일은 바로 벼슬길로 나아가는 것을 비유한 말이다. 그런데 벼
슬길에서 제 일을 제대로 해나가기 위해서는 미리 능력과 인품을 갖추

어야 한다. 바로 그것이 수레를 몰 말들을 나란히 세우고 수레에 타서
는 가로나무에 기댄 것을 보는 일이다. 이는 어디든지 다닐 수 있는 자
질과 능력, 또는 무슨 일이든 맡아 할 수 있는 역량을 가리킨다. 그런
자질이나 능력, 역량은 늘 일상에서 갖추려고 애써야 한다. 그래야 벼
슬길에 나아가서도 막힘이 없고 그릇됨이 없을 수 있다. 뛰어난 말들이
끄는 튼튼한 수레가 잘 달리는 것과 같다. 말들은 야위어서 힘이 없고
수레는 삐걱거린다면, 어찌 길을 다닐 수 있겠는가?

자장은 2-18에서도 녹봉 구하는 법에 대해 물었다. 여기서도 자장이
물은 '행'은 벼슬길에 나아가서 행하는 일과 관련된다. 공자는 자장의
그런 의도를 알아차리고 그에게 필요한 것을 일러준 것이다. 자장이 큰
띠에 써둔 것은 자신에게 해당되는 말임을 알았기 때문일까?

15-7

子曰: "直哉史魚! 邦有道, 如矢; 邦無道, 如矢. 君子哉蘧伯玉!
邦有道, 則仕; 邦無道, 則可卷而懷之."

스승께서 말씀하셨다.
"곧구나, 사어는! 나라에 도가 있으면 화살과 같고, 나라에 도
가 없어도 화살과 같도다. 군자로구나 거백옥은! 나라에 도가
있으면 벼슬하고, 나라에 도가 없으면 두루루 말아서 갈무리
해두도다."

注釋   사어(史魚)는 위나라 대부인 사추(史鰌)로, 자는 자어(子魚)이
다. 거백옥(蘧伯玉) 역시 위나라 대부이다. 권(卷)은 두루마리, 둘둘 말
다는 뜻으로, 여기서는 자신의 뜻이나 도를 거두어들이는 것을 가리킨
다. 회(懷)는 품다, 갈무리하다는 뜻이다.

蛇足 때를 알고 때에 맞게 행하는 것, 그것이 시중(時中)이다. 때를 아는 것은 지혜이고, 때에 맞게 하는 것은 올바름이고, 어느 때든지 한결같은 것은 곧음이다. 사어는 그런 곧음을 지녔다. 시세에 영합하지 않는다는 말이다. 모든 것을 스스로 행하는 자, 아무 것에도 기대지 않는 자, 그래서 탓하는 일이 없는 자이다. 그 곧음으로 말미암아 곤란을 겪어도 사어는 후회하지 않을 사람이다. 한 개 바위와 같은 사람이다. 거백옥은 나아갈 때와 물러날 때를 알고, 그때마다 어떻게 해야 할지도 아는 사람이다. 이런 사람은 곤경에 처하는 일이 없다. 이런 사람은 미련을 두지 않으니, 물과 같고 구름과 같다.

15-8

子曰: "可與言而不與之言, 失人; 不可與言而與之言, 失言. 知者不失人, 亦不失言."

스승께서 말씀하셨다.
"말을 나눌 수 있는데도 말을 나누지 않으면 사람을 잃고, 말을 나눌 수 없는데 말을 나누면, 말을 잃는다. 참으로 아는 자는 사람을 잃지 않고 말도 잃지 않는다."

注釋 여(與)는 함께하다, 더불어 하다는 뜻으로, 여기서는 주고받다는 의미로 쓰였다.

蛇足 우리 속담에 "말은 해야 맛이다"라는 게 있다. 말은 실상 자체는 아니지만, 실상을 드러내거나 아는 데에 매우 유용하고 효과적인 방편이다. 말이 없다면, 생각을 하는 것도 불가능하다. 말이 없다면, 남들과 소통할 수가 없다. 그러나 말이란 누가 누구에게 어떤 때 어떤 말

을 어떻게 해야 하느냐 하는 매우 복잡한 상황 속에서 해야 하므로 쉽
게 할 수 있는 게 아니다. 소를 잡으려면 칼이 있어야 한다. 그러나 칼
을 쓸 줄 모른다면, 소를 잡기는커녕 자신을 다치게 할 수 있다. 칼을
쓸 줄을 알아도 소를 잘 알지 못한다면, 소를 제대로 잡을 수 없다. 말
과 사람의 관계 또한 그러하다. 그런데 말은 실상을 가리키는 것이니,
실상을 알면 말을 알게 된다. 실상을 안다는 것은 드러난 꼴과 함께 거
기에 숨겨져 있는 결을 아울러 아는 것이다. 이 앎이 곧 지혜이다. 지혜
로운 이의 말은 늘 알차고 생동한다. 그는 말로써 사람의 마음을 사로
잡는다. 사람의 마음을 사로잡는 자가 어찌 사람을 잃겠는가?

15-9 ——————————————————————————

子曰: "志士仁人, 無求生以害仁, 有殺身以成仁."

　　스승께서 말씀하셨다.
　　"뜻 있는 선비와 어진 사람은 제 목숨 구하려고 어짊을 해치지
않으며 제 몸을 죽여서라도 어짊을 이룬다."

注釋　　지사(志士)는 도에 뜻을 둔 사람이다.

蛇足　　공자가 목숨을 하찮게 여겨서 한 말은 아니다. 후대에 작은
절개나 지조에 목숨을 내걸면서 무슨 대단한 일을 한 것처럼 부풀리
기도 했지만, 공자는 그런 데에 목숨을 걸라고 말하지 않았다. 목숨과
바꿀 수 있는 것은 오직 어짊뿐이다. 어짊은 목숨을 이어가야 할 지고
한 이유이고, 목숨을 기꺼이 내버리고 얻을 만한 성금이다. 어짊은 나
를 완전하게 하고 만물과 어우러지게 하기 때문이다. 눈을 한 번 돌려
서 보라. 바람, 나무, 새들, 구름과 바람, 하늘, 땅, 사람들까지. 존재하

는 모든 것이 그대로 어짊이다. 생명의 약동이 곧 어짊이다. 어짊에서는 시간과 공간의 벽, 모든 차별이 사라진다. 사사로움이라고는 티끌만큼도 없는, 지극히 맑고 높은 세계이다. 어짊이 바로 자연이요 우주이다. 어짊에서는 삶과 죽음이 하나가 되고, 태어남과 사라짐이 둘이 아니다. 어질지 않다면 삶이 아니다. 어질다면 죽음도 없다.

15-10

子貢問爲仁, 子曰: "工欲善其事, 必先利其器. 居是邦也, 事其大夫之賢者, 友其士之仁者."

자공이 어질게 되는 데 대해 여쭈니, 스승께서 말씀하셨다.
"장인이 일을 잘하려면 반드시 먼저 연장을 손질해야 한다. 이 나라에 살면 대부들 가운데서 똑똑한 자를 섬기고 선비들 가운데서 어진 이를 벗하라."

注釋　리(利)는 날카롭게 하다, 손질하다는 뜻이다. 대부(大夫)와 사(士)는 짝이 되는 말로, 대부는 벼슬길에 나아간 사람이고, 사는 벼슬이 없이 학문하는 사람이다.

蛇足　어질게 되려면 어진 이를 만나는 것이 최상이다. 그러나 어진 이를 어떻게 만날까? 먼저 공부를 하라. 똑똑한 자를 섬기고 어진 이를 벗하는 것이 공부이다. 내가 안목이 없다면, 그런 사람을 만나서 배우고 따라야 한다. 공부가 늘면서 눈이 열린다. 공부는 언제 어느 때든지 하여야 하는데, 그 공부가 곧 장인이 연장을 손질하는 일과 같다. 공부가 되어 있지 않으면서도 벼슬을 바라고, 벼슬이 주어지지 않으면 세상을 탓하고, 막상 벼슬이 주어지면 감당하지 못하는 자, 그런 자가 소인

491

이다. 소인은 오로지 제 사사로움을 채우려 애쓸 뿐이다. 어질게 되려면 늘 자신의 몸을 닦고 마음을 매만져야 한다. 그러다 보면, 절로 어질게 되리라.

15-11

顏淵問爲邦, 子曰: "行夏之時, 乘殷之輅, 服周之冕, 樂則韶舞. 放鄭聲, 遠佞人. 鄭聲淫, 佞人殆."

> 안연이 나라 다스리는 일에 대해 여쭈니, 스승께서 말씀하셨다.
> "하나라의 때를 행하고 은나라의 수레를 타며 주나라의 갓을 쓰고 음악은 소와 무를 쓴다. 정나라 소리는 내치고 말이 번드러운 사람을 멀리한다. 정나라 소리는 마음을 어지럽히고, 말이 번드러운 사람은 아슬아슬하기 때문이다."

注釋 하지시(夏之時)는 하나라의 역법을 가리키는데, 인월(寅月, 음력 정월)을 정월로 삼아 사계절이 자연 현상과 잘 맞았으므로 농사짓는 데 적합하였다. 은나라는 섣달을 정월로, 주나라는 동짓달을 정월로 삼았다. 은지로(殷之輅)는 은나라 때의 수레로, 주나라 때의 것에 견주면 매우 질박하였다고 한다. 주지면(周之冕)은 주나라 때의 예모(禮帽)인데, 비교적 화려한 것이었다. 공자는 갓에 있어서만큼은 화려하고 아름다운 것을 반대하지 않은 듯하다. 소(韶)는 순 임금 때의 음악이고, 무(舞)는 무(武)와 같으며 주나라 무왕(武王)의 음악이다. 방(放)은 내치다는 뜻이다. 정성(鄭聲)은 정나라의 노래로, 남녀의 애정을 읊은 것이 많고 묘사가 지나쳐서 음란하다고 여겨졌다. 음(淫)은 무언가에 깊이 빠지거나 치우쳐서 몸과 마음을 주체하지 못하는 상태, 특히 성적인 면

에서 그러한 것을 뜻한다. 녕(佞)은 말을 번지르르하게 하는 것이다.

蛇足 역법과 수레, 갓, 음악은 모두 나라의 법도를 상징한다. 정치에서는 먼저 법도를 바로 세워야 하는데, 그 법도는 쓰임에 맞아야 한다. 역법에서는 자연의 변화에 맞는 것을, 수레를 비롯한 기계나 기구는 그 효용성을, 갓은 예법과 관련되므로 예법의 엄숙함과 장중함에 맞는 것을 쓴다. 공자가 굳이 화려한 갓을 선택한 것은 예법 때문이다. 음악에서 성인의 뜻과 그 다스림이 잘 드러나 있는 곡을 고른 것은 당연하다. 음악은 특히 사람의 마음을 드러내고 사람의 감정을 움직이는 것이므로 삼가지 않을 수 없다. 공자가 정나라 소리를 음란하다고 내치기는 했지만, 그가 사람의 감정을 가벼이 여긴 것은 아니다. 3-20에서이미 말하고 있듯이 지나침을 경계한 것일 뿐이다. 번드러운 말이 당장에는 통하더라도 결국 실속이 없다는 것이 들통이 나면 믿음을 잃는다. 벼슬길에 있는 사람의 말이라면 그저 믿음을 잃는 데서 그치지 않고 나랏일을 그르치는 데까지 이를 수 있으므로 역시 삼가지 않을 수 없다.

15-12

子曰: "人無遠慮, 必有近憂."

스승께서 말씀하셨다.
"사람이 멀리까지 생각하지 않으면 반드시 가까이서 걱정거리가 생긴다."

注釋 원려(遠慮)는 단순히 장래의 일을 헤아리고 꾀하는 데서 그치는 것이 아니라, 역사적 시간을 꿰뚫는 안목으로 내다보는 것을 뜻한다. 우(憂)는 걱정, 걱정거리를 뜻한다.

蛇足　무슨 일에나 변수가 생기게 마련이다. 그 변수는 산술적인 계산이나 논리적인 이성으로는 파악하기 어렵다. 직관이나 통찰로써 알아챌 수밖에 없다. 멀리까지 생각하는 것은 평소에 익혀야 하는 일이다. 갑자기 그렇게 한다고 해서 앞날을 헤아릴 수 있는 게 아니다. 멀리 내다보려면 먼저 옛것을 잘 알고 바로 지금 여기서 일어나는 일을 꿰뚫어 보아야 한다. 거기서 직관이나 통찰이 생기기 때문이다. 아무런 변화도 없는 그저 밋밋한 일상의 흐름 속에 먼 앞날에 일어날 변화가 이미 꿈틀거리고 있음을 알아채려면 직관과 통찰이 아니고서는 안 된다. 2-11에서 이미 이런 말을 하였다.

왜 멀리까지 생각하지 않으면 가까이서 걱정거리가 생기는가? 멀리 또 크게 생각하지 않는 것은 꿰뚫어 보는 안목이 없기 때문이고, 그런 안목이 없다면 무슨 일을 하든 순리대로 풀어갈 능력도 없다. 능력 없는 사람이 하는 일은 그 자체가 걱정거리가 된다. 바로 지금 하는 일이 걱정거리이니, 가까워도 너무 가까운 것 아닌가?

15-13

子曰: "已矣乎! 吾未見好德如好色者也."

스승께서 말씀하셨다.
"다되었구나! 여색을 좋아하듯이 덕을 좋아하는 자를 아직 보지 못했는데."

注釋　이(已)는 그치다, 끝나다는 뜻이다. 여기서는 더 이상 가능성이나 희망이 없다는 말맛을 담고 있다.

蛇足　여색을 좋아하는 것은 본성이다. 덕을 좋아하는 것도 본성이

494

다. 같은 본성인데, 어찌 하나는 저절로 좋아하고 하나는 좋아하는 것
자체가 그리도 버거운가? 바로 이 차이가 성선설과 성악설이 나오게
만든 까닭일지도 모른다. 덕이 우리에게 이미 갖추어져 있으며, 여색을
좋아하는 것과 같은 본성인 줄을 모르는 경우가 대부분이다. 그 덕의
효용이 또 얼마나 대단한지도 잘 모른다. 여색을 좋아하는 일은 여인이
있으면 되지만, 덕은 오래도록 쉼 없이 자신을 닦아야만 하는 일이다.
그래서 쉽사리 덕을 좋아하지 못한다. 그러니 여색을 좋아하듯이 덕을
좋아한다면, 그 덕은 더없이 크낙할 것이다.

15-14

子曰: "臧文仲其竊位者與! 知柳下惠之賢而不與立也."

스승께서 말씀하셨다.
"장문중은 그 자리를 훔친 자로구나! 유하혜가 똑똑한 줄을
알면서도 그에게 자리를 주지 않았으니."

注釋　장문중(臧文仲)은 노나라 대부인 장손신(臧孫辰)으로, 장공
(莊公)·민공(閔公)·희공(僖公)·문공(文公) 아래에서 차례로 벼슬하였
다. 절(竊)은 훔치다는 뜻이다. 유하혜(柳下惠)는 노나라의 현자로, 본
명은 전획(展獲), 자는 금(禽) 또는 전계(展季)라 한다.

蛇足　정치는 사람을 잘 골라서 제대로 쓰는 일이 그 요체이다. 그
런데 뛰어난 사람이 있는 줄 알면서 쓰지 않는 것은 직무유기이다. 아
니, 그 사람의 자리를 훔친 것이다. 자리란 그 자리에 어울리는 사람을
위해 마련된 것이니, 그런 사람이 있다면 그 자리는 그 사람의 몫이다.
그런데도 그에게 자리를 주지 않는다면, 그게 훔친 게 아니고 무엇이겠

는가? 자리만 훔친 것이 아니다. 정치를 훔친 것이다. 정치만 훔친 게 아니다. 백성들의 윤택한 삶을 훔친 것이다. 그야말로 천하의 큰 도둑이다.

15-15

子曰: "躬自厚而薄責於人, 則遠怨矣."

스승께서 말씀하셨다.
"제 몸을 스스로 두터이 하고 남을 가벼이 꾸짖는다면, 남들의 응등그러진 마음이 멀어진다."

注釋 궁(躬)은 몸, 자신을 뜻한다. 후(厚)는 몸가짐이 무겁고 마음을 지극히 하는 것이다. 궁자후(躬自厚) 뒤에 책(責)이 생략된 것으로 보는 경우도 있다. 그런 의미가 없지는 않으나, 원문에는 더 크고 적극적인 의미가 담겨 있는 것으로 보아야 한다. 박(薄)은 적다, 가볍다는 뜻이다. 원(怨)은 뒤틀린 마음, 응등그러진 마음이다.

蛇足 덕을 쌓고 도를 행하려는 사람, 자신을 바로잡거나 잡도리하려는 사람은 안다. 허물을 짓지 않고 늘 올바르게 행동하는 것이 얼마나 어려운 일인지를. 그래서 남이 허물을 지으면, 함부로 업신여기지 않고 지나치게 야단을 치지 않는다. 은근히 일깨워주고, 뜻을 굽히지 않도록 해주며, 다시 마음을 다잡도록 도와준다. 그 사람이 자신을 버리지 않는 한, 배움을 버리지 않는 한, 나도 그를 버리지 않는다. 뜻을 지니고 있는 한, 가능성과 희망은 여전히 있기 때문이다. 그가 어떠하든 나는 한결같고 지극해야 한다. 그래야 나의 꾸짖음, 나의 돌아섬에 대해 뒤틀리거나 탓하는 마음이 적어진다. 설령 나를 탓하거나 나를 응등

그러진 마음으로 대하더라도, 나는 떳떳하다. 나는 마땅히 해야 할 일을 다하였기 때문이다.

15-16

子曰: "不曰'如之何, 如之何'者, 吾末如之何也已矣."

스승께서 말씀하셨다.
"스스로 '어떻게 할까, 어떻게 할까'라고 말하지 않는 자는 나도 어떻게 해줄 수 없다."

注釋 여지하(如之何)는 어떻게 할까, 어떠한가 등의 뜻이다. 말(末)은 무(無)와 같다.

蛇足 7-8에서 "먼저 마음을 내지 않으면 열어주지 않고, 말하려 애쓰지 않으면 튕겨주지 않는다"라고 한 말과 상통한다. 스스로 해나가려는 자, 주체적이고 적극적으로 하려는 자가 아니라면, 아무리 도와주고 이끌어주어도 소용이 없다. 스스로 배우고 익히려 하지 않는 학인이라면, 아무 것도 가르쳐줄 수 없다. 가르쳐주어도 흘려듣는다. 그보다 헛된 일이 어디에 있겠는가? 줄탁동시(啐啄同時)! 병아리가 알에서 나오려고 애쓸 때, 밖에서 어미가 부리로 알을 쫀다. 안과 밖이 동시에 호응하여야 한다. 그래야만 아무 탈이 없이 병아리가 세상에 나올 수 있다. 배움 또한 마찬가지이다. 아무리 뛰어난 스승이 있어도 학인이 스스로 배우려 하지 않는다면, 그 스승은 그저 장식적 존재에 지나지 않는다. 아니, 그런 스승을 두고도 배우려 하지 않는다면, 그는 이미 학인이 아니다. 배울 뜻이 없으면서 학인 노릇을 왜 하는가? 학인이 무슨 벼슬인가?

15-17 ————————————————

子曰: "群居終日, 言不及義, 好行小慧, 難矣哉!"

스승께서 말씀하셨다.
"온종일 모여 앉아서는 말이 올바름에 미치지 않고 하찮은 지혜나 뽐내기 좋아한다면, 참 어렵다!"

注釋　군(群)은 무리, 떼, 모이다는 뜻이다. 행(行)은 뽐내다, 자랑하다는 뜻으로 쓰였다. 소혜(小慧)는 잔꾀에 지나지 않는 자잘한 앎을 뜻한다.

蛇足　말이 올바름에 미치지 못한다는 것은 이치의 길로 나아가지 않는다는 뜻이며, 하찮은 지혜를 뽐내기 좋아하는 것은 지극한 마음으로 배우거나 사는 것이 아니라는 뜻이다. 이런 사람은 사사로움에 치우쳐 있으니, 이치를 가르칠 수 없고 올바른 길로 나아가게 할 수 없다. 그런 사람과는 얘기조차 나눌 수가 없다. 오로지 세속적인 명리에만 관심을 두기 때문이다. 그런 사람과 어울리는 자들 역시 마찬가지이다. 그런 자들과 함께 있으면서 자신은 떳떳하고 바른 사람이라고 우기는 것은 부질없는 짓이다. 오히려 자신의 어리석음과 모자람을 더 드러낼 뿐이다. 길이 아니면, 아예 가지를 말아야 한다. 가다가도 아니다 싶으면, 바로 돌아설 줄 알아야 한다. 이 모든 것은 일상에서 이미 몸에 배어 있던 것들이다. 어디 갑작스레 바꿀 수 있는 것이겠는가?

일상에서 하는 행동 속에 이미 그 사람의 참모습이 드러나 있다. 대개는 그 행동을 살피지 않기 때문에 그 참모습을 미처 알아채지 못할 뿐이다. 무슨 큰일이 생기거나 비일상적인 일이 일어났을 때에나 비로소 숨겨진 참모습이 생생하게 드러나는데, 그때서야 그 참모습을 보고 놀란다. 그리고는 상대가 자신을 속였다고 하는데, 그것은 상대의 잘못이 아니다. 미처 알아보지 못한 나에게 허물이 있다. 가까운 사이였다면, 어찌 살피는 마음이 없었는가? 살폈는데도 모를 수는 없다. 일상의 행동은 이미 해묵은 것이어서 쉽사리 바뀌거나 달라지지 않기 때문이다. 상대가 나를 속였기 때문에 몰랐다고 하더라도 역시 나에게 잘못이 있다. 속이는 사람을 가까이한 것은 순전히 나의 마음이요 뜻이었을 테니 말이다. 내가 또한 그런 사람이었기 때문에 비슷한 사람을 만나고 가까이한 것이 아니겠는가? 도대체 누구를 탓하겠는가? 사람의 행동은 결코 일상을 벗어나지 않는다.

15-18 ───────────── ● ─────────────

子曰: "君子義以爲質, 禮以行之, 孫以出之, 信以成之. 君子哉!"

스승께서 말씀하셨다.
"군자는 올바름을 바탕으로 삼아서 예의에 맞게 행동하고 차분하게 말하며 미쁨 있게 이룬다. 그래야 군자답다!"

注釋　질(質)은 바탕을 뜻한다. 손(孫)은 부드럽게 행동하다, 점잖다, 차분하다는 뜻이다. 출지(出之)는 말을 하다는 뜻이다. 성지(成之)는 행동이나 인격을 온전하게 한다는 뜻이다.

蛇足　나무는 그 뿌리가 바탕이다. 잎이 시들고 가지가 말라도 뿌리가 살아 있으면 언제든지 꽃을 피우고 열매를 맺을 수 있다. 모든 자양분이 뿌리로 스며들어서 몸통과 가지, 잎으로 흘러가기 때문이다. 그래서 뿌리가 죽으면, 백약이 무효이다. 뿌리가 썩었는데도 싹이 트고 꽃이 피고 열매가 맺는 일은 없다. 그러나 뿌리가 온전하다고 해서 다 되는 것도 아니다. 뿌리만으로 우람한 나무라고 하지는 않는다. 몸통이

튼실해야 하고, 가지가 힘 있게 뻗어야 하며, 잎이 싱그럽고 때맞게 열매를 맺어야 한다. 군자의 공부도 이와 같다. 올바름은 뿌리이고, 예의에 맞는 행동은 몸통이며, 부드러운 말씨는 가지이고, 잎이나 열매는 미쁨이다.

15-19

子曰: "君子病無能焉, 不病人之不己知也."

　　스승께서 말씀하셨다.
　　"군자는 자신이 잘하지 못하는 것을 걱정하지, 남이 자기를 알아주지 않는 것을 걱정하지 않는다."

注釋　　병(病)은 괴로워하다, 걱정하다는 뜻이다. 능(能)은 잘하다는 뜻이다. 지(知)는 알아주다는 뜻이다.

蛇足　　걱정해야 할 게 있고, 걱정할 필요가 없는 게 있다. 내가 할 수 있는 것에 대해서 걱정하고, 내가 어찌할 수 없는 것에 대해서는 걱정할 필요가 없다. 내가 할 수 있는 것은 공부이고, 내가 어찌할 수 없는 것은 명성이나 평판이다. 내가 어찌할 수 없는 것은 아무리 마음을 써도 소용이 없다. 오히려 집착만 더해지고 괴로움만 더해질 뿐이다.

15-20

子曰: "君子疾沒世而名不稱焉."

　　스승께서 말씀하셨다.

"군자는 세상을 떠날 때까지 제 이름이 일컬어지지 않는 것을 싫어한다."

注釋 질(疾)은 걱정하다, 싫어하다는 뜻이다. 몰세(沒世)는 세상에서 삶을 다하다, 죽다는 뜻이다. 칭(稱)은 일컬어지다, 기리다는 뜻이다.

蛇足 군자도 이름이 일컬어지기를 바라는가? 물론 바란다. 한평생 올바름을 바탕으로 하여 한결같이 도를 추구하며 살았는데, 일컬어지지 않을 리가 없다. 군자나 성인은 당장에 알려지지 않는다. 그들의 삶은 꾸밈이 없고 소박하기 때문에 쉽사리 눈에 띄지 않으나, 지극하기 때문에 결국에는 일컬어지게 된다. 그들의 삶이 얼마나 고귀한지 알아보는 사람은 언제나 드물다. 그러나 세월이 흐를수록 더욱더 빛이 난다. 아무리 혼탁한 시대라 할지라도 군자를 알아보는 사람은 있게 마련이다. 아니, 혼탁하면 할수록 군자는 더욱 돋보인다. 그러니 일생을 군자로서 산 사람이 군자로서 일컬어지지 않을 까닭이 없다. 일컬어지지 않는다면, 그것은 자신이 군자가 못되었다는 뜻이다. 군자가 되려 했으면서 군자로서 일컬어지지 않는다? 이 어찌 걱정되고 또 싫지 않겠는가.

15-21

子曰: "君子求諸己, 小人求諸人."

스승께서 말씀하셨다.
"군자는 자신에게서 찾고, 소인은 남에게서 찾는다."

注釋 구(求)는 찾다, 힘쓰다, 꾸짖다는 뜻이다. 여기서는 중의적으로 쓰였다. 즉 제 잘못을 자신에게서 찾는다, 제 잘못을 스스로 꾸짖는

다, 자신을 바로잡기 위해 힘쓴다 등등. 저(諸)는 지어(之於)이다.

蛇足 　군자는 자신의 모자람과 허물을 잘 알면서도 무한한 가능성을 믿고서 자신을 바로 세우려는 사람이다. 자신을 바로 세우는 일은 이치의 길로 가겠다는 결단과, 자신이 바로 설 수 있다는 믿음에서 출발한다. 스스로 결단을 내렸기 때문에 꿋꿋하게 나아가고, 자신을 믿기 때문에 자신의 허물을 스스로 꾸짖는다. 자신을 바로 세우는 일은 사막을 가로지르는 것과 같고, 깎아지른 벼랑길을 걷는 것과 같고, 뗏목을 타고 폭풍이 휘몰아치는 바다를 건너는 것과 같다. 그 험난한 여정은 성인(聖人)이나 지인(至人)이 되어서야 끝난다. 험난한 여정에서 겪는 모든 일은 오로지 자신의 선택이다. 그 선택에서부터 바로 서는 일은 시작되고, 성인이나 지인이 되면서 그 일은 마무리된다. 이 여정은 한평생이 걸리지만, 이루어질지 이루어지지 않을지는 알 수 없다. 그러나 이루지 못해도 제 탓이요, 이루어도 제 몫이다.

15-22

子曰: "君子矜而不爭, 群而不黨."

　스승께서 말씀하셨다.
　"군자는 어연번듯하면서도 다투지 않고, 사람들과 어울리면서도 패를 짓지는 않는다."

注釋 　긍(矜)은 떳떳하다, 어엿하다, 자랑하는 듯이 굴다는 뜻이다. 군(群)은 떼를 짓다, 모이다는 뜻이다. 당(黨)은 치우친 생각으로 끼리끼리 모이는 것이다.

蛇足　자신을 바로 세우려는 사람은 반듯하고 떳떳한 사람이다. 오로지 자신을 바로 세우려 하기 때문에 남과 다투지 않는다. 남과 다투는 일은 자신을 바로 세우는 것과는 아무런 상관이 없기 때문이다. 그저 뜻이 맞는 사람을 만나서 사귀고 어울릴 뿐이다. 그런 사귐과 어울림에는 오로지 참됨과 올바름이 가로놓여 있을 뿐이다. 사사로움으로 패거리를 짓는 짓은 하지 않는다. 이런 군자들의 행동이나 사귐이 소인들의 눈에는 건방지게 잘난 체하는 것으로 비칠 수도 있다. 그러나 그것은 보는 자의 마음이 투영된 것일 뿐이다. 군자의 눈에는 군자가 보이고, 소인의 눈에는 소인이 보인다.

15-23

子曰: "君子不以言擧人, 不以人廢言."

　　스승께서 말씀하셨다.
　　"군자는 말만으로 사람을 쓰지 않고, 사람이 못났다고 말을 버리지 않는다."

注釋　언(言)은 좋은 말, 착한 말, 이치에 맞는 말을 뜻한다. 거(擧)는 사람을 쓰다는 뜻이다. 폐(廢)는 버리다는 뜻이다.

蛇足　군자는 편견도 없어야 하고 선입견도 없어야 한다. 세상에는 좋기만 하거나 나쁘기만 한 것은 없다. 그러나 편견을 가지면 좋은 것 가운데 나쁜 것을 보지 못하고, 선입견을 가지면 나쁜 것 가운데 좋은 것을 고르지 못한다. 또 좋은 것이 나쁠 수도 있고, 나쁜 것이 좋을 수도 있다는 걸 놓칠 수도 있다. 군자는 항상 전체를 보아야 한다. 그런 안목이 없다면, 군자라 일컬어질 수 없다. 그래서 군자라면 좋은 말을

503

한다고 해서 그 사람을 무턱대고 쓰거나 높이지 않는다. 그 말 그대로 행동하는 사람인지 알 수 없기 때문이다. 또 나이가 어린 사람, 신분이 미천한 사람, 심지어 평판이 나쁘거나 인품이 모자란 사람의 말이라도 그 말을 무조건 내치지 않는다. 얼마든지 참되고 알찬 말을 할 수 있기 때문이다. 세상의 모든 것은 열려 있다. 결코 한정할 수 없고, 고정될 수도 없다. 이를 안다면, 어찌 편견이나 선입견에 얽매일 수 있겠는가.

15-24

子貢問曰: "有一言而可以終身行之者乎?" 子曰: "其恕乎! 己所不欲, 勿施於人."

자공이 여쭈었다.
"평생토록 간직하며 행할 만한 말 한마디가 있겠습니까?"
스승께서 말씀하셨다.
"똑같이 여기는 마음이리라! 내가 하고 싶지 않은 것을 남에게 시키지 않는 것이지."

注釋　시(施)는 베풀다, 행하다는 뜻으로, 여기서는 시키다는 의미로 풀었다.

蛇足　"내가 하고 싶지 않은 것을 남에게 시키지 말라"는 이미 12-2에 나왔다.

남과 내가 똑같다는 것을 알고 행하는 것, 그것이 서(恕)이다. 이 서에는 참된 마음인 충(忠)이 갈무리되어 있다. 참된 사람이라야 남의 마음을 헤아리고 안다. 남의 마음을 헤아리고 아는 사람은 곧 참된 사람이다. 둘 가운데 어느 쪽을 말하든지 나머지 하나는 따라온다. 둘은 하나이다. 내 안에 있으면 충이고, 밖으로 나와서 남에게 미치면 서이다. 충이든 서이든 지극하게 행하면, 그대로 어짊이 된다. 공자가 자공에게 "똑같이 여기는 마음"을 말해주었을 때, 그것은 이를 통해 어짊으로 나아가라는 뜻이다.

15-25

子曰: "吾之於人也, 誰毀誰譽? 如有所譽者, 其有所試矣. 斯民也, 三代之所以直道而行也."

스승께서 말씀하셨다.
"내가 남에 대해 누구를 헐뜯고 누구를 기리던가? 기리는 일이 있었다면, 분명 그를 따져보았을 것이다. 이 백성들이다, 삼대에서 도를 곧게 하여 행하던 바탕은."

注釋 수(誰)는 누구, 어떤 사람의 뜻이다. 훼(毀)는 헐다, 헐뜯다는 뜻이다. 예(譽)는 기리다, 칭찬하다는 뜻이다. 시(試)는 살펴보다, 따져보다는 뜻이다. 삼대(三代)는 하나라, 은나라, 주나라를 가리킨다. 직(直)은 곧게 하다, 마주 대하다, 바로 등의 뜻이다.

蛇足 15-28과 짝이 되니, 아울러 보라.
사람을 평가하는 일은 참으로 신중해야 한다. 누군가를 칭찬할 때는 요모조모 따져보고 칭찬을 들어도 되는 사람이라는 것을 확신한 뒤에야 비로소 그런 말을 해야 한다. 헐뜯는 경우에도 마찬가지인데, 하나 더 염두에 두어야 할 것이 있다. 그것은 나 자신에게 할 말을 남에게 하려는 게 아닌가 하는 점이다. 자신도 바로잡지 못한 허물을 남이 저질렀다고 해서 비난해서는 안 된다. 그것은 누워 침 뱉기이다.

505

그런데 마지막 구절은 무슨 뜻인가? 이에 대해서 기존에 갖가지 해석이 있었으나, 앞뒤의 문맥을 잘 살펴보면 참뜻을 읽을 수 있다. 사람을 헐뜯거나 기리는 일은 반드시 그만한 근거가 있어야 하는데, 그런 근거는 바로 백성들이었다는 말이다. 정치를 맡은 사람들에 대한 판단의 기준은 지배나 통치의 대상으로서 다스려지는 백성들이 어떻게 바라보느냐에 따른다는 말이다. 백성들의 삶을 윤택하게 하는 것이 정치라면 바로 백성들이 더없이 주요한 시금석이다. 하나라, 은나라, 주나라 등의 통치자들은 백성들의 신망을 받느냐 못 받느냐, 백성들의 목소리와 마음이 어떠하냐를 알고 그에 따라서 도를 행하며 다스렸는데, 그 백성들은 지금도 있으니 이에 따라 도를 바로잡고 실행하여야 하며 또 그렇게 하는지에 따라 헐뜯거나 기리는 평가를 하여야 한다는 것이다.

15-26

子曰: "吾猶及史之闕文也. 有馬者借人乘之, 今亡矣夫!"

스승께서 말씀하셨다.
"나는 사관이 글을 빈 채로 둔 것을 보았다. 그런데 말을 가진 자가 남의 힘을 빌어서 타는 일이 이제는 없어졌구나!"

注釋　유(猶)는 아직도, 여전히 등의 뜻이다. 급(及)은 미치다, 이르다는 뜻이다. 사(史)는 조정에서 기록하는 사람, 사관(史官)을 가리킨다. 궐문(闕文)은 사관이 의문이 있는 부분을 쓰지 않고 비워두는 것이다. 차(借)는 빌다, 빌리다는 뜻이다. 망(亡)은 없다는 뜻이다.

蛇足　참으로 해석하기 어려운 문장이다. 그러나 『논어』의 편찬자

는 반드시 그 뜻을 알고 여기에 두었을 것이다. 또 『논어』는 서로 관련이 있는 내용을 한데 묶어두는 방식으로 편집되어 있으므로 앞뒤의 맥락을 살펴서 해석을 한다면 비교적 정확한 뜻을 풀어낼 수 있을 것이고, 또 애초부터 글로 쓰인 것이 아니라 상황에 따라 듣는 이를 염두에 두고서 한 말이라는 점도 고려하여야 한다. 결론적으로, 소박하게 해석하는 것이 오히려 더 정확할 것이라는 말이다.

　"나는 사관이 글을 빈 채로 둔 것을 보았다"는 공자의 경험을 토로한 부분이다. 이를 비유로써 풀어간 것이 "그런데 말을 가진 자가 남의 힘을 빌어서 타는 일이 이제는 없어졌구나"이다. 사관은 정확하게 기록을 하여야 하는 임무가 있다. 정확한 기록은 객관적인 사실의 서술을 뜻하는 게 아니다. 사관의 판단, 즉 역사인식을 바탕으로 서술되는 것을 말한다. 예를 들면, 『좌전』 선공(宣公) 2년조에 다음과 같은 기록이 나온다. "조천(趙穿, 조돈의 사촌)이 도원(桃園)에서 진(晉)의 영공(靈公)을 공격하여 시해하였다. 이때, 선자(宣子, 조돈)는 도망하였으나, 진나라 국경을 넘지 않고 있다가 이 소식을 듣고 되돌아왔다. 태사인 동호(董狐)가 이 사건을 보고 '조돈이 그 군주를 시해하였다'고 기록하여 그것을 조정으로 가져와서 여러 사람들에게 보였다. 조돈은 '그렇지 않다'고 말하였다. 이에 동호는 '당신은 한 나라의 정경(正卿) 신분으로 난리를 피하여 달아났으나 미처 국경을 넘지 못했고, 돌아온 뒤에도 군주를 시해한 역적을 징벌하지 않았으니, 당신이 역적이 아니라면 누가 역적이겠는가?'라고 대답하였다. 조돈은 탄식하며, '오호라! 시에 이르기를, 나의 그리움이여! 스스로 마련한 시름이구나라고 하였는데, 나를 두고 한 말이로구나'라고 말하였다. 공자는 '동호는 옛날의 훌륭한 사관으로, 사실을 숨기지 않고 곧이곧대로 기록하였다. 조돈은 옛날의 훌륭한 대부였으나, 사관의 법도로 말미암아 오명을 얻게 되었으니, 참으로 애석하구나'라고 말하였다"는 기록이 나온다. 여기에 동호라는 탁월한 사관이 등장한다. 그는 군주를 시해하지 않은 조돈을 두고 "군주를 시해하였다"고 기록하였다. 이는 사관의 판단에 따른 것이다. 이는 엄연한 사관의 권리요 의무이다. 조돈 또한 그 점을 인정하였고, 공자도 긍정하였다. 이는 사관이 모르는 일에 대해서는 기록하지 않는 것이 곧 법도임을 역설적으로 보여주는 것이다.

그렇다면 숨겨진 의미는 무엇인가? 사관에게 법도란, 자신이 기록할 수 있는 것과 기록할 수 없는 것, 기록해야 할 것과 기록해서는 안 되는 것을 명확하게 판단할 수 있어야 하고, 또 판단한 대로 처리하여야 하는 것이다. 이 법도는 곧 세상에 통용되는 법도이기도 하다. 시대의 혼란은 지식인들이나 통치자들이 자신이 할 수 있는 것과 할 수 없는 것, 해야 할 것과 해서는 안 될 것을 구분하지 않거나 구분하지 못하는 데서 비롯된다. 고대에 말은 귀족들 이상이어야 소유할 수 있는 큰 재산이었다. 그러나 말을 소유하고 있다고 해서 말을 잘 타거나 잘 모는 것은 아니다. 특히 좋은 말일수록 길들이는 일이 쉽지 않다. 이와 마찬가지로, 맡은 일이 크고 중요할수록 감당할 수 있는 사람은 적다. 또 모든 말을 다 길들일 수 있는 고수가 드문 것처럼, 나랏일을 무엇이든 잘 해내는 사람도 드물다. 그렇다면 그 일을 잘할 수 있는 사람을 찾거나 얻어서 맡겨야 한다. 그런데 맡기는 사람이 없다. 마치 제가 말을 길들이지도 못하면서 굳이 제가 길들여서 타겠다고 고집하는 사람처럼, 역량 있는 사람에게 일을 맡기는 사람이 없다. 그래서 시대는 갈수록 어지러워지고 백성들은 더욱더 고통을 겪는다. 어리석은 판단과 그릇된 집착으로 정치를 망친다.

15-27 ———————————————————

子曰: "巧言亂德. 小不忍, 則亂大謀."

스승께서 말씀하셨다.

"번드러운 말은 덕을 어지럽힌다. 작은 일을 참지 못하면 큰일
을 그르친다."

注釋   교(巧)는 꾸미다, 번드럽다는 뜻이다. 란(亂)은 어지럽히다, 그
르치다는 뜻이다. 인(忍)은 참다, 견디다는 뜻이다. 모(謀)는 꾀, 꾀하다,
꾀한 일 등을 뜻한다.

蛇足   번드러운 말은 참된 마음에서 나오지 않는다. 사사로운 마음
에서 번드르르하게 꾸민다. 이미 사사로움이 자리를 잡고 있는 마음에
참됨이 솟아날 리가 없다. 참됨이 없는데, 어찌 덕이 갖추어지겠는가?
어둠이 자리하고 있으면, 밝음은 오지 않는다. 어둠과 밝음이 한 곳에
동시에 있을 수는 없는 법이다.

참을 인자 셋이면 살인도 면한다는 말이 있다. 살다 보면 온갖 사람
들을 다 만나게 되고, 그 가운데는 고약한 사람도 있기 마련이다. 그런
사람을 만나면, 단순히 재수가 없어서라고 여겨서는 안 된다. 내가 빌
미를 이미 제공했기 때문에 만난 것이다. 어떻게 빌미를 제공했는지는
스스로 돌아보면 알 수 있다. 또 나를 해롭게 하려는 사람을 만나더라
도 마찬가지이다. 오히려 나로 말미암아 그가 남을 해치려는 마음을 지
녔을 수도 있다. 나에게는 전혀 잘못이 없다고 할 수 없다. 세상의 모든
일은 홀로 일어나지 않는다. 불가에서 인연(因緣)을 말하는데, 내적 원
인과 외적 원인을 아울러 말한 것이다. 적어도 절반의 원인은 항상 나
에게 있다. 잘되거나 못되거나 말이다. 그래서 인욕(忍辱)을 말한다. 인
욕은 그저 참는 것을 말하는 게 아니다. 나와 남의 경계가 없는 줄을 아
는 것, 나와 남이란 결국 정해진 꼴을 갖는 게 아님을 깨치는 것이다.
그러면 집착하지 않게 되고, 집착하지 않으니 참지 못할 일도 없는 것
이다. 이렇게 되면, 지고한 경지에 이른 것이다. 위에서 말한 '큰일'은 바
로 이를 가리킨다.

15-28

子曰: "衆惡之, 必察焉; 衆好之, 必察焉."

스승께서 말씀하셨다.
"뭇사람이 미워하여도 반드시 살펴보고, 뭇사람이 좋아하여도 반드시 살펴보라."

注釋　오(惡)는 미워하다, 싫어하다는 뜻이다. 찰(察)은 살피다, 살펴서 알다는 뜻이다.

蛇足　역시 15-25와 견주어서 보라.
　사람은 이성적인 존재라고 한다. 이 말에는 사람이 매우 감정적인 존재라는 역설적인 의미가 담겨 있다. 말하자면, 논리적이고 합리적으로 사고할 수 있고 또 그렇게 해야 한다는 뜻을 강조한 말에 지나지 않는다. 과연 사람은 얼마나 이성적으로 판단하고 행동하는가? 오히려 감정이 더 앞서지 않는가? 이성이 전체를 보려 애쓴다면, 감정은 부분에 치우치게 만든다. 판단이란 이성적으로 해야 하는데, 감정적인 반응에 따르다 보면 그릇된 판단을 하게 마련이다. 사람들이 미워한다는 말을 들으면, 나도 모르게 그 미움으로 말미암아 나쁘게만 보게 된다. 사람들이 좋아한다는 말을 들으면, 그 좋아함으로 말미암아 좋게만 보게 된다. 그러나 사람이 성자가 아닌 바에야 어찌 좋기만 하거나 나쁘기만 하겠는가? 누구나 좋은 면과 나쁜 면을 동시에 갖고 있다. 다만 나의 판단이 감정에 휘둘리면서 어느 한쪽으로 쏠리는 것뿐이다. 그러니 늘 두 면을 동시에 보려 애써야 한다. 잘 살펴야 한다. 더구나 세상 사람들의 판단이나 반응이 어디에서 비롯된 것인지도 모르면서 무작정 따를 수는 없지 않은가? 참으로 삼가고 삼가야 한다.

15-29 ────────────────

子曰: "人能弘道, 非道弘人."

스승께서 말씀하셨다.
"사람이 도를 널리 펼 수 있는 것이지, 도가 사람을 넓히는 게
아니다."

注釋　홍(弘)은 넓히다, 널리 펴다는 뜻이다.

蛇足　도(道)란 하나의 이름이다. 사람이 사람답게 살기 위해서 걸
어가야 할 길을 도라고 이른 것뿐이다. 도는 오로지 사람을 따른다. 사
람으로 말미암아 있게 되었고, 사람을 통해 온전하게 드러난다. 사람이
스스로 깨달아서 도를 행할 뿐이다. 도가 어디 따로 있어서 사람이 그
도를 찾아가고 그 도를 따르는 것이 아니다. 만약 그러하다면 도가 어
디에 있는지만 찾으면 된다. 그리고 따라가기만 하면 된다. 그러나 도
는 어디에도 있지 않다. 어디에도 없으므로 어디에나 있다. 사람 밖에
있지 않으므로 어디에도 없다. 사람 안에 있으므로 어디에나 있다. 사
람이 있는 곳, 거기에 도가 있다. 사람이 가는 곳곳마다 도가 있다. 공
자를 통해 비로소 사람은 지극히 주체적이고 독립적인 존재라는 인문
주의적 사유가 싹트고 있다.

15-30 ────────────────

子曰: "過而不改, 是謂過矣."

스승께서 말씀하셨다.
"허물이 있는데도 고치지 않는 것, 이것을 허물이라 한다."

蛇足　자신의 허물을 스스로 돌아보는 것, 이것이 인문(人文)의 시작이다. 공자의 사상이 인문학일 수 있는 것은 바로 여기에 있다. 사람이 자각적인 존재라는 사실을 천명한 것이다. 애초에 태어날 때부터 허물을 갖고 있다든지, 그 허물은 지고한 존재를 통해서야 고쳐진다든지 하는 것은 인문이 아니다. 인문에서는 사람 자신이 주인이고 주체이다. 자신의 잘잘못에 대해 스스로 감당하는 자만이 주인이고 주체이다. 어찌 하늘에 돌리거나 남에게 미루는 것이 주인 노릇이랴.

　사람은 불완전한 존재이니, 허물이 없을 수 없다. 그러나 주인이니 허물이 있다면, 스스로 고쳐야 한다. 지나가는 나그네나 가끔 들르는 손님에게 고쳐달라고 할 수는 없지 않은가? 허물이 있어서 허물이 아니라, 허물을 고치지 않아서 허물인 것이다. 허물을 스스로 고치지 않는다면, 그는 주인이 아니라 종이다. 세상에 태어나서 종살이할 것인가?

15-31

子曰: "吾嘗終日不食, 終夜不寢, 以思, 無益. 不如學也."

　스승께서 말씀하셨다.
　"내 하루 내내 먹지 않고 밤새도록 잠도 자지 않고 곰곰 생각해본 적이 있으나, 아무런 보탬이 없었다. 차라리 배우는 것만 못했다."

注釋　상(嘗)은 일찍이, ~한 적이 있다는 뜻이다. 사(思)는 골똘하게 생각한다는 뜻이다.

蛇足　공자의 말하기가 어디에 바탕을 두는지 잘 드러난다. 공자는

자신의 경험을 제자들에게 들려주고 있다. 자신이 경험을 통해 터득한 것, 깨친 것을 가르친다. 이번에는 생각의 무익함에 대해 들려주고 있다. 대체로 앎이란 직관적으로 온다. 논리적으로 단계를 밟아가면서 아는 것은 객관적인 지식뿐이다. 그러나 인문학적 지식, 즉 지혜의 영역에서는 단박에 알아내야 한다. 즉 직관이나 통찰을 통해서 아는 것이 참된 앎이다. 그런데 단박에 알아채는 일은 어렵다. 그래서 생각에 골몰한다. 그러나 아무리 생각을 해도 소용이 없다. 오히려 생각으로 말미암아 앎으로 나아가는 길이 차단될 뿐이다. 설령 생각을 통해 알았다고 해도 그것은 안다는 생각에 지나지 않는다. 식음을 전폐하고 뜬눈으로 지새운들, 결코 깨칠 수도 없고 알아낼 수도 없다. 차라리 모른다는 사실을 받아들이면서 차근차근 배워서 나아가는 것이 낫다.

15-32

子曰: "君子謀道, 不謀食. 耕也, 餒在其中矣; 學也, 祿在其中矣. 君子憂道, 不憂貧."

스승께서 말씀하셨다.
"군자는 도를 꾀하지, 먹고 살 일을 꾀하지 않는다. 밭을 갈아도 주림은 그 안에 있으나, 배우기만 해도 녹봉은 그 안에 있다. 군자는 도를 터득하지 못할까 걱정하지, 가난을 걱정하지 않는다."

注釋　모(謀)는 어떤 뜻을 세우고 그 뜻을 이루기 위해 요모조모 따지고 헤아리는 것이다. 경(耕)은 밭을 갈다는 뜻이다. 뇌(餒)는 주리다, 굶주림 등을 뜻한다. 녹(祿)은 벼슬아치가 받는 봉급을 뜻하지만, 본래는 넘쳐 나는 복이나 행복을 뜻하는 말이었고 여기서도 그런 말맛을

513

담고 있다. 우(憂)는 속으로 끙끙 앓는 것으로, 걱정하다, 힘겨워하다는 뜻이다.

蛇足 군자는 요행을 바라지 않는다. 스스로 한 만큼만 얻으려 한다. 아니, 얻으려는 생각조차 하지 않아야 군자이다. 왜냐하면 전혀 요행이 개입할 수 없는 길을 가기 때문이다. 그것은 공부요 깨달음이다. 요행으로 돈을 벌거나 명성을 얻을 수는 있다. 그러나 공부는 요행으로 나아지는 게 아니다. 우연히 진리를 찾아낼 수는 있으나, 터득하는 일은 철저하게 나의 노력에 달렸다. 소가 뒷걸음치다가 쥐를 잡듯이 해서는 결코 깨달을 수 없다. 티끌만큼의 빈틈이나 모자람이 있어도 깨달음은 이루어지지 않는다. 도로 나아가고 도를 터득하는 일은 참으로 어려우나, 요행이 전혀 작용하지 않아서 오히려 쉬울 수 있다. 그래서 군자는 도를 꾀하고, 도를 체득하는 데 온 마음과 힘을 다 기울인다.

먹고사는 일은 그다지 어려운 게 아니다. 사람이 공룡이 아닌 바에야 하루에 얼마나 먹겠는가? 더구나 이치를 탐구하고 천하를 이롭게 하겠다고 공부의 길에 들어선 사람이 저 하나 먹고살 일을 걱정한다면, 지나던 개가 웃을 일이다. 그런데 개가 웃을 이런 일을 심각하게 고민하고 걱정하는 학인들이 있다. 이야말로 개보다 못한 사람이다. 도대체 공부를 하는 것으로는 먹고살지 못한다고 여기는 것인가? 그렇게 먹고살 일이 걱정되면, 공부를 접으면 된다. 밭을 갈거나 장사를 하면 될 일이다. 그러나 세상의 이치를 공부하는 일에는 이미 먹고사는 방도도 담겨 있다. 아주 제대로 먹고사는 방도가 거기에 있다. 쓸데없는 걱정을 하니, 그 방도가 제대로 보이겠는가? 방도가 보이지 않으니, 또 걱정을 한다. 걱정하다 보면, 또 해야 할 공부를 소홀히 한다. 이것이 바로 악순환이다.

子曰: "知及之, 仁不能守之, 雖得之, 必失之. 知及之, 仁能守
之, 不莊以涖之, 則民不敬. 知及之, 仁能守之, 莊以涖之, 動之
不以禮, 未善也."

스승께서 말씀하셨다.

"앎이 미쳐도 어짊으로 잘 지키지 못하면, 얻었다 하더라도 반
드시 잃는다. 앎이 미치고 어짊으로 잘 지키더라도 무게 있게
나아가지 않는다면 백성들이 떠받들지 않는다. 앎이 미치고 어
짊으로 잘 지키며 무게 있게 나아가더라도 예의로써 움직이지
않으면, 아직 잘하는 게 아니다."

注釋 급(及)은 미치다, 이르다는 뜻이다. 장(莊)은 사람의 됨됨이가
드레가 있는 것, 점잖고 무게가 있는 것이다. 리(涖)는 어떤 자리에 나
아가다는 뜻이다. 여기서는 나랏일을 하거나 백성들을 다스리는 자리
에 나아간다는 의미로 쓰였다. 경(敬)은 깍듯하게 받드는 것이다.

蛇足 공자는 여기서, 앎을 얻은 뒤에는 어떻게 해야 하는지에 대해
자세하게 풀어 밝히고 있는데, 앎을 앎에서 그치면 그게 참된 앎이 아
니라는 속뜻이 담겨 있다. 저 혼자 잘 살려고 한다면 굳이 앎을 얻으려
애쓰지 않아도 된다. 어짊도 필요하지 않다. 어디 무인도에 가서 살면,
아무런 죄조차 짓지 않고 살 수 있다. 그러나 문명을 벗어나 살지 않겠
다면, 사람들과 멋들어지게 어울릴 수 있는 길을 찾아야 한다.

알기는 쉬워도 어질게 되기는 어렵다. 어짊이 갖추어지지 않은 앎은
몸과 마음에 배인 앎이 아니다. 제대로 배이지 않은 앎은 사사로움에
쓰이기 십상이고, 그러다 보면 "선무당 사람 잡듯이" 자신을 잡고 남을
잡는다. 아슬아슬한 지경으로 몰아갈 수 있다. 그런데 앎과 어짊이 갖

추어졌다는 것을 어떻게 알 수 있는가? 그가 사람들을 대하거나 일을 하지 않는다면, 알 길이 없다. 언제 어디를 가든 드레지게 행동하지 않으면, 사람의 마음을 얻지 못한다. 행동이 가벼우면 그만큼 미쁨도 줄어든다. 그러나 미쁨을 얻더라도 여전히 모자란다. 세상 속에서 더 적극적으로 살아가지 않으면 안 된다. 앎과 어짊을 저 혼자 갈무리하고서 그저 드레진 인품과 행동을 보이는 데서 그친다면, 그것은 낭비이다. 대담하게 나서서 세상 사람들을 아우르도록 해야 한다. 예의를 갖추어서, 즉 자신을 낮추고 사람들을 마음 깊이 아끼고 위하는 자세로 행동하여야 한다. 그것이 곧 어짊의 실현이다. 그런데 앎과 어짊과 드레와 예의 등을 얻고 행하는 데에는 차례가 있는 것이 아니다. 서로 얽혀 있고 갈마든다. 참된 앎을 얻었다면 이미 예의를 갖춘 것이고, 드레진 인품은 그대로 어짊이다.

15-34

子曰: "君子不可小知, 而可大受也; 小人不可大受, 而可小知也."

스승께서 말씀하셨다.
"군자는 자잘한 일까지 알 수는 없으나 큰일을 맡을 수 있고, 소인은 큰일은 맡을 수가 없으나 자잘하게 알 수는 있다."

注釋 소(小)는 작다, 자잘하다는 뜻으로, 작은 일, 하찮은 일 등을 가리킨다. 지(知)는 알다, 맡다는 뜻이다. 수(受)는 받다, 주어지다는 뜻이며, 앞의 지(知)와 호응한다. 일이란 알아야 맡을 수 있고, 맡는다는 것은 안다는 것이기 때문이다.

蛇足 이미 2-12에서 "군자는 그릇이 아니다"라고 말하였다. 그 말과 상통하는 뜻을 담고 있다. 군자는 자잘한 일들을 다 알고 그런 일들을 하나하나 처리하는 사람이 아니다. 군자는 전체를 보고 전체를 잡도리하는 사람이다. 악단의 지휘자와 같은 존재이다. 군자에게 작은 일을 맡기는 것은 일종의 모욕이다. 반면에 소인은 전체를 보려 하지 않고 또 전체를 보는 것을 부질없는 짓이라고 여긴다. 소인은 사사로운 이익에 사로잡혀 있기 때문이다. 그래서 특정한 일, 자잘한 일에 몰두한다. 그런 소인에게 큰일을 맡기면, 일의 흐름을 파악하지 못하고 제가 아는 대로 끌어간다. 설령 전체를 본다고 하더라도, 이미 그의 눈에 비친 전체는 전체가 아니다. 굴절되고 왜곡된 전체일 뿐이다. 그래서 반드시 파탄이 생긴다. 이렇게 군자와 소인이 감당할 수 있는 일의 크기가 다른 것은 그들이 세운 뜻과 그들이 가는 길, 그들이 지닌 역량의 차이에서 말미암는다.

15-35

子曰: "民之於仁也, 甚於水火. 水火, 吾見蹈而死者矣, 未見蹈仁而死者也."

스승께서 말씀하셨다.
"백성들에게 어짊은 물이나 불보다 더 중요롭다. 물이나 불 속으로 들어갔다가 죽은 자는 보았으나, 어짊을 밟고 가다가 죽은 자는 아직 보지 못하였다."

注釋 심(甚)은 정도가 지나치다는 뜻으로, 여기서는 더 중요하다, 더 긴요하다 등의 의미로 쓰였다. 도(蹈)는 밟다, 걷는다는 뜻이다.

517

蛇足　살아가는 데 물이나 불만큼 긴요한 것이 없다. 그러나 물이나 불은 사람의 목숨을 유지시켜줄 뿐이다. 사람을 사람답게 만드는 것은 아니다. 물이나 불이 없으면 사람이 사람답지 못하고 짐승처럼 돌변하는 수도 있으나, 물이나 불이 넉넉하다고 해서 사람이 더욱 사람다워지는 것은 아니다. 사람이 사람다워지고 나아가 남을 사람답게 해주는 것, 그것이 바로 어짊이다. 사람의 내면 깊은 데 감추어져 있는 것, 길고 긴 세월 동안 쉼 없이 공부하여야만 드러나는 것, 온전하게 체득하면 온 세상과 하나가 되어 어울릴 수 있는 것, 문명과 자연을 둘이 아닌 하나로 이어주는 것, 그것이 어짊이다. 어짊은 사람을 살리는 지극한 마음이다. 사람에게 그토록 긴요한 물이나 불로 말미암아 죽은 자는 무수히 많으나, 어짊으로 죽었다는 자는 없다. 특히 정치란 백성들의 삶을 윤택하게 해주는 일이다. 물이나 불과 같이 목숨을 이어가는 데 소용되는 것들도 주어야 하지만, 목숨을 이어가는 데 그치지 않고 사람답게 살 수 있도록 문화도 마련해주어야 한다. 그 문화를 대표하는 것이 예의와 음악이며, 예의와 음악으로 드러내려는 것이 바로 어짊이다. 예의가 없다면 백성들의 삶은 편안할 수가 없고, 음악이 없다면 즐거울 수가 없다.

15-36

子曰: "當仁, 不讓於師."

스승께서 말씀하셨다.
"어짊에 있어서는 스승에게도 넘겨주지 말라."

注釋　당(當)은 어떤 때나 상황과 마주하다, 맞닥뜨리다는 뜻으로, 바로 그때, 바로 그 자리 등의 말맛이 있다. 양(讓)은 넘겨주다, 남에게

미루다는 뜻이다.

蛇足　학인의 공부는 이치를 탐구하는 것이고, 이치의 탐구는 곧 어 짊을 터득하고 체득하기 위한 것이다. 어짊의 터득과 체득은 오로지 자 신에게 달려 있다. 어짊은 밥을 먹는 것과 같아서 내가 먹어야 주림을 면하고 배가 불러진다. 내가 먹는데 옆 사람이 배부를 수 없고, 옆 사람 이 먹는데 내가 배부를 수 없다. 뛰어난 스승을 만났다고 해서 저절로 내가 뛰어나게 되는 것은 아니다. 스승은 고작 길라잡이 구실밖에 하지 못한다. 스승은 등대와 같다. 내가 나아가야 할 길을 비추어줄 뿐이다. 나아가는 일은 오로지 내 몫이다. 스승에게는 스승의 어짊이 있고, 나 에게는 나의 어짊이 있다. 어찌 넘겨주거나 미룰 수 있겠는가? 넘겨주 거나 미루는 것은 바로 직무유기에 해당한다. 그러고서 어찌 선비나 군 자라 하겠는가?

15-37

子曰:"君子貞而不諒."

　　스승께서 말씀하셨다.
　　"군자는 꿋꿋하면서도 잔달게 굴지 않는다."

注釋　정(貞)은 뜻이 굳고 곧은 것이니, 바르다, 꿋꿋하다는 뜻이다. 량(諒)은 하찮은 데에 매이는 것, 하는 일이 고리다는 뜻이다.

蛇足　자신이 세운 뜻이 크고 곧아야 꿋꿋하게 나아갈 수 있다. 뜻 이 작고 곧지 않으면 언제든지 마음이 달라질 수 있다. 말하자면 공명 정대한 마음이 아니면, 꿋꿋함을 이어갈 수가 없다. 스스로 돌이켜 보

아서 부끄러움이 없어야 꿋꿋할 수 있는 것이다. 꿋꿋한 사람은 결코 잗달게 굴지 않는다. 잗달게 구는 것은 하는 짓이 가볍고 단지러운 것인데, 이는 사사로움이 앞서거나 생각이 좁아서 그런 것이다. 잗달게 구는 자는 구석에 몰리면 늘 옹색한 핑계를 대거나 날명을 늘어놓는다. 이런 자는 결코 덕을 갖출 수가 없다. 더 나빠지지 않으면 다행이다. 군자가 어찌 이런 짓을 일삼겠는가?

15-38

子曰: "事君, 敬其事而後其食."

　　스승께서 말씀하셨다.
　　"임금을 섬길 때는 그 일을 지극하게 하고 녹봉은 제쳐두라."

注釋　　경(敬)은 허술함이 없는 것, 알뜰하게 하는 것을 뜻한다. 후(後)는 나중으로 하다, 제쳐두다는 뜻이다.

蛇足　　여기서 벼슬살이에 대해서가 아니라 임금을 섬기는 일에 대해서 말한 데에는 깊은 뜻이 있다. 단순히 벼슬살이라면 맡은 일에 충실하면 된다. 받는 녹봉만큼 일해도 탈 잡힐 일이 없다. 그러나 임금을 섬기는 일은 다르다. 같은 벼슬살이지만, 임금을 섬기는 일은 그 임금을 보좌하는 데서 그치지 않고 매사에 임금이 바르게 하는지 그르게 하는지를 살펴야 하고, 바르게 하지 않을 때는 일깨워주고 바로잡아주어야 한다. 이 일은 단순하지 않다. 때로는 목숨을 걸어야 한다. 그러니 어찌 일만 해도 되는 벼슬살이와 같겠는가? 그래서 군자는 섬길 만한 임금인지 아닌지, 또 올바르게 섬길 수 있는지 없는지 따위를 미리 헤

아리고 난 뒤에 나아간다. 애초의 판단이 그릇되어서 섬길 만한 임금이 아니었다 하더라도, 지극하게 삼가면서 올바르게 되도록 애써야 하고, 그래도 되지 않으면 물러난다. 목숨이 아슬아슬한 지경이 될 때까지 자신을 내몰아서도 안 된다. 그것은 어리석은 짓이다. 사사로움에 치우친 임금은 임금이 아니다. 한낱 사내에 지나지 않는다. 어찌 그런 사내를 위해서 목숨을 거는가?

15-39

子曰: "有敎無類."

스승께서 말씀하셨다.
"가르칠 때 사람을 가리지 마라."

注釋　류(類)는 비슷한 것끼리 나누고 묶는 것, 우열을 나누고 차례를 매기는 것이다.

蛇足　공자가 인문학의 시대를 열고 위대한 스승이 된 까닭이 여기에 있다. 공자 또한 역사적 한계를 갖지만, 그가 살았던 시대를 감안하면 참으로 혁신적이고 열린 사유를 했음이 분명하다. 공자는 최초로 사학(私學)을 열었다. 그는 배움을 위해 자신을 찾아온 자들을 나이의 많고 적음뿐만 아니라 신분의 높고 낮음도 아랑곳하지 않고 기꺼이 받아들여서 가르쳤다. 최소한의 성의만 갖추면 말이다.

가만 생각해보면, 참으로 당연한 말이다. 학문은 진리를 탐구하는 일이고, 진리를 탐구하기 위해서는 생각이나 마음이 열려 있어야 한다. 거대한 세상사나 우주의 이치를 깨치려면 닫힌 생각이나 마음의 틀을 깨는 데서 출발해야 한다. 좁은 데 갇힌 생각이나 마음으로 어찌 무한

한 이치의 세계를 엿보기나 하겠는가? 이치나 진리를 조금이라도 맛본 사람이라면, 결코 인간 세상의 하찮은 잣대로 사람을 판단하지 않을 것이다. 도대체 이 우주에서 누가 낫고 누가 못하다는 말인가? 사람을 가리는 자는 지고한 이치, 무한한 진리의 세계에 얼씬도 못한 사람이다. 배움이란 신분의 높고 낮음으로 하는 것이 아니요, 생긴 꼴로 하는 것도 아니며, 가진 재물로써 하는 것도 아니다. 타고난 자질조차 문제되지 않는다. 오로지 그 뜻으로 하는 것이다. 뜻을 세우고 뜻을 한결같이 지니는 자라면 누구든지 배울 자격이 있으니, 가르쳐야 한다.

15-40

子曰: "道不同, 不相爲謀."

스승께서 말씀하셨다.
"가는 길이 같지 않으면, 함께 꾀하지 말라."

注釋　도(道)는 본래는 올바른 길, 마땅히 가야 할 길을 뜻하지만, 여기서는 말미암는 바, 따르는 바, 나아가는 바로서 쓰였다. 모(謀)는 일을 이루기 위해서 요모조모 따지며 생각하는 것이다.

蛇足　가는 길이 다른데도 같이 간다면, 서로 사사로운 마음이 있어서 상대를 이용하고 있는 것이다. 사사로운 마음이 없으면서 같이 간다면, 어리석거나 집착이 있어서이다. 그런데 어리석거나 집착이 있다면, 그 사람 또한 사사로움에 매여 있는 것이다. 정작 본인은 그걸 모르고 있을 따름이다. 참으로 지혜로운 자라면 애초부터 길이 다른 자와 함께하지 않는다. 지혜가 모자라서 길이 다른 줄을 미처 몰랐더라도 내게 사사로움이 없다면, 언젠가는 가는 길이 다르다는 것을 알게 된다. 알

게 된다면, 그 순간에 순리대로 결단을 내리고 행동해야 한다. 그렇게 하지 않으면, 어떠한 핑계를 대더라도 자신의 사사로움이나 어리석음, 헛된 욕심에 대한 비난을 피하지 못한다. 함께 말을 나눌 수 없는 사람과는 말도 나누어서는 안 되는데, 하물며 일을 꾀할 수 있겠는가?

15-41

子曰: "辭, 達而已矣."

　　스승께서 말씀하셨다.
　　"말이란 사리를 꿰뚫으면 된다."

注釋　　사(辭)는 말이나 글을 포함한 언어 표현 전부를 뜻한다. 물론 뜻을 한정해서, "외교 문서나 외교 관계에서 쓰는 말"이라고 할 수도 있으나, 더 포괄적으로 쓰였다고 보는 것이 타당하다. 이이(而已)는 그뿐이다, 오로지 그것이다는 말맛을 담고 있다.

蛇足　　언어란 사물이나 이치를 드러내기 위한 수단일 뿐이다. 따라서 정확하게 대상을 가리키거나 이치에 맞게 쓰지 않으면, 언어로서 존재 가치를 상실한다. 그러나 문명이 발달할수록 언어는 그 본래의 쓰임과는 다르게 장식적인 구실을 더 하게 되었다. 외교적으로 주고받는 문서나 언어는 특히 그런 면을 잘 보여준다. 그러나 꾸민 말, 번드레한 말은 듣기에 좋고 또 쉽게 마음이 쏠리기도 한다. 그러나 참된 마음이 실리지 않은 말, 이치가 담기지 않은 말은 결국 사람의 마음을 더욱 멀어지게 만든다. 그러면 왜 그렇게 말을 꾸미는가? 이치에 통달하지 못해서이다. 사리를 꿰뚫었다면, 말을 굳이 꾸밀 이유가 없다. 이치를 담은 말은 꾸미지 않아도 꾸민 것보다 더 아름답게 빛난다. 이것이 언어

에 관한 소박한 진실이요 진리이다. 모든 성자들의 언어는 나름의 율격을 가지면서 지고한 이치를 담아내고 있다. 단 하나, 이치를 꿰뚫었기 때문이다. 이치를 꿰뚫지 못한 언어는 짙고 두툼하게 화장한 얼굴과 같다. 그런 얼굴이 얼마나 감동을 주겠으며 또 얼마나 오래가겠는가?

15-42

師冕見, 及階, 子曰: "階也." 及席, 子曰: "席也." 皆坐, 子告之曰: "某在斯, 某在斯." 師冕出, 子張問曰: "與師言之道與?" 子曰: "然. 固相師之道也."

> 악사인 면이 와서 계단에 이르자, 스승께서 말씀하셨다.
> "계단이오."
> 자리에 이르자, 스승께서 말씀하셨다.
> "자리오."
> 모두 앉으니, 스승께서 일러주셨다.
> "아무개는 여기 있고, 아무개는 여기 있소."
> 악사인 면이 나가자, 자장이 여쭈었다.
> "그것이 악사와 말을 나누는 방식입니까?"
> "그렇다. 그게 본래 악사를 돕는 방식이다."

注釋 사(師)는 악사(樂師)이다. 면(冕)은 악사의 이름이다. 고대에 악사는 대개 눈 먼 장님이었다. 모(某)는 아무개라는 뜻이다. 도(道)는 방법, 방식을 뜻한다. 고(固)는 본디부터, 늘 등의 뜻이다. 상(相)은 돕다, 붙들어주다는 뜻이다.

蛇足 예의란 참된 마음이 드러난 행동이다. 참된 마음이 없다면,

524

남을 이해하고 배려하는 마음도 없다. 참된 마음, 위해주는 마음에는 크고 작은 것이 없다. 오로지 지극함이 있을 뿐이다. 지극하기 때문에 아주 사소해 보이는 것조차 놓치지 않는다. 위에서 공자는 지극함이 어떠한 것인지를 아주 잘 보여주고 있다.

16편

계씨

(季氏)

16-1 ───────────── ───────

季氏將伐顓臾. 冉有季路見於孔子曰: "季氏將有事於顓臾."
孔子曰: "求! 無乃爾是過與? 夫顓臾, 昔者先王以爲東蒙主, 且
在邦域之中矣, 是社稷之臣也. 何以伐爲?"
冉有曰: "夫子欲之, 吾二臣者皆不欲也."
孔子曰: "求! 周任有言曰, '陳力就列, 不能者止.' 危而不持, 顚
而不扶, 則將焉用彼相矣? 且爾言過矣. 虎兕出於柙, 龜玉毁於
櫝中, 是誰之過與?"
冉有曰: "今夫顓臾, 固而近於費. 今不取, 後世必爲子孫憂."
孔子曰: "求! 君子疾夫舍曰欲之而必爲之辭. 丘也聞有國有家
者, 不患寡而患不均, 不患貧而患不安. 蓋均無貧, 和無寡, 安
無傾. 夫如是, 故遠人不服, 則修文德以來之. 旣來之, 則安之.
今由與求也, 相夫子, 遠人不服, 而不能來也, 邦分崩離析, 而
不能守也. 而謀動干戈於邦內, 吾恐季孫之憂, 不在顓臾, 而在
蕭牆之內也."

계씨가 전유를 치려고 하였다. 이에 염유와 계로가 공 스승을
뵙고 말하였다.
"계씨가 전유와 일을 벌이려 합니다."
공 스승께서 말씀하셨다.
"구야! 이는 네가 잘못한 게 아니냐? 저 전유는 옛날에 왕들께
서 동몽산의 제사를 주관하게 하였고, 또 노나라 안에 있으니,
사직의 신하이다. 어찌 치려고 하느냐?"
염유가 말하였다.
"그 어른이 치려는 것이지, 우리 두 사람은 모두 바라지 않습
니다."
"구야! 주임은 '힘을 다해서 벼슬길에 나아가되, 제대로 하지

16편 ❀ 계씨 季氏

못하면 그만둔다'고 말하였다. 간간한데도 잡아주지 않고, 쓰러지는데도 붙들어주지 않으면, 저 청지기를 어디에 쓰겠느냐? 또 네 말도 잘못되었다. 범이나 외뿔소가 우리를 뛰쳐나오고, 거북과 옥이 궤 안에서 깨진다면, 그게 누구의 잘못이겠느냐?"

염유가 말하였다.

"이제 저 전유는 굳고 단단하며 비 땅에 가깝습니다. 이제 빼앗지 않으면, 후대에 반드시 자손들의 걱정거리가 됩니다."

"구야! 저 '치려고 한다'는 말은 제쳐두고라도 그를 위해서 핑계하는 것을 군자는 싫어한다. 내가 듣기에, 나라를 다스리고 집안을 다스리는 자는 적은 것을 걱정하지 않고 고르지 않은 것을 걱정하며, 가난을 걱정하지 않고 편안하지 못한 것을 걱정한다고 한다. 대체로 고르면 가난이 없고, 어우러지면 적다고 할 게 없으며, 편안하면 기울어질 일이 없다. 이와 같이 하는데도 먼 데 사람들이 따르지 않는다면, 문화와 덕을 닦아서 오게 해야 한다. 오기만 한다면, 편안하게 해준다. 이제 유와 구 너희가 저 어른을 돕는데도, 먼 데 사람들이 따르지 않고 또 오게 하지도 못하며, 나라는 쪼개지고 무너지려 하고 사람들은 떠나거나 편을 가르는데도 잘 지키지 못한다. 그럼에도 나라 안에서는 전쟁을 일으키려 하니, 내 생각에 계손씨의 걱정은 전유에 있지 않고 나라 안에 있다."

注釋 전유(顓臾)는 노나라에 부속된 작은 나라로, 지금 산동성 비현(費縣)의 서북쪽 80리 즈음에 있었다. 유사(有事)는 나라의 큰일로, 대개 제사와 전쟁을 가리킨다. 여기서는 전쟁을 뜻한다. 동몽(東蒙)은 몽산(蒙山)으로, 지금 산동 몽음현(蒙陰縣) 남쪽에 있다. 주임(周任)은 고대의 뛰어난 사관(史官)이다. 진(陳)은 벌여놓다, 펴다는 뜻이다. 열

(列)은 반열(班列)로, 신분이나 지위의 차례를 뜻한다. 여기서는 벼슬을 가리킨다. 위(危)는 아슬아슬하다, 간간하다는 뜻이다. 지(持)는 잡아주다, 지키다는 뜻이다. 전(顚)은 넘어지다, 쓰러지다는 뜻이다. 부(扶)는 떠받치다, 붙들어주다는 뜻이다. 상(相)은 눈 먼 사람을 이끌어주는 사람, 가신(家臣) 등을 뜻하는데, 여기서는 우리말의 청지기로 풀었다. 시(兕)는 외뿔소이다. 합(柙)은 짐승을 가두어두는 우리이다. 구(龜)는 거북의 껍질을 가리키는데, 점을 칠 때 쓰는 귀중한 보물이었다. 훼(毁)는 헐다, 깨지다는 뜻이다. 독(櫝)은 함, 궤 등의 뜻이다. 고(固)는 굳다, 단단하다는 뜻으로, 여기서는 성곽이 완비되어 있는 것을 가리킨다. 취(取)는 가지다, 빼앗다는 뜻이다. 유국유가(有國有家)에서 유는 다스리다는 말맛이 있고, 국은 제후의 나라를, 가는 경이나 대부의 집안을 가리킨다. 과(寡)는 토지나 백성이 적은 것을 이른다. 균(均)은 고르다, 고루 나누다는 뜻이다. 안(安)은 잘 다스려져서 편안하고 태평한 것이다. 경(傾)은 기울다, 기울어지다는 뜻이다. 문덕(文德)은 외적인 문화와 내적인 덕을 가리킨다. 분붕(分崩)은 나라가 쪼개지고 무너지는 것이다. 리석(離析)은 사람들이 떠나고 편을 가르는 것이다. 간과(干戈)는 방패와 창, 즉 전쟁을 가리킨다. 공(恐)은 걱정스러운 추측으로, 아마도라는 뜻이다. 소장(蕭牆)은 임금과 신하가 만나는 곳에 쌓은 병풍이나 담이다. 당시에 노나라와 삼환씨의 대립과 갈등이 한창 고조되어 있었는데, 바로 그것을 가리킨다.

蛇足　아, 염유는 도가 행해지지 않는 때에 도를 행하지 않을 사람에게 나아가 벼슬을 하면서도 그 잘못을 깨닫지 못하고 도리어 제 주군의 그릇된 짓에 대해 옹색한 날명만 늘어놓고 있다. 염유는 말재주가 있었으니, 6-8과 11-13에서 언급되고 있다. 그러나 말재주에 비해서 행동은 그다지 뛰어나지 않았던 듯하다. 이미 3-6에서도 공자로부터 꾸지람을 들었고, 11-17에서는 아예 공자가 "내 제자가 아니다"라고 선

언할 정도였다. 공자가 말 잘하는 것을 싫어한 이유가 여기에 있다. 지나치게 말을 잘하는 자는 도리어 제 행동을 합리화하면서 그릇된 줄을 모르거나 바로잡으려 하지 않기 때문이다. 그런데 여기서 흥미로운 것은 계로, 즉 자로는 전혀 말을 하지 않고 있다는 사실이다. 이 또한 염유와 대비되는 자로의 성격을 드러내준다. 자로는 본디부터 소박하고 질직하면서 말로써 날명하는 성품이 아니었으므로 제 허물을 되돌아보면서 잠자코 있었던 것이리라.

16-2

孔子曰: "天下有道, 則禮樂征伐自天子出; 天下無道, 則禮樂征伐自諸侯出. 自諸侯出, 蓋十世希不失矣; 自大夫出, 五世希不失矣; 陪臣執國命, 三世希不失矣. 天下有道, 則政不在大夫. 天下有道, 則庶人不議."

공 스승께서 말씀하셨다.
"천하에 도가 있으면 예의와 음악과 정벌은 천자로부터 나오고, 천하에 도가 없으면 예의와 음악과 정벌은 제후로부터 나온다. 제후로부터 나오면, 대개 열 세대 만에 잃지 않는 일이 드물다. 대부로부터 나오면, 대개 다섯 세대 만에 잃지 않는 일이 드물다. 가신이 나라의 정권을 쥐면, 세 세대 만에 잃지 않는 일이 드물다. 천하에 도가 있으면, 정치가 대부의 손에 있지 않다. 천하에 도가 있으면 뭇사람들이 따따부따하지 않는다."

注釋   예악(禮樂)은 제도, 문물, 교화 등을 가리킨다. 정벌(征伐)은 사악한 자를 치는 일이다. 예악의 제정과 정벌은 천자가 행사하는 권한이다. 희(希)는 드물다는 뜻이다. 배신(陪臣)은 대부의 가신을 가리킨

다. 국명(國命)은 나라를 움직이는 명령, 즉 정치권력을 뜻한다. 서인(庶人)은 지배계층의 사람들을 가리킨다. 의(議)는 옳거니 그르거니 따지는 것이다.

蛇足 예의와 음악과 정벌이 천자로부터 나오지 않는다는 것은 천하를 경영할 천자의 자질이나 역량이 모자란다는 말이다. 천자의 자질이나 역량이 모자라니, 제후들이 나서는 것이다. 제후로부터 나오는 일이 문제가 되는 것은 설령 제후들이 천자보다 나은 자질과 역량을 지녔더라도 결국 그들은 제 나라만을 위하기 때문이다. 각 제후들이 제 나라만을 위한다면, 거기에 어디 천하 사람들을 위하는 일이 있겠는가? 제후들보다 뛰어난 대부나 그 가신이 권력을 쥐는 일도 마찬가지의 문제를 안고 있다. 그렇다면 천자가 제 몫의 일을 하지 못할 때, 왜 제후들이나 대부들, 가신들 가운데서 누가 그 자리를 대신하려고 하지 않는가? 그러기에는 그들의 그릇이 작다. 결국 천자의 자질이나 역량을 지닌 사람이 나와서 그 자리를 대신할 때까지는 오랫동안 혼란이 거듭될 수밖에 없다. 춘추전국 시대는 바로 그런 시대였다. 공자는 그 시대를 살면서 역사의 흐름을 그렇게 읽어냈다.

16-3

孔子曰: "祿之去公室, 五世矣; 政逮於大夫, 四世矣. 故夫三桓之子孫微矣."

공 스승께서 말씀하셨다.
"녹봉을 주는 권한이 공실을 떠난 것이 다섯 세대요, 정치 권력이 대부에게 간 것이 네 세대다. 그래서 삼환씨의 자손들도 아스름해진다."

注釋　록(祿)은 작록(爵祿), 즉 작위와 녹봉을 뜻하는데, 여기서는 그것을 줄 수 있는 권한을 가리킨다. 공실(公室)은 제후를 가리킨다. 정(政)은 정치권력을 뜻한다. 체(逮)는 미치다, 이르다는 뜻이다. 삼환(三桓)은 노나라의 맹손·숙손·계손 삼경(三卿)을 가리키는데, 모두 노나라 환공(桓公)에서 나왔다. 미(微)는 약해지다, 흐릿해지다는 뜻이다.

蛇足　열흘 붉은 꽃이 없다고 하였다. 해는 중천에 오르면 그때부터 진다. 달이 차면 기운다. 역사의 법칙 또한 마찬가지이다. 영원한 권력이 어디 있는가? 다툼이라고는 없는 자연에서도 차고 기우는 일이 있는데, 하물며 서로 권력을 차지하겠다고 끊임없이 경계하고 다투는 데서야 흥망과 부침이 더욱더 잦고 심하지 않겠는가? 지나간 일을 왜 돌아보는가? 역사는 인간의 부질없는 욕망의 파노라마를 보여준다. 거기에는 자신을, 또 오늘을 되돌아보게 하는 일깨움이 있다. 그리스, 페르시아, 인도에 이르는 거대한 제국을 건설하였던 마케도니아의 왕 알렉산더, 중원을 통일하여 최초의 황제임을 자처했던 진시황, 몽고 부족들을 통일하고 아시아와 유럽을 잇는 제국을 세웠던 칭기즈 칸. 그들은 지금 어디에 누워 있는가? 그들의 후손들은 어디에 있는가?

16-4

孔子曰: "益者三友, 損者三友. 友直, 友諒, 友多聞, 益矣. 友便辟, 友善柔, 友便佞, 損矣."

공 스승께서 말씀하셨다.

"보탬이 되는 벗이 셋이요, 뒤지게 하는 벗이 셋이다. 곧은 이를 벗하고, 헤아릴 줄 아는 이를 벗하고, 많이 들은 이를 벗하면, 보탬이 된다. 알랑거리는 자를 벗하고, 잘 따르는 자를 벗하고, 말을 번드럽게 하는 자를 벗하면, 뒤지게 된다."

注釋 익(益)은 더해주다, 보탬이 되다는 뜻이다. 손(損)은 덜다, 떨어뜨리다, 처지다, 뒤지다는 뜻이다. 량(諒)은 사람의 마음을 잘 헤아린다는 뜻이다. 다문(多聞)은 널리 두루 배우다는 뜻이다. 편(便)은 알랑거리다, 말 잘하다는 뜻으로, 상대의 비위를 맞추는 것이다. 벽(辟)은 상대가 싫어하는 것을 피한다는 뜻이다. 유(柔)는 좇다, 따르다는 뜻이다. 편녕(便佞)은 말을 그럴 듯하게 잘 꾸미는 것이다.

蛇足 나에게 보탬이 될 만한 자나 나를 떨어뜨리는 자나 모두 스승으로 삼는다면, 나의 공부가 나아질 것이다. 그러나 벗으로 삼을 때는 삼가고 삼가야 한다. 벗에게서도 배울 수는 있으나, 대체로 대등한 관계를 유지하므로 배우기보다는 그저 어울리려 한다. 어울리다 보면, 저도 모르게 흉내를 내면서 닮아간다. 아니, 어쩌면 처음부터 비슷했기 때문에 벗이 되는지도 모른다. 그래서 "벗을 보면 그 사람을 알 수 있다"고 하는 것이 아니겠는가.

　헤아릴 줄 아는 자는 남의 마음을 잘 헤아려서 받아주거나 일깨워주는 자이다. 그런 사람은 자신의 사사로움을 앞세우지 않는다. 그래서 참되고 미쁨이 있다. 두루 배운 자는 치우치는 일이 없으므로 나의 생각이나 마음을 열어주는 데 도움을 준다. 반면 알랑거리는 자, 내 말을 따르기만 하는 자, 말을 번드럽게 하는 자는 속셈이 따로 있는 자이다. 그런 자는 자신을 위할 뿐, 남을 위하지 않는다. 남을 도와주고 살려준다고 하면서 남을 간간한 데로 내몬다. 그런 자들을 벗하고서 내가 나아지기를 바라는 것은 팥으로 메주를 쑤겠다는 짓과 다름이 없다.

孔子曰: "益者三樂, 損者三樂. 樂節禮樂, 樂道人之善, 樂多賢
友, 益矣. 樂驕樂, 樂佚遊, 樂宴樂, 損矣."

공 스승께서 말씀하셨다.
"보탬이 되는 즐거움이 셋이요, 처지게 만드는 즐거움이 셋이
다. 알맞은 예의와 음악을 즐기고, 남의 좋은 점을 즐겨 말하
고, 똑똑한 벗을 많이 사귀는 것을 즐기면, 보탬이 된다. 우쭐
대는 것을 즐거움으로 삼고, 거리낌 없이 노는 것을 즐기고, 술
자리 벌이는 일을 즐긴다면, 처지게 된다."

注釋 삼락(三樂)의 락을 '요'로 읽고 '좋아하다'는 뜻으로 푸는 경
우가 있으나, '락'으로 읽는 것이 문맥상 적절하다. 좋아함은 대상과 어
느 정도 거리가 있으나, 즐거움은 대상과 거리가 없이 하나가 되는 것
이다. 절(節)은 넘치거나 모자라지 않고 딱 맞다는 뜻이다. 도(道)는 말
하다는 뜻이다. 교(驕)는 우쭐거리다, 뽐내다, 으스대다는 뜻이다. 일
(佚)은 정도에서 벗어나다는 뜻이다. 연(宴)은 잔치, 술자리, 나아가 주
색(酒色)을 즐기는 것을 뜻한다.

蛇足 즐거움이라고 해서 다 같은 즐거움은 아니다. 내 기운을 북
돋아줄 뿐만 아니라, 남과 무람없이 어울리면서 나와 남이 다 함께 나
아지도록 하는 것이 참된 즐거움이다. 참된 즐거움은 내 안에서 만들어
지는 신명이며, 신명이기 때문에 삶을 더욱 자유롭고 창조적인 것으로
만든다. 참된 즐거움은 결코 소비적인 것이 아니다. 우쭐대는 것은 자
신을 높이는 짓이 아니라 오히려 업신여기는 짓이다. 거리낌 없이 노는
것은 제 마음을 엇나가게 만든다. 술자리나 벌여서 질탕하게 놀다가는
제 몸만 망친다. 우쭐대고 거리낌 없이 놀며 주색에 몰두하는 짓은 참

된 즐거움이 아니다. 참된 나를 잊게 만들고 나아가서는 잃게 만든다. 짧은 즐거움 뒤에 긴긴 허망함이 찾아온다. 그래서 다시 그런 즐거움에 빠져든다. 악순환이다.

16-6

孔子曰: "侍於君子有三愆. 言未及之而言, 謂之躁; 言及之而不言, 謂之隱; 未見顔色而言, 謂之瞽."

> 공 스승께서 말씀하셨다.
> "군자를 모시면서 저지르는 허물이 셋 있다. 아직 말할 때가 아닌데도 말을 하는 것, 그것은 성마름이다. 말을 할 때인데도 말을 하지 않는 것, 그것은 감춤이다. 낯빛을 살피지도 않고 말하는 것, 그것은 먼눈이다."

注釋 군자(君子)는 덕을 쌓은 자, 지위가 높은 자를 아울러 가리킨다. 건(愆)은 어그러지다, 허물 등을 뜻한다. 급(及)은 때가 이르다, 때가 되다는 뜻이다. 조(躁)는 성마르다, 떠들다, 시끄럽다는 뜻이다. 은(隱)은 숨기다, 감추다는 뜻이다. 고(瞽)는 먼눈, 소경을 뜻한다.

蛇足 말을 아직 해서는 안 될 때 말을 하면 나를 잃는다. 그것이 성마름이다. 말을 해야 할 때 말을 하지 않으면 사람을 잃는다. 그것은 상대로 하여금 내가 무언가를 감추고 있다고 여기게 만들기 때문이다. 상대의 낯을 보지도 않고 말하는 것은 떳떳함이 없는 것이다. 그 말이 옳더라도 믿음이 가지 않는다.

孔子曰: "君子有三戒. 少之時, 血氣未定, 戒之在色; 及其壯也, 血氣方剛, 戒之在鬪; 及其老也, 血氣旣衰, 戒之在得."

공 스승께서 말씀하셨다.
"군자에게는 세 가지 삼가야 할 것이 있다. 어렸을 때는 혈기가 아직 고르지 않으니, 여색을 삼가야 한다. 어른이 되어서는 혈기가 굳세어지니, 다툼을 삼가야 한다. 늙음에 이르면 혈기가 사그라지니, 얻으려는 마음을 삼가야 한다."

注釋 계(戒)는 삼가다, 몸닦달하다는 뜻이다. 혈기(血氣)는 몸의 힘이나 기운을 뜻한다. 정(定)은 고르다, 자리가 잡히다는 뜻이다. 색(色)은 여색, 남녀의 욕정, 꾸밈새 등을 뜻한다. 장(壯)은 힘이 왕성한 어른이다. 투(鬪)는 싸우다, 다투다, 다투는 마음 등을 뜻한다. 강(剛)은 굳세다, 씩씩하다는 뜻이다. 쇠(衰)는 약해지다, 사그라지다는 뜻이다. 득(得)은 재물을 얻으려는 마음, 편안해지려는 마음이다.

蛇足 혈기가 있으므로 살아 있다. 성인이든 범부든 혈기가 없을 수 없다. 혈기는 나이에 따라 달라지는데, 이 혈기를 어떻게 잡도리하느냐에 따라 그 삶은 달라진다. 어린 나이에 색에 눈을 뜨면 도대체 그 혈기를 주체하지 못한다. 그러다가 마음을 어지럽히고 몸을 망가뜨리게 된다. 어른이 되면, 역시 혈기가 왕성하다는 것으로 말미암아 시시비비를 일삼고 남을 이기려 애쓴다. 지는 것을 참지 못해서 남을 해치고 자신도 망치는 일이 흔하다. 늙어서는 기운이 사그라지면서 두려움도 많아진다. 그 두려움은 무언가를 잔뜩 가져야만 덜해지니, 거기에서 탐내는 마음이 일어난다. 늙어서 탐욕을 버리지 못하면, 아무도 믿지 못한다. 믿지 못하니 더욱 외로워지고, 외로워지면 질수록 탐욕은 더해간다. 죽

기 전에 이미 그 마음이 싸늘하게 식어버린 줄을 모르게 된다. 군자와 소인, 성인과 범부의 차이는 바로 자신이 지닌 힘이나 기운을 어떻게 잡도리하고 쓰느냐에 달려 있을 뿐이다.

16-8

孔子曰: "君子有三畏. 畏天命, 畏大人, 畏聖人之言. 小人不知 天命而不畏也, 狎大人, 侮聖人之言."

　　공 스승께서 말씀하셨다.
　　"군자에게는 두려워하는 게 세 가지 있다. 천명을 두려워하고, 대인을 두려워하며, 성인의 말씀을 두려워하는 것. 소인은 천 명을 알지 못하고 삼가 두려워하지도 않으며, 대인을 업신여기 고 성인의 말씀을 깔본다."

注釋　　외(畏)는 삼가는 마음에서 두려워하다는 뜻이다. 천명(天命) 은 하늘이 나에게 부여해준 일, 내가 스스로 깨달아 하늘의 뜻이라 여 기는 일을 뜻한다. 대인(大人)은 덕이 높고 지위 또한 높은 사람을 가리 킨다. 압(狎)은 업신여기다, 가벼이 보다는 뜻이다. 모(侮)는 깔보다, 얕 보다는 뜻이다.

蛇足　　천명은 자각(自覺)이 있어야 할 수 있다. 그 자각은 이치의 길 을 따라갈 때에야 비로소 생긴다. 아예 이치의 길에서 벗어난 자는 자 각할 여지가 없으며, 자각했다고 하더라도 그것은 순전히 자신의 착각 (錯覺)일 뿐이다. 그 착각으로 자신의 언행을 옹호하고 남을 짓누르는 짓을 서슴지 않는다. 그런 자가 대인을 업신여기고 성인의 말씀을 깔 보는 것은 당연하다. 그에게 대인은 전혀 타협할 줄 모르는 외골수처

럼 보일 것이고, 성인의 말씀은 세상 물정을 모르고 하는 말이라 여겨
질 것이기 때문이다. 그럴 수밖에 없으리라. 수단과 방법을 가리지 않
고 제 한 몸을 위하여 욕심을 채우려는 자로서는 도를 추구하고 이치
를 따르는 사람이 도무지 이해가 되지 않을 테니까.

　불행하게도 세상에는 소인들이 더 많고, 그런 소인들의 목소리가
더 크니, 마땅히 그들의 말에 마음이 쏠리게 마련이다. 그러나 당장에
는 그들의 말이 맞아떨어지는 것처럼 보이지만, 결국에는 스스로 무덤
을 파는 짓이었음을 깨닫게 되리라. 한 가지만 살펴보라. 소인들의 웃
음을 보라. 그들의 웃음이 과연 맑은가? 깨끗한가? 어둡거나 칙칙하지
않은가?

16-9

孔子曰: "生而知之者, 上也; 學而知之者, 次也; 困而學之, 又
其次也; 困而不學, 民斯爲下矣."

　　공 스승께서 말씀하셨다.
　　"나면서부터 아는 자는 으뜸이요, 배워서 아는 자는 버금이며,
　　시달려서야 배우는 자는 다시 그 버금이다. 시달리면서도 배
　　우지 않으니, 백성들은 이리하여 가장 아래가 된다."

注釋　차(次)는 버금, 다음을 뜻한다. 곤(困)은 괴롭다, 힘들다는 뜻
으로, 여기서는 괴로운 일로 찌들거나 시달리는 상황을 가리킨다. 사
(斯)는 앞에 나오는 '곤이불학(困而不學)'을 받는다.

蛇足　여기서 공자가 한 말은 『중용』에 나오는 것과는 약간 다르다.
『중용』에서 "어떤 사람은 나면서부터 그것을 알고, 어떤 사람은 배워서

알고, 어떤 사람은 매우 힘들게 알지만, 그 앎에 이르러서는 하나다(或生而知之, 或學而知之, 或困而知之, 及其知之, 一也.)"라고 했을 때는 '앎'에 초점이 맞추어져 있다. 사람마다 자질이 다르므로 배우는 과정이 다르고 기간에서 차이가 나지만, 결국 지혜를 얻는다면 똑같다는 뜻이다. 그러나 여기서 초점은 '곤이학지(困而學之)'와 '곤이불학(困而不學)'에 있다. 시달려서야 배우는 자라도 배우는 자는 다스리는 자리에 있을 수 있고, 시달리면서도 배우지 않는 자는 다스림을 받는 처지에 놓인다는 뜻이다. 시달려서야 배우는 자 이상이 사(士)이고, 시달리면서도 배우지 않는 자는 농(農)·공(工)·상(商)이라고 굳이 신분으로 따질 수는 없지만, 적어도 공자는 그런 신분에 상관없이 백성이 되느냐 백성을 다스리는 자가 되느냐는 배움에 달려 있다는 뜻을 피력한 것이다. 아닌 게 아니라, 어떻게 배우지 않고 남을 다스리겠는가? 여기서 배움은 당연히 예악을 비롯한 문화이고, 그 문화는 곧 일상의 정치에서 천하의 정치를 이루는 고갱이다.

또 한 가지가 있다. 백성들이 시달리는 것은 그 처지가 그러하기 때문이다. 사(士) 계층에서 시달리는 것은 제 능력이나 자질이 부족해서이지만, 백성들은 태생적으로 결정되는 정치적 신분이나 사회적 처지로 말미암아 시달리기 때문에 배우느냐 배우지 않느냐 하는 선택과 의지의 문제에서 애초부터 벗어나 있다. 그런 백성들이 가장 아래가 되는 것은 배우지 못해서가 아니다. 백성들이 배우지 못한 것을 자질이나 능력, 의지에 따른 것으로 보아서는 안 된다. 그렇다면 공자는 왜 "시달리면서 배우지 않으니, 백성들은 이리하여 가장 아래가 된다"고 말하였는가? 적어도 공자는 자신에게 와서 배우는 자들에 대해 신분 따위를 따지지 않았고, 의지와 노력이 있다면 누구나 배울 수 있고 또 가르쳤기 때문이다. 말하자면 신분이 미천해도 그가 배우려고만 했다면 가르쳤고, 제대로 배우고 익힌 자는 백성으로 머물지 않고 선비로서 대접받을 수 있었다는 말이다. 6-1과 6-6의 중궁을 보라, 또 자로를 보라.

孔子曰: "君子有九思. 視思明, 聽思聰, 色思溫, 貌思恭, 言思
忠, 事思敬, 疑思問, 忿思難, 見得思義."

공 스승께서 말씀하셨다.
"군자에게는 생각할 게 아홉 가지 있다. 볼 때는 밝게 보는지
를 생각하고, 들을 때는 똑똑하게 듣는지를 생각하고, 낯빛은
부드러운지를 생각하고, 몸가짐은 나볏한지를 생각하고, 말은
참된지를 생각하고, 일에서는 지극히 삼가는지를 생각하고, 의
심스런 일에서는 잘 묻는지를 생각하고, 성날 때는 나중에 어
려워질 일을 생각하고, 얻을 일에서는 올바른지를 생각한다."

注釋 시(視)는 자세히 보다는 뜻이다. 명(明)은 눈이 밝다, 눈밝음
이다. 청(聽)은 자세히 듣다는 뜻이다. 총(聰)은 귀가 밝다, 귀밝음이다.
색(色)은 드러난 낯빛이나 꼴이고, 온(溫)은 따뜻하다, 부드럽다는 뜻이
다. 모(貌)는 모습이나 행동을 뜻한다. 공(恭)은 찬찬하면서 얌전하게
하는 행동으로, 나볏하다, 의젓하다는 뜻이다. 분(忿)은 성내다, 결기를
내다는 뜻이다. 난(難)은 나중에 생길 걱정거리, 어려움, 괴로움 따위를
뜻한다.

蛇足 사물에는 결이 있다. 그 결은 드러나 있지 않다. 숨겨져 있다.
그래서 알아보거나 알아채기 어렵다. 사물의 결을 읽고 그 결대로 하는
것이 바로 이치를 알고 이치대로 사는 것이다. 그런데 그 사물의 결을
어떻게 알 것인가? 나를 들여다보면 된다. 나에게 있는 결을 읽는 데서
공부는 시작된다. 흔히 반성적 사유라고 하는 것이 이것이다. 나를 들
여다보지 않으면서 진리를 탐구하거나 이치를 체득하겠다는 것은 마
치 5리를 갈 수 없는 사람이 천리 길을 가겠다는 것과 같다.

밝게 보는 일은 숨겨진 것을 보는 것이고, 똑똑하게 듣는 것은 속뜻을 알아채는 것이며, 부드러운 낯빛과 나븟한 몸가짐은 늘 지니고 있는 지극한 마음에서 나온다. 참된 말은 자신을 바로 세우려는 데서 나오고, 일에서 삼가는 것은 사사로움이 없는 데서 나오며, 잘 묻는 것은 배우기를 좋아하는 마음에서 나온다. 성이 나는 것은 나와 남과 일이 어떻게 얽혀 있는지를 꿰뚫어 보는 안목이 없어서이다. 재물을 얻는 것, 명예를 얻는 것, 높은 자리를 얻는 것 따위가 과연 참으로 이로울까? 올바름으로써 얻지 못한 것은 곧 부메랑이 되어서 나를 해친다. 위의 아홉 가지는 모두 마음에 사사로움이 없도록 하려는 노력이고, 거기서 이치를 꿰는 일이 시작된다.

16-11

孔子曰: "見善如不及, 見不善如探湯, 吾見其人矣, 吾聞其語矣. 隱居以求其志, 行義以達其道, 吾聞其語矣, 未見其人也."

공 스승께서 말씀하셨다.
"착함을 보면 거기에 미치지 못하는 듯이 하고, 착하지 못함을 보면 끓는 물에 손을 넣은 듯이 한다는데, 나는 그런 사람을 보았고 그런 말을 들었다. 숨어 있으면서 그 뜻을 더욱 다지고, 올바름을 행하면서 지극한 도에 이른다고 하는데, 나는 그런 말은 들었으나 그런 사람은 아직 보지 못하였다."

注釋　탐탕(探湯)은 물이 뜨거운지를 알아보려고 손을 넣었다가 그 뜨거움에 화들짝 놀라는 것이다. 은거(隱居)는 도가 행해지지 않아서 숨어 지내는 것이다. 구(求)는 본래 가졌던 것을 더욱더 다진다는 뜻을 담고 있다. 달(達)은 지극한 데에 이르다, 두루 꿰뚫다는 뜻이다.

蛇足 착해지려고 애쓰는 일도 쉽지 않지만, 착하지 않은 사람이나 일을 대할 때 끓는 물에 손을 넣은 듯이 놀라며 멀리하는 것도 사실 쉽지 않다. 그렇다고 그 정도만으로 공부가 되었다고 할 수는 없다. 공부는 이치의 길을 가는 일이다. 그 길의 끝에 다다라야 공부도 끝난다. 만약 여전히 가야 할 길이 있다면, 멈추어서는 안 된다. 나아가고 물러남에 있어 막힘도 없고 걸림도 없어야 하고, 무엇을 하는지 이치에 맞아서 올바르게 되어야만 지극한 데에 이른 것이다. 더 이상 애쓰는 일이 없어야 공부는 끝난다.

아! 공부를 시작한 것만으로도 칭찬받는 사람이 있다. 공부를 하고 있다는 것만으로도 칭찬받는 사람이 있다. 공부를 그만두지 않은 것만으로도 칭찬받는 사람이 있다. 공부하면서 남을 해롭게 하지 않는다는 것만으로도 칭찬받는 사람이 있다. 작은 것으로 칭찬하고 칭찬받는 일도 필요하다. 그러나 그것이 결코 전부가 아님을 잊어서는 안 된다. 고작 시작일 뿐, 끝마친 게 아니라는 말이다. 공부가 힘들고 괴로운 일이 되는 것은 공부가 무엇인지를 모르고 하기 때문이다. 모르고 하는 것은 몰라서 하지 않는 것보다 못하다.

16-12

齊景公有馬千駟, 死之日, 民無德而稱焉. 伯夷叔齊餓于首陽之下, 民到于今稱之. 其斯之謂與?

제나라 경공은 말 4천 필을 가지고 있었으나, 그가 죽는 날 백성들이 일컬을 만한 게 없었다. 백이와 숙제는 수양산 아래에서 굶어 죽었으나, 백성들이 이제까지도 그들을 일컫는다. 그게 이런 걸 이르는 거겠지?

注釋 　사(駟)는 네 필의 말이 끄는 수레이니, 천사(千駟)는 4천 필의 말을 가리키다. 이는 엄청난 재산이 있었음을 뜻한다. 아(餓)는 주려 죽다, 굶어 죽다는 뜻이다. 수양(首陽)은 산 이름인데, 지금의 어디인지는 자세히 알 수 없다. 기사지위여(其斯之謂與)를 두고, 정자(程子)는 12-10의 "참으로 가멸짐 때문이 아니라 그저 다르기 때문에(誠不以富, 亦祇以異)" 뒤에 이어져야 한다고 하였고, 정약용은 앞의 16-11과 합쳐져야 한다고 보았다.

蛇足 　문맥상으로 보면, 16-11을 잇고 있다고 할 수 있다. 16-11에서 공자가 "숨어 있으면서 그 뜻을 더욱 다지고, 올바름을 행하면서 지극한 도에 이른다고 하는데, 나는 그런 말은 들었으나 그런 사람은 아직 보지 못하였다"고 한 데 대해, 그런 사람으로 백이와 숙제가 있었다는 것을 밝혔다. 그러나 이 말을 한 사람이 공자인지는 분명하지 않다. 오히려 후대에 누군가가 덧붙인 것으로 보는 게 타당하다. 말미에 "그게 이런 걸 이르는 거겠지?"라고 되묻는 듯이 말한 것도 그 때문이다. 공자 자신조차 확신하지 못하는 것을 입에 담았을 리는 없다고 보기 때문이다.

16-13

陳亢問於伯魚曰: "子亦有異聞乎?" 對曰: "未也. 嘗獨立, 鯉趨而過庭, 曰'學詩乎?' 對曰'未也.' '不學詩, 無以言.' 鯉退而學詩. 他日, 又獨立, 鯉趨而過庭, 曰'學禮乎?' 對曰'未也.' '不學禮, 無以立.' 鯉退而學禮. 聞斯二者."
陳亢退而喜曰: "問一得三. 聞詩, 聞禮, 又聞君子遠其子也."

진강이 백어에게 물었다.

"그대는 따로 들은 것이 있소?"

백어가 대답하였다.

"없소. 홀로 서 계실 때 내가 종종걸음으로 마당을 지나가는데, '시를 배웠느냐?'고 물으시기에 '아직입니다'라고 대답하였소. 그러자 '시를 배우지 않으면, 말할 것이 없다'고 말씀하셨소. 나는 물러나서 시를 배웠소. 다른 날에 또 홀로 서 계실 때 내가 종종걸음으로 마당을 지나가는데, '예를 배웠느냐?'고 물으시기에 '아직입니다'라고 대답하였소. '예를 배우지 않으면 설 데가 없다'고 말씀하셨소. 나는 물러나서 예를 배웠소. 이 두 가지가 내가 들은 것이오."

진강이 물러나서는 기쁘게 말하였다.

"하나를 물어서 셋을 얻었다. 시에 대해 듣고 예에 대해 듣고 또 군자는 제 자식을 멀리한다는 것도 들었다."

注釋 진강(陳亢)은 진자금(陳子禽)이다. 백어(伯魚)는 공자의 아들로, 이름이 리(鯉)이다. 이문(異聞)은 따로 들은 것, 즉 특별히 배운 것을 뜻한다. 상(嘗)은 일찍이, ~한 적이 있다는 뜻이다. 추(趨)는 달리듯 걷는 것, 종종걸음이다. 원(遠)은 멀리하다, 떼어두다는 뜻이다.

蛇足 스승은 사람을 차별하지 않는다. 내 자식이든 남의 자식이든 똑같은 제자일 뿐이다. 굳이 어짊을 내세우지 않더라도, 스승은 평범한 사람들과는 다른 큰 사랑을 실천하여야 한다. 그것이 가르침이고 일깨움인데, 사람을 차별하고서야 어찌 가르치거나 일깨워줄 수 있겠는가? 차별하는 자는 스승으로서 자질도 없지만, 그 전에 이미 스승이 될 능력을 갖추지 못한 것이다. 차별하는 마음 어디에 참된 배움과 익힘, 깨침이 들어갈 자리가 있었겠는가?

또 공자는 가르침에 있어 먼저 시를 배웠느냐고 물었다. 시는 사람의 감성을 풍부하게 해준다. 그런 감성이 미리 갖추어져 있어야 예를 배우더라도 딱딱하게 또는 각박하게 굴지 않는다. 그런데 배웠느냐고만 물었다. 그것은 스스로 배우고 익히라고 한 말이다. 본래 공부란 스스로 찾아서 하는 일이다. 두드려야 열리고, 찾아야 구해진다. 그렇다고 자신을 들볶거나 닦달해서도 안 된다. 차근차근 찐득하게 하면서 참맛을 보려고 해야 한다.

16-14

邦君之妻, 君稱之曰夫人, 夫人自稱曰小童; 邦人稱之曰君夫人, 稱諸異邦曰寡小君; 異邦人稱之亦曰君夫人.

> 임금의 아내를 임금이 부를 때는 '부인'이라 하고, 부인 스스로 부를 때는 '소동'이라 하며, 나라 사람들이 부를 때는 '군부인'이라 하고, 다른 나라 사람들에게 말할 때는 '과소군'이라 하며, 다른 나라 사람들이 부를 때도 '군부인'이라 한다.

注釋　방(邦)은 제후의 나라를 가리킨다.

蛇足　여기서는 나를 낮추고 남을 높이는 일이 모듬살이에서 얼마나 중요한가를 말하고 있다. 나를 낮출 줄 모르면, 아니 내가 낮은 줄을 모르면, 나는 나아지지 않고 또 높아지지도 않는다. 남을 높일 줄 모르면, 내가 대접받지 못한다. 나를 낮출 줄 모르고 남을 높일 줄 모르는 것은 나를 모르고 남을 모르기 때문이다. 나를 모르므로 사사로움에 휘둘리고, 남을 모르므로 다투거나 빼앗으려 한다. 이래서 모듬살이가 각박해진다.

17편

양화 (陽貨)

17-1

陽貨欲見孔子, 孔子不見, 歸孔子豚. 孔子時其亡也, 而往拜之.
遇諸塗. 謂孔子曰: "來! 予與爾言." 曰: "懷其寶而迷其邦, 可
謂仁乎?" 曰: "不可." "好從事而亟失時, 可謂知乎?" 曰: "不可."
"日月逝矣, 歲不我與!" 孔子曰: "諾. 吾將仕矣."

> 양화가 공 스승을 만나려 하였다가 스승께서 만나주지 않자,
> 스승께 찐 돼지를 보냈다. 스승께서는 그가 집에 없을 때 찾아
> 가서 절을 하였다. 그러다 길에서 만났는데, 양화가 공 스승께
> 말하였다.
> "오시오! 내 그대에게 말할 게 있소."
> 양화가 계속 말하였다.
> "보배를 품고도 제 나라를 헤매게 한다면, 어질다고 할 수
> 있소?"
> "할 수 없소이다."
> "일하기를 좋아하면서도 자주 때를 놓친다면, 지혜롭다고 할
> 수 있소?"
> "할 수 없소이다."
> "해가 가고 달이 가니, 세월은 나를 기다려주지 않소!"
> 공 스승께서 말씀하셨다.
> "좋소. 내 벼슬하리다."

注釋   양화(陽貨)는 양호(陽虎)라고도 부르는데, 계씨 집안의 가신
이다. 계씨가 몇 세대 동안 노나라의 정권을 농단하였는데, 양화가 그
때 계씨 집안의 권병(權柄)을 쥐고서 삼환(三桓)을 없애려다가 실패하
여 진(晉)나라로 달아났다. 귀(歸)는 궤(饋)와 같이, 선물이나 음식을
보내다는 뜻이다. 돈(豚)은 새끼 돼지를 찐 것이다. 당시 풍속에, 대부

가 사(士)에게 선물을 보냈는데 사가 집에서 받지 못했다면 대부 집으로 가서 절을 해야 했다. 우(遇)는 우연히 만나다는 뜻이다. 기(亟)는 루(屢)와 같이, 자주를 뜻한다. 서(逝)는 가서 오지 않는 것이다. 여(與)는 주다, 함께하다는 뜻인데, 여기서는 기다려주다는 말맛이 있다.

蛇足　높은 자리에 앉으면 반드시 뛰어난 사람을 얻어서 쓰고 싶어한다. 그러나 내가 반듯하고 떳떳한 사람, 즉 군자가 아니면, 그런 사람을 얻을 수 없다. 뛰어나다는 것이 그저 허튼 소문이라면 모르겠으나, 그게 참이라면 어찌 뛰어난 사람이 그릇된 사람, 즉 소인과 함께하겠는가? 이런 소박한 이치를 모르니, 그야말로 소인이 아닌가? 소인은 권력이나 금력으로 무엇이든 할 수 있다고 여기니, 사람을 얻는 일도 얼마든지 가능하다고 착각하는 것이 어쩌면 당연하다. 제 얄팍한 속셈은 역시 얄팍한 속셈이 있는 자들에게나 통한다는 것을 알지 못하니, 쯧쯧!

그런데 공자는 어찌하여 양화의 말을 좇아 벼슬하겠다고 했는가? 그의 말이 옳기 때문이다. 옳은 말을 받아들이지 않는다면, 그것이야말로 속 좁은 사람의 짓이다. 양화가 어떤 사람이든 간에 그가 이치로써 말하였다면, 그 말은 받아들여야 한다. 공자가 어떤 사람인지 무엇을 하려는 사람인지 알면서도 그렇게 하였으니, 공자가 어찌 나아가지 않겠는가? 나아가서 도를 펼 수 없을 때, 그때 물러나면 되는 일이다. 어찌 미리 단정하겠는가? 모든 것은 변하며, 정해진 것은 없다. 그저 이치를 알고 이치에서 어긋나지 않으면 된다. 6-26을 다시 한 번 읽고 생각해보라.

17-2 ━━━━━━━━━━━━━━ ━━━━ ━━━━━

子曰: "性相近也, 習相遠也."

스승께서 말씀하셨다.
"본성은 서로 가깝지만, 익히면서 서로 멀어진다."

注釋　성(性)은 하늘로부터 받은 것, 타고난 것을 이른다. 근(近)은
가깝다, 비슷하다는 뜻이다. 습(習)은 배우고 익히는 것, 그래서 몸에
밴 것을 이른다. 원(遠)은 멀다, 다르다는 뜻이다.

蛇足　공자의 사상, 유가의 철학이 어디에 바탕을 두고 있는지를 엿
볼 수 있다. 이미 타고난 것만을 문제로 삼지 않고, 후천적으로 어떻게
해서 달라지는지에 관심을 두고 있다. "본성은 서로 가깝다"는 데에 초
점을 두면 맹자의 성선설(性善說)이 나오고, "익히면서 서로 멀어진다"
는 데에 초점을 두면 순자의 성악설(性惡說)이 나올 수 있다. 이 둘은
같으면서 다르고 다르면서 같으므로 단순하게 볼 수 없다. 여기서 중
요한 것은 인간의 후천적인 노력이 바로 문화를 만들고 문명을 이룬다
는 사실이다. 공자가 적극적으로 세속의 삶과 교육, 문화에서 혁신을
이룩하려 한 것은 이미 인간이 자연과는 다른 문명을 이루었기 때문이
다. 물론 자연의 법칙을 부정하지는 않았다. 도(道)는 바로 자연과 문명
을 이어주는 징검다리이기 때문이다.
　여기서 익힘은 주체적인 공부를 가리킨다. 스스로 애쓰지 않으면 익
힐 수 없다. 교육에서는 학인이 스스로 배우고 익혀야 하고, 문화에서
는 향유자가 적극적으로 누려야 한다. 그래야 나의 삶이 온전해지고 남
과도 어울릴 수 있다.

17-3

子曰: "唯上知與下愚不移."

스승께서 말씀하셨다.
"지극히 지혜로운 자와 지독히 어리석은 자는 바뀌지 않는다."

注釋　상지(上知)는 최상의 앎을 지닌 자, 즉 성인(聖人)을 이른다. 하우(下愚)는 어설프게 알면서 참으로 안다고 여기는 자, 그래서 고집을 피우는 자를 이른다. 아예 배우지 못한 자가 아니라, 배웠으나 잘못 알고 행하는 자를 가리킨다. 이(移)는 옮겨 가다, 바뀌다는 뜻이다.

蛇足　성인은 지혜와 어짊을 갖추었으므로 한결같다. 이미 변화하는 세계의 숨겨진 이치를 꿰뚫었으므로 어떠한 상황에서도 그 결을 읽고 이치대로 행하니, 흔들림이 없고 오롯하다. 이런 성인은 안다는 생각을 하지 않는다. 이미 이치와 하나가 되어 있기 때문에 아무런 의식을 하지 않는 것이다. 안다고 생각하는 것은 아직 그 앎이 설익은 것임을 의미한다. 설익었기 때문에 굳이 안다고 하는 생각을 갖는지도 모른다. 문제는 그렇게 설익은 것을 제대로 익은 것인 양하는 사람이다. 그런 사람은 배운 것을 관념적으로 이해하는 데서 그친 자들이다. 그래서 자신을 돌아보지 않고 세상에 나서려고 하며, 제 깜냥으로 무엇이든 해낼 수 있는 것처럼 군다. 누군가가 일깨워주려고 하면, 무시하거나 화를 낸다. 그런 심리나 기질은 스스로 바꾸려 하지 않는 한, 누구도 바뀌게 할 수 없다.

위의 글에서 "지독히 어리석은 사람"을 백성으로 보아서는 안 된다. 백성은 배우지 못했을지언정, 옳은 것을 받아들이거나 그른 것을 내치는 데에 있어 꽉 막혀 있지는 않다. 백성들은 생생한 삶의 현장에서 지혜를 터득하는 사람들이다. 오히려 관념적인 이해에 그친 자들의 삶보

551

다 백성들의 소박한 삶이 더 이치에 가까이 있다.

17-4

子之武城, 聞弦歌之聲. 夫子莞爾而笑曰: "割鷄, 焉用牛刀?"
子游對曰: "昔者, 偃也聞諸夫子曰, '君子學道則愛人, 小人學
道則易使也.'" 子曰: "二三子! 偃之言是也. 前言戱之耳."

> 스승께서 무성에 가셨다가 현악기에 맞추어 부르는 노래를 들
> 으셨다. 스승께서는 빙그레 웃으시면서 말씀하셨다.
> "닭을 잡는데, 어찌 소 잡는 칼을 쓰느냐?"
> 자유가 대답하였다.
> "예전에 제가 스승께서, '군자가 도를 배우면 사람을 아끼고,
> 소인이 도를 배우면 쉽게 부리려 한다'고 하신 말씀을 들었습
> 니다."
> "얘들아! 언의 말이 옳다. 앞서 한 말은 우스개였다."

注釋   지(之)는 가다는 뜻이다. 무성(武城)은 노나라의 성읍으로,
6-14에서 자유가 그곳의 수령이 되었다는 얘기가 나온다. 현(弦)은 현
(絃)과 같이, 거문고나 비파와 같은 현악기를 가리킨다. 완이(莞爾)는
빙그레 웃는 모양이다. 할(割)은 가르다, 베다는 뜻이다. 언(偃)은 자유
의 이름이다. 희(戱)는 우스개로 하는 말이나 짓이다.

蛇足   자유는 도를 배웠고, 그 도에 따라 사람들을 널리 아끼고 사
랑하려고 하였다. 비록 거대한 나라가 아니라 일개 읍에 지나지 않
지만, 그러나 도를 행하고 사람을 아끼는 일에서는 다를 게 없다고 여겼
다. 다스리는 땅의 크기가 무슨 상관이 있으며, 백성의 수가 많고 적음

이 무슨 문제인가? 다스림의 도는 똑같은 것이다. 수신(修身) 안에 제가(齊家)가 있고, 제가 안에 치국(治國)이 있으며, 치국 안에 평천하(平天下)가 있다. 겉으로 보기에는 아주 달라 보여서 숨겨진 이치도 다르다고 여길지 모르지만, 이치는 하나이다. 그러니 이치대로 할 뿐, 일의 크고 작음, 무거움과 가벼움 따위를 따져서는 안 된다. 무슨 일에서나 그일에 맞는 결이 있으니, 그 결이 바로 도이고 이치이다. 공자가 "우스개였다"고 한 말은 옹색한 날명인가? 아니다. 노래를 들은 공자가 "빙그레 웃었다"고 한 데서 이미 제자의 속마음을 떠보려는 의도가 드러나 있다. 아마도 그 노래를 통해 제자의 뜻을 이미 알아차렸을 것이다. 다만 기특하다는 생각에 한 번 떠보았을 따름이다.

또 "소인학도즉이사야(小人學道則易使也)"를 "소인이 도를 배우면 부리기가 쉬워진다"로 해석하는 경우가 많은데, 과연 그러한가? 앞의 "군자학도즉애인(君子學道則愛人)"과 짝이 되므로 가락에 맞게 풀어야 한다. 즉 군자가 도를 배우면 어떻게 한다고 했으니, 소인 또한 도를 배우면 어떻게 한다는 식으로 풀어야 알맞다. 또 한 가지, 소인은 군자와 함께 사(士)에 속한다는 사실이다. 그들도 군자처럼 학문을 하지만, 도에 뜻을 두지 않고 명리에 뜻을 두어 행동한다. 그들에게 학문은 높은 벼슬이나 녹봉, 즉 권력과 금력을 위해서 존재한다. 권력과 금력은 오로지 남을 아래에 두고 부리는 데에 필요한 것들이다. 그들은 참된 마음으로 섬기지 못하며, 남을 배려하면서 다스리지 않고 군림하려 한다. 그런 소인이 도를 배우는 것은 자신들의 사사로운 욕심을 위해서이지, 남에게 부려지기 위해서가 아니다. 만약 도를 제대로 배운다면, 그는 더 이상 소인이 아니라 군자이다. 그런 사람은 부림의 대상이 되지 않는다. 스스로 행동하는 주체적인 사람이기 때문이다. 따라서 위에서처럼 번역하여야 타당하다.

17-5

公山弗擾以費畔, 召, 子欲往. 子路不說, 曰: "末之也, 已, 何必
公山氏之之也?" 子曰: "夫召我者, 而豈徒哉? 如有用我者, 吾
其爲東周乎!"

공산불요가 비 땅에서 모반하고는 스승을 부르니, 스승께서
가려고 하셨다. 자로가 탐탁지 않게 여기며 말하였다.
"갈 곳이 없으면 그만두실 일이지, 하필 공산씨에게 가십니까?"
스승께서 말씀하셨다.
"나를 부르는 자가 어찌 헛되이 부르겠느냐? 나를 쓰겠다는
자가 있다면, 나는 그예 동쪽에 주나라를 일으키리라!"

注釋   공산불요(公山弗擾)는 『좌전』에서는 공산불뉴(公山不狃)로 나
온다. 계씨의 가신으로, 비 땅의 수령이었다. 반(畔)은 반(叛)과 같이, 모
반하다, 배반하다는 뜻이다. 열(說)은 열(悅)과 같이, 기뻐하다, 탐탁하
다는 뜻이다. 말(末)은 무(無)와 같다. 말지(末之)와 지지(之之)에서 뒤
의 지(之)는 가다는 뜻이다. 이(已)는 그치다, 그만두다는 뜻이다. 소
(召)는 부르다는 뜻이다. 도(徒)는 헛되다는 뜻이다. 동주(東周)는 문화
가 왕성하던 주나라와 같은 나라를 가리킨다.

蛇足   자로는 거친 만큼 올곧다. 그런데 지나치게 올곧으면, 때맞게
행하기가 어렵다. 때맞게 하지 못하는 것은 드러난 것만 보고 그 속내
나 결을 읽지 못했기 때문이다. 그래서 자로는 공자가 무슨 속내로 공
산불요의 부름에 응했는지를 미처 알아채지 못하였다. 공자는 일을 하
기 전에 미리 작정하는 법이 없었고, 모르는 사람에 대해서도 미리 판
단하지 않았다. 자신의 사상을 이해하고 세상에 쓰려는 사람인지 아닌
지에 따라 나아감과 물러남을 결정하며, 어떤 사람인지 모르는 상황이

554

라면 지레 판단하지 않는다. "나를 부르는 자가 어찌 헛되이 부르겠느냐?"는 적어도 공자는 자신을 부르는 자가 자신의 사상이 어떠한지를 알고서 부른다고 여겨서 한 말이다. 가서 만나보고, 나를 알지도 못하거나 나를 그저 이용할 뜻으로 부른 것임을 알게 되면, 공자는 다시 떠난다. 그때 떠나도 늦지 않다. 6-26에서도 나오지만, 군자를 속일 수는 있어도 군자를 속여서 망칠 수는 없다.

그런데 이제 자로와 같이, 부러질지언정 곧기만 한 사람이라도 있는가?

17-6

子張問仁於孔子, 孔子曰: "能行五者於天下, 爲仁矣." "請問之." 曰: "恭, 寬, 信, 敏, 惠. 恭則不侮, 寬則得衆, 信則人任焉, 敏則有功, 惠則足以使人."

자장이 공 스승께 어짊에 대해 여쭈니, 공 스승께서 말씀하셨다.
"천하에 다섯 가지를 잘 행하는 것을 어질다고 한다."
"더 여쭙겠습니다."
"의젓함, 너그러움, 미쁨, 재바름, 은혜 베풂. 의젓하면 얕잡히지 않고, 너그러우면 뭇사람의 마음을 얻고, 미쁘면 사람들이 일을 맡기고, 재바르면 성금이 서고, 은혜를 베풀면 사람을 부릴 수 있다."

注釋 공(恭)은 의젓하다, 나볏하다는 뜻이다. 혜(惠)는 은혜, 은혜를 베풀다는 뜻이다. 모(侮)는 얕잡다, 얕잡히다는 뜻이다. 임(任)은 일을 맡기다는 뜻이다. 공(功)은 말이나 일의 효력, 보람을 뜻한다.

蛇足　11-18을 보면, 자장은 치우치는 면이 있다. 11-16에서는 지나치다는 언급이 있고, 12-20에서는 서두는 듯한 모습을 볼 수 있다. 이렇게 서둘거나 지나치거나 치우치는 것은 사사로움이 앞서기 때문이다. 사사로움을 누르고 없애지 않으면, 어질게 될 수 없다. 어짊은 자신의 허물을 되돌아보면서 모자란 점을 바로잡는 데서 시작된다. 그런 자장에게 공자는 "의젓함, 너그러움, 미쁨, 재바름, 은혜 베풂"의 다섯 가지를 구체적으로 거론하였다. 이 다섯은 어질게 되려면 누구나 갖추어야 할 덕목이기도 하지만, 특히 자장에게 필요한 덕목이다.

17-7

佛肸召, 子欲往. 子路曰: "昔者, 由也聞諸夫子曰, '親於其身爲不善者, 君子不入也.' 佛肸以中牟畔, 子之往也, 如之何?" 子曰: "然, 有是言也. 不曰堅乎, 磨而不磷; 不曰白乎, 涅而不緇. 吾豈匏瓜也哉? 焉能繫而不食?"

불힐이 부르자, 스승께서 가려고 하셨다. 자로가 말하였다.

"옛날에 제가 스승께서 '착하지 않은 짓을 제 몸 가까이 두는 자를 군자는 받아들이지 않는다'고 하신 말씀을 들었습니다. 불힐은 중모 땅에서 반란을 일으켰는데, 스승께서 가시려는 것은 무슨 까닭입니까?"

스승께서 말씀하셨다.

"그렇다, 그런 말을 했다. 단단하지 않겠느냐, 갈아도 엷어지지 않으니. 희지 않겠느냐, 개흙에 물들여도 검지 않으니. 내가 어찌 한낱 박이겠느냐? 어찌 매달린 채 먹히지 않을 수 있겠느냐?"

注釋　진(晉)나라의 대부인 조간자(趙簡子)가 범중행(范中行)을 쳤다. 불힐(佛肸)은 범중행의 가신으로서 중모 땅의 수령이었는데, 그 틈을 보아 반란을 일으켰다. 친(親)은 가까이하다는 뜻이다. 입(入)은 들어가다, 받아들이다는 뜻이다. 중모(中牟)는 진나라의 읍으로, 지금의 하북성(河北省)과 한단(邯鄲) 사이에 그 터가 있다. 반(畔)은 반(叛)과 같다. 견(堅)은 굳다, 단단하다는 뜻이다. 마(磨)는 갈다는 뜻이다. 린(磷)은 엷다는 뜻이다. 열(涅)은 개흙으로, 고대에 검은색 염료로 쓰였다. 치(緇)는 검다는 뜻이다. 포과(匏瓜)는 박이다. 계(繫)는 매다, 매달리다는 뜻이다. 불식(不食)은 먹지 않는다는 뜻으로, 쓰이지 않는다는 것을 비유한 말이다.

蛇足　공자는 실천 철학을 하였다. 공자뿐만 아니라, 동아시아의 사상은 기본적으로 실천을 위한 사유이다. 앞서 17-5에서도 자로는 스승께 따져 물었고, 공자는 자신의 사상이 오로지 세상에 쓰이기 위한 것임을, 그 자신 또한 세상에 쓰이기를 바란다는 것을 분명하게 밝혔다. 특히 자신의 뜻은 굳고 단단하여 흔들림이 없고, 행동은 바르고 곧아서 물드는 일이 없다는 것도 강조하였다.

17-8

子曰: "由也! 女聞六言六蔽矣乎?" 對曰: "未也." "居! 吾語女. 好仁不好學, 其蔽也愚; 好知不好學, 其蔽也蕩; 好信不好學, 其蔽也賊; 好直不好學, 其蔽也絞; 好勇不好學, 其蔽也亂; 好剛不好學, 其蔽也狂."

스승께서 말씀하셨다.

"유야! 너는 여섯 가지 말에 여섯 가지 숨은 허물이 있음을 들었느냐?"

"아직 듣지 못했습니다."

"앉거라! 내가 너에게 말해주마. 어짊을 좋아하면서 배움을 좋아하지 않으면, 숨은 허물은 어리석음이다. 앎을 좋아하면서 배움을 좋아하지 않으면, 숨은 허물은 어지빠름이다. 미쁨을 좋아하면서 배우기를 좋아하지 않으면, 숨은 허물은 그르침이다. 곧음을 좋아하면서 배우기를 좋아하지 않으면, 숨은 허물은 갑갑함이다. 용기를 좋아하면서 배우기를 좋아하지 않으면, 숨은 허물은 어지럽힘이다. 굳셈을 좋아하면서 배우기를 좋아하지 않으면, 숨은 허물은 서두름이다."

注釋 폐(蔽)는 숨기다, 가려지다는 뜻이다. 거(居)는 살다, 앉다는 뜻이다. 학(學)은 배워서 익히는 것을 가리킨다. 탕(蕩)은 도리에 벗어나면서도 멋대로 하거나 건방지게 구는 것으로, 어지빠르다, 엇되다는 뜻이다. 적(賊)은 해치다, 그르치다는 뜻이다. 교(絞)는 묶다, 목매다는 뜻으로, 갑갑함, 답답함을 비유한 말이다. 광(狂)은 뜻만 크고 가벼이 행동하며 서두르는 것이다.

蛇足 이 대화는 재미있다. 대뜸 공자는 자로에게 "여섯 가지 말에 여섯 가지 숨은 허물이 있다는 것을 들었느냐?"고 묻는다. 자로는 듣지 못했다고 대답하였고, 공자는 자세하게 말해주었다. 그런데 실제로는 공자가 자로에게 말해주고 싶었던 것이 아니다. 다른 제자 또는 제자들에게 말해주고 싶었던 것이다. 5-14를 보면, 자로는 "들은 것을 아직 잘 하지 못하면 또 다른 걸 들을까봐 두려워한" 인물이었다. 이는 지극한 마음으로 배웠음을 의미한다. 그런 자로에게 대뜸 "배우기를 좋아하지 않으면"이라고 말하였으니, 이는 자로를 향해 한 말이 아니라, 다른 제

자들에게 들으라고 한 말이다. 그리고 이 대화가 기록된 사실에서도 자로가 아닌 다른 사람이 함께 들었다는 것을 알 수 있다.

그러면 왜 공자는 이런 말을 했는가? 제자들이 많다 보면, 분명 스승의 가르침을 듣고서 좋아하면서도 실천하려고 하지 않는 자가 있게 마련이다. 그런 자는 학인이기보다는 추종자에 가깝다. "우리 스승님, 우리 스승님!" 하고 떠받들거나, 또 "우리 스승께서는 이런 말씀을 하셨다!" 따위로 으스대듯이 떠벌리면서 정작 자신이 체득하려고 하지 않는 자, 그런 자는 제자가 아니라 맹신하는 신도(信徒)이다. 공자의 제자들 가운데도 그런 제자가 있었을 것이다. 그래서 위의 말을 들려주었다. 공자가 말한 덕목은 그 참뜻을 알고 몸에 익혀야 하는 것인데, 그렇게 해야 하는 까닭을 모르거나 그렇게 하기가 힘들면 그저 좋아하는 데서 그친다. 그러나 좋아하기만 하면, 그것이 도리어 큰 허물이 될 수 있다. "내가 좋아하니, 나는 그것을 알고 또 행하고 있다"고 하는 착각을 하기 쉽기 때문이다.

17-9

子曰: "小子何莫學夫詩? 詩, 可以興, 可以觀, 可以群, 可以怨. 邇之事父, 遠之事君, 多識於鳥獸草木之名."

스승께서 말씀하셨다.
"너희는 어찌 저 시를 배우지 않느냐? 시는 마음을 일으키게 하고, 사물을 살필 수 있게 하고, 사람들과 어우러질 수 있게 하고, 응등그러진 마음을 알게 한다. 가까이로는 어버이를 섬기고 멀리로는 임금을 섬길 수 있으며, 날짐승과 길짐승, 풀과 나무들의 이름을 많이 알 수 있다."

注釋 소자(小子)는 앞에 있는 제자들이다. 흥(興)은 마음을 일으키다는 뜻이다. 군(群)은 무리, 사람들이다. 원(怨)은 뒤틀리거나 응등그러진 마음을 뜻하는데, 여기서는 그런 마음을 깊이 아는 것을 가리킨다. 이(邇)는 가깝다는 뜻이다. 조(鳥)는 날짐승을, 수(獸)는 길짐승을 뜻한다.

蛇足 공자는 예의와 음악을 가르쳤는데, 제자들 가운데는 왜 그 둘을 가르치는지를 제대로 알지 못하고 예의를 배우는 데 치중하는 이들도 있었을 것이다. 예의는 긴장하게 만들고, 음악은 이완하게 만든다. 예의는 이성의 영역이고, 음악은 감성의 영역이다. 그러나 이 둘이 어우러져야 개인이든 사회이든 활기를 띤다. 예의만 있으면 딱딱해지고, 음악만 있으면 느슨해진다. 그런데 이 둘이 시에서 잘 조화되어 나타난다. 시는 사람의 마음을 율격(律格) 있는 언어로 표현한 것이다. 여기서 마음은 곧 심성(心性)인데, 이 심성은 이성과 감성을 아우르는 말이다. 또 율격은 곧 음악과 예의이니, 율은 음악이요 격은 예의이다. 이 우주도 법칙에 따라 움직이고 문명도 법칙에 따라 움직일 수밖에 없는데, 그러한 움직임이 곧 율격이다. 이치를 체득한다는 것은 곧 율격을 몸에 익히는 일이다. 이 『논어』에서도 볼 수 있듯이, 성인들의 언어가 시적인 이유는 바로 여기에 있다.

17-10

子謂伯魚曰:"女爲周南召南矣乎? 人而不爲周南召南, 其猶正牆面而立也與!"

스승께서 백어에게 말씀하셨다.

"너는 주남과 소남을 배웠느냐? 사람이 되어서 주남과 소남을 배우지 않으면, 그것은 담을 마주하고 선 것과 같으리라!"

注釋　위(爲)는 배우고 익히다는 뜻이다. 주남(周南)과 소남(召南)은 『시경』의「국풍(國風)」에 있다. 장(牆)은 담이다.

蛇足　시에는 율격이 있다. 그러나 그 율격은 결코 형식에서 오는 것이 아니다. 참된 율격은 내용에서 온다. 내용이 이치를 담는다면, 그 대로 율격은 갖추어진다. 말하자면 끊임없이 변화하는 세계 속에서 갖 가지 사물들을 꿰뚫어 보고 그 결을 읽어낼 때 비로소 시적 언어가 솟 아난다. 시어(詩語)는 통찰력으로 내뱉은 언어이다. 시어는 마음과 몸 에서 절로 나오는 것이다. 결코 머리를 쥐어짜서 만들어낸 언어가 아니 다. 머리로 짜낸 것은 관념적 언어이고, 기껏해야 유희적 언어일 뿐이 다. 따라서 시를 배운다는 것은 변화를 편안하게 받아들이고 그 변화 속에 숨겨진 한결같은 결을 느끼는 일인데, 시를 배우지 않는다면 나무 나 돌과 다름이 없으리라.

17-11

子曰:"禮云禮云, 玉帛云乎哉? 樂云樂云, 鍾鼓云乎哉?"

스승께서 말씀하셨다.
"예의 예의 하는데, 옥이나 비단을 말하는 것이겠느냐? 음악 음악 하는데, 쇠북이나 북을 말하는 것이겠느냐?"

注釋　백(帛)은 비단이다. 종(鐘)은 쇠북이다. 고(鼓)는 채로 치는 북 이다.

蛇足　3-3에서 한 말과 연관된다.

　　예의와 음악은 누구나 아는 듯이 말을 하지만, 그 참뜻이나 실상을 아는 이는 적다. 예의가 겉으로 드러난 형식이나 고정된 관습인 줄로 알거나, 음악이 시와 결합된 악곡에 지나지 않는 줄로 아는 경우가 흔하다. 『중용』에, "마시거나 먹지 않는 사람은 없건만, 참맛을 아는 자 드물구나!(人莫不飮食也, 鮮能知味也!)"라는 말이 나오는데, 속뜻은 상통한다.

17-12

子曰: "色厲而內荏, 譬諸小人, 其猶穿窬之盜也與!"

　　스승께서 말씀하셨다.
　　"낯빛은 뚝뚝하면서 속은 여린 사람은 소인에 비유할 수 있는데, 그야말로 담에 구멍을 뚫고 도둑질하는 자이리라!"

注釋　려(厲)는 부드럽지 못하고 거세고 굳은 것으로, 사납다, 뚝뚝하다는 뜻이다. 임(荏)은 부드럽다, 여리다는 뜻이다. 천(穿)은 뚫다는 뜻이다. 유(窬)는 협문, 담에 구멍을 내다를 뜻한다.

蛇足　낯빛이 뚝뚝한 것은 마음에 없는 것을 드러내려 하기 때문이다. 속이 여린 것은 지조나 절개가 없어서 마음이 쉽게 바뀐다는 뜻이다. 마음이 쉽게 바뀌는 것은 사사로움이 있기 때문이다. 사사로움이 있는 자는 제 욕심을 차리고, 욕심을 차리는 자는 남의 것을 빼앗는 짓을 서슴지 않는다. 남의 것을 빼앗으니, 어찌 도둑이 아니겠는가?

17-13

子曰: "鄕原, 德之賊也."

스승께서 말씀하셨다.
"향원은 덕을 해치는 자다."

蛇足　향원(鄕原)은 『맹자』「진심하(盡心下)」에 따라 풀었다. 맹자는
"속마음을 숨기고서 세상에 알랑거리는 자가 향원이다"라고 하였는데,
만장(萬章)이 어찌하여 공자가 향원을 덕을 해치는 자라고 하였는지에
대해 묻자, 맹자는 또 이렇게 대답하였다. "헐뜯으려 해도 들출 게 없고
꾸짖으려 해도 꾸짖을 게 없으며, 휩쓸려가는 풍속과 똑같고 더러운 세
상과 하나가 되어서는, 가만있을 때는 참되고 미쁜 것처럼 하고 행동할
때는 곧고 깨끗한 것처럼 하여 뭇사람이 모두 좋아하지만, 스스로 옳
다고 여기므로 함께 요나 순의 도에 들어갈 수는 없다. 그래서 덕을 해
치는 자라 하였다." 이로써 보면, 향원은 겉과 속이 다른 사람이고, 대
중의 심리를 잘 헤아리고 알아서 대중의 마음을 사로잡는 재주를 지닌
사람이다. 어느 시대에나 그러했지만, 오늘날에도 이런 향원이 대중의
인기를 등에 업고서 마치 성자인 양 현자인 양 행세하고 또 떠받들어지
기도 한다.

17-14

子曰: "道聽而塗說, 德之棄也."

스승께서 말씀하셨다.
"길에서 듣고 길에서 말하는 것은 덕을 버리는 짓이다."

注釋 청(聽)은 자세히 듣다는 뜻이다. 도(塗)는 도(途)와 같으며, 길을 뜻한다. 기(棄)는 버리다는 뜻이다.

蛇足 길에서 듣고 길에서 말한다는 것은 전후 사정을 자세하게 알려 하지 않는 것, 또 제대로 알지 못하면서도 섣불리 판단하고 행동한다는 것을 뜻한다. 사람의 감각이란 사물의 전체를 한꺼번에 파악하지 못한다. 한 점이나 한 면을 보거나 듣거나 느낄 뿐이다. 감각기관이 받아들인 정보를 논리적으로 분석하고 종합한다고 해서 제대로 알 수 있는 것도 아니다. 전체를 오롯하게 아는 것, 그 속을 꿰뚫어 보아서 숨겨진 진실이나 이치를 아는 것은 오로지 통찰에 의해서 가능하다. 통찰은 가벼이 듣고 섣불리 말해서는 결코 얻어질 수 없다. 부분과 전체를 동시에 보려는 노력을 쉼 없이 함으로써 비로소 얻게 된다. 이 또한 말로써 전달할 수 없는 경지이다. 어쨌거나 제대로 알려고 하지 않고 또 알지도 못하면서 말을 내뱉는 것은 그대로 자신을 그르치는 짓이다.

17-15

子曰: "鄙夫可與事君也與哉? 其未得之也, 患得之; 旣得之, 患失之. 苟患失之, 無所不至矣."

스승께서 말씀하셨다.
"다라운 사내와 함께 임금을 섬길 수 있겠는가? 그런 자는 자리를 얻지 못하면 얻으려고 끙끙 앓고, 얻은 뒤에는 잃을까 걱정한다. 참으로 잃을까 걱정한다면, 못할 짓이 없다."

注釋 비(鄙)는 하는 짓이 잘고 다라운 것으로, 다랍다, 단지럽다는

뜻이다. 기(其)는 앞의 비부(鄙夫)를 가리킨다. 지(之)는 자리, 벼슬을 뜻한다. 환(患)은 속으로 앓다, 걱정하다는 뜻이다. 구(苟)는 참으로, 적어도, 겨우 등의 뜻이다.

蛇足　사사로움은 사람을 참 잗달게 만든다. 크게 보지 못하고 전체를 보지 못하게 하며, 멀리 내다보지 못하게 만든다. 주는 것이 받는 것임을 알지 못하고, 받으려고만 한다. 베푸는 것이 얻는 것임을 알지 못하고, 얻으려고만 한다. 그런 마음이니, 제 바람대로 되겠는가? 얻고 싶어도 얻지 못하니, 속으로 끙끙 앓는다. 남이 잘되면, 생배앓는다. 어쩌다가 바라는 것을 얻어도 다시 잃을까 걱정한다. 간신히 얻었으니, 쉽게 놓으려 하지 않는다. 무슨 짓을 하더라도 굳게 지키려 하니, 못할 짓이 없다. 남을 내몰거나 함정에 빠뜨리는 일뿐만 아니라, 저를 밀던 사람에게서 등을 돌리는 일도 서슴지 않는다. 그런 사람은 사귀는 일조차 꺼려지는데, 어찌 함께 일을 꾀하며 또 같은 임금을 섬기겠는가?

17-16

子曰: "古者民有三疾, 今也或是之亡也. 古之狂也肆, 今之狂也蕩; 古之矜也廉, 今之矜也忿戾; 古之愚也直, 今之愚也詐而已矣."

스승께서 말씀하셨다.
"옛날에는 사람들에게 세 가지 흠이 있었는데, 이제는 그나마도 없는 듯하다. 옛날에는 뜻이 크면 멋대로 했는데, 이제는 뜻이 크면 어지빠르다. 옛날에는 어엿하면 올발랐는데, 이제는 어엿하면 성내면서 사납다. 옛날에는 고지식하면 곧았는데, 이제는 고지식하면 속일 따름이다."

注釋　민(民)은 뭇사람을 뜻한다. 질(疾)은 버릇, 흠을 뜻한다. 혹(或)은 추측의 말이다. 광(狂)은 뜻이 크면서 뜻만 앞서는 것이다. 사(肆)는 멋대로 하다는 뜻이다. 탕(蕩)은 도리에 벗어나면서도 멋대로 하거나 건방지게 구는 것으로, 어지빠르다, 엇되다는 뜻이다. 긍(矜)은 어엿하다, 떳떳하다는 뜻이다. 렴(廉)은 뜻이 곧다, 올바르다는 뜻이다. 분(忿)은 성내다는 뜻이다. 려(戾)는 사납다는 뜻이다. 우(愚)는 어리석다, 고지식하다는 뜻이다. 직(直)은 곧다, 바르다는 뜻이다. 사(詐)는 속이다, 말을 꾸미다는 뜻이다.

蛇足　뜻이 큰 만큼 빈틈도 많아진다. 그러니 뜻이 큰 자는 늘 자신이나 자신이 하는 일을 되돌아보아야 한다. 그렇게 하지 않으면, 차츰 멋대로 하면서 도리에서 벗어나도 알아채지 못한다. 사람이 어엿하거나 떳떳한 것은 안으로 자신을 돌아볼 때 부끄러움이 없기 때문이다. 그러나 치레하여서 어엿한 듯이 행동하는 자는 제 속내를 들킬까 두려워하고 꺼린다. 혹시라도 속내를 들키면 버럭 성을 내거나 사납게 군다. 오로지 한길을 가는 외골수여서 시세를 따르지 않는 것을 고지식하다고 하는데, 그렇게 고지식한 자는 곧기만 해서 남에게 속을지언정 남을 속이지는 않는다. 그러나 외골수가 아니면서 고지식한 체하는 자는 남을 믿게 해서 남을 속인다.

한 사람의 생각과 말과 행동이 반드시 합치되는 것은 아니다. 온전하게 합치되는 자는 성자이다. 성자가 아니라면, 조금이라도 어긋남이 있게 마련이다. 그러니 그 생각과 말과 행동을 아울러 살펴야 한다. 그렇게 하지 않으면, 그릇된 판단을 할 수밖에 없다. 그릇된 판단은 곧 자신에게로 되돌아와서 자신을 이치에서 벗어나게 만든다.

17-17 ────────────────────

子曰: "巧言令色, 鮮矣仁!"

스승께서 말씀하셨다.
"번드러운 말과 꾸민 낯빛에는, 드물도다 어짊이!"

注釋 「학이」편에 이미 나왔다.

17-18 ────────────────────

子曰: "惡紫之奪朱也, 惡鄭聲之亂雅樂也, 惡利口之覆邦家者."

스승께서 말씀하셨다.
"자주색이 붉은색을 빼앗는 것을 싫어하고, 정나라 음악이 우아한 음악을 어지럽히는 것을 싫어하고, 말재주로 나라와 집안을 뒤집는 자를 싫어한다."

注釋 오(惡)는 미워하다, 싫어하다는 뜻이다. 자(紫)는 자줏빛, 자주색이다. 붉은색과 파란색의 중간색이다. 이에 대해서 붉은색은 바른색이다. 탈(奪)은 빼앗다, 없애다는 뜻이다. 정성(鄭聲)은 정나라에서 유행하던 음악으로, 음란하고 비속했다고 한다. 아악(雅樂)은 우아하고 전아한 음악이다. 리구(利口)는 말재주가 뛰어난 것을 뜻한다. 복(覆)은 뒤집다, 엎다, 무너뜨리다는 뜻이다.

蛇足 자주색은 자주색이고 붉은색은 붉은색이다. 아무리 비슷해 보여도 그것은 비슷한 것이지, 똑같은 것일 수 없다. 비슷하면서 같은 듯이 한다면, 그것이 바로 사이비(似而非)이다. 사이비가 판치면, 온갖

것이 제자리를 잃고 어지러워진다. 그렇다고 다른 것만을 강조하는 게
아니다. 다르면서 같고, 같으면서 다름을 아울러 말한 것인데, 문제는
다른 줄 모르고 같다고만 하거나 같은 줄 모르고 다르다고만 하는 데
에 있다. 『중용』에서 "알맞음과 어울림의 지극한 데에 이르면, 하늘과
땅이 제자리를 지키고 온갖 것이 잘 자라게 된다(致中和, 天地位焉, 萬物
育焉.)"고 한 말은 참으로 그러한 이치를 꿰뚫은 것이다. 알맞음은 이것
과 저것의 다름을 분명히 하여야 할 수 있고, 어울림은 이것과 저것의
같음을 알아야 할 수 있는 것이다.

　정나라 음악은 잡도리함이 없이 그저 감정을 있는 대로 드러낸 음악
일 것이다. 사람이 이성보다 감성이 앞서는 존재이지만, 그보다 더 중
요한 심성이 있다. 심성은 감성과 이성을 아우른 것이고, 거기에서는
둘이 절묘하게 어우러져야 한다. 그런 심성을 드러낸 음악이 아악(雅
樂)이라고 할 수 있다. 『시경』의 시들을 보면, 결코 공자가 감정 또는
감성을 부정적으로 보지 않았다는 것을 알 수 있다. 다만 치우침을 경
계하였다.

　덕이 없는 말재주가 얼마나 아슬아슬하고 간간한지에 대해서는 더
이상 말할 필요가 없으리라.

17-19

子曰: "予欲無言." 子貢曰: "子如不言, 則小子何述焉?" 子曰:
"天何言哉? 四時行焉, 百物生焉, 天何言哉?"

　스승께서 말씀하셨다.
　"나는 말을 하지 않으련다."
　자공이 여쭈었다.
　"스승께서 말하지 않으시면, 저희들이 어떻게 이어가겠습니

까?"

"하늘이 무슨 말을 하더냐? 네 계절이 돌고, 온갖 것이 생기지만, 하늘이 무슨 말을 하더냐?"

注釋   술(述)은 잇다, 좇다, 글로 옮기다, 말하다는 뜻이다. 천(天)은 천지와 자연, 만물, 우주 등을 뜻하는 말이다. 여기서는 의인화되어 있을 뿐이니, 이를 인격적인 하늘로 해석해서는 안 된다. 행(行)은 돌다, 흐르다는 뜻이다.

蛇足   공자는 스스로 "받아서 적되 짓지는 않는다(述而不作)"고 하였고, 9-1에는 "천명과 어짊에 대해 드물게 말하였다"는 말이 나온다. 공자는 말할 수 있는 것은 말하되, 말할 수 없는 것은 말하지 않았다. 내가 모르는 것과 이치 그 자체, 궁극의 경지에 대해서는 말할 수 없다. 공자는 문명 속에서 사는 데 필요한 공부를 역설하면서 어짊을 갖추라고 하였으나, 그 어짊은 바로 이치를 문명 속으로 끌어온 것에 지나지 않는다. 어짊이 작위적인 것이라면 갖추기가 그토록 어렵지 않을 것이다. 그러나 저절로 그러한 자연(自然)의 이치를 따르면서 몸에 갖추는 것이 어짊이기 때문에 어려운 것이다. 그래서 공자도 그 어짊에 대해서는 거의 말을 삼갔다. 다만 어짊을 갖추는 데에 필요한 것들을 때와 곳에 따라서, 상대에 따라서 알맞게 가르쳤는데, 그런 가르침도 결국 천지자연의 순행 속에 이미 담겨 있던 것들을 언어로써 드러낸 것일 뿐이다. 그런데 아무리 언어로써 가르치고 배우더라도 천지자연의 운행을 곧장 살피고 헤아려서 느끼고 아는 것보다는 못하다. 자칫 언어로써 배운 것이 전부인 것처럼, 또 몸과 마음으로 익히지 못했으면서도 다 아는 것처럼 착각할 수 있다. 실제로도 배우면서 그런 착각에 사로잡히는 학인들이 매우 많다. 공자 또한 제자들 가운데서 그런 착각에 사로잡히는 자들을 보았을 것이다. 그래서 더 이상 말을 해봐야 스스로 익히

기 전에는 그 참뜻을 알아챌 리가 없으니, 차라리 말을 하지 않는 게 낫다고 여겼던 것이리라.

17-20

孺悲欲見孔子, 孔子辭以疾. 將命者出戶, 取瑟而歌, 使之聞之.

> 유비가 공 스승을 뵈려고 하였으나, 스승께서는 병을 앓는다는 구실을 대었다. 심부름꾼이 문을 나서자, 거문고를 타고 노래하면서 그가 듣게 하셨다.

注釋 유비(孺悲)는 노나라 사람이다. 『예기』 「잡기(雜記)」에 따르면, 휼유(恤由)가 죽자 애공이 유비를 공자에게 보내어 사상례(士喪禮)를 배우게 하였다고 한다. 사(辭)는 알리다, 핑계를 대다는 뜻이다. 장명자(將命者)는 유비의 말을 전하려고 온 심부름꾼이다. 취(取)는 하다, 쓰다는 뜻이다. 슬(瑟)은 거문고이다.

蛇足 유비라는 인물에 대해 자세한 것은 알 수 없으나, 공자가 한 행동을 보건대 진정으로 예의를 배우려는 인물은 아니었을 것으로 여겨진다. 심부름 온 사람에게 공자는 병을 앓는다는 구실을 대었는데, 이는 참이다. 그러나 사람을 만나지 못할 만큼 병이 무거웠던 것은 아니었다. 거문고를 타고 노래한 것에서 그 점을 읽을 수 있다. 왜 공자는 이렇게 하였는가? 거문고를 타고 노래하지 않았다면, 심부름꾼을 보낸 유비는 공자가 정말로 아파서 자신을 만날 수 없었던 것으로 여길 수 있다. 이는 공자가 다음에 병이 나으면 만나줄 수 있을 것이라는 기대를 하게 만드는 셈이다. 그러나 거문고를 타고 노래를 한 것은 만나고 싶지 않아서 만나지 않은 것임을 은근하게 드러낸 것이다. 군자는 모름

지기 자신이 하는 일에서 숨기는 게 있으면 안 된다. 다른 뜻이 있거나 사사로운 바람이 있는 게 아니라면, 제 뜻을 숨기는 것은 옳지 않다.

17-21

宰我問:"三年之喪, 期已久矣. 君子三年不爲禮, 禮必壞; 三年不爲樂, 樂必崩. 舊穀旣沒, 新穀旣升, 鑽燧改火, 期可已矣." 子曰:"食夫稻, 衣夫錦, 於女安乎?"曰:"安.""女安, 則爲之! 夫君子之居喪, 食旨不甘, 聞樂不樂, 居處不安, 故不爲也. 今女安, 則爲之!"宰我出. 子曰:"予之不仁也! 子生三年, 然後免於父母之懷. 夫三年之喪, 天下之通喪也. 予也有三年之愛於其父母乎!"

재아가 여쭈었다.
"삼년상은 기간이 너무 깁니다. 군자가 3년 동안 예법을 행하지 않으면 예법은 반드시 무너지고, 3년 동안 음악을 하지 않으면 음악은 반드시 어지러워집니다. 묵은 벼가 바닥나고 새 벼가 다 자랐으며, 부싯돌로 불을 바꾸었으니, 1년에 끝내도 됩니다."
스승께서 말씀하셨다.
"저 쌀밥을 먹고 비단옷을 입는 게 너한테는 편안하냐?"
"편안합니다."
"네가 편안하다면, 그렇게 하거라! 저 군자는 상을 입으면 맛난 것을 먹어도 달지 않고 음악을 들어도 즐겁지 않고 집에 있어도 편안하지 않기 때문에 그렇게 하지 않는다. 이제 너는 편안하다면 그렇게 하거라!"
재아가 나가자, 스승께서 말씀하셨다.

571

"여는 어질지 않구나! 자식이 태어나면 3년이 지나서야 부모의 품에서 벗어난다. 저 삼년상이란 천하에 두루 쓰이는 상례다. 여도 3년 동안 어버이로부터 사랑을 받았을 텐데!"

注釋　괴(壞)는 무너지다는 뜻이다. 붕(崩)은 무너지다, 어지러워지다는 뜻이다. 곡(穀)은 껍질에 싸인 벼, 곡식을 뜻한다. 찬(鑽)은 끌, 뚫다는 뜻이다. 수(燧)는 부싯돌이다. 찬수개화(鑽燧改火)는 고대에 나무를 비벼서 불을 내는 방법으로, 그 나무는 계절마다 달랐다고 한다. 봄에는 느릅나무와 버드나무, 여름에는 대추나무와 은행나무, 늦여름에는 뽕나무와 산뽕나무, 가을에는 자작나무와 졸참나무, 겨울에는 회나무와 박달나무였다고 한다. 기(期)는 한 돌, 즉 1년이다. 도(稻)는 절구로 찧은 벼이므로 쌀이다. 금(錦)은 비단, 비단옷이다. 지(旨)는 맛있다, 맛있는 음식을 뜻한다. 문악(聞樂)의 악은 음악이고, 불락(不樂)의 락은 즐겁다는 뜻이다. 면(免)은 벗어나다는 뜻이다. 회(懷)는 품, 품안을 뜻한다.

蛇足　재아의 말에도 일리는 있다. 그러나 재아는 예법이라는 정해진 틀이 있어서 그것을 지키는 것이 예의인 줄로 잘못 알고 있다. 예의는 형식을 좇는 데에 있는 것이 아니라, 그 담긴 뜻을 알고 알맞게 행하는 일이다. 예의를 형식 정도로 알고 있으면, 예의는 매우 불편한 것이 된다. 그래서 재아도 편안함에 매여서 예의의 참된 뜻을 놓쳤다.

부모에 대한 삼년상은 단순히 여막을 짓고 거기서 3년 동안 사는 것을 이르는 게 아니다. 어버이, 어버이의 삶을 마음에 두는 일을 가리킨다. 살아서 헤어진 사람은 쉽게 잊지 못하지만, 죽은 이는 쉽게 잊는다. 어쩌면 이것이 자연의 이치인지도 모른다. 그렇게 보면, 공자의 가르침에서도 작위적인 냄새가 꽤 난다고 할 수 있다. 그러나 다른 각도에서 한번 생각해보자. 죽은 이를 잊는다는 것은 곧 그 삶을 기억에서 지운다는 말이다. 어버이가 죽는다고 해서 그들이 남긴 향기가 곧바로 사라지는 것은 아니다. 여전히 산 사람들의 삶에 영향을 끼치고 있다. 그런데 사람이 죽고 없다고 여기면, 그 향기를 억지로 없애려는 짓을 하게된다. 저절로 사라질 때까지 기다려야 하는데 말이다. 바로 여기서 이치를 벗어나는 일이 생긴다. 모든 것은 변하지만, 한꺼번에 변하는 것은 아니다. 아주 느리게 천천히 바뀐다. 사람의 일생에서 문명사의 전환에 이르기까지, 나아가 우주의 순환조차 아주 느리게 진행된다. 그것을 특정한 사건으로 말미암아 망각해서는 안 된다. 위에서 공자가 말한 뜻은 바로 여기에 있다. 섣불리 바꾸려 해서는 도리어 그릇되기 십상이니, 삼가고 삼가야 한다는 것을 일깨워주고 있다.

17-22

子曰: "飽食終日, 無所用心, 難矣哉! 不有博奕者乎? 爲之, 猶賢乎已!"

스승께서 말씀하셨다.
"하루 내내 배불리 먹고는 마음 쓸 데가 없다면, 참 어렵다! 장기나 바둑이 있지 않느냐? 그런 거라도 하는 게 오히려 똑똑한 짓이다!"

注釋 포(飽)는 배부르다, 물리다는 뜻이다. 박(博)은 주사위를 던져서 하는 쌍륙, 노름의 뜻으로 쓰지만, 고대에는 장기와 같은 놀이를 뜻하였다. 혁(奕)은 바둑이다. 현(賢)은 야무지다, 똑똑하다는 뜻이다.

蛇足 일이 있으면 허둥대고, 일이 없으면 빈둥거린다. 예나 이제나 대부분의 사람들이 흔히 저지르는 일이다. 문제는 수양이 덜 된 사람이 이렇게 한다면, 그래도 변명의 여지가 있다. 그러나 공부를 하고 학문

573

을 한다는 사람이 이 지경에 이르면, 자각하기 전에는 고칠 수가 없다. 참 어렵다!

먹고 자고 앉고 눕고 걷는 일은 그대로 일상이다. 그 일상에 지나침도 모자람도 없게 하는 것이 공부요 수행이요 학문이다. 그런데 마치 아무 일도 없어서 마음을 쓸 데가 없는 듯이 하는 것은 공부나 수행, 학문 등을 비일상적인 것으로 여긴다는 말이다. 어찌 일상을 벗어나는 일이 있으랴! 장기나 바둑조차 일상의 일이고, 여기에도 진리나 이치가 고스란히 담겨 있다. 하다못해 게으름을 물리치는 데에도 큰 소용이 된다. 힘들게 배우는 자는 무엇이든 하면서 게을러지지 않는 것이 긴요하고, 덜 힘들게 배우면서 아는 자는 어디에나 이치가 있으며 일상이 그대로 이치를 체득하는 마당인 줄 아는 것이 긴요하다. 스스로 똑똑한 체하면서 무언가 그럴 듯한 일, 제법 낯내는 일이라야 할 만하다고 여기고 그런 일을 기다리는 자는 참으로 겉똑똑이이다. 제 꾀에 제가 넘어갈 사람이다.

17-23

子路曰: "君子尚勇乎?" 子曰: "君子義以爲上. 君子有勇而無義爲亂, 小人有勇而無義爲盜."

자로가 여쭈었다.
"군자도 용맹을 받듭니까?"
스승께서 말씀하셨다.
"군자는 올바름을 으뜸으로 여긴다. 군자가 용감하면서 올바름이 없으면 어지럽히는 자가 되고, 소인이 용감하면서 올바름이 없으면 도둑이 된다."

注釋 상(尙)은 높이다, 받들다는 뜻이다.

蛇足 용기란 자신을 돌아보는 데서 나오고, 자신을 바로세우는 데서 길러지며, 남과 어우러지는 데서 완성된다. 이런 용기는 올바름을 바탕으로 한다. 올바름은 이치를 알고 이치대로 사는 일에서 생긴다. 이치를 알려고 하지 않거나 이치를 제대로 알지 못하면 올바름을 알수가 없고 올발라지지 않는다. 군자는 도에 뜻을 둔 자로서 온 마음과 힘을 다하여 이치를 배우고 익히려 하지만, 그의 올바름은 아직 군건하지 못하다. 그래서 자칫 일을 그르치거나 세상을 어지럽히기도 한다. 지혜가 모자라면서 뜻이 크거나 앞서서이다. 도에 뜻을 둔 군자조차 이러한데, 애초부터 세속의 명성이나 이익에 뜻을 둔 소인이라면 어찌 올바름을 알고 행하겠는가? 올바름은 일찌감치 제쳐두었으니, 대담하고 과감하더라도 그것은 용기가 아니다. 도둑은 겁이 없다. 깜깜한 밤에 남의 집 높은 담을 넘어 들어가서 깊숙이 감추어져 있는 재물을 훔쳐내는 짓을 하는데, 어찌 겁이 많다고 하겠는가? 그러나 용기가 있는 것은 아니다. 탐욕으로 말미암아 올바름을 잊었으니, 어리석음이다.

17-24

子貢曰: "君子亦有惡乎?" 子曰: "有惡. 惡稱人之惡者, 惡居下流而訕上者, 惡勇而無禮者, 惡果敢而窒者."
曰: "賜也, 亦有惡乎?" "惡徼以爲知者, 惡不孫以爲勇者, 惡訐以爲直者."

자공이 여쭈었다.
"군자에게도 미워하는 게 있습니까?"
스승께서 말씀하셨다.

"미워하는 게 있지. 남의 흠을 저울질하는 것을 미워하고, 아랫자리에 있으면서 윗사람을 헐뜯는 것을 미워하며, 용감하면서 예의가 없는 것을 미워하고, 과감하면서도 꽉 막힌 것을 미워한다."

"사야, 너에게도 미움이 있느냐?"

"설익었으면서 안다고 여기는 것을 미워하고, 고분거리지 않음을 용기라 여기는 것을 미워하고, 남의 허물을 들추면서 곧다고 여기는 것을 미워합니다."

注釋   류(流)는 대개 없어도 되는 군더더기로 본다. 산(訕)은 헐뜯다는 뜻이다. 질(窒)은 막다, 막히다는 뜻이다. 요(徼)는 요(懯)와 같다. 억지로 구하다, 훔치다는 뜻으로, 여기서는 제 것이 아닌 것, 설익은 것 등을 가리킨다. 손(孫)은 자신을 낮추다, 고분거리다, 차분하다는 뜻이다. 알(訐)은 남의 허물을 들추어내다는 뜻이다.

蛇足   공자는 "오로지 어진 자만이 사람을 사랑할 수도 있고 미워할 수도 있다"고 하였다. 참으로 사랑하고 미워할 줄 아는 자는 지혜와 어짊을 오롯하게 갖춘 성인이다. 군자는 아직 성인이 아니므로 미워함이 있는 게 당연하다. 그러나 미워하지만, 아무런 까닭도 없이 미워하지 않는다. 도리에 벗어난 짓, 이치에 닿지 않는 짓을 일삼는 사람 따위를 미워한다. 물론 미워하기만 해서는 안 된다. 미워하면서 자신을 되돌아보지 않는 자는 자기가 미워하던 사람을 닮아가게 된다. 미워하면서 닮는다는 말이 그것이다.

자공이 미워하는 것은 학인의 자세에 대한 것이다. 제대로 익히지 않았으면서 마치 아는 듯이 여기는 것, 제멋대로 굴고 함부로 하면서 그게 마치 용기인 듯이 여기는 것, 남의 허물을 들추는 것이 마치 제가 곧기 때문인 것처럼 여기는 것, 이 모두 학인이 쉽게 빠져드는 착각이다.

자기를 되돌아보지 않기 때문에 생기는 허물이다.

　공자가 말한 미워함도 새겨두라. 남의 흠을 저울질하는 자는 자신에게 흠이 있는 줄 모르는 자이고, 아랫자리에 있으면서 윗사람을 헐뜯는 자는 그 자리를 시샘하는 자이며, 용감하다면서 예의가 없는 자는 참된 용기를 모르는 자이고, 과감하면서 꽉 막힌 자는 사리를 몰라서 겁 없이 내닫는 자이다. 이들은 코끼리의 다리를 한 번 만져본 것으로 코끼리를 안다고 여기는 자들이다.

17-25

子曰: "唯女子與小人爲難養也. 近之則不孫, 遠之則怨."

　스승께서 말씀하셨다.
　"여자와 소인만은 다루기 어렵다. 가까이하면 고분거리지 않고, 멀리하면 꽁한다."

注釋　양(養)은 기르다, 가르치다는 뜻인데, 여기서는 사람을 대하다는 의미로 쓰였다. 손(孫)은 예의 바르게 행동하는 것으로, 고분거리다는 뜻이다. 원(怨)은 마음이 뒤틀리는 것으로, 옹둥그러지다, 꽁하다는 뜻이다.

蛇足　공자가 여자에 대해 어떻게 생각했는지 알 수 있는 자료는 별로 없다. 그런 상황에서 이런 말 한마디로 여자에 대한 생각이 어떠했다고 떠들어대는 것은 곤란하다. 여기서도 문맥을 잘 헤아려야 한다. 그리고 공자가 살았던 시대 상황을 염두에 두어야 한다. 춘추전국 시대는 여자들에게 배움의 길이 열려 있지 않았다. 지배계층에 속하던 소수의 사람들만이 습득할 수 있었던 지식을 누구나 배우고 익힐 수 있게

했던 사람이 바로 공자이다. 공자가 스승으로서 교육자로서 추앙받는 이유가 여기에 있다. 물론 그렇게 배움의 길은 열렸지만, 여전히 대다수는 소외되어 있었다. 그 소외는 정치·사회적 상황에서 비롯되기도 했지만, 개개인의 각성이 부족했던 탓도 있었다. 오늘날의 교육을 보라. 누구에게나 배움의 길은 열려 있고 기회가 주어지지만, 참으로 배우기를 좋아하는 자, 제대로 배우고 익히는 자가 얼마나 되는가? 시대 상황이 족쇄가 될 수도 있으나, 그 족쇄는 의지를 통해 얼마든지 풀 수 있다. 9-26에 "하찮은 사내라도 그 뜻은 빼앗을 수 없다"는 말이 나오지 않는가. 의지만은 순수하게 제 몫이다. 따라서 배움은 판단과 결정이라는 개인적 선택에서 시작되므로 배우지 못한 탓을 남에게 돌릴 수 없고, 역사적 상황으로 말미암아 배움의 기회가 주어지지 못한 데 대해서도 어느 개인에게 책임을 지울 수는 없다. 성인이라도 못하는 바가 있으며, 그 또한 한낱 개인일 뿐이기 때문이다. 천하가 어찌 성인 한 사람에 의해 좌우되겠는가?

배우지 못한 존재로서 여자가 거론되었다면, 배움에 뜻을 두고서 이치로 나아가지 않고 제 사사로움을 이루려 했던 존재로 소인을 들었다. 소인은 예나 이제나 늘 있었고, 그 수가 언제나 군자보다 많았다. 소인은 상대가 제 마음을 알아주거나 받아주면 마냥 기뻐하면서 알랑거리다가, 상대로부터 멀어진다고 느끼면 그예 뒤틀린다. 배우지 못해서가 아니라, 그릇되게 배워서이다. 그러나 배우지 못했거나 그릇되게 배웠거나 이치로 따지지 않고 사사로운 생각으로 헤아리는 데서는 크게 다르지 않다. 사사로움이 앞서니 고분거리지 않고 또 꽁하는 것은 당연하다.

17-26

子曰: "年四十而見惡焉, 其終也已!"

스승께서 말씀하셨다.
"나이가 마흔인데도 미움을 받으면, 그야말로 끝장났다!"

注釋 견(見)은 동작을 받는 것을 나타낸다. 종(終)은 끝나다는 뜻으로, 여기서는 더 이상 볼 것이 없다, 다되다는 말맛이 있다. 야이(也已)는 강조하는 말이다.

蛇足 공자는 "마흔에 헷갈리는 일이 없게 되었다"고 하였고, 링컨은 "사람이 나이 마흔이면 제 얼굴에 책임을 져야 한다"고 하였다. 이는 무슨 말인가? 나이 마흔이 갖는 의미는 무엇인가? 나이 마흔은 인생의 한가운데이다. 젊은 시절부터 지녔던 마음과 행동이 몸에 배어서 저절로 드러나는 때이다. 마흔이 되어서는 속내를 숨기려 해도 쉽사리 숨길 수 없고, 행동을 바꾸려 해도 쉽사리 바꿀 수 없다. 따라서 마흔이 되어서 미움을 받는다는 것은 갑작스럽게 미움 받을 짓을 했다는 뜻이 아니다. 이미 오래도록 그릇된 마음을 먹고 어긋난 짓을 해왔다는 뜻이다. 미움도 이미 받고 있었다. 미움 받는 것을 몰랐거나, 알면서도 왜 그런지를 알려고 하지 않았거나, 왜 그런지 알았어도 고치려 하지 않은 탓이다. 이 모두 어리석음과 욕심에서 비롯된 것이다. 아, 그러면 어찌할 것인가! 고치려 하지 않는다면, 그야말로 끝장난 것이다. 고치려 한다면, 은으로 된 산이나 쇠로 만든 벽을 뚫고 지나가겠다는 대단한 결심과 맹렬한 기세, 끈질긴 노력이 있어야 한다. 그런데 그게 쉬운 일인가? 아주 고약한 것이 이미 몸에 배어 있는데. 그러니, "끝장났다!"고 할밖에.

18편

미
자
(微子)

18-1

微子去之, 箕子爲之奴, 比干諫而死. 孔子曰: "殷有三仁焉."

미자는 떠나고, 기자는 종이 되고, 비간은 바른 말을 올리다가
죽었다. 공 스승께서 말씀하셨다.
"은나라 말에 세 어진 이가 있었다."

注釋 미자(微子)는 은나라 마지막 왕인 주(紂)의 형으로, 이름은 계
(啓)이다. 기자(箕子)는 주의 숙부이다. 주가 무도한 짓을 하므로 직언
하였으나, 듣지 않자 머리를 풀어헤치고 미친 척하면서 종이 되었다고
한다. 노(奴)는 종이다. 비간(比干)도 주의 숙부이다. 그가 직언을 하자,
주는 성인의 심장에는 일곱 개의 구멍이 있다는 말을 들었다면서 그 심
장을 열어서 죽였다고 한다. 간(諫)은 옳지 못한 것을 바로잡으려고 하
는 말이다.

蛇足 한 왕조가 망하는 것은 그릇된 임금 때문만이 아니다. 그릇된
임금을 등에 업고 권력을 누리려는 간신배들이 있어서 망하는 것이다.
그렇다면 충신이나 어진 이는 없는가? 있다. 그러나 임금은 그들의 참
됨을 알지 못하고, 그들의 말을 들으려고 하지 않는다. 그럴수록 간신
배들은 더욱 날뛴다. 세상이 더 이상 어지러워질 수 없을 때, 반란이나
혁명이 일어난다. 천하를 위한다는 명분을 내세우지만, 그 속셈은 알
수 없다. 어쨌거나 충신이나 어진 이가 없어서 망한 왕조는 없었다. 그
런데 새로운 왕조는 항상 이전 왕조의 역사를 편찬하면서 임금의 그릇
됨과 폐해만을 부각시킨다. 그래야 왕조 창업의 정당성이 입증되기 때
문이다.
　한 사람의 성인이 천하를 바꿀 수 없고, 한 사람의 폭군이 천하를 망
치지 못한다. 성인이 나타난 때에는 소인이 많고, 폭군이 어지럽히는 시

대에는 어진 이가 많다. 소인으로 말미암아 성인이 더욱 드러나고, 어지러운 세상이기 때문에 어진 이가 돋보인다. 한 사람에게 기대서도 안 되지만, 한 사람에게 모든 책임을 떠넘겨서도 안 된다. 그 자리에 따라서 책임이 무거우냐 가벼우냐 하는 차이가 있을 뿐이다.

18-2

柳下惠爲士師, 三黜. 人曰: "子未可以去乎?" 曰: "直道而事人, 焉往而不三黜? 枉道而事人, 何必去父母之邦?"

　　유하혜는 법관이 되었다가 세 번이나 내쫓겼다. 어떤 사람이 물었다.
　　"그대는 떠날 수 없는가?"
　　"도를 곧게 펴서 사람을 섬기는 자라면, 어디를 간들 세 번은 내쫓기지 않겠는가? 도를 구부려서 사람을 섬기는 자라면, 어찌 꼭 어버이의 나라를 떠나겠는가?"

注釋　유하혜(柳下惠)는 노나라의 현자이다. 사사(士師)는 옥관(獄官)의 우두머리로, 재판을 담당하였다. 출(黜)은 물러나다, 내쫓기다는 뜻이다. 언(焉)은 어찌, 어디라는 뜻이다. 왕(枉)은 굽다, 굽히다는 뜻이다.

蛇足　어진 이가 있음은 소인이 있기 때문이다. 똑똑한 사람이 있는 것은 어리석은 사람이 있기 때문이다. 어진 이라고 해서 모든 사람들이 떠받들지 않는다. 소인들은 그를 꺼린다. 소인들이 득시글거리는 곳은 더욱더 어진 이를 필요로 하지만, 어진 이가 처신하기는 참 어렵다. 소인들의 알랑거림도 참아야 하고, 소인들의 모략과 술수를 알아채고 이

겨내야 하고, 소인들이 합심하여 내쫓아도 꿋꿋해야 한다.

　유하혜는 도가 행해지지 않는 때에도 벼슬에 나아갔는데, 이는 어떠한 경우에도 흔들림이 없을 수 있었기 때문이다. 흔들림이 없는 것은 곧 지혜가 있다는 말이다. 당시의 세상에서는 어디를 가도 도가 행해지지 않았으므로 몇 번이고 내쫓기는 것은 당연하다. 그럼에도 세상의 아픔을 모른 척할 수 없었으므로 나아가고 물러남을 되풀이하였다. 그것이 그가 도를 행하는 방식이었다.

18-3

齊景公待孔子曰: "若季氏, 則吾不能, 以季孟之間待之." 曰: "吾老矣. 不能用也." 孔子行.

　　제나라 경공이 공 스승을 대하며 말하였다.
　　"계씨처럼 내가 대접해 드리지 못하겠지만, 계씨와 맹씨 사이로는 대접하겠습니다."
　　다시 말하였다.
　　"제가 늙었습니다. 선생을 쓸 수가 없습니다."
　　공 스승께서는 떠나셨다.

注釋　　대(待)는 대접하다, 대우하다는 뜻이다. 계씨(季氏)는 노나라의 대부인 계손씨이다. 노(老)는 늙다, 힘이 없다는 뜻으로, 공자를 쓸 만한 권한이 없다는 말맛이 있다. 행(行)은 거(去)와 같이, 떠나다는 뜻이다.

蛇足　　크낙한 뜻을 지니기는 쉽지 않다. 사사로움이 있어서는 안 되기 때문이다. 그러나 문명 속에서 사사로움에 매이지 않기란 얼마나 어

려운가? 설령 뜻을 지녔다고 해도 그 뜻을 펴기란 또 얼마나 어려운가? 뜻을 지니는 일은 혼자서도 할 수 있지만, 그 뜻을 펴는 일은 혼자서 할 수 있는 게 아니기 때문이다. 그 뜻을 알아주는 이도 있어야 하고, 그 뜻을 펼 만한 자리도 얻어야 한다. 공자는 그런 사람을 찾아서 다녔고 그런 자리를 얻으려고 애썼다. 정치가로서 공자의 의지가 잘 드러나 있다. 그러나 결국 그에게는 기회가 주어지지 않았다. 그러나 누구를 탓하리오? 시대가 그러했으니.

공자는 과연 자신이 살았던 시대가 자신의 뜻을 알아줄 만한 시대라고 생각했을까? 공자는 자신만이 그 시대가 요구하는 변화나 혁신을 이룩할 수 있다고 여겼을까? 『논어』는 워낙 간결하고 또 경구적이어서 명쾌하게 대답하기는 어렵다. 사실 어떤 고전도 답은 주지 않는다. 답을 스스로 찾는 계기를 제공해줄 뿐이다. 그래서 고전을 공부하는 일은 그대로 해석학이 될 수밖에 없다. 그 고전을 통해 새롭게 자각하고 그 시대의 소명에 대해 반성해야 하기 때문이고, 고전은 답이 아니라 물음을 던지게 하기 때문이며, 모든 답은 바로 그 시대를 사는 사람에게 있기 때문이다.

18-4

齊人歸女樂, 季桓子受之, 三日不朝. 孔子行.

제나라 사람이 여인들과 음악을 보내니, 계환자는 그것을 받고서 사흘 동안 조회를 하지 않았다. 공 스승께서 떠나셨다.

注釋　귀(歸)는 궤(饋)와 같이, 보내다는 뜻이다. 여악(女樂)은 춤추는 무희들과 음란한 음악을 가리킨다. 계환자(季桓子)는 이름이 사(斯)이다. 조(朝)는 신하가 조정에 나아가 임금을 뵙는 것으로, 조회, 조정

등의 뜻이다.

蛇足　계환자가 적국의 계략에 놀아나는 꼴을 본 공자는 자신의 뜻을 펴기 어렵다는 판단을 하였다. 더 이상 있을 수 없는 곳, 있어서는 안 될 곳이라 여겼기 때문이다. 있을 수 없는 곳, 있어서는 안 될 곳이란 '나'를 받아들이지 않는 곳이 아니라 '이치'가 통하지 않는 곳이다. 그 뜻을 '나의 입신양명'에 두는 자는 언제고 도를 멀리할 수가 있다. 도를 멀리하는 자는 있어야 할 곳과 떠나야 할 곳을 가리지 못해서 결국 바라지 않던 비극적인 결말을 맞게 된다. 공자를 교육자로서보다 정치가로서 보더라도, 역시 그의 나아감과 물러남에는 원칙이 있다. 그 원칙은 바로 도를 바탕으로 한 것이다.

18-5

楚狂接輿歌而過孔子曰: "鳳兮鳳兮! 何德之衰? 往者不可諫, 來者猶可追. 已而, 已而! 今之從政者殆而!" 孔子下, 欲與之言, 趨而辟之, 不得與之言.

　　초나라의 미치광이가 수레에 다가가서는 노래하면서 공 스승의 앞을 지나갔다.
　　"봉황이여, 봉황이여! 어찌 덕이 이울었는가? 지나간 것은 바로잡을 수 없으나, 오는 것은 좇을 수가 있구나. 아서라, 아서라! 이제 정치를 한다는 것은 간간할 뿐이로다!"
　　공 스승께서 수레에서 내려 그와 말을 나누고 싶었는데, 그가 종종걸음으로 피하였으므로 말을 나눌 수 없었다.

注釋　접여(接輿)를 사람으로 보기도 하는데, 문맥상 공자의 수레에

다가가는 것이다. 접여를 사람으로 볼 때 누구인지는 자세하지 않다. 봉(鳳)은 봉새로, 성군(聖君)이 세상에 나올 때 춤춘다고 전해졌다. 쇠(衰)는 약해지다, 이울다는 뜻이다. 간(諫)은 그릇됨을 지적하여 바로잡으려고 말하는 것이다. 추(追)는 좇다, 따르다는 뜻이다. 태(殆)는 아슬아슬하다, 간간하다는 뜻이다. 추(趨)는 종종걸음으로 걷다는 뜻이다. 피(辟)는 피(避)와 같다.

蛇足　초나라의 미치광이는 은사(隱士)임이 분명하다. 그는 그 시대를 혼탁하고 간간하다고 보아서 몸을 숨긴 자이다. 그러나 과연 몸을 숨기는 것으로 충분한가? "지나간 것은 바로잡을 수 없으나, 오는 것은 좇을 수가 있다"는 은사가 제 몸을 숨기는 까닭으로 내세운 것이지만, 기실 공자가 세상에 나서는 근거이다. 공자가 문왕과 무왕, 주공을 곧잘 말하지만, 그렇다고 해서 그가 과거로 회귀하자는 복고주의자는 아니다. 근거를 거기에 둘 뿐, 실제로는 혁신을 이룩하려는 것이 그의 의도이다. 공자는 결코 지나간 것을 바로잡으려 하지 않았다. 그가 살던 시대의 그릇된 것을 바로잡으려 했고, 그게 이루어지리라는 가능성을 믿었을 뿐이다. 그것을 그 자신만이 해낼 수 있다고 과신하였다면 명백히 판단 착오라고 몰아붙일 수도 있다. 그러나 성패를 떠나서 그러한 노력 자체는 미래를 위한 밑거름이 되기에 충분하다.

은사와 공자의 차이는 문명 또는 사회를 부정하느냐 긍정하느냐에 있다. 은사는 부정하기 때문에 숨으려고만 한다. 그러나 공자는 긍정하기 때문에 나아감과 물러남을 말한다. 공자가 물러남을 말한다고 해서 그게 은둔을 뜻하는 것이라 여겨서는 안 된다. 그가 교육자로서 높여진 까닭이 여기에 있다. 여전히 세상 속에서 할 수 있는 일을 하면서 기다리는 것, 그것이 물러남이다.

長沮桀溺耦而耕. 孔子過之, 使子路問津焉. 長沮曰: "夫執輿
者爲誰?" 子路曰: "爲孔丘." 曰: "是魯孔丘與?" 曰: "是也." 曰:
"是知津矣." 問於桀溺. 桀溺曰: "子爲誰?" 曰: "爲仲由." 曰: "是
魯孔丘之徒與?" 對曰: "然." 曰: "滔滔者, 天下皆是也. 而誰以
易之? 且而與其從辟人之士也, 豈若從辟世之士哉?" 耰而不
輟. 子路行以告, 夫子憮然曰: "鳥獸不可與同群, 吾非斯人之
徒與而誰與? 天下有道, 丘不與易也."

장저와 걸익이 나란히 서서 밭을 갈고 있었다. 공 스승께서 지
나가다가 자로에게 나루터를 묻게 하셨다. 장저가 말하였다.
"저기 수레 고삐를 잡은 자는 누구인가?"
자로가 말하였다.
"공구라 합니다."
"노나라의 공구인가?"
"맞습니다."
"그렇다면 나루터를 알 텐데."
자로가 걸익에게 물으니, 걸익이 말하였다.
"그대는 누구인가?"
"중유라 합니다."
"노나라 공구의 제자인가?"
"그렇습니다."
"넘치고 있으니, 천하가 다 그렇다. 그러나 누구와 바꾸겠느
냐? 너는 사람을 피하는 선비를 따르는데, 어찌 세상을 피하는
선비를 따르지 않느냐?"
그러면서 곰방메로 씨앗 덮는 일을 그치지 않았다.
자로가 돌아와서 말하니, 스승은 깜짝 놀라며 말씀하셨다.

"날짐승이나 길짐승과 한 무리가 되어 어울릴 수 없으니, 내가 이 사람의 무리와 함께하지 않는다면, 누구와 함께하겠는가? 천하에 도가 있다면, 나도 사람들과 함께 바꾸려 애쓰지 않을 것이다."

注釋 장저(長沮)와 걸익(桀溺)은 은자(隱者)이다. 우(耦)는 나란히 밭을 갈다는 뜻이다. 진(津)은 나루, 나루터이다. 집여(執輿)는 수레 고삐를 잡다는 뜻인데, 본래 자로가 잡았으나 이때 공자가 대신 고삐를 잡고 있었다. 수(誰)는 누구, 어떤 사람을 뜻한다. 도도(滔滔)는 물이 불어 넘치는 모양이다. 그릇된 것이 천하에 가득한 것을 묘사한 것으로 보기도 하지만, 여기서는 천하를 바꾸려는 사람이 넘칠 듯이 많다는 것을 비유한 말로 보았다. 시(是)는 앞의 도도(滔滔)를 가리킨다. 이(以)는 여(與)와 같다. 역(易)은 바꾸다는 뜻이다. 이(而)는 이(爾)와 같이, 너를 뜻한다. 피(辟)는 피하다는 뜻이다. 우(耰)는 씨를 뿌린 뒤에 흙으로 덮는 것, 곰방메 등의 뜻이다. 철(輟)은 그치다, 멈추다는 뜻이다. 사인지도(斯人之徒)는 이 세상 사람들을 가리키면서 동시에 공자 자신을 따르는 사람들, 즉 제자들을 가리키기도 한다. 무연(憮然)은 깜짝 놀라는 모양이다.

蛇足 공자의 문명론과 인간론이 잘 드러나 있다. 그의 말대로 사람이 사람과 함께하지 않는다면, 누구와 함께하겠는가? 어차피 문명을 구축했다면, 그 문명을 부정할 것이 아니라 긍정하면서 최상의 상태로 끌어올리는 것이 마땅하다. 천하에 도가 없다면 도가 행해지도록 할 일이지, 피하거나 달아나서 될 일은 아니다. 그것이야말로 소극적인 처세요 이기적인 행동에 지나지 않는다. 문명 속에는 자연의 이법이 없다면, 그 이법을 체득한 자가 문명 속에 구현하면 될 일이다. 문명을 타락으로 이끄는 자들도 문제이지만, 그런 현실을 알면서도

외면하는 자가 더 문제이다. 공자의 말대로 "천하에 도가 있다면, 굳이 바꾸려 할 이유가 없다." 성자나 현자라면 단 한 사람을 위해서라도 지극함을 다하여야 하며, 아홉 마리 소 가운데 터럭 하나(九牛一毛), 아득한 바다 가운데 좁쌀 한 알(滄海一粟)만큼의 가능성만 있어도 천하를 버려서는 안 된다. 그것은 배운 자, 도를 추구하는 자, 깨달은 자의 권리이자 의무이다.

18-7

子路從而後, 遇丈人, 以杖荷蓧. 子路問曰: "子見夫子乎?" 丈人曰: "四體不勤, 五穀不分, 孰爲夫子?" 植其杖而芸. 子路拱而立. 止子路宿, 殺鷄爲黍而食之, 見其二子焉. 明日, 子路行以告.

子曰: "隱者也." 使子路反見之. 至, 則行矣. 子路曰: "不仕無義. 長幼之節, 不可廢也; 君臣之義, 如之何其廢之? 欲潔其身, 而亂大倫. 君子之仕也, 行其義也. 道之不行, 已知之矣."

자로가 스승을 따르다가 뒤처졌을 때 한 노인을 만났는데, 지팡이로 삼태기를 메고 있었다. 자로가 여쭈었다.

"어르신은 제 스승을 보셨습니까?"

노인이 말하였다.

"사지를 부지런히 쓰지 않고 오곡을 가리지 못하는데, 누가 스승이란 말이냐?"

지팡이를 세워놓고 김을 맸다. 자로는 두 손을 맞잡은 채 서 있었다. 노인은 자로를 하룻밤 머물게 하고, 닭을 잡고 기장으로 밥을 지어 먹이고는 두 아들을 보게 하였다. 이튿날, 자로는 떠나서 스승께 자초지종을 말하였다. 스승께서 말씀하셨다.

"은자구나."

자로에게 되돌아가서 만나게 하였다. 자로가 이르니, 길을 나선 터였다. 자로는 말하였다.

"벼슬하지 않는 것은 의리가 없는 것이다. 어른과 아이의 예절도 없앨 수 없는데, 임금과 신하의 의리를 어찌 없앨 수 있겠는가? 제 몸만 깨끗하게 하려다가 큰 인륜을 어지럽힌다. 군자가 벼슬하는 것은 그 의리를 행하는 일이다. 세상에 도가 행해지지 않는 것은 이미 알고 있다."

注釋　종(從)은 따르다, 함께하다는 뜻이다. 후(後)는 뒤처지다는 뜻이다. 장인(丈人)은 나이 든 사람, 노인을 뜻한다. 하(荷)는 어깨에 메다는 뜻이다. 조(蓧)는 삼태기이다. 오곡(五穀)은 서(黍)·직(稷)·도(稻)·양(粱)·맥(麥)이다. 운(芸)은 잡초를 뽑아서 없애는 일이다. 공(拱)은 두 손을 맞잡다는 뜻이다. 서(黍)는 기장이다. 반(反)은 되돌아가다는 뜻이다. 의(義)는 임금과 신하 사이에서 지켜야 할 올바름, 즉 의리이다. 절(節)은 알맞게 하는 것 또는 알맞은 정도이니, 절도(節度)나 예절이다. 폐(廢)는 없애다는 뜻이다. 결(潔)은 깨끗이 하다, 바르게 하다는 뜻이다. 대륜(大倫)은 큰 인륜, 즉 사람들 사이에서 지켜야 할 도리이다.

蛇足　유가와 도가의 차이가 잘 드러난다. 유가 역시 도가 행해지지 않는 때에는 나아가지 않는 것을 말하지만, 그렇다고 해서 세상을 버리는 것은 아니다. 여전히 세상 속에서 모든 사람들을 위해 할 수 있는 일을 한다. 공자가 정치가로서보다 교육자로서 또 스승으로서 존경받고 숭앙받는 까닭도 여기에 있다. 어차피 문명을 없앨 수 없다면, 어찌 문명이 없는 듯이 등질 수 있는가? 그것은 책임 회피에 지나지 않는 것이다. 이것이 자로가 은자에 대해 가진 생각이다.

물론 은자들도 유자들에게 할 말이 있다. 그것은 세상을 떠나지 못하는 것이 어리석음이나 사사로운 욕심 때문이라는 말이다. 분명 일리가 있으나, 어떠한 학파나 조직에서든 그릇된 길로 가는 자들이 있기 마련이니 합당한 비판이라고 보기는 어렵다. 무엇보다도 은자들 스스로 세상 속에서 자유롭게 살아가면서 어리석은 이들을 일깨워주지 않는 한, 그들의 발언은 결코 합당하다고 하기 어렵다.

18-8

逸民: 伯夷, 叔齊, 虞仲, 夷逸, 朱張, 柳下惠, 少連. 子曰: "不降其志, 不辱其身, 伯夷叔齊與!" 謂"柳下惠少連, 降志辱身矣, 言中倫, 行中慮, 其斯而已矣." 謂"虞仲夷逸, 隱居放言, 身中淸, 廢中權. 我則異於是, 無可無不可."

일민으로는 백이, 숙제, 우중, 이일, 주장, 유하혜, 소련 등이다. 스승께서 말씀하셨다.
"그 뜻을 낮추지 않고 그 몸을 더럽히지 않은 자는 백이와 숙제로다!"
"유하혜와 소련은 뜻을 낮추고 몸을 더럽혔으나 그 말은 인륜에 맞고 행동은 꾀한 일에 맞았으니, 그저 이러할 뿐이었다."
"우중과 이일은 숨어 살면서도 거리낌 없이 말하였으나, 몸가짐은 맑았고 자기를 버림이 알맞았다. 나라면 이들과 다르니, 된다는 것도 없고 안 된다는 것도 없다."

注釋　일민(逸民)은 뜻이 높으나 쓰이지 않고 버림 받은 사람이다. 강(降)은 낮추다는 뜻이다. 우중, 이일, 주장, 소련 등의 언행에 대해서는 자세히 알 수 없다. 유하혜(柳下惠)에 대해서는 『맹자』 「공손추상」에서 "버림을 받아도 마음이 뒤틀리지 않고 막다른 곳에 이르러서도 걱

정하지 않았다(遺逸而不怨, 阨窮而不憫)"고 하였다. 욕(辱)은 영금을 당하다, 창피를 당하다, 더럽히다는 뜻이다. 방언(放言)은 거리낌 없이 말하다, 세상사에 대해 말하지 않다는 두 가지 뜻으로 풀이할 수 있다. 여기서는 문맥에 맞게 풀었다. 폐(廢)는 버림받다, 쓰이지 않다는 뜻이다. 중권(中權)은 알맞게 저울질하여 행동하다는 뜻이다.

蛇足　이치를 따른다, 도리에 맞게 한다고 말은 하지만, 이치와 도리를 구현할 일이 따로 있는 것은 아니다. 일상에서 겪거나 부닥치는 모든 일들이 바로 이치와 도리를 담고 있다. 끊임없이 옮아가고 바뀌는 사태들 속에서 그 이치와 도리를 실천하여야 한다. 그러니 어떻게 해야 한다는 정해진 방식이나 형식은 없다. 그래서 더더욱 어렵다. 그저 생각도 마음도 텅 비우고 사물을 있는 그대로 보고 받아들이는 것, 바로 거기에 알차고 참된 길이 있다. 그 길을 알고 그 길을 따라가는 것, 이것이 도이다. 도에서는 잠시도 떠날 수가 없는데, 어찌 나아가고 물러남이 따로 있으며 나선다느니 숨는다느니 할 것이 있겠는가?

18-9

大師摯適齊, 亞飯干適楚, 三飯繚適蔡, 四飯缺適秦, 鼓方叔入於河, 播鼗武入於漢, 少師陽擊磬襄入於海.

　태사 지는 제나라로 가고, 아반 간은 초나라로 가고, 삼반 요는 채나라로 가고, 사반 결은 진나라로 가고, 고수인 방숙은 황하로 들어가고, 땡땡이 흔드는 무는 한수로 들어가고, 소사 양과 경쇠 치는 양은 바다로 들어갔다.

注釋　태사(大師)는 음악을 관장하는 벼슬아치이고, 뒤의 소사(小

師)는 태사를 보좌한다. 아반(亞飯)과 삼반(三飯), 사반(四飯)은 고대에
천자나 제후가 음식을 먹을 때 음악을 연주하는 악관이다. 파(播)는 파
(簸)와 같이, 흔들다는 뜻이다. 도(鼗)는 땡땡이로, 자루를 잡고 좌우로
돌리면 좌우의 끈에 단 구슬이 양쪽을 치는 작은 북이다. 경(磬)은 경쇠
로, 옥이나 돌, 놋쇠로 만든 타악기이다.

蛇足 도가 행해지지 않아서 예악이 무너진 사태를 악관들이 흩어
져 떠났다는 말로 드러내고 있다. 이 악관들에게 왜 제자리를 지키면서
다시금 음악을 일으키는 데에 힘쓰지 않느냐고 따져 물을 수도 있다.
악관들도 아무런 노력을 하지 않은 채 그저 떠나지는 않았을 것이다.
나름대로 애썼지만, 예악이 아주 땅에 떨어져서 그들의 능력으로는 어
찌해볼 도리가 없었으리라. 더구나 혁신을 이룩하여 커다란 변화를 꾀
할 만한 창조적 역량은 누구나 다 갖는 것이 아니다. 결국 도가 행해지
지 않아서 예법이 무너지고 음악이 어지러워진 최악의 상황에서 도를
행하고 예악을 되살릴 수 있는 자는 공자 자신뿐이라는 뜻이 이면에
숨겨져 있다.

18-10

周公謂魯公曰: "君子不施其親, 不使大臣怨乎不以. 故舊無大
故, 則不棄也. 無求備於一人."

주공이 노공에게 말하였다.
"군자는 가까운 이에게 지나치게 베풀지 않고, 대신들이 쓰
이지 않아도 뒤틀리지 않게 한다. 오랜 벗에게 큰 잘못이 없
으면 버리지 않는다. 한 사람이 모든 것을 다 갖추기를 바라
지 마라."

注釋　주공(周公)은 노공(魯公)의 부친이다. 노공은 백금(伯禽)이다. 시(施)를 이(弛)로 보아서 게으르다, 소홀히 하다는 뜻으로 보는 경우가 있고, 또 편(偏)과 같은 것으로 보아서 편애하다로 푸는 경우도 있다. 여기서는 본래 그대로 은혜를 베풀다, 지나치게 베풀다의 뜻으로 풀었다. 대신(大臣)은 경(卿)과 대부(大夫)이다. 이(以)는 용(用)과 같이, 쓰이다는 뜻이다.

蛇足　가까이 있는 이들에게 지나치게 베풀면, 멀리 있는 자들의 마음이 멀어진다. 군자는 누구도 소홀히 해서는 안 된다. 군자는 그릇이 아니기 때문이다. 군자가 그릇이 아닌 것은 보편적 이치를 터득하기 때문이다. 그런 군자가 사람을 쓸 때는 공명정대한 원칙이 있다. 원칙이 없고 있어도 공명정대하지 않으면, 쓰이지 않은 사람이 납득하지 못하여 응등그러진다. 이치를 아는 자는 상대의 잘잘못이 어디에서 비롯된 것인지를 안다. 그래서 사람을 함부로 버리는 일이 없다. 하물며 큰 잘못이 없는 벗을 버리겠는가? 군자라면 벗이 아니라 누구라도 잘못을 하면 바로잡도록 도와주지, 함부로 내치거나 버리지 않는다. 또 버리지 않는 것이 능사는 아니다. 버리지도 않으면서 바로잡도록 도와주지도 않는다면, 그것은 속셈이 따로 있다는 뜻이다. 군자가 그릇이 아니라는 것은 모든 것을 다 잘한다는 말이 아니다. 전체를 보는 안목을 갖추고 사물을 꿰뚫어 보는 통찰을 가진다는 것을 의미한다. 모든 일을 잘하고 모든 것을 아는 사람은 없다. 그렇게 되기를 바라는 것도 무리이다. 사람마다 잘하고 못하는 게 있다. 그것을 잘 알아야 하기 때문에 안목이나 통찰을 갖추려고 하는 것이다. 안목이나 통찰은 이치를 알고 이치대로 행하는 데서 저절로 얻어지는 것이다.

18-11 ——————————————

周有八士: 伯達, 伯适, 仲突, 仲忽, 叔夜, 叔夏, 季隨, 季騧.

주나라에는 여덟 선비가 있었으니, 백달, 백괄, 중돌, 중홀, 숙야, 숙하, 계수, 계왜 등이다.

注釋 이름을 보면, 모두 형제처럼 보인다. 백(伯)·중(仲)·숙(叔)·계(季)는 한 형제의 차례이고, 달(達)과 괄(适), 돌(突)과 홀(忽), 야(夜)와 하(夏), 수(隨)와 왜(騧)는 운(韻)이 맞아서 쌍둥이로 본다. 즉, 한 집안에서 한 모친이 네 번이나 쌍둥이를 낳았다고 본다. 그러나 정확한지는 알 수 없다.

蛇足 전후맥락이 없어서 자세한 뜻을 알기 어렵다. 역시 상상력을 빌어서 해석할 수밖에 없다. 쌍둥이가 태어나는 것은 늘 상서로운 조짐으로 여겨졌는데, 더구나 그들이 선비라면 얼마나 좋은 일이겠는가. 주나라가 문화적으로 앞선 데에는 그런 빼어난 선비들이 있었기 때문인데, 이제 그런 선비들이 없어서 천하가 어지러워졌다. 다시금 그런 선비들이 나와서 세상에 도가 행해지도록 해야 하는데, 그런 과업을 공자가 떠맡아서 하였다는 그런 뜻이다.

19편

자장 (子張)

19-1

子張曰: "士見危致命, 見得思義, 祭思敬, 喪思哀, 其可已矣."

자장이 말하였다.
"선비는 나라의 간간함을 보면 목숨을 바치고, 얻는 일에서는 올바름을 생각하며, 제사에서는 지극히 삼감을 생각하고, 상례에서는 슬픔을 생각하니, 이래야만 된다."

注釋 치(致)는 다하다, 바치다는 뜻이다. 기(其)는 앞의 네 가지를 가리킨다. 가이의(可已矣)는 선비로서 다하였다고 할 수 있다는 뜻이다.

蛇足 여기에는 세 가지 '사(思)'가 나오는데, 함의는 똑같지 않다. '얻는 일'은 이로움을 얻는 일인데, 이로움이 문제가 되는 게 아니라 그 이로움을 얻게 되는 과정이 문제가 된다. 나 스스로 한 일에서 마땅하게 얻어지는 것이냐, 마땅함을 넘어서 요행으로 얻게 되는 것이냐, 사사로움으로 얻는 것이냐, 그릇된 판단이나 도리에 어긋난 일이 내재하느냐 따위를 판단하여야 한다. 따라서 '올바름을 생각하는 일'에서 생각은 곧 정황이나 상황에 대한 판단을 뜻한다. 그러나 제사와 상례에서 하는 생각은 이와 다르다. 제사와 상례는 맞닥뜨리는 대로 지극함을 다하는 것이다. 그 지극함은 한결같으니, 평소에 지녔던 마음가짐과 몸가짐에서 절로 드러나는 것이다. 절로 드러나는 것이라면 굳이 생각을 할 필요가 없다. 그런데 자장은 "지극히 삼감을 생각하고, 슬픔을 생각한다"고 하였다. 이에는 제사와 상례가 특정한 사건이기 때문에 각별한 마음을 쏟아야 한다는 속뜻이 담겨 있다. 자장이 말한 대로라면, 이 생각은 일종의 머뭇거림이고, 그 머뭇거림은 일상에서 배지 않은 마음가짐에서 나온 것이다. 제사나 상례에서 지극히 삼가는 마음, 참된 슬

폼이 저절로 솟아나려면 일상에서 늘 지극한 마음으로 살아야 한다. 이 것이 바로 선비의 공부이고 수행이며 학문이다. 자장의 말은 공자의 가 르침을 온전하게 깨치지 못한 데서 나왔다. 3-12에서 공자가 한 말과 견주어보라. 이렇게 되면, "나라의 간간함을 보고서 목숨을 바치는 일, 이로움을 얻는 일에서 올바름을 생각하는 일"이 자장의 실천적 삶에서 나온 말인지 의문이 든다.

앞서(2-18, 5-19, 11-20, 12-20 등) 여러 차례 자장에 대해 말한 적이 있는데, 그의 공부는 경험을 통한 깊은 이해보다 관념적인 이해에서 그 쳤다. 그래서 그를 두고 11-18에서 '치우친다'고 하였던 것이다. 그의 말에도 일리가 있는 것은 나름대로 생각을 거듭했기 때문이지만, 아이 러니하게도 생각은 충분히 체득하지 못했음을 의미한다. 생각은 적을 수록, 이왕이면 없을수록 좋다. 무념무상(無念無想)! 올바름에서도 마 찬가지이다. 참된 공부가 거듭되면 생각하지 않고도 바로 올바름을 알 고 올바르게 한다.

19-2

子張曰: "執德不弘, 信道不篤, 焉能爲有? 焉能爲亡?"

자장이 말하였다.
"덕을 잡고서 넓히지 못하고 도를 믿으면서 도탑지 않다면, 어 찌 있다고 할 수 있겠는가? 어찌 없다고 할 수 있겠는가?"

注釋 집(執)은 잡다, 지키다는 뜻이다. 홍(弘)을 강(强)으로 보는 경 우도 있으나, 여기서는 그대로 풀었다. 언능위유, 언능위망(焉能爲有? 焉能爲亡?)에 대해서는 대체로 "경중을 따질 것이 있다 없다" 또는 "경 중이 있다 없다" 등으로 푸는 경우가 흔한데, 여기서는 문맥을 고려하

여 소박하게 풀었다. 유(有)와 망(亡)은 앞의 덕과 도가 있다, 없다는 뜻
으로 보는 것이 알맞다.

蛇足 덕을 잡거나 지키는 일은 아직 덕을 오롯하게 체득하지 못했
다는 말이다. 그러니 남에게까지 넓히는 일이 어려운 것이다. 도를 믿는
것은 도를 알고 행하는 것에 미치지 못한다. 그러니 도탑지 않은 것이
당연하다. 덕을 잡는 것은 시작일 뿐이고, 도를 믿는 것 또한 시작일 뿐
이다. 거기에서 선비의 공부는 시작된다. 오롯하게 체득하지 못하면, 언
제든지 사사로움이나 이로움 따위로 말미암아 흔들리거나 옆길로 빠
질 수 있다. 그래서 공부의 과정에 있는 사람에 대해서는 그가 "덕을 갖
추었는지, 도를 행하는지" 따위에 대해 함부로 판단할 수 없다. 굳이 판
단한다면, "덕을 잡고서 넓히지 못하고, 도를 믿으면서 도탑지 않은 자"
는 이제 공부를 시작한 자요 공부가 설익은 자이다. 선비는 시작한 것,
설익은 것을 내세우지 않는다. 오히려 자신을 되돌아보고 다지는 데 힘
쓴다. 완전해지지 않으면, 결코 배움이나 공부를 멈추지 않는다. 그뿐
이다. 그런데 자장은 "어찌 있다고 할 수 있겠는가? 어찌 없다고 할 수
있겠는가?"라는 애매한 말을 하였다. 애매하다는 것은 명쾌하게 말할
만한 깨침이 없이 한 말이라는 뜻이고, 그래서 듣는 이도 분명한 뜻을
알기가 어렵고 또 알아도 그다지 도움이 되지 못할 수준의 말이라는
뜻이다. "덕을 잡고서 넓히지 못하고 도를 믿으면서 도탑지 않은 자는
아직 덕이나 도를 운운할 수 없다"고 왜 말하지 않았는가? 그것은 자장
자신이 그만한 경지에 이르지 못했기 때문이리라.

19-3

子夏之門人問交於子張. 子張曰: "子夏云何?" 對曰: "子夏曰,
'可者與之, 其不可者拒之.'" 子張曰: "異乎吾所聞. 君子尊賢而

容衆, 嘉善而矜不能. 我之大賢與, 於人何所不容? 我之不賢
與, 人將拒我, 如之何其拒人也?"

자하의 문인이 자장에게 사귐에 대해 물었다. 자장이 말하
였다.
"자하는 무엇이라 하던가?"
"자하께서는, '괜찮은 사람과 함께하고, 괜찮지 않은 사람은
멀리하라'고 하였습니다."
"내가 들은 것과는 다르구나. 군자는 똑똑한 사람을 높이고 뭇
사람을 껴안으며, 착함을 기리고 잘하지 못하는 것을 가엾이
여긴다. 내가 아주 똑똑하다면, 남들을 어찌 껴안지 못하겠는
가? 내가 똑똑하지 않다면 남들이 나를 멀리할 것이니, 어떻게
내가 남들을 멀리하겠는가?"

注釋　가(可)는 썩 좋은 것은 아니고 그 정도면 좋다는 뜻이다. 거
(拒)는 막다, 멀리하다는 뜻이다. 현(賢)은 똑똑하다, 야무지다는 뜻이
다. 가(嘉)는 아름답게 여기다, 기리다는 뜻이다. 긍(矜)은 가엾이 여기
다는 뜻이다.

蛇足　자하와 자장의 말은 둘 다 옹색하다. "괜찮은 사람과 함께하
고, 괜찮지 않은 사람은 멀리하라"는 것은 자신의 공부가 깊지 않음을
드러내는 것이면서 동시에 자신을 돌아보기보다 남을 의식하는 데에
마음이 가 있음을 드러낸 말이다. 괜찮은 사람이냐 괜찮지 않은 사람
이냐로 판단하는 것 자체가 얕은 생각과 공부의 얄팍함에서 나온 것이
다. 자하에 대해서는 1-7에서도 이 점을 확인할 수 있다. 자장도 이를
알아차렸는지, "군자는 똑똑한 사람을 높이고 뭇사람을 껴안으며, 착
함을 기리고 잘하지 못하는 것을 가엾이 여긴다"는 말을 하였다. 그런

601

데 이 말은 '들은 것'이다. 스승인 공자로부터 들은 말일 것이다. 그렇다면 이 말로도 충분한데, 어찌 뒷말을 덧붙였는가? 특히 "내가 똑똑하지 않다면 남들이 나를 멀리할 것이니"라는 말에서는 세속적인 처세의 기운이 느껴진다. 자장이 말한 '남들'은 누구이며 어떤 사람들인가? 내가 군자의 길을 가더라도 남들이 나를 멀리할 수 있다. 도가 행해지지 않던 시대가 아니었던가? 군자보다 소인이 행세하던 시대가 아니었던가? 그렇다면 자장은 왜 이런 말을 했는가? 자장은 적극적으로 벼슬을 구한 사람이다. 세상에 쓰이기를 바랐고, 세상 사람들이 자신을 알아주기를 바랐던 사람이다. 그러니 남을 의식하지 않을 수 있겠는가? 이 점에서는 자하와 자장은 오십보백보이다.

19-4

子夏曰: "雖小道, 必有可觀者焉, 致遠恐泥. 是以君子不爲也."

자하가 말하였다.
"작은 도에서도 반드시 살펴볼 만한 것이 있지만, 멀리 나아가려 하면 막히게 될 것이다. 이런 까닭에 군자는 하지 않는다."

注釋　소도(小道)는 하찮은 재주나 기예를 뜻하는 것으로 보기도 하지만, 말 그대로 '작은 도'로 보아야 한다. 치(致)는 이르다, 이루다는 뜻이다. 니(泥)는 진창에 빠진 발처럼 움직이기 어려운 것이니, 막히다는 뜻이다.

蛇足　소도(小道)라니! 도에 크고 작은 것이 있는가? 자하가 이 말을 "하찮은 재주나 기예"로 썼다면, 하필이면 '소도'라고 하였는가? 왜 '예(藝)'라는 말을 쓰지 않았는가? 소도라는 말에 이미 자하의 사유나

그의 수준이 드러나 있다. 또 "멀리 나아가려 하면 막히게 된다"고 한 말에서는 당시에 사람들이 "도, 도!" 하면서도 참된 도가 아닌 기예나 재주 따위를 도라고 하고, 그런 도로써 원대한 일을 꾀하려 했던 풍조를 엿볼 수 있다. 그렇다면 "그런 것은 도가 아니다"라고 명확하게 말했어야 한다. 도가 아니므로 군자는 하지 않는 것이다. 멀리 나아가려 할 때 막히기 때문에 하지 않는 것이 아니다. "군자는 그릇이 아니다"라고 하지 않았던가?

자하는 적극적인 의미에서는 세태에 영합하지 않았으나, 소극적으로는 그릇된 세태를 용납한 셈이므로 곡학아세했다는 비난을 피하기 어렵다. 왜 다른 학파에서 그토록 유가를 비판했는지는 자장이나 자하를 통해서 짐작할 수 있다. 공자로부터 직접 가르침을 받은 이들의 사유나 삶이 이러했으니, 그들을 이은 자들은 또 어떠했겠는가? "적은 밖에 있지 않다, 안에 있다"는 그 평범한 진리가 여기서도 입증되었다.

19-5

子夏曰: "日知其所亡, 月無忘其所能, 可謂好學也已矣."

자하가 말하였다.
"날마다 모르던 것을 알고 달마다 잘하는 것을 잊지 않으면, 배우기를 좋아한다고 할 수 있다."

注釋 망(亡)은 부지(不知)를 뜻한다. 능(能)은 잘하다는 뜻이다.

蛇足 위에서 말한 대로 자하의 말은 옹색하고 잗달다. 핵심을 꿰뚫지 못했기 때문이다. 모르는 것을 알려고 하는 것이 곧 배움이다. 익히면 저절로 잘하게 되고, 잘하면 잊지 않으려 애쓸 필요가 없다. 그러니

"날마다 배우고 때마다 익히는 것, 그것이 배우기 좋아하는 것이다."

19-6 ──────────────

子夏曰: "博學而篤志, 切問而近思, 仁在其中矣."

자하가 말하였다.
"널리 배우고 뜻을 도탑게 지니며, 알맞게 묻고 가까운 것부터
생각한다면, 어짊은 그 가운데 있다."

注釋 절(切)은 요점, 요체를 뜻한다. 절문(切問)은 문제의 핵심을
놓치지 않고 묻는 것이다.

蛇足 널리 배워야 치우침이 없고, 뜻을 도탑게 지녀야 쉼 없이 나
아갈 수 있다. 알맞게 물어야 헛되지 않고, 가까운 것부터 생각하여야
허망하지 않다. 이는 모든 공부의 바탕이요 토대이다. 도를 체득하여
어짊을 갖추는 멀고 먼 여정에서 늘 잊지 말아야 할 기본인데, 길을 잘
못 들거나 도중에 옆길로 새거나 주저앉는 것은 이 기본이 부실해서이
다. 그러나 이것만으로는 어질다고 할 수 없다. 어짊이 그 가운데 있다
고 한 말이 아주 틀린 것은 아니지만, 오해의 소지가 있다. 자칫 기본을
익힌 것만으로 어짊을 얻었다는 착각을 할 수 있기 때문이다.

19-7 ──────────────

子夏曰: "百工居肆以成其事, 君子學以致其道."

자하가 말하였다.

"모든 장인은 일터에서 각자의 일을 이루고, 군자는 배움으로
써 도를 이룬다."

注釋　사(肆)는 본래 가게를 뜻하는데, 여기서는 일터로 풀었다.

蛇足　자하는 장인들과 군자의 일을 서로 견주어서 군자의 일을 분
명하게 드러내고자 하였으나, 적절하지 않다. 장인은 도구 다루는 법을
배우고, 군자는 몸과 마음을 다스리는 법을 배운다. 배움에서는 똑같
다. 장인은 도구로써 물건을 만들고, 군자는 마음과 몸으로 도를 이룬
다. 만들고 이룸에서는 똑같다. 장인은 일터에서 일하고, 군자는 일상
에서 행한다. 관념에서 그치지 않고 구체적인 행위를 한다는 데서는 똑
같다.

19-8

子夏曰: "小人之過也必文."

　　자하가 말하였다.
　　"소인은 허물을 저지르면 반드시 꾸며댄다."

注釋　문(文)은 말을 지어내는 것, 꾸미는 것이다.

19-9

子夏曰: "君子有三變. 望之儼然, 卽之也溫, 聽其言也厲."

　　자하가 말하였다.

"군자는 세 가지 달라짐이 있다. 멀리서 보면 의젓하고, 가까이
서 보면 따뜻하고, 그 말을 들으면 딱 부러진다."

注釋 변(變)은 달라지다, 바뀌다인데, 여기서는 그렇게 보인다는
말맛이 있다. 망(望)은 멀리서 보다는 뜻이다. 엄(儼)은 의젓하다, 점잖
다는 뜻으로, 빳빳해 보인다는 말맛이 있다. 려(厲)는 대쪽과 같이 곧고
딱 부러진 것이다.

蛇足 군자에게는 달라짐이 없다. 그렇게 보일 뿐, 실상은 한결같
다. 의젓함과 따뜻함과 딱 부러짐은 서로 다른 것이 아니다. 이 셋은 하
나이다. 처한 상황이 다르니 그 마음가짐이나 몸가짐도 달라질 수밖에
없다. 보이는 것이 전부가 아니다. 그럼에도 자하는 보이는 것으로만
군자에 대해 말하였으니, 역시 모자람이 있다.

19-10

子夏曰: "君子信而後勞其民. 未信, 則以爲厲己也. 信而後諫.
未信, 則以爲謗己也."

자하가 말하였다.
"군자는 미더운 뒤에야 백성들을 부린다. 미덥지 않으면, 백성
들은 자기들을 몹시군다고 여긴다. 미더운 뒤에야 바른 말로
일깨운다. 미덥지 않으면, 자기들을 헐뜯는다고 여긴다."

注釋 로(勞)는 힘들이다, 힘들게 하다는 뜻으로, 여기서는 힘들게
부리다는 말맛이 담겨 있다. 려(厲)는 학대하다, 몹시굴다는 뜻이다. 간
(諫)은 그릇됨을 지적하여 바로잡으려고 말하는 것이다.

蛇足   배우지 않아서 지혜가 모자라는 백성들을 부릴 때에는 먼저 믿음을 주어야 한다. 믿는 자는 아무리 어려운 일이라도 따라서 한다. 그러나 믿지 못하면, 쉬운 일조차 하지 않는다. 이는 다스림에서만 그러한 것이 아니라, 가르침에서도 마찬가지이다. 믿음을 갖지 않는 자를 가르쳐서 알게 하기란 참 어렵다. 믿음이 없으니, 애초부터 들으려 하지 않는다. 듣고 싶지 않은데 말을 하면, 자신을 업신여긴다고 여겨서 더욱 믿지 않는다. 다스리는 자, 가르치는 자가 먼저 자신을 바로 세워야 하는 이유가 여기에 있다. 내가 바로 서야 남들이 믿기 때문이다. 나를 믿지 않는다면, 나의 말과 행동은 아무런 의미가 없다. 내 말과 행동에 의미가 없다면, 어찌 다스려지거나 일깨워지겠는가?

19-11

子夏曰: "大德不踰閑, 小德出入可也."

자하가 말하였다.
"크낙한 덕을 넘거나 소홀하지 않으면, 잗단 덕에서는 느슨해도 된다."

注釋   대덕(大德)과 소덕(小德)은 모호한 말이다. 후대에 대절(大節)과 소절(小節)로 풀기도 하는데, 실제로 그런 뜻이 담겨 있다. 유(踰)는 넘다는 뜻이다. 한(閑)은 대체로 경계, 범위로 풀지만, 여기서는 등한하다, 소홀하다는 뜻으로 풀었다. 출입(出入)은 법도를 넘나드는 일로, 여기서는 느슨하게 한다는 뜻으로 쓰였다.

蛇足   덕은 배우고 익혀서 터득한 내면의 품성이다. 그런 덕에 크고 작은 것이 있는가? 무엇을 기준으로 그렇게 말하는가? 덕은 온전하게

갖추었거나 그렇지 못하였거나 둘 가운데 하나일 뿐이다. 굳이 나눈다면, 고작 군자의 덕과 소인의 덕으로 나눌 수 있을 뿐이다. 군자의 덕을 가리킨다면, 그것으로 충분하다. 따라서 여기서 덕에 어떤 의미를 부여했든지 간에 자하의 말은 참된 앎에서 나온 것이라고 보기 어렵다. 물론 자신이 공부한 수준에서 나온 말임은 분명하다.

또 여기서 말한 덕을 절개나 절조, 행동 방식 따위로 보아서 큰 덕과 작은 덕으로 나눌 수 있다고 해도 역시 이치에 닿지 않는 것은 똑같다. 큰 덕에서는 결코 어기거나 넘어서는 일이 없어야 하고, 작은 덕에서는 넘나드는 일이 있어도 된다는 것은 무엇을 근거로 한 말인가? 군자나 성인은 작은 일에서조차 어긋남이 없게 하려는 이들이다. 아니, 작은 일에서 소홀하지 않을 때 비로소 지극함을 갖추고 온전한 덕을 체득하게 된다. 이것이 이치이다. 그래서 모든 성인은 작은 일에서 소홀하거나 그르치는 일이 생기지 않도록 삼가라고 가르쳤다. 큰일에서는 잘 드러나지만, 작은 일에서는 잘 드러나지 않아서 허물을 짓기가 쉽기 때문이다. 그러니 어찌 잗단 덕이나 작은 일이라 한들, 출입(出入)이 있을 수 있겠는가? 아마도 자하는 그것을 시중(時中)으로 여겼는지도 모르겠다. 그랬다면 그것은 혼동한 것이다.

덕은 이치에 맞는 마음을 지니고 행동을 하게 하는 내면의 힘이다. 그 힘으로 상황에 따라 알맞게 말하고 행동한다. 내면의 덕은 하나요, 그 덕이 드러난 꼴은 여럿이다. 잘게 나누어서 여러 가지 덕목을 두지만, 그것은 방편일 뿐이다. 본래 덕은 하나일 뿐이다. 따라서 덕이 여럿이어서는 안 되고, 드러난 꼴이 하나가 되어서도 안 된다.

19-12

子游曰: "子夏之門人小子, 當洒掃應對進退, 則可矣. 抑末也. 本之則無, 如之何?" 子夏聞之曰: "噫! 言游過矣. 君子之道, 孰先傳焉, 孰後倦焉? 譬諸草木, 區以別矣. 君子之道, 焉可誣也?
有始有卒者, 其惟聖人乎!"

자유가 말하였다.

"자하의 문하에 있는 제자들은 물 뿌리고 비질하는 일, 손님을
맞고 대하는 일, 물러나고 나아가는 일에서는 괜찮다. 그러나
다 곁가지이다. 뿌리가 없다면, 어찌하겠는가?"

자하가 그 말을 전해 듣고 말하였다.

"아! 언유가 잘못 알았다. 군자가 도에서 무얼 먼저 전하고 무
얼 나중으로 미루겠는가? 비유하자면, 풀과 나무를 갈래별로
나누는 것과 같다. 군자가 도에 대해 어찌 꾸며서 말할 수 있
겠는가? 처음도 온전하고 끝도 온전한 자, 그야말로 성인뿐이
로다!"

注釋   자유(子游)는 공자의 제자로, 성은 언(言)이고, 이름은 언(偃)
이며, 자유는 자이다. 소자(小子)는 어린 사람들, 제자들이다. 쇄(洒)는
물을 뿌리다는 뜻이다. 소(掃)는 비로 쓸다는 뜻이다. 억(抑)은 전환하
는 말이다. 희(噫)는 감탄사이다. 전(傳)은 전하다, 가르치다는 뜻이다.
권(倦)은 게으르다는 뜻으로, 여기서는 미루다는 의미로 쓰였다. 구(區)
는 지경, 곳, 나누다는 뜻이다. 무(誣)는 없는 일을 꾸미다, 속이다는 뜻
이다. 졸(卒)은 마치다, 끝을 뜻한다.

蛇足   자유도 그 앎이 참 얄팍하다. 이는 공부를 지극한 마음으로
하지 않았기 때문이다. 지극한 공부는 일상에서부터 이루어진다. 물 뿌
리고 비질하고 사람을 대하는 일이 바로 공부의 시작이고 뿌리이다. 어
찌 곁가지란 말인가? 자유는 기본에 충실하지 못하고 높이 올라가고
멀리 나아가려고만 하는 폐단이 있었음을 미루어 알 수 있다. 반면 자

ᄆ

하는 기본이나 바탕이 되는 공부에 매여 더 나아가지 못하고 머물렀다. 자하의 말은 번거롭기만 하고 요체를 곧바로 드러내지 못하였는데, 그 것은 그의 공부가 멀리 나아가지 못했음을 뜻한다. "도에는 먼저와 나 중이 없고 근본과 말단이 없으나, 가르치고 배우는 일에서는 먼저와 나 중, 근본과 말단이 있다"라고 말하면 충분하지 않은가?

19-13

子夏曰: "仕而優則學, 學而優則仕."

자하가 말하였다.
"벼슬살이하면서 남음이 있으면 배우고, 배우면서 남음이 있 으면 벼슬한다."

注釋 우(優)는 넉넉하다는 뜻으로, 앞의 경우에는 시간이나 마음에 여유가 있는 것을, 뒤의 경우에는 실력이 갖추어져서 뛰어나게 된 상태 를 가리키는 것으로 보인다.

蛇足 유가에서는 나아감과 물러남을 중시하는데, 나아가면 벼슬아 치이고 물러나면 초야의 선비이다. 벼슬아치이든 초야의 선비이든 실 천적 삶이 바탕이 되어야 하고, 그 바탕은 배움으로써 다져진다. 또 선 비의 학문은 그 자신의 만족을 위해서 하는 일이 아니고, 벼슬아치 노 릇은 배우지 않고서 할 수 있는 일이 아니다. 그러니 벼슬살이를 하면 서도 쉼 없이 배워야 하고, 물러나서 초야에 있더라도 그 배움은 세상 을 위한 것이어야 한다.

19-14 —————————————————

子游曰: "喪, 致乎哀而止."

　자유가 말하였다.
　"상례에서는 슬픔을 다하는 데서 그친다."

注釋　치(致)는 다하다는 뜻이다.

蛇足　3-20에서 공자가 언급한 것처럼 슬퍼하더라도 마음이 아리거나 쓰린 데까지 가서는 안 된다는 말이다. 그것은 자칫 몸을 상하게 하기 때문이다. 무릇 예의란 절도가 있어야 하는데, 지나침도 없고 모자람도 없는 것이 바로 절도이다. 절도를 넘으면 이미 예의가 아니다.

19-15 —————————————————

子游曰: "吾友張也, 爲難能也. 然而未仁."

　자유가 말하였다.
　"나의 벗 자장은 잘하기 어려운 것을 한다. 그렇지만 아직 어질지 못하다."

蛇足　왜 자장은 잘하기 어려운 것을 하였는가? 남들이 보기에 어려운 일을 하여야 돋보이기 때문이다. 자장처럼 벼슬길에 나아가서 자신의 능력을 발휘하고 싶은 욕망이 강한 사람일수록 그 능력을 잘 과시하여야 한다. 과시하기로는 어려운 일을 맡아서 하는 것보다 나은 것이 없다. 춘추전국이라는 시절에는 능력을 인정받기만 하면 신분에 관계없이 발탁되어 높은 벼슬에 오를 수 있었으니, 자장 또한 그런 능력

을 내보이는 데에 힘썼을 것이다. 그러나 능력이나 재주가 있다고 해서 어진 것은 아니다. 오히려 능력이나 재주를 믿다가 어짊에서 더욱 멀어지는 꼴이 되기 십상이다. 잔단 능력이나 재주는 사람을 높이기도 하지만 떨어뜨리기도 한다. 그것은 시류나 시세로부터 자유롭지 못하기 때문이다.

19-16

曾子曰: "堂堂乎張也! 難與並爲仁矣."

증자가 말하였다.
"버젓하구나, 자장은! 그러나 그와 더불어 어짊을 행하기는 어렵다."

注釋　당당(堂堂)은 버젓하고 어연번듯하다는 뜻이다. 병(並)은 나란히 서다, 나란히 하다는 뜻이다.

蛇足　증자는 자장이 버젓하고 어연번듯하다고 말하였다. 자장은 어찌하여 그렇게 당당하였는가? 앞서 19-15에서 이미 언급되었듯이, 자장은 남들이 하기 어려운 일을 잘하였다. 이를 통해 얻는 것은 자신감이다. 자장은 벼슬길에 나아갈 욕망이 늘 있었는데, 그것은 이런 자신감에서 비롯된 것이라 여겨진다. 그러나 증자가 말했듯이 "더불어 어짊을 행하기는 어려운" 인물이다. 이치를 오롯하게 체득하는 데에 힘쓰지 않았기 때문이다. 그렇다면 자장의 자신감은 공부의 깊이에서 저절로 나온 것이 아니라, 자신의 재주가 유용하다는 판단에서 나온 것임을 알 수 있다. 자신의 재주를 믿는 자는 그 재주로 말미암아 크낙한 성취를 이루지 못한다. 배우면 배울수록 잘 드러나지 않았던 자신의 결함을

볼 수 있는 자만이 어짊을 행하여 지극한 경지에 이르게 된다. 큰 결함은 쉽게 알고 또 고칠 수 있으나, 미세한 결함은 알기도 어렵고 고치기는 더욱 어렵다. 쉼 없이 배워야 한다고 말하는 까닭이 여기에 있다. 그런데 자장은 그런 배움에는 그다지 마음을 두지 않았던 듯하다.

19-17

曾子曰: "吾聞諸夫子, '人未有自致者也, 必也親喪乎!'"

증자가 말하였다.
"나는 스승께서 '스스로 지극한 적이 없었던 자라도 어버이의 상을 당하면 반드시 지극해진다'고 말씀하신 것을 들었다."

注釋 부자(夫子)는 공자를 가리킨다. 치(致)는 지극함을 다하다는 뜻이다. 친상(親喪)은 어버이가 돌아가신 일을 가리킨다.

蛇足 공자가 예법을 강조하였다고 해서 사람의 보편적인 감정을 간과했다고 여겨서는 안 된다. 오히려 감정을 긍정하고 그 감정을 세련되게 하는 것을 중시하였다. 바로 음악과 시를 강조한 데서 알 수 있다. 특히 공자는 가족주의라고 할 만큼 혈육에 대한 정을 우선하였는데, 중요한 것은 거기에서 그치지 않았다는 사실이다. 공자가 "스스로 지극한 적이 없었던 자라도 어버이의 상을 당하면 반드시 지극해진다"고 말한 속뜻은, 누구나 지극하게 하는 바가 있으니 그 지극함을 확장하여 모든 일에서 지극하게 하도록 하라는 것이다. 소극적인 지극함에서 적극적인 지극함으로 전환시키는 것이 배움이고 행함이라는 뜻으로 말하였다. 그런데 증자는 어버이에게 효도해야 한다는 자신의 주장을 뒷받침하는 논거로서 썼다. 그렇게 받아들일 수도 있으나, 공자의 말을

너무 편협하게 이해하는 데 그쳤다. 증자의 아둔함이 이러하다.

19-18 ———————————————————————

曾子曰: "吾聞諸夫子, '孟莊子之孝也, 其他可能也. 其不改父 之臣與父之政, 是難能也.'"

　　증자가 말하였다.
　　"나는 스승께서 '맹장자가 한 효도에서 다른 것은 잘할 수 있
다. 그러나 그가 아비의 신하와 아비의 정치를 바꾸지 않은 것,
그것은 잘하기 어렵다'고 말씀하신 것을 들었다."

注釋　　맹장자(孟莊子)는 노나라의 대부로, 맹헌자(孟獻子)의 아들이
며, 이름은 속(速)이다.

蛇足　　앞에서도 그러하듯이 증자는 오로지 효도에만 관심을 기울
였던 듯하다. 효도는 마땅히 해야 할 도리이지만, 만약 어버이가 계시
지 않는 사람이라면 어찌할 것인가? 그리고 효도란 어버이에 대한 행위
에서 그치는가? 효도뿐만 아니라 무슨 일에서나 완벽하게 하기는 어렵
다. 왜 그런가? 증자는 이에 대해 깊이 탐구하지 않은 것으로 여겨진다.
여기서도 증자는 역시 공자가 한 말을 인용하였는데, "맹장자가 아비의
신하와 아비가 행한 정치를 바꾸지 않은 것, 그것은 잘하기 어렵다"고
한 데에 바로 어버이에 대한 효도가 천하를 다스리는 일, 천하의 모든
일과 잇닿아 있다는 사실을 알고 있었을까? 맹장자는 위정자였기 때문
에 아비의 신하와 아비의 정치를 바꾸지 않는 문제에 부닥친 것일 뿐이
라고 여기지 않았을까?

孟氏使陽膚爲士師, 問於曾子. 曾子曰: "上失其道, 民散久矣.
如得其情, 則哀矜而勿喜."

　　맹씨가 양부를 법관으로 삼자 양부가 증자에게 물었다. 증자
　　가 말하였다.
　　"위에서 그 도를 잃어 백성들이 흩어진 지 오래되었다. 그러
　　니 그 실상을 알게 되면, 슬퍼하며 가엾이 여기고 기뻐하지는
　　말라."

注釋　　양부(陽膚)는 증자의 제자라고 한다. 사사(士師)는 형벌과 옥
사(獄事)를 맡은 관리이다. 기정(其情)은 죄를 저지르게 된 내력이나 죄
의 실상을 뜻한다.

蛇足　　여기서 증자는 두 가지를 거론했다. 하나는 위에서 도를 잃
어 백성들이 흩어졌다는 것, 다른 하나는 법관이 법을 공명정대하게 집
행하면서 그것을 자랑으로 여겼다는 것이다. 백성들이 흩어졌다는 것
은 살아갈 방도를 잃어서 법을 어기거나 달아났다는 말이다. 결국 다스
리는 자들이 백성들의 삶을 돌보지 않아서 백성들을 범법자로 만든 셈
이다. 그 책임은 통치자들에게 있다는 말이다. 그러니 법관이 아무리 법
의 집행을 잘하더라도 그것은 백성들로 하여금 죄를 저지르게 조장한
뒤의 일이니, 사후약방문이 될 뿐이다. 그럼에도 법관이 제 일을 잘했다
고 기뻐하는 것은 다스림의 본질, 정치의 본령을 잊은 자의 처신이다.
이는 학생들에게 전혀 가르쳐주지 않은 교사가 그 학생들에게 시험을
치게 하고서 엄격하게 점수를 매기고 평가한 것을 자랑하는 것과 같다.
그런데 이것이 당시의 실상이었다.
　　그렇다면 증자의 말대로 "슬퍼하며 가엾이 여기고" 말 것인가? 아니

다. 백성들이 죄를 짓지 않도록 미리 대처하는 것이 위정자의 일이다. 위정자는 윗사람으로서 해야 할 일, 즉 도를 체득하고 도를 실행하면서 백성들이 생활할 방도를 마련해주어야 한다. 백성들이 생활하는 데에 불편함이 없도록 한 뒤에 교화시키고 법으로써 바로잡아야 한다. 바르게 되도록 해주는 것이 정치이다. 이 점에서 증자가 "슬퍼하며 가엾이 여겨라"고 한 데에는 증자 자신이 근본을 놓친 허물이 있다. "도를 행하여 법을 쓸 일이 없게 하라"고 왜 말하지 않았는가?

19-20

子貢曰: "紂之不善, 不如是之甚也. 是以君子惡居下流, 天下之惡皆歸焉."

자공이 말하였다.
"주가 착하지 않았다고 하지만, 이렇게까지 심하지는 않았다. 이런 까닭에 군자는 하류에 머물기 싫어하였으니, 천하의 나쁜 것들이 모두 그리로 모여들기 때문이다."

注釋 주(紂)는 은나라 마지막 군주로, 주지육림(酒池肉林)에 빠져 현자들을 내쳤다. 주나라 무왕이 정벌을 하자, 스스로 불에 타 죽었다. 하류(下流)는 땅이 낮아서 모든 물줄기가 모여드는 곳이다. 여기서는 온갖 나쁜 것이 다 모여드는 곳을 비유하고 있다. 천하지악(天下之惡)은 중의적으로 쓰였다. 이치에 어긋난 것들을 가리키기도 하면서 세간의 악평들을 뜻하기도 한다.

蛇足 자공은 은나라의 마지막 군주인 주가 폭군으로 일컬어지기는 했어도 그 시대가 그토록 심각한 혼란에 빠지지는 않았다고 보았

다. 왜냐하면 그때에 비간(比干)이나 기자(箕子)와 같은 현자들이 적지 않게 있었기 때문이다. 왕조의 멸망은 현자나 충신이 없어서가 아니라, 그런 현자나 충신을 군주가 불신하고 멀리하였기 때문이다. 그렇다고 군주 혼자서 왕조를 말아먹었다고 단정해서도 안 된다. 군주를 에워싸고 그 눈과 귀를 멀게 하고 그를 미혹에 빠지게 만들어서 사사로운 욕망을 충족시키려고 한 많은 소인배들과 간신배들이 합세하였기 때문이다. 소인배와 간신배는 특히 현자나 충신들을 싫어해서 잠시도 군주 가까이에 있지 못하게 하려고 애쓰는 존재들이다. 어쨌거나 은나라가 멸망할 때보다도 노나라는 또는 천하는 훨씬 더 심각한 혼란 속에 있다고 보았다면, 현자나 충신이 아주 적었다는 뜻이다. 그래서 뒤이어 군자에 대해 언급한 것이다.

군자가 하류에 머물기 싫어한다는 것은 혼란한 시대에 나아가지 않으려 한다는 말이다. 군자가 나아가지 않으니 혼탁한 시대를 바로잡으려 애쓰는 현자와 충신은 더욱더 보이지 않게 되고, 그러다 보니 세상은 더욱더 어지러워진다. 이는 하나의 악순환이다. 현자와 충신이 나서지 않으니 소인배들과 간신배들이 혼란을 가중시키고, 혼란이 가중될수록 현자와 충신은 더욱더 나서지 않는 형국이 된다. 그렇다면 현자와 충신은 군자일 텐데, 군자가 나아가서 세상을 바로잡으려 하지 않는다면, 누가 그 일을 할 것인가? 도대체 군자는 나아가지 않고 무얼 하는가? 나아가지 않는다면, 직무유기가 아닌가? 여기에서 "천하의 나쁜 것들이 모두 그리로 모여들기 때문이다"는 말의 속뜻을 캐볼 필요가 있다.

천하의 나쁜 것들을 이치에 어긋난 온갖 나쁜 것들이라고 한다면, 군자는 그런 것들이 모이는 하류에는 결코 가지 않는다는 말이 된다. 그러고서 군자라 할 수 있는가? 군자는 어디에 있든 군자이다. 그에게는 좋은 곳과 나쁜 곳, 상류와 하류가 따로 있지 않다. 좋은 곳에 있으면 그에 맞게 좋음을 누리고, 나쁜 곳에 있으면 그곳을 좋게 만드는 자가 군자이기 때문이다. 또 천하의 나쁜 것들을 세간의 악평이라고 한다면, 군자는 하류에 머문다는 이유만으로 악평을 듣게 된다는 말이 된다. 그런데 군자는 세간의 악평을 두려워하지 않는 존재이다. 세간의 평가보다 자신을 되돌아보는 일을 더 중시하고, 스스로 되돌아보아서 어긋남이 없다면 떳떳하게 사는 자가 군자이다. 세간의 악평이 두려워서 하류에 머물려고 하지 않는다면, 군자라 할 수 없다. 바로 이 해석에 근거하면, 자공의 말에서 당시의 세태와 인식을 일면 엿볼 수 있다.

먼저 군자의 의미가 다소 퇴락했다는 사실이다. 하류에 머물기 싫어하는 것, 즉 나쁜 것들이 모여드는 곳, 행실이 고약한 자들이 있는 곳에는 가지 않는 자가 곧 군자라고 인식하였다는 점이다. 군자에는 이런 의미도 있으나, 그것은 수동적이고 소극적으로 해석했을 때이다. 세간의 악평을 두려워하는 것도 소극적이고 수동적인 군자의 모습을 떠올리게 한다. 이는 당시 군자들의 행태요 군자에 대한 일반적인 인식이었다고 할 수 있다. 문제는 자공의 이해이다. 자공은 스승인 공자처럼 군자를 적극적으로 규정하지 못하고, 그저 세태를 보여주는 것에서 그쳤다. 이는 그가 체득한 수준이 공자에 미치지 못했기 때문이며, 동시에 그가 학자가 아닌 정치가에 지나지 않았기 때문이다.

19-21 ————————————————

子貢曰: "君子之過也, 如日月之食焉. 過也, 人皆見之; 更也, 人皆仰之."

자공이 말하였다.
"군자의 허물은 일식이나 월식과 같다. 허물을 지으면 사람들이 모두 본다. 허물을 고치면 사람들이 모두 우러러본다."

注釋　갱(更)은 고치다는 뜻이다.

蛇足　위에서도 언급했듯이 군자에 대한 자공의 이해는 좁고 낮다. 군자를 남들이 보는 것을 의식해서 허물을 짓지 않거나 고치려는 사람들로 이해하고 있다. 군자는 자신을 되돌아보는 사람이지, 남을 의식하여 행동하는 사람이 아니다. 군자가 남을 볼 때는 자신을 되돌아보기 위해서 보거나, 자신의 도움을 필요로 할까 해서 본다. 또 일식이나 월식과 같이 쉽게 보이는 허물이 어찌 군자의 허물뿐이겠는가? 사람들이 짓는 허물은 모두 일식이나 월식과 같다. 문제는 허물을 지은 자신이 그 허물을 알아채지 못하거나 알고서도 고치려 하지 않는다는 데에 있다. 제 허물을 끊임없이 돌아보고 바로잡으려는 자, 그런 자가 군자이다.

19-22

衛公孫朝問於子貢曰: "仲尼焉學?" 子貢曰: "文武之道, 未墜於地, 在人. 賢者識其大者, 不賢者識其小者. 莫不有文武之道焉, 夫子焉不學? 而亦何常師之有?"

위나라 공손조가 자공에게 물었다.
"중니는 어디서 배웠소?"
자공이 말하였다.
"문왕과 무왕의 도가 땅에 떨어지지 않고 사람에게 있었소. 똑똑한 자는 그 큰 것을 알고, 똑똑하지 못한 자는 그 작은 것을 알고 있었소. 문왕과 무왕의 도는 있지 않은 곳이 없으니, 스승께서 어디에선들 배우지 않으셨겠소? 또 어찌 정해진 스승이 있겠소?"

注釋　공손조(公孫朝)는 위나라의 대부라고 한다. 언학(焉學)의 언은 어디에서, 어떻게 등의 뜻이다. 문무(文武)는 주나라의 문왕과 무왕을 가리킨다. 기대(其大)와 기소(其小)의 기는 문왕과 무왕의 도를 가리킨다. 상사(常師)는 정해진 스승, 일정한 스승을 뜻한다.

蛇足　도는 어디에나 있다. 잠시도 사람에게서 떨어져 있지 않다. 그런데 도를 배우려 하면 도무지 길을 찾지 못하고 헤맨다. 스승을 만나려 해도 만날 수가 없다. 왜 그런가? 바로 도 자체가 스승인 줄을 모르기 때문이다. 또 내가 스스로 배우면서 익히고 있어야만 스승을 만날 수 있다는 것을 모르기 때문이다. 나 스스로 배우지도 익히지도 않는데, 어떤 스승이 나를 제자로 받아들이겠는가?

위의 말에서 흥미로운 것은 공손조가 공자의 배움에 대해 의심을 하였다는 사실이다. 아닌 게 아니라, 공자는 누구에게서 배운 적이 없다. 노자에게 배웠다는 설화도 있으나, 근거는 분명하지 않다. 또 늘 문왕과 무왕, 특히 주공을 말하는 것으로 보아서 스스로 주나라 문물을 배우면서 터득했으리라 여겨진다. 더욱이 당시에 예법이란 천자나 제후라야 배우고 알 수 있는 것인데, 어떻게 공자가 그 예법에 정통할 수 있었는가? 황실 도서관의 사서를 지낸 것도 아닌데, 어떻게 배우고 익혔을까? 바로 여기에 공자의 탁월함이 있다. 공자는 자득지학(自得之學)을 했다. 그래서 전해지던 것들을 그대로 답습하지 않고 새로운 의미를 부여할 수 있었다. 천자나 제후의 예법은 배울 수 없어도 대부나 사(士)의 예법, 관아나 마을에서 행해지는 제례를 통해서 미루어 알 수가 있다. 공자가 태묘에 들어가서 일마다 물은 것도 그 때문이라 할 수 있다.

배움은 무엇이고 스승이란 어떤 존재인가? 곧이곧대로 받아들이려고 배우고, 따르기만 하려고 스승을 만나는가? 아니다. 옛것을 배우고 익히는 것은 새것을 창조하기 위한 전제조건일 뿐이고, 스승은 새로운 길을 모색하는 데 필요한 길라잡이일 뿐이다. 창조적 사유와 주체적 실천, 그것이 바로 배움과 스승이 필요한 까닭이다.

──────────── ── ──────────

叔孫武叔語大夫於朝曰: "子貢賢於仲尼." 子服景伯以告子貢,
子貢曰: "譬之宮牆, 賜之牆也及肩, 窺見室家之好. 夫子之牆
數仞, 不得其門而入, 不見宗廟之美, 百官之富. 得其門者或寡
矣. 夫子之云, 不亦宜乎!"

숙손무숙이 조정에서 다른 대부들에게 말하였다.
"자공이 중니보다 더 똑똑하오."
자복경백이 이를 자공에게 알려주니, 자공이 말하였다.
"집을 둘러싼 담에 비유할 수 있으니, 나는 담이 어깨 높이만 해
서 집안의 좋은 것을 엿볼 수 있소. 스승의 담은 몇 길이나 되므
로 그 문을 찾아서 들어가지 못하면 사당의 아름다움과 온갖
가멸진 방들을 보지 못하오. 그런데 그 문을 찾은 자는 아마 적
을 것이오. 숙손이 그렇게 말한 것도 마땅하지 않겠소!"

注釋　숙손무숙(叔孫武叔)은 노나라의 대부로, 이름은 주구(州仇)이
다. 궁장(宮牆)은 집의 사방을 둘러싼 흙담이다. 견(肩)은 어깨이다. 규
(窺)는 엿보다는 뜻이다. 인(仞)은 길이의 단위로, 일곱 자이다. 관(官)
은 본래 방사(房舍)를 의미하는 말이었는데, 나중에 관직의 의미로 쓰
였다고 한다. 여기서 종묘와 백관은 중의적으로 쓰였다. 소박하게 한
집안의 사당과 방들을 가리키면서 크게는 임금에게 속한 종묘와 백관
을 가리키기도 한다. 과(寡)는 적다는 뜻이다. 앞의 부자(夫子)는 공자
를, 뒤의 부자(夫子)는 숙손무숙을 가리킨다.

蛇足 숙손무속은 자공이 공자보다 낫다고 하였다. 이는 자공이 제후들 사이에서 활약한 사실을 두고 한 말일 것이다. 『사기』의 〈중니제자열전〉을 보면, 제나라의 전상(田常)이 반란을 일으키려 하였다가 여의치 않자 노나라를 치려고 하였다. 이때, 자공이 제나라로 가서 전상을 설득하여 노나라를 치지 못하게 하였고, 또 이를 위해 오나라 군주를 달래어 제나라를 치게 하고 오나라 군주가 월나라를 걱정하자 월나라 군주를 설득하였으며, 다시 진(晉)나라 군주로 하여금 월나라를 경계하게 만들었다. 이 모두 노나라를 구하기 위한 자공의 계략이었는데, 그럼에도 각 제후들은 자공을 두텁게 대접하였다. 숙손무속으로서는 자공의 탁월한 언변이 노나라를 위해 구체적으로 쓰였으니, 그가 자공을 공자보다 높이 일컬었던 것은 어쩌면 당연한지도 모른다. 그러나 드러난 것이 전부는 아니다. 모자라는 자일수록 자신이 보고 들은 것이 전부라고 여기기 마련이다. 보이지 않고 들리지 않는 데에 진면목이 있다. 그 진면목을 들여다보고 알아채기 전에는 함부로 단정해서는 안 된다. 자공은 공자를 담이 몇 길이나 되는 집으로 비유하였다. 담이 높아서 그 안을 들여다보지 못하게 되면, 어리석은 사람은 제멋대로 헤아리면서 단정해버린다. 그러고는 그 단정을 스스로 확신하고, 그 확신에 자신을 가두어버린다. 이야말로 사유의 악순환이다. 한눈에 보이지 않는다면, 내가 아직 모자란다는 뜻이다. 스스로 모자란 줄을 알고 늘 자신을 되돌아보아야 한다. 그것이 공부의 시작이고 성취의 밑거름이다. 자신을 되돌아볼 줄 모르면, 잘해야 제자리에 머물 뿐이다.

이렇게도 말할 수 있다. 공자는 천하를 위한다면서 한 일이 없는데, 자공은 큰일을 해냈으니 공자보다 낫다고 한 게 아니냐. 일리는 있으나, 과연 그러한가? 곰곰 생각해보라. 또 다른 것을 떠나서, 자공은 누구의 제자인가? 자공이 뛰어나다면, 그 스승인 공자는?

叔孫武叔毁仲尼, 子貢曰: "無以爲也! 仲尼不可毁也. 他人之
賢者丘陵也, 猶可踰也; 仲尼, 日月也, 無得而踰焉. 人雖欲自
絶, 其何傷於日月乎? 多見其不知量也."

숙손무숙이 중니를 헐뜯자, 자공이 말하였다.
"그러지 마시오! 중니는 헐뜯을 수 없는 분이오. 다른 사람의
똑똑함은 언덕과 같아서 그래도 넘을 수가 있으나, 중니는 해
와 달과 같아서 넘을 수가 없소. 사람들이 스스로 끊으려고 한
들, 어찌 해나 달을 다치게 하겠소? 그저 헤아릴 줄 모르는 것
을 드러낼 뿐이라오."

注釋 훼(毁)는 헐다, 헐뜯다는 뜻이다. 구릉(丘陵)은 언덕이다. 구는
낮은 언덕, 릉은 그보다 높은 언덕이다. 유(踰)는 넘다, 뛰어넘다, 낫다
는 뜻이다. 다(多)는 지(祇)나 적(適)과 같이, 그저, 마침 등의 뜻이다. 견
(見)은 '현'으로 읽고, 드러내다는 뜻으로 푼다. 량(量)은 헤아리다는 뜻
이다. "성인의 도량(度量)"으로 푸는 경우가 있는데, 여기서는 "성인의
도량을 헤아린다"로 뜻으로 풀었다. 앞에 오는 기(其)는 공자를 헐뜯거
나 헤아리려는 사람들을 가리킨다. 그래서 "그들이 공자를 헤아리려 하
지만, 결국 자신들이 헤아릴 줄 모른다는 것을 드러낼 뿐이다"라는 뜻
이다.

蛇足 앞선 글과 아울러 살펴보면, 숙손무숙은 안목이 없으면서 사
람을 평가하는 자이거나, 아니면 공자에 대해 높은 기대를 가졌다가 크
게 실망한 사람이거나 둘 가운데 하나 또는 둘 다일 수도 있다. 여기서
는 아예 공자를 헐뜯었다고 하였는데, 그 까닭은 무엇일까? 세상을 위
해서 나서서 하는 일이 없으면서 제자라는 자들을 거느리며 무리를 이

루고 있고, 또 끊임없이 정치에 대해 관심을 기울이면서 정치가 그릇되었다고 비판을 일삼고 있으며, 시세에 맞지도 않은 예악이니 도니 하는 말로써 현혹하고 있으니, 벼슬아치인 숙손무숙의 눈에는 꽤 거슬리지 않았을까? 그러나 판단은 늘 공명정대하여야 한다. 사사로움이 끼어들어서는 안 된다. 그렇지 않으면, 헤아림에 치우침이나 모자람이 있게 되어 오히려 자신이 못났다는 것만 드러낼 뿐이다. 아! 아무리 모자란 사람이라도 상대가 나보다 높다는 것은 알지 않을까? 그런데 왜 그것을 모를까? 공자가 2-17에서 "모르는 것을 모른다고 하는 것, 이게 앎이다"라고 한 말을 다시 음미해볼 필요가 있다.

19-25

陳子禽謂子貢曰: "子爲恭也. 仲尼豈賢於子乎?" 子貢曰: "君子一言以爲知, 一言以爲不知, 言不可不愼也. 夫子之不可及也, 猶天之不可階而升也. 夫子之得邦家者, 所謂立之斯立, 道之斯行, 綏之斯來, 動之斯和. 其生也榮, 其死也哀, 如之何其可及也?"

진자금이 자공에게 말하였다.
"그대는 얌전하구려. 중니가 어찌 그대보다 똑똑하겠소?"
자공이 말하였다.
"군자는 말 한마디로 지혜롭게도 되고 말 한마디로 지혜롭지 못하게도 되니, 말은 삼가지 않을 수가 없소. 내 스승은 미칠 수 없는 분이시니, 사다리를 놓고 오를 수 없는 하늘과 같소. 내 스승께서 나라나 집안을 얻으셨다면, 이른바 '세우면 바로 서고, 이끌면 바로 행하고, 편하게 하면 바로 오고, 북돋우면 바로 어우러진다'는 것이오. 그가 살아 있으면 사람들이 즐거워하고, 그가 죽으면 슬퍼하는데, 어찌 그런 경지에 미칠 수가 있겠소?"

注釋 계(階)는 사다리를 뜻한다. 승(升)은 오르다는 뜻이다. 방가(邦家)는 나라의 제후와 집안의 경이나 대부를 가리킨다. 립(立)은 확고하게 서다는 뜻이다. 사(斯)는 바로, 곧 등의 뜻이다. 수(綏)는 편안하다, 편하게 하다는 뜻이다. 동(動)은 일어나다, 일어나게 하다는 뜻이다. 영(榮)은 즐거워하다는 뜻이다. 기가급(其可及)의 기는 "그가 살아 있으면 사람들이 즐거워하고, 그가 죽으면 슬퍼하는" 그 경지를 이른다.

蛇足 진자금도 앞의 숙손무숙과 비슷한 생각을 했던 모양이다. 그만큼 공자가 당대에도 인정받지 못하였다는 뜻이리라. 이 『논어』의 첫머리에 "남이 나를 알아주지 않아도 성내지 않으니, 이야말로 군자가 아니겠느냐!"라는 말이 나온 것도 우연만은 아니다. 공자가 살아 있을 때에도 공자를 알고 알아주는 이가 적었다는 말이다. 그러나 적어도 『논어』를 편찬한 자는 공자의 삶을 깊이 이해하였다고 말할 수 있다. 물론, 사람을 평가하는 기준이나 관점은 다를 수 있으니, 당대 사람들이 공자를 평가한 것이 그릇되었다고만 볼 수는 없다. 또 제자들이 스승을 높이는 일은 당연하니, 실상에 어긋나게 또는 지나치게 높이 평가했을 수도 있다. 그렇다면 『논어』 전체를 찬찬히 들여다보아야 한다. 과연 당대 사람들의 판단이 옳은가, 아니면 제자들의 평가가 정확한가? 부분만 보고 전체를 재단해서도 안 되고, 전체로 말미암아 부분을 소홀히 해서도 안 된다. 바로 이 때문에 경전이나 고전을 읽는 행위는 그대로 해석학이 될 수 있다. 아닌 게 아니라, 해석학은 별 게 아니다. 부분과 전체를 아울러 보면서 그것을 관통하는 핵심 또는 요체를 알아내어 새로운 언어로 풀어내는 일일 뿐이기 때문이다.

20편

요왈 (堯曰)

堯曰: "咨! 爾舜! 天之曆數在爾躬, 允執其中. 四海困窮, 天祿
永終." 舜亦以命禹.

曰: "予小子履, 敢用玄牡, 敢昭告于皇皇后帝: 有罪不敢赦. 帝
臣不蔽, 簡在帝心. 朕躬有罪, 無以萬方; 萬方有罪, 罪在朕躬."

周有大賚, 善人是富. "雖有周親, 不如仁人. 百姓有過, 在予
一人."

謹權量, 審法度, 修廢官, 四方之政行焉. 興滅國, 繼絕世, 擧逸
民, 天下之民歸心焉.

所重: 民, 食, 喪, 祭.

寬則得衆, 信則民任焉. 敏則有功, 公則說.

요 임금이 말하였다.

"아! 그대 순이여! 하늘의 운수가 그대 몸에 있으니, 진실로 그
가운데를 잡아라. 온 세상이 괴로움과 어려움에 빠지면, 하늘
이 준 복은 영원히 없어진다."

순 임금 또한 이 말씀을 우 임금에게 전해주었다.

(탕 임금이) 말하였다.

"나 리는 뒤넘스럽게 검은 수소를 올리고 위대하신 천제께 밝
게 아룁니다. 죄 있는 자는 함부로 놓아주지 않겠습니다. 천제
의 신하 가운데 뛰어난 자는 숨겨두지 않을 것이니, 살피심은
천제의 마음에 있습니다. 저에게 죄가 있어도 천하 백성들에게
는 죄가 없습니다. 천하 백성들에게 죄가 있다면, 그 죄는 저에
게 있습니다."

주나라에 큰 상을 내리시니, 착한 사람들이 가멸졌습니다. "비
록 주나라 왕실의 인척이 있어도 어진 사람보다 못하다. 백성
에게 허물이 있다면, 나 한 사람에게 있도다."

저울질과 되질을 삼가 존중하고, 법과 제도를 살피고, 제구실
못하는 관직을 바로잡으면, 온 나라의 정령이 제대로 행해진
다. 없어진 나라를 일으키고 끊어진 세대를 잇고 달아난 백성
을 쓰면, 천하 백성들의 마음이 되돌아온다.

무게를 둘 것은 백성, 식량, 상례, 제사 등이다.

너그러우면 백성들을 얻고, 미더우면 백성들이 맡긴다. 재바르
면 성금이 있고, 공정하면 기뻐한다.

注釋 자(咨)는 탄식하는 말이다. 이(爾)는 너를 뜻한다. 역수(曆數)
는 운명, 운수를 뜻한다. 윤(允)은 진실로, 참으로 등의 뜻이다. 집(執)
은 잡다, 지키다는 뜻이다. 사해(四海)는 사방의 바다라는 뜻으로, 천하
를 가리킨다. 천록(天祿)은 하늘이 내린 복이다. 종(終)은 다하다, 없어
지다는 뜻이다. 여소자(予小子)는 자신을 낮추어 하는 말이다. 리(履)는
탕 임금의 이름이다. 현모(玄牡)는 검은 수소이다. 감(敢)은 뒤넘스럽다
는 뜻이다. 소(昭)는 밝다, 환하다는 뜻이다. 황황(皇皇)은 훌륭하고 아
름다운 모양 또는 크낙한 모양이다. 후제(后帝)는 천제(天帝)와 같다.
사(赦)는 놓아주다, 용서하다는 뜻이다. 폐(蔽)는 덮다, 숨기다는 뜻이
다. 간(簡)은 살피다, 가리다는 뜻이다. 무이(無以)는 아무런 관계가 없
다는 뜻이다. 만방(萬方)은 천하의 백성들을 가리킨다. 여소자리(予小子
履)에서 죄재짐궁(罪在朕躬)까지는 『상서』의 「주서(周書)」〈탕고(湯告)〉
편에 나오는 말이다. 뢰(賚)는 하늘이 주다, 내리다는 뜻이다. 근(謹)은
삼가다, 존중하다, 엄하게 하다는 뜻이다. 권(權)은 저울, 저울질을 뜻
한다. 량(量)은 되, 되질을 뜻한다. 폐관(廢官)은 자리는 있으나 일이 없
고, 일은 있으나 자리가 없는 것으로, 제구실 못하는 관직을 뜻한다.
일(逸)은 달아나다, 숨다는 뜻이다. 열(說)은 열(悅)과 같다.

20-2

子張問於孔子曰: "何如斯可以從政矣?" 子曰: "尊五美, 屛四惡, 斯可以從政矣."

子張曰: "何謂五美?" 子曰: "君子惠而不費, 勞而不怨, 欲而不貪, 泰而不驕, 威而不猛."

子張曰: "何謂惠而不費?" 子曰: "因民之所利而利之, 斯不亦惠而不費乎? 擇可勞而勞之, 又誰怨? 欲仁而得仁, 又焉貪? 君子無衆寡, 無小大, 無敢慢, 斯不亦泰而不驕乎? 君子正其衣冠, 尊其瞻視, 儼然人望而畏之, 斯不亦威而不猛乎?"

子張曰: "何謂四惡?" 子曰: "不教而殺謂之虐, 不戒視成謂之暴, 慢令致期謂之賊, 猶之與人也, 出納之吝, 謂之有司."

자장이 공 스승께 여쭈었다.

"어찌하여야 정치를 제대로 할 수 있습니까?"

스승께서 말씀하셨다.

"다섯 가지 아름다운 것을 높이고, 네 가지 나쁜 것을 물리치면, 바로 정치를 제대로 할 수 있다."

"무엇을 다섯 가지 아름다운 것이라 합니까?"

"군자가 베풀되 함부로 쓰지 않고, 힘들게 해도 백성들이 뒤틀리지 않고, 하려고 하면서도 감빨지 않고, 크나크지만 으스대지 않고, 위엄이 있으나 사납지 않은 것이다."

"어떤 것을 베풀되 함부로 쓰지 않는다고 합니까?"

"백성들에게 이로운 것을 가지고 이롭게 해준다면, 이것이야말로 베풀되 함부로 쓰지 않는 것이 아니겠느냐? 힘들게 할 만한 것을 가려서 힘들게 한다면, 또 누가 뒤틀리겠느냐? 어질게 되려고 해서 어짊을 얻는다면, 또 무엇에 감빨리겠느냐? 군자는 따르는 자가 많고 적음에 상관없이 위세가 작고 큼에 상관없이 뒤넘스레 굴거나 업신여기는 일이 없으니, 이야말로 크나크지만 으스대지 않는 게 아니겠느냐? 군자는 그 옷과 관을 바르게 하고 눈길을 똑바르게 하여 몸가짐이 나볏하므로 사람들이 멀리서 보고도 삼가니, 이야말로 위엄이 있으나 사납지 않다는 것이 아니겠느냐?"

"무엇을 네 가지 나쁜 것이라 합니까?"

"가르치지 않고 죽이는 것을 모질다고 하고, 타이르지 않고 성금을 바라는 것을 사납다고 하고, 느릿느릿 시키고서 기한을 맞추라고 다그치는 것을 으른다고 하고, 똑같이 나누어주어야 하는데 내주면서 다랍게 구는 것을 구실아치라 한다."

注釋 병(屛)은 가리다, 물리치다는 뜻이다. 탐(貪)은 이곳에 욕심이 생기다, 감빨다는 뜻이다. 태(泰)는 크다, 너그럽다는 뜻이다. 위(威)는 다른 사람이 자연스럽게 따르도록 만드는 힘이다. 중과(衆寡)는 재물의 많고 적음이다. 또는 따르는 사람이 많고 적음으로 풀 수도 있다. 소대(小大)는 벼슬의 낮고 높음이나 권세의 작고 큼을 뜻한다. 감(敢)은 주제넘게 건방진 것으로, 뒤넘스럽다는 뜻이다. 만(慢)은 잘난 체하다, 업신여기다, 게을리하다는 뜻이다. 포(暴)는 사납다, 해치다는 뜻이다. 치(致)는 돋우다, 다그치다는 뜻이다. 적(賊)은 해치다, 으르다는 뜻이다. 유(猶)는 똑같다는 뜻이다. 출납(出納)의 납은 의미가 없이 쓰여서, 내주다는 뜻이다. 린(吝)은 아끼다, 다랍다는 뜻이다. 유사(有司)는 본래 일을 맡은 관리를 뜻하는데, 여기서는 맡은 일이 하찮은 하급관리, 즉 구실아치를 가리킨다.

20-3

孔子曰: "不知命, 無以爲君子也; 不知禮, 無以立也; 不知言, 無以知人也."

공 스승께서 말씀하셨다.
"천명을 알지 못하면 군자라 할 것이 없다. 예의를 알지 못하면 설 곳이 없다. 말을 알지 못하면 사람을 알 수 없다."

注釋 이(以)는 바탕, 토대, 근거, 이유 등을 뜻한다.

蛇足 불변하는 이치나 이법은 때와 곳에 따라 달라서 끊임없이 만물을 만들어내고 사라지게 한다. 덧없이 사라지는 만물에는 이치가 담겨 있고, 이치는 그 만물에 기대어서 꼴을 드러낸다. 한마디로 불변과 변화가 갈마드는 것이 이 세상, 이 우주의 참모습이다. 바로 그러한 원리, 법칙이 천명이고, 그 원리를 알고 그 법칙을 따르는 것도 천명이다. 이 천명을 달리 말하면 바로 도(道)이다. 군자는 도를 알고 도를 행하려는 자이니, 천명을 모른다면 도를 모르는 것이다. 도를 모른다면 무엇으로 군자가 되겠는가?

예의는 보편적인 이치를 따르면서 상황에 알맞게 행동하는 것이니, 예의를 알면 늘 떳떳할 수 있다. 떳떳한 자는 스스로 선다. 스스로 서기 때문에 어디에 있든 그 자리가 바로 그의 자리이다. 말이란 사람과 사람 사이를 소통시키는 주요한 수단이요 방편이다. 그 말을 통해서 제 속내를 드러내고 제 뜻을 편다. 또 말을 통해서 숨기기도 하고 속이기도 한다. 무슨 말이든 거기에는 그 말을 하는 사람을 알게 해주는 정보가 담겨 있다. 그러니 그 말을 알지 못하면 어떻게 사람을 알 수 있겠는가? 사람을 모르고서 어울려 살 수는 없다. 그럴 바에는 차라리 무인도에서 혼자 사는 게 낫다.

참고문헌

이 책을 번역하고 해석하기 전에 읽고 이해하며 영감을 얻었던 문헌들을 제시한다. 이보다 더 뛰어난 번역서나 연구서도 많으나, 본 번역자가 전혀 보거나 참조하지 못했으므로 제시하지 않는다. 혹시 번역이나 해석에서 더 많은 문헌을 참고했어야 한다고 생각할지도 모르겠다. 그러나 번역이나 해석은 창조적인 작업이고, 창조적인 작업은 직관과 통찰에 달려 있다고 믿으므로 참고문헌이 수적으로 많으냐 적으냐가 반드시 중요하다고 생각하지는 않는다.

1. 『논어』 번역본들

동양고전연구회 번역 · 주석 · 해설, 『논어』, 지식산업사, 2005.

楊伯峻 역주, 『논어역주』, 중화서국, 1980.

吉田賢抗 저, 『論語』, 明治書院, 1960.

諸橋轍次 저, 『論語の講義』, 大修館書店, 1973.

James Legge, *Confucian Analects, The Great Learning & The Doctrine of the Mean*, Dover Publications, 1971.

Arthur Waley, *The Analects of Confucius*, New York: Vintage Books, 1938.

E. Bruce Brooks and A. Taeko Brooks, *The Original Analects*, New York: Columbia Univ. Press, 1998.

Roger T. Ames and Henry Rosemont, Jr., *The Analects of Confucius*, New York: The Ballantine Publishing Group, 1998.

David H. Li, *The Analects of Confucius*, Premier Publishing Company, 1999.

2. 공자 및 유가에 관한 글들과 연구서들

『史記』.

『孟子』.

『荀子』.

카이즈카 시게키 저/박연호 역, 『공자의 생애와 사상』, 서광사, 1991.

허버트 핑가레트 저/송영배 역, 『공자의 철학』, 서광사, 1993.

H. G. Creel, *Confucius and the Chinese way*, New York: Harper Torchbook, 1960.

David L. Hall and Roger T. Ames, *Thinking Through Confucius*, New York: State Univ. of New York Press, 1987.

馮友蘭, 『中國哲學史』 上冊 · 下冊, 中華書局, 1961.

勞思光 저/정인재 역, 『중국철학사(선진편)』, 탐구당, 1986.

金谷治 외/조성을 역, 『중국사상사』, 이론과실천, 1986.

우노세이이찌 편/김진욱 역, 『중국의 사상』, 열음사, 1986.

송영배, 『중국사회사상사』, 한길사, 1988.

가노 나오키 저/오이환 역, 『중국철학사』, 을유문화사, 1989.

任繼愈 편저/전택원 역, 『中國哲學史』, 까치, 1990.

郭沫若 저/조성을 역, 『中國古代思想史』, 까치, 1991.

蕭公權 저/최명 · 손문호 역, 『중국정치사상사』, 서울대학교출판부, 1998.

유택화 주편/장현근 역, 『중국정치사상사 선진편(상)』, 동과서, 2008.

서울대학교동양사학연구실 편, 『강좌 중국사 Ⅰ』, 지식산업사, 1989.

貝塚茂樹 저/이용범 편역, 『중국의 역사(상)』, 중앙일보사, 1980.

장광직 저/이철 역, 『신화 미술 제사』, 동문선, 1990.

서복관 저/권덕주 외 역, 『중국예술정신』, 동문선, 1990.

Fung Yu-Lan, *History of Chinese Philosophy* Ⅰ and Ⅱ, Princeton: Princeton Univ. Press, 1952.

Marcel Granet, *Chinese Civilization*, New York: Meridian Books, Inc., 1959.

方東美, *Chinese Philosophy: Its Spirit and Its Development*(『方東美先生全集(八)』), Taiwan: Linking Publishing Co. Ltd., 1981.

A. C. Graham, *Disputers of the TAO: Philosophical Argument in Ancient China*, Open Court Publishing Company, 1989.

Mark Edward Lewis, *Writing and Authority in Early China*, New York: State Univ. of New York Press, 1999.

정천구

1967년생. 부산대학교 국어국문학과를 졸업하고 서울대학교 대학원에서 석사와 박사 학위를 받았다. 삼국유사를 연구의 축으로 삼아 동아시아 여러 나라의 문학과 사상 등을 비교 연구하고 있으며, 현재는 대학 밖에서 '바까데미아(바깥+아카데미아)'라는 이름으로 인문학 강좌를 열고 있다.

저서로 『논어, 그 일상의 정치』 『맹자독설』 『삼국유사, 바다를 만나다』 『중용, 어울림의 길』 『맹자, 시대를 찌르다』 『한비자』 『한비자, 제국을 말하다』 『대학, 정치를 배우다』 등이 있고, 역서로 『차의 책』 『동양의 이상』 『밝은 마음을 비추는 보배로운 거울』 『원형석서』 『일본영이기』 『삼교지귀』 등이 있다.

논어, 그 일상의 정치 고전오디세이 09

1판 1쇄 발행 2018년 4월 2일
1판 2쇄 발행 2023년 5월 11일

펴낸이 강수걸
기획실장 이수현
편집장 권경옥
편집 강나래 신지은 오해은 이선화 이소영 이혜정 김소원
디자인 권문경 조은비
펴낸곳 산지니
등록 2005년 2월 7일 제333-3370000251002005000001호
주소 부산시 해운대구 수영강변대로 140 BCC 613호
전화 051-504-7070 | 팩스 051-507-7543
홈페이지 www.sanzinibook.com
전자우편 sanzini@sanzinibook.com
블로그 http://sanzinibook.tistory.com

ISBN 978-89-6545-500-4 04150
      978-89-6545-169-3(세트)

* 책값은 뒤표지에 있습니다.
* 잘못 만들어진 책은 구입처에서 교환해드립니다.